MILÊNIO

TOM HOLLAND

MILÊNIO

A construção da cristandade e o medo
da chegada do ano 1000 na Europa

Tradução de
ALEXANDRE MARTINS

Revisão técnica de
PALOMA RORÍZ ESPÍNOLA

2ª edição

EDITORA RECORD
RIO DE JANEIRO • SÃO PAULO
2024

CIP-BRASIL. CATALOGAÇÃO NA FONTE
SINDICATO NACIONAL DOS EDITORES DE LIVROS, RJ

H669m
2ª ed.

Holland, Tom, 1968-
    Milênio: a construção da cristandade e o medo da chegada do ano 1000 na Europa /
Tom Holland; [tradução de Alexandre Martins Morais]. – 2ª ed. – Rio de Janeiro: Record, 2024.

    Tradução de: Millenium
    Índice
    ISBN 978-85-01-08478-1

    1. Civilização medieval. 2. Europa – História – 476-1492. I. Título.

12-4429

CDD: 940.14
CDU: 94(4)"0375/1492"

Título original em inglês:
MILLENNIUM

Copyright © Tom Holland, 2008
Imagem de capa: DE AGOSTINI / GETTY IMAGES

Texto revisado segundo o Acordo Ortográfico da Língua Portuguesa de 1990.

Todos os direitos reservados. Proibida a reprodução, armazenamento ou transmissão de partes deste livro através de quaisquer meios, sem prévia autorização por escrito. Proibida a venda desta edição em Portugal e resto da Europa.

Direitos exclusivos de publicação em língua portuguesa para o Brasil
adquiridos pela
EDITORA RECORD LTDA.
Rua Argentina 171 – 20921-380 – Rio de Janeiro, RJ – Tel.: (21) 2585-2000
que se reserva a propriedade literária desta tradução

Impresso no Brasil

ISBN 978-85-01-08478-1

Seja um leitor preferencial Record.
Cadastre-se no site www.record.com.br e receba
informações sobre nossos lançamentos e nossas promoções.

Atendimento direto ao leitor:
sac@record.com.br

Para Patrick.

Vinho!

Sumário

Agradecimentos	9
Lista de mapas	11
Prefácio	13

1. O RETORNO DO REI	33
2. A VELHA ORDEM MUDA...	73
3. ... DANDO LUGAR A UMA NOVA	139
4. RUMO AO OESTE	177
5. APOCALIPSE ADIADO	215
6. 1066 E TUDO O MAIS	263
7. UMA VERDADE INCONVENIENTE	302

Cronologia	369
Notas	375
Bibliografia	395
Índice	417

Agradecimentos

Como a peregrinação é um dos principais temas deste livro, talvez seja bastante natural que escrevê-lo tenha parecido quase sempre um caminho longo e sinuoso. Eu tenho uma imensa dívida de gratidão para com todos os que me ajudaram a chegar ao final da minha jornada. A Richard Beswick e Iain Hunt, meus editores e ambos milagreiros. A Susan de Soissons, Roger Cazalet e todos os outros da Little, Brown, por seu apoio inabalável. A Jake Smith-Bosanquet, por sovar a massa, bem como por sua suave técnica de negociação, e a Patrick Walsh, o melhor dos agentes, e a quem este livro é dedicado. A Gerry Howard, por seu encorajamento em um momento fundamental de desalento, e a Frits van der Meij, por sua orientação medievalista experiente. A James Palmer e Magnus Ryan, por fazer uma leitura atenta e rigorosa — de fato intimidadora — dos originais e por serem tão inacreditavelmente generosos com seu tempo, seu conhecimento e seus conselhos. A Robert Irwin, o *non-pareil* dos orientalistas contemporâneos, por ler os capítulos sobre a relação da cristandade com o islamismo. A Ben Yates, que promete um belo futuro para os estudos sobre a Noruega neste país, por ler a última versão dos originais até o fim a despeito de todas as suas obrigações — e com um resultado inestimável. A David Crouch, por abrir meus olhos plenamente para os desafios que se tem pela frente. A Michael Wood, por confirmar minha opinião de que não há período mais fascinante e pouco estudado do que o século X. A Andrea Wulf e Maike Bohn, que mais que compensaram meu lamentável desconhecimento de alemão — e sim, Andrea, Lanças Sagradas *são* mais interessantes que plantas. A Jamie Muir, por ler os capítulos por completo à medida que eram escritos, com seus habituais precisão e bom humor, e por me acompanhar até o condomínio residencial que hoje ocupa o lugar onde Haraldo Hardrada tombou. A Caroline Muir, por correr pelo parque comigo sempre que eu sentia precisar fugir do primeiro milênio — ou, de fato, refletir sobre ele longe da escrivaninha. Ao padre Dunstan Adams OSB, por permitir que, mesmo que brevemente, eu partilhasse do ritmo cotidiano que um dia embalou Cluny. A Marianna Albini, por me acompanhar a Canossa. A meu irmão, James Holland, por me comprar um capacete normando. A meus pais, Jans e Martin Holland, por me criar no coração de Wessex. Acima de tudo, à minha família amada, Sadie, Katy e Eliza, por suportar meus longos surtos de isolamento eremita, por me acompanhar sem se queixar em meio a túmulos dinamarqueses e igrejas de Auvergnac, e por permitir que eu batizasse nossos gatos de Harold e Edith. *Beatus vir qui implevit faretram suam.*

Lista de mapas

A Europa no ano 1000	28
O Império Romano em 395 d.C.	38
O império dos francos sob Carlos Magno e seus sucessores	60
O *Reich* saxão	75
A Itália no reinado de Otão II	98
O império bizantino	106
A França no ano 1000	140
As Ilhas Britânicas no ano 1000	188
O mundo dos nórdicos	204
A Itália de Leão IX e seus sucessores	253
A fronteira oriental da cristandade	275
1066	286
O *Reich* de Henrique IV	303
Espanha: começa a *Reconquista*	359

Prefácio

Exatamente a pior época do ano para uma viagem — e também o pior dos anos. Naquele final de dezembro, todos falavam sobre como nunca tinha havido um inverno como aquele. A neve caía havia semanas, e nas montanhas dos Alpes o acúmulo de neve era especialmente denso. Não surpreende então que à medida que um pequeno grupo de cerca de cinquenta viajantes lutava para subir em zigue-zague a encosta íngreme do monte Cenis, fossem estimulados pelos habitantes locais a dar meia-volta, postergar sua missão, esperar a chegada da primavera. "Pois os declives à frente estavam tão cobertos de neve e gelo", eles eram alertados, "que nem casco nem pé conseguem pisar em segurança sobre eles."[1]

Mesmo os guias, homens com anos de experiência em tempestades alpinas, se confessavam alarmados com as terríveis condições. Por mais perigosa que fosse a subida, murmuravam eles, a descida se revelaria ainda pior. E certamente assim foi. Nevascas e temperaturas gélidas haviam transformado a estrada que descia na direção da Itália em uma ravina letal de gelo compacto. Enquanto as mulheres do grupo cuidadosamente usavam trenós revestidos de couro de boi, os homens eram obrigados a escorregar e deslizar para a frente a pé, algumas vezes agarrando os ombros dos guias, em outras se arrastando de quatro. Uma forma indigna para alguém viajar — mas especialmente para um césar e seu séquito.

Mil e setenta e seis anos tinham se passado desde o nascimento de Cristo. Muito havia mudado ao longo desse tempo: povos estranhos tinham se tornado grandes, reinos famosos haviam desmoronado, e até mesmo Roma, a mais festejada das cidades, aquela que um dia havia sido a soberana do mundo, se tornara um deserto de monumentos derrubados e erva daninha. Mas nunca tinha sido esquecida. Embora o domínio dos antigos césares houvesse desaparecido havia muito, o brilho de sua fama ainda iluminava a imaginação de seus herdeiros. Mesmo para povos que nunca tinham se submetido a seu mando e em reinos bem além do alcance de suas legiões, a pessoa de um imperador, seu manto decorado com sóis e estrelas, parecia um complemento impressionante mas natural àquele imperador celestial que reinava nos céus. Era por isso que, diferentemente de seus antepassados pagãos, um césar cristão não precisava de impostos, burocratas e exércitos de prontidão para sustentar a mística de seu poder. Nem precisava de uma capital — sequer ser romano. Sua verdadeira autoridade emanava de uma fonte superior. "Depois de Cristo ele governa a Terra."[2]

O que, então, e no auge do inverno, fazia o representante de Deus colecionar hematomas na encosta de uma montanha? Tal príncipe, na época do Natal, deveria estar sentado em seu trono em uma sala com fogo aceso, presidindo uma mesa abarrotada, entretendo duques e bispos. Henrique, o quarto rei com esse nome a ascender ao comando do povo germânico, era senhor do maior de todos os reinos da cristandade. Tanto seu pai quanto seu avô antes dele haviam sido coroados imperadores. O próprio Henrique, embora ainda não houvesse sido formalmente agraciado com o título imperial, sempre considerara certo de que era seu por direito.

Contudo, pouco antes essa suposição havia recebido uma série de golpes esmagadores. Durante anos os inimigos de Henrique entre os príncipes ale- mães haviam manobrado para derrubá-lo. Não havia nada de excepcional nisso; pois, em geral era da natureza dos príncipes alemães manobrar contra seu rei. Absolutamente excepcional, porém, fora o surgimento inesperado de um adversário que não tinha uma grandiosa rede de castelos, não comandava um grande exército de guerreiros, sequer empunhava uma espada. Ainda assim, um adversário que em apenas poucos meses, aliado aos príncipes alemães, havia sido bem-sucedido em colocar de joelhos o mais poderoso rei da cristandade.

Gregório: era como esse formidável oponente chamava a si mesmo: um nome adequado não a um senhor da guerra, mas ao guardião de uma *"grex"*, um rebanho de ovelhas. Os bispos, seguindo o exemplo de seu Salvador, eram dados a se apresentar como pastores — e Gregório, em função de seu cargo, era dono do mais imponente cajado de todos. Bispo de Roma, ele também era muito mais do que isso: pois assim como Henrique gostava de posar como o herdeiro dos césares, da mesma forma Gregório, de seu trono na capital da cristandade, se dizia o "Pai", o "papa" da Igreja universal. Uma receita perfeita para o conflito? Não necessariamente. Durante séculos uma grande sequência de imperadores e papas operou em conjunto bastante bem, não competindo, mas em parceria. "Há dois grandes princípios que servem para dar ordem a este mundo: a abençoada autoridade dos pontífices e o poder dos reis." Assim havia sido dito por um papa, Gelásio, em 494 d.C.

Reconhecidamente, a tentação de louvar a si mesmo levara Gelásio à grandiosa afirmação seguinte de que era ele, e não o imperador, aquele com maior responsabilidade: "pois são os padres, na hora do Juízo, que têm de prestar conta das almas dos reis[3]." Mas isso não passara de teoria. A realidade era bem diferente. O mundo, afinal, era um lugar cruel e violento, e um papa podia facilmente se encontrar encurralado por vizinhos ameaçadores. Um cajado de pastor, por mais útil que fosse, não era garantia contra um predador em cota de malha. Como resultado, ao longo dos séculos, embora nenhum imperador tenha pedido proteção a um papa, muitos papas pediram proteção a um imperador. Eles poderiam ser parceiros — mas nunca houve qualquer dúvida, na prática cruel, de quem era o inferior.

E todos sabiam disso. Não importando os belos argumentos de Gelásio, havia muito era considerado certo pelos povos cristãos que os reis — e especialmente os imperadores — eram homens tão envolvidos nas dimensões misteriosas do celestial quanto qualquer padre. Considerava-se que eles não apenas tinham o direito de se imiscuir nos assuntos da Igreja, como isso era positivamente um dever. De fato, em determinada oportunidade, em um momento de particular crise, um imperador podia chegar a ponto de usar a máxima sanção e forçar a abdicação de um papa sem merecimento. Havia sido exatamente isso o que Henrique IV, convencido de que Gregório era uma ameaça à cristandade, buscara conseguir nas primeiras semanas de 1076; uma necessidade lamentável, sem dúvida, mas nada que seu próprio pai não tivesse feito com sucesso antes dele.

Gregório, contudo, longe de se submeter à insatisfação imperial e renunciar docilmente, dera um passo sem precedentes: reagira de forma feroz. O papa pronunciara que os súditos de Henrique estavam dispensados de sua lealdade e obediência ao seu senhor terreno — já que o próprio Henrique, a própria imagem de Deus na Terra, estava "preso às correntes do anátema"[4] e excomungado da Igreja.

Uma atitude que em poucos meses se revelou absolutamente devastadora. Os inimigos de Henrique saíram letalmente fortalecidos e seus amigos desapareceram por completo. Ao final do ano todo o seu reino se tornara simplesmente ingovernável. E foi assim que, enfrentando as tempestades de inverno, o rei então desesperado começara a cruzar os Alpes. Ele estava determinado a se encontrar com o papa, demonstrar a devida penitência, pedir perdão. Embora fosse um césar, não lhe restara alternativa.

Era, então, uma corrida contra o tempo — e tornada ainda mais premente pela consciência que Henrique tinha de um detalhe desconfortável. Relatos diziam que Gregório, a despeito da venerável idade de 55 anos, também estava nas estradas naquele inverno. De fato, ele estava planejando fazer sua própria travessia dos Alpes nevados para acertar as contas com Henrique naquele mês de fevereiro, dentro das fronteiras do próprio reino alemão. Naturalmente, à medida que o cansado grupo real emergia na Lombardia e 1076 se transformava em 1077, houve um esforço frenético para localizar o paradeiro do papa. Felizmente para Henrique, revelou-se que embora ele tivesse calculado com precisão, o mesmo fizera sua presa. Gregório, apesar de ter seguido rumo norte o bastante para ver o sopé dos Alpes à sua frente, dera meia-volta alarmado ao receber a notícia da aproximação do rei, se retirando para a fortaleza de um aliado local.

Henrique, despachando uma nuvem de cartas à sua frente para tranquilizar o papa de suas intenções pacíficas, se pôs imediatamente em perseguição. No final de janeiro, e acompanhado apenas de uns poucos companheiros, ele começou a subir outra estrada. À sua frente, recortada como a espuma de grandes ondas congeladas pelo frio daquele terrível inverno, se erguia a fronteira dos Apeninos. Tendo deixado a planície para trás por meros nove quilômetros, mas com muitas horas de voltas e contornos, Henrique finalmente chegou diante de um vale, aparentemente escavado na selvagem paisagem montanhosa, alcançado por uma única passagem. Além dele, no alto de uma rocha tão nua e desolada que parecia absolutamente inexpugnável, o rei podia ver as ameias do abrigo em que o papa se refugiara. O nome da fortaleza: Canossa.

Henrique avançou até a sombra do castelo. Assim que o fez, os portões externos se abriram para recebê-lo, e então, a meio caminho da rocha, os portões de uma segunda muralha. Teria ficado bastante evidente, mesmo para os sentinelas desconfiados, que seus visitantes não pretendiam causar mal nem

PREFÁCIO

representavam qualquer ameaça. "Descalço, vestindo lã, ele colocara de lado todo o esplendor próprio de um rei." Embora Henrique fosse orgulhoso e irascível por natureza, naquela oportunidade sua cabeça estava baixa. Lágrimas corriam por sua face. Humildemente, se juntando a uma multidão de outros penitentes, ele se colocou diante dos portões da muralha mais interna do castelo. Ali esperou o césar, o representante de Cristo, tremendo na neve. E em todo aquele tempo ele não deixou de recitar seus lamentos — "até", como disse o vigilante Gregório, "ter provocado tal misericórdia e tanta compaixão em todos os que ali estavam, ou que tinham sido informados do que acontecia, que começaram a interceder por ele com suas próprias orações e lágrimas.[5]" Um espetáculo verdadeiramente impressionante. No final, nem mesmo o severo e indomável papa conseguiu resistir a ele.

Na manhã de sábado, 28 de janeiro, o terceiro dia da penitência real, Gregório já tinha visto o bastante. Ele ordenou que o conjunto interno de portões fosse finalmente destrancado. Negociações foram iniciadas e rapidamente concluídas. Papa e rei, talvez pela primeira vez desde que Henrique era uma criança pequena, olharam um nos olhos do outro.[6] O penitente em apuros foi absolvido com um beijo papal. E assim foi encerrado um episódio tão terrível quanto vários outros na história da Europa.

Assim como a travessia do Rubicão, como a queda da Bastilha, os acontecimentos em Canossa serviram para cristalizar uma crise que verdadeiramente marcou época. Havia muito mais em jogo do que apenas os egos de dois homens dominadores. O papa, por mais que certamente estivesse envolvido em uma luta desesperada por poder, também tinha ambições que em seu alcance global eram de tirar o fôlego. Seu objetivo? Nada menos que estabelecer "a ordem certa no mundo[7]." Aquilo que um dia, nos tempos de Gelásio, parecera apenas um sonho, se transformara em um manifesto àquela altura, durante o papado de Gregório. Segundo seus termos, toda a cristandade, do ápice à menor aldeia, deveria ser dividida em duas. Uma esfera para o espiritual e uma para o secular. Os reis já não poderiam mais meter o nariz nos assuntos da Igreja. Era um plano de ação tão incendiário quanto radical, pois demandava um ataque direto a suposições que tinham milênios.

Contudo, mesmo que Gregório houvesse compreendido a escala de sua tarefa, certamente não a evitaria. O que estava em jogo, acreditava ele, era o próprio futuro da humanidade: pois a não ser que a Igreja permanecesse sacrossanta, qual seria a esperança de um mundo em pecado? Assim, não espanta que, com a oportunidade se apresentando, o papa ousasse transformar seu oponente mais formidável em um exemplo. "O rei de Roma, em vez de honrado como um monarca universal, tinha em vez disso sido tratado como um mero ser humano — uma criatura feita do barro."[8]

Contemporâneos, esforçando-se para entender o extraordinário sentido daquilo, compreendiam perfeitamente que estavam passando por uma convulsão sem precedentes e sequer sem paralelo nas questões dos povos cristãos. "Todo o nosso mundo romano foi abalado."[9] O que, então, esse terremoto podia pressagiar se não o final dos tempos? — pensavam muitos. Que as questões dos homens estavam chegando ao fim e que a própria Terra ficava decrépita era, havia muito, uma suposição disseminada. Mas como os anos passaram e o mundo não acabou, as pessoas se viram obrigadas a buscar diferentes explicações. Uma tarefa verdadeiramente formidável. As três décadas que antecederam o encontro em Canossa e as quatro que se seguiram a ele foram, na avaliação de um festejado medievalista, um período em que os ideais da cristandade, suas formas de governo e até mesmo seu próprio tecido social e econômico "mudaram em quase todos os sentidos". Essa foi, argumentou sir Richard Southern, a verdadeira construção do Ocidente. "A expansão da Europa finalmente começara. Que tudo isso tenha acontecido em tão pouco tempo é o fato mais marcante da história medieval."[10]

E se marcante para nós, muito mais então para aqueles que a viveram. Nós, do século XXI, estamos acostumados à noção de progresso: a fé em que a sociedade humana, em vez de inevitavelmente entrar em decadência, pode ser melhorada. Os homens e mulheres do século XI não estavam. Ao se atrever a desafiar Henrique e a aura de tradição grandiosamente antiga que cercava imperadores e impérios, Gregório foi o precursor de algo impressionante. Ele e os que o apoiavam podem não ter se dado conta — mas estavam apresentando ao Ocidente moderno a sua primeira experiência de revolução.

Uma afirmação que muitos daqueles que posteriormente abalaram a Europa sem dúvida considerariam despropositada. Para Martinho Lutero, o monge que considerou a missão de sua vida desfazer tudo o que Gregório tinha defendido, o grande papa parecia um personagem literalmente infernal: *Höllenbrand*, ou "Fogo do inferno". Também na esteira do Iluminismo, com os sonhos de erguer uma nova Jerusalém ganhando uma tonalidade mais secular e a revolução

PREFÁCIO

mundial sendo conscientemente entronizada como um ideal, pareceu a muitos entusiastas da mudança que não havia maior obstáculo ao seu avanço do que a Igreja Católica Romana.

Não que haja a necessidade de ser radical, ou mesmo liberal, para acreditar no mesmo. "Não iremos a Canossa!"[11] Assim disparou o chanceler de ferro de um império alemão renascido, o príncipe Bismarck, em 1872, ao assegurar ao Reichstag que nunca permitiria que o papado ficasse no caminho do avanço da Alemanha rumo à modernidade. Isso era colocar Gregório como o arquétipo da reação: uma caracterização que muitos estudiosos, embora de um ponto de vista diametralmente oposto, não contestariam. Também eles, assim como os inimigos da Igreja, buscavam reduzir a magnitude do que Canossa representou. Afinal, se o papado devia ser visto como o guardião das verdades e tradições imutáveis, como então poderia ter sido o responsável por uma ruptura nas questões europeias não menos momentosa do que a Reforma ou a Revolução Francesa?

Segundo a perspectiva católica convencional, Gregório foi um homem que não introduziu nada de novo no mundo, tendo, em vez disso, se esforçado para devolver a Igreja a seu estado primal e prístino. Como era exatamente isso o que o próprio Gregório sempre dissera estar fazendo, não era difícil encontrar sustentação para essa tese. Ainda assim, isso era enganoso. Na verdade, não havia precedentes para o levante exemplificado por Canossa — nem na história da Igreja de Roma nem em nenhuma outra cultura. As consequências não poderiam ter sido mais terríveis. A Europa ocidental, que por tanto tempo definhara à sombra de civilizações muito mais sofisticadas e de seu próprio passado remoto e desaparecido, finalmente foi colocada em um rumo que se revelaria definitivamente o seu próprio.

Foi Gregório, em Canossa, que se apresentou como padrinho do futuro.

Desde que o Ocidente pela primeira vez se colocou em uma posição de domínio global, a origem de sua excepcionalidade tem sido alvo de um debate acirrado. Convencionalmente ela tem sido situada no Renascimento, na Reforma ou no Iluminismo: momentos históricos que conscientemente se definiram em oposição ao atraso e ao barbarismo da chamada "Idade Média". Contudo, a frase pode ser traiçoeira. Se usada instintivamente demais, algo fundamental — e distintivo — sobre o arco da história europeia corre o risco de ser obscurecido. Longe de terem sido duas rupturas decisivas na evolução do Ocidente, como implícito na conversa sobre "Idade Média", na verdade houve apenas uma — um cataclismo sem paralelo nos anais das outras grandes culturas da Eurásia. Ao longo de um milênio, a civilização da antiguidade clássica conseguiu evoluir ao auge de uma extraordinária sofisticação; mas seu colapso na Europa ocidental, quando se deu, foi quase completo. O tecido social e econômico do Império Romano se desfez de forma tão completa que seus portos se imobilizaram, suas fundições silenciaram, suas grandes cidades se esvaziaram e ficou claro que mil anos de história haviam levado apenas a um beco sem saída. Nem mesmo todas as pretensões de um Henrique IV poderiam realmente modificar isso. O tempo não podia correr para trás. Nunca houve uma real perspectiva de reconstituir o que havia implodido — restaurar o que se perdera.

Ainda assim, muito tempo após a queda de Roma, a convicção de que a única opção à barbárie era o governo de um imperador global continuava a moldar a imaginação do povo cristão. E não apenas do povo cristão. Da China ao Mediterrâneo, os cidadãos de grandes impérios continuaram a fazer exatamente como os antigos romanos tinham feito, considerando o governo de um imperador a única imagem concebível da perfeição dos céus. Afinal, qual outra ordem poderia haver? Apenas no mais distante promontório ocidental da Eurásia, onde não restara nada de um império, mas apenas fantasmas e imitações canhestras, essa era uma pergunta feita seriamente — e mesmo assim, apenas após vários séculos. Daí todo o impacto mundial dos acontecimentos relacionados a Canossa. Havia começado uma mudança que acabaria por se estender muito além dos limites da Europa: mudanças que ainda podemos sentir.

De fato, talvez Gregório não desfrute hoje da fama de um Lutero, um Lenin, um Mao — mas isso é reflexo não de seu fracasso, mas da própria escala de sua conquista. São as revoluções incompletas aquelas que são lembradas; o destino daqueles que vencem é terminar sendo considerados normais. O próprio Gregório não viveu para testemunhar sua vitória final — mas a causa pela qual lutou estava destinada a se estabelecer como talvez a característica definidora da civilização ocidental. Que o mundo possa ser dividido entre Igreja e Estado, e que essas duas esferas possam existir de forma distinta: essas são as suposições que o século XI tornou "fundamentais para a sociedade e a cultura europeias,

PREFÁCIO

pela primeira vez e permanentemente". O que antes não passara apenas de um ideal, terminaria sendo algo admitido.

Não surpreende, portanto, que um eminente historiador dessa "primeira revolução europeia" tenha destacado que "não é fácil para os filhos da Europa lembrar que poderia ter sido diferente".[12] Mesmo o recente influxo em países ocidentais de um número considerável de pessoas de culturas não cristãs pouco serviu para estimular a memória. Costuma-se dizer, por exemplo, que o islamismo nunca teve uma Reforma — porém mais preciso seria dizer que ele nunca teve Canossa. Para um muçulmano devoto a ideia de que as esferas política e religiosa possam ser distintas certamente é chocante — assim como para muitos dos adversários de Gregório.

Não que o próprio Gregório tencionasse remotamente banir Deus de toda a dimensão das questões humanas; mas as revoluções invariavelmente produzem consequências indesejadas. No momento em que a Igreja, a partir da segunda metade do século XI, começou a afirmar sua independência de interferências externas criando suas próprias leis, burocracia e fontes de renda, os reis, em reação, passaram a fazer o mesmo. "O céu é o céu do Senhor, mas a terra, Ele a deu para os filhos de Adão."[13] Assim respondeu o filho de Henrique IV a um padre que insistira para que ele não enforcasse um conde abaixo das muralhas de seu próprio castelo por medo de provocar a ira de Deus. Com espírito semelhante foram assentadas as fundações do Estado ocidental moderno, fundações em grande medida despidas de qualquer dimensão religiosa. Uma doce ironia: que o próprio conceito de sociedade secular no final das contas se deva ao papado. Voltaire e a Primeira Emenda, o multiculturalismo e o casamento gay: tudo isso são marcos na estrada que parte de Canossa.

Mas olhar para a frente a partir do que foi adequadamente classificado de "a Revolução Papal" e insistir em suas amplas consequências é fazer uma pergunta óbvia: o que poderia ter produzido uma transformação tão completa e impressionante? Os especialistas sinceramente reconhecem que suas origens "ainda são tema de debate acalorado".[14] Quando Gregório se encontrou com Henrique em Canossa, o papado já era veículo para mudanças radicais havia quase três décadas — e a pressão por reformas aumentara durante cerca de uma década antes disso. O que, então, no início dos anos 1030, poderia estar em ebulição capaz de inspirar tal movimento? A pergunta se torna ainda mais intrigante por uma coincidência sugestiva: os mesmos anos que viram os primeiros sinais do que acabaria se transformando na Revolução Papal foram identificados por muitos medievalistas como o ponto final de um período de crise anterior e não menos terrível. Uma crise que, contudo, era centrada não nas cortes e basílicas dos poderosos, mas na vastidão interminável do interior — e não na Alemanha ou na Itália, mas na França. Argumenta-se que ali, a partir de cerca de 980, houve uma violenta "mutação" que levou ao surgimento, em um período de poucas décadas, de tudo aquilo que hoje é popularmente associado à Idade Média: castelos, cavaleiros e tudo o mais.

O espectro e o caráter dessa mudança são reconhecidamente polêmicos, com alguns estudiosos questionando até mesmo se isso aconteceu, e outros alegando que foi uma virada decisiva para a Europa ocidental como um todo.[15] De fato, em um período da história em que não faltam pântanos traiçoeiros, a questão de o que exatamente aconteceu na França nas últimas décadas do século X e nas primeiras do século XI talvez tenha se tornado a mais traiçoeira de todas. Historiadores franceses, para os quais todo o debate se tornou uma espécie de fixação cansativa, tendem a resumir isso em uma única frase: "*L'an mil*", como o chamam — "o ano 1000".

Um título cativante. Por mais academicamente redutiva que seja, a data não soa menos fascinante por causa disso. Ou apenas para nós, que passamos do segundo milênio cristão para o terceiro? Os historiadores, sempre preocupados em não aplicar ao passado suposições contemporâneas, chegaram a argumentar isso. De fato, até duas décadas atrás, mesmo aqueles que defendiam de forma exuberante a tese de uma maciça transformação da Europa ocidental por volta do milênio se contentavam em ver o ano 1000 propriamente dito como não tendo inerentemente maior significado que, digamos, 1789 ou 1914. Que ele estivesse bem no meio de um período identificado por muitos historiadores como as dores do parto de uma ordem radicalmente nova, insistiram acadêmicos sóbrios, era mera coincidência, apenas isso. Certamente qualquer ideia de que a data pudesse ter produzido o tipo de ansiedade apocalíptica que nós, com a proximidade do ano 2000, projetamos nas profecias de Nostradamus e no Bug do milênio era vista como enganosa: uma fantasia a ser demolida tão impiedosamente quanto teorias *outré* sobre as pirâmides ou os templários. "Pois no momento em que se para de combater um erro histórico entrincheirado ele retorna imediatamente à vida", como suspirou um eminente medievalista com enfadada altivez.[16]

PREFÁCIO

Sem dúvida — mas quando tudo é indiscriminadamente transformado em uma hidra há o risco de que assim como erros, verdades acabem sendo passadas no fio da espada. Um pescoço pode se contorcer, encolher e se projetar — e ainda assim, apesar de tudo, não merecer ser cortado. "Os falsos terrores do ano mil[17]," como os classificou um livro recente, passaram a ser descartados como uma invenção febril e exuberante dos românticos do século XIX — mas isso não foi inteiramente justo. Com frequência — na verdade, com surpreendente frequência — os mitos sobre o primeiro milênio que os historiadores do século XX se dispuseram a combater foram criados por eles mesmos. Uma convicção universal de que o mundo terminaria ao soar da hora milenar; príncipes e camponeses correndo em pânico para igrejas à medida que o momento terrível se aproximava; toda a cristandade "congelada em completa paralisia"[18] — esses realmente são "falsos terrores", espantalhos grotescos e implausíveis em grande medida inventados pelos próprios céticos. Essas em muitos casos eram não apenas distorções do que os historiadores do século XIX realmente haviam dito; também eram, e de forma infinitamente mais danosa, distorções das provas remanescentes da própria época do milênio.[19]

Falar apenas de "terrores", por exemplo, é ignorar o grau profundo em que, para os infelizes, os pobres e os oprimidos, a expectativa do fim iminente do mundo não era fruto do medo, mas da esperança: "Ele chega, ele chega, o Dia do Senhor, como um ladrão na noite!"[20] Um alerta, certamente, mas também uma mensagem de júbilo — e significativa não apenas pelo seu tom, como também pelo momento. O homem que a transmitiu, um monge dos Países Baixos que em 1012 recebera uma visão espetacular do fim do mundo de ninguém menos que um arcanjo, não tinha a menor dúvida de que o Segundo Advento logo se daria. Que mais de uma década havia se passado desde o milênio propriamente dito não o incomodava absolutamente: pois assim como os "terrores do ano 1000" não eram simplesmente terrores, eles também não estavam de modo algum limitados ao próprio ano 1000.

De fato, o milésimo aniversário do nascimento de Cristo era uma data óbvia para expectativas apocalípticas — mas não era a única, e nem mesmo a principal. Longe de diminuir com a sua passagem, a expectativa do dia do Juízo Final parece ter aumentado ao longo dos 33 anos posteriores — e por que não teria? Pois aos povos cristãos daquela época terrível havia sido concedido um privilégio que a eles parecia tão fascinante quanto temível: "viver suas vidas terrenas exatamente nas décadas que marcam o milésimo aniversário da intervenção de seu Senhor divino na história humana[21]."Portanto, não espanta que "com a aproximação do milênio da Paixão"[22] essa expectativa do Segundo Advento tenha assumido um ritmo febril: pois, afinal, o que havia em toda a história humana que pudesse se comparar ao significado cósmico da morte, ressurreição e ascensão ao céu de Cristo? Nada — nem mesmo Seu nascimento. Portanto, o verdadeiro milênio não era o ano 1000. Na verdade era o aniversário da partida de Cristo da Terra que ele percorrera tão transitoriamente. Um aniversário que caía por volta do ano 1033.

Tais argumentos — de que as pessoas realmente foram tomadas por uma expectativa do final dos tempos com a aproximação do milênio, de que isso inspirou nelas uma mistura explosiva de medo e esperança e de que isso chegou ao auge no milésimo aniversário da ressurreição — deixaram de ser, nas últimas décadas, classificados como as heresias que anteriormente eram. Medievalistas, como todo mundo, têm as suas modas — e o debate sobre o caráter apocalíptico do ano 1000 tem estado no auge. Sem dúvida, como alguns críticos destacaram, a controvérsia deve muito ao momento: não pode ser coincidência que ela tenha adquirido tal ritmo nos anos que imediatamente antecederam e sucederam o ano 2000. Mas isso não a desmerece. Os historiadores inevitavelmente são afetados pela época em que trabalham. Viver em uma virada de milênio não é uma oportunidade que surja todo dia. Portanto, qual sabotagem pessoal seria maior do que fechar os olhos às perspectivas oferecidas por uma experiência única em mil anos?

Certamente seria presunção da minha parte negar que este estudo do primeiro milênio cristão não foi em certa medida inspirado por reflexões sobre o segundo. Ele foi especialmente moldado pela percepção de que a entrada em uma nova era de autoconsciência acabou não sendo de modo algum o que eu esperava que seria. Nervoso como estava, em meus momentos mais supersticiosos ou distópicos, quanto ao que a passagem de 1999 para 2000 poderia trazer, eu tinha vagamente suposto que o mundo do terceiro milênio pareceria mais brilhante, mais otimista — até mesmo mais jovem. Mas não foi.

Ainda adolescente e vivendo à sombra da Guerra Fria, eu me lembro de haver rezado para poder ver o século XXI, assim como todo o mundo. Mas agora, após cruzar esse umbral e olhando para o futuro, descubro que estou mais consciente do que nunca de como o tempo se estende infinita e

PREFÁCIO 25

aterrorizantemente e, comparativamente, de quão pequena a existência humana provavelmente se mostrará. "A Terra em si poderá resistir, mas não serão os humanos que irão lidar com nosso planeta sendo calcinado por um sol moribundo; nem mesmo, talvez, com o esgotamento dos recursos da Terra."[23] Assim escreveu Martin Rees, astrônomo real da Grã-Bretanha, em uma jeremiada intitulada *Hora final: Alerta de cientista: o desastre ambiental ameaça o futuro da humanidade.*

Longe de ter sido inspirado por qualquer clima de angústia *fin de siècle*, esse livro na verdade foi escrito na esteira do novo milênio; e desde sua publicação em 2003 o pessimismo dos grandes cientistas parece ter diminuído. Quando James Lovelock, o festejado ambientalista, leu o livro de Rees, ele o considerou "não mais do que uma especulação entre amigos e nada pelo que perder o sono"; apenas três anos depois ele estava confessando sombriamente em seu próprio livro, *A vingança de Gaia*: "Eu estava muito errado."[24] Sendo como é a preocupação atual com o aquecimento global, mesmo pessoas que desconhecem a tese aterradora de Lovelock de que o mundo está prestes a se tornar de fato inabitável conseguem rapidamente imaginar o que provocou sua mudança. Como ele escreveu de forma memorável, embora desalentadora, "Nosso futuro é como o dos passageiros de um pequeno barco de passeio navegando serenamente acima das Cataratas do Niágara sem saber que os motores estão prestes a parar."[25] E qual é a estimativa de quando precisamente a mudança climática nos colocará além do limite? Dentro de vinte a trinta anos: em algum momento por volta de, digamos, 2033.

Mais de mil anos atrás um santo abade produziu uma metáfora semelhante. O barco que conduzia a humanidade pecadora, alertou ele, estava cercado de todos os lados por uma tempestade em formação: "tempos perigosos nos ameaçam, e o mundo corre o risco do seu fim".[26] Que o abade tenha se mostrado errado não nos garante que Lovelock e seus companheiros profetas da trágica mudança climática também estejam necessariamente errados: pois sem dúvida a ciência pode ser um guia mais confiável para o futuro do que a Bíblia tem sido ao longo dos anos. Embora os temerosos cristãos dos séculos X e XI possam parecer distantes a nós, e distantes suas suposições e expectativas, nós no Ocidente somos reconhecidamente seus descendentes, principalmente quando refletimos sobre se nossos pecados acabaram nos arruinando. O próprio leque de opiniões sobre o aquecimento global, desde aqueles que, como Lovelock, temem o pior aos que o descartam inteiramente — o espetáculo de pessoas ansiosas e responsáveis, perfeitamente convencidas de que o planeta de fato está aquecendo e ainda assim enchem os tanques de seus carros, aquecem suas casas e fazem voos de baixo custo; a suposição popular disseminada, com frequência incipiente, mas não menos genuína, de que algo, de alguma forma, *deve ser feito*: estes talvez sejam reflexos do que realmente cintila em um espelho distante. Certamente a sensação de estar no limiar de uma nova época (embora o leitor possa rir) não foi inútil para o historiador do primeiro milênio.

A sensação de que surgiu uma nova era sempre serve para provocar reflexão. Deixar para trás um aniversário grandioso é inevitavelmente se tornar mais sensível ao próprio processo de mudança. A mim parece que as preocupações com o aquecimento global, a despeito de ele ter sido enunciado há anos, só aumentaram realmente com o novo milênio. O mesmo se pode dizer das ansiedades quanto a outras tendências enraizadas: o aumento da tensão entre o Islá e o Ocidente, por exemplo, ou o crescimento da China. Também nos anos 1030, argumenta este livro, homens e mulheres que sentiam ter passado de uma ordem de tempo para outra não podiam deixar de repentinamente ter a consciência de quão estranho e desconcertantemente o futuro parecia se estender à frente deles. Durante um bom tempo a ideia de que o mundo chegaria ao fim, Cristo retornaria e uma nova Jerusalém desceria dos céus havia sido uma espécie de resposta. Com a frustração dessa expectativa, os povos cristãos da Europa ocidental se viram sem outra escolha que não chegar a conclusões produzidas por seu próprio desconforto e sua engenhosidade: assumir a tarefa heroica de construir eles mesmos uma Jerusalém celestial na Terra.

A história de como eles chegaram a isso e de como uma nova sociedade e uma nova cristandade se ergueram em meio à agitação da época é tão marcante e grandiosa quanto qualquer outra na história da humanidade — e uma que inevitavelmente tem um cunho épico. Afinal, uma revolução como a que o século XI viu só pode ser verdadeiramente compreendida no contexto da ordem que ela superou. Por isso a narrativa deste livro retrocede no tempo: até as próprias origens do ideal de um império cristão. O leitor será levado em uma jornada que abrange tanto a ruína da *pax romana* quanto as tentativas, ao longo de séculos, de restaurá-la; lerá sobre um continente devastado por invasões, colapso social e o espírito da venda de proteção; traçará as origens da invenção da cavalaria, o nascimento da heresia e a construção dos primeiros castelos; acompanhará os feitos de califas, reis dos mares vikings e abades.

PREFÁCIO

Acima de tudo, porém, este é um livro sobre como a expectativa do final dos tempos levou a um recomeço; pois do nosso próprio ponto de vista a estrada para a modernidade começa no primeiro milênio, certamente marcada por curvas fechadas e desvios, mas não cortada por uma catástrofe completa como a que separa o ano 1000 da Antiguidade. Embora isso algumas vezes possa parecer uma reflexão perturbadora, os monges, guerreiros e servos do século XI podem ser considerados nossos ancestrais diretos de uma forma que as pessoas de épocas anteriores nunca foram. Em síntese, *Milênio* é sobre o mais significativo ponto de partida da história ocidental: o começo de uma jornada que talvez, no final, apenas um verdadeiro apocalipse possa interromper.

A Europa no ano 1000

"Mas há uma coisa, caríssimos, de que não vos deveis esquecer: um dia diante do Senhor é como mil anos, e mil anos como um dia."

2 Pedro 3:8

"A Fé é a Europa. E a Europa é a Fé."

Hilaire Belloc

1

O RETORNO DO REI

A prostituta da Babilônia

"Dar-te-ei tudo isto, se, prostrando-te diante de mim, me adorares",[1] disse Satanás, mostrando a Jesus os reinos do mundo. Mas Jesus, desprezando o império, recusou a tentação. E Satanás, perturbado, se retirou mergulhado em grande confusão; e os anjos vieram e começaram a servir ao Filho do Homem. Ou pelo menos foi o que disseram seus seguidores.

Os reinos mostrados a Jesus já tinham um só mestre: César. Monarca de uma cidade que já havia devorado toda a terra, a triturado e colocados sob seus pés o que sobrara, "extremamente pavoroso"[2], ele determinava o destino de milhões desde seu palácio no monte Palatino em Roma. Jesus nasceu e viveu meramente como um em sua miríade de súditos. Contudo, o governo proclamado pelo "Ungido", o "Cristo", não era para este mundo. Imperadores e suas legiões não tinham poder para tomá-lo. Em vez disso, o Reino dos Céus era prometido aos misericordiosos, humildes, os pobres. "Bem-aventurados os pacíficos, porque serão chamados Filhos de Deus."[3] E Jesus — mesmo em face da morte — praticou o que pregava. Quando guardas foram enviados para prendê-lo, seu principal discípulo, Pedro, "a pedra" sobre a qual havia sido profetizado que a própria Igreja seria fundada, buscou defender seu mestre; mas Jesus, curando o homem ferido no confronto que se seguiu, ordenou que Pedro guardasse sua arma. "Pois todos aqueles que usarem da espada, pela espada perecerão",[4] alertou ele. Arrastado perante um governador romano, Jesus não ergueu a voz para se queixar ao ser condenado à morte como inimigo de César. Soldados romanos o escoltaram enquanto ele carregava sua cruz pelas ruas de Jerusalém até o local da execução, o Gólgota, o monte Calvário. Pregos romanos foram cravados em suas mãos e seus pés. A ponta de uma lança romana foi fincada na lateral de seu corpo.

Nos anos e décadas que se seguiram, os discípulos de Cristo, insistindo com o mundo em que seu mestre tinha sido ressuscitado de Seu túmulo desafiando Satanás e os grilhões da morte, não surpreendentemente viam o império dos césares como uma monstruosidade. Pedro, que escolhera pregar o evangelho na própria toca da fera, chamou Roma de "Babilônia,"[5] e foi lá que ele, como seu mestre, acabou enfrentando a morte pela crucifixão. Outros cristãos presos na capital foram vestidos com peles de animais e feitos em pedaços por cães, ou transformados em tochas para iluminar os jardins imperiais. Cerca de 60 anos após Cristo ter desaparecido da vista de Seus discípulos, uma revelação de Seu retorno foi dada a um discípulo chamado João, uma visão do final dos tempos na qual Roma surgia como uma prostituta "ébria do sangue dos santos e do sangue dos mártires de Jesus", montada em uma besta escarlate e adornada de púrpura e ouro, "e na sua fronte estava escrito um nome simbólico: 'Babilônia, a Grande, mãe das prostitutas e das abominações da terra'".[6] Contudo, por mais grandiosa que fosse, a queda da prostituta era certa. Roma cairia, e prodígios mortais afetariam a humanidade, e Satanás, "o Dragão, a primitiva Serpente",[7] escaparia de sua prisão até que finalmente, na última hora do ajuste de contas, Cristo voltaria, todo o mundo seria julgado e Satanás e seus seguidores seriam condenados a um poço de fogo. E um anjo, o mesmo que tinha feito a revelação a João, o alertou para não guardar as palavras da profecia apenas para si, "Pois o momento se aproxima".

Mas os anos passaram e Cristo não voltou. O tempo fechou os olhos do último homem a tê-Lo visto vivo. Seus seguidores, tendo-lhes sido negado um Segundo Advento, foram forçados a se adaptar a um presente ainda governado por César. Prostituta ou não, Roma deu a eles, assim como a todos os seus súditos, os frutos de sua ordem mundial. Por todo o império, comunidades de cristãos se espalharam e floresceram. Gradualmente, um passo cauteloso após o outro, foi criada uma hierarquia capaz de administrar aquelas novas igrejas. Assim como Jesus havia encarregado Pedro de ser o pastor de Suas ovelhas, as congregações se entregaram a "supervisores": os "bispos". "*Pappas*" era como esses homens eram chamados: o termo grego afetuoso para "pai". Mergulhados como estavam na condução cotidiana de seus bispados, tais homens não podiam apostar toda a confiança em extravagantes visões do apocalipse. Embora continuassem apaixonados em sua esperança de ver o retorno de Cristo em glória, eles também tinham a responsabilidade de cuidar de seus rebanhos no presente. Em grande medida como qualquer pagão, eles se deram conta de que tinham bons motivos para apreciar a *pax romana*.

E justificativas para essa visão não estavam inteiramente ausentes das Sagradas Escrituras. São Paulo — embora martirizado em Roma, como São Pedro — avisara à Igreja de lá, antes de sua execução, que as estruturas de governo, mesmo aquelas do próprio império pagão, haviam sido "instituídas por Deus".[8] De fato, muitos discípulos do apóstolo ficaram chocados por os césares terem um papel mais que secundário a desempenhar na sua visão do final dos tempos. Enquanto São João retratara Roma como acumpliciada com a Besta, aquele demônio em forma humana que estava destinado a, imediatamente antes do retorno de Cristo, estabelecer uma tirania de mal universal, seduzindo homens e mulheres em toda parte por intermédio de milagres espetaculares, gelando suas almas e apagando a Igreja sob uma onda de sangue. Paulo aparentemente via o império de forma diametralmente oposta: como a única fortaleza capaz de deter o Anticristo.[9] Mas tal interpretação não eliminava inteiramente a ambivalência com a qual muitos cristãos ainda viam Roma e a perspectiva de sua queda: pois se o reinado do Anticristo evidentemente devia ser temido, ele também poderia ser bem-vindo, por marcar o retorno de Cristo. "Quanto ao dia e hora, ninguém o sabe, nem os anjos do céu, nem mesmo o Filho, somente o Pai",[10] como o próprio Jesus prevenira os discípulos. Sendo assim concluíram muitos pais da Igreja, não podia ser considerado pecado incluir o império de Roma nas preces.

Pois, embora esperassem ser redimidos, mesmo os cristãos mais devotos ainda eram pecadores, caídos e feitos de pó. Até que um novo céu e uma nova terra fossem estabelecidos sobre as ruínas dos antigos, e uma nova Jerusalém descesse "do céu de Deus[11]," a Igreja não tinha escolha a não ser se ajustar ao governo de um poder terreno. Ainda era preciso aplicar leis, governar cidades, preservar a ordem. Os inimigos dessa ordem, espreitando em florestas úmidas e distantes, ou em meio à areia de desertos impiedosos, ainda precisavam ser mantidos a distância. No alvorecer do quarto século da era cristã, seguidores do Príncipe da Paz eram encontrados até mesmo nas fileiras dos soldados de César.[12] Épocas posteriores preservariam a memória de Maurício, um general egípcio estacionado na pequena cidade de Agaunum, nos Alpes, que comandava uma legião composta inteiramente de fiéis. Recebendo a ordem de passar no fio da espada uma aldeia de cristãos inocentes, ele se recusou. Ainda assim, como o próprio Maurício deixou claro ao imperador furioso, ele não teria visto razão para motim em uma ordem de atacar inimigos pagãos. "Somos seus soldados, sim", ele teria explicado, "mas também somos soldados de Deus. Devemos ao senhor as obrigações do serviço militar, mas a Deus a pureza de nossas almas."[13]

O imperador, contudo, não ficou nem um pouco impressionado. Ele ordenou a execução dos amotinados. E assim Maurício e toda a legião sob seu comando ganharam suas coroas de mártires.

Aparentemente, no final das contas, não era possível conciliar a obediência a Cristo e a César.

Uma nova Roma

Mas e se o próprio. César fosse um servo de Deus? Menos de uma década após o martírio de Maurício, e enquanto a perseguição à Igreja atingia novos níveis de ferocidade, a mão de Deus estava se preparando para se manifestar de uma forma inteiramente inesperada. Em 312 d.C. um pretendente ao título imperial de nome Constantino marchou da Gália — a atual França — através dos Pirineus na direção de Roma. As chances pareciam ser contra ele. Não apenas estava em grande inferioridade numérica como seus inimigos já haviam tomado o controle da capital. Contudo, ao meio-dia de certo dia, olhando para o céu em busca de inspiração, Constantino viu lá o brilho de uma cruz, visível a todo o seu exército, e inscrita nela as palavras "Por este sinal, conquiste". Naquela noite, em sua barraca, ele foi visitado pelo próprio Cristo. Novamente, a mesma instrução: "Por este sinal, conquiste". Acordando ao amanhecer do dia seguinte Constantino obedeceu. Ele ordenou que o "sinal celeste de Deus" fosse gravado nos escudos de seus soldados.[14] Quando finalmente começou a batalha na periferia de Roma, Constantino saiu vitorioso. Entrando na capital, ele não esqueceu daquele a quem devia seu triunfo. Dando as costas a uma tradição de um milênio, ele não fez sacrifícios àqueles demônios que os césares, em sua tolice e ignorância, sempre haviam venerado como deuses. Em vez disso, o povo romano foi colocado em uma trilha radicalmente nova, uma que Deus claramente planejava havia muito, de servir a Ele como ferramenta e agente de Sua graça, como um *imperium christianum* — um império cristão.

"E como Constantino não suplicou a espíritos maus, venerando apenas o verdadeiro Deus, desfrutou de uma vida mais marcada por sinais de prosperidade mundana que qualquer um imaginaria ser possível."[15] Certamente era difícil para qualquer um discutir se seu reinado de fato foi divinamente abençoado. No total Constantino reinou 31 anos: apenas uma década menos que o primeiro homem a estabelecer seu mando sobre Roma e seu império, César Augusto. Havia sido durante o reinado de Augusto que Jesus nascera no mundo: e naquele momento, sob Constantino, igualmente parecia a seus súditos cristãos que a época passava por uma renovação. Em Jerusalém, terra e entulho foram retirados do túmulo em que Cristo havia sido colocado. Uma igreja do Santo Sepulcro, "superando em beleza todas as igrejas do mundo", foi erguida sobre ele e sobre o Gólgota, o monte da crucifixão.[16] Simultaneamente, às margens do Bósforo, aquela que antes havia sido a cidade pagã de Bizâncio era reformada para servir ao império como uma capital cristã. Foi dito que o próprio Constantino, marcando o traçado urbano de suas fundações com uma lança, tinha sido guiado pela figura de Cristo andando à sua frente. Nunca mais seriam construídos templos pagãos em solo bizantino. Bastava de nuvens de fumaça gordurosa de sacrifícios pairando acima das ruas largas. Agraciada com o título esplêndido de "Nova Roma", a capital daria ao primeiro imperador cristão seu memorial mais duradouro. A partir de então os romanos a conheceriam como a "Cidade de Constantino" — Constantinopla.

Uma sede de império, certamente — mas dificilmente um monumento à humildade cristã. Os líderes da Igreja não se perturbaram. Quase incapazes de reconhecer o milagre que os transformara tão inesperadamente de uma minoria perseguida em uma elite imperial, eles não franziram o cenho com o espetáculo da magnificência de seu imperador. Já que, como São João aprendera em sua visão, a Nova Jerusalém não iria descer à Terra até o final dos tempos, pareceu a eles perda de tempo pregar a revolução. Considerando-se o estado lamentável do mundo, era muito mais meritório se dedicar à tarefa de redimi-lo do caos. Era ordem, não igualitarismo, o que o espelho dos céus mostrava à Terra.

O que eram os santos, os anjos e arcanjos se não um modelo de corte, ocupando uma refinada hierarquia em meio à pompa do Mundo do Além, com o próprio Cristo, vitorioso em Sua grande batalha contra a morte e as trevas, presidindo a eles e à monarquia do universo em um brilho de luz celestial? Um imperador cristão, governando como patrocinador e protetor da Igreja poderia atuar não apenas como um aliado de Cristo na grandiosa guerra contra o mal, mas como Seu representante na Terra, "dirigindo, à imitação do próprio Deus, a administração das questões deste mundo".[17] No esplendor adornado e perfumado de Constantinopla era possível ter um vislumbre das belezas do paraíso; nos exércitos que partiam para a batalha contra os inimigos da ordem cristã, uma imagem das hostes angelicais. O que antes tinha sido a própria prova da depravação do império — sua riqueza, seu esplendor, seu terrível poder militar — parecia naquele momento destacá-lo como uma cópia do céu.

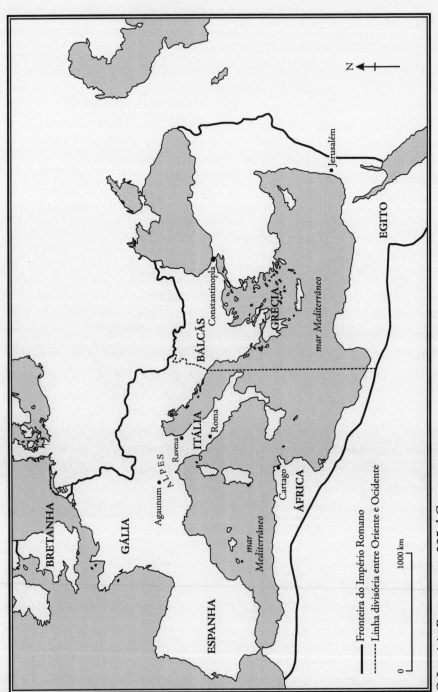

O Império Romano em 395 d.C.

Naturalmente, o Cristo ao qual Constantino e seus sucessores se comparavam tinha pouca semelhança com o Jesus que havia morrido em agonia excruciante e sangrenta em uma cruz grosseira. De fato, nas meditações dos teólogos ou nos mosaicos dos artesãos Ele começou a se parecer um tanto com um imperador romano. Se os fiéis um dia haviam esperado que seu Messias fizesse um julgamento terrível de Roma, os bispos passaram a publicamente implorar a Ele que voltasse Suas "armas celestiais" contra os inimigos do império, "de modo a que a paz da Igreja não seja abalada pelas tempestades da guerra".[18] No quinto século cristão preces como essas estavam se tornando estridentes e desesperadas — pois cada vez mais as tempestades da guerra pareciam estar escurecendo todo o mundo. Selvagens das regiões bárbaras além da ordem cristã, não mais satisfeitos em respeitar as fronteiras que por tanto tempo haviam sido delimitadas pelo poder romano, começavam a vagar pelo império, ameaçando despojá-lo de seus melhores territórios e desmembrar um domínio havia tão pouco tempo consagrado ao serviço de Deus. Seria isso finalmente o fim dos tempos? Os cristãos devem ter sido perdoados por pensar assim. Em 410 d.C. a própria Roma foi saqueada, e os homens gritaram, assim como São João previra que eles fariam: "Ai, ai da grande cidade!"[19] Mas ondas de imigrantes continuavam a cruzar as fronteiras rompidas, para a Gália e a Bretanha, Espanha e África, Bálcãs e Itália; e também isso São João havia profetizado, perceberam muitos, chocados. Pois ele havia escrito que no final dos tempos Satanás seduziria as nações dos quatro cantos da Terra, e seriam numerosas "como a areia do mar".[20] E seus nomes, escrevera São João, seriam Gog e Magog.

Para imperadores que lutavam para preservar seu patrimônio em desintegração, conversas assim não passavam de sedição. Também para seus servos na Igreja, desesperados para ver o centro imperial resistir, os estridentes sentimentos antirromanos do Apocalipse de São João havia muito eram um constrangimento. Em 338 um concílio de bispos buscou eliminá-lo inteiramente do cânone das Sagradas Escrituras. No Oriente, onde a metade mais próspera do império de Roma estava até então, e com um colossal esforço, protegida do colapso, o livro do Apocalipse não foi devolvido à Bíblia durante séculos. Enquanto a metade ocidental do império desmoronava em ruínas, um imperador permanecia suficientemente seguro por trás das ameias de Constantinopla para proclamar que Deus dera a ele autoridade sobre os assuntos de toda a humanidade — e acreditar nisso. Quem quer que fossem os bárbaros que tinham esmagado as províncias do Ocidente, eles obviamente não eram Gog e Magog — pois o final dos tempos não havia chegado, e o Império Romano ainda resistia.

Essa convicção, ao mesmo tempo arrogante e desafiadora, permaneceria constante ao longo dos séculos seguintes, mesmo em face de renovadas calamidades e ao reconhecimento, difícil de aceitar por qualquer pessoa que se identificasse como romana, de que o império já não era a maior potência do mundo. A fumaça que se erguia à passagem dos bandos guerreiros bárbaros podia ser vista repetidamente das muralhas da própria capital; frotas inimigas podiam cruzar as águas do Bósforo; fronteiras e horizontes podiam se contrair, como também Síria, Egito e Chipre sendo tomadas da Nova Roma; e ainda assim os cidadãos de Constantinopla, não importando quais desastres se abatessem sobre eles, ainda confiavam em seu destino. Da mesma forma que os judeus, eles se apresentavam como os eleitos de Deus, ao mesmo tempo atormentados e beneficiados por isso — e, como os judeus, eles olhavam para o futuro em busca de sua libertação final.

Assim foi que em algum momento do século VII, em meio a uma série de derrotas sem precedentes, começaram a circular surpreendentes profecias. Supostamente escritas por Metódio, um santo que havia sido martirizado cerca de trezentos anos antes, elas pareciam erguer o véu dos últimos dias do mundo, assim como a visão de São João o fizera. Não importava que o próprio Metódio tivesse sido executado por ordem de um césar; os escritos atribuídos a ele davam ao Império Romano um papel ainda mais glorioso que aquele atribuído no Apocalipse. Por mais numerosos que já fossem seus inimigos pagãos, alertou Metódio, seu grande teste ainda estava por vir. A hora de Gog e Magog, há muito temida, finalmente chegaria. Aprisionados por éons na beirada do mundo por trás de grandes muralhas de bronze, aqueles eram bárbaros de indizível ferocidade, devoradores das "pragas da terra, ratos, cães e gatos e fetos abortados, que eles comem como se deliciando com as mais finas iguarias."[21] Contra a erupção de inimigos tão monstruosos, apenas o imperador em Constantinopla — o último de todos os imperadores romanos — permaneceria firme; e no final ele iria derrotar Gog e Magog. Conseguindo essa grande vitória, ele então viajaria para Jerusalém; e em Jerusalém o Filho da perdição, o próprio Anticristo, seria revelado.

E Metódio profetizou que então o último imperador "subirá o monte do Gólgota e lá encontrará a Cruz Sagrada erguida exatamente como estava quando sustentara Cristo". Ele depositaria seu diadema no alto da cruz e ergueria as mãos em oração, colocando sua monarquia nas mãos de Deus. "E a Cruz Sagrada na qual Cristo foi crucificado será erguida para o céu, levando com ela a coroa do reino"[22] — deixando o último imperador morto no Gólgota e todos os reinos da Terra submetidos ao Anticristo, mergulhados na profunda escuridão que antecederá o alvorecer do retorno de Cristo.

E então aconteceria: a última grande batalha do mundo. Não espanta que os prognósticos de Metódio chamassem atenção mesmo em círculos imperiais. Eles podiam ser medonhos e destemperados, mas ofereciam a um imperador pressionado exatamente aquilo que São João tão claramente negara: confiança em que o Império Romano continuaria nas graças dos céus até o último dia. Na verdade, ainda melhor — que a morte de seu último imperador serviria para precipitar o final dos tempos. Não era o que insinuara São Paulo ao falar sobre Roma "deter" o Anticristo? Não importava o quanto houvesse diminuído o domínio controlado por Constantinopla, seus governantes precisavam desesperadamente acreditar que ele continuava a ser o ponto central dos planos de Deus para o universo. Aquilo que em épocas mais prósperas tinha sido considerado garantido era algo a que naquele momento se aferravam com inflexível resolução: a convicção de que ser cristão era sinônimo de ser romano.

A posteridade, como se debochando das pretensões de Constantino, batizara de Bizâncio o império governado a partir da cidade que ele fundou, mas esse não era um nome que os "bizantinos" tivessem um dia aplicado a si mesmos.* Mesmo com o latim, a antiga língua dos césares, gradualmente desaparecendo dos registros imperiais, depois dos tribunais e por fim das moedas, os cidadãos de Constantinopla continuaram a chamar a si mesmos de romanos — embora em seu grego nativo. Não era uma novidade passadista. Em vez disso, a insistência com que os bizantinos, os *"romaioi"*, preservavam seu nome estava no cerne da imagem que tinham de si mesmos. Isso lhes reafirmava que tinham um futuro, assim como um passado. Uma preocupação ciumenta com a tradição era exatamente o que os destacava como um Povo Eleito. Em resumo, isso servia para definir seu pacto com Deus.

A Cidade de Deus

É verdade que a identificação da cristandade com o império não era inteiramente livre de problemas. Havia uma dose de desconforto sempre que os *romaioi* eram obrigados a lidar com cristãos além de suas fronteiras. Advogados imperiais inicialmente apresentaram a formulação otimista de que todas as antigas províncias de Roma, da Bretanha aos limites mais extremos da Espanha, permaneciam

---

*O nome era reservado para si mesmos pelos cidadãos nativos de Constantinopla.

sujeitas ao imperador. Nos primeiros dias de sua existência, alguns dos reinos bárbaros estabelecidos no Ocidente ficaram bastante contentes em aceitar essa ficção — e mesmo aqueles que não, em algumas oportunidades foram seduzidos a aceitar certos sinais de subordinação. Afinal, quinquilharias e títulos de um imperador romano nunca deviam ser desprezados.

Em 507 d.C., por exemplo, uma confederação de tribos germânicas conhecida coletivamente como francos, pagãos lançadores de machados que haviam assumido o controle de boa parte do norte da Gália, conquistou uma grande vitória que estendeu seu controle ao sul, até o Mediterrâneo — e agentes bizantinos, se apressando em congratulá-los, concederam a Clóvis, seu rei, o sonoro mas absolutamente vazio título de cônsul. Um ano depois Clóvis se mostrou ainda mais entusiasmado com tudo o que era imperial aceitando o batismo.* Não sabemos qual exatamente o papel que os embaixadores de Constantinopla podem ter desempenhado nessa decisão; mas isso certamente deve ter parecido a eles um acontecimento bastante promissor. Pois, à sua própria luz, ser cristão era ser romano.

Mas não à luz dos francos. Embora o povo de Clóvis tenha se lançado nas águas do batismo após seu rei, e embora, um século depois, missionários enviados de Roma começassem a persuadir também os pagãos ingleses a baixar a cabeça perante Cristo, essas conversões não implicavam uma submissão a um poder mortal. Na verdade, exatamente o contrário. Reis que aceitavam o batismo o faziam basicamente para conseguir o apoio de um Deus intimidadoramente poderoso para seus próprios objetivos: assim, por exemplo, Clóvis, como símbolo de sua nova condição de cristão, passou a usar "um elmo de combate salvador."[23] A própria noção de tolerar um senhor terreno era anátema para um homem como esse. Nem Clóvis ou seus sucessores tinham qualquer desejo de ver o restabelecimento de um império global.

E já no século VII as lembranças de Roma estavam começando a desaparecer no Ocidente. Ainda grandiosos, além de campos novamente transformados em cerrados, pântanos ou florestas, ou acima dos agrupamentos de cabanas de camponeses havia muito livres dos impostos imperiais, ou talvez até servindo de altos salões para um chefe e seus guerreiros desordeiros, os prédios romanos

---

*Embora a França tenha festejado oficialmente o 1.500º aniversário da conversão de Clóvis em 1996, há cada vez mais um consenso entre os historiadores de que 508 é uma data muito mais provável para o batismo do que 496.

O RETORNO DO REI

continuaram a se destacar contra o céu — mas como guardiães de uma ordem para sempre desaparecida, lentamente desmoronando sob sol e chuva. Todo o complexo aparato da burocracia, o mesmo que em Constantinopla ainda alimentava o imperador, seus exércitos e seus impostos, se transformara inteiramente em ruínas, deixando de pé, em meio ao entulho, apenas uma estrutura. Se a Igreja do Ocidente houvesse seguido o exemplo de sua correspondente oriental e insistido em que a cristandade fosse realmente sinônimo de governo romano, certamente teria partilhado da ruína geral. Mas ela resistiu; e ao resistir preservou um pouco do espírito imperioso daquilo que de outro modo não passaria de um cadáver.

"Deleitar-se na vasta extensão de um reino terreno é comportamento que nenhum cristão deve se permitir."[24] Assim pronunciou Agostinho, um bispo do norte da África, durante o último século calamitoso de existência do império ocidental. Mas e quanto ao reino de Deus? Essa era uma questão distinta. Os bispos do Ocidente, não tendo mais como confiar em um império universal para proteger seus rebanhos do perigo, podiam encontrar nos escritos de Agostinho uma teologia infinitamente mais adequada à sua situação abalada que qualquer coisa oriunda dos dias mais prósperos da *pax romana*. Agostinho argumentara que a grande divisão nos assuntos do mundo não era entre civilizado ou selvagem, romano ou bárbaro, mas entre os domínios terrenos dos quais Roma havia sido apenas o exemplo mais destacado e um domínio incalculavelmente maior e mais glorioso: a Cidade de Deus. Do lado de dentro das muralhas infinitas da Jerusalém celeste todos podiam esperar habitar, não importando qual a sua origem; e o caminho de entrada para essa cidade, o seu portão, era a Igreja.

De fato, um papel glorioso. Grandes impérios, nascidos da maré montante do pecado humano, podiam crescer, conquistar e decair; "mas a Cidade Celestial, viajando em peregrinação através de nosso mundo caído, convoca pessoas de todas as nações, falando todas as línguas, não levando em conta como elas podem diferir em suas instituições, seus costumes ou suas leis."[25] Aquela era uma mensagem de missão e esperança para todos os cristãos do Ocidente, fosse nas velhas províncias imperiais do sul da Gália, onde bispos descendentes de senadores ainda permaneciam orgulhosos em meio às carcaças de cidades romanas, ou nos limites enevoados do mundo, onde eremitas irlandeses elevavam preces ao Todo-poderoso acima do rugido do mar. Em toda parte, por todo o mundo fragmentado e atormentado, estava a Cidade de Deus.

E como evidência disso Agostinho se voltara, assim como muitos antes dele em busca de segredos divinos, para a visão de São João. Ele apelara especificamente para uma passagem controvertida até mesmo para os parâmetros alucinados do Apocalipse. São João havia escrito: "Vi então um Anjo descer do céu trazendo na mão a chave do Abismo e uma grande corrente. Ele agarrou o Dragão, a primitiva Serpente — que é o Demônio, Satanás —, acorrentou-o por mil anos e o atirou dentro do abismo, fechando-o e lacrando-o com um selo para que não seduzisse mais as nações até que se completassem mil anos."[26] E durante os mil anos de prisão de Satanás, até que ele fosse novamente "solto por pouco tempo" para travar a última batalha na qual o mal será derrotado para sempre, haveria um governo de santos. Mas quando? Ao longo dos séculos houve muitas teorias quanto a isso. A maioria das pessoas, febris de medo e esperança, proclamara iminente a chegada do milênio. Agostinho, porém, em uma manobra tipicamente inovadora, buscara a verdadeira solução não no futuro, mas no passado. Ele argumentou que o governo dos santos já havia começado. Tinha sido iniciado pelo próprio Cristo, após Sua morte na cruz, quando Ele descera à profundeza do inferno e lá atara Satanás em testemunho de sua vitória sobre o pecado. Na Cidade de Deus, para onde Cristo ascendera de modo a reinar em esplendor, os santos e os mártires já estavam sentados ao Seu lado em seus tronos. Também a Igreja, embora terrena e, portanto, inevitavelmente maculada, tinha sido banhada com a radiância de sua glória.

Agostinho argumentara que a visão de São João não continha um mapa para o que viria. Em vez disso, oferecia orientação sobre o que significava ser cristão aqui e agora. Não fazia sentido especular sobre quando o mundo iria terminar com base no Apocalipse. Porque nem mesmo as referências de São João a um milênio deviam ser tomadas literalmente. "Pois ele queria que sua menção a 'mil anos' significasse a totalidade da história de nosso mundo. Afinal, de que outro modo alguém pode transmitir a imensidão do tempo a não ser usando um número perfeitamente redondo?"[27]

Os séculos se passaram. Reinos se ergueram e desmoronaram. Os cristãos que marcavam o tempo se sentiam vivendo em uma época de sombras. "Cidades são destruídas, orgulhosas fortalezas derrubadas, províncias férteis esvaziadas de pessoas, e toda a Terra se torna uma solidão."[28] Mas, embora lamentassem, aqueles que se contentavam em submeter-se à vontade inescrutável de Deus não se desesperavam; pois, resistindo à ruptura do mundo e iluminada, mesmo que de forma instável, pelo esplendor de Cristo em Sua glória consistente, a Igreja continuava a prosperar. Assim, cada vez mais parecia a seus líderes que Agostinho estava certo: que o milênio a que São João se referira de fato começara. Aqueles que discordavam, voltando-se para o Apocalipse à caça de suas próprias respostas, estavam se enganando — ou pior. Conversas absurdas sobre santos reinando na Terra serviam apenas para abalar os que já tinham a incumbência de "governar almas — que é a maior de todas as artes."[29] Aquilo que os bispos de Constantinopla alegavam quanto a seu império sitiado, o papel de veículo da divina providência para o fim dos tempos, quando Cristo finalmente retornaria para governar os vivos e os mortos, os bispos do Ocidente diziam sobre si mesmos. Eles eram premidos por um sentido de urgência. "Um dia o mundo nos encantou com suas delícias", escreveu um deles, vendo enlutado a desolação de uma Roma esvaziada e em ruínas. "Agora está tão repleto de catástrofes que o próprio mundo parece estar nos encaminhando para Deus."[30] Mas exatamente por essa razão — precisamente porque o final dos tempos realmente parecia ao alcance da mão — era ainda mais fundamental que a Igreja não especulasse sobre a data. Aqueles com a missão de pastorear a humanidade decaída não podiam se arriscar a contaminar seus rebanhos com terrores e entusiasmos extravagantes. A ovelha que, nervosamente antecipando o Segundo Advento, fugisse do rebanho poderia ser uma ovelha perdida para sempre. Apenas por intermédio da Igreja era possível conseguir a Nova Jerusalém. Apenas por intermédio da Igreja podia ser encontrado um caminho para o êxtase do retorno de Cristo.

Nenhuma surpresa, portanto, que seus líderes tivessem, quase sempre em um grau embriagador, a sensação de se elevarem acima do funcionamento normal das coisas. Alguns bispos, considerando-se a natureza pecaminosa do homem, sucumbiram às tentações do orgulho e da cobiça; outros, esmagados pelos fardos do cargo, se viram investigando as próprias almas angustiadamente e ansiando por solidão; mas nenhum nunca duvidou de que tivesse uma missão sagrada. Aquelas mesmas mãos abençoadas que soldados romanos tinham pregado à cruz séculos antes um dia haviam tocado as cabeças dos apóstolos; e os apóstolos por sua vez tinham colocado as mãos sobre as cabeças de seus sucessores; e assim continuara, sem interrupção, até o presente. Em sua consagração, marcando a assustadora confiança de que era investido, o bispo era ungido com um unguento de prodigiosa santidade, uma mistura de óleo e uma fabulosa resina de perfume doce e preço fabuloso, o bálsamo. Crisma, era o nome dessa invenção: uma mistura de poder tão impressionante que bastava ser salpicado sobre um mar para purgá-lo de todos os demônios, e sobre um campo para dar a seu solo a bênção da fertilidade. Também sobre carne e sangue seus efeitos eram transformadores: pois ele atravessava os poros de um homem, penetrando em seu corpo e fundo em sua alma, assim servindo para dar a ele uma potência sobrenatural e sublime. Um bispo ungido na cabeça e nas mãos com o óleo sagrado sabia que estava preparado para lidar com os mistérios mais profundos de sua fé: celebrar uma missa, transformando pão e vinho no corpo e sangue de Cristo; enfrentar e expulsar demônios; interceder junto a Deus. Ungido pelo Senhor, ele era tocado pelo divino.

E mesmo o mais humilde padre, por sua vez consagrado por um bispo, podia partilhar a magia. Na passado, antes que a Igreja começasse seu grandioso trabalho de erguer uma fronteira entre o sagrado e o profano, os dois pareciam fundidos. Rios e árvores tinham sido celebrados como sagrados; leigos alegavam ter visões; profetas liam o futuro em esterco de boi; enlutados levavam oferendas de comida e bebida a túmulos. Contudo, cada vez mais o clero conseguira definir a dimensão do sobrenatural como exclusivamente sua. Por volta do século VIII, cristãos não iniciados no sacerdócio estavam perdendo confiança em sua capacidade de se comunicar com o invisível. Afinal, não eram apenas os esplendores da Cidade de Deus que a Igreja alegava proteger. De forma igualmente impressionante, seu clero patrulhava a passagem que levava ao reino dos mortos, onde anjos ou demônios, céu ou inferno, esperavam pela alma. As pessoas já não confiavam em si mesmas para ajudar seus parentes falecidos quando eles embarcavam em sua última temida jornada. A Igreja pronunciara que apenas por intermédio da celebração da Santa Missa poderia haver uma esperança de ajudar as almas no outro mundo — e apenas um padre podia celebrar uma Santa Missa.

Porque mesmo as palavras que ele dizia ao realizar o ritual milagroso serviam para elevá-lo como um homem distinto; pois no Ocidente, diferentemente do que acontecia no Oriente, onde missionários não viam nada demais em traduzir seus textos sagrados para as várias línguas bárbaras, havia uma única língua sagrada. Era o latim; e seu uso não era menos obrigatório para o clero da Irlanda ou das terras além do Reno, onde o governo romano nunca havia penetrado, do que para os irmãos no antigo coração do império. Apesar de toda a babel de dialetos falados nos limites externos de florestas ou oceanos, ainda assim nortúmbrios, turíngios ou frísios, caso devidamente consagrados ao serviço de Cristo, podiam partilhar a língua comum que os destacava como padres.

De fato, estudiosos da Inglaterra que cruzaram o Canal ficaram chocados ao descobrir que o latim falado na Gália parecia vulgar e decadente em comparação com a refinada língua congelada que eles haviam absorvido com tanto cuidado de seus livros didáticos. Mesmo para os que sempre tinham se orgulhado de ter a "língua romana" como língua natal, o latim antigo escrito por pais da Igreja como Agostinho estava se tornando morto. Isso apenas aumentava o seu apelo junto aos padres que tinham a oportunidade de aprendê-lo. Uma língua não dominada pelos leigos podia ser considerada ainda mais satisfatoriamente sagrada. Consequentemente, à medida que o uso do latim como língua viva diminuía na Itália, na Gália e na Espanha, sendo substituído por dialetos bastardos, o estudo dele por religiosos continuou florescente, se expandindo. Pela primeira vez desde a queda de Roma uma elite dispersa por uma grande área da Europa podia partilhar um vocabulário comum de poder. A Igreja do Ocidente estava se tornando uma Igreja latina.

Mas de modo algum romana. Na verdade, as terras cristãs eram compostas de uma enorme colcha de retalhos de dioceses — e as fronteiras dessas dioceses, nas antigas terras centrais imperiais, remontavam à época dos césares. Também era verdade que, quando bispos foram implantados em territórios recém-convertidos, além das fronteiras do antigo império, tornou-se um hábito pedir a Roma autorização para estabelecer superiores — "arquibispos" — capazes de coordená-los. Mas o bispo de Roma, embora amplamente reconhecido como o religioso mais elevado do Ocidente, não era Constantino. Ele podia exigir o respeito de reis, mas não sua obediência; podia enviar a eles cartas de orientação, conselho ou consolo, mas não instruções. Mesmo que aspirasse a impor sua autoridade à cristandade, ele carecia de meios. "Quando todas as coisas estão bem, a questão da ordem não surge", escreveu Agostinho certa vez.[31] Mas havia sombras por todo o mundo decaído, mesmo em domínios governados por reis cristãos — e assim a questão da ordem era uma que a Igreja não podia evitar. Caos em uma alma e caos em um reino tinham a mesma causa evidente: o mal dos homens. Roubo e opressão dos fracos eram fruto da anarquia, e a anarquia era fruto de Satanás, cujo outro nome era Belial, palavra que, ensinavam os doutores cultos, significava "sem jugo."[32] Em uma sociedade mergulhando na violência, apenas à ponta da espada Satanás podia ser detido e o jugo da lei restabelecido.

Portanto, sem dúvida alguma, derrubar os malfeitores podia ser considerado um dever cristão — mas ainda assim não era adequado a um homem de Deus. Um bispo comandava sua diocese como seu pai, não como seu comissário. Esse papel, então, devia ser exercido por outra pessoa, uma mais qualificada para empunhar espada e lança — como de fato havia sido o caso desde os primórdios da Igreja. Que o império de Roma tinha se transformado em nada não diminuía essa lamentável verdade. De fato, a tornava ainda mais premente. Durante séculos a Igreja fora obrigada a fazer acordos com uma perturbadora gama de senhores da guerra. Quanto mais governantes eram convertidos, mais ela se transformava em reação a seus vários estilos de mando. Embora ela se dissesse universal, era exatamente o oposto de um monólito. Como o próprio Ocidente, era na verdade um caleidoscópio de diferentes povos, tradições e crenças.

Mesmo na própria Roma, a mãe da Igreja, as pressões das circunstâncias terrenas nunca deixaram de pesar nos ombros do bispo da cidade. No século VI, exércitos enviados de Constantinopla haviam invadido a Itália e devolvido ao império seu coração ancestral; "A antiga e menor Roma" tinha sido incorporada ao domínio da "cidade posterior e mais poderosa,"[33] e seu bispo humildemente se reconhecera súdito do imperador distante. Um governador bizantino se mudara para a cidade de Ravena, na costa do Adriático, administrando como uma província as conquistas do imperador no norte da Itália, incluindo a Cidade Eterna; títulos e bagatelas bizantinas tinham sido dados à aristocracia romana; as modas bizantinas se tornaram uma febre. O próprio bispo, sempre que celebrava uma missa rezava por seu mestre ausente em Constantinopla. Sempre que escrevia uma carta, a datava de acordo com o ano de reinado de um imperador.

Mas ele nunca perdeu a noção de sua própria dignidade. Embora a soberba excessiva eventualmente pudesse ser punida com exílio ou ameaça de execução, a preeminência do bispo de Roma como "o líder de todas as igrejas" era algo há muito tempo proclamado claramente na lei bizantina.[34] Apesar de todo o seu esforço, nem mesmo o patriarca de Constantinopla, líder da Igreja na própria capital do império, conseguira convincentemente rivalizar com isso. Não espanta, portanto, que essa autoridade tenha cada vez mais tentado bispos ambiciosos em Roma a se colocar como senhores em sua própria cidade. Afinal, eles estavam a uma distância satisfatória da pessoa do imperador — e a mesma crise que no século VII inspirara as profecias de Metódio de um último imperador romano servira apenas para aumentar essa distância. A Grécia havia sido infiltrada por bárbaros selvagens do Norte; as rotas marítimas eram atacadas por corsários; as comunicações entre Roma e Constantinopla tornaram-se extremamente perigosas. Funcionários bizantinos em Roma, a cada dia mais aculturados, adotaram o hábito de obedecer mais a seu bispo que ao governador em Ravena — e o próprio bispo, o hábito de dar ordens a eles.

Talvez um grau de arrogância fosse natural a qualquer homem que vivesse em um palácio, o de Latrão, que originalmente fora um presente do imperador Constantino, e que governava efetivamente como senhor da antiga senhora do mundo. De fato, no início do século VIII estavam sendo feitos planos — nunca concluídos — para construir para ele uma segunda residência no monte Palatino: um local tão associado à época dos imperadores que a própria palavra "palácio" ecoava isso. Mas a autoridade dos bispos de Roma não derivava unicamente do legado do passado imperial. Seu patrimônio era algo infinitamente mais espantoso — na verdade, como eles orgulhosamente afirmavam, o mais espantoso de todos os tempos. O próprio Cristo, ao chamar Pedro de Sua rocha, dera a ele as chaves do céu, com o poder de atar e soltar almas em todos os lugares da Terra — e Pedro, antes de seu martírio, governara como o primeiro bispo de Roma.[35] Não era possível imaginar uma verdade mais mística e aterradora. Os sucessores de Pedro, que alegavam ser os "*vicarii*", ou "substitutos", do apóstolo, havia muito consideravam seu esse poder. Em Constantinopla, onde era o próprio imperador que considerava ter sido escolhido por Deus para liderar a Igreja, isso previsivelmente não tinha apelo: no início do século VIII doutrinas estavam sendo estabelecidas por decreto imperial em meio a gritos de protesto de Roma.

Contudo, nos reinos do Ocidente, carentes das impressionantes pretensões de um antigo império cristão, os homens tendiam muito mais a se impressionar com o espetáculo de um bispo no trono do principal apóstolo. De fato, a vê-lo como a própria essência de um bispo. No século VIII, "*pappas*" — a palavra do antigo grego para "pai" — ainda era usada como título por bispos em toda parte do Oriente; mas no Ocidente a palavra, latinizada para "*papa*", só era aplicada ao bispo de Roma. No que dizia respeito à Igreja latina, só havia um Santo Padre. Ela reconhecia apenas um papa.[36]

E os bispos de Roma, atingidos como eram por golpes de seus mestres imperiais, apreciavam bastante. Uma carta papal de 729 ousava escarnecer: "É lamentável vermos selvagens e bárbaros se tornarem civilizados enquanto o imperador, supostamente civilizado, se rebaixa ao nível dos bárbaros".[37] Duas décadas depois e as relações entre Roma e Constantinopla haviam se tornado ainda mais frias. Continuavam a surgir divergências acerca de questões sutis de teologia. Laços comerciais, bem como contatos diplomáticos, tinham atrofiado, deixando o papado efetivamente partido. Porém, mais preocupante ainda, do ponto de vista do papa, era a incapacidade do imperador de cumprir sua obrigação mais sagrada e dar à Igreja de Deus a proteção de seu escudo e sua espada. Roma, há muito uma cidade de fronteira, começava a se sentir cada vez mais abandonada. Com os exércitos imperiais presos em uma série de campanhas desesperadas no Oriente, os esforços bizantinos para manter presença na Itália se concentravam quase que exclusivamente na Sicília e no sul. Consequentemente, o norte havia sido deixado fatalmente exposto. Em 751 ele foi invadido pelos lombardos, um povo guerreiro de origem germânica que por quase dois séculos permanecera ameaçadoramente além da fronteira da Itália bizantina esperando sua oportunidade de expansão à custa do império. Ravena, rica em palácios, igrejas esplêndidas e mosaicos de santos e imperadores, sucumbiu de imediato. Parecia inevitável que a própria Roma fosse a seguinte.

Mas ainda havia esperança, a despeito da negligência de Constantinopla. O papa não estava inteiramente desprotegido. Um ano antes chegara a Roma uma embaixada decisiva. Ela trazia uma pergunta de um franco de nome Pepino, principal ministro da casa real e, para todos os propósitos, o líder do povo franco. O rei legítimo, Childerico III, embora descendente de Clóvis, não passava de uma sombra pálida de seu glorioso predecessor, e Pepino, ansioso para recobrir sua autoridade com as vestes da monarquia, decidira afastar seu mestre do trono. Contudo, não querendo ofender o Deus Todo-poderoso, ele primeiramente estava ansioso por garantir a bênção da Igreja para seu golpe — e quem melhor para isso que o vigário de São Pedro? Então Pepino escreveu ao papa: era certo que um rei sem qualquer poder continuasse a ser rei? Foi dada a resposta: não, não era certo. Uma decisão grandiosa — e, nada surpreendente, uma decisão que garantiu para Roma a gratidão imorredoura do candidato ao trono. Logo ficaria claro que a decisão do papa colocara em marcha acontecimentos dramáticos. Eles iriam afetar não apenas o papado, não apenas os francos, mas toda a cristandade.

Os planos de Deus para o mundo tinham sofrido uma mudança surpreendente e de longo alcance.

Cortes de cabelo e coroações

Em 751, mesmo ano que testemunhou a queda de Ravena para os lombardos, Pepino atacou o infeliz rei franco. A autoridade espectral de Childerico foi encerrada não com a morte, mas com um corte de cabelo. Há muito tempo os francos acreditavam que um rei tinha uma misteriosa comunhão com o sobre-natural, que garantia a vitória em batalha para seus homens, fertilidade para suas mulheres e colheitas fartas para seus campos: um poder mágico que dependia de ter uma cabeleira luxuriante. Não era uma crença que agradasse a clérigos escrupulosos, mas na época turbulenta de Clóvis isso não teve grande peso.

Contudo, dois séculos e meio depois, os francos tinham se tornado um povo mais fielmente cristão. As afetações pagãs de seus reis passaram a ser um constrangimento para muitos deles. Poucos protestaram quando Pepino, após cortar os esplendorosos cachos de Childerico, o trancafiou juntamente com o filho em um mosteiro. Porém, desejando afirmar sua legitimidade, bem como sua força bruta, o usurpador rapidamente buscou proteger sua retaguarda. Foi convocada uma grande assembleia de pares. A carta do papa foi esfregada na cara deles. Pepino foi eleito rei.

Mas apenas a eleição não era suficiente para garantir-lhe o verdadeiro crisma da realeza. Embora os francos fossem cristãos, nunca tinham abandonado inteiramente sua ideia ancestral de que os reis eram de alguma forma mais que mortais. A dinastia de Childerico, que alegava descender de um monstro marinho, afirmara sua linhagem como algo literalmente sagrado: uma rematada tolice, fruto de uma era de barbárie que apenas os tolos e ignorantes tinham continuado a engolir. Mas também Pepino, reivindicando o comando do povo franco, precisava demonstrar que seu governo havia sido transfigurado pelo divino. A solução — bastante natural, já que Deus gravara em suas páginas o padrão do futuro, assim como o do passado — estava na Bíblia. Os antigos israelitas, oprimidos por seus inimigos, haviam pedido ao Todo-poderoso um rei, e o Todo-poderoso, concedendo, dera a eles uma sucessão de governantes grandiosos: Saul, Davi e Salomão. Como marca de sua elevação, cada um deles fora ungido com óleo sagrado; e Pepino, filho devoto da Igreja, reivindicava uma consagração semelhante. Ele governaria não por descender de um tritão ridículo, como Childerico fizera, mas *gratia Dei* — "pela graça de Deus". A mesma unção que servia para impregnar um bispo com seu mistério espantoso e inefável iria imbuir de poder o rei dos francos. Sentindo o crisma impregnar sua pele Pepino se reconheceria renascido e se tornaria o reflexo do próprio Cristo na Terra.

Um passo verdadeiramente grandioso — e que daria benefícios imediatos a todos os envolvidos. Se Pepino claramente era vencedor, da mesma forma a Igreja que o sancionara — e especialmente aquele clérigo oprimido e nervoso, o bispo de Roma. No final do outono de 754 um papa pela primeira vez viajou para as florestas da Gália. Subindo os Alpes em meio a uma nevasca, Estêvão II se arrastou por uma antiga estrada arruinada e tomada de mato pelos séculos de falta de conservação, viajando por florestas de névoa densa e gelo, até finalmente, chegando ao cume da passagem, se encontrar às portas do reino dos francos. Abaixo da estrada, ao lado de um lago congelado, estavam as ruínas de um templo pagão havia muito abandonado: uma cena de lúgubre e ameaçadora desolação. Mas Estêvão, não importando que apreensões possam ter temporariamente abalado sua determinação, logo se reanimaria ao começar a descida: pois a parada à sua frente, a primeira na Francia, ofereceu uma garantia espetacular de que ele realmente estava entrando em uma terra cristã. Agaunum, onde quatro séculos e meio antes a Legião Tebana havia sido executada por sua fé, era então a Abadia de São Maurício: um santuário erguido em pedra acima dos restos santificados do próprio Maurício. Os francos gostavam de se jactar de que nenhum povo no mundo era mais devotado que eles à memória dos que morreram por Cristo: pois "os corpos dos santos mártires, que os romanos haviam enterrado com fogo, mutilado com a espada e destroçado os jogando a feras selvagens, esses corpos tinham sido encontrados por eles e guardados em ouro e pedras preciosas."[38] O papa, chegando à esplêndida abadia, sentindo o cheiro do seu incenso, ouvindo o canto de seus monges, se reconheceu em meio ao povo ideal para servir como protetores de São Pedro, o mais abençoado mártir de todos.

E Estêvão não se decepcionou. Seis semanas após partir da Abadia de São Maurício, ele finalmente se encontrou com o rei franco. Caindo abertamente em lágrimas, o papa implorou a Pepino que marchasse em proteção a São Pedro, e depois, só por garantia, reaplicou o crisma. Ele explicitamente endossou os francos como os novos israelitas: "uma raça eleita, um sacerdócio régio, uma nação santa, um povo adquirido para Deus."[39] E Pepino, confiante de um modo natural a um senhor da guerra ungido por Deus, não vacilou em cumprir sua parte no acordo. Em 755 a Lombardia foi invadida e seu rei rapidamente destronado. Dois anos depois, quando os lombardos cometeram o erro de ameaçar Roma uma segunda vez, Pepino impôs a eles uma derrota ainda mais arrasadora. Os territórios que os lombardos tinham conquistado a Bizâncio foram doados perpetuamente a São Pedro. Chegando a Roma, Pepino, pessoalmente e com uma grande demonstração de pompa, depositou sobre o túmulo do apóstolo as chaves das cidades que conquistara. E como zelador desse conjunto de Estados ele apontou — quem mais? — o vigário de São Pedro, o bispo de Roma.

Isso foi para o próprio papado uma espetacular redenção das garras da catástrofe. Parecia irrefutável que Deus em Sua infinita sabedoria determinara assim. Lamentavelmente, verdade que houve alguns que relutaram em reconhecer isso, especialmente alguns funcionários do que restava do território bizantino no sul da Itália — mas uma sucessão de papas, confiantes no apoio de Pepino, descartou sumariamente todas as exigências de devolução da propriedade do imperador. O que eram as áridas chicanas dos diplomatas comparadas com a evidente vontade do Todo-poderoso? A forma chocante pela qual os selvagens lombardos haviam querido ameaçar o herdeiro de São Pedro era um ultraje cometido não apenas contra o próprio papado, mas contra toda a cristandade. Não espanta que Deus tenha tocado o coração do rei franco para produzir efeito tão transcendente e gratificante. Era possível argumentar que a surpresa não era o papado ter recebido seu próprio Estado para governar, mas exatamente o oposto — que nenhum governante tivesse pensado antes em garantir isso.

Ou será que os arquivistas do papa teriam deixado passar algo? Muitos séculos haviam decorrido desde que Constantino estabelecera o bispado de Roma no Latrão — e como dizer que documentos não tivessem sido perdidos ao longo desse tempo? Os funcionários papais, ansiosos para justificar a reivindicação de seu mestre às suas novas posses, parecem ter passado a década seguinte à vitória de Pepino sobre os lombardos vasculhando as bibliotecas emboloradas de Roma. Certamente foi em algum momento na segunda metade do século VIII, quando o papado lutava para manter o controle dos territórios recebidos do rei franco, que surgiu um documento marcante e até então absolutamente desconhecido.* Seu conteúdo, do ponto de vista do papa, não podia ser mais bem-vindo. De acordo com o documento, as fundações do Estado doado a São Pedro eram ainda mais veneráveis do que qualquer um em Latrão ousaria imaginar. Elas tinham sido estabelecidas não por Pepino, mas pelo mais grandioso governante cristão que existira: o próprio Constantino. O conteúdo do documento acrescentava detalhes sensacionais à biografia do grande imperador. Foi revelado que, sofrendo da "mácula da lepra",[40] ele tinha sido milagrosamente curado pelo então bispo de Roma, um sábio de majestosa santidade chamado Silvestre. Constantino, humildemente se submetendo à vontade de Cristo, fora então se instalar em Constantinopla — mas não sem antes ter adornado Silvestre com as esplêndidas insígnias reais do império e dado a ele e aos herdeiros de São Pedro, para todo o sempre, o governo de Roma, juntamente com o que era vagamente definido como "as regiões do Oeste".[41] Não podia ser mais claro o que isso implicava: o papado, em vez de estar privando o imperador de sua propriedade, havia meramente retomado o que lhe era devido.

---

* A primeira utilização comprovada do documento por um papa ocorreu em 1054, mas sua origem nos acontecimentos da segunda metade do século VIII é quase universalmente aceita pelos estudiosos, com a maioria concordando que ele deve ter surgido nos anos 750 ou 760.

Reconhecidamente, a tese foi beneficiada pelo fato de que mesmo os mais cultos só tinham uma noção muito vaga de quem fora realmente Constantino. Assim como os grandes monumentos dos imperadores eram ruínas desfiguradas, escondidos em meio ao mato e às ervas daninhas, também as lembranças do passado antigo havia muito eram mitos. No Ocidente, diferentemente do Oriente, não havia sobrevivido nenhum relato contemporâneo da vida de Constantino. Nada que provasse que na verdade ele não tinha sido leproso; que o papa Silvestre, longe de comandar a Igreja, na verdade tinha sido um espectro ineficaz, dado a resmungar sobre sua velhice e sua saúde ruim; que Constantino certamente não tinha trocado Latrão por Constantinopla, já que na época a cidade ainda não havia sido fundada. Os estudiosos ocidentais, longe de revelar esses detalhes inconvenientes, nunca sequer imaginaram que eles estariam ali para ser denunciados. Por que fariam isso? Os eruditos sabiam que grandes convulsões raramente produziam novidades — pois considerava-se que a mais provável consequência da mudança era que o que desaparecia fosse repetido, reparado ou reiniciado. Não havia nenhuma determinação de Deus manifesta nas questões do mundo que não tivesse sido, em algum estágio, pressagiada ou prevista. Portanto, era inadmissível que um acontecimento tão grandioso quanto a doação por Pepino de um Estado ao papa não houvesse sido antecipado por um gesto semelhante na Antiguidade. Os funcionários papais poderiam argumentar que se a "Doação de Constantino" não existisse, teria sido necessário inventá-la.

E nisso eles estariam no espírito de sua época. À medida que o século VIII chegava ao fim, os homens distantes dos arrabaldes de Roma se sentiam possuídos por uma nova e compulsiva noção de missão. "*Correctio*" era como a chamavam: a ordenação do desordenado, o polimento do conspurcado. Era um programa para atiçar as ambições de senhores da guerra e de estudiosos, para enviar homens tanto para a batalha sob estandartes adejando, o zumbir de flechas e a sombra de aves carniceiras quanto para o silêncio embolorado das bibliotecas. Enquanto uma sucessão de papas se esforçava para estabelecer sua supremacia na Itália, do Norte, além dos Alpes, vinham notícias das realizações grandiosas dos francos.

Em 768 o rei Pepino tinha morrido após um reinado glorioso, deixando dois filhos, Carlos e Carlomano. Eles, como era o costume franco, dividiram as terras de seu pai e governaram um ao lado do outro durante três desconfortáveis anos. Então, em 771, após uma enfermidade, Carlomano seguiu o pai rumo ao túmulo. Carlos imediatamente reivindicou o reino do irmão morto. Ele não era homem de desperdiçar a oportunidade que Deus evidentemente lhe dera. Por mais consideráveis que fossem os seus domínios então, ele queria mais. Poucos meses depois da morte de Carlomano ele estava cruzando o Reno, vasculhando as desoladas planícies batidas pelo vento da Saxônia, iniciando uma violenta campanha de pacificação dos "povos brutos" que viviam ali "sem religião, sem reis".[42] No ano seguinte ele invadiu a Itália, e cinco anos depois cruzou os Pirineus, chegando à Catalunha. Nos anos 790 ele governava um império que se estendia de Barcelona ao Danúbio, da Lombardia ao mar Báltico. De todas as terras da cristandade ocidental, apenas as Ilhas Britânicas e alguns poucos pequenos reinos na Espanha ainda permaneciam fora do comando do rei franco. Não espanta que os monges cronistas, chocados com as conquistas de abalar o continente de Carlos o celebrassem como "*le magne*", expressão do latim abastardado para "o grande": como "Carlos Magno".

A guerra era tradicionalmente a atividade preferida dos francos. Afinal, na época de Childerico ela os ajudara a conquistar a Gália. Líderes que não conseguiam dar a seus seguidores o espólio da pilhagem raramente duravam muito. Mal o inverno se transformava em primavera, o povo franco, polindo suas lanças, se preparava para seguir seu rei em campanha. Carlos Magno, cuja sede por butim era insaciável, tinha herdado todo o gosto de uma linhagem primordial de chefes guerreiros. Embora governasse como franco e se orgulhasse do nome, Carlos Magno também era herdeiro de tradições ainda mais espantosas e santificadas. Como seu pai, ele fora ungido com o temível poder do crisma e nunca duvidara de que era um novo Davi, o poderoso rei de Israel cujos inimigos o Todo-poderoso havia rompido "como as águas rompem os diques."[43] Foi tendo perfeita consciência disso que Carlos Magno encharcou os campos estéreis da Saxônia com sangue pagão; que disseminou terríveis boatos sobre sua ira e inspirou terror ao seu nome mesmo entre os eslavos bárbaros que ocupavam as terras mais distantes do mundo; que todo outono retornasse de suas campanhas com carroças abarrotadas de butim, um espólio com o qual fortalecer a ordem cristã por todo o seu vasto domínio. Assim como assumira a missão de empurrar as fronteiras do cristianismo, igualmente dentro de suas fronteiras ele buscava sua reforma e purificação — sua "*correctio*".

O próprio Carlos Magno tinha poucas dúvidas sobre o melhor modo de consegui-lo. A vontade de Deus determinava que os homens demonstrassem obediência para com seus senhores terrenos — e, acima de tudo, para com seu rei ungido. Poucos francos estavam dispostos a contestar isso. O ressentimento pela supremacia de Carlos Magno, embora nunca tenha desaparecido inteiramente entre os maiores senhores francos, era fortemente amenizado pelo interesse pessoal. Décadas de guerras lucrativas haviam dado a Carlos Magno um poder de patrocínio sem precedentes. A aristocracia, refreando uma noção de independência naturalmente turbulenta, se resignava a interpretar o papel de leal dependente.

Também os bispos francos, ansiosos para lucrar com o grande trabalho de reforma cristã, não hesitaram em se submeter a Carlos Magno. Em 794 um concílio de líderes da Igreja de todo o Ocidente latino o louvou, em termos proféticos, como "rei e sacerdote". Essa fórmula não era novidade: era há muito tempo aplicada ao imperador em Constantinopla. Contudo, Carlos Magno, como mestre da Europa e ungido por Deus, não se sentia obrigado a se sujeitar à exclusividade dos bizantinos distantes. Podia argumentar que enquanto outros se limitavam a preservar um império cristão, ele estava trabalhando para criar um. Após intermináveis séculos de caos, haviam sido os francos que tinham devolvido ao Ocidente os benefícios da ordem, e depois da escuridão lhe devolveram a luz. "No passado, toda a Europa foi arrasada pelas chamas e as espadas dos bárbaros." Assim escreveu Alcuíno, um estudioso nascido na Nortúmbria, no norte da Inglaterra, um reino bem distante dos limites do império franco, mas que ainda assim foi atraído para o lado de Carlos Magno como uma mariposa é atraída para a lâmpada. "Agora, graças à misericórdia de Deus, a Europa arde com o brilho das igrejas assim como o céu brilha de estrelas", exultou ele.[44]

Até mesmo o próprio papa, o herdeiro de São Pedro, tinha pouca escolha que não reconhecer o rei franco como o líder do "povo cristão". Cinquenta anos antes o papado negociara com Pepino quase como um igual — mas sua posição de barganha, com o século VIII chegando ao fim, havia sido gravemente corroída. Carlos Magno, que por natureza via os bispos como a todos os outros, seus servos a serem explorados e paternalizados como bem lhe aprouvesse, certamente não abria uma exceção para o bispo de Roma. Em 774, depois de sua invasão da Itália, ele tomara a pesada corda de ferro dos lombardos para si mesmo, e daquele momento em diante o Estado instável confiado por Pepino a São Pedro havia sido repetidamente refeito segundo os interesses do novo mestre da Lombardia.

Igualmente, e talvez de forma mais dolorosa, a reivindicação papal de responsabilidade pela Igreja. Em 796, ao receber a notícia da eleição de um novo papa, Leão III, ele foi seco ao deixar claro como era a divisão de responsabilidades entre os dois homens. Seu papel, escreveu ele a Leão, era defender a Igreja contra pagãos, protegê-la dos heréticos e consolidá-la por toda a cristandade estimulando a fé católica. E o papel do papa era conduzir orações pelo sucesso do rei franco.

"Dessa forma", concluiu Carlos Magno com elegante condescendência, "os cristãos em toda parte, Santo Padre, terão a certeza de conseguir a vitória sobre os inimigos do santo nome de Deus."[45]

O próprio Santo Padre, ao estudar esse manifesto, não deve ter ficado muito entusiasmado. Ainda assim, qualquer que fosse seu desapontamento em particular com o pequeno papel atribuído ao papado no esquema de Carlos Magno, Leão tomou o cuidado de disfarçar. Nem um pouco menos que seus irmãos na Igreja franca, ele sabia que a postura obsequiosa poderia ser recompensada. Por exemplo: a carta de Carlos Magno foi acompanhada até Roma por carroças abarrotadas de tesouros, ouro saqueado dos pagãos, que Leão imediatamente gastou decorando as igrejas de Roma, e em seu próprio palácio em Latrão. Três anos depois, em 799, ele teve ainda mais motivos para se apoiar em Carlos Magno. Embora sua eleição houvesse sido por unanimidade, Leão tinha inimigos: pois o cargo papal, que até então só dera ao seu ocupante contas e saques a descoberto, se tornara capaz de despertar a cupidez da aristocracia romana. No dia 25 de abril, quando o herdeiro de São Pedro seguia para a missa em uma esplêndida procissão, foi atacado por um bando de brutamontes. Levado para um mosteiro, Leão conseguiu fugir antes que seus inimigos pudessem, como era sua intenção, cegá-lo e cortar sua língua. Não tendo opção, ele escolheu a solução desesperada de partir na direção do rei dos francos. A viagem foi longa e perigosa — pois naquele verão Carlos Magno estava na Saxônia, nos limites da cristandade. O papa foi precedido de terríveis boatos, relatos horripilantes de que ele de fato tinha sido mutilado. Quando finalmente chegou à presença de Carlos Magno, e se descobriu, para grande desapontamento, que ele ainda tinha olhos e língua, Leão solenemente afirmou que eles os tinham sido devolvidos por São Pedro, certamente prova do ultraje do apóstolo com a afronta a seu vigário. E depois, abraçando "o rei, o pai da Europa", Leão cobrou do imperador seu dever: se colocar em defesa do papa, "principal pastor do mundo", e marchar para Roma.[46]

E a Roma o rei foi. Mas não com nenhuma pressa; e certamente não de modo a sugerir que o fazia a pedido do suplicante. De fato, para o papa fugitivo houve humilhação em cima de humilhação. Seus inimigos, chegando à presença de Carlos Magno poucos dias após ele, o haviam acusado publicamente de uma série de extravagantes abusos sexuais. Investigadores mandados por Carlos Magno para escoltar o papa de volta a Roma e apurar as acusações contra ele produziram um relatório tão desfavorável que Alcuíno preferiu queimá-lo a ser maculado por estar de posse dele. Quando o próprio Carlos Magno finalmente se aproximou dos portões de Roma no início do inverno de 800, mais de um ano após a chegada de Leão à Saxônia, o papa humildemente cavalgou para saudá-lo a 18 quilômetros da cidade. Mesmo os antigos imperadores só exigiam que seus servos cavalgassem apenas nove.

Mas Leão, combativo por natureza, ainda estava determinado a resgatar algo do naufrágio. Por mais sujo que seu nome certamente estivesse, ele continuava a ser o papa, o herdeiro de São Pedro, o ocupante de um cargo que tinha sido criado pelo próprio Cristo. Certamente nenhum mortal, nem mesmo Carlos Magno, podia julgar um bispo de Roma. Em função disso, quando o julgamento de Leão finalmente começou em 1º de dezembro, ele não foi realizado nos antigos limites da cidade, mas no Vaticano, do outro lado do Tibre, um reconhecimento implícito do direito do papa, e apenas do papa, de governar Roma. Funcionários papais, demonstrando seu costumeiro talento para descobrir documentos antigos exatamente no momento em que eles eram mais necessários, apresentaram a Carlos Magno papéis que pareciam provar conclusivamente que seu mestre na verdade só podia ser julgado por Deus. Carlos Magno, submetendo-se, imediatamente declarou o papa inocente. Então Leão, colocando a mão sobre um exemplar do Novo Testamento, fez um juramento solene de que era absolutamente inocente.

E assim, tendo triunfado sobre seus inimigos em Roma, ele se preparou para arrancar mais uma vitória dramática de todo o seu sofrimento. Dois dias após o papa ter sido inocentado, Carlos Magno foi à missa de Natal na Basílica de São Pedro, no Vaticano. Ele o fez de forma humilde, sem qualquer insígnia de realeza, rezando de joelhos. Contudo, quando ele se ergueu, Leão se colocou sob a luz dourada projetada pelas velas do altar e pousou uma coroa sobre sua cabeça descoberta. Simultaneamente toda a catedral ecoou com os gritos de êxtase da congregação, que saudaram o rei franco como "Augustus" — o título honorífico dos antigos césares. Leão, sempre dramático, se prostrou aos pés de Carlos Magno, a cabeça baixa, os braços estendidos. Segundo uma venerável tradição, esse gesto de obediência só havia sido feito para um único homem: o imperador de Constantinopla.

Mas naquele momento, após os acontecimentos daquele grandioso dia de Natal, o Ocidente mais uma vez tinha seu próprio imperador.

E havia sido o papa, ninguém mais, que dera a ele sua coroa.

Declínio e queda do Império Romano

Assim, Carlos Magno passou a governar como um segundo Constantino. A alegria do imperador não era de todo ilimitada. Embora estivesse contente em reconhecer a mão de Deus em sua elevação, ele naturalmente relutava em admitir que poderia dever algo ao bispo de Roma. Carlos Magno depois declararia que toda a coroação foi uma surpresa para ele, algo inesperado. Na verdade, "ele deixara claro que não teria entrado na catedral naquele dia caso soubesse antecipadamente o que o papa planejava fazer."[47] Nesse momento ele falou não como imperador, mas como um rei franco orgulhoso: desdenhoso dos costumes de outros povos, relutante até mesmo em deixar de lado seus trajes nativos; não estava nada disposto a seguir o velho ditado: em Roma, como os romanos. Embora seu novo título fosse glamuroso, Carlos Magno se recusava a deixar-se inebriar por ele. Nunca se esqueceu de qual era a base do seu poder. Ele certamente não tinha intenção alguma de afastar seu povo parecendo estar em dívida para com um bispo estrangeiro.

Motivo suficiente, portanto, para que o novo imperador negasse qualquer conhecimento prévio de sua coroação. Ainda assim permanece uma aura de mistério em relação à cerimônia. Se realmente Carlos Magno ignorasse os planos de Leão como posteriormente alegou, então é uma coincidência ainda mais assombrosa que ele estivesse em Roma, e na Basílica de São Pedro, exatamente naquela manhã. Oitocentos anos haviam se passado desde o nascimento do Filho do Homem: um aniversário do qual Carlos Magno e seus conselheiros certamente estariam conscientes. Nas décadas anteriores o grande programa de *correctio* começara a abranger até mesmo as dimensões do tempo. Tradicionalmente, assim como os papas utilizavam o ano de reinado do imperador de Constantinopla em seus documentos, outros homens da Igreja estabeleciam datas tendo como base uma perturbadora gama de pontos iniciais: talvez a ascensão do governante local, uma antiga perseguição ou, de modo ainda mais extravagante, a criação do mundo. Contudo, para os estudiosos financiados pelo rei franco tal confusão era intolerável. Uma ordem cristã universal, como a que Carlos Magno se esforçava para estabelecer, demandava uma cronologia universal. Que sorte então que a solução perfeita estivesse ao alcance da mão. Os anos anteriores à ascensão ao trono de Carlos Magno haviam testemunhado uma grandiosa revolução intelectual. Tanto na própria França quanto nas Ilhas Britânicas, monges que buscavam calibrar as misteriosas complexidades do tempo se viram chegando a uma estrutura que era tão prática quanto profunda. A partir de qual ano de

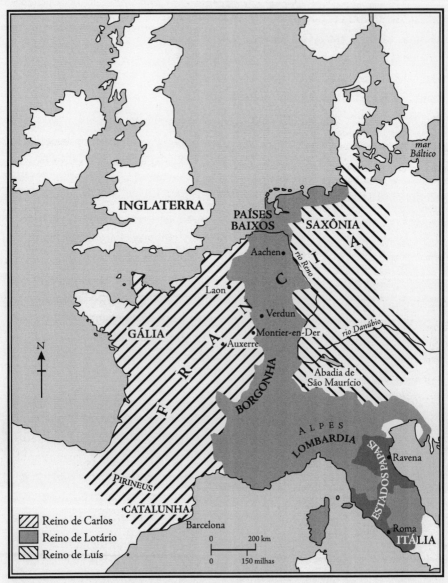

O império dos francos sob Carlos Magno e seus sucessores

ascensão os anos podiam ser contados a não ser a de algum imperador ou rei terreno? A resposta, quando oferecida, era óbvia. Apenas Cristo era o governante da humanidade — e Seu reinado começara quando Ele nascera no mundo; era a Encarnação — aquele momento de revolução cósmica em que o Divino se tornara carne — que servia de eixo em torno do qual toda a história girava. Onde haveria cristãos que pudessem contestar isso? Certamente não na corte franca. Dessa forma, os clérigos a serviço de Carlos Magno começaram a medir as datas a partir do "ano de nosso Senhor" — "*anno Domini*".

Essa era uma noção de tempo, tempo cristão, que transcendia em muito o local: perfeitamente adequada a uma monarquia que se estendia até os limites mais distantes da cristandade. Carlos Magno, coroado exatamente na virada de um século, dificilmente poderia ter feito mais para se identificar com ela. Talvez esteja aí mais uma razão para que tenha determinado uma coroação em 800 d.C. — uma que ele não se preocuparia em divulgar. Embora naquele dia marcante uma sombra pudesse se lançar pesada além da luz tremeluzente das velas, provavelmente não era tão pesada quanto a sombra do pressentimento que escurecia as almas de muitos. Se o momento da coroação de Carlos Magno tinha o significado do alvorecer de um novo século cristão, de acordo com um sistema cronológico muito diferente também marcava radicais convulsões cósmicas. O nascimento de Cristo não era o único ponto inicial possível para um calendário universal. Há tempos muitos acreditavam que também era possível medir os séculos a partir do momento exato da criação da Terra. Teólogos da época de Agostinho haviam ensinado que seis longos milênios se passariam, e que então, no sexiesmilésimo ano da existência do mundo, começaria o tempo do Anticristo e o mundo chegaria ao fim. Nem todo o magnífico escárnio do próprio Agostinho conseguira eliminar inteiramente a crença dos homens nesses cálculos abstrusos. Repetidamente surgiam pregadores dispostos a desafiar a desaprovação dos líderes da Igreja e relembrar às pessoas a data que há muito fora marcada para o advento do Anticristo. Aparentemente, nas décadas anteriores à coroação de Carlos Magno tais profetas haviam aumentado em número. Em 789 promulgou-se um decreto real determinando que as cartas deles, se apreendidas, fossem cerimonialmente incineradas. As autoridades tinham bons motivos para alarme. A suposta data do fim do mundo, que nos tempos de Agostinho estava muitos séculos à frente, era então alarmantemente iminente. Poucos daqueles reunidos na Basílica de São Pedro para ver Carlos Magno ser coroado imperador ignorariam isso. Contado pela escala de tempo que o próprio Carlos Magno tanto fez para promover, o surgimento do Anticristo podia ser esperado para qualquer momento. Para ser preciso — *anno Domini* de 801.[48]

O ano passou. O Anticristo não surgiu. Talvez os líderes da cristandade nunca tenham acreditado que surgiria. Ainda assim, permanece o mistério sobre a coroação de Carlos Magno e por que, estadista astuto que era, astuto e altamente orgulhoso, ele teria ficado contente em aceitar a coroa das mãos do bispo de Roma. Talvez nem todos os seus cálculos tivessem sido políticos afinal. Carlos Magno não encarava sua missão com descontração. Ele e os eruditos que o acompanhavam, embora não anunciassem o fato, certamente partilhavam do medo disseminado de que o mundo estava ficando velho — e que o mestre da Europa tinha um dever, "neste último e perigoso período da história, de governar e proteger o povo cristão."[49] Certamente uma responsabilidade assustadora. Quais poderiam ser as defesas contra o advento do Anticristo? As Sagradas Escrituras davam uma única pista. "Vocês sabem o que o detém agora para que ele possa se revelar no seu momento." Os teólogos concordavam em que com isso São Paulo se referia ao Império Romano. E naquele momento, exatamente no ano previsto no passado como a data do advento do Anticristo, um Império Romano havia sido recriado no Ocidente. Se de fato era uma coincidência, certamente era abençoada.

Não que Carlos Magno, uma vez coroado, tivesse qualquer intenção de permanecer em Roma, governar de lá como um césar. A cidade continuava a ser um lugar estranho e talvez desconfortável para ele. Alguns meses de arrogância imperial e ele partiu novamente, retornando para o norte dos Alpes. Assim como chegou ele partiu: um rei dos francos. Mas havia poucos em seu cortejo que duvidariam de que algo perturbador tinha acontecido a seu mestre na antiga capital da fé cristã. Por mais fantasmagórico que fosse, insubstancial como adequado a algo morto convocado de sua tumba, ainda assim o espectro do império desaparecido de Roma, vicejando com a grandeza de Carlos Magno, ganhara, após longos séculos frios, um fôlego súbito. Bastava virar o espelho no qual o reino franco refletia suas pretensões e era possível vislumbrar a forma do fantasma sobrenatural. Nos amplos domínios conquistados pela espada dos francos vitoriosos, mas naquele momento recém-batizados de império "romano"; no complexo de palácios que Carlos Magno, de volta da Itália, começara a erguer em Aachen, bem distante de Roma, era verdade, mas embelezado com colunas resgatadas do cemitério de mármore da cidade; na própria imagem do imperador, aquele mesmo chauvinista arrogante que apenas duas vezes na vida real aceitara vestir os trajes de um romano, mas que era retratado em suas moedas adornado com uma túnica antiga e uma coroa de louros. Embora Carlos Magno sempre houvesse se mostrado violentamente prático na causa da conquista, ele também era um visionário — e sua visão era a de um passado distante. Inevitavelmente, talvez. Onde mais, a não ser no passado, o de Roma, o mestre da Europa poderia buscar o grande padrão de um império cristão? Seu fantasma sempre tremeluzia em frente a ele. Mesmo em seu próprio selo essa renovação foi inscrita como sua declaração de princípios. Para o monarca franco, isso era o que passara a significar a construção do futuro da cristandade.

Era uma suposição autenticamente imperial. Na verdade, a ponto de parecer um virtual espólio de guerra. "Desde os tempos de Constantino, o Grande, o império foi comandado por imperadores dos gregos; mas agora, graças a Carlos Magno, ele foi transferido para os reis dos francos."[50] Assim era a propaganda: tão envaidecedora para todos no Ocidente quanto, claro, novidade para os "gregos" ultrajados. Mas mesmo eles, que receberam as notícias da coroação de Carlos Magno com uma previsível mistura de fúria e desprezo, estavam se obrigando a uma conciliação com o rei franco. Constantinopla estava à beira da ruína. Enquanto os francos se ocupavam em subjugar povos "cujos nomes nem mesmo os antigos romanos tinham conhecido",[51] os exércitos da Nova Roma sofriam uma série desanimadora de derrotas. Então, em 811, um imperador sofreu a humilhação máxima de ser morto em batalha pelos búlgaros, um povo tão irremediavelmente selvagem que fazia seus juramentos diante de cães mortos e colocavam os crânios dos inimigos derrotados em taças de prata. Um ano depois, enviados bizantinos fizeram a sofrida viagem até Aachen. Chegando lá, eles deram a Carlos Magno o maior sinal de aprovação terrena. Sem dúvida tampando os narizes e trincando os dentes enquanto o faziam, os enviados da Nova Roma pela primeira vez saudaram um rei bárbaro como "*basileus*": "imperador".

Não, porém, como um romano. Isso para os bizantinos — os *romaioi* — era ir longe demais. Levados à presença de Carlos Magno, os enviados se viram em uma sala do trono claramente copiada daquela de seu próprio mestre: uma demonstração de vulgaridade *gauche* que deve ter servido apenas para reforçar neles a sensação de quão profunda, quão inconciliavelmente profunda era a distância entre os arrivistas ocidentais e eles mesmos. Diplomatas de Constantinopla tinham grande experiência em compreender as trevas da mente selvagem. Durante séculos eles seduziram e embriagaram seus vizinhos com os encantos da civilização. Mas em suas negociações com Carlos Magno eles se viram sem opções a não ser levar aos limites essa estratégia. Por mais que fosse desagradável, saudá-lo como "imperador" podia ser algo justificado como uma operação de controle. Afinal, não importava quão sedutoramente o rei franco era capaz de imitar a dignidade dos romanos, ele continuava a ser um bárbaro — e o caráter de um bárbaro era à prova de quaisquer títulos esplêndidos. Não tendo as impressionantes e antigas tradições de governança das quais a Nova Roma era herdeira, os francos estavam destinados a, mais cedo ou mais tarde, sucumbir à sua própria natureza selvagem, passando a combater entre si. Inevitavelmente, o frágil domínio a que eles fingiam chamar "império" iria vacilar e desmoronar; as novas estradas que haviam construído voltariam a ser lama; todas as fantasias de moldar a cristandade derreteriam e se dissolveriam como névoa. E mais uma vez, como era correto, o *basileus* seria obrigado a reconhecer que não havia nenhum igual a ele.

E assim foi. Em 813 o envelhecido Carlos Magno coroou Luís, seu filho, como imperador conjunto: uma clara ofensa ao papa, que não foi sequer convidado para a cerimônia. E uma declaração aparentemente explícita de que o futuro seria tão imperial quanto franco. Mas Carlos Magno, a despeito de ter passado seu domínio intacto, à maneira de um imperador romano, preferiria não tê-lo feito. Seus planos originais para a sucessão foram amargamente frustrados por perdas. Dois filhos haviam morrido, um após o outro, poucos meses antes. Caso tivessem sobrevivido, Carlos Magno, obedecendo aos costumes de seu povo, certamente teria dividido seus domínios em três. Do modo como foi, quando também ele, um ano depois, foi convocado a encontrar seu criador, deixou para trás o herdeiro único. Luís ascendeu ao comando do mundo franco sem oposição. O império do Ocidente continuou a reconhecer um único senhor. Por ora as circunstâncias o haviam preservado íntegro.

Mas continuava a haver potencial para uma crise. A despeito dos esforços do novo rei, a tensão entre a fantasia de um Império Romano e a realidade muito diferente dos costumes e da sociedade francos não era facilmente solucionada. Luís, como seu pai, era um reprodutor prolífico; e seus filhos, ao contrário dos de Carlos Magno, tendiam a sobreviver. Mesmo antes de sua morte em 840 eles já tinham começado a disputar a herança. Após sua morte eles fizeram o Ocidente em pedaços. Em 843 os três filhos sobreviventes de Luís — Carlos, Luís e Lotário — se reuniram na cidade de Verdun, onde o desmembramento foi solenemente formalizado. Carlos recebeu a porção ocidental da Francia, enquanto Luís ficou com as terras de língua germânica que se estendiam a leste do Reno: uma divisão que, a longo prazo, se mostraria duradoura e decisiva.

Enquanto isso, Lotário, o filho mais velho, teve de se contentar com uma herança particularmente turbulenta: uma parcela de territórios distintos que começava nos Países Baixos, passava pela Borgonha e cruzava os Alpes até a Itália. Também coube a Lotário o título imperial: uma dignidade já espectral, mas que logo seria ainda mais desvalorizada. Tal pai, tal filho: estava se tornando uma tradição os reis francos deixarem atrás de si três herdeiros, e Lotário, antes de morrer em 855, dividira seu próprio patrimônio em três para atender às necessidades de sua própria prole. Isso deixou Luís, seu filho mais velho e sucessor como imperador, apenas com o reino da Itália como herança, uma base perigosamente reduzida a partir da qual reivindicar o controle do mundo cristão. Em uma tentativa desesperada de proteger seu próprio prestígio, Luís II já havia se submetido a ser coroado e ungido pelo papa, como tanto seu pai e seu avô, se sentindo igualmente cercados, haviam feito: pois os sucessores de Carlos Magno, não tendo a mesma autoconfiança brutal do primeiro imperador franco, haviam cada vez mais ansiado pela confirmação que acreditava-se que apenas o herdeiro de São Pedro poderia dar. Como resultado, o envolvimento papal em coroações imperiais se tornou cada vez mais comum, e todos os esforços de Carlos Magno de eliminar isso se perderam. Apenas cerca de meio século após o grandioso Natal de 800, o fantasma de Leão ficaria satisfeito. Havia sido aceito que apenas um papa tinha o poder de conceder uma coroa imperial.

Mas uma coroação, mesmo realizada em Roma, não era em si suficiente para criar um imperador. Em 871 chegou à corte de Luís uma carta tripudiante de Constantinopla dizendo isso de forma nada diplomática. O *basileus* já não sentia nenhuma necessidade de demonstrar submissão aos francos. Os *romaioi*, há muito tempo pressionados e acossados por seus inimigos, estavam retomando a ofensiva. Assim como sua situação ressuscitara do nadir do século anterior, da mesma forma seu antigo direito de nascença de ver os estrangeiros com desprezo, que a proeminência de Carlos Magno brevemente ameaçara, havia recuperado seu vigor tradicional. Eles naturalmente descartaram o personagem menor de Luís II, um bárbaro adornado com trajes romanos, com especial prazer. Eles já não estavam dispostos a tolerar o direito de ninguém ao título imperial a não ser o de seu próprio mestre. O próprio *basileus*, em sua carta a Luís, disse isso em termos duros. Só havia, e sempre haveria apenas um único império — e os francos não tinham direito a ele.

Três décadas depois, poucos, mesmo entre os próprios francos, podiam negar que suas pretensões imperiais estavam em um estado de desarranjo crônico. O domínio que chegara a tal grandeza apenas um século antes entrava em colapso em todos os pontos. Reis e imperadores governavam com a autoridade de fantasmas. As antigas fontes de prestígio, construídas de tal modo por Carlos Magno, pareciam cada vez mais secas. Em 901, o neto de Luís II, determinado a reviver a sorte de sua casa, se fizera coroar imperador; quatro anos depois ele foi capturado por um senhor da guerra rival que o cegou e baniu para a Borgonha, onde definharia o resto da vida. Nunca mais a família de Carlos Magno reivindicaria a dignidade de um título imperial: sua decadência se tornou ainda mais terminal com a extinção quase simultânea, em 911, da linhagem real da Francia Oriental. Era verdade que os grandes nobres da Germânia, tencionando perpetuar uma ideia de continuidade com o passado glorioso, buscaram um substituto na Francônia, um principado no coração do reino — cujo duque era, como o nome sugeria, autêntica e tranquilizadoramente franco.

Contudo, afora essa vantagem, o rei recém-eleito, Conrado I, era pouco qualificado para o cargo: ofuscado por seus pares e também, a despeito de seus protestos tímidos, cada vez mais ignorado por eles, ele viu sua autoridade desaparecer desapiedadamente. Enquanto isso, nas terras além de seu ducado, magnatas rivais lutavam por predomínio, combatendo uns aos outros quando não o faziam contra seu rei ungido, todos buscando lucrar com o tumulto da época. O reino propriamente dito, refém dessas manobras, naturalmente continuou a se fragmentar. Parecia que metade do império franco estava prestes a se desintegrar totalmente.

E mesmo na metade ocidental, onde um descendente da linhagem de Carlos Magno ainda ocupava o trono, supostamente iluminando seu reino com o brilho de seu prestígio, um carisma dado pelo próprio Deus, a época não era menos tempestuosa. O rei dos francos no Ocidente, por mais que fosse o pilar gêmeo da cristandade, tinha tantos problemas com as ambições de príncipes poderosos quanto seu equivalente do outro lado do Reno. Isso era pouco surpreendente: afinal, seu reino não tinha fronteiras estabelecidas, instituições comuns e sequer um nome. Em muitos dos principados mais férteis do Ocidente — Catalunha e Flandres, Provença e Aquitânia — só se professava uma mínima lealdade à casa de Carlos Magno. De fato, havia muitos entre os líderes dos francos, duques com propriedades tão vastas quanto a de qualquer rei, e arcas do tesouro ainda mais fundas, que aspiravam eles mesmos à dignidade real. Em um mundo sem fronteiras estabelecidas e um centro cada vez mais fraco, havia muito que parecia poder ser tomado. Assim, as guerras se sucediam. Na Francia Ocidental, assim como na oriental, as fronteiras mutáveis dos grandes ducados eram invariavelmente traçadas com sangue. Contudo, raras eram as guerras mais que locais. Em meio a todo o caos e violência, continuava a haver um certo equilíbrio de poder. "Isso não refletia a falta de príncipes francos com as obrigatórias nobreza, coragem e sabedoria necessárias para governar, mas sua própria dignidade e poder, que os tornava tão equivalentes. Nenhum era capaz de superar os outros, nenhum era capaz de determinar a submissão inconteste de seus pares."[52] Portanto, era em bases tão inglórias que os descendentes da casa de Carlos Magno, os "carolíngios", conseguiam manter sua coroa: a falta de alternativa.

Ninguém em nenhum momento duvidava de que para uma terra cristã florescer ela precisava de um rei que a governasse. Os sábios haviam ensinado tempos antes que sem um não poderia haver justiça nem paz. Era um rei que servia ao Senhor do Céu como Seu representante, e seu dever, o mais assustador e difícil, era sustentar o mundo para Ele. Mesmo em sua própria labuta, quando suportada para o bem de um povo sofredor, era possível vislumbrar um simulacro da Paixão do próprio Cristo. E por essa razão, havia muito mais em jogo no declínio constante da autoridade real implantada por Carlos Magno do que apenas o futuro da coroa franca. Para muitos cristãos, as difíceis condições do trono da Francia pareciam revelar uma doença que poderia abalar a ordem do próprio universo e ameaçar o povo de Deus onde quer que vivesse. Apenas o pecado humano, envenenando o mundo de modo a que "homens se comportem como monstros das profundezas, devorando cegamente todos aqueles mais fracos que eles mesmos",[53] podia explicar o evidente aumento da raiva celeste. A paisagem da cristandade, que sob Carlos Magno havia sido comparada a uma tapeçaria de estrelas brilhantes, parecia cada vez mais retornar à escuridão. À medida que o décimo século desde a Encarnação continuava a escurecer, os homens olhavam para o mundo ao redor e temiam os pródigos que se identificavam nele.

No céu, por exemplo, hordas fantasmas costumavam ser vistas, suas fileiras formadas de chamas rodopiantes; porém, desde a virada do século havia sinais ainda mais mortais e hordas mais aterrorizantes lançadas contra a própria terra vergada. Em 899, violentos esquadrões de cavaleiros, tão estranhos e selvagens que pareciam uma repentina erupção dos pesadelos de todos os cristãos civilizados, tinham invadido a planície da Lombardia e a deixado nua. "De aparência repulsiva, com olhos fundos e baixa estatura",[54] os invasores teriam até mesmo sugado todo o sangue de suas vítimas. Um ano depois o barulho dos cascos dos misteriosos bárbaros fizera toda a Baviera tremer. Em pouco tempo eles eram ouvidos tão ao ocidente quanto a Provença. Todo ano, em algum ponto do decadente império franco, novos campos, novas aldeias, novos mosteiros eram inteiramente tomados e saqueados.

Contra inimigos como esses, nuvens de marimbondos monstruosos, dotados de tal velocidade que mal pareciam humanos e com a capacidade diabólica de disparar flechas a galope, a resistência parecia inútil. Dizia-se que os invasores haviam afirmado que apenas quando a terra se abrisse eles seriam derrotados. Suas vítimas infelizes eram inclinadas a concordar. Certamente havia poucos entre os príncipes locais que pareciam capazes de detê-los. Mesmo quando os agressores eram mais vulneráveis, se retirando para seus esconderijos no Danúbio por trilhas esburacadas e enlameadas, as carroças abarrotadas de pilhagem, a viagem dificultada por prisioneiros amarrados e trôpegos, raramente eram confrontados. Para os que sobreviviam aos seus ataques as cenas de devastação deixadas para trás — o interior enegrecido, as igrejas ainda em fumaça, os corpos daqueles que não serviam para a escravidão cobertos de moscas em meio às cinzas — pareciam visões do inferno. Era amplamente reconhecido que os invasores na verdade não eram demônios, mas membros de tribos dos limites mais distantes do mundo, um povo conhecido como húngaros. Mas também havia entre a esmagadora maioria daqueles que suportavam o impacto de seus ataques a ideia de que tal praga era em si sintoma de um mal maior que humano. "Pois eles dizem que este é o último momento das eras e que o fim do mundo está próximo, portanto os húngaros são Gog e Magog. Nunca antes se ouviu falar deles — mas agora, cuidado, é o fim dos tempos e eles se materializaram."[55]

O monge que registrou essas opiniões o fez para refutá-las. Ele escreveu com uma confiança que talvez fosse natural a um homem protegido a uma distância segura da devastação, em Auxerre, norte da Borgonha. Aqueles que estavam mais diretamente no caminho dos húngaros tendiam a ser menos otimistas. Não eram apenas "os frívolos" profetas de língua afiada fora das fileiras do sacerdócio que temiam que "o final dos tempos do mundo tenha começado".[56] O monge borgonhês, tentando aplacar esses temores, o fez em resposta a uma carta de nada menos que um bispo, o primaz de Verdun, cujo rebanho tinha sofrido repetidamente com os ataques dos húngaros. O bispo certamente perguntara em um tom de grande pânico se o fim do mundo estava próximo. Os irmãos do mosteiro em Auxerre, famosos por seu estudo do Apocalipse, estavam ficando acostumados a essas perguntas ansiosas. Pacientemente, embora com claros traços de sofridos mestres-escola, eles censuravam aqueles que supunham imaginar que era possível compreender os mistérios dos desígnios de Deus para o futuro. Como o bispo de Verdun foi claramente relembrado, "sofrer pelo fim do mundo é assunto apenas Dele que planta as raízes de Seu coração no amor ao mundo".[57] A ortodoxia da Igreja, como formulada séculos antes por Agostinho, se mantinha. Os terrores da época conclamavam não ao pânico, mas ao arrependimento. Eles deviam ser enfrentados não com profecias desvairadas, mas com oração, contrição, penitência e boas ações. Imaginar o contrário era o cúmulo do sacrilégio.

De modo que se instalou uma tensão excruciante nas almas de cristãos devotos em toda parte. Por um lado era absolutamente claro para eles que "grandes calamidades, fruto do julgamento divino, aumentam em toda parte, marcando o final da era dos homens".[58] Desde os primórdios da Igreja, quando o retorno de Cristo era esperado a qualquer momento, uma sensação tão grande da iminência do fim dos tempos não tomava de tal forma as fileiras dos fiéis. Para a maioria dos cristãos, em meio às violentas tribulações do século, parecia evidente que o mundo se encaminhava rapidamente para a terrível ruína há tanto tempo profetizada para ele.

Pois mesmo concedendo que os húngaros pudessem não ser Gog e Magog, o que a selvageria mais generalizada da época poderia indicar se não a iminência do Anticristo? Afinal, havia certos sinais que nem mesmo os mais céticos podiam contestar. O império dos romanos, refundado por Carlos Magno para servir à cristandade como vigia e bastião, mergulhava no caos em toda parte. Não existia nenhuma outra barreira ao Anticristo. Quer o Filho da Perdição nascesse da união de Satanás com uma virgem, como a maioria supunha, ou da de um judeu com a própria filha, como outros eruditos argumentavam, a época de seu triunfo certamente se aproximava rapidamente. Mas precisamente *quando*? A ânsia de fazer essa pergunta era ainda mais terrível pelo fato de que o destino de toda a humanidade claramente dependia da resposta. Mas ela não podia ser feita. O véu lançado por Deus sobre o futuro não podia ser retirado por pecadores mortais. Até mesmo os anjos eram proibidos de saber. Quanto mais palpáveis as provas de que uma conflagração universal era iminente, mais difícil se tornava para os bons cristãos evitar expor a hora.

Na verdade, houve alguns que consideraram a tentação grande demais para resistir a ela. Mais que qualquer outra, uma aparente pista assombrava os cálculos dessas almas imprudentes. Havia sido São João, em sua visão de Satanás acorrentado, quem relatara como o anjo responsável por jogar o diabo no poço o havia "fechado e selado para que ele não seduzisse mais as nações até que se passassem mil anos". "Mil anos": como este número deveria ser interpretado? De forma abstrata, como Agostinho convincentemente argumentara e a Igreja continuava a afirmar? Ou seria possível, alguns ousavam especular, que São João tivesse pensado neste número exatamente? Para cristãos cada vez mais acostumados à datação dos anos a partir do *anno Domini*, essa pergunta era mais premente do que tinha sido antes. Mais de novecentos anos haviam se passado desde que os pés abençoados de Cristo tinham caminhado sobre a terra; e o milésimo se aproximava.

Não espanta, portanto, que houvesse mesmo nas fileiras dos sacerdotes aqueles que vissem a aproximação do milênio com um misto de medo e antecipação — e estivessem preparados para admitir isso. Em uma catedral, por exemplo, em Paris, uma pujante cidade comercial, houve um pregador que se levantou na presença de toda a congregação e alertou diretamente todos os presentes de que o Anticristo estaria sobre eles "no momento em que se completarem mil anos."[59] Um segundo padre, chocado com esse dramático mergulho na heterodoxia, se apressou em desmontar a alegação de seu colega com múltiplas e cultas referências às Sagradas Escrituras, mas as profecias continuavam a brotar "e os boatos se espalhavam por quase todo o mundo."[60]

E boatos geravam boatos. Certamente não havia um consenso quanto à data mais provável do nascimento do Anticristo. Fosse em sussurros nervosos, em afirmações feitas em cartas abertas ou em perguntas enviadas a monges eruditos, novas hipóteses estavam sempre circulando. A ambiguidade marcou até mesmo o pronunciamento aparentemente direto do pregador em Paris, pois o milênio deveria ser contado a partir da vinda de Cristo ao mundo ou de Sua ascensão aos céus? Uma questão perigosa para ser debatida publicamente — e talvez também irrelevante. Pois se a vinda do Anticristo realmente era iminente, então importava pouco se ela aconteceria no aniversário de nascimento de Cristo ou no de Sua ressurreição. O que importava, e de forma impressionante, era a sensação disseminada de que os ritmos da vida humana, das estações e da própria Terra, que haviam permanecido imutáveis desde a Criação, tinham uma sentença de término iminente: que em algum momento, precisamente ou pouco depois do *anno Domini* de 1000, todas as coisas chegariam a um final terrível. "Os filhos da humanidade chegam e partem em sequência, os velhos morrem e os jovens que assumem seus lugares por sua vez envelhecem — e isso é ser humano neste mundo, esta Terra Intermediária."[61] Mas, talvez, não por muito tempo. Fosse como uma ansiedade densa, uma apreensão torturante ou uma expectativa apaixonada, essa convicção se implantava e não desaparecia.

De fato, para muitos em uma época assolada por crises aparentemente insolúveis, isso era uma promessa de solução. Em meados do século X a história se tornara um pesadelo do qual os cristãos da Francia lutavam para despertar. A confiança em sua capacidade de moldar o próprio futuro fora perdida havia muito. Isso era verdade não apenas para os pobres, os famintos, os oprimidos, mas mesmo para aqueles com poder. Na corte do rei dos francos ocidentais as preocupações quanto à iminência do Anticristo chegavam ao ápice. No final dos anos 940 parecia que sua chegada não poderia ser adiada por muito tempo. Sinais da ruína da Francia Ocidental surgiam por toda parte, iluminados por fogo. Não apenas os húngaros, indo bem além das regiões habituais, haviam chegado quase à extremidade nordeste do reino, onde ficava a capital real de Laon, como as rixas aristocráticas, sempre selvagens, tinham chegado ao ponto de sacrilégio.

A própria Laon em dado momento havia sido tomada e saqueada, e o rei, Luís IV, feito prisioneiro por um breve tempo. Não espanta, então, que sua esposa, a rainha saxã Gerberga, tenha buscado conselhos não de um grande senhor da guerra, mas de um religioso que era famoso acima de tudo por seu conhecimento do Anticristo: Adso, o abade de Montier-en-Der. Em sua resposta a Gerberga o festejado estudioso não sucumbiu à tentação de dar uma data precisa para o final dos tempos, mas se sentiu capaz de confirmar que era iminente. "De fato, sendo como são os tempos em que vivemos, não há questão mais urgente,"[62] informou ele à rainha aterrorizada. E para aqueles membros da casa real dos francos mais que para qualquer outro: pois eram eles, e apenas eles, que estavam entre o mundo e o Anticristo.

Era uma afirmação sensacional — mas ainda assim produzida com base em uma lógica impecável. Afinal, se fora o Império Romano que servira de fortaleza contra o advento do Anticristo, e os francos eram os herdeiros do Império Romano, então o que o colapso de seu reino podia pressagiar se não o fim do mundo? Por mais que Adso considerasse essa conclusão fortalecedora do moral, ela não serviu para aliviar o fardo da responsabilidade que repousava nos ombros do rei franco. Nem o abade tinha colocado toda pressão. "O que digo não é fruto de meus próprios pensamentos ou fantasias, mas de pesquisa diligente",[63] insistiu ele — e, em sua biblioteca, Adso tinha estudado São Metódio. A visão do antigo mártir, com sua profecia de um imperador romano que iria conquistar o mundo antes de viajar a Jerusalém, pousar sua coroa sobre o monte do Gólgota e colocar em marcha o Segundo Advento havia sido traduzida pela primeira vez para o latim no século VIII; mas apenas na época de Adso suas implicações haviam sido plenamente compreendidas pelos estudiosos no Ocidente. Como tinham sido arrogantes os gregos, arrogantes e grotescamente equivocados, de imaginar que um de seus imperadores iria reivindicar Jerusalém! Em vez disso, um franco estava destinado a "nos últimos dias, ser o maior e último de todos os reis". Assim pronunciou Adso, com todo o peso de seu grande conhecimento. "E esse será o fim e a consumação do Império Romano — o que significa dizer o império dos cristãos."[64]

Quase quinhentos anos haviam se passado desde o colapso do domínio de Roma no Ocidente. Contudo, embora fantasmagórico, seu espectro continuava a assombrar os sonhos de todos aqueles que buscavam interpretar os desígnios de Deus para o futuro da humanidade. Como na época de Carlos Magno, também na época infinitamente mais problemática de Adso: não era possível conceber uma solução para o problema enfrentado pela cristandade a não ser um retorno a um passado remoto. Também não um clímax para a história humana. A ruína das coisas podia ser temida, mas também era simultaneamente concebida como um porto: como uma fuga de inumeráveis tempestades e ondas violentas. No final haveria um novo céu e uma nova Terra, e o retorno do Filho do Homem, mas antes, "embora para toda parte que olhemos o vejamos quase em completa ruína", teria de haver um retorno a um Império Romano.

É difícil imaginar um programa mais expressivo de paralisia e desespero. Além das muralhas do mosteiro de Adso, grandes príncipes rivalizavam uns com os outros, campos eram arrasados por exércitos rivais e as fronteiras da cristandade eram iluminadas por chamas e manchadas de sangue. Ainda assim, como a única solução para essa crise de desolação, as mentes mais brilhantes e cultas da Francia sussurravam fantasias decrépitas de um império global. Mas essas próprias fantasias, mesmo em meio ao caos generalizado da época, não tinham perdido inteiramente sua capacidade de fascinar tanto reis quanto estudiosos. Adso, escrevendo a Gerberga, presumira que qualquer futuro imperador seria um franco. Porém, os tempos estavam mudando — como a própria Gerberga, uma princesa saxã, poderia muito bem ter lembrado ao abade. Pois no momento em que Adso escrevia sua carta, os francos já não eram o único povo encarregado de governar um grande domínio. A leste de suas terras, nas margens da cristandade, surgia uma nova potência. Uma potência capaz, como o tempo provaria, de proteger o Ocidente contra seus mais temidos inimigos e forjar um novo Império Romano, ao mesmo tempo em que o milênio se aproximava.

2

A VELHA ORDEM MUDA...

O Reich *do milésimo ano*

Embora a cristandade estivesse em guerra, nem todas as suas fronteiras desabavam. Nos pântanos da Saxônia, ao longo das margens do Elba, o rio largo que servia de limite para a Francia Oriental, guerreiros cristãos estavam de sentinela e não temiam ninguém. Enquanto contemplavam a luta heroica para manter a ordem de Deus, os saxões sabiam que estavam em sua vanguarda. Além do Elba, a leste, em bosques sinistros adornados com símbolos e chifres de animais, tribos eslavas, conhecidas coletivamente pelos saxões como "vênedos", ainda idolatravam demônios e se deliciavam com suas "superstições vãs",[1] mas a oeste a própria paisagem era testemunho da mão protetora de Cristo. Onde o solo era fértil e a floresta podia ser domesticada, floresciam as marcas de Sua proteção: fazendas, casas e igrejas de pedra nua. Mesmo no próprio Elba os fortes da fronteira prosperavam — e isso a despeito do contínuo entusiasmo dos bandos guerreiros vênedos por cruzá-lo em busca de saques.

O ponto central das defesas erguidas contra esses ataques era a fortaleza de Magdeburgo: originalmente fundada por Carlos Magno como estação de fronteira, onde as bolsas dos comerciantes que saíam da cristandade eram inspecionadas em busca de armaduras e armas contrabandeadas, ela, no início do século X, já era a capital dos pântanos orientais.[2] Alimentada pelo lucro do comércio e um interior pujante, ela ostentava igrejas, mercados e até mesmo uma "*Hof*" — uma corte para entreter o duque da Saxônia. Enquanto isso, além de seus portões grandiosos e da estrada que levava a leste sobre o Elba, os pagãos "viviam em uma pobreza tão brutal que aquilo que na Francia seria considerado um fardo insuportável era visto por eles quase que como um prazer."[3] Como nos primeiros dias de Magdeburgo como posto alfandegário, até mesmo uma cota de malha era considerada um assombro por muitas tribos. De fato, era tal o espanto com que elmos e cotas de malha compridas eram vistos pelos vênedos que as armaduras mais provavelmente adornariam não seus guerreiros, mas seus deuses. Escondidos em santuários na floresta, seus ídolos permaneciam, de olhos vazios e ameaçadores, "assustadoramente cobertos de malha".[4]

Para os saxões a tolice de idolatrar demônios era ainda mais ameaçadora pelo fato de que eles um dia a tinham praticado. Um povo que aprendera a rejubilar com a derrubada de árvores e a construção de igrejas não conseguia se esquecer de que também ele, um século e meio antes, tinha praticado a maioria de seus rituais na escuridão de clareiras em florestas de carvalho. Os assustadores boatos sobre o que ainda era praticado ali povoavam os pesadelos de homiliastas cristãos. Dizia-se que prisioneiros eram pendurados em galhos de árvores sagradas após atravessados por lanças: pois a lança fora consagrada a Woden, o Deus que via mais longe. Impressionantes privilégios haviam sido concedidos aos iniciados nesse sacrifício: aqueles que colhiam o sangue das vítimas ainda se contorcendo e o traçavam sobre runas, a sabedoria do próprio Woden; e aos que consumiam seus corações pulsantes, um poder sobre os mortos. Carlos Magno, atacando as fortalezas desse mal monstruoso, se sentiu obrigado a purgá-lo inteiramente com machado e espada. Árvores consagradas a Woden foram derrubadas e seus galhos lançados ao fogo.

Os próprios saxões, tão obstinados em seu paganismo quanto em sua relutância em aceitar como seu novo senhor o rei franco, ungido pelo próprio Cristo, haviam sido tratados com igual ferocidade. Após uma rebelião especialmente selvagem, milhares de prisioneiros foram decapitados de uma só vez; a população de regiões inteiras foi transferida à força; a pena de morte foi introduzida para quem recusasse o batismo, se aferrasse aos ritos antigos e até mesmo comesse carne durante a Quaresma. Nunca desde a época dos césares haviam sido cometidas atrocidades em escala tão grandiosa — e nunca antes com o objetivo de impor o amor de Cristo.

Havia muitos na corte de Carlos Magno que empalideciam com isso. Fazer a guerra de agressão e conquista mesmo contra gentios mergulhados na maior selvageria idólatra parecia a eles exatamente o oposto do ideal cristão. Como Alcuíno argumentara de forma angustiada, "A fé é fruto da vontade, não da obrigação. Pode-se convencer um homem a crer, mas não se pode obrigá-lo. Pode-se

O *Reich* saxão

arrastá-lo para as águas do batismo, mas não para a própria fé."[5] Contudo, o tempo provou que o alerta era equivocado. Os saxões, exauridos por sua luta contra Carlos Magno, acabaram, no devido tempo, sendo obrigados a reconhecer sua absoluta derrota. Woden falhara com eles. O Cristo dos francos vitoriosos se mostrara invencível. Não havia vergonha em se submeter a tal Deus. E assim os saxões devidamente se submeteram. Woden, derrubado de seu trono, havia sido banido da Terra Intermediária. Dizia-se que em certas oportunidades, ao cair da noite, ele e seus seguidores, lobas, corvos carniceiros e os espíritos dos mortos, cercados por nuvens negras, voltavam e invadiam seu antigo domínio, disparando em meio à floresta, cavalgando os ventos gelados; mas nada nessa superstição impressionava a elite saxã. Aqueles nos limites da floresta que recuava, camponeses e pioneiros, podiam algumas vezes baixar a cabeça à passagem dos caçadores demoníacos, mas nunca a aristocracia. Ela sabia muito bem o que devia ao favor de Cristo. Não mais vivendo na pobreza ignorante como os vênedos ainda viviam, eles haviam se tornado pares de qualquer um na cristandade — até mesmo de seus antigos conquistadores. "Pois transformados em irmãos pela fé cristã, eles se tornaram um povo quase idêntico aos francos."[6]

De fato, a tal ponto que no início do século X, e com o reino da Francia Oriental prestes a entrar em colapso, os homens até podiam falar do duque da Saxônia como um possível futuro rei. Henrique, líder do clã Liudolfing, merecia plenamente essa entusiasmada aprovação. Desde que herdara seu título em 912 ele se mostrara "um senhor rico em sabedoria, pleno de severidade e de avaliação justa."[7] Com os pagãos além de suas fronteiras ele se mostrara um inimigo previsivelmente implacável e incansável. Com as ambições dos clãs dentro delas, ele havia sido um oponente mais sutil, mas não menos eficaz. Os grandes senhores da guerra da Saxônia, que por instinto sempre haviam se entregado a rivalidades assassinas, haviam sido sistematicamente obrigados a se curvar à sua vontade: alternadamente ameaçados, comprados ou seduzidos. Talentos como os que Henrique podia empregar, em um Estado fracassado como a Francia Oriental estava rapidamente se transformando, não podiam ser facilmente ignorados. Até mesmo Conrado, seu rei irritadiço mas cada vez mais infeliz, finalmente reconheceu isso. Em 915, abandonando todos os seus esforços anteriores para conter as ambições de seu vizinho incomodamente capaz, ele assinou um acordo de paz que efetivamente nomeava como seu segundo o duque da Saxônia. Três anos depois, em seu leito de morte, ele disse ao seu irmão, Eberhard, para apresentar Henrique como seu sucessor. Na primavera seguinte, em maio de

919, Eberhard devidamente seguiu o conselho do moribundo. A nobreza franca se juntou a seus pares saxões aclamando Henrique como rei. Pela primeira vez, o comando da Francia Oriental foi confiado a um homem que sequer era franco.

Não surpreende que o momento decisivo depois se tornaria lenda. Dizia-se que mensageiros enviados para informar ao novo rei de sua ascensão inicialmente não conseguiram encontrá-lo, e apenas após vários dias o localizaram em um pântano selvagem onde Henrique, um caçador ávido, instalava metodicamente armadilhas para patos. Certamente um reflexo adequado da frieza predatória e da paciência que "o Passarinheiro" aplicaria à tarefa de redimir a Francia Oriental. Tomando cuidado para não irritar os grandes duques de seu reino instável, homens que ainda se viam, no mínimo, como seus pares, Henrique se permitiu ser ungido. Mas mesmo no momento em que tramava a diminuição do brilho da aura real e se apresentava não como o herdeiro de Carlos Magno, mas como algo absolutamente mais modesto, como apenas o primeiro entre iguais, ele espreitava seus oponentes. Ao longo dos anos seguintes uma série de potenciais rivais foi metodicamente humilhada ou então seduzida com títulos sonoros e ofertas de casamento com a casa de Liudolfing. Em pouco tempo os príncipes da Francia Oriental se descobriram inapelavelmente presos em uma trama delicada de dependência e obrigação. Em 935, quando Henrique se reuniu em uma cúpula com seus irmãos reis de Borgonha e Francia Ocidental, não o fez como um igual a eles, mas como o personagem dominante da cristandade. Certamente não havia ninguém que questionasse o direito de um saxão governar como o "rei dos francos": como o senhor daquilo que seus súditos, em seu próprio idioma, definiram como seu *"Reich".**

Era uma conquista impressionante — e ainda assim Henrique, mesmo enquanto dobrava os duques rebeldes da Francia Oriental, simultaneamente ficara de olho em um jogo mais ameaçador. Não bastava reerguer o *Reich* da beira do colapso interno; ele também precisava ser preservado do massacre daqueles que de fora o faziam sangrar até a morte. Os húngaros, fossem eles ou não os batedores do Anticristo, precisavam ser confrontados de alguma forma — e Henrique, o Passarinheiro, como sempre em uma caçada demorada, estava pacientemente preparando suas armadilhas. Em 926, trocando humilhação temporária por

---

*O termo latino empregado pelos cronistas do reinado de Henrique I é *"imperium"*. A palavra alemã — a despeito de suas infelizes conotações — transmite uma noção muito melhor de seu significado que qualquer outra palavra em outra língua.

vantagens futuras, ele concordou em pagar tributo em troca de uma trégua. Guerreiros, como falcões ou cães de caça, precisavam ser treinados para matar. Aqueles entre seus seguidores que podiam arcar com o custo de um cavalo de batalha também foram encorajados a investir na despesa ainda mais assustadora de uma cota de malha para se transformarem em "*loricati*": homens de ferro. Enquanto isso, recrutas mais pobres foram colocados para trabalhar erguendo fortalezas ao longo da fronteira oriental do *Reich*, bases planejadas não apenas para defesa, mas para o lançamento de contra-ataques. Até mesmo criminosos foram convocados para a causa. Em Merseburgo, uma legião de ladrões e bandoleiros foi instalada e orientada a treinar para a batalha fazendo expedições contra os perpétuos alvos da força saxã, os vênedos. Em 929, quando um exército vênedo, irritado com a provocação, decidiu lançar um contra-ataque cruzando o Elba, foi recebido em batalha aberta e aniquilado. Guerreiros a cavalo, vestindo suas novas e caras cotas de malha, compuseram a força de choque. Três anos depois, finalmente se sentindo suficientemente confiante para colocar a isca em sua armadilha, o Passarinheiro cancelou o pagamento de tributos aos húngaros, mandando a eles, em vez de ouro, um cachorro sem rabo e com as orelhas cortadas. Os húngaros, respondendo à provocação exatamente como os vênedos tinham feito, enviaram um grupo de ataque para pilhar a Saxônia: ele também foi encurralado, enfrentado e arrasado. Mais uma vez, foi a cavalaria pesada, cantando ao Todo-poderoso enquanto cavalgava, que liderou o massacre.

Em verdade a batalha não foi decisiva. Henrique tinha de supor que além das fronteiras do *Reich*, na grande planície do Danúbio, aquele fértil ventre de pagãos, uma temível vingança já estava sendo planejada. Ainda estava por vir um teste supremo, um que acabaria com a ameaça húngara destruída para sempre ou com a ruína da Francia Oriental. Mas pelo menos parecia haver uma esperança para a cristandade. Em 936, finalmente sucumbindo à idade e ao cansaço e se preparando para ir ao encontro de seu criador, Henrique colocou o selo no trabalho de uma vida se recusando a sancionar a destruição de seu legado. Em vez disso, em uma clara negação do costume franco, ele o transferiu inteiramente para Otão, seu filho mais velho: "um grande e grandioso domínio — não um que tenha sido passado a ele por seus antepassados, mas que conquistou com seu próprio esforço, concedido a ele apenas por Deus."[8]

E a confirmação de que o Todo-poderoso de fato tinha abençoado os saxões e dado a eles um papel decisivo em Seus planos para a cristandade ficou clara em uma prova celestial. Em 926, mesmo ano da trégua assinada com os húngaros, as

A VELHA ORDEM MUDA...

atenções de Henrique se voltaram para intimidar seu irmão rei da Borgonha. Pelos termos de um tratado assinado naquele ano, Henrique concordara em ceder uma parte da província da Suábia — onde ficam hoje a Suíça e a Alsácia — em troca de um tesouro "infinitamente poderoso": uma lança de terrível poder. Ninguém duvidou que havia sido o rei saxão quem saíra ganhando com o arranjo. Homens alegavam que a arma havia pertencido, muito tempo antes, a Constantino — e que dera a ele o império do mundo. E bem poderia ter sido: pois na ponta da lança havia cruzes feitas de pregos, os mesmos pregos que tinham um dia perfurado as mãos e os pés de Cristo, "unindo a esfera mortal à celeste". Os saxões, cujos ancestrais, em sua vulgar credulidade, haviam imaginado Woden regendo o mundo com uma lança, podiam então contemplar com assombro uma relíquia verdadeiramente capaz de abalar a Terra. Pois tal arma, nas mãos de um grande rei, certamente o tornaria invencível como Constantino havia sido: "certo da vitória contra todos os seus inimigos, visíveis e invisíveis, assegurado quanto ao triunfo perpétuo."[9] E assim foi para Henrique.

Mas agora ele estava morto; e os povos do *Reich* esperaram com a respiração suspensa para avaliar seu novo rei. Otão certamente não podia ter ilusões quanto ao peso do fardo que estava sendo colocado em seus jovens ombros: pois em sua coroação isso ficou manifesto para toda a cristandade. "Expulse os inimigos de Cristo", o instruiu o arcebispo de Mainz em um tom assustador, dando a ele uma espada. "Estabeleça uma paz duradoura para os cristãos em toda parte."[10] Mas se a confiança depositada no novo rei era impressionante, também os rituais que o fizeram merecedor. Diferentemente de seu pai, Otão não tinha nenhum problema em ser ungido com óleo santo; nem em, obviamente, reivindicar o manto de Carlos Magno. Não apenas a cerimônia foi realizada na grande capital do imperador, Aachen, como o rei saxão se preocupou em, de forma única, vestir para a ocasião a característica túnica franca que envolvia o tronco. Para os duques e grandes senhores reunidos diante da capela real, vendo Otão se sentar em esplendor no trono de Carlos Magno, a mensagem não podia ser mais clara: a ideia tradicional de reinado como algo unicamente elevado, até mesmo sagrado, estava de volta.

Não foi surpresa que os magnatas endurecidos pela batalha que haviam se acostumado com os modos mais coletivos de Henrique não vissem essa história com bons olhos. No momento em que Otão, buscando celebrar sua coroação do modo saxão tradicional, seguia para o leste cruzando o Elba para extrair tributos e submissão dos vênedos, o ressentimento já fermentava entre os grandes príncipes do *Reich*. A disposição era especialmente ameaçadora na Francônia, onde o envelhecido duque Eberhard tinha bons motivos para se ressentir da arrogância de Otão: pois afinal havia sido ele, em 919, que muito fizera para garantir o trono para os Liudolfing. Mas mesmo a sensação de espoliação de Eberhard não era nada comparada com a do pior inimigo de Otão, e o mais maligno de todos os rivais: Henrique, seu irmão mais novo. Os dois tinham disputado posição desde a infância; e Henrique, tendo seu status real negado pelos termos do testamento do pai, reagira à sua exclusão com previsível fúria. De fato, ele se tornara tão agressivo que Otão, para não correr o risco de ver sua coroação perturbada, ordenara que o irmão ficasse preso durante toda a cerimônia.

Em geral, porém, por mais que a indignação de Henrique fosse explícita, o novo rei se mostrou marcadamente relutante em puni-la. Em vez disso — como se com uma sensação de culpa que poderia até ser justificada — ele trabalhou duro para aplacá-lo. Poucos meses após sua coroação Otão arranjou o casamento de Henrique com a melhor herdeira do reino, Judite, filha do duque da Baviera. Isso daria a seu parente problemático uma rara dignidade — pois a Baviera, a despeito dos danos infligidos a ela pelos húngaros, era um ducado dotado de recursos quase régios. De fato, de todos os principados orientais, apenas a própria Saxônia oferecia mais a um governante ambicioso. A aposta de Otão ao dar a seu irmão a oportunidade de fincar raízes lá era, portanto, alta — e aparentemente condenada ao fracasso. Henrique, decididamente não aplacado, continuou a insuflar a sedição. Seus novos parentes, tendo os próprios motivos para se ressentir do estilo de governo imperioso de Otão, ficaram mais que felizes em apoiar o novo pretendente em suas tramas. Dos Alpes ao mar do Norte, toda a Francia Oriental começou a se agitar com rebelião.

Mas o próprio Otão, apesar de todos os escrúpulos que o inibiam no que dizia respeito ao irmão, permaneceu absolutamente confiante ao lidar com os outros magnatas do reino. Em vez de aplacar a insubordinação, ele preferiu eliminá-la não impondo torturas selvagens ou execuções brutais àqueles que ousavam desafiá-lo, mas pelo expediente não menos eficaz de debochar deles. Quando o duque Eberhard, em uma rixa com um de seus vassalos, tentou destruir uma fortaleza localizada em território saxão, a reação de Otão foi imediata. Tendo primeiramente açoitado os francos no campo de batalha, ele a seguir convocou o venerável duque e seus dependentes a Magdeburgo, onde foram obrigados a encenar um grandioso ritual de desgraça. Sob as vaias estridentes de toda a cidade, uma procissão de cavalos de batalha foi levada à *Hof* e presenteada ao rei em esplêndida cerimônia: uma adequada — e extraordinariamente cara — expressão de penitência ducal. Mas, por mais mortificante que o som dos cascos ecoando por Magdeburgo possa ter sido para o duque, pior ainda foi o que se seguiu: o latido dos cães de caça. A visão dos animais, se contorcendo e babando nos braços de seus sicários ruborizados deve ter sido o auge da humilhação de Eberhard. Para um nobre franco não havia vergonha maior do que ser visto em público carregando um cachorro.

Na verdade, a humilhação deliberada de um duque às vésperas de uma possível rebelião em todo o *Reich* não deve ter sido vista como a política mais sensata. Otão, porém, sabia o que estava fazendo. Ser visto como um homem honrado, forte e magnânimo; ser o objeto de admiração de multidões boquiabertas; ser consagrado em discursos admirados como um herói realmente merecedor de seu lugar; essa era a verdadeira essência da autoridade na Francia Oriental. Embora as obrigações do governo fossem um fardo, nem mesmo elas representavam uma pressão tão grande quanto a necessidade de estar sempre em exposição. De modo que Otão, consciente da necessidade de parecer e se comportar como um rei, aperfeiçoara o truque intimidador de lançar olhares que se dizia brilhavam como raios. Ele também se esforçou para destacar seu principal patrimônio físico: pois mesmo pelos padrões saxões ele era magnificamente peludo. Não apenas deixou a barba crescer como fazia questão de exibir "a desgrenhada juba leonina"[11] que adornava seu peito em todas as oportunidades. Dia a dia, incansavelmente, de parada em parada, Otão agraciava seus súditos com a exposição de sua majestade. O espetáculo que encenou em Magdeburgo, de um rei entronado em esplendor, fazendo justiça, com toda a segurança de seu poder e de sua força física, foi um acontecimento que ele nunca se cansou de reprisar. Um grande rei, como Otão aspirava a ser, não tinha escolha a não ser se promover como sendo grande.

Certamente havia alguns, com destaque para Eberhard e seu próprio irmão Henrique, que achavam tudo isso um blefe. Em 938 eles e os que os apoiavam finalmente iniciaram uma revolta aberta. Contudo, mais uma vez Otão se mostrou mais do que capaz de virar uma crise a seu favor. Em 939, após um ano de luta desesperada, ele infligiu a seus inimigos uma derrota esmagadora às margens do Reno, em Andernach. Dois dos duques rebeldes foram mortos , e seus cadáveres abandonados no campo de batalha — um deles era Eberhard. Otão, obrigado a nomear seu sucessor, friamente nomeou a si mesmo. A partir daquele momento a Francônia serviria a ele como a Saxônia, como sua base de poder pessoal. A partir de então suas arrogantes alegações de grandeza, tão fundamentais para sua autoridade como rei, podiam ser feitas sobre uma base inexpugnável de terras e riqueza. Aqueles que quiseram questionar seu prestígio conseguiram apenas dar a ele um brilho ainda maior. Assim como em suas peregrinações de tempo de paz, também em meio à carnificina e ao caos da guerra Otão nunca perdeu uma oportunidade de aumentar a glória de seu nome. Na verdade, seu talento para a grandiosidade era tal que nem mesmo ser apanhado em um erro crasso conseguiu desequilibrá-lo por muito tempo. Apanhado, durante uma campanha, do lado do Reno oposto ao de seus homens em enorme desvantagem numérica, ele sequer suou. Em vez disso, ordenando que a Lança Sagrada fosse cravada na margem do rio, se jogou de joelhos e começou a rezar diante dela com um fervor espalhafatoso e ostentatório. Seus soldados, inspirados pelo exemplo edificante, arrancaram uma vitória surpreendente. Rei guerreiro e talismã banhado no sangue sagrado de Cristo: os dois tinham se provado invencíveis juntos.

Enquanto isso, Henrique, aquele rebelde desagregador contra a autoridade do irmão, havia sido deixado para curar não apenas seu orgulho ferido, mas também um braço quase arrancado durante a luta. Apenas sua armadura pesada — mais do que nunca o seguro símbolo de posição na Francia Oriental — impedira que ele ficasse permanentemente desfigurado. Ferido no corpo e na mente, ele se mostrou suficientemente abrandado pelo colapso final da rebelião para buscar um acordo com o irmão — e Otão, com sua habitual magnanimidade arrogante, ficou contente em conceder. "Seja um leão em batalha, mas um cordeiro na vingança!"[12] Assim recomendavam os sábios — e ademais, os dias de ambição fratricida de Henrique pareciam finalmente ter chegado ao fim. Em 947 ele foi instalado por decreto real como o novo duque da Baviera — e dessa vez a aposta de Otão foi bem-sucedida. Henrique, embora irrequieto e combativo como sempre, tinha novos oponentes e novos horizontes em vista.

Pois mal havia tomado posse de seu ducado e já liderava seus seguidores na batida e perigosa terra de ninguém que marcava a fronteira oriental da Baviera, além da qual ficava aquele criadouro de pagãos bebedores de sangue, a planície da Hungria. Uma empreitada como essa era de uma escala para manter até mesmo Henrique ocupado: pois ninguém antes tentara desafiar os húngaros em seu próprio covil. Porém, embora a luta tenha sido de uma previsível ferocidade implacável, não foi, como os acontecimentos iriam provar, uma iniciativa inteiramente irresponsável aquela lançada pelo novo duque da Baviera: pois em 950 ele conseguiu infligir uma inédita humilhação aos senhores da guerra húngaros. Assim como eles sempre tinham feito com o *Reich*, ele fez com eles:

A VELHA ORDEM MUDA...

penetrando em seu coração, raptando suas mulheres e crianças, os privando de seu ouro. Tamanho triunfo não podia ser saudado pelos bávaros com absoluto entusiasmo, pois sabiam que seu duque na verdade havia jogado uma pedra em uma casa de marimbondos. Os húngaros, acostumados que estavam a espoliar impunemente suas vítimas, não eram um povo de oferecer a outra face. Não iria demorar um ataque em grande escala ao reino dos francos orientais. A hora do ajuste de contas finalmente estava próxima.

E seria Otão, como maior rei da cristandade, que teria de passar no assustador teste. Quase dois séculos haviam se passado desde que os saxões, objeto da mistura de frustração e hipocrisia de Carlos Magno, haviam sido levados a Cristo à ponta de sua espada fumegante; e a aristocracia saxã ainda considerava líquido e certo que a guerra era a maior obrigação de um cristão. Era verdade que muitos homens da Igreja, nos anos seguintes à conversão da Saxônia, buscaram incansavelmente combater essa suposição — não apenas missionários estrangeiros, mas também eruditos nativos, alguns dos quais tinham estudado os evangelhos e refletido sobre seus perturbadores ensinamentos pacíficos. Isso não podia não soar bizarro à maioria dos saxões, embora ainda assim tenham sido feitas tentativas de propagar essa ideia. Um monge poeta, nos primeiros dias da Saxônia cristã, chegara a ponto de colocar palavras diretamente na boca do Salvador: "Se eu desejasse lutar, faria com que o grande e poderoso Deus soubesse disso, para que Ele me mandasse tantos anjos exímios na guerra que nenhum ser humano conseguiria suportar a força de suas armas." Assim se imaginou Cristo dizendo a Pedro no momento de Sua prisão. "Temos de suportar todas as amarguras que nossos inimigos nos infligem."[13] Poder-se-ia imaginar que era uma mensagem adequada aos primeiros ouvintes, que ainda sangravam das feridas da conquista franca. Mas para o povo o que os saxões, abençoados pela Providência, tinham se tornado? Era algo muito diferente. Era verdade que eles um dia haviam sido obrigados a engolir o fel da derrota, se humilhar e baixar as cabeças diante de seus conquistadores — mas não foram deixados para sempre prostrados na poeira. A mão de Deus, se manifestando por intermédio da prova irrefutável das grandes vitórias concedidas a eles, devolvera aos saxões suas glórias desaparecidas — e as multiplicara cem vezes. E naquele momento um senhor de sangue saxão estava sentado no trono franco, protegido por seus guerreiros, como "anjos exímios na guerra" — e do lado oposto a eles estavam as hordas de um paganismo saqueador. Quem, afinal, havia confiado a defesa da Francia Oriental a Otão, o dotado de esplendor marcial e colocado em suas mãos a Lança Sagrada senão o próprio

Todo-poderoso? Em um momento como aquele não era possível confiar em uma virtude reclusa para salvar a cristandade.

Em 954, a tempestade finalmente desabou. Os húngaros haviam escolhido bem o momento. Rivalidades entre membros do clã Liudolfing, contidas desde a derrota da revolta de Henrique, tinham novamente eclodido pouco tempo antes. Contudo, dessa vez o principal agitador contra Otão não era seu irmão, mas Liudolf, seu filho mais velho — e a rebelião era dirigida tanto contra o duque da Baviera quanto contra o rei. Liudolf, ressentido com os mais velhos e tão ansioso por poder quanto seu tio havia sido, conseguira aliados em pontos tão distantes quanto a Itália, e com eles conseguira capturar Regensburgo, local do palácio e do tesouro de Henrique, convulsionando toda a Baviera. O próprio Henrique, humilhado e adoecendo rapidamente, se viu impotente para reverter a situação.

Simultaneamente, nas fronteiras da própria Saxônia, onde a mão de ferro de Otão dera a seus súditos alguma paz, os vênedos demonstravam um alarmante surto de entusiasmo por seus passatempos preferidos: massacrar guarnições, raptar mulheres, incendiar o Elba. Depredações como essas que Otão acreditava ter eliminado para sempre representavam para a assolada Francia Oriental um perigo ainda mais ameaçador do que a capacidade aparentemente sem fim do barbarismo de se renovar, pois o líder vênedo, um senhor da guerra de reputação sangrenta chamado Stoinef, recrutara como seus lugares-tenentes dois saxões renegados. Wichmann e Ekbert eram irmãos: nobres proeminentes, descendentes da linhagem real, homens que deveriam estar lutando ao lado do seu senhor. Aparentemente a escuridão podia tomar as almas de cristãos, bem como de pagãos. O mal podia surgir de dentro além de fora do reino de um rei ungido.

Mas Otão não se desesperou. Em vez disso, como era seu costume em momentos de crise, ele deu uma espetacular lição na arte de transformar fraqueza em força. Por um momento negligenciando a ameaça vêneda a seu próprio ducado, ele em vez disso marchou para a Baviera, onde abertamente acusou seu filho de estar aliado aos húngaros. A acusação, verdadeira ou não, teve um efeito imediato e devastador na sorte de Liudolf. Quando os húngaros se retiraram do *Reich* com seu habitual carregamento de tesouros saqueados e prisioneiros tropeçando, a revolta contra Otão implodiu. Com o verão se transformando em outono, o próprio Liudolf foi obrigado a se render. Com o inverno derretendo e se tornando primavera, os últimos bastiões da revolta o acompanharam na submissão a seu legítimo duque. Em abril Regensburgo foi finalmente devolvida a um Henrique então gravemente doente, e a Baviera se uniu novamente.

E no momento exato. Naquele verão de 955, enquanto o leste da Saxônia ardia, Otão recebeu terríveis notícias sobre seu irmão moribundo. Os húngaros, cruzando a fronteira, haviam retornado ao *Reich* — e em número nunca visto antes. A escala sem precedentes da força invasora, para não falar na presença de máquinas de cerco, sugeria uma possibilidade de arrepiar: que os húngaros, após décadas se contentando com rápidos ataques à Baviera seguidos de recuos, houvessem finalmente decidido conquistá-la plenamente. Mas, como todo o reinado de Otão demonstrara, no perigo pode estar a oportunidade — e nas próprias ambições de seus inimigos, sua ruína em potencial. Desde que os húngaros atacavam a cristandade, sempre se deliciaram em ser mais rápidos que os exércitos pesados dos alemães; mas pelo menos dessa vez eles aparentemente poderiam ser tentados a entrar em confronto aberto. Notícias de que a guerra com os vênedos na fronteira da Saxônia estava atingindo um grau de ferocidade sem precedentes certamente teriam chegado aos seus líderes; e eles claramente haviam calculado que Otão, caso ousasse enfrentá-los, só poderia convocar uma parcela de seu poderio humano na Francia Oriental. E assim foi.

Apenas um pequeno corpo de guardas composto de cavaleiros saxões podia ser dispensado para a expedição desesperada à Baviera. Houve ducados que não enviaram contingente algum. Dos príncipes que responderam à convocação de Otão, muitos haviam se rebelado abertamente contra ele no verão anterior. Ainda assim, com talvez trezentos guerreiros suábios, franconios e bávaros, além de saxões, e a Lança Sagrada orgulhosamente erguida, Otão cavalgou para a guerra; e no dia 9 de agosto, enquanto avançava rumo ao sul pela margem do rio Lech, um afluente do Danúbio, ele viu fumaça negra no horizonte à sua frente e sentiu na brisa o cheiro da morte.

A cidade de Augsburgo ficava alguns quilômetros à frente. Lá, nos campos diante do portão leste, a guarnição da catedral tentava desesperadamente deter o ataque húngaro, enquanto atrás dela homens trabalhavam para consertar as muralhas desmoronadas e mulheres andavam em procissão, fazendo orações chorosas. Que o Todo-poderoso as tinha escutado, e no momento preciso, quando as máquinas de cerco dos húngaros se arrastavam na direção da muralha, foi confirmado para os habitantes quando a grande hoste pagã, interrompendo seu assalto, saiu de formação e começou a seguir rumo norte. A notícia de que o rei da Francia Oriental seguia em sua direção não levou os húngaros a dar as costas e tentar enganá-lo como teriam feito antes; em vez disso, confirmando que Otão estava em número gravemente menor, se prepararam para eliminá-lo. O crepúsculo já se transformava em noite sobre o Lech quando eles se aproximaram do pequeno exército real. Parando para passar a noite ao lado do rio, eles alimentaram seus cavalos, verificaram as cordas dos arcos e esperaram o amanhecer com uma feroz expectativa.

Enquanto isso, os guerreiros de Otão, tendo passado o dia em oração e jejum, ansiavam pela manhã com não menos confiança. Ao nascer do sol eles fizeram juramentos solenes de camaradagem uns aos outros e começaram a avançar pela margem ocidental, as pesadas cotas de malha reluzindo, os estandartes drapejando, os cavalos de batalha amassando a grama molhada de orvalho. A intenção de Otão era apanhar os húngaros de surpresa; mas, como acontecera a ele muitos anos antes, na guerra contra seu irmão, ele e seus homens é que foram emboscados primeiro. O inimigo, letalmente ágil como sempre, surgiu aparentemente do nada e se lançou sobre sua retaguarda; três das sete divisões comandadas por Otão foram desbaratadas; apenas a resistência desesperada de uma quarta, a da Francônia, impediu que a batalha terminasse quase antes mesmo de começar. Conseguindo um crucial momento para respirar graças à bravura dos francos, o rei freneticamente reorganizou o que restava de seu grupo em uma frente de batalha; em seguida, acima do zunir das flechas, do grito dos feridos e do ardente "*hiu-hiu*" dos húngaros, ele gritou para seus homens, os chamando em nome de Deus para desembainhar suas "espadas invencíveis". "Pois quem somos nós para nos submetermos a tal inimigo? Nós que deveríamos corar à simples ideia! Nós, que somos os senhores de quase toda a Europa!"[14]

Foi então, no grande momento decisivo de seu reinado, que Otão falou não como saxão, nem mesmo como rei da Francia Oriental, mas como o defensor de toda a cristandade; e era como um cristão que ele convocava seus seguidores para a batalha. Virando seu cavalo para encarar o inimigo, ele pegou a Lança Sagrada e, então, respondendo ao alarido estridente dos húngaros com seu próprio grito de guerra, liderou a carga. Atrás e ao redor dele, os cascos de seus grandes cavalos de batalha fazendo tremer o campo do Lech, galopou a sua cavalaria, os *loricati*, os homens de ferro: uma força de ataque de matadores havia muito forjados para aquele momento. Embora seu número tivesse diminuído gravemente mesmo em relação ao grupo que deixara o acampamento ao alvorecer, não havia como deter os guerreiros de Otão naquele dia. Com estrondo cada vez maior, a onda revestida de aço se abateu sobre as hordas do inimigo, os cortando, trespassando, derrubando, pois contra os *loricati*, presos no corpo a corpo, os húngaros sem armadura se viram indefesos.

A VELHA ORDEM MUDA...

O massacre foi prodigioso; e daqueles que tentaram fugir muitos se afogaram nas águas do Lech, outros acabaram encurralados e queimados até a morte nas aldeias onde haviam buscado refúgio, enquanto alguns foram caçados como animais selvagens. Foi essa perseguição aos derrotados, ainda mais que a própria batalha do Lech, que se revelou a verdadeira calamidade para os húngaros; e Otão, tão duro com seus inimigos pagãos quanto era magnânimo para com rebeldes cristãos, selou seu triunfo com um ato de calculada selvageria. Contra todos os hábitos e costumes de guerra, ele escolheu não pedir resgate pelos príncipes húngaros que haviam caído em suas mãos. Em vez disso — em um último presente a seu irmão no leito de morte — Otão ordenou que eles fossem enviados a Regensburgo. Lá, pendurados nos patíbulos públicos, os senhores da guerra que tinham pensado em subjugar toda a Baviera e além dela foram deixados a se contorcer e apodrecer.

Enquanto os cadáveres de seus inimigos mortais estavam sendo devorados pelos abutres Otão já seguia rumo norte, para enfrentar Stoinef, o senhor da guerra vênedo, e uma segunda grande hoste de pagãos. Já era o final da temporada de campanhas no momento em que retornou à Saxônia "em meio a danças frenéticas e celebração";[15] e apenas em 16 de outubro ele finalmente enfrentou Stoinef em batalha. Porém, não menos do que tinha sido em Lech, o triunfo final de Otão foi tão brutal quanto completo. O paganismo que durante tanto tempo ameaçara as fronteiras do *Reich* sofreu uma segunda decapitação. Otão, como se para demonstrar isso da forma mais literal possível, ordenou a decapitação de todos os seus prisioneiros de guerra vênedos, enquanto a cabeça do próprio Stoinef, que caíra em batalha, foi serrada e colocada em um poste. Apenas para com Wichmann e Ekbert, os dois irmãos saxões que o haviam traído tão dolorosamente, Otão demonstrou sua magnanimidade mais habitual, permitindo que retornassem do exílio para o qual tinham partido após a derrota de Stoinef e devolvendo a eles suas terras; mas eles eram seus compatriotas — e cristãos.

A misericórdia, aquela virtude própria a qualquer senhor, não devia ser desperdiçada no solo estéril dos corações dos pagãos. A Francia Oriental havia sofrido tempo demais e sangrentamente demais nas mãos dos húngaros para que seu rei acalentasse qualquer ideia de tolerância ou conciliação. Não poderia haver acordo com bárbaros tão insensatos em sua selvageria para ousar passar por cima das leis do Todo-poderoso. Ao eliminar os pagãos ele o fizera como defensor de Deus. Que isso não era uma ilusão arrogante da parte dele pareceu indiscutível depois do *annus mirabilis* de 955. Pela primeira vez em quase um século, as muralhas orientais da cristandade estavam seguras. Uma nova região criada por ordem direta de Otão iria dali em diante servir para proteger o *Reich* de todas as futuras incursões húngaras: "o Comando do Leste", como ficou conhecido, ou "*Ostarrichi*" — "Áustria". Desde a conquista da Saxônia nunca houve vitória igual para Cristo. Desde Carlos Magno não tinha havido um rei cristão tão poderoso.

Não surpreende que os homens que seguiram Otão a Lech o tenham saudado, após a grande batalha, como "*imperator*", um título latino de enorme ambiguidade. Certa época, no passado inacreditavelmente distante de Roma, a palavra havia sido utilizada para aclamar um general vitorioso; mas com o passar dos séculos também ganhara um significado muito mais decisivo — "imperador". No Ocidente os detentores desse título havia muito tinham encolhido em dignidade — até que em 924 ninguém mais o reivindicara. Tal vazio, para um homem como Otão, só poderia representar uma oportunidade brilhante. Já em 951 ele se aventurara através dos Alpes em uma tentativa de conseguir uma coroação imperial para si mesmo, antes da crise na Baviera tê-lo obrigado a abandonar o esforço. Mesmo quatro anos depois, quando não havia ninguém que pudesse com justiça questionar o mérito de sua reivindicação, as rivalidades dos principezinhos facciosos de Roma, tão limitados em suas realizações quanto Otão era famoso pelas suas, ameaçavam tornar quixotesca qualquer expedição à cidade. Como cães famintos aos quais se joga pedaços de carne, as várias facções em disputa na Itália serviam para reduzir o valor dos próprios prêmios pelos quais lutavam — e era o papado, o prêmio supremo, que se tornara o menor de todos.

Em 955, cinco meses depois da batalha do Lech, um escândalo explicitou o que havia muito era evidente: a subordinação da Santa Sé às ambições de um único clã. Por décadas os Teofilato, a família mais poderosa de Roma, garantiam a eleição de várias marionetes para Latrão; mas haviam feito melhor, e elevado um dos seus. Otaviano, que chegara à liderança dos Teofilato apenas no ano anterior, não era exatamente um homem talhado para uma carreira papal. Conhecido, mesmo pelos padrões da aristocracia romana, por sua promiscuidade e suas orgias, ele fazia pouco esforço para disfarçar seu tédio com qualquer coisa relativa ao espiritual. Nem mesmo uma mudança de nome para o apostolicamente mais satisfatório "João" serviu para eliminar os rumores que logo cercavam o Santo Padre adolescente.* Dizia-se que ele transformara toda uma ala do palácio de

---

*Apenas um homem antes havia mudado seu nome ao ascender ao papado: João II, em 533. Contudo, depois da iniciativa de Otaviano, a prática se tornou cada vez mais comum, até se tornar regra no início do século XI.

A VELHA ORDEM MUDA...

Latrão em um bordel: que quando não estava cegando ou castrando padres, os ordenava em seus estábulos de caça; que tinha o hábito de fazer brindes embriagados a Satanás. Um papa capaz de tais blasfêmias dificilmente seria capaz de se submeter a um mero rei terreno. Salvador da cristandade ou não, Otão e suas ambições imperiais não apelavam a João XII.

Contudo, não demorou para que o papa desordeiro se tornasse vítima de sua própria ambição. Otão, experiente na arte de deixar seus adversários tropeçarem nos próprios pés, observava pacientemente além dos Alpes enquanto João, se mostrando tão indisciplinado no campo da diplomacia quanto em todos os outros, afrontava seguidamente seus vizinhos. Em 960 ele se viu ameaçado por todos os lados por príncipes predatórios. Após uma tentativa abortada de enfrentá-los em batalha — mais um escândalo a se somar aos outros — ele percebeu que não tinha escolha que não fazer o que Estêvão II e Leão III haviam feito antes dele: buscar um protetor no Norte. No final daquele ano foi enviada uma embaixada apressada à Francia Oriental; e Otão, não precisando de mais estímulo, entrou em ação imediatamente. No ano seguinte ele tinha garantido a Lombardia para si mesmo e o patrimônio papal para João; e em fevereiro de 962, finalmente chegando a Roma, cobrou seu preço. O papa, tocando a cabeça de Otão com o diadema imperial, o confirmou no título que seus guerreiros lhe deram sete anos antes, junto ao Lech. Tornara-se oficial. Mais uma vez havia um imperador no Ocidente.

Mas exatamente o que significava ser um imperador em uma era tão distante da de Carlos Magno, quanto mais dos antigos césares? João, e também os outros líderes de clãs de Roma, haviam alegremente imaginado que o título era vazio: uma visão otimista e que Otão rapidamente desmentiria. Quando João, tentando afirmar uma hierarquia, causou seus problemas habituais, o novo imperador rapidamente convocou um sínodo em meio ao impressionante esplendor da Basílica de São Pedro e fez ao papa uma série de acusações de depravação moral. Não demorou para que o acusado, claramente culpado, fosse condenado, deposto e substituído por um candidato mais simpático às vontades de Otão; mas João, citando o antigo princípio de que nenhum poder terreno podia julgar o bispo de Roma, se recusou a aceitar o veredicto. O resultado foi um ultraje: dois papas rivais. Nem mesmo a morte de João de derrame um ano depois, consequência do relacionamento extremamente árduo com uma mulher casada, conseguiu pôr um fim nas tribulações da Santa Sé.* Otão, não deixando nenhuma dúvida sobre o

---

*Segundo outra versão de sua morte, João XII foi assassinado pelo marido ultrajado.

que considerava suas prerrogativas, continuou com sua política de eliminar todos os traços da independência papal. Apenas pelo pecado de ter sido eleito sem a aprovação imperial, um papa, Bento V, teve seu cajado cerimonial quebrado sobre sua cabeça, antes de ser exilado perpetuamente em Hamburgo; seu sucessor, João XIII, colocado e mantido no cargo à ponta da espada de Otão, sujeitou-se com previsível docilidade a fazer tudo o que seu mestre mandava. Uma humilhação para o papado, naturalmente — mas que soava esplêndido para o prestígio já refulgente do imperador.

Certamente, claro, era o resultado da Providência, deviam refletir os saxões. O Todo-poderoso precisara de menos de dois séculos para elevá-los de um quadro de absoluta ruína para um em que eram eles que moldavam a cristandade. Poucos haviam antecipado isso — nem mesmo na própria família real saxã. Gerberga, a rainha da Francia Ocidental, escrevera desesperada a Adso de Montier-en-Der cerca de uma década antes da Batalha do Lech: uma vitória conquistada por um homem que era não apenas seu compatriota, mas seu irmão mais velho. Que os herdeiros da dignidade do Império Romano fossem sua própria família simplesmente nunca passara pela cabeça de Gerberga. Mas naquele momento, com Otão entronado como imperador, senhor da própria Roma, quem duvidaria disso? Quem duvidaria que ele e seu império certamente eram a fortaleza contra aquelas sombras que se aproximavam e tanto haviam oprimido os sonhos de Gerberga: as sombras do caos, do mal, do Anticristo?

Durante todo o seu reinado Otão considerara que era seu dever como rei cristão combater os inimigos de Deus nos campos de batalha. Seus súditos — a despeito das esforçadas tentativas de missionários e estudiosos de convencê-los do contrário — também sabiam disso. No fundo de suas almas, os saxões haviam compreendido, como apenas um povo levado a Cristo por intermédio da conquista poderia compreender, que o Deus que eles veneravam de fato era um deus da guerra. Era uma presunção que Otão, tendo o bispo de Roma em suas mãos, estava em posição de propagar na própria capital da cristandade. Não tinha importância que isso contradissesse diretamente os ensinamentos tradicionais da Igreja. Os dias em que cristãos das mais antigas terras da fé eram condescendentes para com os saxões como bárbaros ignorantes tinham acabado. Quem era João XIII para fazer sermões ao imperador, seu patrono e guardião? De fato, longe de Otão ter se tornado mais romano por sua estada na antiga capital, era o papado, encolhido sob sua enorme sombra, humilhado por sua óbvia dependência e diminuído por intermináveis escândalos, que parecia estar adotando o ponto de vista dos saxões. Em 967, João XIII confirmou essa impressão ao formalmente estabelecer Magdeburgo, aquela firme e sólida fortaleza na fronteira da cristandade, como um arcebispado. Assim como a cidade no passado servira à Saxônia como sua defesa mais avançada contra a maldade dos vênedos pagãos, passaria a servir à Igreja. Por decreto papal, todos os eslavos que viviam além do Elba foram considerados submetidos ao novo arcebispado de Magdeburgo: "Tanto os convertidos quanto os ainda a ser convertidos."[16]

Assim, foi construída para a fé cristã uma fortaleza tão sólida em sua prova dos favores de Deus quanto eram os pântanos orientais em seus taludes e seus cavaleiros de armadura. Esse era o destino para o qual Otão havia muito preparava Magdeburgo. Já em 937, com apenas um ano de reinado, ele fundara lá um grande mosteiro, e a partir daquele momento nunca deixou de dar a ele esplêndidos presentes luxuosos: "mármore precioso, ouro e pedras",[17] propriedades na Saxônia e na margem distante do Elba, prata coletada como tributo dos vênedos. Era possível imaginar que aquilo era uma clara provocação: a construção de tal casa do tesouro à vista dos malévolos ímpios. Que bom então, e uma grande prova do cuidadoso planejamento de Otão, que o santo ao qual ele era dedicado fosse bem qualificado para protegê-la.

Maurício, o capitão da Legião Tebana, sempre fora um favorito dos saxões. Eles o admiravam não como o mártir passivo que preferira a morte a erguer sua espada em uma causa injusta, mas como o "soldado do próprio Cristo;"[18] e em 961, buscando dotar seu mosteiro preferido com uma impregnabilidade verdadeiramente celestial, Otão ordenara que as relíquias do santo fossem transferidas de seu antigo local de descanso para lá, "para a salvação da Saxônia".[19] Assim como o próprio imperador, por muito tempo o protetor de seu reino, podia franzir o cenho para o Oriente e saber que todos iriam se encolher, também São Maurício, o guerreiro de Deus, havia sido encarregado como o sentinela do Elba, destemido e inflexível, o encarregado celestial do *Reich*. Não espanta que com o passar do tempo até mesmo a Lança Sagrada tenha passado a ser vista como dele, e sua associação com Constantino quase esquecida. Para os saxões, São Maurício parecia infinitamente menos distante que um imperador romano morto há muito tempo. Afinal, apenas dois séculos antes seus ancestrais tinham depositado sua fé em um ser igualmente sobrenatural e sua lança.

A visão de guerra à qual os saxões ainda se aferravam, como uma empreitada que de fato podia ser abençoada pelo céu, remontava ao passado; mas os reis pagãos de antes nunca tinham conseguido de Woden a prosperidade que Otão recebera pela graça de Cristo. Quando morreu, em 7 de maio de 973, ele era famoso em toda a cristandade como um rei "que governou seus súditos com generosidade paternal, os libertou de seus inimigos, conquistou os inimigos arrogantes pela força das armas, subjugou a Itália, destruiu os santuários dos deuses pagãos entre os povos vizinhos e fundou igrejas e ordens clericais por toda parte".[20] Mesmo além das fronteiras do *Reich*, em terras ainda mergulhadas no paganismo, Otão e seu temido Deus, o imperador celestial que de modo tão palpável dera aos saxões toda sua grandeza, eram vistos com espanto.

E também com inveja. Era verdade que os vênedos, com a soturna teimosia dos brutalizados, ainda rejeitavam a fé de seus conquistadores, mas eles estavam começando a parecer uma ilha de paganismo cercada por uma onda cada vez maior de conversões. A leste deles, por exemplo, Miesco, o duque de um povo bárbaro conhecido como poloneses, tinha sido formalmente batizado em 966. Sua primeira igreja, uma capela dentro da fortaleza de Gniezno, começara a ser construída pouco depois. No devido tempo ele estava tão entusiasmado com sua nova religião que escolheria como noiva uma saxã, uma ex-freira. Enquanto isso, no mesmo ano da morte de Otão, foi estabelecido um bispado ao sul dos pântanos vênedos, no jovem ducado da Boêmia, administrado por padres formados em Magdeburgo. Mesmo na Hungria, onde os bandos guerreiros esmagados no Lech haviam passado anos lambendo suas feridas e questionando os deuses que tinham de tal modo falhado com eles, missionários da Baviera estavam fazendo uma prodigiosa colheita de almas. De fato, era uma época de milagres.

Resumindo, a cristandade já não estava sitiada. A Francia Oriental já não precisava temer por suas fronteiras. Após o reinado de Otão, o Grande, que resgatara tanto seu próprio reino quanto o Império Romano do risco de destruição, o fim do mundo já não parecia tão certo e iminente.

Todos querem comandar o mundo

Em Constantinopla, porém, eles tinham suas dúvidas. Lá, assim como as folhas de outono carregadas pelos ventos frios do Bósforo, as ansiedades rodopiavam e pairavam pelas ruas da grande cidade. Inumeráveis provas de uma crescente convulsão nas questões humanas haviam começado a afligir o venerável império. Terremotos e raios, chuvas torrenciais e sinais assustadores iluminando o céu; para aqueles que vigiavam, tudo isso parecia pressagiar "que o esperado Segundo Advento do Salvador e Deus está próximo, nos próprios portões".[21]

Porém, mais perturbadores que quaisquer desses sinais eram relatos daquilo que na Francia Oriental produzira apenas alívio e júbilo: a destruição dos exércitos pagãos. Os cidadãos de Constantinopla estavam tão acostumados à derrota e com o grande esforço enfadonho de protelar a total ruína de seu império que haviam esquecido seu antigo hábito de vitória. O reinado do fundador de sua cidade, que tinha sido o mestre da cristandade tanto de fato quanto por seu título, parecia a eles incomensuravelmente distante. Eles haviam passado a ver os monumentos de Constantino e seus sucessores, todas as grandiosas estátuas e os arcos triunfais que ainda adornavam a Nova Roma, como repositórios de prodígios sobrenaturais, profundamente estranhos a eles. Nos frisos gastos desses troféus, nas cenas de batalha, nos prisioneiros acorrentados e nos imperadores cavalgando em triunfo eles identificavam mensagens que lhes eram transmitidas por antigos necromantes: profecias gravadas em pedra, prevendo como o mundo iria acabar.[22] Naquele momento, com prisioneiros e tesouros mais uma vez desfilando por Constantinopla,[23] os cidadãos boquiabertos sentiam ao mesmo tempo temor e orgulho. Certamente, com as fronteiras de seu império se expandindo em todas as direções, os dias do fabuloso último imperador romano, que estava destinado a governar o mundo inteiro, não estavam à mão? Eruditos, fazendo cálculos abstrusos, confirmaram que sua vinda de fato se daria em poucas décadas.[24] E depois dele, e de sua morte no Gólgota, o reinado do Anticristo.

Não surpreende, portanto, que os cidadãos de Constantinopla vissem com ambivalência um programa de expansão imperial que levasse a esse clímax. Nem ajudava que eles estivessem sendo sangrados para financiar isso. Quanto maior o exército, e mais demorada a campanha em fronteiras distantes, maiores os impostos. Não era coincidência que o mais eficiente dos seus imperadores guerreiros, o adequadamente chamado Nicéforo, ou "Vitorioso", também tenha sido o mais amplamente odiado. Um asceta endurecido pela batalha oriundo da fronteira oriental do império, capaz de fazer uma lança atravessar o corpo de um inimigo vestindo armadura, e, dizia-se,[25] com a aparência de um javali selvagem, ele ostentava um austero desgosto pelas sensibilidades da metrópole. O mesmo homem que, nas fronteiras do império, se dedicara a capturar "mais de cem cidades e fortalezas",[26] de volta a Constantinopla transformara seu palácio em um acampamento militar, erguendo baluartes imponentes para se esconder de seus súditos e permanecendo atrás deles. Mas era uma precaução inútil — pois seus inimigos estavam em toda parte.

Em 969, seu próprio sobrinho, um jovem oficial ambicioso chamado João Tzimisces, se colocou à frente de um complô para usurpar o trono. Pouco antes do Natal, ele e um esquadrão de assassinos atravessaram a remo o Bósforo até onde as muralhas do palácio tocavam o mar. Lá encontraram, pendurado de um balcão superior, um cesto baixado à espera de sua chegada. Posteriormente, dir-se-ia que foi a própria imperatriz, arrebatada pela incansável disposição de Tzimisces para a ginástica sexual, que enganara seu marido com aquele fatal ato de traição; pois ela era conhecida por ser tão corrompida quanto insaciável. Porém, seja verdade ou não o boato, o certo é que Tzimisces e seus cúmplices, penetrando na capela particular do imperador, encontraram sua vítima enrolada em uma pele de urso ressonando suavemente no chão. Um punhado de facas fez o serviço. A cabeça de Nicéforo, cortada para servir de símbolo da ascensão de Tzimisces, foi exibida de uma janela do palácio. O povo de Constantinopla, entregue à excitação da mudança de regime, saudara os assassinos e o fim do maior imperador a ocupar o trono do império por mais de três longos séculos.

Também no Ocidente, na corte saxã, a notícia do golpe foi recebida com prazer. Não surpreende, talvez, que Otão e Nicéforo, ambos guerreiros sem igual, ambos reivindicando o título de imperador, vissem com ressentimento as pretensões do outro. Em 968 a hostilidade entre os dois maiores monarcas da cristandade chegara ao auge: Otão, tentando anexar o sul da Itália, invadira territórios que ainda eram governados por Constantinopla; pouco depois, descobrindo sua campanha mergulhada em um atoleiro e decidido a salvar a situação com uma demonstração de impressionante controle, ele enviou um embaixador à capital imperial exigindo uma princesa para seu jovem filho e homônimo, o príncipe Otão. Foi uma jogada que Nicéforo previsivelmente descartou com furioso desprezo; mas Tzimisces, um atleta de alto nível dado a saltar sobre cavalos, se mostrara mais disposto a dar um salto no escuro. O jovem Otão podia ser um bárbaro — mas não era uma presa que se desprezasse. Liudolf, o príncipe coroado rebelde, morrera em 957 — deixando Otão como o único herdeiro de seu pai. Tzimisces calculou que quem quer que o desposasse provavelmente acabaria sendo a imperatriz do Ocidente. Uma perspectiva tentadora — mesmo pelos padrões de Constantinopla. Foi então que, em 972, uma jovem de talvez doze ou treze anos adornada com as túnicas pesadas de uma legítima princesa bizantina, coberta de ouro e pedras preciosas, foi despachada para Roma. Seu nome era Teofânia; e tanto o velho quanto o novo Otão ficaram fascinados com o espetáculo de sua chegada. O contrato nupcial, inscrito em um pergaminho pintado de modo a parecer seda lilás, levou ao casamento mais esplêndido da história saxã. O palco foi a Basílica de São Pedro; o próprio papa foi o celebrante; a própria união de

Oriente e Ocidente parecia conseguida no momento em que o noivo atarracado e de cabelos louro-avermelhados se unia à sua noiva esbelta.

Apenas nas queixas de alguns poucos rabugentos, sussurradas pelas costas do imperador, aparecia a verdade desconfortável: Teofânia não era, como todos na corte saxã foram inicialmente levados a crer, filha de Tzimisces, mas sua sobrinha. Alguns chegaram mesmo a sugerir que ela fosse devolvida a Constantinopla como um produto com defeito. Otão I recusara. Ele não demorara em perceber a pérola que tinha conseguido em sua nora. Na época de sua morte, cerca de um ano após o casamento do filho, Teofânia já estava projetando seu encanto de estrela sobre a Francia Oriental. De fato, suas habilidades eram tão variadas que os saxões sequer conseguiam chegar a um consenso quanto a quais eram. Alguns louvavam a imperatriz por seu recato, "que, claro, é algo raro em um grego";[27] outros exatamente pelo oposto, uma eloquência que eles achavam que podia facilmente se transformar em "tagarelice insolente".[28] Todos, porém, concordavam em seu talento para estabelecer o tipo de amizade política essencial para o *Reich*, fragmentado como era, e também faccional. A própria Teofânia só esperara mitigar as características mais obscuras da corte de seu marido, mas sua própria presença ao lado de Otão II, elegante, em seda e joias, servia como uma lembrança constante de um diferente estilo de monarquia; um toque, no coração da Saxônia, do inefável encanto da Nova Roma.

Para a própria Teofânia, a experiência da vida no Ocidente, onde considerava-se que demonstrações de desabrida diversão não maculavam de modo algum a dignidade real, certamente era um chocante contraste com o decoro que havia deixado para trás. A corte do *basileus*, com sua vaidade fortalecida por sua antiguidade, insistia em sua sublime ambição de ser um espelho do céu. O próprio imperador, elevado e distante, presidia sua mesa à imagem de Cristo; a imperatriz a seu lado era a Virgem Maria; até mesmo os eunucos, intermediários assexuados, circulavam à maneira de anjos. No Ocidente, onde considerava-se que uma das marcas características dos modos reais à mesa era partir violentamente ossos de animais para extrair o tutano, tal encenação teria sido vista como rígida e fria a ponto de ser grotesca; ainda assim, Otão II, por influência de Teofânia, mostrou não ser imune ao seu apelo. Assim, por exemplo, nos anos posteriores à sua ascensão, ele e sua esposa desfilaram sua devoção à Virgem com uma excepcional demonstração de piedade — a ponto de a própria Virgem, anteriormente não conhecida no Ocidente por ser coberta de joias inestimáveis, ter passado a ser retratada por todo o *Reich* à maneira de uma imperatriz bizantina. Essa glória, embora dignificando Teofânia, naturalmente também pousava sobre Otão — e dava uma pista das ambições que começavam a tomar conta dele.

Pois com menos de uma década de reinado a Francia Oriental já estava começando a parecer um palco pequeno demais para seus sonhos. Tenham sido os sussurros de sua imperatriz que o seduziram ou a impetuosidade de seus próprios desejos, Otão, audacioso e obstinado, já não estava satisfeito com o controle de sua terra natal. No inverno de 980 ele e Teofânia partiram da Saxônia para a Itália. Na primavera eles estavam em Roma. Lá, nos meses que se seguiram, Otão fez planos para subjugar toda a península. Uma fantasia primordial, que assombrara muitas gerações de príncipes, estava novamente despertando de seu sono agitado. O sonho de um império sem limites, um domínio sem limites — Roma renascida.

Mas ainda era da natureza do fantasma zombar de todos os que tentavam abraçá-lo. Além do limite sul do reino italiano de Otão, tão hipnotizante quanto qualquer miragem, se estendiam regiões que nos antigos tempos tinham sido o parque de diversões e o celeiro dos césares. Ruínas desse passado fabuloso — palácios e templos, teatros e banhos — ainda dominavam a paisagem, seu grandioso trabalho em pedra desafiando a passagem dos séculos, se erguendo da curva da baía de Nápoles ou espreitando nas sinuosas estradas do interior. Contudo, toda a sua maciça grandeza servia apenas para enfatizar seu abandono — e a desolação das terras áridas nas quais estavam. Afinal, tinha sido menos de uma década antes que o sul da Itália fora uma zona de guerra, travada entre os impérios rivais do Oriente e do Ocidente; e, naquele verão de 981, Otão II estava determinado a produzir isso novamente. Os laços de aliança estabelecidos pelo seu casamento com Teofânia já haviam sido rompidos: pois em Constantinopla João Tzimisces estava morto — envenenado por um eunuco, dizia-se — e a própria Teofânia, implacavelmente hostil à dinastia que substituíra a de seu tio, claramente acreditava que o boato era verdadeiro. Em setembro, quando o imperador saxão, cavalgando à frente de uma grande força de *loricati* cobertos de ferro, deixou Roma na direção sul, sua rainha estava a seu lado. Teofânia certamente sabia e aprovava que a intenção de Otão era reivindicar toda a herança do antigo império, desafiando o novo regime em Constantinopla. Imperatriz do Ocidente, ela talvez houvesse ousado se imaginar igualmente elevada ao comando do Oriente.

Não que o novo regime de Constantinopla fosse o único inimigo de seu marido em sua ambição de tomar a Itália — quanto mais o mundo além dela. Enquanto Otão e seus cavaleiros tilintavam rumo ao sul naquele outono, sabiam que se erguia à frente deles um perigo muito mais mortal e imediato que as guarnições da Nova Roma. Marcas dele estavam por toda parte. Ao lado da estrada havia antigas cidades abandonadas e em ruínas, enquanto a distância novos assentamentos ocupavam nervosamente o alto das montanhas, encolhidos contra o horizonte e cercados por muralhas. Ao longo da costa, e especialmente às margens de estuários, a desolação era ainda mais ameaçadora. Lá, enquanto os saxões davam água a seus cavalos, não encontravam parreirais, aldeias ou campos, apenas desolação — e pairando acima de tudo uma imobilidade como a de um túmulo saqueado. No sul da Itália o terror certamente vinha do mar.

De fato, o que a marca de cascos em estrépito tinha sido para aqueles no caminho dos húngaros era a visão de velas triangulares no Mediterrâneo para todos os que viviam ao sul dos Alpes. Os piratas, embora originalmente tivessem se espalhado a partir da África, certamente não se limitavam às áreas inferiores da cristandade. Alguns, singrando as águas costeiras de Marselha, haviam conquistado uma base em solo franco, em uma aldeia chamada Garde-Freinet, localizada em segurança no alto de um penhasco e cercada por grandes cactos, "de modo que qualquer homem que caísse sobre um deles seria atravessado como que por uma espada".[29] Outros rumaram para os Alpes, onde infestavam as passagens na montanha. E houve os que, na mais chocante e ímpia predação de todas, estabeleceram seu ninho de víboras junto à foz do rio Garigliano — menos de 150 quilômetros ao sul da própria Roma. A Cidade Sagrada, com sua periferia transformada em entulho por décadas de pilhagem, se vira sufocada. Até mesmo os cavalos dos estábulos papais começaram a passar fome. Uma sucessão de papas implorara, adulara e exortara seus vizinhos a expulsar os corsários. Finalmente, em 915, após décadas de fanfarronice papal e de uma aliança sem precedente de diversas potências italianas, o covil finalmente havia sido esvaziado. O próprio Santo Padre, em sua excitação por ter ajudado a produzir tal vitória, investira duas vezes contra o inimigo. O perdão do céu para essa ofensa, testemunhada pela chocante, mas amplamente confirmada, aparição dos santos Pedro e Paulo na frente de batalha, dera uma adequada medida da crise.

Contudo, naquele momento os corsários estavam retornando a seus antigos refúgios. A sombra do perigo novamente se estendia para o norte. A determinação de Otão de confrontá-la mesmo durante os rigores de uma campanha de inverno refletia menos bravata que preocupação. Comprometido que estava com a defesa de Roma, ele sabia que a Cidade Sagrada era a presa com a qual os piratas sonhavam havia mais de um século. Pois em 846 eles haviam até mesmo ousado

A Itália no reinado de Otão II

subir o Tibre e saquear a própria Basílica de São Pedro. Despindo o santuário de todos os seus tesouros, eles ritualmente profanaram seu altar, para o escândalo dos fiéis em toda parte, e enfiaram uma lança em um ícone de Cristo. Foi dito que imediatamente sangue começou a correr do ferimento; mas os piratas apenas debocharam, se orgulhando de terem feito o Deus dos cristãos sangrar.

De modo que era uma perspectiva aterradora que os descendentes de homens assim pudessem invadir Roma novamente. Quem exatamente eram esses blasfemos que haviam ousado escarnecer do próprio Cristo? Pagãos, evidentemente; mas havia poucos, mesmo entre suas vítimas, que se preocupavam em saber mais do que isso. Não eram as superstições dos corsários que os faziam odiados, mas sua crueldade, sua selvageria, sua ganância. Por que qualquer cristão deveria se preocupar com aquilo no que os monstros acreditavam? É verdade que surgira um estranho boato assustador: que a origem dos corsários eram as areias adequadamente impiedosas da Arábia; que eles se prostravam em oração perante ídolos; que o maior de seus deuses era chamado de "Mahound". Também havia uma vaga lembrança de que seus ancestrais tinham um dia ido bem além dos limites do Mediterrâneo, de fato queimando e saqueando o interior da Francia, seguindo rumo ao norte até Poitiers; e que apenas sua derrota lá, em uma grande batalha, pelas mãos do avô de Carlos Magno, conseguira expulsá-los.

Porém, desde então tudo aquilo havia desaparecido da memória da maioria dos cristãos; e se aqueles no olho da tempestade geralmente reagiam a seus atacantes com uma indômita falta de curiosidade, então aqueles na Francia desfrutavam de uma ignorância ainda mais profunda. Para os que cavalgavam com Otão o inimigo à frente certamente não teria parecido excepcional. O prazer pela violência e o saque era, na opinião dos saxões, a marca dos pagãos em toda parte. Tanto os vênedos quanto os húngaros haviam se lançado sobre o rebanho da cristandade, e ambos tinham sido grandiosamente expulsos. Por que então os novos inimigos do imperador não seriam esmagados de modo semelhante? De fato, pouco sugeria que eles e seus parentes, uma raça de pagãos conhecida pelos eruditos como "sarracenos", poderiam ser inimigos da cristandade distintos dos outros.

Mas Teofânia, cavalgando ao lado do marido, teria oferecido a Otão um ponto de vista terrivelmente distinto. Em Constantinopla até mesmo meninas pequenas em seus quartos haviam ouvido falar dos sarracenos e aprendido a estremecer diante desse nome. Durante todo seu longo reinado como a Rainha das Cidades, a Nova Roma enfrentara muitos inimigos formidáveis, mas nenhum como aqueles que, como raios em um céu azul-claro, tinham surgido do deserto árabe mais de três séculos antes e ao longo de poucas décadas conquistaram para si a maior porção do mundo cristão. De Cartago, a oeste, onde um dia Santo Agostinho estudara, até Jerusalém, a leste, com seus santuários incomparavelmente sagrados, todas haviam sido perdidas pelo império da Nova Roma. Os sarracenos tinham tentado duas vezes tomar a própria Constantinopla, seus exércitos agrupados como chacais às margens da Europa, seus barcos ocupando o Bósforo. Duas vezes, pela graça da Virgem, protetora da Cidade Sagrada, eles tinham sido repelidos. O império permanecera unido.

Mas as ondas continuaram a bater em seus taludes. No sul da Anatólia, ao longo das margens de um domínio muito encolhido desde sua grandeza anterior, grupos atacantes de combatentes infiéis — "*mujahidin*", como chamavam a si mesmos — todo ano manchavam de sangue as passagens nas montanhas até Nicéforo, "a morte pálida dos sarracenos",[30] finalmente, e com enorme esforço, ter conseguido empurrar a fronteira. Mesmo naquele momento, com o império tendo sua maior extensão em séculos, os soldados da Nova Roma não podiam baixar a guarda. Assim como eles sabiam que Constantinopla era a fortaleza da cristandade, da mesma forma seus inimigos. O Ocidente, que imaginava os pagãos sarracenos como pagãos iguais aos outros, estava se iludindo. Eles não eram pagãos. Eram algo infinitamente mais ameaçador. O fato de que Constantinopla continuava a ser, como sempre fora, o prêmio mais cobiçado pelos sarracenos refletia uma noção de missão por parte deles que nenhum pagão jamais compreenderia: a crença de que um dia todo o universo iria se submeter à sua fé.

De onde vinha essa heresia presunçosa e aterradora? "Levantar-se-ão muitos falsos profetas e seduzirão a muitos",[31] Cristo alertara seus discípulos — e assim tinha sido. "Mahound", que os estudiosos no Ocidente interpretaram como um ídolo, na verdade era algo bastante diferente, sabiam seus colegas bizantinos: o fundador da perniciosa superstição dos sarracenos e um verdadeiro "precursor do Anticristo".[32] Por intermédio de sua vida e seus ensinamentos ele dera aos seguidores seu grande modelo de comportamento, um modelo que todos em Constantinopla consideravam tão abominável a ponto de ser visto como diabólico. Cristo, capturado por Seus inimigos, ordenara a Pedro que baixasse sua espada; mas Mahound — ou Maomé, como os sarracenos chamavam seu profeta — se envaidecera na guerra e na conquista.

Uma impressionante evidência dessa belicosidade tinha sido obtida por Nicéforo ao longo de suas campanhas vitoriosas, ao capturar uma fortaleza dotada de uma relíquia verdadeiramente assustadora: uma espada que os sarracenos

A VELHA ORDEM MUDA...

101

alegavam ter pertencido ao próprio profeta. "*Zulfiqar*", eles a chamavam; "o Cutelo de Vértebras". Arma adequada para um homem que, a crer nas alegações dos próprios sarracenos, havia lutado em batalhas, feito execuções em massa e até mesmo financiado esquadrões da morte.[33] "Profetas vêm com espada e carruagem?" Assim perguntaram os bizantinos, revoltados, desde o início dos ataques dos sarracenos. A eles parecia sem sombra de dúvida que Maomé na verdade era um "impostor" e que sua heresia era uma aflição mandada por Deus como punição por seus pecados. "Não há verdade a ser encontrada no dito profeta. Apenas derramamento de sangue".[34]

Era verdade que os sarracenos não estavam sós na crença de que Deus gostava de instrumentos de guerra. Otão, enquanto avançava por território inimigo, levava a Lança Sagrada à sua frente. Ainda mais bárbaro ele, poderiam ter retrucado os bizantinos. Não importava que eles tivessem sido obrigados a durante séculos combater inimigos dedicados a capturar sua cidade sagrada e a colocar de joelhos a sua fé; todo esse tempo haviam se aferrado com obstinação heroica à convicção de que a guerra era o mal — na verdade "o maior dos males".[35] Que isso não se coadunava com a venerável reivindicação da Nova Roma de governo universal era algo que a maioria em Constantinopla em geral ficava contente em ignorar. Observando as profundezas sombrias da natureza humana e com base nos ensinamentos dos fundadores de sua Igreja, eles concluíram que o desejo de conquista apenas corrompia a alma. Qual prova maior disso do que os próprios sarracenos, nos quais violência e santimônia pareciam se fundir com um efeito mortal? "Combatei aqueles que não acreditam em Deus",[36] ordenara Maomé a seus seguidores: uma injunção que, para os bizantinos que por tanto tempo suportaram suas consequências, parecia nada além da maior hipocrisia, apenas "uma licença para saquear em nome da religião".[37] Era especialmente repugnante para eles a alegação, que durante séculos inspirara os sarracenos devotos em seus ataques criminosos, de que qualquer guerreiro caído em combate longe de seu próprio país, na luta para expandir o domínio de sua fé, seria considerado um mártir, teria seus pecados perdoados, sua alma levada ao paraíso. Quando Nicéforo, que vivera demais "à sombra de espadas",* exigiu de seus bispos que sancionassem uma doutrina equivalente concedendo a qualquer soldado morto na defesa do império cristão uma coroa de mártir, eles recuaram, absolutamente

---

*Maomé, em um festejado *hadith* (*O livro sobre o governo*, 4681), declarou que "as portas do Paraíso ficam à sombra das espadas": um sentimento que chocava profundamente a sensibilidade bizantina.

aterrorizados. Destacaram com gelada objetividade que o princípio da Igreja sobre a questão era claro. Qualquer soldado que derramasse sangue, mesmo em defesa de seus irmãos cristãos, existia em estado de pecado: apenas três anos de rigorosa penitência podiam expiar o crime. Confie na Providência, recomendava a Igreja, e não nas espadas de homens pecadores. A mão de Deus conseguiria tudo. No devido tempo — e talvez mais cedo que mais tarde, a crer nas previsões do iminente fim do mundo — o domínio global seria devolvido a Constantinopla. Nesse meio-tempo, porém, o dever dos líderes do império era colocar homens nas ameias, patrulhar as fronteiras e sempre "preferir a paz acima de tudo o mais, e se abster da guerra".[38]

Não espanta, portanto, que em um grau surpreendente os instintos dos militares bizantinos tendessem a ser defensivos. Melhor as negociações diplomáticas, o pagamento de subornos e tributos, até mesmo o exercício da traição, do que o combate aberto. Batalhas e a perda de vidas deviam ser evitadas a todo custo. Assim foi, por exemplo, no sul da Itália, onde as guarnições eram perigosamente carentes de homens, que o alto-comando tenha feito poucas tentativas de combater as incursões sarracenas, em vez disso preferindo esperar. Para um homem como Otão e um povo como os saxões, essa política só poderia parecer pusilânime.

Em janeiro de 982, quando os cavaleiros em cotas de malha da Francia Oriental penetraram em território bizantino também foram recebidos por portões trancados, como os corsários tinham sido. Furioso com a recusa de seus irmãos cristãos em se juntar a eles na campanha contra os sarracenos, seu inimigo comum, Otão ainda assim investiu tempo, dando a eles toda oportunidade de se submeter; mas em abril sua paciência se esgotou. Ele havia recebido a notícia de que na Sicília, de longa data uma fortaleza corsária, um príncipe sarraceno estava reunindo uma enorme força expedicionária contra ele; e Otão, decidido como estava a enfrentar a ameaça diretamente, sabia que iria precisar de uma base segura na retaguarda. Assim, "após um rápido mas decisivo ataque",[39] ele tomou o porto de Taranto de sua guarnição bizantina e formalmente se proclamou, em termos grandiosos, o único imperador de Roma. Com a cidade ecoando os sons de cavalos de batalha recebendo ferraduras, cotas de malha sendo preparadas e mais de dois mil reforços circulando pelas ruas, a justificativa de Otão para esse passo não poderia ser mais estridente. Constantinopla, por causa de sua própria covardia e fraqueza, perdera todo o direito ao nome de romana. Ela não mais merecia a posição de escudo da cristandade. O título passara a ser exclusivamente de Otão.

Em julho, com seus estandartes tremulando orgulhosamente, o enorme exército reunido para a conquista do sul da Itália avançou contra os sarracenos, encurralou-os ao sul de Cotrona junto ao mar, enfrentou-os em uma grande e terrível batalha — e foi aniquilado. A maior parte da cavalaria pesada de Otão, a tropa de choque do *Reich*, pereceu em meio à carnificina. Também a nata da nobreza. O próprio Otão, obrigado a tomar emprestado o cavalo de um judeu de passagem para levá-lo na direção do mar, escapou com vida por pouco. Para completar sua humilhação, o barco que o resgatou, "uma galera de comprimento e velocidade maravilhosos",[40] tinha sido enviada por Constantinopla para as águas italianas. "Esperamos que seu imperador, meu irmão, seja meu leal amigo em meu momento de necessidade", se viu murmurando ao seu capitão um Otão mortificado.[41] Não que ele tivesse qualquer intenção de ficar esperando para descobrir. Ao chegar à costa onde Teofânia esperava, ele saltou no mar e nadou freneticamente rumo à margem para se reunir à esposa e a seus poucos soldados sobreviventes: punido, extremamente aliviado por ainda estar vivo e ensopado.

Assim terminou a tentativa de Otão de empurrar os sarracenos para o mar. Posteriormente correria o boato de que Teofânia, furiosa com o marido por sua incompetência, insistira, com um inconveniente surto de patriotismo, que seus compatriotas jamais teriam sido arrastados para tamanha catástrofe. Caso verdade — e os rumores saxãos sobre a imperatriz com frequência eram maldosos —, ela teria apenas colocado em palavras o que a maioria das pessoas no sul da Itália estava pensando. Não que a *schadenfreude* bizantina não se dissipasse. Embora o capitão dos sarracenos, o "emir", como era chamado, tivesse tombado exatamente no momento de sua grande vitória, todos sabiam que os corsários voltariam, e mais sangrentos do que nunca. E assim seria. Bem distante da assediada frente italiana, porém, nas chancelarias de Constantinopla, a notícia da derrota de Otão reafirmara de forma poderosa a visão de mundo da elite imperial. Era uma visão segundo a qual sempre só podia haver espaço para duas grandes potências, como sempre presas em uma rivalidade global, arquiantagonistas condenados ao seu ódio mútuo até o final dos tempos: eles mesmos, claro, e os sarracenos. Uma visão que certamente não deixava espaço para imperadores bárbaros do Norte.

Otão, duvidando da coragem e da disposição de Constantinopla, cometera um terrível erro. Um *basileus* podia ser um zeloso filho da Igreja e ainda assim se jactar de que sua lança "nunca descansou", que toda sua vida ele se "manteve vigilante protegendo os filhos da Nova Roma".[42] Nicéforo, tão ascético na prática privada de sua fé a ponto de ter sonhado em se retirar para um mosteiro, estava longe de ser o único imperador a ter manchado de sangue suas armas. No momento em que Otão seguia mancando desde o dedão da Itália até o norte, grandes feitos estavam sendo planejados em Constantinopla. Contra os inimigos do império nos Bálcãs, onde a fronteira permanecia ameaçadoramente instável, estava sendo concebida uma estratégia em grande escala de invasão e anexação com o objetivo de permanentemente garantir a rota do norte para a capital, assim como Nicéforo havia garantido o sul. Mas a política imperial, mesmo quando mirando, como acabaria mirando, os limites do Danúbio, nunca deixou de ser defensiva — e com fixação na ameaça do seu inimigo mais mortal. Por mais agitados e perigosos que fossem os bárbaros do norte — os búlgaros, croatas e, sim, também os saxões — comparados com os sarracenos eles pareciam meros palermas, sicários ignorantes feitos de floresta, pedra e lama. Em Constantinopla os homens compreendiam uma verdade tão perturbadora que chegava ao escandaloso: os sarracenos, seus eternos opostos, também eram sua imagem especular.

Mon semblable, mon frère. Infinitamente mais que qualquer potência cristã, eram os reinos daqueles que mais desejavam conquistá-la, os seguidores de Maomé, que ofereciam à Nova Roma o melhor reflexo de seu próprio esplendor e sofisticação. Cortes cobertas de joias e sedas, cidades imensas e pujantes, banhos e fontes borbulhantes, burocracias e exércitos regulares: os sarracenos tinham tudo. As pessoas que os infelizes camponeses da Itália conheciam apenas como piratas na verdade eram donas de um domínio assombrosamente vasto e florescente, que se estendia em um poderoso crescente desde o oceano ocidental até o nascer do sol. Um patriarca de Constantinopla escrevera no início do século X: "Há dois impérios, o dos sarracenos e o dos romanos, que dividem a totalidade do poder neste mundo, brilhando como archotes gêmeos no firmamento celestial".[43] A observação havia sido feita em carta enviada à fabulosa cidade de Bagdá, onde reinava entronado em assustador esplendor um príncipe cuja reivindicação de governar todas as nações sob o sol se manifestava em seu próprio título: o de "califa", ou "sucessor" de Maomé. Embora ambições de conquista global, caso se permitisse que brilhassem com igual ferocidade em Constantinopla e Bagdá, certamente exporiam ambas ao risco de aniquilação, argumentara o patriarca. Em vez de competir para governar o mundo, o caminho verdadeiramente mais sábio não seria aceitar sua divisão em dois? O califa, comprometido por hierarquia com o trabalho de propagação da fé maometana até os confins do universo, previsivelmente dera pouca atenção a essa proposta; mas formadores de opinião em Constantinopla, nada perturbados com a recusa, continuaram a insistir em uma política de *détente*.

O que com o passar das décadas eles conseguiram fazer de uma posição de força crescente. Cada vez mais, com a única exceção da frente italiana, a fronteira sarracena pareceu estável, até mesmo pacificada. Enquanto isso, além dela, no interior do califado, tudo se desintegrava. Era verdade que um califa ainda reinava em Bagdá, mas apenas como fantoche de um comandante persa, um dos numerosos aventureiros que haviam começado a sistematicamente dividir o mundo sarraceno entre eles. Nem ele era mais o único governante a reivindicar o posto de sucessor de Maomé. No Egito, que Bagdá perdera em 969, o senhor daquele que era o mais antigo e rico dos reinos também usava o título de califa, alegando como justificativa uma suposta descendência da filha de Maomé, Fátima. Naturalmente, os diplomatas de Constantinopla, versados na arte de estimular conflitos entre seus adversários, haviam rastreado todos esses desdobramentos com satisfação. Eles haviam enviado ao califa "fatímida", como um estímulo às suas ambições, a *Zulfiqar*, a espada de Maomé: certamente um presente esplêndido, mas também traiçoeiro. Afinal, com um califa rival ainda entronado em Bagdá e uma série de emires querelantes além de suas fronteiras, parecia provável que fossem as vértebras sarracenas que acabassem partidas pelos fatímidas, não as colunas dos *romaioi*.

Otão podia ter duvidado da força de Constantinopla, mas os sarracenos não duvidavam mais. "O campo está aberto para ela", reconheceu um comentarista na corte fatímida, acompanhando enlutado o espetáculo do califado fragmentado. "Ela foi capaz de tomar o que antes lhe havia sido fechado e alimentar ambições que até recentemente teriam sido inimagináveis".[44] Não surpreende, portanto, que, em meio a tal drama, entre o atrito tectônico de duas potências tão antigas e grandiosas, cada uma delas oposta e semelhante à outra, as pretensões de arrivistas como Otão devam ter parecido uma irrelevância tediosa. Se, como os sinais pareciam indicar, o fim do mundo realmente estava se avizinhando, então era a rivalidade entre califa e *basileus* que certamente o definiria, assim como definira os séculos anteriores. "Archotes gêmeos": assim o patriarca descrevera o califado e o império da Nova Roma. Frente a tal brilho, o que podia ser a Francia senão um grotão mal-iluminado, um estúpido deserto de ignorância e sombras manchadas de sangue?

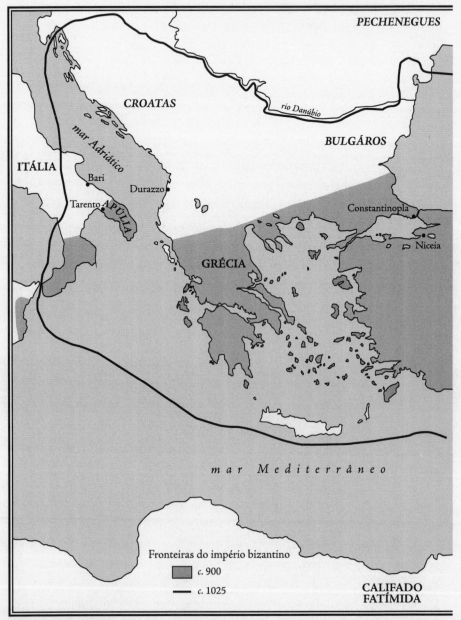

O império bizantino

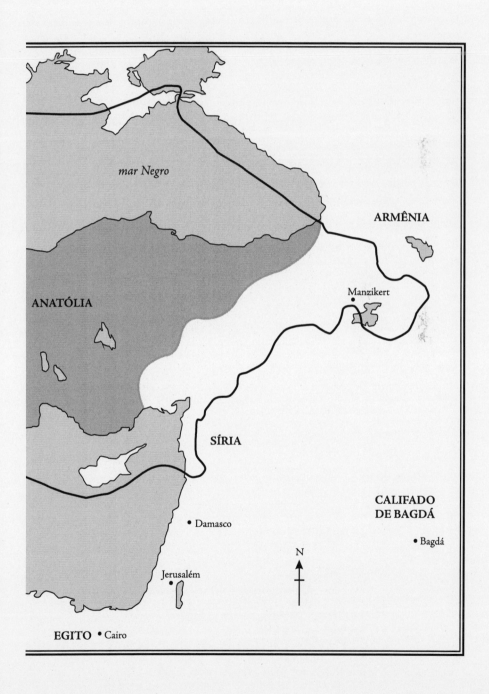

Eurábia

Enquanto Otão se arrastava de volta a Roma com seu séquito arrasado, acabaria passando por ruínas que já conhecia de sua viagem em sentido oposto: lembranças gigantescas do império desaparecido do qual alegava ser herdeiro. A ameaça daqueles templos e anfiteatros abandonados teria se abatido ominosamente sobre o grupo imperial. Não apenas fantasmas supostamente assombrariam as pedras em decomposição. Saqueadores sarracenos, sempre em busca de fortalezas seguras, há muito tempo se habituaram a montar acampamento dentro da casca de enormes prédios clássicos. Os italianos bem poderiam ter passado a ver os memoriais do passado romano como coisas maléficas e amaldiçoadas. Muitos, os abandonando totalmente, haviam se mudado para cidades muradas nas montanhas. Outros, em vez de suportar o medo inspirado pelas antigas construções, as teriam derrubado. Em Nápoles, por exemplo, no início do século X o pânico inspirara um verdadeiro frenesi de demolição. Temendo que um emir sarraceno de renomada voracidade e sadismo pudesse se lançar sobre sua cidade, os napolitanos procuraram não deixar de pé nada que os invasores pudessem ocupar. Ao longo do litoral, monumentos célebres haviam sido transformados em destroços. A mais espetacular de todas as baixas foi o palácio em que o último imperador romano do Ocidente passara seus dias, cerca de quinhentos anos antes.

Aquela pilha de entulho onde antes havia se erguido uma vila majestosa era um exemplo de quão dramaticamente a Itália decaíra de sua antiga grandeza para a impotência e a pobreza. Que os bandos de guerreiros sarracenos preferissem ocupar antigas ruínas em vez de monumentos erguidos em épocas mais recentes era uma prova sombria de como haviam diminuído os recursos à disposição da maioria dos italianos. Certamente não era na esperança de roubar qualquer grande tesouro que os corsários continuavam retornando a seus antigos campos de caça. Já havia um bom tempo que, ao longo de enormes áreas do interior italiano, os ossos já tinham sido quase inteiramente roídos. Mas o que restara era, de forma clara, suficientemente tentador. No século IX um papa lamentara: "Vejam como as cidades, os castelos e as propriedades pereçam, despojados de seus habitantes".[45] Um exagero? Não se fossem verdadeiros os relatos sobre a escala quase industrial do comércio de escravos: um viajante, observando uma grande flotilha de navios em Taranto, na época em poder dos sarracenos, alegou ter visto cerca de 12 mil prisioneiros sendo embarcados para os mercados da África.[46]

A VELHA ORDEM MUDA...

Esse tráfico era caracterizado tanto por organização quanto por selvageria. As tarefas dos escravagistas eram cuidadosamente divididas. Alguns protegiam os barcos, outros preparavam os ferros, e havia os que traziam os cativos. Alguns eram até mesmo especializados em caçar crianças. Também os nativos — aqueles determinados a lucrar com os escravagistas em vez de se tornar suas vítimas — tinham papéis a desempenhar. Italianos de todos os níveis da sociedade estavam profundamente envolvidos na caça a seus irmãos cristãos. Dizia-se que até mesmo um papa, em dificuldades, apelara para isso em segredo. Havia os que se jactavam abertamente de sua colaboração. Amalfi, uma cidade no limite de uma península rochosa ao sul de Nápoles, era particularmente conhecida por sua parceria com os sarracenos. Na verdade também a própria Nápoles, apesar do pânico ocasional. Essas duas cidades, ao oferecerem apoio e suprimentos ao comércio de escravos e sistematicamente frustrando todas as tentativas de combatê-lo, haviam paulatinamente começado a se libertar da pobreza generalizada da época. Talvez apenas o custo de suas almas precisasse ser colocado na coluna de despesas. Já no século IX os mercados de Nápoles haviam se tornado tão movimentados que visitantes comentavam como pareciam quase africanos em sua prosperidade. Enquanto isso, os amalfitanos, desafiando a sua rocha natal nua, lucraram de forma ainda mais sagaz com sua ligação com os escravagistas, transformando sua cidade nas montanhas, de forma um tanto implausível, em um centro de comércio internacional. Enquanto outros italianos buscavam refúgio em montanhas desoladas, os comerciantes de Amalfi eram encontrados em portos de todo o Mediterrâneo, da Tunísia a Constantinopla, passando pelo Egito, carregados de ouro sarraceno.

Simultaneamente, os próprios sarracenos haviam se tornado ainda mais predatórios. No final do século X a maioria dos escravagistas já não trabalhava como autônomos: eles haviam começado a receber apoio oficial dos governantes da Sicília para suas atividades. De fato, o irmão de um emir ficara conhecido por liderar pessoalmente expedições de escravização. Era realmente um desdobramento funesto. Não surpreende que alguns líderes cristãos, acompanhando a marcha dos corsários por províncias inteiras da Itália, as cidades sendo vasculhadas em busca de butim humano e o sofrimento constante do interior, tenham começado a especular se a destruição não seria motivada por algo mais sinistro que a pura cobiça. A eles parecia que a cristandade estava tendo seu sangue vital sistematicamente drenado: sua reserva de almas humanas. Pior ainda — quanto mais ela era esvaziada, mais aqueles que se alimentavam dela ganhavam força.

"Pois é o destino dos prisioneiros de nossa própria raça, homens e mulheres, acabar aumentando os recursos das terras além-mar",[47] observou um monge desesperado.

Essa paranoia não era injustificada. Na verdade a principal preocupação dos escravagistas continuava a ser, como sempre, obter lucros; e a ignorância que eles tinham de sua própria fé — sem falar no seu árabe estarrecedor e seu gosto por cebolas cruas — era motivo de escândalo em todo o mundo sarraceno. Ainda assim, ao longo do século X o patrocínio oficial aos corsários servira cada vez mais para dar a suas pilhagens um lustro de religiosidade: pois era hábito dos governantes da Sicília, enquanto recolhiam a sua percentagem, classificar a bandidagem de seus súditos como sendo uma disciplina espiritual. "*Jihad*", era como a chamavam: uma palavra de raro e sugestivo poder, significando a luta eterna, obrigação de todos os seguidores de Maomé, de espalhar sua fé às regiões mais longínguas do mundo. Quando passavam pelos portões de uma cidade italiana desprevenida, os corsários o faziam na certeza de que estavam seguindo os passos do divino. "Quantas cidades Nós destruímos?" Segundo Maomé, foi pela vontade do próprio Deus. "Nossa punição se abateu repentinamente sobre eles à noite ou quando eles dormiam durante o descanso vespertino".[48]

Assim, juristas do califado haviam classificado o mundo além de suas fronteiras de "a Casa da Guerra". Sua pobreza produzida pela rivalidade e seu atraso pareciam o estado natural das coisas para aqueles que a atacavam: prova irrefutável de que Deus realmente abandonara os "infiéis" e passara o controle para suas próprias mãos. O próprio Maomé, o primeiro de sua fé a ter atacado e espoliado um inimigo, havia sido agraciado com uma firme confirmação disso por ninguém menos que o arcanjo Gabriel. Ou pelo menos era como estava registrado no Corão: o livro sagrado das revelações. Havia sido concedido ao Profeta e a todos os que o seguiam o "espólio de guerra"[49] — e uma parcela integrante desse butim, um presente divino, era carne humana.* Todo o butim, se dirigido às devidas causas de caridade — "parentes próximos, órfãos, necessitados e viajantes"[50] — era considerado como servindo à vontade de Deus; mas talvez acima de tudo os prisioneiros. A escravidão não era para a vida toda. Maomé, que determinara que apenas os infiéis fossem vendidos como escravos, também declarara que a libertação de conversos era um ato abençoado. Mesmo um padre raptado de sua igreja, enquanto labutava em um campo estrangeiro, ou uma freira, levada para servir na cama de seu senhor, podia ter no que pensar.

---

*Ou, como disse Gabriel, "aqueles que tua mão controla dos prisioneiros de guerra que Deus concedeu a ti": Corão 33:50.

A VELHA ORDEM MUDA...

Certamente houve muitos escravos cristãos que, confiando numa próxima vida, permaneceram fiéis à sua religião natal; mas houve muitos mais que não. Para esses renegados a conversão à religião de seus senhores trazia não apenas a perspectiva de libertação, mas também um grau de dignidade. Maomé ensinara que todos os homens eram iguais perante Deus — pois todos os homens, mesmo os mais elevados, eram Seus escravos. Assim, os seguidores do Profeta não se referiam a si mesmos como "sarracenos", palavra que para eles não significava nada, mas como "muçulmanos": "aqueles que se submetem". Nos salões de oração de seus locais de culto, as *"masajid"*, como eram chamados, ou "mesquitas", não eram apenas os escravos que se rebaixavam perante seu mestre divino, se ajoelhando, curvando, tocando as testas no pó, mas toda a comunidade de crentes. Essa onda crescente e poderosa de prostração revelava o grande paradoxo da fé maometana: que a servidão, para os escravos de Deus, era a fonte de sua grandeza. Na sua falta de rosto, sua identidade; em sua entrega, sua vitória. Como um só corpo, livres e cativos, nas terras que se estendiam até o horizonte por toda a vasta extensão sem igual do califado, aquele império incomparável conquistado pelas espadas intrépidas dos fiéis, eles reconheciam sua submissão — o que em árabe chamavam de *"Islã"*.

Um dia, quando todo o mundo fosse muçulmano, não haveria mais guerras nem escravidão. Nesse ínterim, contudo, os comerciantes que despachavam sua carga humana para Túnis ou Alexandria podiam ser vistos como cumprindo uma missão que era ao mesmo tempo meritória e lucrativa; assim como os cativos transportados em números assombrosos da Europa para a África eram algo mais do que apenas o tributo de carne e sangue que os fracos eternamente pagavam aos fortes. Deus era grande. Cada fragmento de pedra arrancado da Casa da Guerra devia ser usado nas paredes da Casa do Islã. De fato, a canibalização havia muito era o destino estabelecido para a cristandade. Os escravos obtidos com as guerras de fronteira sempre foram considerados o início. A conquista, a conquista absoluta, prometia grandes oportunidades. Maomé, um construtor de impérios arguto e inovador, prescrevera cuidadosamente a seus seguidores como melhor conseguir suas vitórias. Uma vez levados a reconhecer sua própria submissão, os cristãos não deveriam ser massacrados ou obrigados a se converter, mas cuidadosamente poupados, como adequado a um recurso valioso. A longo prazo era mais lucrativo tosquiar um rebanho de ovelhas do que passá-lo na espada. "Do contrário, o que sobrará para os muçulmanos que vierem depois de nós?"[51] — como dissera um dos primeiros seguidores do Profeta. Jesus, com os olhos fixos no Reino dos Céus, podia não ter se preocupado em elaborar uma política fiscal — mas não Maomé. O preço da tolerância havia sido cuidadosamente fixado. A cobrança de dinheiro de proteção de cristãos e judeus havia sido estabelecida pelo Profeta como um dos deveres mais solenes dos fiéis. Todos aqueles que a pagavam — "*dhimmis*", como eram chamados por seus conquistadores muçulmanos — deviam ser forçados a se "sentirem subjugados".[52] Quando viajavam para pagar seu imposto, eles eram proibidos de usar um cavalo, privilégio limitado aos fiéis; se montando uma mula, tinham de se sentar de lado, como mulheres; ao entregarem o dinheiro, eram obrigados a manter as mãos abaixo daquelas do funcionário que o recebia. Na Casa do Islã, o livro de contabilidade, não menos que a espada, impunha a subordinação.

De fato, sem os impostos dos *dhimmi* poderia ser difícil pagar um exército. Por isso que, em um aparente paradoxo, eram aqueles Estados com o maior número de cristãos que podiam mais facilmente financiar a *jihad*. Na Sicília, por exemplo, que apenas em 902 havia sido finalmente assegurada pelo Islã, os emires viam sua enorme população de súditos infiéis com uma astuta ambivalência. Muçulmanos devotos como eram, e naturalmente desconfiando daqueles que não partilhavam sua fé, eles costumeiramente financiavam novas mesquitas e circuncisões em massa por todo o interior cristão; mas também tinham de lidar com a necessidade de poupar sua base de impostos. Na época da expedição contra Otão II, a população muçulmana da Sicília correspondia talvez a um terço do total da ilha, e parecia que havia sido alcançado o equilíbrio perfeito de poder humano e faturamento. A burocracia se fundira ao banditismo para forjar um Estado que era letalmente preparado para a guerra. Os cadáveres deixados na praia junto a Cotrona eram prova suficiente disso.

Mas a ideia de que coletores de impostos podiam ser uma ameaça à cristandade tão grave quanto os corsários era absolutamente estranha aos saxões. Otão, por mais que fosse senhor de um domínio em expansão, não tinha um grande conjunto de burocratas ao qual recorrer, nenhum sistema elaborado para controlar seus súditos e sequer uma capital. De fato, para aqueles líderes muçulmanos que se dignavam a perceber sua existência, o *Reich* mal parecia poder ser classificado como um Estado atuante. Um deles, se dirigindo a um enviado mandado à sua corte por Otão I, deixara o desprezo claro: "Por que seu rei não concentra o poder nas próprias mãos?", ouviu o embaixador em um tom arrasador. "Por que permite que seus súditos tenham uma parcela tão grande dele? Ele distribui as várias regiões de seu império entre eles, esperando dessa forma conquistar sua lealdade e submissão, mas está se iludindo. O que ele fomenta é rebelião e vaidade!"[53]

A VELHA ORDEM MUDA...

Quem falara era um homem cuja própria noção do que era devido a ele nunca precisara ser reforçada. Abd al-Rahman bin Mohammed bin Abd Allah, não satisfeito com a posição de emir que herdara de seu avô, reivindicara a maior de todas as honrarias, o título de califa. Não menos que seus pares em Bagdá e no Egito, Abd al-Rahman se preocupara em justificar sua pretensão de domínio global com uma demonstração verdadeiramente espetacular de riqueza e poder. O embaixador de Otão, um abade da Renânia chamado João, certamente nunca havia visto nada que se comparasse. O palácio do califa, reportou ele anos mais tarde, ainda sem fôlego, se estendia por quilômetros. Para todo lado que olhava havia soldados em ameaçadora atenção, ou a cavalo, fazendo manobras intimidadoras, "enchendo nosso grupo de consternação, tal sua arrogância e insolência". Até mesmo a guarita empoeirada do portão era decorada "com tapetes e tecidos finos".[54]

Tudo era um contraste chocante com a decoração de um mosteiro; mas mesmo os visitantes que não eram abades francos ficariam estupefatos. Abd al-Rahman considerava abaixo de sua dignidade lidar com tudo que não nos superlativos mais extravagantes. Dizia-se que 12 mil pães eram necessários apenas para alimentar seus peixes. Do lado de dentro, distantes dos pátios acortinados, dos jardins com perfumes de flores e do zoológico cercado por um fosso, sedas se misturavam a estuque, metais preciosos a azulejos decorados. No centro do fabuloso complexo, no grande salão de recepção, havia uma piscina de mercúrio, que quando agitada fazia raios da luz do sol refletida dançarem pelas paredes de mármore, enquanto acima dela, suspensa do teto de ouro e prata, pairava uma pérola gigantesca.

Contudo, todo esse esplendor era meramente o cenário para a verdadeira joia do palácio. Sozinho em uma plataforma almofadada, como "um Deus acessível a muito poucos",[55] se reclinava o próprio califa Abd al-Rahman. Ele podia ser deprimido e dado à melancolia, confidenciando em seu diário que nos quarenta e nove anos de seu reinado só conhecera 14 dias de felicidade — mas ele e sua família, os Omíadas, eram um laço vivo com a época mais heroica do islamismo. Como os Fatímidas, eles podiam traçar sua linhagem até os dias do Profeta. Diferentemente dos Fatímidas, eles também podiam reivindicar um status ainda mais exclusivo: o da primeira dinastia de califas do islamismo. De sua capital em Damasco, na Síria, eles haviam testemunhado os exércitos muçulmanos sitiarem Constantinopla, cruzar o Indo e invadir a Francia. Por quase um século, de 661 a 750, haviam sido a família mais poderosa da Terra. Em resumo, Abd al-Rahman tinha *pedigree*.

114 MILÊNIO

Contudo, no século X, embora o sangue omíada sem dúvida fosse azul, também o eram seus olhos. Sua pele era clara; o próprio Abd al-Rahman, preocupado em parecer um adequado filho do deserto, havia sido obrigado a tingir de preto sua barba. Muito havia acontecido aos Omíadas nos dois séculos anteriores. Derrubados do poder em 750 pela dinastia que posteriormente transferiria a capital do califado para Bagdá, eles tinham sido em sua maioria sistematicamente eliminados, frequentemente com brutalidade grotesca: a língua do califa reinante, por exemplo, havia sido arrancada e dada a um gato. Na verdade, de todos os príncipes omíadas, apenas um conseguira escapar do banho de sangue — e o fizera fugindo para os confins da Terra. Os Omíadas nunca retornariam à sua amada capital.

Certamente ao longo dos séculos eles haviam feito o máximo para amenizar a persistente saudade de casa. Todo o palácio de Abd al-Rahman, tão suntuoso, tão refinado, parecia aos visitantes de Damasco uma fantasia criada a partir da era de ouro de sua cidade. Erguido sobre platôs escavados na encosta suave do sopé de uma montanha, de um de seus muitos andares era possível olhar e ver no vale abaixo uma paisagem que parecia igualmente transplantada da terra natal dos Omíadas, cuja falta era muito sentida: uma visão de flores de amendoeiras, tamareiras e romãzeiras. Indo além do palácio era possível encontrar paisagens ainda mais evocativas da Síria, planícies adornadas com redes de irrigação cintilantes, alimentadas pelo gemido de imensas rodas hidráulicas que alimentavam campos de plantações fantásticas: figos e laranjas, arroz e cana-de-açúcar. Mas aqueles não eram campos sírios. Damasco estava a mais de 3.200 quilômetros de distância. O palácio de Abd al-Rahman não ficava no Oriente Próximo, mas naquele local de exílio que era o oeste distante, nos limites do mundo — na Espanha.

O ornamento do mundo

Exércitos muçulmanos haviam seguido da África para a Europa muito tempo antes, em 711. Além do estreito que acabaria sendo chamado, em homenagem ao general que comandou a invasão, de "montanha de Tariq", ou *"Jabal Tariq"* — "Gibraltar" — havia o reino de um povo conhecido como visigodos. Eles, como os francos, originalmente haviam sido invasores de além das fronteiras do Império Romano: feroz e mesmo violentamente cristãos, seus reis governavam das alturas escarpadas de Toledo, no coração da península, que eles haviam adornado com

A VELHA ORDEM MUDA...   115

igrejas esplêndidas e chamado com grande orgulho de uma "nova Jerusalém". De fato, acreditando, em um grau excepcional mesmo segundo os padrões da época, ser um povo eleito, e buscando impressionar seus súditos nativos, haviam sido os visigodos, muito antes de Pepino, que primeiramente imaginaram ungir seus reis com óleo sagrado. Inutilmente. Por motivos que posteriormente seriam muito discutidos — sendo a explicação preferida a de um surto de sodomia — os visigodos foram abandonados por Deus. Seus exércitos foram esmagados com o avanço muçulmano. Seu reino foi colocado nas mãos dos invasores. Apenas nos desertos mais áridos da península, as montanhas pobres da Galícia, no extremo noroeste, restou um Estado cristão. Seguros em suas fortalezas distantes, os homens desse pequeno reino foram bem-sucedidos não apenas em manter os muçulmanos afastados como até mesmo, com um terrível esforço, em recuperar território perdido. Dois séculos e meio após ter parecido que toda a península fosse cair perante os invasores, um terço dela havia sido recuperado para a cristandade. O centro nervoso da resistência cristã não ficava mais nas montanhas, mas bem mais ao sul, em uma planície aberta, atrás das muralhas da antiga fortaleza romana de Leão. Toledo, com seus penhascos adornados com minaretes como antes tinham sido com torres do sino, estava quase na linha de frente.

Mas o califa e seus conselheiros, embora não relaxassem diante desse renascimento cristão, não viam grande motivo para alarme. Os homens de Leão, havia muito confinados a montanhas e planícies desoladas, pareciam aos muçulmanos como lobos: certamente perigosos, mas apenas caso se permitisse que eles saíssem da floresta que eram seu lar. Assim, em todos os pontos ao longo da fronteira, firmes bastiões contra predadores cristãos, se erguiam taludes e grandiosas torres de observação: fortificações que os muçulmanos chamavam de "*husun*". Ao norte delas, lúgubre e selvagem, a Casa da Guerra; ao sul, um jardim florescente como nenhum outro na Casa do Islã, rico em colheitas, repleto de grandes cidades e adornado com as artes da paz, um "paraíso" louvado até mesmo por seus inimigos cristãos como "o ornamento do mundo",[56] a terra conhecida por seus habitantes como "Al-Andalus".*

De fato, era tão florescente a condição dos muçulmanos da Espanha que eles há muito tempo não dependiam mais para sua prosperidade da exploração dos

---

*A origem do nome é reconhecidamente controversa. Alguns a derivam dos vândalos, invasores do Império Romano que passaram pela Espanha a caminho do Norte da África, outros de Atlântida, a ilha lendária sobre a qual Platão escreveu e que supostamente ficaria no extremo oeste. A incerteza permanece.

infiéis. Isso era bom; pois cada vez mais, durante o longo reinado de Abd al-Rahman e seu capaz e sofisticado filho al-Hakam, al-Andalus perdeu seu caráter de sociedade de fronteira. As conversões ao islamismo, antes em gotas, se tornaram uma enchente. No início do século X estimava-se que a população de al-Andalus era apenas um quinto muçulmana; na época em que al-Hakam morreu, em 976, a porcentagem se invertera.[57] A posição dos cristãos na Espanha islâmica sempre havia sido de segunda categoria; e certamente, sob o fardo de impostos adicionais, impedidos de se empregar na burocracia e sem dúvida cansados de montar em mulas, eles não careciam de incentivos para abandonar sua fé ancestral. Porém, embora ser um *dhimmi* na Casa do Islã sempre houvesse sido ao mesmo tempo caro e uma fonte de pequenas humilhações, no século X se tornara algo ainda mais debilitante: fora de moda. A Igreja de al-Andalus durante muito tempo atacou a paixão de seu rebanho pela elegância sarracena, mas cada vez mais, fosse traduzindo as Escrituras para o árabe, adotando nomes muçulmanos ou fazendo a corte ao califa, até mesmo bispos estavam sucumbindo ao seu fascínio.

Apenas no interior, bem distante da riqueza e do encanto da vida da cidade, ainda resistia um número considerável de cristãos; e na opinião dos muçulmanos sofisticados eles eram pouco melhores que animais selvagens, "Pois quando eles escapam ao jugo da obediência é difícil fazer com que retornem, a não ser que sejam exterminados — e esse é um processo difícil e demorado",[58] queixou-se um deles. Em al-Andalus os dias de viver dos frutos da extorsão, fossem saques ou impostos, tinham terminado.

Havia muitos muçulmanos, saudosos do tempo em que seus ancestrais "eram admiráveis e excelentes, determinados na *jihad* e ansiosos pelas recompensas de Deus, se lançando contra os cristãos na guerra e no cerco",[59] que lamentavam isso; mas a maioria estava ocupada demais ganhando dinheiro com menos esforço para se importar. O califado podia ser politicamente fragmentado, mas ainda oferecia ao comerciante ambicioso uma área de livre comércio como nenhuma outra no mundo. Ele se estendia a leste de al-Andalus até a Pérsia e além, enquanto nos mercados das grandes cidades do islamismo era possível encontrar maravilhas de regiões ainda mais distantes: sândalo da Índia, papel da China, cânfora de Bornéu. O que era a Espanha cristã, com suas aldeotas entregues às moscas, comparado a isso? Diferentemente de seus equivalentes na Itália, eles não serviam sequer como escravos! Os andaluzes, cujos ancestrais, na valorosa primeira onda da conquista, certa vez haviam despachado 30 mil prisioneiros para Damasco em um único carregamento, tinham perdido o gosto por sair em busca de presas humanas. Eles haviam se tornado os importadores; e um enxame de fornecedores cristãos, com pouco mais a oferecer que despertasse o paladar andaluz, disputavam o mercado com não menos entusiasmo que seus concorrentes muçulmanos. Os cabelos claros dos califas omíadas, fruto de concubinas do norte distante, eram apenas uma prova de seu sucesso. Uma segunda eram os guardas do palácio que haviam deixado o abade João tão alarmado: pois eles não eram andaluzes nativos, mas "*saqaliba*" — eslavos. Em árabe, assim como na maioria das línguas europeias, no século X a palavra estava cada vez mais se tornando sinônimo de gado humano: reflexo do grau em que, quando havia demanda, os tentáculos do comércio podiam se estender além da Casa do Islã, até mesmo aos limites da Casa da Guerra.

De fato, na Europa fragmentada da época nada era mais verdadeiramente multicultural que o tráfico de escravos eslavos. Vênedos capturados nas guerras dos imperadores saxões eram vendidos por comerciantes francos a intermediários judeus, que então, sob o olhar chocado de bispos cristãos, levavam seu gado acorrentado pelas grandes estradas da Provença e da Catalunha, cruzando a fronteira para o califado. Uma perspectiva cosmopolita não era de nenhuma ajuda no que dizia respeito a avaliar a provável demanda de um mercado externo sofisticado como o de al-Andalus. Poucas oportunidades foram desperdiçadas na luta pela liderança comercial. Na cidade franca de Verdun, por exemplo, os mercadores judeus que tinham sede ali eram conhecidos por sua habilidade com a faca de castração. Uma especialidade era o fornecimento de "*carzimasia*", eunucos privados do pênis, além dos testículos. Mesmo para o cirurgião mais experiente, os riscos médicos envolvidos em uma ablação de pênis eram consideráveis — mas ainda assim as perdas serviam apenas para aumentar o valor dos sobreviventes. Na época, como agora, a exclusividade era o sinal de uma marca de luxo.

E em al-Andalus o luxo realmente podia gerar "lucros fabulosos".[60] A produtividade da terra; a florescente indústria das cidades; o influxo de metais preciosos das minas da África: tudo ajudou a fazer do reino dos Omíadas na Europa um modelo de consumo notável. Embora naturalmente fosse o califa quem estivesse no topo da pirâmide e ficasse com a maior parte dos impostos, ele certamente não era o único a lucrar do quadro ordeiro de seu império. Oito quilômetros a oeste do grande palácio do califa, por exemplo, se espalhava uma cidade que em tamanho e sofisticação era uma das maravilhas da época — e cuja prosperidade dependia de um governo estável. Córdoba, assim como Leão, havia sido fundada pelos romanos — mas a capital de al-Andalus, como convinha a uma cidade tão bem alimentada com os frutos da paz, havia desde então se estendido para além de suas antigas muralhas. De fato, a transformação da cidade cristã original tinha sido tão profunda que até mesmo seu traçado urbano havia sido modificado: pois os muçulmanos, que nunca se encantaram com carroças, não precisavam de ruas largas e praças. Ao contrário, ela era labiríntica, uma estupenda aglomeração de travessas sinuosas e mercados lotados, de palácios e jardins, centenas de mesquitas e milhares de banhos. Assim como Otão, embora imperador, carecia de uma residência que pudesse rivalizar com a portaria do palácio do califa, da mesma forma não havia em nenhum outro lugar da Europa ocidental um assentamento que chegasse perto da escala e do esplendor de Córdoba. Na verdade, em toda a cristandade, só havia uma cidade que podia se vangloriar de ser uma sede de império mais magnífica — e era Constantinopla, a própria Rainha das Cidades.

Como os califas de Córdoba bem sabiam. Nos dias mais prósperos da grandeza da família, quando seus ancestrais haviam reinado em Damasco, emular a Nova Roma tinha sido uma tradição omíada tanto quanto as tentativas de romper suas muralhas; a tal ponto que seu hábito de *"qysariyya"* — ou "se comportar como um césar" — chocara e perturbara os fiéis. Os próprios Omíadas, devidamente altivos, haviam desprezado todos os balidos dos devotos. "Ninguém acreditará em seu poder se ele não parecer e se comportar como um imperador",[61] dissera o fundador da dinastia. Três séculos depois, o *basileus* continuava a ser o modelo segundo o qual os Omíadas avaliavam a si mesmos. Diplomatas bizantinos, hábeis que eram em lançar seus inimigos uns nas gargantas dos outros, não deixaram de perceber a oportunidade. Numerosas embaixadas haviam sido enviadas a al-Andalus. Elas sedutoramente fortaleceram o califado omíada em sua renitente rivalidade com os Fatímidas — e deram, como tempero para o estímulo, uma enorme gama de esplêndidos presentes. De modo que o palácio do califa na periferia de Córdoba havia sido embelezado com tesouros das oficinas de Constantinopla: aqui uma fileira de colunas de mármore, ali uma fonte de ônix decorada com animais esculpidos. A ponto de no local mais sagrado de al-Andalus, a Grande Mesquita de Córdoba, os mosaicos dourados que cobriam a sala de oração particular do califa reluzirem com a inconfundível marca dos bizantinos; cortesia de um mestre-artesão mandado por Nicéforo, aquela notória perdição dos sarracenos.

Contudo, para o próprio califa, a intrusão de dedos cristãos nos cantos mais sagrados da mesquita não implicara sacrilégio. Na verdade, o oposto. Desviando os olhos do brilho áureo dos mosaicos bizantinos, era possível ver fragmentos de outros impérios, de outras tradições, todos fundidos em uma simetria regular e assombrosa, se afastando na direção da luz do sol que penetrava pelas 19 passagens do salão de orações. Semelhante a uma tenda em sua frugalidade, o teto da Grande Mesquita era sustentado por uma grandiosa floresta de pilares, alguns resgatados das ruínas de templos pagãos, outros da catedral demolida que um dia se erguera naquele local. Os arcos, alternando tijolos e pedra, branco e vermelho, haviam sido construídos segundo métodos romanos; a forma de ferradura de suas curvas era originalmente visigótica. Os arquitetos não sentiam qualquer desconforto com toda essa apropriação de tradições de infiéis. Por que deveriam? Assim como escravos arrancados da Casa da Guerra podiam ser levados a esquecer suas origens e aprender a pensar em si mesmos como muçulmanos, da mesma forma as glórias de civilizações derrotadas, tendo sido absorvidas e transmutadas em algo sagrado, algo verdadeiramente islâmico, contribuíam para a grande glória de Deus. Como prova disso não havia nada mais espantoso, e mais majestoso, que a mesquita de Córdoba.

"Deus deseja que se você fizer algo, faça perfeito".[62] Assim Maomé instruíra seus seguidores, e eles, construindo sobre as ruínas de impérios derrubados o domínio de sua fé, moldaram a partir do entulho o maior império de todos. Séculos se passaram, e a Casa do Islã se fragmentara; ainda assim, acreditavam os devotos, era possível identificar em sua arquitetura um vislumbre daquela ordem mais profunda, a ordem eterna de Deus. O conhecimento muçulmano, em sua tentativa de compreender os mistérios da criação, igualmente lucrara tanto com o conhecimento dos infiéis quanto a burocracia do califado lucrara com sua riqueza. Ambos, afinal, eram legítimos espólios de guerra. Se Deus, em Sua misteriosa sabedoria, concedera descobertas aos pagãos, então também dera aos muçulmanos a oportunidade de se apropriar dessas descobertas, assimilá-las e torná-las suas. Matemáticos que investigavam a natureza do infinito fizeram isso usando numerais dos adoradores de ídolos da distante Índia. Místicos que declararam que era possível conseguir a salvação por intermédio do domínio das ciências aprofundaram sua filosofia a partir dos ensinamentos de Pitágoras e Platão, idólatras gregos mortos há muito tempo que nunca haviam ouvido falar de Maomé. Mesmo em al-Andalus, onde estudiosos demasiadamente irrequietos e suas especulações eram tradicionalmente vistos desaprovadoramente, uma fantasia sublime começara a florescer: a de que a sabedoria de todo o mundo podia ser reunida. O entusiasmo com essa ambição heroica chegara ao ápice.

Especialmente o califa al-Hakam foi festejado por sua obsessão por livros. Eram contadas histórias impressionantes dos frutos de sua mania. A biblioteca do palácio do califa, dizia-se, chegara a ter mais de 400 mil volumes — dos quais 44 "eram apenas os catálogos".[63]

Enquanto isso, no que um dia tinha sido a maior fonte de sabedoria pagã, as terras dos romanos, ou *Rum*, tudo parecia decadência e ignorância. Em Constantinopla certamente ainda havia alguns textos preservados da Antiguidade, escritos de antigos filósofos e sábios, e eventualmente alguns deles podiam até ser espanados e enviados para as várias capitais do califado como presentes. Mas aos olhos dos muçulmanos *Rum* parecia não merecer sua herança sem igual. No interior, bem além de Constantinopla, relatou um embaixador, havia um templo onde os antigos pagãos veneravam as estrelas e que era tão abarrotado de livros que teriam sido necessários mil camelos para transportá-los; e todos os manuscritos estavam se desfazendo. Comparada com o restante da cristandade, porém, Constantinopla parecia uma verdadeira casa do tesouro do saber. Não era possível esperar livros do rei saxão, por exemplo. Abd al-Rahman, desejando congratular Otão I por sua vitória no Lech, mandara a ele não um manuscrito raro, mas presentes calculados para impressionar um bárbaro: "leões e camelos, avestruzes e macacos".[64] De fato, em toda a cristandade ocidental havia poucas bibliotecas com mais de um milésimo do tamanho daquela do califa em Córdoba. Os livros eram tão raros que a cotação de um no mercado negro podia chegar a um cavalo de batalha. Se isso houvesse sido dito a al-Hakam, ele não teria se surpreendido. Ao contrário, isso confirmaria todas as suas certezas: que Deus dera as costas aos cristãos; e que a Casa do Islã certamente iria herdar o mundo; afinal, sem conhecimento, qual era a esperança de ordem? E sem ordem, qual a esperança de qualquer império?

Tais questões assombravam muitos na própria cristandade. Assim como a rainha Gerberga, em seu desespero de encontrar algum padrão na anarquia da época, apelara a um famoso estudioso para conseguir respostas, também os famosos estudiosos, oprimidos por angústia semelhante, voltavam-se para os livros dos pagãos. O mais celebrado deles era um camponês, com uma ascensão social tão impressionante quanto sua precocidade, chamado Gerbert; e seus detratores sussurravam que ele estudara em Córdoba. Se ele realmente visitara os sarracenos em seu próprio covil ou não, o certo é que estava familiarizado com o conhecimento deles; pois Gerbert, a despeito de ter nascido na cidade de Aurillac, na distante Auvergne, concluíra sua formação em um mosteiro na

Espanha. Ali, na fronteira mais distante da cristandade, ele dominara ramos do saber tão exóticos que gerações posteriores o classificariam de necromante: dos estranhos numerais indianos usados pelos sarracenos até operar um ábaco. Mas Gerbert não era um feiticeiro. Sua paixão — que "fervia dentro dele"[65] — era identificar a ordem de Deus em meio ao caos aparente. Tanto assim que, quando professor em Reims, ele construíra, com delicados fios de bronze e ferro, uma série de instrumentos fantásticos concebidos para demonstrar a seus pupilos a rotação ordeira dos planetas ao redor da Terra e a translação do universo em seus polos. Também assim que em Roma, em meio aos festejos do casamento de Otão com Teofânia, Gerbert identificara, embora eles formassem seu próprio "mecanismo engenhoso",[66] as filigranas giradas por Deus para conter e ordenar o próprio tempo. Uma vez houvera um império cristão que abraçara todo o mundo e dera à humanidade os inestimáveis frutos da ordem e da paz, e voltaria a haver. Essa convicção não era invenção de Gerbert; mas ela poucas vezes havia sido sustentada por um homem com tal erudição e brilhantismo. Podia ter nascido filho de um camponês; mas a genialidade de Gerbert atraíra para ele a atenção de imperadores e reis. Em 971, em Roma, ele havia sido tutor do jovem Otão II. Uma década depois, pouco antes de Otão partir em sua desastrosa invasão do sul da Itália, Gerbert novamente se apresentara perante a corte imperial, dessa vez em um debate formal com o mais formidável estudioso do *Reich*, o diretor da escola da catedral em Magdeburgo — e esfregara o chão com ele. Em 983, com Otão lambendo suas feridas em Roma, Gerbert foi formalmente colocado a serviço imperial. Em uma época de crise para o *Reich* como aquela, a convicção do mais famoso erudito da cristandade de que um Império Romano ainda seria restaurado era um patrimônio que não podia ser negligenciado.

Contudo, outras calamidades logo iriam levar ao limite até mesmo o otimismo de Gerbert. Em um império reivindicado por um único líder, um terremoto no sul da Itália podia reverberar até as florestas do Norte distante; e certamente no verão de 983 os vênedos se rebelaram repentinamente, queimando as catedrais erguidas em suas terras pelos ocupantes, perseguindo os saxões "como se fossem cervos"[67] e levando a devastação até Hamburgo. Embora Magdeburgo ainda resistisse firme em meio à tempestade de fogo e a linha do Reno tivesse sido estabilizada, tudo o que estava além dela, conquistado com tal esforço pelo pai de Otão, havia sido permanentemente perdido. O próprio Otão, recebendo a notícia em Roma, foi obrigado a abandonar seus planos de outras campanhas contra os sarracenos e se preparou imediatamente para retornar ao Norte: uma perspectiva ainda mais angustiante por causa do inchaço de suas hemorroidas. Contudo, antes mesmo que conseguisse montar em sua sela, ele caiu doente com uma violenta diarreia; e no dia 7 de dezembro Otão II Augusto, "Imperador dos Romanos", morreu.

O fim repentino de Otão deixou o *Reich* sem leme. Seu filho e herdeiro, o terceiro Otão seguido, tinha apenas três anos de idade. Levado para Aachen, o garotinho foi consagrado rei, assim como Carlos Magno fora coroado imperador, em um dia de Natal, mas então quase imediatamente sequestrado. O sequestrador, mostrando perfeitamente a quem saíra, era ninguém menos que o filho e homônimo de Henrique, duque da Baviera, cujas intermináveis maquinações tinham causado tantos problemas a Otão I. O segundo Henrique, cujo apelido de "o Brigão" era bem representativo do homem, já se provara um rebelde inveterado — mas naquele momento, farejando uma oportunidade como um lobo fareja sangue, ele se superou. Em 984, no dia de Páscoa, ele reivindicou formalmente o trono. A nobreza, dividida entre sua lealdade a Otão III e seu medo de ser governada por uma criança, hesitou. O próprio *Reich* parecia estar à beira de uma guerra civil.

"Arruinados, arruinados. Que esperança pode haver?",[68] gemeu Gerbert. Mas ele não ficou muito tempo desesperado. Enquanto Teofânia, tendo enterrado seu marido na Basílica de São Pedro, seguia apressadamente para o Norte para enfrentar o usurpador na Francia Oriental, Gerbert já estava trabalhando, escrevendo aos príncipes e bispos do *Reich*, reforçando neles a lealdade ao rei por direito. Sua campanha foi tão eficaz que no momento em que Teofânia cruzou os Alpes, em maio, Henrique, o Brigão, viu que seu apoio havia desaparecido. Um mês depois, amuado, ele entregou o infante Otão à sua mãe e se retirou ressentido e furioso para a Baviera.

Teofânia, "aquela imperatriz sempre augusta, sempre para ser amada, sempre para ser querida",[69] foi nomeada regente de seu filho. Nessa função ela se mostrou formidavelmente eficiente. "Preservando o governo de seu filho com uma atenção viril, sempre foi benevolente para com os justos, mas aterrorizou e conquistou os rebeldes".[70] Três anos após a crise de 984, ela até mesmo obrigou um Henrique furioso, juntamente com três outros duques germânicos, a trabalhar como serviçais à mesa de Otão, à vista de toda a nobreza do *Reich*, reunida na corte para celebrar a Páscoa. Embora tenha morrido em 991, quando seu filho ainda era legalmente menor de idade, Teofânia havia conseguido assegurar o império para Otão III. Em setembro de 994 ele recebeu as armas de um guerreiro e foi oficialmente considerado maior de idade.[71] Um ano depois estava liderando seus homens em um tradicional rito de passagem de um rei saxão, uma campanha contra os vênedos. Em 996, ano de seu aniversário de 16 anos, tudo o que faltava era ser coroado imperador, e foi assim que naquela primavera Otão anunciou sua partida para Roma.

E Gerbert acompanhara tudo isso com grande interesse. Embora Teofânia, com a ingratidão que era prerrogativa de uma imperatriz, não houvesse recompensado seus serviços com comparável patrocínio, o grande erudito não recuou em sua lealdade a ela e seu filho. Matemático, astrônomo e historiador, Gerbert não poderia ignorar a data que se aproximava. "Aparentemente o Anticristo está próximo",[72] anunciara ele de forma sensacional em 991. Ele igualmente sabia — pois era amigo de Adso e tinha uma cópia da famosa carta a Gerberga — que o final dos tempos seria pressagiado por uma grande convulsão nos negócios do Império Romano. E naquele momento, quatro anos antes do milésimo aniversário do nascimento de Cristo, viajava para Roma um príncipe com o sangue de Ocidente e Oriente correndo em suas veias, das duas metades gêmeas do antigo império, havia tanto tempo dividido, para escândalo de cristãos em toda parte e vantagem de seus inimigos.

Gerbert bem poderia ter sonhado em encontrá-lo: pois ele sabia melhor que qualquer um que o destino de Otão era governar em tempos interessantes.

O último imperador romano

Peregrinos que seguiam rumo ao sul para venerar o túmulo de São Pedro sabiam que esperava por eles uma paisagem urbana sem igual no Ocidente latino. Uma canção dizia: "Ó Roma, nobre Roma, senhora do globo, não há rival para ti, a mais excelsa das cidades!"[73] Mesmo visitantes das grandes capitais do Islã ficavam estupefatos: um comerciante muçulmano, se aproximando de Roma e vendo a distância as igrejas da cidade, confundiu as folhas de chumbo verde-acinzentadas de seus telhados com as ondas do mar. O impacto também era esmagador nos cristãos que vinham do Norte. Nada em suas enlameadas terras natais os preparara para o espetáculo da antiga capital de sua fé. Que uma cidade pudesse exibir uma população de cerca de 25 mil almas; que suas muralhas se estendessem por 20 quilômetros; que essas muralhas contivessem um número aparentemente infinito de santuários: era difícil acreditar em tudo isso. Otão, entrando em Roma, teria se sentido como chegando a um reino onírico de maravilhas.

E também a seu destino. "Apenas Roma, líder do mundo e senhora das cidades, transforma reis em imperadores." Era assim que os povos do norte reconheciam há muito tempo. "Acalentando em seu coração o príncipe dos santos, é ela que tem o direito, se assim o desejar, de entronizar um príncipe sobre todas as terras da Terra".[74] Essa ironia — de que havia sido o próprio sangue derramado pelos pagãos romanos que preservara o título de sua cidade de governante do mundo — nunca deixou de encantar os devotos. A vitória de São Pedro sobre aqueles que o haviam martirizado era manifesta em qualquer ponto de Roma que se olhasse. Monumentos que um dia a proclamaram como Babilônia, a Grande, "a cidade do próprio diabo",[75] estavam em ruínas. Choupanas miseráveis tomavam as praças de imperadores esquecidos; ao redor do Coliseu, que no passado havia sido "manchado de púrpura com sangue santificado",[76] se instalara o labirinto de pântanos tomados pela malária e a fumaça de poços de cadáveres; no monte Palatino não restava nada a não ser os destroços do palácio dos césares. Entulho se espalhava por toda parte, como se o sopro de um anjo houvesse varrido a cena, e onde terminava o entulho começavam os campos abertos.

Mas Roma resistia, e mais do que isso: pois embora fosse a capital dos mortos, não eram as sombras de imperadores pagãos, gemendo ao ver gado vagar por onde suas carruagens haviam circulado, que animavam o espetáculo de sua desolação, mas os mártires, cujos ossos sagrados eram os tesouros inestimáveis da cidade. Por toda parte, repositórios de um espantoso poder sobrenatural, igrejas velavam por eles, sua cantaria impregnada com o carisma dos próprios santos desaparecidos. Muitos santuários, como o de São Pedro, eram de venerável antiguidade; mas de outros saíam marteladas ou o cheiro de emboço fresco. Mesmo em meio à sua decadência, Roma estava sempre se renovando. "Diariamente, se erguendo das ruínas de paredes desmoronadas e templos decadentes, vemos a alvenaria fresca de igrejas e mosteiros."[77] Talvez então ali, na Cidade Sagrada, houvesse uma visão de como o próprio mundo podia ser renovado.

Otão certamente era uma mente capaz de pensar assim. Tendo ainda apenas 15 anos de idade ao chegar a Roma, o imperador era tão precoce quanto visionário, um jovem de ambição já radiante. Ele era bem formado em todos os atributos que eram esperados de um rei saxão, e sua mãe também buscara dotá-lo de algo de Constantinopla. Ela apontara como seu tutor — e padrinho — um grego do sul da Itália, João Filagato, abade que combinava uma formidável cultura com uma autoconfiança feroz. A educação bizantina era reconhecidamente rígida: seu objetivo era instilar nas crianças nada menos que o comportamento de santos.

A VELHA ORDEM MUDA...

Em sua escolha do mestre, Teofânia demonstrara a habitual capacidade para identificar talento erudito. O jovem imperador, embora festejado por seu encanto, chegara à idade adulta igualmente marcado por uma profunda solenidade; uma noção da grande e terrível carga colocada sobre ele desde seus primeiros anos. Não menos que qualquer *basileus*, Otão acreditava no Império Romano como o agente escolhido da vontade de Deus. Afinal, era um Imperador Romano que no final dos tempos estava destinado a conseguir para Cristo e Sua Igreja todos os limites do mundo — e sendo aquela época o que era, quem podia dizer que o final dos tempos não estava ao alcance da mão?

Otão poderia bem ter olhado para além dos limites da Saxônia. Já buscando marcar sua posição como príncipe do Oriente, além do Ocidente, ele enviara a Constantinopla seu antigo tutor, João Filagato, com instruções de negociar seu casamento com a filha do *basileus*. Enquanto isso, em Roma, o papado se curvava à sua vontade. Em um grau que até mesmo seu avô teria considerado chocante, Otão via o papa como seu subordinado, a ser nomeado como ele bem quisesse. A Sé papal não veria sequer o simulacro de uma eleição. Quando, se encaminhando para Roma, Otão recebeu a notícia de que o então papa morrera de uma febre súbita, identificou nesse acidente a mão de Deus. Ele imediatamente impingiu à Cidade Sagrada seu próprio candidato: não um romano, nem mesmo italiano, mas um saxão de 24 anos de idade, seu primo Bruno.

No início de maio de 996, o primeiro papa alemão a se sentar no trono de São Pedro foi devidamente consagrado como papa Gregório V. Os tradicionais poderosos de Roma, chocados com a enorme audácia da manobra de Otão, se viram impotentes para impedi-la. O mais temido deles, um homem forte, experiente, chamado João Crescêncio, foi reduzido a implorar ao jovem imperador para não mandá-lo para o exílio. Altivamente, e à vista de toda Roma, Otão concedeu sua misericórdia. Ninguém teve dúvida de que a cidade — e de fato toda a cristandade — tinha então um imperador que era romano mais que no nome. No dia 21 de maio, dia da Ascensão, Otão foi formalmente coroado na Basílica de São Pedro, "para aclamação de toda a Europa".[78] Seu primo, tendo primeiramente o ungido, colocou então uma espada em sua mão. Um anel foi colocado no dedo do novo imperador: símbolo de sua união com o povo cristão. Foi colocado em seus ombros um manto, e nele, "feitas em ouro",[79] havia cenas do livro do Apocalipse: a visão de São João do fim do mundo.

Talvez ninguém tenha se surpreendido com a velocidade e ousadia que levara Otão a essa espetacular coroação. Ele podia ser jovem — mas fora bem

126 MILÊNIO

instruído sobre as exigências de poder de um rei. Vira as aldeias de seu próprio povo queimadas e cobertas de corpos, e em troca incendiara as aldeias dos vênedos; cavalgara por campos encharcados de sangue e esmagara seus inimigos massacrados. Esse era o destino de um pecador na Terra Intermediária: sofrer, definhar e morrer. Mas Otão, cruzando as florestas dos vênedos com seus *loricati*, também vira uma escuridão mais profunda. As árvores já estavam tomando as igrejas plantadas ali pelos saxões. Desmoronavam as paredes que um dia haviam protegido o corpo e o sangue de Cristo. Os vênedos, diferentemente dos próprios saxões, haviam se recusado a aceitar o Príncipe da Paz à ponta da espada de um conquistador. Então, confrontado com tal teimosia, o que Otão devia fazer? Ele sabia que acima do mundo decaído, invisível mas fulgurante, irradiando mais claramente do que qualquer floresta pagã interminável era mergulhada na escuridão, se erguia a Cidade de Deus — e que era sua obrigação, como imperador romano, obrigar os gentios a reconhecer sua glória. Mas ele também nunca poderia se esquecer, mesmo enquanto buscava moldar a cristandade e os reinos além dela segundo os propósitos de Deus, o que o próprio Cristo ensinara a Seus seguidores: a amar seus inimigos, a oferecer a outra face, a guardar suas espadas. Tão sensível às suas próprias falhas morais quanto insistente em sua dignidade divinal como césar, Otão nunca deixou de sofrer com a tensão resultante. "Externamente ele assumia uma expressão de satisfação: mas por dentro sua consciência gemia sob o peso de muitos equívocos dos quais, no silêncio da noite, estava sempre buscando se purificar por intermédio de vigílias, orações sinceras e rios de lágrimas."[80]

Portanto, talvez não deva surpreender que Otão fosse especialmente obcecado por Roma. Na superposição fabulosa que ela apresentava do sublime e do humilde, do marcial e do pacífico, do mortal e do eterno, a cidade devia parecer a ele um espelho voltado para sua alma. Permanecendo lá após sua coroação, ele pôde admirar detalhes em antigas colunas retratando o massacre de bárbaros por imperadores de expressão dura; assim como podia receber "dia e noite" lições muito distintas, uma dada a ele por um monge famoso, até mesmo notório, por seu desprezo a títulos terrenos, uma repreensão de que Otão devia "se ver não como um dos grandes, não como um césar, mas como um homem mortal, e portanto destinado, independentemente de toda a sua beleza, a terminar como cinzas, podridão e alimento para os vermes".[81]

O nome desse sábio espiritual era Adalberto. Embora permanecesse enclausurado em um mosteiro romano, do outro lado do vale oposto às ruínas do Palatino, bem distante dos pântanos do *Reich*, ele ainda assim era profundamente

A VELHA ORDEM MUDA...

sensível à pressão aplicada sobre os ombros de Otão. Isso porque em certo grau ele mesmo partilhava dela — e também se curvava a ela. Nascido na Boêmia de pais aristocratas, educado em Magdeburgo, nomeado por Otão II para o bispado de Praga, Adalberto era por seus méritos um dos grandes homens do *Reich*. Contudo, longe de se acomodar em seu posto, ele ficara tão perturbado com as conciliações exigidas dele que se dizia que sua infelicidade era tanta que não sabia mais sorrir. Expulso da cidade após sua tentativa de acabar com o comércio de escravos que ameaçava a renda do duque local, Adalberto "deixara de lado a dignidade de seu posto de bispo e se tornara um irmão humilde". Mas mesmo sendo "meramente um entre muitos",[82] continuava a se destacar na multidão. Bastava alguém tirar os sapatos sujos em seu mosteiro, por exemplo, e Adalberto imediatamente os limparia: uma demonstração de humildade bastante impressionante em qualquer monge, quanto mais em um que continuava a ser um príncipe da Igreja. Desnecessário dizer que os outros bispos ficavam chocados com essas excentricidades, mas Otão, que havia sido criado admirando homens santos e procurando por eles ativamente, preferia vê-las como um sinal de santidade. Adalberto, a quem bastava rezar e os sapos misteriosamente paravam de coaxar nos pântanos de Roma, evidentemente era um homem com um talento formidável em instilar serenidade nos perturbados — e Otão certamente era perturbado. Com a notícia no verão de 996 de que as margens do Elba estavam novamente em chamas, Adalberto parecia oferecer a ele aquilo pelo que mais ansiava: um caminho através da escuridão que se erguia à frente. Em meio ao sufocante calor do verão de Roma, Otão não era o único homem a ter os pensamentos voltados para as florestas do leste. Também Adalberto planejava partir para lá. Mas ele não iria viajar com a pompa de seus trajes eclesiásticos, e sim com o seu hábito gasto; não como um príncipe, mas como um humilde missionário. Ele insistia em que realmente era possível levar os pagãos a ver a Cidade de Deus — e isso não precisava ser feito à ponta de uma espada.

Na primavera seguinte, junto a um lago gelado e a apenas um dia de viagem além das fronteiras da Polônia e da proteção de Boleslav, seu duque cristão, Adalberto foi cortado até a morte. Seus assassinos eram prussianos, um povo pagão e turbulento, dado a se tatuar e virar canecas de sangue, que rejeitara a pregação do missionário como a obra sinistra de um "deus germânico".[83] Otão, recebendo a notícia em Aachen, ficou previsivelmente perturbado. Mas ao mesmo tempo em que ele chorava sua perda, já havia relatos de acontecimentos milagrosos na morte de Adalberto. Dizia-se que um anjo, descendo dos céus, apanhara a cabeça do mártir quando ela era arremessada pelo ar por um machado prussiano, e depois, a juntando novamente ao tronco decapitado, deixara o corpo para ser encontrado no ponto mais distante do lago. Dali ele havia sido cuidadosamente transportado por dois dos discípulos de Adalberto através da fronteira para a segurança e a reverência espantada dos poloneses. Boleslav, encantado por estar de posse de relíquia tão poderosa, imediatamente marcara sua posse do corpo do mártir o colocando em uma tumba em Gniezno, a capital que herdara do pai, o duque Miesco. A seus súditos, um povo que apenas quatro décadas antes era tão pagão quanto os prussianos, o santuário erguido sobre Adalberto parecia uma coisa espantosa e maravilhosa, um farol de reluzente santidade, uma fusão da terra com o céu. Para garantir isso não havia sido preciso queimar aldeias, fazer execuções em massa, instalar guarnições saxás. Na morte, se não em vida, Adalberto realizara seu maior desejo. Ele realmente ajudara a expurgar o paganismo das florestas do Leste — e o único sangue derramado havia sido o seu próprio. Um novo povo havia sido confirmado como membro da cristandade. Os poloneses haviam sido assegurados para Cristo.

E também para Otão? Ele certamente confiava nisso. Apesar da perda de Adalberto, e a despeito da violência constante ao longo da fronteira com os vênedos, a noção de missão e a autoconfiança do imperador não diminuíram. Adalberto não era a única inspiração a ter penetrado na órbita de Otão no ano anterior. Também Gerbert estivera em Roma na esteira da coroação. Lutando, como fazia desde que havia sido dispensado por Teofânia, para conseguir um cargo merecedor de seus talentos, ele originalmente viajara para lá de modo a pedir ao papa; mas ao dirigir todo o seu carisma para Otão logo se vira empregado como secretário do imperador. Embora esse papel houvesse durado apenas algumas semanas, até Otão partir da Itália, Gerbert não pretendia perder a oportunidade. Em outubro ele conseguira se insinuar novamente em companhia do imperador.[84] Naquele outono, ele e Adalberto haviam passado um mês trancados com Otão, "dia e noite", como Gerbert posteriormente iria se vangloriar.[85] Nunca se divulgou qual assunto seria tão fascinante a ponto de distrair o maior governante da cristandade das questões de Estado por um tempo tão incomum com dois clérigos; mas os acontecimentos logo ofereceriam uma pista.

No verão de 997, Otão formalmente deu a Gerbert aquilo pelo que o grande estudioso havia tanto ansiava: uma convocação para servir a ele como seu mentor. "Demonstre seu desgosto pelo paroquialismo saxão",[86] foi a ordem — e Gerbert obedeceu com prazer. Enquanto Otão estendia até tarde a temporada

A VELHA ORDEM MUDA...

de campanhas para assegurar a fronteira de sua terra natal, seu novo conselheiro instilava nele a ideia do papel global que teria de desempenhar. "Pois tu és César Augusto", lembrou Gerbert a ele, de forma exuberante: "imperador dos romanos, fruto do sangue nobre dos gregos", o senhor da Itália, da Alemanha e, sim, igualmente das "bravas terras dos eslavos". "O Império Romano — ele é nosso, nosso!".[87]

Assim, o fantasma mais duradouro da cristandade estava sendo mais uma vez convocado de seu túmulo e saudado como se fosse de carne e osso. Gerbert, tão prático quanto polimático, não poderia ignorar a tensão entre seus lemas exultantes e o caos que era o verdadeiro estado do mundo. Nem podia Otão — que passara todo o ano de 997 brandindo a maça para expulsar os vênedos da Saxônia. Mas o estado de guerra, em vez de arrefecer a enorme tarefa de restaurar uma ordem universal, parece tê-la tornado ainda mais grandiloquente. Em 998 essa ambição seria inscrita no selo de Otão, o comprometendo, sempre que marcava um documento, com a *"renovatio"* — a renovação — do Império Romano. Uma fantasia quixotesca? Talvez tenha parecido. Nem Gerbert nem o próprio Otão deram uma pista do que realmente significaria um programa de *renovatio* — e menos ainda do que deveria ser conseguido. Mas esse silêncio, longe de exprimir qualquer falta de propósito, quase certamente disfarçava exatamente o oposto: uma consciência de mistérios poderosos e ocultos demais para serem discutidos publicamente, de uma missão literalmente cósmica em suas implicações, de um dever moldado pelo passar dos séculos.

Em Magdeburgo, quando convocado até lá pela primeira vez por Otão, Gerbert chocara os cortesãos reunidos demonstrando a eles que era possível, com o conhecimento adequado e um instrumento fantástico chamado astrolábio, rastrear e medir as estrelas. Sábios antigos sabiam disso, e também os astrônomos sarracenos; mas nunca antes isso havia sido demonstrado com tal brilhantismo por um filósofo cristão. Aparentemente a criação de Deus de fato podia ser compreendida por intermédio de algum conhecimento de matemática: "pois os números ao mesmo tempo codificam as origens do universo e servem para explicar seu funcionamento",[88] como definiu Gerbert. Então, à sombra cada vez maior do milênio, aquele ano que "ultrapassa e transcende todos os outros anos",[89] qual significado ele identificava no mágico número 1.000? Infelizmente, e curiosamente, não temos uma resposta certa. Não há uma única referência a isso em todos os textos preservados do maior e mais investigativo matemático da cristandade: um silêncio tão profundo que nas circunstâncias era ensurdecedor.

Sendo um formidável erudito e um cristão devoto, Gerbert estaria plenamente consciente dos ensinamentos de Agostinho sobre o final dos tempos. Saberia com que firmeza era proibitivo especular sobre o possível momento. Teria ele, consequentemente, evitado prestar atenção na iminência do milênio? Ou, encorajado por seu patrono imperial, secretamente ousara seguir o caminho mais perigoso, considerando, talvez, que Agostinho estivesse errado e os mil anos citados por São João, depois dos quais o mal triunfaria por todo o mundo, talvez, apenas talvez, fossem literalmente mil anos? Afinal, se alguém tinha o direito de fazer questionamentos tão perigosos certamente era Otão III, o imperador romano cujos domínios eram a única fortaleza capaz de se erguer contra o advento do Anticristo e cujo destino era reinar no milésimo aniversário da Encarnação apenas dois anos depois?

Certamente, quanto mais perto o milênio, mais Otão se sentia oprimido por uma sensação de urgência — como se a própria passagem dos dias fosse uma correnteza a ser detida. Se era verdade que o tempo estava correndo, o desafio de garantir um Império Romano evidentemente não seria fácil — não em face de todo aquele mal transcendente e crescente que parecia se lançar contra ele. Não importava que no final de 997 os vênedos tivessem sido finalmente pacificados. Uma nova e mais insidiosa ameaça às ambições de Otão já surgia. Haviam chegado notícias alarmantes do coração do grandioso projeto de *renovatio*: a própria Roma. O antigo tirano da cidade, João Crescêncio, não tendo sido aplacado pelo perdão concedido a ele após a coroação de Otão, tomara o poder de surpresa. O papa Gregório, que havia pedido ao primo para oferecer a misericórdia a Crescêncio, acabara premiado com o exílio. Surgira como seu substituto no trono de São Pedro e consciente fantoche dos seus patrocinadores romanos, piscando à luz dos refletores, o personagem mais inesperado: o próprio padrinho de Otão, um dia seu tutor e embaixador de Constantinopla, João Filagato. Não importava que sua tentativa de garantir uma princesa do *basileus* houvesse terminado em fracasso — a embaixada evidentemente não diminuíra seu conceito. De fato, na verdade parecera tê-lo aumentado; pois os diplomatas bizantinos, a despeito de em particular desprezarem Filagato como "viscoso, filho da perdição, merecedor de todas as maldições, um monte de excremento malcheiroso, obeso, um homem cujo verdadeiro Deus se projeta logo abaixo de sua enorme pança",[90] haviam alegremente estimulado suas ambições, interessados como estavam em ver um grego como bispo de Roma. Também Crescêncio, cuja família era há muito tempo ligada intimamente a Constantinopla, era amplamente suspeito de ser

A VELHA ORDEM MUDA...

um agente do *basileus*. Enquanto isso, o próprio Filagato, como compatriota de um imperador romano e padrinho de outro, estava sublimemente confiante em ter o apoio dos dois homens ao seu papado. Era uma avaliação bastante razoável: exceto que nem ele nem qualquer dos conspiradores percebera o que Otão acreditava estar em jogo.

Em fevereiro de 998 a Lança Sagrada foi plantada diante das muralhas de Roma. Atrás dela estavam as fileiras compactas do exército imperial, os veteranos endurecidos de mil confrontos sangrentos nas florestas e nos pântanos do norte, uma visão que instilava o terror no coração de qualquer homem do sul. Filagato, descobrindo tarde demais todo o grau tenebroso de seu erro de avaliação, já fugira da cidade. Crescêncio, igualmente assustado com o que havia atraído para si, estava encurralado em sua fortaleza particular, à sombra da Basílica de São Pedro, esperando que a tempestade passasse. Mas ela não passou. O imperador e seu exército permaneceram implacáveis. Desesperado, após várias semanas de cerco Crescêncio se disfarçou com um hábito de monge e saiu de sua fortaleza para implorar a misericórdia de Otão. Otão friamente o mandou de volta para seu destino. Pouco depois, passada a Páscoa, a utilização de enormes máquinas de cerco permitiu que a cidadela fosse tomada. O próprio Crescêncio, capturado, foi rapidamente decapitado. Seu corpo sem cabeça, como um alerta para que outros não fossem "enganados pelas perfídias do diabo", foi primeiramente jogado em um fosso e depois "pendurado pelos pés em um patíbulo no precipício mais alto da fortaleza".[91]

Mas mesmo seu destino não foi tão salutar quanto o do infeliz antipapa. Filagato foi rapidamente caçado. Embora sua vida tenha sido poupada, as mutilações infligidas a ele foram tais que ele bem poderia ter ansiado pela execução: pois primeiramente seus olhos foram arrancados, depois o nariz, e finalmente lábios e língua. Quando o prisioneiro hediondamente desfigurado foi finalmente levado à presença imperial, o espetáculo do que tinha sido feito a seu antigo tutor reduziu Otão a um silêncio chocado; mas não à clemência. Os captores receberam grandes recompensas; enquanto Filagato foi colocado à mercê do homem que quisera substituir. O papa Gregório, querendo marcar seu rival como um apóstata perante toda a cidade, ordenou que ele recebesse uma capa de pele animal e fosse "colocado nas costas de um jumento, voltado para o rabo, enquanto um pregoeiro público desfilava com ele pelas várias regiões de Roma".[92] Finalmente, para coroar sua degradação, Filagato foi cerimonialmente expulso do sacerdócio, despido de seus trajes pontifícios e mandado a um mosteiro para contar os longos dias até sua morte. Otão podia refletir com soturna satisfação que com essas medidas decisivas a Cidade Sagrada havia sido preservada contra a maré de escuridão que parecia quase pronta a engoli-la.

Exceto que havia homens de Deus, até mesmo pares de Adalberto, que não estavam tão certos de que ela houvesse sido preservada. Enquanto as multidões em Roma se divertiam chutando o cadáver de Crescêncio arrastado diante deles ou jogando excremento em Filagato, aqueles cuja aprovação Otão queria mais desesperadamente, seus conselheiros espirituais, estavam horrorizados. Um deles, um eremita de lendária santidade chamado Nilo, até mesmo ousara confrontar o imperador diretamente. Embora estivesse na casa dos 90 anos de idade, e fraco devido ao jejum da Páscoa, ele foi ao julgamento de Filagato e pediu misericórdia para o antipapa caído. Quando seu apelo foi negado, ele amaldiçoou Otão e Gregório, dizendo aos dois primos: "Pois se não perdoarem aquele que Deus colocou em suas mãos, o Pai celestial não perdoará seus próprios pecados".[93] Depois, ignorando o apelo de Otão para que ficasse com ele e o absolvesse, o velho eremita deu as costas e seguiu rumo sul, de volta ao vale solitário que abrigava sua cela.

Otão não o perseguiu. Afinal, retirar-se do mundo não era opção para um homem com a missão decisiva de preservar a cristandade do Anticristo. Para o Império Romano realmente ser restaurado a seu poder desaparecido, garantir a própria Roma era apenas o começo. Embora fosse adornada de igrejas, a antiga cidade teria de ser preparada para mais uma vez servir de capital de um império. Foram dadas ordens para que as ruínas no monte Palatino, "assento e cabeça do mundo",[94] ficassem livres do entulho e novamente habitáveis.[95] Também o cerimonial foi melhorado, de modo a se adequar ao novo e prestigioso endereço imperial. Para Otão, bastava de partir ossos de animais; diferentemente, ecoando os rituais afetados da cidade natal de sua mãe, ele começou a presidir festejos acima de seus homens, em uma mesa semicircular, e a ser saudado como "o imperador dos imperadores". Até mesmo os títulos que ele em troca deu a seus cortesãos — "senador", "cônsul", "prefeito da frota" — haviam sido tediosamente subtraídos da arca de trastes da Antiguidade. Em resumo, era uma demonstração de pompa como jamais vista em Roma por séculos — e aqueles que a testemunhavam ficavam devidamente aturdidos. Para os mais entusiasmados, era como se o trabalho de Otão já estivesse concluído; como se, simplesmente pela força de vontade, ele realmente houvesse ressuscitado o Império Romano e lhe devolvido a sua antiga grandeza. Os admiradores imaginavam tanto Bagdá, "o império de

A VELHA ORDEM MUDA...

ferro", quanto Constantinopla, "o império de ouro", se curvando estupefatas diante do "grande Otão".[96] Como colocou um deles: "Rejubilai, ó Papa, rejubilai, ó César! Que a Igreja exulte em uma alegria fervorosa, e que haja júbilo em Roma, que o palácio imperial rejubile! Com o papa, sob este César, a era já se renovou!".[97]

Mas o próprio jovem césar estava tomado por dúvidas. Ele podia ser um visionário, mas não era ingênuo. Ele havia patrulhado as fronteiras da Saxônia. Sabia perfeitamente bem que Roma, embora o coração da cristandade, não era o mundo. Também sabia — pois as palavras de Nilo ainda ecoavam em seus ouvidos — que todo o seu esforço para fortalecer o império, todo o sangue que derramara e todas as brutalidades que cometera poderiam ter servido apenas para colocar em dúvida sua adequação ao papel de ungido por Deus. Durante um ano ele continuou a ignorar sua consciência. Então, em fevereiro de 999, com o aniversário das atrocidades da Quaresma se aproximando, o papa Gregório caiu repentinamente doente e morreu. A causa foi malária — mas como Otão podia atribuí-la a algo além do efeito da maldição de Nilo? De forma abrupta, depois da morte do primo ele deixou Roma e seguiu para o sul. Embora não tivesse negligenciado as obrigações de um imperador durante o caminho — fazer reféns aqui, conceder favores ali, explorar as rivalidades de seus súditos italianos com sua habilidade costumeira — ele também se preocupou em fazer gestos de penitência pública. Sempre que havia um santuário ele entrava de pés descalços. No momento em que se aproximava da cela de Nilo, era evidente que sua contrição havia sido aceita como sendo sincera: pois o ancião, deixando sua caverna, caminhou até a lateral da estrada, de onde saudou o imperador carinhosamente. Otão, deslizando de sua sela, se ajoelhou em lágrimas diante do eremita: então retirou a coroa. Um gesto grandioso: pois havia sido profetizado que o último imperador romano o faria, ajoelhado no alto do Gólgota, desse modo introduzindo o final dos tempos. Nilo parou — e então, demonstrando que considerava o homem diante de si como inocente de qualquer soberba, o abençoou. Finalmente, com a devida reverência, devolveu ao imperador sua coroa.

Otão, retornando a Roma, podia fazê-lo com sua ideia de missão altamente fortalecida. Mesmo a morte de seu primo, que poucas semanas antes o atingira como um calafrio de presságio, já parecia obra da Providência. Em um momento decisivo para ele e toda a humanidade, com o milésimo aniversário da Encarnação a poucos meses e o grandioso trabalho de *renovatio* pesando de forma implacável sobre seus ombros, ele tinha sido agraciado com a oportunidade de elevar ao trono de São Pedro o homem mais qualificado para ajudá-lo. Em 2 de abril de

999, Gerbert d'Aurillac, o camponês de Auvergne, foi coroado papa. O nome escolhido — Silvestre II — indicava ao mundo, de forma inconfundível, como ele via o seu papel e o de seu mestre. Assim como o primeiro Silvestre havia servido a Constantino, ele iria servir a Otão: juntos, papa e imperador iriam pastorear o povo cristão.

E também aumentar seu número. Antigas profecias que circulavam pela Itália previam como no final dos tempos o último imperador romano iria convocar todos os pagãos do mundo para o batismo; e naquele momento, com o ano fatídico do milênio alvorecendo, um imperador romano se preparava para fazer exatamente isso. Não à ponta de uma espada — o exemplo de Adalberto não permitiria conversões forçadas —, mas de uma forma tão pacífica quanto mística. Foi assim, por exemplo, que o chefe dos húngaros, aqueles que um dia haviam sido cavaleiros predadores, recebeu de Otão uma réplica da Lança Sagrada e do papa Silvestre um diadema, sendo publicamente recepcionado, como rei Estêvão, na ordem da realeza cristã. Também da mesma forma, na primavera do ano milenar, o próprio imperador romano, viajando rumo leste até onde os antigos césares nunca haviam chegado, cruzou a fronteira para a Polônia e seguiu até Gniezno. Colunas de guerreiros em trajes brilhantes se reuniram para saudá-lo enquanto ele caminhava, mais uma vez descalço, até o santuário de Santo Adalberto. Depois, tendo rezado ao lado do túmulo, Otão se ergueu e concluiu o que seu amigo assassinado começara. O duque polonês, assim como o príncipe húngaro, foi presenteado com uma coroa e uma cópia da Lança Sagrada; não querendo ser superado, um Boleslav vestido de peles retribuiu dando ao imperador um dos braços de Santo Adalberto. Otão, profundamente emocionado, caiu em lágrimas. "E naquele dia os dois homens foram unidos por tais laços de afeto que o imperador chamou Boleslav de irmão e o proclamou um amigo do povo romano".[98]

Na verdade havia nisso uma fria dose de cálculo. Os poloneses eram aliados valiosos na luta contra os vênedos. O fato de que Otão manteve seu duro pragmatismo fica evidente na presença em seu séquito, no momento em que rezava junto ao túmulo de Adalberto, de reféns da Itália. A encenação também tinha dimensões muito além das terrenas: os fios da história, trançados segundo os planos de Deus ao longo dos séculos, estavam prestes a ser reunidos e colocados nas mãos de Otão. Ou pelo menos era nisso que Otão parecia sinceramente acreditar. Certamente é difícil explicar de outro modo por que, após muitos meses ausente de sua terra, com sua nobreza facciosa e seus compatriotas ressentidos

A VELHA ORDEM MUDA...

com todas as aventuras estrangeiras de seu imperador, sua principal preocupação fosse consultar não os vivos, mas os mortos.

No final de abril, cerca de um mês após deixar Gniezno, e tendo percorrido a Saxônia em alta velocidade, Otão estava em Aachen: local do túmulo de Carlos Magno. No Pentecostes — o dia em que o Espírito Santo, descendo sobre os primeiros discípulos, instilara neles o fogo de uma sabedoria celestial — ele e três companheiros desceram para a cripta aberta. Lá, em suas profundezas tenebrosas, eles supostamente encontraram Carlos Magno sentado como se adormecido, uma coroa de ouro na cabeça, um cetro em suas mãos enluvadas; "e as unhas haviam penetrado através das luvas e se projetavam para fora".[99] Otão, tendo primeiramente se ajoelhado diante de seu grande predecessor, ordenou que o corpo fosse vestido com uma túnica branca, exatamente a vestimenta que, no final dos tempos, na grande batalha contra o Anticristo e todas as suas coortes, seria usada pelos "exércitos do céu".[100] Depois, saindo da escuridão do mundo subterrâneo para a luz do dia, ele se preparou para se mover novamente, não para a Saxônia, mas de volta à Itália. Seus compatriotas bem poderiam se sentir rejeitados e desprezados. Como escreveu um cronista, amenizando diplomaticamente: "os atos do imperador tiveram uma recepção dúbia".[101]

O próprio Otão não ignorava as queixas. Ele sabia que muitos de seus atos poderiam soar bizarros a seus súditos, ou mesmo incômodos. Mas não havia nada a fazer quanto a isso. A missão da qual ele se acreditava encarregado por Deus não era uma que ele pudesse alardear. Contudo, para aqueles que a conheciam, as provas de seu sucesso já deviam parecer se manifestar. Dia a dia, mês a mês, "o milésimo ano desde a Encarnação se completava alegremente"[102] — e o Anticristo não aparecia. Isso, porém, não significava que Otão pudesse baixar a guarda. Exatamente o contrário. A vida de Cristo tivera muitos momentos significativos — e quem poderia dizer a partir de qual deles deviam ser contados os mil anos depois dos quais Satanás seria libertado de sua prisão? Com o ano 1001 se aproximando, houve uma séria lembrança de que as forças das trevas estavam longe de esgotadas. Houve relatos de que os romanos, que o imperador "amava e acalentava acima de todos",[103] teriam iniciado uma revolta. Otão seguiu apressadamente para a antiga cidade. Apenas um massacre em grande escala de seus soldados e a exibição da Lança Sagrada, "cintilando de forma terrível"[104] nas mãos do bispo que a segurava, conseguiram esmagar a rebelião. A despeito de chocado com a ingratidão dos romanos e sitiado por suas lágrimas de arrependimento, Otão não permitiu que sua devoção à cidade prejudicasse a análise estratégica: foi ordenada uma retirada maciça para Ravena. De lá, em certo momento ameaçando seus inimigos, em outro os adulando, ele continuou a demonstrar sua habitual argúcia política. Embora a própria Roma continuasse agitada demais para servir como sua capital, ele sabia que não a desafiaria por muito tempo. No outono de 1001 ele enviou ordens à Francia Oriental, convocando novos soldados. Esses deveriam estar com ele no final de janeiro. Passando o inverno na Lombardia o imperador poderia descansar, confiante em que não apenas Roma mas toda a Itália logo seriam suas.

E talvez ainda mais. O esforço de Otão no ano do milênio para fortalecer o Império Romano evidentemente tinha sido suficiente para manter o Anticristo afastado; mas ainda havia muito a ser feito. Independentemente de todo o seu trabalho, a cristandade continuava dividida. Assim, no verão de 1001 Otão enviou a Constantinopla uma segunda embaixada, liderada por um bispo mais confiável do que Filagato — e dessa vez sua exigência de uma princesa foi atendida. De fato, foi relatado que ela já estava a caminho, e podia ser esperada, assim como os reforços de Otão, para a primavera: as duas metades do Império Romano pareciam prestes a finalmente se unir. Contudo, essa perspectiva, por mais que fosse fascinante, não parecia satisfazer o jovem imperador. Pois e se houvesse um destino ainda maior e mais terrível esperando por ele, um destino profetizado durante muitos séculos e destinado a convulsionar todo o universo? Naquele ano de 1001, a confirmação de suas suspeitas parecia bater à sua porta.

Além dos grandes palácios e igrejas de Ravena, aqueles monumentos a imperadores cristãos mortos há muito tempo, estendia-se um deserto pestilento de pântanos salgados e lamaçais, estagnados e tomados por insetos, indizivelmente desolados. Mas não inteiramente: pois, ocasionalmente, em meio à desolação, era possível ver um abrigo improvisado. Em cada um deles, descalço e andrajoso, vivia um eremita; e entre eles, em uma ilha distante e pantanosa, vivia seu líder, o santo mais famoso de toda a Itália. O nome de Romualdo colocava na sombra até mesmo o de Nilo. A santidade se manifestava na própria aparência da pele, que perdera os pelos e ganhara um brilho verde, "como o de uma salamandra", após uma longa imersão em um pântano.[105] Em uma das raras oportunidades em que o santo se dignava a se limpar, dizia-se que a água do banho suja era capaz de curar os doentes. Um grupo de aldeões, ao descobrir que o santo planejava se mudar para longe, chegou a planejar assassiná-lo e fatiar seu corpo em relíquias, tamanha a sua reputação de milagreiro. Escapando do desmembramento fingindo estar louco, Romualdo sobreviveu e floresceu, tornando-se um modelo vivo de santidade. Não espanta, portanto, que Otão com frequência viajasse para os pântanos além de Ravena. Mas aquelas viagens não eram apenas turismo espiritual. Refletindo sobre o futuro, o imperador tinha uma razão especial para consultar o santo. A despeito das incomensuráveis diferenças de posição, os dois homens haviam embarcado em uma busca semelhante. Ambos partilhavam a convicção apaixonada de que o Segundo Advento era iminente; e ambos haviam decidido enfrentar isso deixando o mínimo possível que o Cristo retornado pudesse condenar.

Como diria depois um dos discípulos de Romualdo, "Pois quem não está aterrorizado, quem não está abalado profundamente pela declaração do próprio Senhor no Evangelho: 'Porque, como o relâmpago parte do Oriente e ilumina até o Ocidente, assim será a volta do Filho do Homem?'"[106] O modo de vida estabelecido por Romualdo em Ravena era um consciente esforço heroico de manter afastada essa ameaça do Juízo Final. Uma existência de privação implacável e excruciante, fosse vivida em um pântano, nas profundezas de uma floresta ou lacrado em uma cela, tendo por companhia apenas pássaros e os vermes que rastejam e se alimentam de restos: o santo argumentava que essa era a única preparação útil para o final dos tempos. Era uma convicção pela qual o seu visitante imperial evidentemente expressava grande simpatia: pois um dos companheiros de Romualdo, após Otão os ter deixado pela última vez, se virou e perguntou ao mestre, perplexo: "O que aconteceu à nobre resolução do rei, a promessa que ele fizera secretamente a Cristo de se tornar um de nós?"[107] Mas também é evidente que o voto de Otão, por mais que o tenha feito com precisão, havia sido mal compreendido. Uma cabana em um pântano não era para o imperador. Em vez disso ele revelara a Romualdo sua intenção de viajar para Jerusalém e lá pousar o "símbolo" de sua realeza, sua coroa terrena.[108] "Pois após três anos, durante os quais eu consertarei o que há de errado em meu reino, eu abdicarei ao trono. E o oferecerei àquele que é melhor que eu."[109] Os seguidores de Romualdo podem não ter entendido o que seu visitante realmente queria dizer — mas Romualdo certamente entendera.

O rei ao qual Otão pretendia dar sua coroa era Cristo. Com o mundo preparado para a hora do Juízo, o imperador deveria subir o monte do Gólgota, se ajoelhar e entregar sua alma a Deus; desse modo introduzindo o final dos tempos. Romualdo, ao dar sua bênção a Otão, mostrara que ele, assim como Nilo, aprovava sua intenção. Ele demonstrara acreditar estar na presença do último imperador romano.

Mas suas esperanças, e as do próprio Otão, seriam esmagadas. Quando o imperador, no início de 1002, começou a avançar sobre Roma, o venerável eremita estava ao seu lado. No entanto, com a expedição seguindo rumo sul, um dragão gigantesco foi visto no alto, brilhando no céu de inverno. Todos os que o viram sabiam que certamente era um presságio de ruína. E, pouco depois, Otão adoeceu com malária — e no final de janeiro estava morto. Muitos planos e muitos sonhos morreram com ele. Os reforços convocados da Francia Oriental estavam a apenas um dia de marcha quando o imperador deu seu último suspiro. A princesa enviada de Constantinopla como noiva de Otão acabara de desembarcar e foi mandada de volta para casa. O novo rei da Saxônia não tinha tempo para fantasias de governo global. Para Henrique, duque da Baviera, filho do "Brigão" e neto do Henrique que conspirara tão incansavelmente para roubar a coroa de Otão I, era suficiente que um de sua linhagem finalmente tivesse pelo menos o comando do *Reich*. Apenas em 1014 ele finalmente conseguiu abrir caminho rumo sul até Roma e sua coroação como imperador, e, quando o fez, não havia um papa Silvestre esperando por ele com uma conversa brilhante sobre *renovatio*.

Gerbert, que lealmente seguira Otão até Ravena, retornou a Latrão após a morte de seu protetor, e lá, em maio de 1003, após passar um ano sendo atormentado pela revivida família Crescêncio, também morreu. Não demorou muito para que sua história extraordinária fosse transformada em mito. Que um camponês — ainda mais um camponês italiano — tivesse conseguido ascender ao posto de papa parecia algo impressionante demais para ser creditado ao esforço humano. Foi assim que Gerbert d'Aurillac, "o papa filósofo"[110] que dedicara seus últimos anos de vida a fortalecer o Império Romano, seria lembrado não por seu esforço em prol do conhecimento e da cristandade, mas como algo do Anticristo, uma besta "erguida do abismo pouco depois de completados os mil anos".[111]

"César partiu. E tendo partido, todas as épocas futuras foram lançadas em confusão".[112] Este epitáfio, composto nos meses confusos que se seguiram à morte de Otão, talvez não fosse inteiramente exagerado. Realmente havia sido atingido um ponto determinante: por mais que continuasse a animar as chancelarias de Bagdá e de Constantinopla, o sonho de um império universal como solução para os problemas do mundo nunca mais serviria, como uma política prática, para motivar um monarca da cristandade latina. "Como um daqueles reis pagãos da Antiguidade, ele lutou para ressuscitar as glórias de Roma, aquela cidade com suas fundações enterradas fundo — mas em vão".[113] Assim Otão seria lembrado. Nenhum de seus sucessores seguiria seu exemplo. Seus sonhos haviam sido ofuscantes demais — e seu fracasso igualmente total. Embora ele nunca tivesse ido a Jerusalém, e embora nunca tivesse colocado sua coroa nas mãos de Cristo, Otão morreria como o que ele havia muito imaginava ser: o último imperador romano.

3

... DANDO LUGAR A UMA NOVA

O início das dores

Oito anos antes do milésimo aniversário da Encarnação, em 992, um ancião vestido de preto subiu a prancha de embarque de um navio com destino a Jerusalém. Adso, que muito tempo antes deixara a abadia de Montier-en-Der, estava na casa dos 80 anos de idade e perigosamente frágil para fazer tal viagem. Os rigores da vida no mar eram conhecidos — e pouco tempo depois do início da viagem o velho monge estava enjoado. Cinco dias depois, estava morto. O padre Adso nunca percorreria a Terra Santa.

Mas, para começar, por que, com tal idade, o grande erudito estava viajando para lá? "Ele irá a Jerusalém": assim Adso escrevera muito antes, em seu elogiado discurso sobre a carreira do Anticristo. Pois foi lá, no monte das Oliveiras, "no local oposto àquele do qual o Senhor ascendeu aos céus", que seria travada a batalha final contra o Filho da Perdição; "e o Senhor Jesus o destruirá com o sopro de sua boca".[1] Nenhum mortal podia ter certeza de quando se daria esse acontecimento de consequências cósmicas; e Adso, em sua preocupação de enfatizar esse ponto, ficara famoso por tranquilizar a rainha dos francos ocidentais de que o Anticristo não apareceria enquanto a família de seu marido — os carolíngios, a dinastia de Carlos Magno — permanecesse no poder. Mas os tempos haviam mudado. Mal Adso concluíra sua carta e terríveis prodígios começaram a se abater sobre a linhagem real. Em 954, Luís IV, marido de Gerberga, atravessara os portões de Laon, descera a montanha na qual ficava a capital imperial e galopara na direção das florestas que se estendiam além. Lá,

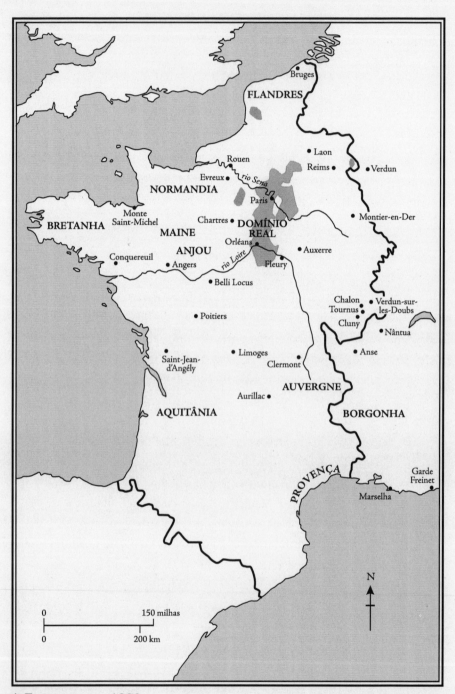

A França no ano 1000

no fundo da floresta, ele vislumbrara um lobo e saíra em perseguição — mas infelizmente a criatura se revelara um demônio, e o rei, derrubado do cavalo, sofrera ferimentos incapacitantes. Preso a um leito, ele logo sucumbira a uma doença repulsiva que fizera seu corpo apodrecer: *"elephantiasis pestis"*.[2] A morte se seguiu rapidamente.

Um fim pernicioso e portentoso. "Cruel e selvagem, adequada apenas a animais selvagens",[3]: era o que se dizia da floresta na qual Luís IV encontrara o lobo demoníaco. O mesmo poderia se dizer de seu reino assolado pela violência. O único reino ainda governado por um descendente de Carlos Magno estava inexoravelmente mergulhando no banditismo. À medida que a autoridade dos carolíngios cada vez mais mergulhava nas sombras, da mesma forma o reino que eles governavam parecia cada vez mais ameaçado de colapso. Foi dito do próprio Luís que ele não tinha nada "além do título de realeza";[4] e ainda assim as décadas posteriores mostraram que seus herdeiros eram ainda mais fantasmagóricos. "A justiça dorme nos corações de reis e príncipes";[5] e cada vez mais, por todos os variados territórios que ainda professavam uma vaga lealdade ao rei dos francos ocidentais, a mística da linhagem de Carlos Magno começara a parecer algo espectral. Na verdade a tal ponto que em 987, com a morte de Luís V, um irresponsável obcecado por moda apelidado por seus súditos desesperados de "o Indolente", os grandes homens da Francia Ocidental deram um passo decisivo. Luís, absolutamente irresponsável, morrera sem filhos; e foi assim, em um concílio especialmente convocado, que os príncipes francos se sentiram livres para eleger qualquer um dentre eles para o trono.

Hugo Capeto, o novo rei, não era um homem inteiramente carente da marca da realeza: descendente de uma longa linhagem de heróis de guerra, ele também era, pelo lado materno, neto de Henrique, o Passarinheiro. Ainda assim, ele não era carolíngio; e os senhores francos, ao elegê-lo, haviam claramente ignorado as reivindicações de um rival que o era. O tio de Luís V, um amargo e escorregadio conspirador chamado Carlos, era amplamente detestado por seus pares; mas quando, em 988 ele insistiu em sua reivindicação do trono indo à guerra contra Hugo, conseguiu uma considerável vantagem, chegando até mesmo a tomar a capital real. Durante três anos prevaleceu um impasse sangrento; até que, atingido por seu próprio petardo, Carlos foi traído por um conspirador ainda mais trapaceiro e desleal que ele mesmo. Adalbero, o bispo de Laon, era um homem de indizível arrogância, inteligência viperina e "uma reputação de virtude", como disse diplomaticamente um de seus colegas bispos, "que não era tanto quanto poderia ser".[6] Pela primeira vez superado, Carlos foi devidamente entregue a seus inimigos e trancado na fortaleza capetiana de Orléans. No final de 991 ele estava morto. A dinastia carolíngia estava efetivamente extinta. Algumas semanas depois, Adso estava tomando o navio para Jerusalém.

Enquanto isso, não faltavam no cenário ampliado do mundo provas de que o grande erudito poderia estar certo em seus cálculos e que o momento era realmente perigoso. Em 988, na mesma cidade de Orléans em que o último carolíngio encontraria seu fim, um ícone do Cristo crucificado chorara "um rio de lágrimas",[7] e um lobo, aparecendo na catedral, puxara a corda do sino com os dentes, fazendo o sino dobrar. A seguir, um ano depois, um assustador cometa brilhara sobre a cristandade.* O que precisamente isso pressagiava — se "fome, peste, guerra ou a destruição da Terra"[8] — ninguém podia afirmar com certeza. Porém, houve muitos que se viram tomados pelo pressentimento. Mesmo aqueles que mais haviam prosperado com a deposição dos carolíngios não estavam imunes a uma certa angústia.

O filho mais velho de Hugo Capeto, Roberto, que sucederia o pai em 996, era notoriamente sensível a qualquer indício de que o mundo pudesse estar chegando ao fim. "O que isso significa?", cobrava ele com urgência dos eruditos sempre que recebia notícias de alguma maravilha particularmente ameaçadora. "Respondam-me imediatamente. Mandem a resposta pelo mesmo mensageiro que lhes enviei!"[9] Sua agitação — fruto, talvez, de uma consciência não totalmente leve — não era surpreendente; nem a forma circunspecta com que a maioria dos eruditos escolhia responder. Eles, naturalmente, conheciam Agostinho, mas também sabiam o que Adso havia escrito sobre o advento do Anticristo e tudo o que isso podia implicar para a dinastia. Um dos que escreveram a Roberto o aconselhou a convocar um concílio, eliminar "opiniões divergentes"[10] e afirmar de uma vez por todas que o dia do Juízo Final não podia ser sabido; mas houve outros que responderam em termos mais sombrios. Não surpreende que fossem manifestações inexplicáveis de sangue, fosse caindo do céu como chuva ou borbulhando de fontes, que tendiam a gerar alertas particularmente sombrios. Se a iminente ruptura das coisas que elas pareciam pressagiar iria por sua vez ser interpretada como um anúncio do Anticristo nenhum erudito era corajoso o bastante para dizer; mas havia alguns que em suas respostas imaginavam oferecer indícios. Um deles, em carta ao rei Roberto, chegou a ponto de ecoar as palavras

---

*O cometa Halley. Ele voltaria a ser visto em 1066.

... DANDO LUGAR A UMA NOVA

do próprio Cristo quando no monte das Oliveiras foi perguntado sobre o fim do mundo. O Senhor respondera: "Levantar-se-á nação contra nação, reino contra reino, e haverá fome, peste e grandes desgraças em todos os lugares. Tudo isto será apenas o início das dores".[11]

De fato, algo em que pensar. Não que os eruditos que escreveram ao rei sugerissem que ele entrasse em desespero. Por mais que pudessem ser arrepiantes suas jeremiadas, eles eram homens práticos, e confiavam que Roberto, como ungido por Deus, reagiria com medidas práticas. Afinal, em um mundo decaído, era para isso que serviam os reis: eliminar a desordem, não importando onde e como ela ameaçasse. O próprio rei concordava. Tão solenemente quanto os carolíngios haviam feito, Roberto interpretou a ilegalidade entre seus súditos como uma ameaça à harmonia do próprio universo. Ele tinha sido criado por seu pai para não capitular a ninguém na grandiosa qualidade de sua autoestima. Em 981, sete anos antes de sua eleição para o trono, havia sido concedida a Hugo Capeto uma audiência com Otão II em Roma; e o trauma daquela experiência, uma mistura de assombro e humilhação, instilara nele a decisão de nunca mais ser superado por ninguém. Como Otão, perfeitamente consciente de que seu convidado não falava latim, insistira em falar exclusivamente naquele idioma, Hugo conseguiu para seu filho o melhor professor de toda a cristandade: o próprio Gerbert. Depois, apenas cinco meses após sua própria coroação, ele insistira para que Roberto fosse coroado rei adjunto — como Carlos Magno, no dia de Natal. Para nora ele até mesmo tentara — em vão — conseguir uma princesa bizantina. Se a ambição de Hugo para com seu filho fosse o único elemento determinante do poder, então Roberto de fato teria sido um grandioso rei.

Mas a imagem, embora importante, não podia levar o novo regime muito longe. Apesar de toda a exuberância com que Hugo e Roberto reivindicavam as impressionantes tradições de Carlos Magno, a desconfortável verdade é que a herança que eles haviam recebido também era de impotência e crise. Não menos que os carolíngios, os reis capetianos eram obrigados a atuar a partir de uma base de poder cruelmente inadequada a suas ambições. Hugo parecera grandioso e intimidador como um príncipe entre outros príncipes: o *"dux francorum"*, o "duque dos francos". Contudo, sentado no trono ele rapidamente pareceu encolher bastante. O exercício da força real não era barato — e em recursos disponíveis Hugo tinha pouco mais que seus infelizes predecessores. Suas propriedades, que pareciam tão extensas quando ele as governava como duque, se revelaram muito menores quando necessárias para financiá-lo como rei. Indo apenas de Paris a

Orléans, a supremacia que elas lhe davam sobre os grandes principados do sul era exatamente zero, com a consequência de que ele inicialmente foi ignorado lá, e com o passar dos anos, cada vez mais esquecido. Mesmo nos domínios do Norte, onde inevitavelmente era mais grandioso, os antigos pares de Hugo não conseguiam se livrar do hábito de vê-lo como um agente não muito diferente deles mesmos. De fato, todas as suas pretensões régias, em vez de instilar em seus súditos a devida noção de deferência, na verdade tendiam a provocar apenas risos e escárnio. "Quem fez de ti um conde?", cobrou Hugo com desdém de um magnata da Aquitânia certa vez. A resposta inevitável foi rápida e cortante: "Quem fez de ti um rei?"[12]

Assim, independentemente da entronização dos Capeto arrivistas, a coroa continuou a perder sua autoridade. Não foram apenas os próprios reis que consideraram isso perturbador. Por mais faccioso ou predador que fosse um nobre franco, ele provavelmente ainda acalentava lembranças dos tempos dourados de Carlos Magno, quando os condes e bispos do reino, viajando em meio a pompa para encontrar o rei, celebravam com ele as grandes festas da Páscoa, do Natal ou de Pentecostes e discutiam as questões mundiais. De fato, para gerações de nobres, a corte real havia sido o único palco. Poucos ficavam satisfeitos em se limitar a uma base de poder meramente regional. Definhar longe do rei sempre foi tradicionalmente visto como o sinal do fracasso de um palerma. Mesmo sob os Capeto, não era incomum a presença de grandes nobres e prelados na corte real. Vendo, digamos, o conde de Flandres, o arcebispo de Reims ou o bispo de Laon em reunião com o rei, uma testemunha ficaria tentada a imaginar que nada havia mudado muito. Mas impiedosamente, ao longo do calamitoso século X, as coisas haviam mudado; e com consequências para a sociedade franca que a longo prazo se provariam realmente grandiosas.

Ironicamente, foram os próprios capetianos que com mais força abriram o caminho.* Muito antes da ascensão de Hugo ao trono, seus predecessores haviam começado a se transformar em um novo tipo de dinastia, e seus muitos bens em novo tipo de herança. Gradual, dolorosa, mas no final decisivamente, eles acabaram redefinindo a própria ideia de o que uma família deveria ser. Diferentemente do que os francos haviam feito desde tempos imemoriais, eles já

---

*O nome de família "capetiano" na realidade deriva do próprio Hugo Capeto, mas para uma maior clareza optei por aplicá-lo retrospectivamente também a seus antepassados. Eles seriam mais adequadamente chamados de "robertianos", sendo "Roberto" um nome grandioso nas primeiras páginas da história da família.

... DANDO LUGAR A UMA NOVA

não consideravam garantidos os benefícios de pertencer a um clã grande e fecundo: pois em meio às convulsões da época, isso já não parecia tão certo quanto havia sido. Afinal, o peso dos números não adiantara muito para os herdeiros de Carlos Magno. A procriação em ritmo acelerado, longe de manter intacto o patrimônio imperial, acabara servindo para reduzi-lo a farrapos. As grandes dinastias do reino, há muito tempo sem a oportunidade de pilhar inimigos pagãos, haviam se voltado contra si mesmas. O resultante divisionismo, que até mesmo senhores da guerra rivais em certos momentos consideravam cansativo, começara a inspirar uma inevitável reação em meados do século X. Foram os Capeto, como cabia à mais poderosa de todas as dinastias francas, que assumiram a liderança. Para um grande senhor como o pai de Hugo Capeto, um homem reconhecido publicamente pelo próprio Luís IV como "o segundo, abaixo apenas do rei, em todo o reino",[13] as vantagens proporcionadas por um vasto leque de primos em segundo grau não pareciam evidentes. Impiedosamente, começou a se estreitar a definição do que fazia um capetiano. Quanto mais distante o parentesco, mais impiedosa a poda. Os membros da família restantes foram cada vez mais reduzidos a um estado de desigualdade e dependência. Em 956, quando Hugo Capeto sucedeu a seu pai como duque dos francos e herdou intacto o principal conjunto de bens da dinastia, até mesmo seus irmãos mais moços se viram jogados de lado. Em 996, quando foi a vez de Hugo, ninguém ficou nem um pouco surpreso por Roberto ter tomado tudo, tanto terras quanto a coroa. Assim como havia sido com a família real da Francia Oriental, acontecia com a metade ocidental do império franco: o filho mais velho ficava com tudo.

Más notícias para os parentes de um príncipe coroado; mas em geral boas novas para as perspectivas da própria dinastia. Ou, pelo menos — caso seja possível considerar a imitação a forma mais sincera de aprovação — era essa a opinião dos antigos pares dos Capeto. Entre os francos as exigências do poder eram ferozes e constantes; e nenhum príncipe, caso quisesse se manter na linha de frente da grandeza, podia se permitir negligenciar uma possível vantagem competitiva. A determinação dos Capeto de forjar um domínio coeso, que pudesse ser passado intacto de pai para filho, geração após geração, não passou despercebida pelos outros nobres. Na verdade, alguns já haviam usado esse trunfo. Além do núcleo imperial que se estendia ao redor de Paris, por exemplo, havia no litoral dos mares do norte um principado já tão compacto e unificado que em comparação fazia o domínio dos Capetos parecer corroído. Os condes de Flandres se gabavam de suas origens como tenentes dos carolíngios; mas essa não era a história toda. Na verdade, na opinião de seus muitos inimigos a definição deles de mantenedores do *status quo* era risível: pois para seus vizinhos eles não passavam de predadores, traiçoeiros e sempre vorazes, "cheios do veneno de viperina perfídia".[14] Já em 862 o primeiro conde de Flandres dera início a uma longa tradição familiar de oportunismo brutal raptando uma princesa sob as barbas de seu pai real; e daquele momento em diante, com um conde sucedendo outro, a dinastia impiedosamente aumentara e consolidara seu patrimônio. De fato, tendo em mente o que evidentemente era uma aptidão hereditária para a ilegalidade e a violência, talvez não houvesse nada que melhor exemplificasse a consistente eficácia daqueles que governavam o principado quanto sua capacidade de conter as ambições de seus próprios parentes. Apenas uma vez, em 962, o conde havia sido forçado a entregar uma parcela de seu patrimônio a um outro ramo de sua família — e então apenas porque ele era velho e seu filho morrera de forma inesperada. Independentemente do clima de crise, ele ainda insistira em nomear como sucessor seu neto — que na época não passava de uma criança. O tempo provou que a decisão havia sido correta. A dinastia resistira. De fato, na época do milênio ela era tão sólida e formidável quanto sempre havia sido. Uma poderosa evidência do que podia ser conquistado, em meio a uma época problemática, com o simples expediente de passar uma herança intacta a um único herdeiro. Nem todo o lustre de tradição com o qual os príncipes de Flandres continuavam a se revestir conseguia esconder inteiramente como havia sido impressionante a realização de construir, virtualmente a partir do nada, uma base de poder sem precedentes no século anterior.

Na verdade, com o ano 1000 se aproximando, toda a estrutura política do reino franco ocidental parecia se fragmentar e afundar com as ambições de príncipes vorazes. Diferentemente dos condes de Flandres, ao buscar vantagens a maioria desses não via qualquer benefício em buscar legitimidade nas fracassadas instituições do passado. Ao longo do vale do Loire, por exemplo, a oeste da fortaleza real de Orléans, às portas do domínio capetiano, os próprios contornos de antigos territórios começavam a ser esquecidos, como campos abandonados às ervas daninhas. No lugar deles, montados a partir dos escombros saqueados de domínios derrubados, eram estabelecidas as bases de principados inteiramente novos: Estados que iriam dever pouco à tradição ou a títulos de propriedade transformados em pó. Aqueles que se esforçavam para criar isso, em vez de terem qualquer sensação de constrangimento por sua condição de recém-chegados, preferiam exultar com ele. Qual selo de qualidade melhor do que ter montado, a partir dos estilhaços de uma ordem arruinada, um Estado capaz de prosperar e resistir? É revelador que, na década anterior ao milênio e nas décadas seguintes, o príncipe que de forma mais triunfante colocaria o Loire à sua sombra detivesse o título de um condado que, em 987, quando ele assumiu o governo, parecia não passar de estilhaços e remendos. Para as aves de rapina da região, tal principado — sem tradição, fragmentado e carente de fronteiras naturais — parecia presa fácil. Mas eles estavam errados. O tempo provaria de forma cabal o formidável potencial de Anjou.

Seu novo conde, Fulque "Nerra" — "o Negro" — alegava descender de um couteiro. Não importa que seus predecessores imediatos tivessem feito uma sequência de casamentos brilhantes e lucrativos, e que sua própria mãe fosse uma prima de Hugo Capeto, Fulque preferia não alardear suas ligações com a aristocracia internacional, em vez disso enfatizando como sua família brotara como um poderoso carvalho do solo rico e profundo de seu amado Anjou. Geração após geração, o condado havia sido montado por intermédio de uma sucessão de condes marciais, todos eles caracterizados por uma feroz aptidão para o engrandecimento pessoal e epítetos memoráveis: Fulque, o Vermelho; Fulque, o Bom; Godofredo Manto Cinzento. Não sabemos o que inspirou o apelido do próprio Fulque Nerra — se a cor viva de sua barba ou a característica notoriamente selvagem de seus ataques —, mas ele certamente foi um exemplo de todos os atributos de sua terrível família. Embora aos 17 anos ele ainda fosse jovem ao se tornar conde, toda a sua infância havia sido um preparativo para esse momento: pois seu pai, fosse em meio aos negócios da corte, em caçadas ou mergulhado na lama e na carnificina do campo de batalha, sempre o preparara para o poder. Isso foi adequado, pois, como afirmou com vigor um cronista angevino, "novas guerras sempre explodirão contra novos governantes".[15] De fato, durante os primeiros anos de seu reinado Fulque Nerra se viu mergulhado em uma luta tão desesperada pela sobrevivência que a própria existência de Anjou parecia ameaçada, e apenas medidas ousadas conseguiram redimi-lo. Em 991, em Conquereuil, uma planície pouco além do limite noroeste de suas terras, o jovem conde ousou apostar tudo em um único golpe: uma batalha encarniçada contra o mais ameaçador de todos os seus inimigos, o duque da Bretanha. Os bretões, "um povo incivilizado e irascível, sem modos",[16] e com um gosto por leite verdadeiramente bárbaro, eram oponentes muito perigosos, e ainda assim foi Fulque quem, em meio a um enorme massacre, conseguiu a vitória. Entre os mortos deixados no campo de batalha estava o próprio duque da Bretanha.

Fulque Nerra, ainda com apenas 23 anos de idade, se tornara famoso como um dos grandes capitães da cristandade.

Ironicamente, a prova disso foi o fato de que ele quase nunca se viu obrigado a provar sua capacidade em combate direto. Nada era considerado mais pueril pelos comandantes experientes quanto o gosto por batalhas encarniçadas quando não eram absolutamente necessárias; na guerra, assim como nos hábitos cotidianos, a contenção era vista como a verdadeira marca de um homem. Fulque Nerra pode ter ficado famoso por sua ferocidade, mas era ainda mais temido por sua astúcia. Ele certamente não temia ser desleal quando a situação exigia. Raptos eram um dos estratagemas preferidos; assim como envenenamento e assassinato. Em uma notável oportunidade, em 1008, os homens de Fulque ousaram até mesmo emboscar um grupo real em uma caçada e fazer tombar o camarista-mor do palácio, um notório antiangevino, em frente ao rei chocado. Crimes como esses eram uma tradição de família: tanto que, por exemplo, o avô e homônimo de Fulque, um homem que devia seu epíteto de "o Bom" a sua disseminada reputação de piedade, não hesitara em eliminar sua própria guarda e seu enteado quando o jovem se colocou no caminho de seus interesses. Mas Fulque Nerra, mesmo avaliado segundo esses elevados padrões de crueldade, introduzira algo novo nas artes necessárias a um príncipe ambicioso: ele pode ter sido brutal e dissimulado, mas também era algo mais. Em uma época de mudanças incessantes e perturbadoras, ele sabia instintivamente como usar os acontecimentos mais perturbadores da época para seus próprios objetivos. Diferentemente de tantos de seus contemporâneos, Fulque não temia o que era chamado pelos desconfiados de "*novae res*": "coisas novas". Ao contrário, ele as abraçava.

As provas disso, inicialmente erguidas em madeira e depois cada vez mais, com a prosperidade do reino, na proibitiva pedra, eram encontradas em todas as regiões de Anjou. Cavalgando com seus homens pelas terras áridas ao sul de Roma, Otão II vira as marcas de algo muito semelhante: um esforço incansável de erguer fortificações onde fosse possível o que havia sido chamado pelos italianos, em seu latim vulgar, de "*incastellamento*". Essa mania refletia mais do que simplesmente medo dos sarracenos: pois também servia para marcar o sul da Itália claramente como uma terra sem rei — para desgosto de Otão. Sempre havia sido considerado definido na Francia que bastiões eram um negócio da realeza, e apenas da realeza. De que outra forma era possível manter a ordem pública de um reino? Uma pergunta assustadora — e que mesmo nas terras além dos Alpes se tornava menos teórica a cada ano. Assim como as sedas, as joias e os exóticos ingredientes culinários importados pelos amalfitanos, o mesmo acontecia com suas fortificações: os italianos sabiam como criar moda. O *incastellamento* estava se espalhando rumo norte.

Especificamente na Francia Ocidental, fruto do esvaziamento geral do poder real, o tabu contra fortalezas particulares estava cada vez mais batendo em retirada. Os Capeto, enquanto lutavam para afirmar sua autoridade sobre a colcha de retalhos de territórios que compunha os domínios reais, não estavam em posição de impedir príncipes distantes de erguer suas próprias fortificações. A consequência, brotando de repente em região após região da Francia Ocidental como cogumelos em madeira podre, foi um grande conjunto de estruturas estranhas e perturbadoras, tão ameaçadoras quanto toscas: o que passaria a ser chamado de "castelos". Ali, fruto das contrações do milênio, estava outro desdobramento de longo alcance — e na linha de frente, testando seus limites, estava o conde de Anjou.

O entusiasmo de Fulque por castelos refletia uma compreensão tipicamente fria: a de que suas defesas podiam ser utilizadas como instrumentos de agressão. As fortificações erguidas em Anjou, diferentemente dos *"castella"* muito maiores pelos quais Otão II passara a cavalo no sul da Itália, eram projetadas para intimidar, não para proteger a população local. Plantado como base avançada em território hostil, planejado como apenas um em uma grande sequência de estruturas similares, investindo contra um alvo renitente e gradualmente o forçando à submissão, um castelo fundado por Fulque era construído de modo a servir de proteção à sua própria guarnição e a mais ninguém. A grande descoberta, explorada impiedosamente ao longo de todos os pântanos angevinos, era a de que uma fortificação não era menos eficiente pelo fato de ser básica. Assim que sua construção revolucionária começou a surgir, os castelos ofereciam uma recompensa imediata por um esforço em geral mínimo. Não demorava muito construir um. O ideal era encontrar uma rocha, um contraforte ou um outeiro isolado — em síntese, um elemento que apenas alguns anos antes seria considerado sem valor — e plantar nele ameias rudimentares de madeira. Mesmo nos pontos em que o vale do Loire era mais plano, montes artificiais — ou *"mottes"*, como eram chamados — podiam ser erguidos em questão de meses. Então, com o local garantido, o castelo podia ser paulatinamente melhorado. Fulque, como adequado a um príncipe rico com gosto pelo melhor, acabou construindo ameias em uma escala impressionante. Ao final do seu reinado, Anjou era protegida ao longo de suas fronteiras por grandes torres de pedra sólida. Castelos e condado: ambos tinham sido construídos para durar.

Mas se a nova tecnologia podia ser usada para sustentar as ambições de um príncipe, também podia ameaçá-lo. No próprio ano do milênio, por exemplo, a cidadela de Angers, capital de Fulque, foi tomada e usada contra ele. Como uma punhalada nas costas, essa revolta foi particularmente estarrecedora, pois foi comandada pela própria esposa de Fulque, Elizabeth, que havia sido flagrada em um caso amoroso. O marido traído, que não era conhecido pelo bom temperamento mesmo quando tudo estava bem, imediatamente invadiu a cidade tomado de fúria. A cidadela foi conquistada; boa parte de Angers arrasada; a própria Elizabeth foi capturada e queimada na fogueira. Uma retaliação brutal, sem dúvida — mas, como costumava ser com Fulque, fruto de cálculos frios. Mesmo que desejasse, ele não poderia demonstrar misericórdia para com a esposa. A traição daqueles que mais deviam a ele seu amor colocava tudo em risco. Se a rebelião podia brotar em sua própria casa, em seu leito conjugal, então onde mais estavam as brasas, esperando para se transformar em chamas? Em todo castelo havia um castelão, nomeado como seu governador; e em cada castelão, um gosto por violência e ambição. "Não é fraca uma casa que tem muitos amigos", aconselhara Godofredo Manto Cinzento, pai de Fulque, ao filho. "Portanto, cuida bem dos teus seguidores que se mostram fiéis."[17] Uma receita sábia, que Fulque seguiu por toda a vida; mas em nenhum momento ele considerou garantidos esses seguidores. Humildemente, em troca de propriedades, fossem terras, fortalezas ou ambas, eles eram obrigados a reconhecer sua submissão. Ajoelhando perante seu senhor, colocando as mãos cruzadas nas dele, humildemente beijando seu pé ou sua perna, eles proclamavam ao mundo serem seus "*vassi*", seus "vassalos". No passado, esta antiga palavra gaulesa se referia apenas aos mais humildes dos humildes, os mais desesperados, os cativos; e ainda assim, na época do milênio o termo havia ascendido tanto que não era vergonha nem mesmo para um conde ou duque se reconhecer *vassus* de um rei, com a submissão que isso implicava não sendo menos solene. Todo vassalo de Fulque sabia das punições que seriam aplicadas por qualquer indício de traição: o confisco de tudo o que possuía e a profanação de seu corpo. Afinal, um senhor disposto a queimar a própria esposa não poderia ter deixado mais claras as consequências de uma rebelião. Não surpreende, portanto, que os castelães de Fulque preferissem manter a cabeça baixa. Seus vassalos em geral se mostraram fiéis a seus juramentos. Anjou se manteve coeso.

Mesmo assim, as pressões da autoridade eram imensas até mesmo para um homem tão duro quanto o Conde Negro. Havia muito mais em jogo do que sua própria sorte. "Temeroso do dia do juízo":[18] assim Fulque se descreveu. O mesmo sangue que encharcara os campos de Anjou e fertilizara sua grandeza não deixava de lembrar a ele também da aterrorizante veleidade dos desejos humanos. "Sendo frágil a raça humana, o momento final pode chegar a qualquer hora, repentinamente e imprevisto",[19] reconheceu ele soturnamente. Sempre, em meio aos ataques a seus inimigos, destruindo suas ambições e terçando espadas com eles, ele temia ser emboscado pelo inimigo mais mortal de todos. Estratégias para fragilizar o gancho de carne do diabo e escapar de seus ataques nunca desapareciam da mente de Fulque. Ele, por exemplo, era tão assombrado pelo sangue cristão que derramara em Conquereuil que fundou "uma igreja, a mais bela",[20] em um campo chamado *Belli Locus*, o "Local da Batalha". Os muitos inimigos do conde, desprezando o que consideravam lágrimas de crocodilo, naturalmente exultaram quando no próprio dia de sua consagração uma violenta ventania derrubou seu teto e parte de sua parede: "pois ninguém duvidava que foi por presunção insolente aquela sua oferenda vazia".[21] Talvez — mas classificar Fulque de hipócrita era não fazer jus ao modo como ele temia profundamente por sua alma, e pelos tempos difíceis em que vivia. "Com o fim do mundo ao alcance da mão os homens são movidos por uma vida mais breve, e uma cupidez mais atroz os consome";[22] assim havia escrito um monge que vivia em Poitiers, no sul de Anjou, no momento em que os cavaleiros de Fulque arrasavam os campos perto de seu mosteiro. Mas se essa avaliação fosse levada ao seu conhecimento o próprio Fulque não teria discordado. Ele imaginava dedicar todos os seus crimes e roubos a uma causa muito mais nobre que a sua.

O modo como Fulque via exatamente seu papel fica claro em sua igreja no Local da Batalha, que ele dedicou primeiramente à Santíssima Trindade e depois, com maior ênfase, "aos santos arcanjos, a querubim e serafim".[23] Estes eram os guerreiros do céu: cerrando fileiras diante do trono do Todo-poderoso, eles serviam a Ele vigilantes e incansáveis, prontos a, sempre que convocados, se lançar sobre os Seus inimigos e devolver a ordem ao cosmo quando fosse ameaçado. Assim, portanto, quem querubim e serafim lembravam se não os seguidores de um conde terreno — e quem eram os santos arcanjos se não os equivalentes do próprio Fulque?

Um conceito muito lisonjeiro, sem dúvida — mas inútil sem um rei ungido fazendo o papel de Deus. O próprio Fulque, perspicaz e calculista, compreendia isso perfeitamente. De fato, os ministros de Roberto Capeto podiam eventualmente ser eliminados, suas manobras frustradas e seus exércitos colocados em fuga. Mas nunca, nem quando a tensão estava no auge, Fulque se esqueceu da cortesia devida ao rei como seu senhor. O próprio Roberto retribuía. "O mais fiel":[24] assim o conde de Anjou era identificado em documentos reais. Um exemplo de pensamento positivo quase delirante, poder-se-ia pensar — a não ser por Fulque de fato se ver como solenemente atado pelos laços da vassalagem. Afinal, até mesmo uma fantasia, se repetida com suficiente convicção, pode acabar ganhando sua própria verdade espectral. Eles poderiam ter sido adversários em numerosas oportunidades — todavia, rei e conde precisavam um do outro. Por mais poderosos que fossem Fulque e os senhores de outros condados, eles não podiam se libertar inteiramente do aparente cadáver que era a coroa. Se qualquer um deles tivesse feito isso — repudiado a autoridade dos Capeto, declarado independência unilateral, se proclamado rei — teria abalado irremediavelmente a base de sua própria legitimidade. Os laços da lealdade que uniam seus próprios vassalos a eles seriam imediatamente cortados. Todo o tecido social iria se desfazer, de alto a baixo, deixando para trás apenas ruínas. Todos os padrões de autoridade estariam perdidos. Nada restaria, salvo a anarquia.

E era assim — apenas assim — que o centro se sustentava. O reino poderia estar fragmentado em principados rivais, mas ainda persistia uma noção de identidade partilhada. Mesmo entre os grandes nobres do sul, onde a hostilidade inicial para com os Capeto logo se transformara em indiferença, ninguém nunca duvidara de que era necessário um rei. Na verdade, eles precisavam da ideia dele ainda mais do que de um conde poderoso como Fulque. Também em seus territórios castelos de madeira desbastada estavam se tornando um espetáculo comum e funesto; mas, diferentemente do que acontecia em Anjou, raramente eram os príncipes os responsáveis por sua construção. "Pois a terra deles é muito diferente da nossa", como explicou um visitante do norte. "As fortalezas que vi lá eram construídas em fundações de rocha sólida e erguidas a tal altura que pareciam flutuar no céu".[25] Talvez até mesmo Fulque achasse um desafio subjugar tais fortalezas.

Seus irmãos nobres do sul certamente achavam. Nada de punho de ferro sobre os castelães no caso deles. Consequentemente, se na região a autoridade do rei era pouco mais que uma lembrança, também, cada vez mais, a autoridade dos próprios príncipes. Como peixes, os principados do sul pareciam estar apodrecendo a partir da cabeça. Mas até que ponto, e quão completamente, o apodrecimento iria se espalhar? E seria incurável? Muito dependia das respostas a essas perguntas. Talvez, como Adso parecia ter morrido acreditando, o próprio futuro da humanidade: pois que o aumento da iniquidade marcaria o final dos tempos havia sido previsto mil anos antes pelo próprio Cristo.[26] Certamente o futuro de milhões se mostraria em jogo: homens e mulheres apanhados em uma aterrorizante escalada de ilegalidade, que resultaria em uma reorganização sem precedentes da sociedade e modificaria totalmente suas vidas e seu próprio mundo. Uma tempestade se avizinhava, uma que no final iria afetar todas as terras que reconheciam um Capeto como seu rei: terras às quais talvez não seja totalmente anacrônico nos referirmos a partir de agora como França.*

Pesadelo a cavalo

Não importava que eles havia séculos fossem um povo cristão, os francos ainda eram mais do que capazes de um amor sanguíneo à violência. Tanto que comentaristas sarracenos, com a compreensão que com frequência é mais fácil para quem está de fora, classificaram essa como uma de suas características definidoras — juntamente com uma forte noção de honra e a aversão por banhos. Embora verdade que os próprios guerreiros francos fossem treinados para valorizar o autocontrole como uma virtude cardinal de um comandante, isso se devia em grande medida por ser, como o ouro, tão precioso por sua raridade. A fúria negra que se abateu sobre Fulque Nerra em Angers e resultou na destruição pelo fogo de grande parte da cidade foi vista por seus contemporâneos como nada muito fora do comum. Chamas invariavelmente se espalhavam na esteira de bandos guerreiros, não importando qual o seu líder. Ao se preparar para uma expedição, um cavaleiro tirava de seu cinto uma pederneira tão instintivamente quanto desembainhava a espada. As fazendas e os campos de um adversário sempre foram considerados alvos legítimos. Também seus dependentes. Ninguém menos que um nobre como Hugo Capeto, um homem famoso por sua frieza e sagacidade,

---

*Embora continue a ser anacrônico. Acompanhar a evolução da expressão *"Regnum Francorum"*, "o reino dos francos" até a palavra francesa moderna *"France"* é reconhecidamente uma tarefa complexa. Apenas no século XIII a fórmula *"Roi de France"*, "Rei da França", foi usada pela primeira vez em documentos reais, implicando que havia um território, em vez de apenas um povo, do qual ser rei. Ainda assim, embora a expressão que eu tenho usado, "Francia Ocidental", não passe de uma conveniência de historiador, a partir de meados do século X as pessoas tinham uma noção de um reino franco ocidental que era distinto e independente daquilo que se tornara o império a leste. A antiga noção de comunalidade franca desaparecera, e em seu lugar havia duas entidades distintas que acabariam se tornando a França e a Alemanha. Cronistas da época do milênio ainda poderiam ter empregado a expressão *"Regnum Francorum"*, mas o que eles queriam dizer com isso era claramente o que depois seria conhecido como França. A maioria dos historiadores acredita que é isso que justifica o uso da palavra para descrever as terras que reconheciam como reis os primeiros Capeto.

não via nada demais em reduzir as terras de um inimigo a um deserto de restos calcinados e o cobrir de cadáveres. Homens relataram: "Em tal estado de fúria descontrolada ele estava que se recusou a poupar uma única cabana, mesmo não havendo dentro dela nada mais ameaçador do que uma velha louca."[27]

Não que um experiente destruidor de aldeias como Hugo fizesse uma grande distinção entre uma velha louca e qualquer outro tipo de camponês. Do ponto de vista de um homem armado sobre um cavalo todos eram indistinguíveis, meras ovelhas bramindo que corriam, se encolhiam e nunca reagiam: "*pauperes*". A palavra, que no passado havia sido usada para descrever os pobres, no século X havia gradualmente ganhado um significado ligeiramente diferente: "os impotentes". Era uma mudança reveladora, pois refletia como as armas, que um dia haviam sido consideradas o próprio símbolo do homem livre, de um "*francus*", um franco, passaram a ser exclusividade apenas dos ricos. Nenhum camponês tinha como vestir uma cota de malha, menos ainda sustentar um cavalo de batalha. Mesmo a ponta de uma flecha podia estar além de suas possibilidades. Não espanta que encontrar uma ferradura fosse considerado o maior sinal de sorte. Um grande nobre, sabendo que havia homens dispostos a vasculhar a terra à procura de ferro que um dia servira para calçar sua montaria, não podia deixar de sentir a confirmação de todo o seu elevado desprezo por eles. Sujeira, lama e fezes: estes eram considerados os elementos naturais dos camponeses. Eles eram "preguiçosos, deformados e feios em todos os sentidos".[28] De fato, isso chocava os "*potentes*", os "poderosos", de tal forma que havia algo de paradoxal em sua feiura: pois, se os cabelos cortados rentes, a tradicional marca de inferioridade, podiam servir como um meio de distinguir os camponeses daqueles que eram superiores, da mesma forma o oposto, um desleixo sujo e repulsivo, condizia com homens que, supunha-se, comiam, suavam e bramiam como animais. Homens que, era possível argumentar, também mereciam muito bem ser caçados como animais.

Pois se tivessem uma mínima oportunidade os camponeses, como porcos em uma floresta ou cabras em uma montanha, se perdiam facilmente. Certa vez, em meio aos levantes que se seguiram ao colapso do Império Romano, houve aqueles que conseguiram se libertar inteiramente dos senhores de terras, escapando de um debilitado regime de extorsão, e acabaram se esquecendo do que era serem forçados a pagar impostos. Uma situação escandalosa — e que não podia ser suportada a longo prazo. Carlos Magno, se esforçando para reconstruir a ordem do desaparecido império de Roma, também se preocupara em renovar sua venerável tradição de explorar os *pauperes*. A aristocracia, com sua riqueza e autoridade

... DANDO LUGAR A UMA NOVA

cada vez mais reforçadas pela expansão do poder franco, não precisara de maior estímulo para assumir tal missão. Rispidamente, e algumas vezes brutalmente, eles começaram a reinar sobre os camponeses nômades. Rígidos direitos de jurisdição e limitação, conhecidos coletivamente como o "interdito", haviam sido concedidos a eles pelo rei. Armados com esses assustadores poderes legais, os condes e seus agentes conseguiam arrancar de seus arrendatários muito mais do que aluguel — pois havia então multas e impostos a serem aplicados, e um grande número de criativas obrigações. A ordem natural das coisas, que durante muito tempo estivera em um perigoso estado de dilapidação, mais uma vez havia sido colocada sobre bases sólidas. Tudo era como devia ser. Os camponeses labutavam nos campos; os que lhes eram superiores ficavam com os lucros. Era uma fórmula bastante simples, mas dela dependia o domínio até mesmo do maior senhor.

Pelo menos com isso todos os *potentes* podiam concordar. A desintegração do império de Carlos Magno, diferentemente da de Roma, não serviu para enfraquecer sua capacidade de extorsão. Mesmo quando os camponeses aprendiam a ficar alertas para as rixas de senhores da guerra rivais e temer a destruição de suas colheitas, o saque de seus depósitos e a queima de suas casas, eles ainda eram obrigados a pagar os aluguéis e suportar as terríveis imposições do "interdito". Havia aqueles que, estação após estação e ano após ano, se viam incapazes de atender às demandas impostas. Tanto a intervenção divina quanto a humana podiam a qualquer momento acabar com a pouca sorte de um camponês. De fato, abençoado era o ano em que ele não se via oprimido pelo medo da fome. Toda a primavera, quando os suprimentos para o inverno haviam terminado e os frutos do verão ainda estavam por desabrochar, invariavelmente surgia a fome; mas piores, muito piores, eram aqueles anos em que as safras fracassavam e as dores da fome começavam já na época da colheita.

Não surpreende, então, que os camponeses tenham aprendido a olhar para o céu em busca de sinais: pois até mesmo uma única tempestade, se caísse com suficiente ferocidade, podia ser suficiente para destruir os frutos de todo um ano de trabalho. Fosse a calamidade atribuída à ira divina, à maldade do demônio ou talvez até mesmo às artes infernais de um necromante, haveria tempo suficiente para debater a questão quando começassem as noites geladas e as pessoas começassem a passar fome. Então "as próprias vozes dos homens, reduzidos à absoluta magreza, começariam a soar como as de pássaros moribundos";[29] mulheres, desesperadas para alimentar seus filhos, escavariam a terra em busca até mesmo da "carne impura de répteis";[30] lobos, os olhos em brasa em meio à escuridão do inverno, espreitariam à margem de assentamentos humanos, esperando para mastigar os corpos definhados dos mortos. Em circunstâncias tão desesperadoras, quem poderia condenar o homem preparado para dar o passo decisivo e dispor dos poucos verdadeiros bens que poderiam ter restado a ele? Um boi, por exemplo, que em boas épocas podia corresponder a um hectare de terra, era valioso demais, mesmo em tempo de fome, para ser simplesmente abatido por sua carne. Ainda assim, era um passo tão terrível um camponês vender seu gado que certos bispos, em épocas de fome especialmente terrível, concediam dinheiro aos mais pobres ou davam a eles grãos gratuitamente para fortalecê-los contra a tentação. Esses eram verdadeiros atos de caridade, pois assim que um camponês fechava um negócio e via seus preciosos bois sendo levados, quando chegava a primavera ele se descobria sem meios para arar a terra. E já não teria muito mais para vender: apenas seu pedaço de terra e depois, no final, a si mesmo. Não mais um *francus*, ele a partir daquele momento passaria a ser um mero "*servus*": um servo.*

Um destino amargo e miserável. Mas será que os vizinhos de um infeliz tão absolutamente rebaixado teriam identificado em sua ruína algo mais sinistro que uma tragédia pessoal? Provavelmente não. Afinal, os homens eram impuros e o sofrimento era seu fardo. Havia, talvez, tragédias piores que a servidão em um mundo infestado por doença, deformidade e dor. E também mais universais. Nas décadas que levavam ao milênio um camponês não precisava ter um volume impressionante de carne sobre os ossos, suprimentos estocados para o inverno ou bois em seu estábulo para ter consciência de sua liberdade. Por mais negras que fossem as nuvens de fome e guerra que cobriram a França no século anterior, ainda havia uma maioria de camponeses, talvez a grande maioria, que insistia em se definir como algo mais que servos — como homens livres.

Poder-se-ia pensar que esse era um consolo enganoso, tendo em mente todas as cobranças impostas a eles. Mas não inteiramente. Os camponeses ainda tinham algum poder. Líderes comunitários — "*boni homines*" — continuaram a ser eleitos. Assembleias nas quais os camponeses livres da região se reuniam em campo aberto continuaram a ser realizadas. Ainda havia direitos cuja falta podia ser dolorosamente sentida quando desapareciam. Era uma amarga ironia, por

---

*Ainda mais que "*pauper*", "*servus*" é uma palavra com uma história complexa. Originalmente ela significava "escravo", e o caminho que seguiu em sua evolução para o que passou a significar, "servo", continua altamente controvertido. Na época do milênio ela ainda podia ser usada nos dois sentidos.

exemplo, que qualquer camponês que perdesse seu gado e sua terra se descobrisse, a partir daquele momento, ligado a eles de forma muito mais implacável do que havia sido quando livre. Imaginava-se o servo típico suspirando eternamente: "Eu dou um duro danado. Saio ao alvorecer, levando os bois para o campo e os prendo ao arado. Não importa quão frio o inverno, eu não ouso ficar em casa por medo do meu senhor; em vez disso, depois de amarrar meus bois e ajustar os arreios, todo dia eu tenho de arar meio hectare ou mais".[31] Para os vizinhos livres desse infeliz, o espetáculo dele encolhido para se proteger do frio do alvorecer, lutando para rasgar o solo congelado, extenuado até os ossos mesmo sob neve ou a chuva mais gelada, servia como um alerta assustador. Claro que também eles tinham de trabalhar duro; mas não tanto quanto um servo. As plantações de um homem livre não eram sua única fonte de alimentos. Além dos campos que se espalhavam, arrancados da escuridão da floresta com tanto trabalho, matas densas e escuras ainda ocupavam boa parte da França, certamente amedrontadoras e perigosas, covil de lobos, javalis raivosos, salteadores e demônios banidos; mas também enormes depósitos ricos em comida e recursos. Qualquer camponês disposto a se aventurar trocando a luz do dia pela penumbra primordial das árvores podia levar seus porcos para pastar ali, caçar animais, queimar madeira para fazer carvão, coletar cera e mel, colher cogumelos, ervas e amoras. Caso um rio corresse por perto, cestos em forma de funil podiam ser colocados em suas águas, servindo como armadilhas improvisadas para peixes. Mesmo nos campos abertos sempre havia pássaros a serem caçados. Com tanto do que se alimentar, certamente não era necessário depender de grãos para o sustento.

Mas do ponto de vista dos grandes proprietários de terras, essa não era a questão. Colheitas menores significavam menos suprimentos; e menos suprimentos significavam menos a ser extorquido pelo nobre ambicioso. Desse ponto de vista, camponeses que insistiam em deixar seus campos para caçar coelhos, colher amoras ou entrar em rios com cestas de vime eram pura e simplesmente vadios, prejudicando seus superiores. Qual o outro objetivo dos pobres se não empregar toda a sua capacidade suando e ficando com os músculos doloridos? Nas últimas décadas do milênio, proprietários de terras visionários começaram a refletir sobre essa questão com uma crescente sensação de frustração — pois a própria terra, como uma mulher não mais satisfeita em esconder sua própria fertilidade, havia começado a revelar um grau de fertilidade até então insuspeito àqueles com a necessária engenhosidade e determinação de experimentar. De modo impressionante, mesmo em um cenário de fomes terríveis e uma sensação generalizada de que a criação de Deus estava decadente, a possibilidade de melhorar as colheitas estava aumentando. Arados mais pesados, melhores sistemas de arreios e métodos mais produtivos de rotação de culturas — de modo algum tecnologias novas — começavam a ser implantados no norte da Europa em grande escala. Também o dedo do Todo-poderoso, traçando padrões na face da Terra, parecia estar gerando uma maior fecundidade. Aqueles que cultivavam os sopés dos Alpes, por exemplo, podiam ver como os glaciares recuavam e a linha das árvores se erguia. Aqueles que viviam em pântanos litorâneos viam as águas recuando de forma consistente. O clima estava mudando, com a temperatura aumentando em toda parte. Era verdade que para muitos os extremos de calor e chuva pareciam simplesmente mais um indício do Juízo Final; mas apesar disso, a longo prazo as estações mais quentes sem dúvida alguma estavam gerando melhores colheitas. Ou melhor, estavam gerando colheitas melhores para um certo tipo de senhor: aquele cujos camponeses estavam dispostos a curvar as costas sem se queixar, ceifar, arar e semear, não apenas em surtos, mas incansavelmente, uma estação após a outra. Não era uma tarefa fácil condicionar homens e mulheres a uma vida assim. Primeiramente, comunidades inteiras precisavam ser presas à terra, inteiramente presas, incorporadas aos ritmos do ano agrícola, sem qualquer perspectiva de alívio ou libertação. Mas, se isso pudesse ser conseguido, quão grandes seriam as recompensas! Quão generosos os lucros da nova revolução nos campos! Quão irresistível o incentivo a enterrar as liberdades dos camponeses de uma vez por todas!

Mesmo porque havia agora mais um prego, usado na hora certa pelos fortes e impiedosos em toda parte para a desgraça dos pobres independentes — e que no milênio já estava sendo pregado com enorme violência em seu caixão. A primeira grande revolução social na França foi marcada não pela derrubada de uma única fortaleza imponente, como seria outra posterior, mas exatamente pelo oposto, pela construção por todo o país de uma multidão de paliçadas. Por mais brilhantes que tenham sido senhores da guerra como Fulque Nerra no uso de castelos para atingir seus interesses estratégicos, o impacto mais profundo deles foi sentido não no âmbito das questões militares, mas no interior, nas florestas, fazendas e nos campos. Mesmo o mais próspero dos camponeses livres logo aprenderia a temer a visão de muros e torres improvisados sendo erguidos em uma colina próxima. Não era possível imaginar silhueta mais agourenta do que um castelo sobre uma rocha. Ele podia ser pequeno, inacessível e grosseiramente construído — mas a sombra projetada por tal fortaleza invariavelmente se estendia por quilômetros.

... DANDO LUGAR A UMA NOVA

Nunca antes toda uma geração de senhores de terras tivera em suas mãos um instrumento de coerção tão letal. Comunidades inteiras podiam ser dominadas, confinadas e patrulhadas.

Portanto, não foi coincidência que as mesmas décadas que viram a repentina disseminação de castelos pela França também tenham sido marcadas pela sistemática redução dos direitos de ir e vir dos camponeses. Florestas e rios, aquelas primordiais fontes de sustento, começaram a ser cercados de tarifas ou inteiramente proibidos. Inexoravelmente, quanto mais fácil era para um senhor impor restrições e privatizar o que antes tinha sido terra comum a todos, mais rapidamente isso ocorria. O homem pobre na floresta com seu arco e flecha, rastreando alguma caça para sua panela, assim como seus antepassados sempre haviam feito, de repente se viu classificado como caçador ilegal, um criminoso. Bastava de caça ou pesca para os camponeses. Quem quisesse comida teria de trabalhar nos campos o ano inteiro para conseguir.

Desnecessário dizer que toda mudança era iníqua; mas especialmente uma mudança tão violenta e perturbadora. Ainda assim, como mesmo o camponês mais desesperado tinha de reconhecer, a crueldade das novas leis não era o bastante para invalidá-las — não se o nobre responsável era um príncipe poderoso, um duque ou um conde que dispusesse do "banimento". Fazer uma campanha contra um personagem tão impressionante era ser imediatamente culpado de rebelião. Em 997, por exemplo, em Evreaux, no norte da França, onde os camponeses haviam reagido furiosamente ao serem proibidos de usar as florestas e rios, o conde local reagiu às súplicas de seus emissários eleitos cortando suas mãos e seus pés. Uma atrocidade perfeitamente calculada: pois os agitadores, vendo a mutilação dos *boni homines*, devidamente baixaram suas cabeças e retornaram aos seus arados. Naturalmente o terror dos cavaleiros em armaduras do conde foi o que mais rapidamente esfriou sua disposição — mas também havia algo mais. Não menos que os príncipes, os camponeses viviam com medo da anarquia. Eles podiam achar assustadoras as cobranças rigorosas ou as leis injustas, mas havia uma coisa que eles costumavam temer ainda mais: um mundo sem leis. Pois aí os pobres realmente se transformavam em presas dos fortes. O horror disso havia sido deixado bem claro em 940 por uma garota camponesa chamada Flotilde: pois ela contara a um monge um sonho terrível, que tinha todas as noites, no qual homens armados a perseguiam, tentando pegá-la e jogá-la em um poço. Inumeráveis outros camponeses, testemunhas mudas da época, devem ter sido assombrados por pesadelos semelhantes. Eles conheciam a escuridão que podia se esconder na alma dos homens. Assim, a maioria parece ter pensado que melhor a ordem, mesmo a mais cruel, do que a falta dela. E foi por isso que os pobres não se rebelaram em condados governados por príncipes com mão de ferro nos quais as novas leis, embora brutais, ainda assim podiam ser consideradas legítimas, a despeito de todo sofrimento, infelicidade e desconforto que acompanharam sua introdução. As prerrogativas dos nobres, de alto a baixo, foram mantidas. A sociedade não desmoronou.

Mas principados tão sólidos quanto Flandres e Anjou eram aberrações. Especialmente no sul da França, antes que os ataques aos *pauperes* atingissem um grau tal de constância e ilegitimidade, começou a parecer a muitos, vendo regiões inteiras mergulharem na selvageria, que tudo estava se fragmentando. Ali, quando um castelão alegava ter o poder do "banimento", provavelmente era uma fraude. Ele raramente havia recebido de uma autoridade superior o direito de construir seu castelo. As oportunidades simplesmente eram espetaculares demais, e a competição demasiadamente feroz, para que qualquer homem ambicioso ficasse esperando por isso. De fato, o pretenso castelão não tinha escolha a não ser agir o mais rapidamente possível, se movendo com uma noção desesperada de cobiça para garantir para si mesmo uma rocha ou colina adequada antes que alguém a ocupasse antes. "Pois então ele poderia fazer o que quisesse sem medo, plenamente confiante de que seu castelo o protegeria — enquanto outros que se opusessem podiam então ser superados facilmente, já que não tinham onde se esconder".[32] Um senhor selvagem como esse, sentindo o cheiro da madeira fresca de sua paliçada, a rocha sólida sob seus pés, se sabendo mestre de tudo o que via, podia se permitir desprezar o mundo. Ele não tinha obrigações para com um conde nem para com ninguém a não ser ele mesmo.

E certamente não para com os *pauperes*. De fato, submeter os locais a uma sangria não era apenas uma opção para o castelão ambicioso, mas uma absoluta necessidade. O banditismo e a intimidação precisavam sancionar aquilo que a legitimidade não podia. Era preciso pagar pelos castelos — e os homens que o defendiam. Guerreiros que dessem ao seu senhor efetivo poder não eram baratos: suas armas, suas armaduras e seus cavalos precisavam ser comprados, para não falar de sua lealdade. Aos contemporâneos os bandos de sicários com armaduras que cada vez mais eram empregados pelos castelães pareciam uma casta tão nova quanto preocupante; e os cronistas, folheando volumes empoeirados, inicialmente tiveram dificuldade para encontrar termos adequados para descrevê-los. Em inglês eles acabariam sendo conhecidos como "*cnichts*": uma palavra normalmente aplicada a empregados domésticos, e que sugeria fortemente servilismo e brutalidade. Parece ter variado de região para região aquilo que esses "cavaleiros" eram; mas é evidente que muitos de fato tinham menos que uma origem nobre. Afinal, onde mais um arrivista encontraria recrutas a não ser entre os camponeses locais? E a quem mais um camponês ambicioso, especialmente um com gosto pela violência e falta de escrúpulos, poderia querer servir que não a um castelão? Comida, acomodações e a chance de atacar as pessoas em toda parte: tudo fazia parte do emprego. Era um pacote atraente — especialmente dada a natureza sanguinária da época. Saindo em patrulha com seu senhor, vendo de sua sela como aquele que um dia havia sido igual a ele se encolhia ao vê-lo, ou talvez se jogava na terra ou implorava, infeliz, pela volta de uma filha desaparecida, um saco de grãos ou uma vaca, um cavaleiro não duvidava do que estava vendo: um destino que poderia facilmente ter sido o seu.

E talvez fosse precisamente por essa razão, um pânico do abismo que ainda esperava por eles caso suas ameaças fracassassem e toda a sua predação os deixasse de mãos vazias, que os cavaleiros e seus mestres eram tão impiedosos. Mês após mês, estação após estação, ano após ano, suas cobranças se tornavam ainda piores. Quão terrivelmente adequado que seu meio de tortura preferido fosse o garrote, o "*maura*", famoso por infligir à sua vítima "não uma, mas mil mortes":[33] era literalmente apertar os parafusos. E também roubos, estupros e raptos: tudo empregado com brutal prazer por esquadrões de ataque determinados a esmagar qualquer vestígio de independência no interior e reduzir à servidão até mesmo o mais próspero dos camponeses.

Esse programa tinha implicações tão grandes e efeitos tão convulsivos que qualquer senhor mesmo com pouca aptidão para implantá-lo podia acompanhar seu progresso simplesmente olhando a partir de seu castelo e identificando sua marca nos campos e assentamentos espalhados abaixo. Paisagens praticamente intocadas por um milênio estavam sendo inteiramente transformadas. Em vez de viver como sempre tinham vivido desde a época romana, em fazendas espalhadas, agrupados em torno de vilas ou a cada ano migrando de cabana em cabana e de campo em campo, os camponeses cada vez mais se viam sendo arrebanhados para o que de fato era um cercado de ovelhas humanas: uma "aldeia". Ali, naquele novo estilo de comunidade, estava o refinamento máximo do que durante muito tempo havia sido o sonho nobre: cercar definitivamente os camponeses. Tão nua e sinistra quanto uma prisão recém-construída, a aldeia era testemunha da servidão imposta não apenas ao indivíduo azarado, mas a toda uma comunidade.

Derrotados e sangrados, aqueles camponeses que se ajustavam à nova experiência de ter de viver colados a seus vizinhos, a partir de então, trabalhariam como servos: pois as sutis e variadas tonalidades de liberdade que um dia haviam servido para defini-los haviam sido manchadas e embotadas. Todos eles eram cativos: troféus vivos, o espólio da violência e do crime.

Não que os castelães sempre fossem explícitos em suas ilegalidades. Em virtude das várias prerrogativas que haviam usurpado da aristocracia, nobres arrivistas com frequência buscavam esconder sua devastação sob uma aparência de legitimidade — mas poucas de suas vítimas se deixavam enganar por isso. Os camponeses, recordando de tempos mais prósperos, sabiam perfeitamente bem que seus pais e avôs não haviam sido obrigados a abrigar cavaleiros arrogantes em seus galpões; nem a caminhar até os portões de um castelo próximo para lá entregar todos os frutos de sua colheita; nem a trabalhar como porteiros não remunerados, suando e tropeçando a serviço da comitiva de um novo castelão. Que todos esses ultrajes pudessem ter vagos precedentes nas obrigações do "banimento" não os tornava menos vergonhosos ou grotescos. A justiça, que um dia havia sido administrada a eles por seus próprios líderes eleitos em campos abertos, à vista do céu, havia sido roubada. E assim os camponeses se referiam aos novos costumes que o milênio estava dando a eles como o "mal"; e mesmo amaldiçoando, gritavam pela libertação de sua infelicidade.

Mas quem ouviria suas preces? Cristo e seus santos no céu, claro; e certamente um santo poderia eventualmente dar uma resposta. Naturalmente, prodígios aterradores capazes de fazer um senhor malvado recobrar a consciência e apagar "os archotes de sua avareza" eram muito valorizados pelos pobres: pois cada vez mais as intervenções do sobrenatural pareciam ser a única forma segura de "impedir que seus pobres bens fossem espoliados".[34] Santos que não protegiam seus devotos eram objeto de grande ressentimento: uma mulher, por exemplo, ultrajada por São Bento não tê-la protegido de um senhor mau, atacou fisicamente o altar em seu santuário, o agredindo com os punhos e criticando abertamente seu patrono celestial. Contudo, era uma verdade tão evidente quanto lamentável que não era possível confiar nem mesmo em milagres realizados por um santo vivo como Romualdo: pois, embora o festejado eremita em uma oportunidade houvesse ficado contente em punir senhores ladrões fazendo com que eles engasgassem até a morte com a carne de vacas roubadas, ou derrubados por flechas invisíveis, ele não podia punir todo castelão ladrão, já que, no final das contas, era seu próprio isolamento das correntezas do pecado humano que o marcava como santificado.

Mas mesmo em meio aos pântanos, Romualdo e eremitas como ele podiam inspirar os camponeses oprimidos e queixosos porque eram testemunhas do poder de um senhor maior e infinitamente mais poderoso que mesmo o castelão mais brutal. Os pobres não desistiam da proteção de Cristo; nem duvidavam de que Ele escutava suas queixas e se apiedava deles. Talvez também soubessem o que havia sido previsto nas Sagradas Escrituras, que Ele retornaria no final dos tempos para julgar os vivos e os mortos e que os oprimidos seriam bem-vindos e se sentariam à direita Dele, ocupariam seu lugar na Nova Jerusalém, enquanto os ímpios seriam enviados ao fogo eterno.

Mas quando? Quando? Sempre a mesma pergunta: quando? Não sabemos se havia aqueles entre os camponeses que tinham conhecimento do milênio — pois o silêncio dos pobres é quase total. Mas era tamanha a escala dos terrores que os esmagavam, e tamanha sua ânsia de redenção de toda a sua infelicidade, que parece implausível que ignorassem inteiramente uma data tão portentosa e decisiva. Certamente não teria soado como uma grande coincidência que eles vivessem no milésimo aniversário do nascimento de seu Salvador, no momento em que as sombras que os haviam engolido se adensavam em uma escuridão ainda mais infernal. Certamente havia entre os instruídos aqueles que não tinham dúvidas. "Pois foi revelado como um fato evidente pelo Santo Evangelho que com a chegada dos últimos dias o amor esfriará e a iniquidade florescerá entre os homens. E eles enfrentarão tempos perigosos para suas almas (...). Assim, aqui está a causa para os males que, em uma escala sem precedentes, afligiram todas as partes do mundo, por volta do milésimo aniversário do nascimento de nosso Salvador e Senhor".[35]

Tal foi a avaliação de um observador da época, um monge chamado Rudolf Glaber; e ele não podia ser descartado como um excêntrico. O mosteiro na Borgonha ao qual ele pertencia não era atrasado, tampouco um ninho de extravagantes e heréticos. Na verdade, em toda a cristandade havia poucas construções de pedra e argamassa que pudessem se orgulhar de uma carga maior de santidade que o mosteiro de Cluny. A voz profética de Rudolf era nada menos que sua prerrogativa como um dos irmãos. "Em verdade, nossa vida dura mil anos." Assim alertou Odo, o segundo dos abades de Cluny, décadas antes da anarquia que marcaria a passagem do milênio. "E agora aqui estamos, chegando ao último dia dos próprios tempos".[36] Eram palavras que nenhum cristão podia ignorar: pois elas haviam sido ditas em um lugar que a seus admiradores parecia, mais que qualquer outro, o mais perto do céu que havia na Terra.

Batendo na porta do céu

Tempos ruins geram viagens perigosas. Mesmo antes da disseminação de castelos pelo reino ajudar a transformar bandidos em senhores, e senhores em bandidos, as estradas não eram percorridas relaxadamente. O próprio Hugo Capeto, retornando de Roma e sua audiência mortificante com Otão II, só conseguira distrair a atenção de raptores se submetendo a uma humilhação ainda maior e viajando disfarçado de cavalariço. Nas décadas que se seguiram à sua ascensão os perigos se tornaram ainda maiores. Os pobres não eram de modo algum as únicas presas de cavaleiros predadores. Também comerciantes seguindo para os mercados cada vez mais eram detidos e obrigados a pagar taxas extorsivas ou serem "espoliados de seus bens". Peregrinos, caçadores com seus cães e até mesmo "mulheres nobres viajando sem seus maridos": todos podiam se tornar alvos.[37] "*Omnia permixta sunt*": "o caos reina em toda parte". Era difícil para o viajante nervoso, correndo para encontrar abrigo à medida que a luz caía, olhando ansioso por sobre o ombro, sempre temeroso do barulho distante de cascos, duvidar que era assim. De fato, os homens aparentemente haviam se tornado predadores, tanto quanto o lobo, aquele farejador de carniça, e não menos cruel, não menos selvagem em seu apetite. Onde, então, encontrar abrigo com a chegada do crepúsculo?

Talvez — sendo misteriosa a mão de Deus — no próprio cerne da desordem. Assim como havia regiões da França que tinham sido poupadas de mudanças dramáticas, havia as que tinham sido sacudidas por uma especial violência. Na Borgonha, por exemplo, nos limites orientais do reino, a autoridade real entrara em colapso tanto quanto no sul. Porém, excepcionalmente lá, o rei Roberto conseguira resistir. Durante décadas ele e seus exércitos continuaram a destruir os campos do ducado, enquanto os castelães locais, lucrando com o quadro de guerra incessante, engordavam com a carnificina como moscas em poças de sangue. Um viajante não precisava se aventurar muito pela Borgonha para encontrar marcas de agonia. Não era nenhuma surpresa encontrar até mesmo corpos de crianças caídos junto às estradas. Homens enlouquecidos com o que haviam testemunhado — ou talvez perpetrado — assombravam as florestas da região, figuras espectrais devastadas pelo desespero.

Mas a Borgonha não era apenas horror. Longe disso. Embora o ducado fosse violento, também era sede de algo miraculoso: um refúgio dos males da época que até mesmo o papado, assombrado, aclamava como o santuário mais

... DANDO LUGAR A UMA NOVA

inexpugnável da cristandade, um verdadeiro "porto de devoção e salvação".[38] Foi assim, por exemplo, que após um soldado especialmente enlouquecido ter sido encontrado vagando nu pelas florestas na periferia de Nantua, uma cidade ao sul da Borgonha, os monges que cuidaram dele não hesitaram em mandá-lo para ser curado no norte pela própria estrada que levava aos campos da morte do ducado. Uma viagem sem dúvida perturbadora e perigosa — mas que tinha ao final a promessa de um verdadeiro asilo.

Aparentemente havia sido o próprio Todo-poderoso que preparara Cluny para exercer esse papel. O amplo vale no qual a abadia se erguia era cercado de uma extensão de colinas arborizadas, o abrigando e protegendo contra o mundo exterior — de forma muito semelhante às celas de um mosteiro. Mas apenas um século antes essa semelhança havia sido percebida: pois até então o vale era um território de caça, bastante valorizado como tal por seu dono original, o duque da Aquitânia. Mas, em 910, Guilherme, o dono do título, estava velho e sem filhos — e com um assassinato na consciência. Assim, pelo bem de sua alma, ele decidira fundar uma abadia; e os monges aos quais confidenciara seu desejo imediatamente mostraram, com um certo prazer cruel, que a localização ideal para ela seria exatamente sua área de caça preferida. Qualquer relutância que Guilherme pudesse ter sentido com a perspectiva de abrir mão de tal prêmio foi firmemente afastada. "Pois o senhor sabe o que lhe será de mais valia perante Deus: o latido de cães de caça ou as preces de monges." Não havia como contestar isso; e assim, em 11 de setembro de 910, Guilherme cedeu o vale.

Um século se passara e era evidente a todos que viviam perto de Cluny que o Todo-poderoso de fato vira com bons olhos o presente do duque da Aquitânia. Ou talvez a quase todos. Um desertor como o alucinado de Nantua, traumatizado como estava e com medo de paliçadas, sem dúvida teria inicialmente considerado alarmante a visão das ameias da abadia: pois era verdade que mosteiros florescentes em geral tinham um aspecto ameaçador. Era assim, por exemplo, que em Fleury, um celebrado estabelecimento no Loire e único adversário real de Cluny como principal mosteiro da França, se erguia uma torre "de blocos quadrados"[39] não menos imponente que qualquer coisa construída por Fulque Nerra; e mesmo em Cluny seu abade, padre Odilo, era um grande entusiasta de substituir madeira por pedra. Mas não importava quão intimidador pudesse se elevar o portão da abadia, além dele não havia nada que os pobres pudessem temer. "Pois tive fome e me destes de comer", dissera o próprio Cristo. "Tive sede e me destes de beber. Era peregrino e me acolhestes. Estive nu e me vestistes".[40] Assim, todos os dias, quando os pobres famintos se reuniam diante dos portões de Cluny, até 16 quilos de pão eram dados a eles pelos irmãos do mosteiro; e ao fazerem sua caridade os monges se prostravam diante de cada um que recebia suas esmolas como se diante do próprio Salvador.

Mesmo o próprio abade, um dos maiores homens da cristandade, quando obrigado a penetrar no mundo, se preocupava em nunca negar a ninguém "o carinho de sua misericórdia".[41] O santificado Odo, por exemplo, não evitava carregar um saco fedorento cheio de alho e cebola para um ancião cansado, para horror de seus companheiros; e Odilo, escolhido para o posto apenas seis anos antes do milênio, parava sempre que via um corpo junto à estrada, abria uma cova e se ajoelhava para envolvê-lo carinhosamente com seu manto. Pois sabia que chegado o dia do Juízo Final, ele mesmo teria de prestar contas.

E seria a glória de Cluny, mais que qualquer outro santuário erguido pelas mãos do homem, afastar o véu do que estava à espera após o Juízo Final, aquele momento de supremo e jubiloso mistério quando a velha Terra se extinguiria e a Nova Jerusalém desceria de junto de Deus "como uma esposa que se enfeitou para seu marido".[42] O olhar de seus irmãos estava fixo não no mundo decaído, mas no esplendor do próximo. De fato, a aspiração deles, verdadeiramente espantosa, era transcender sua própria natureza mortal. "Pois, se monges são perfeitos, são semelhantes aos anjos abençoados",[43] argumentara Odo. O alucinado de Nantua, levado encolhido de medo aos portões de Cluny, certamente em pouco tempo vira seus terrores aplacados. Por mais que o linguajar dos monges os marcasse como nobres, em geral mais nobres que muitos castelães, em quase todos os sentidos eles não teriam parecido ao desertor de modo algum *potentes*, mas *pauperes*, como ele mesmo. Em Cluny, todos os irmãos viviam segundo uma regra antiga e inflexível, que definia a prática da humildade como uma escada que levava a Deus; e sua determinação mais solene, o "décimo segundo grau", era a de que a humildade de um monge devia ser manifestada ao mundo. E, assim, ele se rebaixava usando os cabelos ainda mais curtos que os de um camponês, cortado em uma tonsura similar a uma coroa de espinhos; ele vestia um hábito preto grosseiro e sem adornos, em nada melhor que o de um trabalhador; e todo o tempo mantinha "a cabeça baixa e os olhos fixos no chão".[44] Convidando o infeliz desertor de Nantua a se sentar na passagem para o mosteiro, os monges encarregados de recebê-lo teriam se curvado diante dele, lavado e secado seus pés. Mas apenas por acaso isso era feito como um favor pessoal a um lunático imundo: pois o grande benefício era para as almas dos próprios monges humildes.

... DANDO LUGAR A UMA NOVA

Porém, nem mesmo este era o mais elevado propósito do ritual. Nos primeiros anos da abadia, Santo Odo definira de modo poderoso o que ele esperava do novo mosteiro insistindo para que os sapatos, assim como os pés dos visitantes, fossem lavados. Um exagero? Na época alguns monges resmungaram que sim. Ainda assim, por mais que essas queixas fossem conspurcadas por falta de ambição, para não falar em orgulho mundano, Cluny, como acreditara Odo, estava destinado a ser mais que um mosteiro qualquer. Embora não fosse protegido pelas espadas e lanças de guerreiros mortais, não era inteiramente despropositada a visão da abadia como uma grandiosa cidadela cercada por assustadoras paliçadas.

Dizia-se que o delicado e aristocrático Odilo não parecia um duque, mas um príncipe dos arcanjos — o que era definir o mosteiro dirigido por ele como uma radiosa cabeça de ponte do céu. Assim, não surpreende que se acreditasse que demônios acampassem ao redor de suas muralhas externas, o mantendo sob cerco perpétuo, por causa do "rancor que o diabo sempre acalentou contra Cluny";[45] mas fadados a nunca conseguir uma brecha enquanto se mantivesse a santidade da abadia. Também não surpreende que os irmãos que serviam como seus porteiros exigissem que todos os que penetrassem nela fossem limpos — sim, e também tivessem seus sapatos lavados. Era precisamente a sujeira que permitia que demônios florescessem. Em Fleury, por exemplo, em uma demonstração de sagacidade tipicamente demoníaca, demônios haviam tentado penetrar através do esgoto que levava aos lavatórios dos irmãos, e apenas o santo padroeiro do mosteiro, montando guarda invisível junto aos urinóis, conseguira frustrar seus planos. Também em Cluny a vigilância dos monges tinha de ser absoluta e incansável. Nenhum traço de contaminação podia infectar o espaço sagrado. O infernal e o terreno: ambos tinham de ser mantidos a distância. Entrar em Cluny de fato era entrar em um reino de anjos.

Mas qual era o segredo da abadia, qual a fonte de sua assustadora santidade? Mesmo um visitante tão lunático quanto o homem perturbado de Nantua, dando seus primeiros passos trêmulos no mosteiro, certamente ficaria em segundos consciente de algo estranho. Para qualquer refugiado do caos, Cluny oferecia o mais raro e precioso de todos os bálsamos: a ordem. Isso era encontrado na disposição regular de ricas tapeçarias nas paredes e nos tapetes suntuosos no piso, tão espantosos quanto bonitos, suavizando cada passo e proclamando o louvor a Deus. Mesmo a um dignitário em visita um ambiente assim teria parecido um luxo raro — mas para um pedinte como o desertor de Nantua ele pareceria uma visão do paraíso. O que, em certo sentido, era: pois os monges de Cluny, pelo menos segundo sua própria avaliação, eram os mortais que estavam mais perto do céu. Para os grandes bispos do reino, acostumados a ver com desprezo abades como Odilo, era uma demonstração de arrogância quase blasfema; mas o próprio Odilo e a irmandade que ele comandava não se perturbavam com isso. Eles sabiam que os últimos dias se aproximavam. Em um momento de tão terrível perigo, com o futuro de toda a humanidade correndo risco, o que mais eles deveriam fazer a não ser garantir na Terra um inexpugnável posto avançado da Cidade de Deus?

Seguindo o que sua regra determinava, gerações anteriores de monges haviam se dedicado aos trabalhos manuais, de modo a demonstrar humildade, e ao estudo, de modo a preparar suas almas; mas os monges de Cluny não tinham tempo para essas atividades. Em vez disso, hora após hora, dia após dia, ano após ano, eles cantavam louvores ao Senhor: pois era isso o que os coros de anjos faziam no céu. Dizia-se que em certa oportunidade um monge acabara de tal modo absorto em sua devoção que começara mesmo a levitar. Orações e hinos, antífonas e responsos: o canto nunca era interrompido. Odo determinara que sua irmandade recitasse cento e trinta e oito salmos por dia: mais de três vezes o que tradicionalmente se esperava de um monge. Em síntese, cada minuto da vida em Cluny era comandado pelo ritual, tão inflexível quanto implacável. Daí a aura de santidade sem precedentes que os admiradores identificavam no mosteiro: como Rudolf Glaber definiu, "as missas celebradas lá são reverentes, tão devotas e sentidas que poder-se-ia considerá-lhes obra não de homens, mas realmente de anjos".[46]

Assim, essa era a fonte do poder de Cluny: misteriosa, tutelar, literalmente sobrenatural. Entre aqueles que a reverenciavam estavam, claro, os monges de Nantua que enviaram o desertor encontrado vagando na floresta para ser curado no mosteiro mais festejado; e sua confiança não foi traída. Levado perante Odilo, o homem perturbado primeiramente ouviu os irmãos da abadia cantando seus salmos, e depois foi ungido com água benta. Sua sanidade foi restaurada. Prodígios como este eram largamente relatados — e provocavam grande admiração. Mesmo um santo vivo como Romualdo — nada preguiçoso no tocante a milagres — se impressionava com a reputação de Cluny. O eremita declarou que ele era a "flor" dos mosteiros: um exemplo para o mundo.[47] Se essa era a visão que se tinha em um lugar tão distante quanto a Itália, então não espanta que a opinião daqueles que viviam diretamente à sombra de Cluny fosse ainda mais impregnada pelo assombro.

O que era bastante bom — já que as legiões de Satanás não eram os únicos adversários sitiando o mosteiro. Os castelães locais, embora não exatamente demônios, ainda assim eram vizinhos ameaçadores. Para homens cuja fortuna derivava da moralidade da proteção oferecida, o mosteiro não podia deixar de parecer uma presa tentadora — principalmente porque, diferentemente da maioria das outras instituições, Cluny não tinha um senhor terreno ao qual pedir proteção. Segundo os termos da doação do duque Guilherme, a abadia havia sido declarada "livre do comando de qualquer rei, bispo, conde ou parente de seu fundador"[48] e colocada sob a proteção de um patrono celestial: ninguém menos que o próprio São Pedro. Naturalmente — com o príncipe dos apóstolos se dedicando apenas a suas obrigações celestiais e seu vigário terreno, o papa, longe em Roma — isso na prática significava que o abade estava por conta própria. Uma perspectiva certamente preocupante "com as ondas do mal assomando",[49] mas em meio à escuridão crescente isso também era exatamente o que permitia a Cluny brilhar de tal forma como farol de santidade. A independência oferecia a Odilo tanto oportunidade quanto perigo: pois ela garantia que seu mosteiro pudesse ser considerado neutro — um árbitro honesto. Em uma época de rivalidades sangrentas essa não era uma posição insignificante; especialmente porque a aura da santidade de Cluny parecia mostrar que ele realmente era protegido por São Pedro. Essa ideia detinha até mesmo o cavaleiro mais brutal — pois, com o final dos tempos se aproximando, quem estaria disposto a ofender desnecessariamente o guardião das chaves do céu?

Assim, não surpreende que a presença em meio a eles de uma abadia pertencente ao mais poderoso de todos os santos servisse para inspirar nos castelães locais uma dose bastante incomum de desconforto. Na verdade havia muitos que buscavam dar vazão a isso da forma mais clara que conheciam. Roubo de gado e cavalos, destruição de plantações nos campos: Cluny suportou todos os crimes dos cavaleiros. Ao ser eleito abade em 994 Odilo foi recebido com uma especial explosão de violência. Os servos do mosteiro foram atacados abertamente; alguns até mortos. Assassinatos como esses destacavam o maior ressentimento dos castelães: a tendência dos camponeses empobrecidos, desesperados para escapar das garras dos cavaleiros locais, de escolher o mal menor e se entregar ao mosteiro como servos. Aqueles infelizes certamente haviam calculado que era melhor estarem submetidos a São Pedro que aos atos de um senhor da guerra violento. Os monges de Cluny concordavam. Eles certamente não tinham problema em colocar camponeses para trabalhar em seus campos, seus celeiros, seus moinhos. Afinal, qual a obrigação de um mortal que não trabalhar para a glória de Deus e Sua Igreja? Alguns homens eram convocados a cantar salmos o dia inteiro; e havia outros que eram convocados a cavar. Segundo essa concepção, talvez até mesmo os castelães nem sempre estivessem indo longe demais: e se também eles tivessem um papel a desempenhar? O próprio Santo Odo argumentara: "Um leigo que serve como guerreiro tem o direito de carregar uma espada caso sirva para defender aqueles que não as têm, como um inocente rebanho de ovelhas dos lobos que surgem ao crepúsculo."[50] Para demonstrar que isso não era apenas pensamento positivo, Odo citara o exemplo de um aristocrata específico, Geraldo, o senhor de Aurillac, local de nascimento de Gerbert, que durante toda a vida evitara roubar as terras dos pobres, só lutara em batalha usando o lado de sua espada e, em síntese, havia sido tão exemplar que acabara se tornando santo. E Odo acrescentara em um *post-scriptum* esperançoso: "E a cada dois anos ele ia à tumba de São Pedro com dez xelins pendurados no pescoço, como se fosse um servo pagando o devido a seu senhor."[51]

Talvez fosse um exagero esperar que, da mesma forma que os camponeses, os castelães se tornassem dependentes de São Pedro — todavia não era inteiramente infundada a esperança de que os senhores locais pudessem ser persuadidos a não apenas tolerar Cluny, mas a contribuir ativamente para sua glória e a de seu santo padroeiro, o príncipe dos apóstolos. Quanto maiores os crimes de um pecador, provavelmente mais terrível é seu medo do inferno. Os ataques às propriedades de Cluny podiam estar aumentando — porém, ao mesmo tempo, as doações de propriedades para o mosteiro. Odilo, um estrategista ardiloso, rapidamente tirara vantagem desse paradoxo aparentemente bizarro. Ele mal havia sido eleito abade e convocara um concílio de emergência na cidade próxima de Anse. Presidido por nada menos que dois arcebispos, um conjunto formidável de dignitários o apoiou da forma mais grandiosa possível. A abadia e seu crescente conjunto de propriedades foram declarados sacrossantos. Maldições tenebrosas foram proferidas contra todos os que abusavam dela. Os cavaleiros e seus senhores foram convocados a um solene juramento de paz. Mas mesmo com a reluzente inviolabilidade de Cluny sendo proclamada, Odilo tomou o cuidado de estender um ramo de oliveira aos castelães.

Por mais que ameaçasse terrivelmente a abadia, a anarquia da época também ameaçava seus agressores. Ao se instalar em um castelo, mesmo o senhor da guerra mais indisciplinado buscava preservar o que tinha tomado. O rei distante já não podia dar legitimidade a um usurpador — mas São Pedro podia. Ao convidar todos os castelães locais a fazer um juramento de paz como iguais, Odilo estava dando a eles uma escolha assustadora. Ou eles persistiam em sua selvageria, ao mesmo tempo causa e sintoma da fragmentação da época, sinal, assim como a peste e a fome, do iminente final dos tempos, ou, como os monges de Odilo, tomavam posição na frente de batalha servindo como combatentes não do Anticristo, mas do próprio Deus.

Muito dependeria da resposta dos castelães, e não apenas nas proximidades de Cluny. A oeste, no planalto de Auvergne e por todo o grande ducado da Aquitânia, onde a ordem desmoronara de forma não menos terrível que na Borgonha, estavam sendo feitas tentativas de reerguer o mundo que eram ainda mais ousadas e radicais que a de Odilo. Já em 972, mais de duas décadas antes do Concílio de Anse, religiosos de Auvergne haviam se reunido em Aurillac, local do túmulo de São Geraldo, aquele magnífico modelo de como um guerreiro devia se comportar, para exigir que os castelães locais parassem de oprimir os pobres; em 989, a moda dos concílios de paz chegara à Aquitânia; e durante a década seguinte mais de meia dúzia aconteceria no sul da França. Em sua maioria aqueles que os convocavam não eram abades como Odilo, mas bispos: homens de impecável linhagem aristocrática, cujos ancestrais, desde os dias inacreditavelmente distantes da Gália romana, acreditavam ter sido incumbidos pelo próprio Cristo de sustentar uma sociedade cristã. Naquele momento, fartos do colapso da lei e da ordem e desesperançados com a capacidade que duques e condes, e menos ainda o rei distante, tinham de fazer algo quanto a isso, eles resolveram tentar o sucesso naquilo em que os próprios príncipes haviam fracassado. Ironicamente, essa ambição foi ativamente encorajada pelo mais proeminente dos grandes aristocratas da região, Guilherme, duque da Aquitânia: pois ele, longe de pensar que pisavam em seus calos, estava desesperado para preservar de qualquer modo possível sua autoridade em declínio. Mas foi um sinal de como o mundo estava estranho que mesmo seu apoio tenha sido para os bispos, aqueles magníficos príncipes da Igreja, de menos valor que o dos pobres desprezados e extorquidos. Desesperados por ajuda contra os castelães, e decididos a uma última vez defender suas liberdades desaparecidas, camponeses de todas as classes, "dos mais prósperos aos mais inferiores, passando pelos intermediários", seguiram para os concílios de paz — e em tal número que isso parece ter começado a deixar os observadores chocados, como se estivessem ouvindo "uma voz do céu falando aos homens na Terra".[52] A disposição era febril e extasiada; e os bispos, decididos a fazer a maior pressão possível sobre os castelães, "aqueles homens infelizes que como espinheiros e urzes infestam os campos do Senhor",[53] não se furtaram a aproveitar isso.

Assim, os concílios foram realizados não na segurança de grandes igrejas, mas nos campos abertos: aqueles mesmos campos em que tradicionalmente os camponeses faziam suas assembleias, reunidos como homens livres. "E foram grandes as paixões insufladas. Os bispos erguiam ao alto seus cruzeiros, na direção do céu; e ao redor deles, as mãos erguidas, as vozes tornadas uma só, as pessoas clamavam a Deus, chorando: 'Paz, paz, paz!'"[54]

E qual foi a resposta dos inimigos da paz, os castelães, a isso? Na Aquitânia como na Borgonha: inicialmente hesitação e alguma preocupação. Os bispos eram sacrossantos demais, e os camponeses numerosos demais para que fosse possível se livrar deles. Mas, verdade seja dita, eles não eram a presença mais intimidadora nos concílios. Para um castelão e seus seguidores, entrar a cavalo em um campo onde havia sido proclamada a Paz de Deus era entrar em uma arena que parecia tomada pelo próprio sopro do céu, sobrenatural e aterrorizante, onde espadas e lanças, se empunhadas, poderiam se revelar pior que inúteis. Além da massa agitada de camponeses, além dos eclesiásticos gloriosamente portando suas cruzes "esmaltadas e de ouro, cravejadas com uma grande variedade de pedras preciosas que cintilavam como estrelas",[55] e além dos príncipes de rostos duros, os verdadeiros guardiães da Paz de Deus estavam formados em silêncio. De suas criptas por todo o sul da França os santos haviam sido levados em procissões à luz de velas, em meio ao canto de salmos, o toque de címbalos e o sopro de trombetas de marfim. No sul havia o hábito, "um venerável e antigo costume",[56] de lacrar os restos dos mortos santificados dentro de estátuas de ouro ou prata, de modo que, reunidos, eles pareciam um pelotão de metal. Verdade que ali não havia nenhum que estivesse no mesmo nível de São Pedro, mas quem podia negar o poder terrível daqueles santos que haviam sido reunidos? Esperavam pelos castelães nos concílios de paz relíquias que se sabia terem detido epidemias terríveis, libertado prisioneiros inocentes de seus grilhões, devolvido olhos a cegos, ressuscitado mulas. Nos próprios campos consagrados à Paz de Deus os restos santificados haviam dado provas seguras de seu poder: "pois muitos braços tortos e muitas pernas tortas" foram consertados, "e de tal forma que os milagres não podem ser contestados".[57] Então, os cavaleiros participando dos concílios bem poderiam baixar a cabeça, descer das selas e cair de joelhos, fazendo perante o exército reluzente de relicários o juramento solene de manter a paz de Deus.

Não era um passo fácil. Eram assustadoras as sanções proclamadas contra qualquer cavaleiro que posteriormente voltasse atrás em sua palavra. Uma vela acesa, apagada pelos próprios dedos de um bispo e jogada na terra, simbolizava o terrível fim de qualquer esperança de chegar ao céu. "Que ele entregue suas entranhas à latrina":[58] essa era a venerável maldição. De fato, a sujeira era a condição natural de todos os que quebravam juramentos: pois era bem sabido que no exato momento da morte a carne de um excomungado começava a feder terrivelmente a excremento, de modo que o solo consagrado se recusava a receber seu cadáver, em vez disso o vomitando em um espasmo violento para servir de alimento a animais selvagens. Seria possível imaginar contraste maior com as relíquias dos santos, ainda perfumadas dentro de seus relicários cravejados?

Assim, não seria surpreendente que, enquanto os cavaleiros faziam seus votos, todas as suas esperanças de redenção fossem obscurecidas por um certo pressentimento. A maioria dos casteláes não ignorava o terrível anseio de suas vítimas por uma nova era, na qual "a lança se rejubile de se tornar uma foice e a espada se torne um arado".[59] Estando à sombra do milênio, eles não podiam sequer descartar a possibilidade de que o próprio Cristo, tomado de assustadora glória, em breve estivesse retornando para introduzir um reino de paz e justiça e condenar os ímpios ao fogo eterno. Afinal, olhando ao redor nos campos em que a Paz de Deus havia sido proclamada, onde relicários reluzentes formavam uma densa frente de batalha, quem podia duvidar de que o reino dos santos já estivesse ao alcance da mão? O que, por sua vez, levava a uma pergunta óbvia: em qual lado, o dos demônios ou o dos guerreiros do céu, os casteláes e seus cavaleiros desejavam formar?

Em 1016, na periferia da cidade borgonhesa de Verdun-sur-les-Doubs, uma grande cavalgada de cavaleiros retinia pelas estradas e alamedas a caminho de fazer um novo juramento de paz.[60] Eles haviam sido convocados pelo bispo local; mas a verdadeira inspiração, assim como havia sido em Anse, era Odilo de Cluny. Deveria parecer que nada havia mudado muito na França naquele intervalo de duas décadas. A violência ainda era generalizada no sul. Da mesma forma a angústia e a infelicidade dos pobres. Não menos que nas décadas anteriores ao milênio, o momento parecia ser aquele sobre o qual Santo Odo alertara seus sucessores, quando o próprio tempo seria cumprido e fosse iminente "o Imperador do Mal entrar no mundo em triunfo".[61] Não importava que o aniversário da Encarnação houvesse transcorrido — ainda estava por vir o aniversário ainda mais decisivo da ascensão de Cristo aos céus. Hugo de Châlons, o bispo que convocara os cavaleiros de Verdun, certamente não ignoraria o redemoinho de especulações apocalípticas. A sede de seu arcebispado era Auxerre: ainda um centro famoso pelo estudo do final dos tempos, como havia sido na época das invasões húngaras. Havia sido em Auxerre, por exemplo, que, cerca de dez anos antes, um erudito identificara publicamente os monges de Cluny com os 144 mil harpistas que segundo o livro do Apocalipse estavam destinados a "cantar um cântico novo" na hora do Juízo e a seguir "o Cordeiro aonde quer que ele vá".[62] Ao convocar aquele concílio em Verdun, o bispo Hugo esperava seguir o exemplo de Odilo. Bastante adequado — já que Cluny, afinal, se tornara ainda mais forte. Papas e reis afirmaram com todas as letras a sua independência. Mosteiros de toda a França — inclusive em Auxerre — haviam se submetido formalmente à autoridade de seu abade.

Mas a mais marcante demonstração da liderança de Odilo — e também a mais sugestiva — havia sido sobre homens que sequer usavam tonsuras. Desde o milênio a violência que durante tanto tempo assolara as vizinhanças do mosteiro finalmente havia sido contida. Os cavaleiros locais, inspirados a partilhar pelo menos parte da heroica disciplina de Cluny, haviam sido convocados por Odilo a ocupar seu lugar ao lado dos monges, se alinhar em um campo de batalha invisível povoado por anjos e santos. Ou pelo menos esse era o ideal. Outra forma de colocar é dizer que Odilo, buscando colocar as rédeas nos bandos criminosos formados contra ele, conseguira persuadi-los a abandonar suas carreiras violentas em troca de sua bênção e alguma legitimidade. Embora sua conquista tenha sido distorcida, ela certamente foi palpável no vale onde ficava o famoso mosteiro. Uma convulsão brutal na sociedade havia sido solucionada com sucesso. A paz havia sido levada aos campos — e respeitabilidade aos castelos vizinhos. A onda de violência finalmente começara a deixar Cluny.

A demonstração de uma verdade realmente poderosa: as mesmas medidas tomadas para proteger a humanidade contra o iminente ataque furioso do Anticristo e preparar o mundo para seu terrível fim também podiam servir para garantir um recomeço e um novo modelo de sociedade. Odilo não foi o único líder de um movimento pacifista a flertar com esse paradoxo. Em Verdun, por exemplo, o bispo Hugo transformou os cavaleiros lá reunidos em "cavaleiros de Cristo" que juraram, sobre as relíquias de santos, atuar como as tropas de choque do céu e como agentes de um programa ambicioso para restaurar o primado da lei. Afinal, que mal há em apostar nos dois lados? Talvez o mundo fosse acabar; talvez não. De qualquer maneira, isso não diminuía o trabalho da Igreja de trabalhar pela causa da paz.

Não que motivações duvidosas se restringissem a abades ou bispos. Os cavaleiros também haviam feito seus cálculos. As juras que eles haviam sido

... DANDO LUGAR A UMA NOVA

obrigados a fazer em Verdun sem dúvida alguma eram sérias. Todos os seus passatempos preferidos pareciam ter sido proscritos. Eles já não poderiam se divertir agredindo indefesos, roubando gado, atacando igrejas, incendiando plantações e celeiros. Mas a contenção poderia ter suas próprias recompensas — e não apenas no céu. Sendo em sua maioria arrivistas, os cavaleiros sabiam que não era pouco ser abençoado publicamente por um bispo. Uma vez santificada por votos feitos sobre relíquias sagradas, a cavalaria não podia ser descartada como uma ocupação criminosa. Mesmo o mais irracional e violento capanga de um castelão, reunido em Verdun com outros cavaleiros da região e se ajoelhando diante das relíquias reluzentes, certamente sentiu uma onda de orgulho ao ser introduzido em uma elite. Um código partilhado, um *ethos* comum, um mesmo compromisso de usar as armas: tudo isso estava sendo concedido a ele. Seu cavalo, sua lança, sua cota de malha: a partir daquele momento isso serviria, aos olhos de Deus, para definir seu papel na ordem cristã. A divisão entre cavaleiro e servo, entre uma pessoa que carregava uma arma e uma pessoa que levava uma enxada estava se tornando absoluta. Se o final dos tempos de fato era iminente, então isso não importaria muito, pois todas as diferentes ordens da sociedade iriam naturalmente se dissolver com a fusão de céu e terra. Se, porém, Cristo não retornasse e se a Nova Jerusalém não descesse dos céus, e se as estações continuassem a se suceder como sempre, ano após ano, então os organizadores da Paz de Deus teriam efetivamente colocado seu selo na transformação em servos de seus próprios aliados: os pobres. Essa poderia não ter sido sua intenção — mas eles, ainda assim, teriam servido apenas como as parteiras de uma nova ordem. Aparentemente era possível resgatar a paz da anarquia — porém o preço a pagar por ela era o último vestígio da liberdade dos camponeses.

E essa troca era uma à qual até mesmo os próprios camponeses estavam fracos demais para resistir. Talvez fosse melhor um senhor limitado pelas determinações da Paz de Deus, e uma despensa abarrotada para o inverno, do que liberdade e uma pilha de entulho fumegante. Não que o senhor precisasse necessariamente ser um castelão. Os homens e mulheres que labutavam nos campos ao redor de Cluny como servos de São Pedro não eram os únicos camponeses que terminaram como dependentes de um grande mosteiro. A preocupação dos homens da Igreja com os pobres — embora pudesse ser sincera — também podia, pelo menos em parte, refletir uma preocupação com suas próprias finanças. Não menos que o castelão, grandes abades e bispos lucrariam belamente com a completa transformação dos camponeses em servos — desde que a ordem e o primado da lei pudessem ser sustentados. Houve um tempo, claro, em que os defensores da paz haviam esperado que o rei lhes desse a segurança; mas era um sinal de como tudo mudara tão completamente, como tudo havia sido virado de cabeça para baixo, que o próprio rei passara a contar com eles. Em 1016, Roberto Capeto finalmente esmagara seus inimigos na Borgonha. Preocupado em estabelecer a ordem em seus domínios, ele os percorreu naquele mesmo verão em meio a uma grande demonstração de esplendor — e entre as cidades que visitou estava Verdun-sur-les-Doubs. Ao longo dos anos seguintes ele iria demonstrar repetidamente sua aprovação ao que os defensores da paz estavam tentando conseguir — chegando mesmo a presidir seus próprios concílios e afetar uma ostensiva religiosidade. Assim, o rei, como se fosse um santo, alimentava os pobres à sua própria mesa; dava seus trajes a eles; e murmurava-se que até mesmo podia curá-los de lepra. Não importava nem um pouco que ele na verdade fosse um senhor da guerra tão ambicioso por terras quanto qualquer castelão e tenha acabado conseguindo ser excomungado pelo papa por se casar com uma prima. Ele passou a ser chamado de "Roberto, o Piedoso". Em síntese, o rei da França passara a imitar o abade de Cluny.

Muitos na elite franca ficaram devidamente chocados. Especialmente bispos, os grandes arrogantes das antigas terras reais, a própria base da ordem tradicional, odiavam Odilo e tudo o que ele defendia. Eles atacavam a Paz de Deus como uma perigosa agitação das multidões; as alegações dos monges de Cluny de serem as tropas de choque do céu, como uma blasfêmia grotesca; e o próprio Odilo como um castelão vaidoso, "senhor de uma ordem guerreira",[63] desavergonhadamente usurpando as prerrogativas dos seus superiores. O próprio rei Roberto permanecia sereno. Em meio a todas as constantes agonias de seu reino, ele não duvidava ter em Cluny um atributo verdadeiramente inestimável, uma fortaleza espiritual para iluminar o presente e mostrar o caminho para o futuro. Qual seria o futuro — a destruição do mundo ou sua renovação — apenas o tempo iria dizer. Mas que a mudança era inevitável — de fato já era irreversível — até mesmo os mais amargos críticos de Odilo eram obrigados a reconhecer. "As leis da terra se dissolvem, e não há mais reino da paz." Assim lamentou Adalbero, o envelhecido bispo de Laon, cujas maquinações de décadas antes haviam garantido o trono para Hugo Capeto. Mas ao mesmo tempo em que desejava fazer o tempo recuar para prevenir o rei Roberto contra agradar Cluny e ressuscitar a ordem carolíngia que ele mesmo ajudara a mandar para o túmulo, ele sabia que sua causa estava condenada. O passado desaparecera para sempre. Adalbero podia lamentar: "Mudada está toda a ordem da sociedade! Inteiramente mudado o comportamento dos homens!"[64]

4

RUMO AO OESTE

Desembarques na Normandia

Roberto Capeto não foi o único governante cristão a ter identificado em Cluny o brilho de um impressionante e poderoso mistério. Em 1014, mensageiros de Roma chegaram à abadia levando um presente impressionante. O homem que o mandara era Henrique II: "Rei dos germânicos, imperador dos romanos, Augustus".[1] O sucessor de Otão III precisara de mais de uma década para ser ungido com o crisma imperial, e para marcar a ocasião da coroação postergada o papa dera a Henrique uma marcante lembrança do que continuava a ser sua missão global: um orbe em forma de maçã dividido em quatro por pedras preciosas e encimado por uma cruz de ouro. Enviado para Cluny juntamente com os trajes de coroação do imperador, seu cetro e sua coroa, ele compunha uma gama espetacular de insígnias reais cuja presença na abadia indicava como os horizontes do mosteiro se expandiam. Certamente não era necessária grande perspicácia para captar a profecia embutida no presente do imperador. Segundo os eruditos, assim como a maçã era dividida em quatro, o mesmo acontecia com o globo; e assim como uma cruz encimava a maçã, havia sido previsto que a cruz de Cristo iria redimir o mundo. Povos de toda parte seriam levados a segui-la. Ninguém, por mais selvagem ou distante, seria deixado para trás. Odilo, tomando posse do orbe, ficou tão encantado com sua mensagem que ordenou que fosse colocado em exposição sempre que fosse celebrado um grande festival: uma reafirmação, gravada em ouro e pedras preciosas, de que a conversão dos pagãos estava ao alcance da mão.

Cluny podia estar bem distante dos desertos do paganismo, mas havia gerado tal reserva de poder espiritual, e era tamanha a eficácia dos salmos e antífonas cantados dentro de suas paredes, que até mesmo aqueles demônios que se escondiam além das fronteiras do cristianismo, com medo da fossa pútrida de sua própria escuridão, foram ofuscados pelo brilho de sua santidade. Pelo menos isso era o que o próprio Henrique imaginava. Como imperador romano estacionado no limite dos tempos, ele naturalmente precisava de toda a ajuda sobrenatural que pudesse conseguir. Como seu predecessor, ele não tinha dúvida de que havia sido incumbido pessoalmente por Deus de levar os bárbaros a Cristo. Por isso casara a própria irmã com Estêvão, rei dos húngaros. Também por isso dera dotações generosas à Igreja, com o objetivo de "destruir o paganismo dos eslavos".[2] Ainda assim, derrubar os demônios não era a única responsabilidade de Henrique. Sendo um César, era sua obrigação manter o Império Romano unido. Lamentavelmente, isso às vezes exigia que ele sujasse as mãos. Um problema que fermentava além da fronteira oriental do *Reich* era particularmente irritante. Boleslav, o mesmo duque da Polônia que recebera de Otão III o título de amigo do povo romano, começara pouco antes a se revelar bem pouco amigável. Henrique, determinado a derrubar o polonês ambicioso, havia sido obrigado a buscar aliados. Assim, para horror dos cristãos de toda parte, ele fizera a escolha mais monstruosa possível.

Em 1003, na Páscoa, a festa mais sagrada do ano, o maior rei da cristandade assinara um tratado formal de amizade com os vênedos: um povo que ainda adorava ídolos despudoradamente, oferecia sacrifícios humanos e tomava decisões fazendo perguntas a um cavalo. Contudo, mesmo com o apoio de seus novos aliados Henrique havia sido incapaz de desferir um golpe mortal em Boleslav. As hostilidades continuaram latentes. Em 1015, um ano após a coroação de Henrique em Roma, elas explodiriam novamente. Enquanto o imperador recém-ungido cavalgava para a guerra contra o duque da Polônia cristã, com a Lança Sagrada à frente e antífonas soando em seus ouvidos, também seguiam a seu lado os vênedos, marchando sob os estandartes de suas divindades, ainda unidos em seu determinado paganismo.

Certamente um escândalo. Ainda assim, apesar de todos os equívocos de Henrique, sobrevivia o sonho de Santo Adalberto — de que as florestas do Oriente pagão podiam ser domesticadas e transformadas em um jardim da Cidade de Deus. Mesmo em terras muito distantes da linha de frente do *Reich* cristãos eram estimulados e assombrados por suas implicações. "O evangelho deve ser proclamado por todo o mundo", exigiu um bispo inglês em tom de urgência, "e isso deve ser feito antes do fim do mundo. Assim diz o livro — e depois o fim chegará quando Deus quiser."[3] Missionários, arriscando suas vidas tão corajosamente quanto Adalberto havia feito, continuavam a seguir os passos do mártir, percorrendo planícies desertas, atravessando florestas úmidas, pelas margens de rios congelados. O mais brilhante deles, um monge saxão chamado Bruno, conseguiu até mesmo acabar sendo assassinado exatamente como seu mestre, decapitado junto a um lago por um grupo guerreiro de prussianos raivosos; mas apenas após ter passado anos pregando a outras tribos, dos Bálcãs ao Báltico, não menos ameaçadoras que seus assassinos. De fato, após vários meses de sermões ele conseguira até mesmo converter trinta pechenegues: nômades que infestavam as estepes acima do mar Negro e que eram reconhecidos como o povo mais selvagem do mundo.

Para os compatriotas de Bruno, em segurança atrás das fortalezas do *Reich*, os nomes dos vários bárbaros que ele conquistara para Cristo — os pechenegues e os prussianos, os lituanos e suecos — certamente pareciam sugerir uma selvageria verdadeiramente abominável. Templos sinistros "inteiramente feitos de ouro";[4] altares sujos de sangue, galhos com os corpos pútridos de humanos, cavalos e cães pendurados: tais eram as visões de pesadelo que assombravam os saxões sempre que tentavam imaginar o que poderia estar escondido nos limites do mundo. Mas as realizações de homens como Bruno sugeriam que o otimismo de Santo Adalberto continuava a ter fundamento: não havia nenhum lugar tão mergulhado na escuridão que não pudesse ser penetrado pela luz de Cristo, nem nenhuma alma tão selvagem que ao final não pudesse ser conquistada para a cristandade.

Na verdade havia alguns saxões que chegavam a ponto de ponderar se os pagãos, uma vez seguramente convertidos, não poderiam por sua vez ter algumas lições a dar a eles. A selvageria natural dos bárbaros certamente parecia se dever à "obediência estrita da lei de Deus". Assim pensava Thietmar, um amigo de infância de Bruno e bispo da mesma cidade fronteiriça de Merseburgo que Henrique, o Passarinheiro, guarnecera com bandoleiros quase um século antes. Embora Thietmar fosse orgulhosamente xenófobo e desprezasse particularmente os poloneses, que conheciam poucos limites, mesmo ele não podia deixar de admirar o modo firme com o qual seus líderes "mantinham o populacho na linha, assim como se faz com um asno teimoso". Ele refletia ansiosamente como um bispo polonês podia encorajar seu rebanho a fazer jejum com o simples expediente de arrancar os dentes de qualquer um que o quebrasse. Outros padrões morais eram mantidos de forma ainda mais direta. Uma prostituta condenada, relatou Thietmar aprovadoramente, podia ter seus genitais cortados e pendurados no umbral de sua porta; enquanto um estuprador, pregado a uma ponte pelo escroto e tendo uma lâmina afiada perto de si, era confrontado com as desagradáveis opções de castração ou suicídio. De fato, era algo em que pensar. "Pois embora esses costumes sejam sem dúvida severos, ainda assim têm lados positivos",[5] pronunciou Thietmar gravemente.

Portanto, claramente eram novos tempos em que as crueldades de um povo estranho não eram vistas como uma ameaça, mas como um potencial reforço para a cristandade. Afinal, ainda eram vivos aqueles que haviam temido que todo o mundo da ordem cristã estivesse condenado ao colapso, feito em pedaços pelos cascos barulhentos do paganismo e lançado às suas chamas sacrílegas. Mas a cristandade não sucumbira. Suas leis, seus rituais e seus mistérios haviam resistido. Em vez disso, como um fantasma dissolvido ao contato com água benta ou pelo cantar de um salmo, foram os agressores pagãos da cristandade que no final das contas se viram confundidos, desarmados, transfigurados. Na Hungria, era tal o modelo de divindade do genro do césar, o rei Estêvão, que ele acabaria sendo feito santo; em Gniezno, no túmulo do abençoado Adalberto, continuavam a acontecer milagres assombrosos, para espanto e encanto de todos; ainda mais a leste, no limite do mundo, onde um dia se acreditara que Gog e Magog estavam à espera, havia um príncipe cristão sentado no trono de uma cidade cristã, a fabulosa fortaleza de Kiev. Assim, talvez houvesse na maçã encimada pela cruz dada a Odilo pelo imperador um símbolo não apenas de esperança, mas de celebração. Aparentemente já era tal o brilho dourado do coração da cristandade que sua luz se projetava até os confins da Terra.

Mas na verdade não era nos limites externos do mundo cristão, em meio a bárbaros distantes, em terras com nomes grotescos e impronunciáveis, que seria encontrada a prova mais impressionante de como uma nação selvagem podia ser redimida. Ao contrário, ela estava bem na porta do próprio rei da França. A noroeste de Paris, aquele centro nervoso do poder capetiano, corria um rio caudaloso, o Sena, e, enquanto suas águas seguiam para o mar, passavam por "florestas com animais selvagens, campos ideais para plantar milhete e outros cereais e prados para engordar o gado".[6] Em síntese, uma província que não seria entregue facilmente; e certamente por muitos séculos, desde a primeira ida de Clóvis à Gália, ela havia sido um valorizado adorno do império dos francos. Mas, sob os herdeiros de Carlos Magno, o império dos francos a deixara escapar. De forma tal que ao alvorecer do segundo milênio uma nova palavra estava começando a ser usada para descrever a região, uma palavra que a marcava como sendo propriedade de modo algum dos francos, mas de bárbaros que havia muito

RUMO AO OESTE

pareciam, ainda mais que os húngaros ou os sarracenos, um terror que brotava da mais angustiada profundidade dos pesadelos cristãos; as pessoas começavam a chamá-la de "Normandia": a terra dos "*nordmanni*" — os "nórdicos".

Era um nome que inspirava terror. Desde a Antiguidade se sabia que os limites congelados do mundo podiam representar perigo. "Uma colmeia de nações":[7] assim um historiador, escrevendo nos primeiros anos de Constantinopla, chamara o Norte distante. Séculos depois, um conhecimento mais detalhado da vastidão intimidadora da Escandinávia não ajudara em nada a modificar essa avaliação. Considerando-se seus invernos intermináveis, o que mais seus habitantes podiam fazer a não ser copular e se reproduzir? Certamente não foi surpresa para missionários aventureiros descobrir que muitos dos demônios idolatrados pelos nórdicos eram prodigiosos fornicadores: um deles, por exemplo, um matador de gigantes chamado Thor, dono de um martelo, era um entusiasmado estuprador compulsivo, enquanto um segundo, Frey, exibia um "falo de dimensões verdadeiramente enormes".[8] Certamente revelações alarmantes: pois um povo capaz de venerar deuses como esses, violentos em suas ambições, insaciáveis em seus desejos, com certeza seriam uma ameaça à cristandade, pois impulsos lascivos assediam uma alma virtuosa. Os nórdicos eram bem conhecidos por estabelecer poucos limites à sua sofreguidão. Raptar mulheres, "levando-as a um navio reluzente, grilhões mordendo avidamente sua carne macia";[9] negar seus corpos a rivais e depois gerar nelas uma plenitude de filhos: estas eram as maiores provas de masculinidade. "E assim esses povos logo se tornaram numerosos demais para serem sustentados por sua terra natal — e a consequência é que um grupo de jovens guerreiros teve de ser selecionado, segundo um antigo costume, e então mandado para o mundo, de modo a conquistar novas terras à ponta da espada."[10]

Ou pelo menos essa era explicação preferida dos moralistas cristãos para as mortais ondas de piratas da Escandinávia que, atacando, se retirando e atacando novamente, em uma maré aparentemente interminável, haviam ensanguentado os limites da cristandade por mais de dois séculos, desde os tempos de Carlos Magno. Seja a teoria verdadeira ou não, sem dúvida havia uma funesta satisfação em acreditar nela.* Embora os ataques dos nórdicos fossem desmoralizantes, a ideia de que era apenas um apetite bestial que os impelia através do mar pelo menos servia para reafirmar a suas vítimas que, invioláveis em meio a toda a rapinagem,

---

*Atualmente há um consenso entre os historiadores de que a teoria não é correta. Na verdade, estudos de assentamentos rurais na Escandinávia não parecem indicar um crescimento populacional exagerado.

os valores da cristandade continuavam a ser virtude e ordem. Mulheres podiam ser raptadas, mosteiros saqueados, até mesmo cidades inteiras queimadas — mas a lembrança de tais atrocidades, se tornando cada vez mais horripilante à medida que eram recontadas, ajudara a reforçar na maioria dos cristãos uma sensação inabalável de sua própria superioridade. Assim como o monge assassinado por um nórdico podia dar seu último suspiro confiante com o conhecimento de que havia um trono reservado para ele no céu, o guerreiro desembainhava sua espada contra os piratas e bloqueava seu caminho com a certeza férrea de que estava fazendo a obra de Deus.

E foi assim que, na época do milênio, um século após o pior da tempestade ter se afastado da França, grandes príncipes ainda tinham o hábito de se jactar de honras em combate conseguidas por seus antepassados contra os nórdicos. De fato, uma dinastia que carecia deles era considerada praticamente ilegítima. Nada, por exemplo, havia sido mais fatal para a reputação militar dos carolíngios que seu fracasso, em 886, em eliminar um exército de piratas que decidira sitiar Paris: da mesma forma como os capetianos, com um ancestral que realizara feitos prodigiosos durante o grande ataque à cidade, nunca permitiram que ninguém esquecesse o heroico registro da família como combatentes de nórdicos. "Espadas e lanças escorregadias de sangue brilhante";[11] "corpos contorcidos espalhados como se adormecidos nas entradas de cidades";[12] "pedaços de carne nas garras e nos bicos de aves de rapina":[13] assim eram as cenas de carnificina que serviram para fortalecer a grandeza capetiana.

E também a grandeza de muitas outras dinastias francas. Não era coincidência que muitos dos principados mais formidáveis do reino, de Flandres a Anjou, protegiam estuários de foz larga: aquelas fatais confluências onde as águas do interior se fundiam ao mar. Assim como havia sido o Sena que permitira que os nórdicos, "remos arrastando, armas se chocando, escudo contra escudo",[14] penetrassem até as pontes de Paris, outras frotas também abriram caminho Loire acima, penetrando até o coração do reino, até que em 856 mesmo Orléans havia sido capturada e brutalmente despojada. Não surpreende que nos trechos inferiores do rio a devastação tenha sido mais demorada: o condado de Anjou, que no ano 1000 era tão florescente e pujante, tinha sido tão infestado de nórdicos pouco mais de um século antes que parecia quase perdido para a cristandade. Angers, a orgulhosa cidade que seria capital de Fulque Nerra, fora repetidamente ocupada por piratas e transformada em seu covil. Outras cidades, lamentara um contemporâneo nervoso, "infelizmente estão tão absolutamente esvaziadas que se tornaram moradias de animais selvagens!"[15]

Mas isso foi exagerar no pessimismo. Na verdade, mesmo no auge dos ataques nórdicos, postos avançados do governo franco resistiram ao longo de todo o Loire; e as estruturas de governo não entraram em colapso total. Os piratas podiam ser eficientes em partir com saques — mas haviam fracassado claramente em colocar suas mãos no poder efetivo. Não demorara para que os novos senhores de Angers, instalados na cidade após sua libertação final em 886, demonstrassem toda a escala desse erro. Em 929, o visconde de Angers alegremente se promoveu a "conde de Anjou"; mais algumas décadas e até mesmo os maiores da região haviam reconhecido seu direito a ser visto como seu par. Sendo a Francia o que era, um reino antigo e cristão, o butim retirado de seus mosteiros nunca poderia se comparar a um investimento de longo prazo em terras e um título glamuroso. Tendo percebido isso instintivamente, os ancestrais de Fulque Nerra haviam sido capazes de construir um principado que no ano 1000 era comparável a qualquer outro da França. Como os nórdicos não o fizeram, há tempos foram varridos do Loire de volta para o mar.

Mas, de forma ameaçadora, eles sempre aprenderam rápido. Como piratas, precisavam de sua perspicácia. Fosse atacando um mosteiro por ocasião da festa de seu padroeiro, invadindo um mercado no momento em que as barracas estivesem sendo montadas ou, talvez, dominando a desconhecida arte franca da montaria, os nórdicos sempre se mostraram adeptos de lucrar com o estudo cuidadoso de suas presas. Eles certamente não ignoravam a força subjacente de um Estado cristão — nem a ameaça que isso representava para si mesmos. Ao longo dos trechos inferiores do Sena, por exemplo, onde os nórdicos haviam se instalado de forma mais formidável que no Loire, o sustentáculo do poder franco havia sido eliminado e suas bases sistematicamente feitas em pedaços. Nos primeiros anos do século X não apenas a nobreza local fora destruída e todos os traços da oficialidade local apagados, como a própria Igreja, como organização funcional, começara a desintegrar-se.

Era verdade que em Rouen, na foz do Sena, o arcebispo local havia de algum modo conseguido permanecer no posto, apesar das adversidades; mas ao redor dele e de seu rebanho sitiado havia a sensação, tão real quanto a chegada do crepúsculo, de um deserto mortal se fechando. "*Invia*" era como esse deserto era adequadamente chamado pelos eruditos: uma dimensão de florestas impenetráveis, pântanos e campos tomados de pragas onde nenhum cristão decente se arriscaria, mas que há muito era a morada dos pagãos, cenário de seus horripilantes rituais e palco de suas emboscadas. "No campo nenhum homem deve se afastar um passo de suas armas", cantavam os nórdicos. "Pois viajando em terras estrangeiras um homem nunca sabe quando poderá precisar de sua lança."[16] Em 900 toda a região do estuário do Sena se tornara *invia*: uma terra de ninguém devastada e coberta de ruínas onde, de fato, a espada era a lei, e fugitivos da escravidão, do sacrifício e da guerra espiavam por cima dos ombros e andavam furtivamente, temerosos, pelos campos tomados de ervas daninhas.

Mas, nos primeiros anos do século X, a própria escala da devastação passara a ameaçar os estrangeiros tanto quanto os infelizes nativos. Com toda a região do Sena cada vez mais desprovida de tudo, os nórdicos haviam sido obrigados a fazer suas colheitas cada vez mais longe. Em 911, deixando para trás suas bases litorâneas, eles penetraram fundo em território inimigo, chegando até Chartres, a cerca de 100 quilômetros a sudoeste de Paris. Ali, confrontados por um exército franco liderado pelo avô de Hugo Capeto, eles haviam sido derrotados — mas não destruídos. O resultado deixou os dois lados dispostos a um acordo. Enquanto os bandos guerreiros se retiravam para lamber suas feridas à margem do Sena, mensageiros do rei franco seguiam atrás deles. Levados à presença do mais temido e formidável de todos os nórdicos, um famoso comandante chamado Rollo, os embaixadores propuseram um acordo. O chefe escandinavo deveria renunciar ao paganismo; ele se tornaria vassalo do rei franco; ficaria de sentinela contra outros piratas no curso superior do Sena. Em troca, seria reconhecido como senhor por direito de Rouen e das terras vizinhas: em síntese, seria um par de qualquer conde nativo. Rollo, tão ardiloso quanto brutal, entendeu imediatamente o que estava sendo oferecido a ele. Rouen certamente valia uma missa. Os termos foram aceitos. Em 912 o novo senhor da cidade, baixando a cabeça, foi devidamente batizado pelas mãos de seu arcebispo certamente muito aliviado.[17]

Poucos dos dois lados esperaram que o acordo durasse muito tempo. Os entusiastas do novo regime depois falariam muito da devoção de converso de Rollo — mas boatos perturbadores nunca pararam de envolver seu nome. Pelo menos uma vez ele retomou seus antigos hábitos, liderando ataques além de suas fronteiras com uma verdadeira entrega pirata; sussurrava-se sombriamente que em seu leito de morte ele colocara de lado todas as suas inibições: "e ordenou que cem prisioneiros cristãos fossem decapitados em frente a ele em homenagem a seus deuses nativos".[18] Calúnia ou não, os senhores das terras vizinhas durante muito tempo insistiram em ver o condado do arrivista como um ninho de víboras pagãs. Em 942, quando o filho de Rollo, Guilherme Longsword, viajou para uma conferência com o conde de Flandres, o fez desarmado como adequado a um nobre cristão se encontrando com um colega príncipe; e o conde de Flandres, como adequado a um nobre cristão se encontrando com um pirata perigoso, ordenou que ele fosse atacado até a morte. Vinte anos depois, Ricardo, o filho do assassinado Longsword, se viu tão ameaçado por uma coalizão de vizinhos francos que em seu desespero foi obrigado a pedir ajuda do outro lado do mar. Seu apelo foi respondido com um entusiasmo feroz; esquadrões de drácares com cabeças de dragão deslizaram pelo Sena; "correntes espumosas foram tingidas de vermelho, sangue quente soltava fumaça acima da grama";[19] e os francos foram repelidos. Mas o próprio conde de Rouen, mesmo com as fronteiras estabilizadas, não relaxou a guarda. O mundo franco além das fronteiras ainda parecia hostil e ameaçador, uma enorme boca aberta esperando para engolir a ele e todo o seu principado; e assim Ricardo, preocupado em preservar o caráter único de suas terras, continuou a estimular a imigração desde os reinos do norte.

Ao longo das décadas que se seguiram o resultado havia sido uma chegada tal de assentados que em 996, quando Ricardo finalmente morreu, após um reinado longo e vitorioso, o caráter mestiço de seus súditos podia ser louvado como sua maior glória. Depois se diria que Rollo, muito antes de pisar nas margens do Sena, tivera um sonho com uma revoada de pássaros, "cada um de diferente espécie e cor",[20] mas todos eles marcados por terem uma asa esquerda da cor de sangue: a marca dos guerreiros, de generais inigualáveis, unidos para partilhar um objetivo comum e um destino. "Uma nação feita da mistura de diferentes";[21] assim se orgulhavam aqueles que já se viam como um povo único e glorioso — os normandos.

Portanto, talvez não seja surpreendente que seus vizinhos, quase um século após o batismo de Rollo, continuassem a ver o condado governado por seu neto como sendo um tanto sinistro e estrangeiro: ainda um covil de piratas. A despeito do fato de que entre os grandes principados do reino apenas Flandres pudesse se orgulhar de um *pedigree* mais venerável, o Estado normando nunca perdeu inteiramente sua aura de estrangeiro. Em Rouen, por exemplo, o porto continuou tão abarrotado de carregamentos dos mares do norte quanto sempre; exibindo os "lucros do comércio trazido com a maré montante",[22] o porto era exatamente o tipo de fortaleza que sempre havia sido mais valorizado pelos nórdicos. Mesmo distante do Sena, o condado continuava a ser um lugar onde aqueles que vagavam pelo mar podiam se sentir em casa: especialmente no oeste da Normandia havia muitos que ainda falavam seu idioma; e na corte de Ricardo, um cantador de louvores da Escandinávia sempre seria bem-vindo. Violência, massacre, vanglória e orgulho eram os temas invariáveis de um poema composto por um nórdico.

Dizia-se que também em outros pontos além dos limites da canção resistiam traços de um paganismo primordial. Os ventos do inverno que zumbiam nas florestas e nos campos da Normandia eram conhecidos por serem cavalgados por caçadores demoníacos, e os homens sussurravam que quem liderava a caçada era ninguém menos que o próprio antigo rei dos deuses. O mesmo demônio cujos bosques sagrados haviam sido muito tempo antes queimados por Carlos Magno ainda era adorado pelos nórdicos sob o nome de "Odin": uma figura de manto e um só olho, senhor da magia, que percorria o reino da noite. Talvez nos últimos anos do reinado de Ricardo tenha sido uma certa semelhança com o mitológico "Pai de todos" que explicasse o espanto com que o conde envelhecido passara a ser visto; pois assim como Odin, ele tinha olhos brilhantes e barba comprida, e dizia-se que após o escurecer ele vagava pelas ruas de Rouen, de manto e só, e lutava contra as sombras dos mortos. Quando finalmente morreu, o túmulo no qual foi enterrado certamente parecia quase um espectro, conjurado da névoa do passado de seus antepassados: um monte de terra voltado para o mar.

Mas se Ricardo sempre manteve um olho fixo no mundo do Norte, também, com grande habilidade e paciência, buscou demonstrar a seus colegas príncipes que era um deles: que ele e sua dinastia haviam se livrado para sempre da sujeira do barbarismo e se tornado epítome do senhor cristão; não importavam os sofismas usados pelo conde de Flandres para justificar seu assassinato brutal de Guilherme Longsword — Ricardo e todos os normandos haviam ficado justificadamente chocados. "Pois ele era um defensor da paz, amava e consolava os pobres, defendia os órfãos e protegia as viúvas — portanto, derramem lágrimas por Guilherme, que morreu inocente".[23] Que um monge tenha se sentido capaz de compor esse elogio fúnebre sem esconder o rosto refletia, muito provavelmente, algo mais do que mero servilismo. Havia sido Guilherme que, embora tingindo as fronteiras de seu condado com sangue franco, fora o primeiro a demonstrar o gosto de fundar — ou refundar — mosteiros, depois fazendo espetaculares doações a eles, algo que se transformaria, sob seus sucessores, em uma verdadeira obsessão. No ano 1000 os locais sagrados vandalizados na fúria dos nórdicos haviam sido amorosamente restaurados; as relíquias protegidas tiradas dos esconderijos; os homens de Deus retornados do exílio. Quando o capelão do novo conde, filho e homônimo de Ricardo, louvou seu senhor como sendo "magnânimo, devoto e moderado, um extraordinário homem temente a Deus!",[24] sua adoração foi natural: Ricardo II de fato foi um patrono de igrejas à altura de qualquer príncipe da França. Talvez nada ilustre melhor a completa assimilação dos normandos no coração da cristandade que o fato de que também eles, na época do milênio, tendiam tanto quanto seus vizinhos francos a desprezar como sendo selvagem qualquer um que vivesse nos limites do mundo. Poder-se-ia pensar que isso era uma demonstração de hipocrisia verdadeiramente heroica da parte de descendentes de piratas que, acreditava-se amplamente, haviam sido mandados para o exílio de sua terra natal devido à sua própria lascívia descontrolada. Sobre os irlandeses, por exemplo, um povo que era cristão havia meio milênio, um poeta normando podia afirmar com alegre desprezo: "Eles copulam como animais, nem mesmo vestindo calças, porque estão sempre fazendo sexo".[25] O esnobismo havia completado o círculo.

Mas não que o novo governante dos normandos já houvesse concluído sua própria ascensão social. Diferentemente de muitos outros príncipes, Ricardo II se dedicava a cultivar o rei da França. Ajudava o fato de que as relações entre sua família e os capetianos sempre tivessem sido excelentes: dizia-se que o avô de Hugo Capeto havia sido padrinho de Rollo, enquanto uma de suas irmãs ao que tudo indica casou-se com o conde Ricardo I. O rei Roberto, cercado como estava por inimigos por todos os lados, naturalmente era grato por apoio quando conseguia algum: cavaleiros normandos tinham excelente reputação, e guerreiros enviados por Ricardo II regularmente tinham papel de destaque nas campanhas reais. E o *quid pro quo*? Bem, para o próprio Ricardo, sempre havia a satisfação de ser visto como um vassalo leal. Isso, contudo, estava bem aquém de suas ambições. O conde de Rouen tinha seus olhos argutos fixos em uma fonte de prestígio ainda maior. Em 1006 foi editado um decreto em que ele era pela primeira vez chamado não de conde, mas de "*dux*" — um duque.[26] Uma autopromoção verdadeiramente grandiosa: pois ser um duque era ser superior a todos exceto um rei. Em toda a França só havia dois outros senhores feudais que poderiam convincentemente reivindicar o título: os príncipes de Borgonha e Aquitânia. Era exatamente a exclusividade que dava a ele tanto apelo. Se o direito de Ricardo ao título fosse amplamente aceito pelos outros príncipes, ele então teria um prêmio sem dúvida impressionante para um descendente de senhores da guerra pagãos.

Mas a verdade desconfortável era que muitos de seus vizinhos continuavam a suspeitar bastante dele, precisamente porque não conseguiam esquecer suas origens. Anos antes de Ricardo reivindicar esse título grandioso, cronistas francos hostis já haviam chamado seu pai de duque — "o duque dos piratas".[27] Naquele momento, com o milênio, havia uma amargura renovada com o perpétuo ataque de voracidade normanda. Os nórdicos haviam se colocado novamente em movimento nos mares. Drácares estavam fundeando novamente nos portos

As Ilhas Britânicas no ano 1000

RUMO AO OESTE

da Normandia. Seus mercados estavam mais uma vez se enchendo com o butim tomado de antigos povos cristãos. Na verdade, naquele momento não eram os francos que se viam alvo da cobiça nórdica. Mas eles só precisavam erguer os olhos para o Norte, na direção do reino de outro rei ungido, um rico e famoso, para serem lembrados de sua própria agonia nas mãos dos piratas e estremecer.

Pois o reino dos ingleses estava em chamas.

Eternamente ligado ao mar triunfante

"O fim da Terra Intermediária está próximo".[28] Essa convicção, à qual se aferravam muitos nas terras que um dia haviam formado o império franco, causava a mesma ansiedade do lado oposto do canal da Mancha. Os mares iriam secar, a terra seria consumida pelo fogo, o próprio céu se fecharia como um livro: estes eram os elementos de muitos sermões ingleses. Naturalmente, os que os proferiam tendiam a proteger suas profecias com elementos de ansiedade: pois eles eram os herdeiros de Alcuíno e de muitos outros eruditos e sabiam perfeitamente bem que era proibido até mesmo a um anjo calcular o momento do fim do mundo. Ainda assim, como uma criança com uma casca de ferida, eles achavam difícil ignorar. Um sermão típico pode ser datado com grande precisão para o ano de 971.[29] Embora tenha escolhido o dia do Juízo Final como tema, o autor tem escrúpulos em fazer qualquer menção ao milênio próximo. Ele alertou gravemente a seu rebanho: "Pois tão protegido pelo segredo é o fim dos tempos que ninguém em todo o mundo, por mais santificado que seja, e nem mesmo no céu, a não ser o próprio Senhor, soube um dia quando se dará". Até aí, bastante ortodoxo; mas a contenção do pregador não duraria muito. De fato, na frase seguinte ele se solta, mergulhando em uma frenética especulação. De repente proclama: "O fim não pode estar longe. Apenas o advento do maldito estrangeiro, o Anticristo, que ainda surgirá na face da Terra, continua a ser esperado. Fora isso, todos os sinais e alertas que nosso Senhor nos contou que anunciariam o dia do Juízo já se deram".[30]

A não ser que, para a plateia do pregador, isso não fosse tão claro. Em 971, a Inglaterra vivia uma ordem notável. Os sintomas do fim do mundo pareciam seguramente confinados a além-mar. Na verdade, o canal se alargava. Enquanto o império dos francos se fragmentava em meio às convulsões da guerra e de revoltas sociais, os ingleses se fundiam em uma única nação; enquanto a linhagem de Carlos Magno definhava, se tornando uma impotência espectral, um monarca de riqueza e poder sem precedentes se consolidava na Inglaterra. A dinastia chamava a si mesma de *"Cerdicingas"*, "a casa de Cerdic": um título que reluzia com todo o prestígio que apenas uma Antiguidade realmente impressionante podia dar. Pois, nos tempos distantes, quando os ancestrais dos ingleses chegaram pela primeira vez à Grã-Bretanha, Cerdic foi seu líder, um aventureiro saxão com meros cinco barcos, mas que ainda assim conseguiu conquistar um reino para si.

Na verdade houve muitos outros senhores da guerra que fizeram o mesmo; mas foi Wessex, a terra dos saxões ocidentais, um reino governado sem interrupção pelos herdeiros de Cerdic ao longo dos séculos posteriores, que mais se destacou.[31] Com o primeiro milênio chegando ao fim, ele dominava não apenas o sul da Inglaterra, onde ficava seu berço, mas todas as terras onde os ingleses haviam se assentado, de modo que mesmo os habitantes da Nortúmbria, que na época de Carlos Magno eram um povo orgulhoso e independente, "choravam por sua liberdade perdida".[32] Na Inglaterra, claramente no sentido oposto do que acontecia em outros pontos da cristandade, antigos principados não estavam se fragmentando, mas se unindo e fundindo. O rei de Wessex se tornara também o rei dos ingleses. As terras que ele governava haviam se tornado um reino unido.

Era uma realização grandiosa e brilhante. Mas o que a tornaria verdadeiramente marcante era que a base disso havia sido criada nas circunstâncias menos propícias imagináveis, em meio ao fogo, à carnificina e à tragédia da derrota. Reinos como a Nortúmbria haviam perdido sua independência mais de cem anos antes — e não para os saxões ocidentais. Outros inimigos, muito mais ágeis e predatórios, haviam se apresentado. Estando os ingleses instalados em uma ilha, em reinos recheados de mosteiros ricos e indefesos, não é difícil imaginar que eles estariam na mira dos nórdicos. Eles haviam chamado os invasores de *"wicingas"*: "ladrões". Com bastante justiça; pois os *wicingas*, os "vikings", buscaram limpar suas terras. Reino após reino foi saqueado, desmembrado e derrubado.

Durante alguns meses terríveis até mesmo Wessex parecia prestes a cair: pois no inverno de 878 seu rei, Alfredo, havia sido emboscado, tendo fugido para um pântano. Em um momento em que o futuro da humanidade corria perigo, entre os polos opostos da ruína e da redenção, isso havia sido um teste mais perigoso que qualquer enfrentado por um rei da Francia. Alfredo o superara: ele não se curvou, e não se curvando salvou seu povo para a cristandade. Saindo dos pântanos, ele conseguiu livrar seu reino dos invasores: plantou em Wessex, a intervalos regulares, cidades cercadas por muralhas e dotadas de mercados para gerar impostos de guerra; fortaleceu seu povo para a luta constante. O fruto desse esforço, colhido por seus herdeiros nas décadas seguintes, foi verdadeiramente espetacular. Os senhores vikings que haviam assumido o poder além das fronteiras de Wessex foram sistematicamente submetidos. Da mesma forma, nos redutos celtas onde os ingleses nunca haviam se estabelecido, se submeteram os nativos da Cornualha, os galeses e os escoceses. Em 937, em uma batalha sangrenta e titânica que durante muito tempo seria celebrada como a maior vitória já conseguida por um rei inglês, Athelstane, neto de Alfredo, enfrentou uma coalizão de inimigos vindos de todas as Ilhas Britânicas e a derrotou.[33] Em suas moedas e em seus decretos ele reivindicou um título ainda mais grandioso que o de "rei dos ingleses": "rei de toda a Bretanha". Também além-mar, na Irlanda, admiradores o reconheceram como "a viga-mestra da dignidade do mundo ocidental".[34]

Mas não era apenas nos limites da cristandade que os homens se encantavam. Bem além do canal, na França, ninguém menos que o pai de Hugo Capeto, o poderoso "duque dos francos", enviou mensageiros para pedir em casamento uma das quatro irmãs de Athelstanc. Como dote, o duque mandara para a Inglaterra uma rica coleção de relíquias — incluindo a mais inestimável de todas, a própria lança que perfurara a lateral do corpo de Cristo. Uma vez de propriedade de Carlos Magno e usada por ele em suas guerras contra os sarracenos, havia sido uma arma de evidente poder milagroso.[35] Assim, nada mais adequado que ela passasse para as mãos dos *Cerdicingas*: pois sua reação aos nórdicos havia sido tão triunfal que parecera ela mesma quase um milagre. Outros reis cristãos certamente haviam conseguido tirar dela uma lição poderosa e inspiradora: não apenas que os pagãos podiam ser expulsos, mas que sua derrota podia estabelecer as bases para um império.

Então talvez fosse natural que as vitórias da Casa de Wessex tenham sido mais apreciadas na Saxônia, a terra natal de Cerdic. Em 929, *lady* Edith, outra das irmãs de Athelstane, viajara para lá de modo a desposar um príncipe adolescente, o futuro Otão, o Grande: um homem com um destino verdadeiramente imperial. Assim como a Casa de Wessex, a família real saxã já estava de posse de uma lança com uma carga sobrenatural, sua própria Lança Sagrada; mas a presença ao lado de Otão de uma santa e amada rainha inglesa sem dúvida serviu para confirmar ainda mais a seu povo as glórias reservadas a ele por Deus. Foi por estímulo de Edith, por exemplo, que o marido iniciou a construção de seu grande mosteiro em Magdeburgo; e anos depois, com Edith já morta e o próprio Otão coroado césar, foi para o mesmíssimo mosteiro que ele transferiu as relíquias de São Maurício e — quando não era necessária em uma campanha — a Lança Sagrada.

Enquanto isso, na Inglaterra, os *cerdicingas* haviam começado a parecer, em comparação, um tanto provincianos. Athelstane, preocupado em assegurar a sujeição da Cornualha, começara a reformar a cidade fronteiriça de Exeter; e foi ali, em uma abadia fundada pelo próprio rei, que ele entronizou sua lança sagrada. Contudo, relíquia inestimável ou não, ela logo começou a acumular poeira: pois enquanto Magdeburgo era sentinela das vastas terras do paganismo, além da Cornualha só se estendia o mar. Não importava que houvessem sido os reis de Wessex os primeiros a seguir pela trilha imperial; eles nunca poderiam esperar competir em encanto com um imperador ungido pelo papa em Roma. Em 973, quando o pequeno mas formidável sobrinho de Athelstane, Edgar, que já havia sido coroado, decidiu que queria imitar a coroação de Otão, o melhor ambiente que ele encontrou para a cerimônia foi Bath: com certeza um lugar coberto de relíquias do passado romano, mas não a Cidade Eterna. E mesmo seu feito seguinte — convocar uma série de principelhos celtas para transportá-lo por um rio em um barco a remo — na verdade não foi tão impressionante quanto deve ter parecido aos espectadores boquiabertos que os viam passar: pois desde os dias de Athelstane o poder que o rei inglês alegava ter sobre seus vizinhos turbulentos se transformara em pouco mais que espetáculo. O governo de "toda a Bretanha" se revelara uma quimera, escorrendo por entre os dedos esticados de Edgar. A verdade era que todas as suas tentativas de se mostrar imperial serviram apenas para enfatizar a pequena estatura do reino dos ingleses em comparação com o *Reich*.

De pequena estatura — mas também compacto. Como os acontecimentos iriam demonstrar, isso não era uma desvantagem: pois permitira uma experiência em construção de Estado que se mostraria tão duradoura quanto inovadora. Embora as terras governadas pela Casa de Wessex carecessem de diversidade, isso era compensado pela coesão. Os mares que limitavam as ambições de Edgar haviam ajudado a alimentar uma precoce noção de unidade nas terras que ele de fato comandava. Mesmo nos confins mais ao norte e mais ensanguentados do reino, pelos quais um rei saxão ocidental só podia viajar com uma compacta escolta militar e onde, na esteira da morte de Athelstane, uma dinastia de senhores da guerra vikings conseguira um retorno espetacular, embora passageiro, o povo da Nortúmbria ainda se identificava como ingleses. Embora pudessem estar distantes das terras reais do sul, ainda assim falavam a mesma língua que os saxões ocidentais, veneravam os mesmos santos e se orgulhavam de pertencer à mesma Igreja nacional. Acima de tudo — e esse talvez seja o mais impressionante dos feitos políticos da Casa de Wessex — eles reconheciam o direito de uma mesma autoridade central governá-los e se meter em seus negócios. Na Inglaterra não havia equivalentes aos condes de Flandres ou de Anjou. Por mais ameaçador e mesmo feroz que pudesse ser um conde da Nortúmbria, ele cuidava do norte não por direito de herança, mas como um agente nomeado pelo rei. Ao sul, o controle real era ainda mais seguro. Os *cerdicingas* eram donos de terras por toda parte. Não havia a possibilidade de Edgar permitir que seus nobres fizessem o que quisessem, fosse construindo castelos, recrutando exércitos particulares ou assumindo o controle de cortes públicas. Se na França a visão de um corpo mutilado abandonado junto a uma estrada para ser bicado por pássaros era motivo de alarme para os viajantes, sinal de falta de lei, na Inglaterra provavelmente significaria o contrário: o longo alcance do Estado. Cegar, escalpelar, enforcar: tudo era feito com terrível eficiência. Violência era respondida com violência; selvageria com selvageria. Até mesmo condados inteiros podiam ser arrasados sistematicamente quando tentavam se opor à vontade real. Justiça e ordem eram o que Edgar prometera dar aos ingleses em seu juramento de coroação; e de acordo com sua própria visão severa, justiça e ordem eram exatamente o que ele dava. Que um homem com tal punho de ferro pudesse acabar sendo conhecido como "o Pacificador" sugere que seus súditos não discordavam.

Então estariam iludidos os pregadores que alertavam os ingleses de que o dia do Juízo estava próximo? Muitos temiam que não. Quando Edgar morreu em 975, apenas dois anos após sua pândega em Bath, o reino unido da Inglaterra que ele deixou ainda era em grande medida uma obra em construção; não havia como ter certeza de que ele permaneceria íntegro. Quando a *Witan*, a assembleia dos maiores homens do reino, se reuniu para escolher um novo rei, um cometa cruzou o céu, levando muitos a temer o que ele pressagiaria. Estavam certos em fazê-lo — pois o trono era reivindicado por dois meios-irmãos rivais. O primeiro, Eduardo, era maligno, instável, possivelmente ilegítimo — e adolescente. O segundo, Ethelred, era o filho de *lady* Elfrida, a mulher mais poderosa e ambiciosa do reino e rainha ungida de Edgar — mas tinha apenas 7 anos de idade. Os votos foram para Eduardo. Elfrida se recolheu a um retiro amargurado.

Uma guerra civil foi evitada; mas sob a superfície as facções rivais continuaram a atuar. Em 978, três anos após ascender ao trono, Eduardo baixou a guarda o suficiente para ir caçar perto de Corfe, uma fortaleza no litoral de Wessex onde por acaso estava sua madrasta. Quando cavalgava pela floresta um grupo de homens armados de repente o cercou; seu braço direito foi agarrado e quebrado, e uma adaga cravada na lateral do corpo; o rei moribundo, o pé preso ao estribo, foi então levado pelo cavalo a galope em meio a espinheiros e trilhas.* Quando finalmente foi encontrado, o cadáver estava mergulhado em um charco.[36] Depois seria considerado que "nada pior que isso aconteceu à raça inglesa desde que ela conquistou a terra da Bretanha".[37] O assassinato de um rei ungido e a incapacidade de seus parentes de vingá-lo certamente pareciam um agourento sinal dos tempos. Foi dito que uma coluna de fogo, tremeluzindo acima do deserto ao qual Eduardo havia sido entregue, marcava o terrível local em que seu corpo violado estava; ainda mais assustador, no momento em que Ethelred, de 10 anos de idade, era consagrado rei, "uma nuvem sangrenta foi vista, muitas vezes semelhante a chamas; e ela aparecia principalmente à meia-noite, formada de vários fachos, e quando nascia o dia ela deslizava para longe".[38] Seus súditos devem ter estremecido, pois sem dúvida havia entre eles alguns que lembravam que o surgimento de "uma grandiosa nuvem sangrenta no Norte, cobrindo todo o céu",[39] seria uma prova certa de que o fim dos tempos finalmente chegara.

Entretanto, ele não chegou. Não importava que Ethelred não passasse de uma criança; não importava que sua mãe — justificadamente ou não — fosse suspeita de assassinato. Não importava que aquele fosse apenas o segundo rei, além de seu meio-irmão, a ter herdado o governo de uma Inglaterra unida em vez de ter de lutar por ele: o reino não se fez em pedaços. Na verdade, o fato de o assassinato de Eduardo ter sido considerado particularmente chocante era uma evidência de como seus contemporâneos haviam se acostumado ao primado da lei; pois dizia-se, com razão, que o jovem rei foi "o primeiro homem de sangue nobre a ter perecido como resultado de uma rivalidade civil em mais de cinquenta anos".[40] Os conselheiros de Ethelred fizeram o possível para garantir que ele também fosse o último. Rivalidades foram conscientemente abafadas. *Lady* Elfrida, que retornara em triunfo à corte, foi suficientemente generosa em sua vitória para garantir que proeminentes partidários do rei assassinado recebessem uma parcela justa dos postos oficiais disponíveis. Com um ano de reinado do filho ela sequer fez objeção a que o corpo de seu enteado fosse resgatado e enterrado com todas as honras reais. Imediatamente, aqueles que visitaram o túmulo relataram milagres espetaculares e saudaram Eduardo como um mártir: um poderoso testemunho do apelo que um rei da Casa de Cerdic, mesmo um cuja vida não houvesse sido

---

*A prova disso foi dada por uma autópsia realizada na ossada de Eduardo em 1963. É possível, claro, que as conclusões do patologista estivessem equivocadas — ou mesmo que os ossos não fossem de Eduardo.

santificada, exercia sobre os ingleses. Não surpreende, portanto, que Ethelred tenha sobrevivido aos seus anos de infância sem ser desafiado, pois ele era o último de sua famosa linhagem.

Mas no final, como ficou evidente com o triste fim dos carolíngios, as pretensões mesmo da dinastia mais gloriosa não são nada se não forem erguidas sobre bases sólidas. O prestígio precisa ser conquistado, além de herdado, uma máxima que os reis saxões ocidentais sempre seguiram de modo obstinadamente literal. O legado mais precioso transmitido por Edgar a seus sucessores não era a aura de santidade que buscara dar a si, mesmo em Bath, mas uma medida tomada no mesmo ano de 973, uma medida tão ambiciosa que dera a ele a licença de cunhar o dinheiro de seu reino. Uma só moeda para um só povo: este havia sido o princípio de Edgar. Moedas estrangeiras, moedas obsoletas, moedas de prata sem a pureza exigida: todas foram consideradas ilegais. Essa era uma reforma verdadeiramente grandiosa, em uma época em que podia haver até vinte diferentes moedas circulando em um único condado da França. E também lucrativa: pois não apenas o reino foi transformado em um único mercado, como se tornou mais fácil cobrar impostos. Não espanta que Ethelred continuasse com a reforma. A partir do ano de sua coroação ele regularmente ordenou que todos os *pennies* de prata do reino fossem recolhidos, remarcados e depois — após ele ter retirado uma parcela — devolvidos. A pena para fraudes foi aumentada de mutilação para morte. As propriedades eram obsessivamente identificadas, auditadas e avaliadas para cobrar impostos. Era invasão de privacidade em um grau a ser admirado em Constantinopla ou Córdoba. Certamente não havia nada sequer remotamente comparado a isso em outra parte do Ocidente cristão. A Inglaterra podia não ser um império extenso, nem ocupado por um césar ungido, mas seus governantes sem dúvida tinham recursos para gastar.

Porém, do mesmo modo como o comerciante que viajava de mercado em mercado com prata em seus alforjes corria um risco, também Ethelred. Mesmo com as cidades fundadas por Alfredo crescendo e prosperando, com a aristocracia cobrindo de ouro, incenso e sedas grandes igrejas e a si mesma e com as arcas do tesouro do rei continuando a transbordar, ainda resistia na cabeça de muitas pessoas uma pergunta insistente; e se os *wicingas*, os "ladrões do mar", retornassem? A Inglaterra certamente não era carente de nórdicos. Os terríveis ataques dos séculos anteriores, que testemunharam reinos inteiros serem tomados por chefes militares vikings e divididos entre seus seguidores, deixaram os condados orientais densamente ocupados por assentados. Várias gerações depois, os descendentes desses imigrantes ainda tinham uma aparência diferente; os homens, por exemplo, gostavam de usar delineador nos olhos e raspar a parte de trás da cabeça. Mais escandaloso aos olhos dos ingleses devotos era o hábito de tomar banho aos sábados: um sinal de efeminação ainda mais surpreendente em pessoas conhecidas por sua selvageria animalesca. Ainda assim, havia muitos nativos, com inveja do sucesso com as mulheres pelos quais os nórdicos ficaram famosos, que não se furtavam a adotar eles mesmos alguns de seus hábitos mais afetados; e a integração havia muito ganhara força, com ingleses e escandinavos trocando dicas de maquiagem e penteado. Ajudava que os imigrantes fossem cristãos, por força dos tratados impostos a seus antepassados por Alfredo e seus sucessores; também ajudava que seu idioma, suas leis e seus hábitos fossem semelhantes aos dos ingleses. Não que Ethelred pudesse se permitir baixar a guarda: pois especialmente na Nortúmbria, onde grande parte da aristocracia era escandinava, sempre havia boatos de traição. Mas em geral as autoridades saxás ocidentais podiam ficar tranquilas com a suposição de que a paz do rei beneficiava tanto aos imigrantes quanto aos nativos. Enquanto ela resistisse, era improvável que os escandinavos da Inglaterra se revelassem inimigos internos.

Era verdade, claro, que o poder da Casa de Wessex não se estendia a todos os nórdicos que haviam imigrado para as Ilhas Britânicas. Na Irlanda, seguindo a prática de fincar raízes junto a um estuário, piratas vikings haviam fundado uma fortaleza especialmente florescente junto ao "Dubh Linn", ou "Lago Negro", perto da foz do rio Liffey; na verdade tão florescente que o assentamento acabara se tornando o maior mercado de escravos da Europa ocidental. Não surpreendentemente, eram os próprios irlandeses que forneciam aos dublinenses sua principal mercadoria de exportação; ainda assim, todos aqueles que singravam os mares ou viviam no litoral tinham de se considerar alvos potenciais. Em um caso famoso, a esposa de ninguém menos que um visconde franco foi raptada e mantida em cativeiro durante três anos; apenas a intervenção pessoal do conde de Rouen conseguiu libertá-la.

Nos anos 980 também os ingleses, especialmente no oeste do país, estavam vendo um grande aumento no número de ataques lançados ao seu litoral. Previsivelmente, a experiência de ser despachado no drácar de um escravista era desagradável: de fato, uma provação que só se desejava ao pior inimigo. "Ele foi insultado e urinado e depois, despido, obrigado pelos vikings a prestar os favores sexuais de uma esposa"[41]: assim regozijou um poeta normando, vendo o destino de um rival irlandês raptado por piratas. Era comum o estupro coletivo — "a prática de pecados hediondos com uma única mulher, um após o outro, como cães que não se incomodam com a sujeira".[42] Não espanta que na Inglaterra os religiosos costumassem comparar o próprio demônio a um escravista, aquele "que guia seus prisioneiros como cativos para a cidade infernal em uma escravidão diabólica".[43] Mas mesmo que eles erguessem as vozes em protestos devotos e mesmo com Ethelred enviando barcos para patrulhar o mar da Irlanda, a verdade é que o comércio de escravos podia significar tanto perda quanto lucro. A cadeia de suprimentos que ligava os vikings à fabulosa riqueza de al-Andalus também criava oportunidades para comerciantes ingleses. Assim como os dublinenses, eles tinham até mesmo uma oferta constante de celtas à sua porta — os *"Weallas"*, ou galeses, cujo próprio nome era originalmente sinônimo de "escravos" — e um porto movimentado, em uma localização ideal para a exportação de gado humano. Dizia-se de Bristol: "Podia-se ver e lamentar pelas filas de infelizes atados por cordas, jovens de ambos os sexos cuja aparência e inocência juvenil poderiam despertar a piedade de bárbaros, diariamente expostos à prostituição, diariamente colocados à venda".[44] Um exagero, claro, pois o espetáculo não costumava induzir bárbaros à piedade, nem os comerciantes de Bristol. Na verdade, no milênio o porto começava a rivalizar com a própria Dublin como entreposto dos mares ocidentais, com um histórico de negociar escravos com o califado e além, na África, que indicava um brilhante futuro comercial.

No entanto, com o novo milênio cada vez mais próximo, teria sido necessário um otimismo pervertidamente alegre ver no aumento dos ataques vikings a melhoria das perspectivas de algum lugar da Inglaterra. Uma compreensão alarmante começava a iluminar Ethelred: que simplesmente havia piratas demais infestando águas inglesas para que todos eles fossem originários da Irlanda. Aparentemente os tesouros reunidos em seu reino eram tão imensos que seu brilho estava se projetando além da vastidão cinza dos mares enevoados do Norte, até a Escandinávia. Era revelador, por exemplo, que o mais temido de todos os capitães vikings fosse um homem "experiente em adivinhação"[45] cujo talento para jogar ossos de pássaros e ler neles o padrão daquilo que de outro modo teria permanecido oculto lhe dera a sinistra alcunha de "Craccaben" — "Osso de Corvo". Olavo Tryggvesson era norueguês, um homem do "Caminho do Norte", um reino tão distante de tudo o que compunha a ordem cristã que dizia-se que até mesmo suas mulheres tinham barbas "e feiticeiros, encantadores e outros ajudantes do Anticristo" estavam por toda parte.[46] Fosse em consequência de suas habilidades de necromante ou não, Tryggvesson certamente tinha faro para butim; e, de fato, como um corvo sentindo o perfume de carniça, ele acabara caçando nas rotas marítimas inglesas.

Em 991, era tal o encanto e o prestígio do nome de Trygvasson que havia pelo menos 92 outros barcos navegando ao lado do dele, atacando o litoral de Kent e Essex, saqueando e queimando praticamente sem enfrentar oposição. Então, em agosto, quando estava acampado perto de Maldon, ao norte da foz do Tâmisa, Trygvasson e seus comparsas flibusteiros foram finalmente apanhados pelos ingleses; desafiados a deixar a ilha onde seus navios estavam ancorados, os vikings o fizeram para descobrir que corriam o risco de ser eliminados.[47] Eles lutaram selvagemente até que por fim, em um esforço sangrento e desesperado, conseguiram colocar os homens de Essex em fuga. Foi deixado para trás como um cadáver no campo o comandante inglês, Britnoth, um valente conde de barbas brancas, que permaneceu inabalável com seus guarda-costas em meio ao massacre, crivado de flechas, ferido por machado, recusando-se a cair.

Ele certamente teve um fim heroico, mas embora Britnoth tenha descartado "evitar a investida das lanças pagando tributos",[48] sua derrota deixou Ethelred com poucas alternativas caso quisesse poupar Kent e Essex de ruína maior. Assim, foram recolhidas dez mil libras em impostos, "Dane-geld", como ficaram conhecidas; e mesmo no momento em que a quantia prodigiosa era entregue, todos sabiam que era apenas um paliativo. A fome de Trygvasson havia sido atendida, não saciada; e ele de fato retornou em busca de mais em 994. Primeiramente liderou um ataque a Londres; depois, após ter sido rechaçado, roubou cavalos para seus homens e cruzou o interior de Wessex. Em síntese, um desafio aberto a Ethelred, e também um insulto calculado. Todos prenderam a respiração e esperaram para ver o que o rei da Inglaterra iria fazer.

A reação, quando aconteceu, se revelou bem menos que gloriosa. Não foi feita nenhuma tentativa de confrontar Trygvasson. Em vez disso, Ethelred novamente optou por uma sangria em seus infelizes súditos. Dessa vez a quantia levantada foi de 16 mil libras. Os ingleses, que já eram o povo da cristandade que mais pagava impostos, previsivelmente amaldiçoaram essa iniciativa; e embora o próprio rei, sendo o ungido do Senhor, continuasse imune a críticas diretas, o mesmo não era verdade para seus conselheiros. As pessoas começaram a sussurrar um trocadilho em forma de título para Ethelred: *"unready"*, "o despreparado".[49] Mas isso era cruel. Era de se esperar uma certa dose de desconcerto entre os conselheiros reais. Ethelred estava à deriva em águas desconhecidas. Afinal, não havia outro governante no Ocidente cristão que pudesse se orgulhar de administrar um

RUMO AO OESTE

governo mais eficiente, comandar um povo mais próspero ou arrecadar mais dinheiro; contudo, de forma bizarra, em vez de fortalecer seu reino essas mesmas conquistas pareciam estar apenas o abalando. Quanto mais Ethelred via a riqueza da Inglaterra como fonte de vulnerabilidade, mais, perplexo e desesperado, ele tentava transformar isso em uma vantagem. Assim, buscando uma solução, ele optou por uma reação dupla: iria controlar ao máximo a moeda real, a fortalecendo, até mesmo a transferindo, se fosse possível, para fortalezas distantes e antigas nas montanhas; e simultaneamente tentaria se livrar dos problemas.

Podia ser desprezível, mas como política isso na verdade estava de acordo com a grandiosa tradição de medidas tomadas por reis pressionados. O pagamento feito a Trygvasson tinha uma série de exigências conhecidas. Como Rollo, ele havia sido obrigado a se tornar cristão; suspender os saques; se aliar ao mesmo senhor que antes assediara. Contudo, não que estivesse nos planos de Ethelred ver uma nova Normandia se instalar em solo inglês. Longe disso. A presença de navios vikings em portos normandos e de escravos e butim ingleses em mercados normandos não passara despercebida do outro lado do Canal. De fato, o clima era tão ruim entre os senhores feudais da Inglaterra e da Normandia que o próprio papa havia sido obrigado a interferir, relembrando ao conde de Rouen sua obrigação cristã de não confraternizar com piratas. Ricardo se desculpara devidamente, assinara um tratado — e continuara a agir exatamente como antes. Ethelred certamente se deu conta de que era uma prova ameaçadora de que mesmo um normando batizado nunca perdia inteiramente suas presas. Aparentemente a pilhagem sempre seria seu verdadeiro deus. Não tinha importância que em seu batismo Trygvasson houvesse se tornado afilhado de Ethelred; claramente estava fora de questão para ele poder fincar raízes na Inglaterra.

Felizmente, o próprio Trygvasson concordava. Suas ambições eram maiores que as de Rollo. Já louvado por poetas em todo o mundo viking, e nadando em prata inglesa, ele também havia sido incendiado pelo zelo de um verdadeiro converso: convencido de que a Providência o escolhera pessoalmente para ser o rei do Caminho do Norte e levar seus compatriotas à fé em Cristo. Era uma ideia embriagante e que ele depois alegaria ter sido resultado de um encontro fortuito com um profeta eremita. Contudo, é muito mais provável que tenha sido Ethelred, ocupando o trono em meio à riqueza e à magnificência adequadas a seu alto posto, quem sussurrara no ouvido de Trygvasson que também ele poderia esperar usar a coroa de um rei cristão. Enquanto o capitão norueguês partia para sua terra natal, eventualmente parando ao longo da costa para saquear e assassinar em nome do Príncipe da Paz, ele seguramente o fez com a fervorosa bênção de seu padrinho. E Ethelred deve ter suspirado de alívio. Ele conseguira uma vitória considerável. Comparado com Trygvasson e seus bandos guerreiros, os vikings ainda em águas inglesas eram pouco mais que um incômodo. Campos ainda podiam ser incendiados, propriedades saqueadas e prisioneiros feitos; mas com a aproximação do milênio, Ethelred começava a exercitar seus músculos de uma forma bem mais arrogante. No ano 1000, ele comandou pessoalmente uma expedição à Escócia, no Norte, causando devastação, enquanto uma segunda era enviada à Normandia para atacar os vikings e obrigar os piratas a provar de seu próprio remédio. Dois anos depois, Ethelred parecia uma figura suficientemente intimidadora para convencer o próprio conde de Rouen a se curvar e assinar um segundo tratado. "E então, na primavera, a senhora, filha de Ricardo, chegou a esta terra[50]."Assim um inglês relatou a chegada a Wessex de Ema, irmã de Ricardo II, uma mulher de formidáveis inteligência, talento e ambição, absolutamente adequada a um rei. Enviada pelo irmão para selar sua nova aliança, ela se casou com Ethelred na mesma primavera. Sentada ao lado de seu marido real, Ema parecia aos ingleses o símbolo vivo de que o pior havia passado: que o campo de trigo do reino de Ethelred finalmente estava seguro contra pés estrangeiros, chamas sanguinárias, pragas, tempestades e ruína.

Mas o próprio Ethelred ainda precisava dar um último passo. Tendo sido encarregado por Deus de defender o povo inglês, e consciente, como certamente era, do terrível significado do novo milênio, como poderia ele não temer que algo além de trigo estivesse florescendo no solo fértil de seu reino? "O que semeia a boa semente é o Filho do Homem", explicara Cristo a Seus discípulos. "O campo é o mundo. A boa semente são os filhos do reino. O joio são os filhos do Maligno. O inimigo, que o semeia, é o demônio. A colheita é o fim do mundo. Os ceifadores são os anjos. E assim como se recolhe o joio para jogá-lo no fogo, assim será no fim do mundo[51]". E aparentemente o fim do mundo estava ao alcance da mão; então era tempo de recolher o joio e lançá-lo às chamas. Embora Trygvasson e seus homens houvessem partido, havia outros nórdicos, dinamarqueses, vivendo abertamente nas cidades da Inglaterra, comerciantes atraídos para lá em grande número pela riqueza sem par do reino, e vivendo em paz, era verdade — mas, de qualquer forma nórdicos. Quem, então, poderia dizer quais atrocidades eles estariam tramando? Quem poderia dizer que ajuda poderiam dar a um invasor viking? E assim, como se justificou Ethelred, "um decreto foi publicado por mim com o conselho de meus principais homens e magnatas, para que todos os dinamarqueses que brotaram na ilha, como joio em meio ao trigo, sejam destruídos com um justo extermínio — e este decreto será cumprido até com a morte".[52]

O massacre aconteceu em 13 de novembro, dia de São Brício. A confiar nas descrições cruas de contemporâneos, foi espantosamente abrangente. Ethelred evidentemente era tão eficiente na organização de um *pogrom* quanto em extorquir impostos de seus súditos. Considerações de caridade cristã parecem não ter abrandado a falta de misericórdia com que a operação foi executada. Em um episódio especialmente tenebroso, em Oxford, os dinamarqueses foram incinerados quando tentavam se proteger dentro de uma igreja. Em vez de servir para tranquilizar os ingleses de que seu reino estava sendo protegido contra o advento do Anticristo, tal ato de destruição levou muitos a temer o contrário. "Mas o dia e a hora ninguém sabe."[53] Essas foram as conhecidas palavras empregadas por Wulfstan, bispo de Londres e o mais brilhante conselheiro de Ethelred, ao tentar tranquilizar seu rebanho de que o final dos tempos não havia chegado; mas nem mesmo ele conseguia esconder dos que o escutavam qual seria o maior sinal do Anticristo. A derrubada do templo de Deus, da casa de Deus: este seria o sinal.

E naquele momento as pedras de uma igreja fumegavam no coração da Inglaterra, cobertas com a gordura de cinzas humanas, um verdadeiro matadouro. Se era um sinal, então era ameaçador.

Ragnarok

Contavam-se estranhas histórias a respeito do retorno de Olavo Tryggvesson à Noruega. Dizia-se que um dia, após ele ter conseguido derrubar o homem forte local e dado a ele um fim triste em um chiqueiro, decapitado por seu próprio escravo, o novo rei sentiu vontade de divertir-se. De repente, apareceu a seu lado um ancião de cabelos brancos e um olho só, vestindo um manto. Ao conversar com o estranho, Tryggvesson descobriu que não havia nada que o ancião não parecesse saber, nem qualquer pergunta que não pudesse responder. Os dois conversaram a noite toda, e embora o rei acabasse sendo convencido a se recolher por um bispo inglês nervoso que suspeitava do estranho de um olho só, Tryggvesson não conseguiu encerrar a conversa, continuando com ela mesmo deitado sobre suas peles, até tarde da noite. O ancião finalmente o deixou e o rei adormeceu; mas seus sonhos foram estranhos e delirantes. Despertando de repente, ele chamou pelo estranho novamente. Embora seus criados tenham procurado, não conseguiram encontrar o velho; e Tryggvesson, recuperando o juízo com a luz do dia, estremeceu com o risco que correra. Quando contaram que dois pedaços de carne, presente do estranho, haviam sido usados em um ensopado, ele ordenou que todo o caldeirão fosse jogado fora. Um ato devoto e responsável, pois claramente não havia como ele, um seguidor de Cristo, comer carne dada por Odin.

Não nos é dito o que exatamente seus próprios seguidores pensaram dos escrúpulos de seu rei ao verem sua refeição ser jogada no lixo. Sem dúvida alguns devem ter ficado absolutamente perplexos. Um senhor com algum instinto de autopreservação não negava nada a seu pessoal. Dar boas coisas aos homens que lutavam por ele, fosse carne, braceletes de ouro, capas vermelhas ou cotas de malha, era a única obrigação de um líder nórdico. Não faça isso e sua queda será rápida. Tryggvesson, que nunca fora a lugar algum sem lobos e aves de rapina o servindo, que se tornara o herói de uma miríade de canções sanguinolentas, que fizera todo o Ocidente sangrar para poder dar seus tesouros a seus guerreiros, com certeza não era homem de esquecer essa verdade básica. A carne que ele se sentira obrigado a jogar fora teria sido substituída por carne roubada ou extorquida de alguma outra fonte. Ele nunca permitiria que suas mesas ficassem vazias. Sem dúvida naquela mesma noite, enquanto seus seguidores se banqueteavam em seu salão, Tryggvesson, um presenteador ímpar, teria distribuído ouro entre eles, ou elmos decorados, bainhas de espadas feitas de prata, tesouros espantosos brilhando à luz do fogo.

Não espanta que o rei dos antigos deuses tenha feito uma visita a ele. Sabia-se que a cena de um grande senhor dividindo o butim com seus seguidores encantava Odin; e talvez, como insinua a história da conversa noturna de Tryggvesson, de fato fosse necessária grande força de vontade para qualquer nórdico, mesmo um batizado, dispensar o "Pai de todos". Mas Tryggvesson, cuja carreira havia sido um exercício de força de veneração, não hesitara em sua lealdade a Cristo — em grande medida pela mesma razão pela qual seu séquito continuou a segui-lo. Longe de tolher seu estilo de senhor da guerra, o Deus cristão parecia oferecer recompensas verdadeiramente assombrosas a ele, com sua fome predatória, seu desejo de poder e ouro, seu prazer no combate, na devastação e em cenas sangrentas. Como era adequado a um homem ambidestro que conseguia arremessar lanças simultaneamente com as duas mãos, Tryggvesson não deve ter se sentido na obrigação de fazer uma escolha entre sua nova religião e sua

RUMO AO OESTE

carreira de saqueador — pois uma alimentava a outra. Com o mesmo entusiasmo bucaneiro que anteriormente o levara a pilhar os ingleses, ele passou a intimidar o Caminho do Norte, esmagando ídolos, ameaçando líderes pagãos locais e forçando conversões à ponta da espada. Não importavam os resmungos ressentidos que ouvia à sua passagem; Tryggvesson não era um homem de escrúpulos: tudo o que fez foi calculado para redundar em sua própria glória. Ele havia visto o suficiente da cristandade e da dignidade, do esplendor e da riqueza de seus reis para saber que o paganismo não podia oferecer nada igual. Assim como Cristo reinava supremo sobre os outros deuses, também ele, à imagem de Cristo, reinaria supremo sobre seus compatriotas.

Previsivelmente, seus compatriotas reagiram a isso com diferentes graus de ressentimento e preocupação. A arrogância de senhores da guerra fanfarrões não era novidade na Escandinávia. O butim tomado da cristandade havia muito servira para fortalecer os poderosos grandes chefes, assim como os reis, à custa dos homens inferiores. Talvez fosse essa, mais do que as consequências da fornicação excessiva, como alegavam moralistas cristãos, a verdadeira razão para as ondas de emigração que por tantos anos despacharam tantos nórdicos para Normandia, Bretanha e Irlanda. Na verdade, alguns navegaram ainda mais longe rumo oeste. Além de onde o sol se punha, espalhadas pela "região norte da Terra depois da qual a água se esvai",[54] aventureiros da Escandinávia haviam descoberto uma sucessão de ilhas escuras, ambientes fendidos formados por glaciares, montanhas e eventuais trechos de grama. "Islândia", foi chamada a primeira encontrada — aparentemente bastante adequado, a crer nos relatos dos viajantes, já que se dizia que qualquer islandês que se aventurasse em espaço aberto no inverno e esquecesse de enxugar o nariz, o veria se partir e cair, "muco congelado e tudo mais",[55] e seria obrigado a jogá-lo na neve. Havia outros incômodos o ano todo, mesmo nos verões sem noite: dos espíritos traiçoeiros que viviam na Islândia desde o princípio dos tempos e atraíam os distraídos para a ruína em campos de lava ou poças de lama fumegante, até a comida reconhecidamente intragável: a papa gordurosa de algas e sebo que causava tamanha devastação na barriga dos assentados que se dizia que as geleiras ecoavam os estrondos de seus flatos.

Mas, independentemente desses contratempos, a Islândia foi rapidamente ocupada nas décadas que se seguiram à chegada dos primeiros colonos, nos anos 870 — de tal modo que nos anos 930 toda a terra agricultável inicial havia sido ocupada. Assim, os homens começaram a olhar ao redor em busca de novos horizontes. Em 986, durante um terrível surto de fome na Islândia, uma expedição

O mundo dos nórdicos

de cerca de 25 navios partiu na direção de um gigantesco território vazio que ficava ainda mais a oeste: "Groenlândia", a "Terra Verde", como foi chamada por um pioneiro anterior, talvez enganosamente, já que seu litoral oriental é bloqueado por muralhas colossais de gelo reluzente. Na costa ocidental, porém, ao longo das margens de fiordes recortados, de fato havia áreas verdes e até mesmo bosques; e foi ali, a uma distância inimaginável, que os colonos da Islândia, cerca de 450 deles, fincaram suas raízes.

"Uma casa sua, por mais pobre que seja, é boa".[56] Nada exemplifica melhor a apaixonada intensidade com que os nórdicos se aferravam a essa convicção do que sua presença no litoral varrido pelo mar da Groenlândia, junto à imensidão árida do oceano ocidental. Seu novo lar podia ser repleto de vida selvagem, mas em quase todos os sentidos era desprovido de recursos; assim não surpreende que alguns dos colonos, em busca especialmente de madeira, tenham continuado a se aventurar rumo ao oeste. Ao longo dos anos seguintes tais expedições relatariam a existência de ilhas ainda mais distantes, incluindo uma, chamada de "Vinland" por aqueles que alegaram tê-la descoberto, na qual havia uvas selvagens que "produziam um excelente vinho":[57] uma história fabulosa. Talvez, como sugeriam as histórias fantásticas contadas pelos groenlandeses, de fato houvesse terras estranhas nos limites mais ocidentais do mundo. Mas, se assim fosse, elas poderiam muito bem não existir, pois claramente estava fora de questão assentamentos em ilhas tão assustadoramente distantes. Depois se alegaria que alguns poucos exploradores mais lunáticos teriam feito a tentativa, mas a empreitada fracassou. Vinland — caso tenha realmente existido — era um passo longo demais, isso era evidente. As linhas de comunicação dos assentados, se estendendo por milhares de quilômetros, por mares selvagens e agitados por tempestades, a um mundo de distância da Escandinávia, haviam sido esticadas até o ponto de ruptura.

Pois mesmo os islandeses, presos à costa habitável de sua ilha inóspita e vulcânica, dependiam para sua sobrevivência de vínculos com as terras que haviam deixado para trás. Assim como os groenlandeses, eles tinham de buscar madeira no exterior, quanto mais o ouro e a prata que eram marcas fundamentais de posição para qualquer chefe que se respeitasse. Consequentemente, capitães da Islândia eram frequentadores habituais dos portos do Caminho do Norte — onde sua presença não passou despercebida a Olavo Tryggvesson. Nem o fato de que eles permaneciam grosseira e mesmo desafiadoramente pagãos — uma clara provocação ao autonomeado senhor da guerra de Cristo. Assim, Tryggvesson, que não era homem de ter os dedos em torno de uma traqueia e não apertar um pouco, anunciou que seu reino estava fechado a todos os comerciantes pagãos. Aqueles que já estavam presentes no Caminho do Norte foram presos e feitos reféns. Ao chegar à Islândia a notícia previsivelmente causou desalento e consternação. Aparentemente, mesmo a 1.200 quilômetros de distância a sombra de um senhor da guerra como Trygvasson podia se estender sobre o mar e ameaçá-los. Talvez realmente não houvesse como escapar dos reis.

Mas em vez de admitir isso e se submeter a tudo do que haviam tentado escapar, os islandeses estavam preparados para aceitar qualquer saída, até mesmo abraçar a fé em Cristo, se necessário. Porém, não segundo os termos de Tryggvesson. Eles fariam isso como homens livres vindos de toda a ilha e reunidos no *Thingvellir*, a planície gramada que era o local de sua assembleia e a base de seu autogoverno. Desde 985 a responsabilidade de ali presidir os islandeses como "voz da lei", o árbitro de todas as disputas, pertencia a um chefe famoso por seu poder de ver o futuro chamado Thorgeir Thorkelsson: certamente um pagão, mas respeitado até mesmo por aqueles que já haviam começado a adorar Cristo. Todos os islandeses reunidos no *Thingvellir*, cristãos e pagãos, concordaram em aceitar sua decisão sobre qual deveria ser a fé da Islândia; e Thorgeir aceitou a terrível incumbência. "Ele se deitou, cobriu-se com seu manto e ficou ali todo aquele dia e a noite seguinte, sem dizer uma palavra".[58] Então, na manhã seguinte ele se levantou de repente e ordenou que os islandeses o acompanhassem até a grande Rocha da Lei — e lá deu seu veredicto. Thorgeir anunciou que alguns costumes não mudariam. Os homens ainda poderiam comer carne de cavalo; abandonar crianças enjeitadas e fazer sacrifícios, desde que em particular. Mas em todos os outros aspectos eles se submeteriam às leis da nova religião. Em água fria ou quente, todos seriam batizados. Os habitantes da Islândia tornar-se-iam um povo cristão.

Deve ter sido doloroso para o próprio Thorgeir tomar tal decisão. O que ele teria vislumbrado, enquanto deitado sob seu manto, sem comer, beber ou se mover, para chegar a tal conclusão? Não há como ter certeza, mas evidentemente, sendo a Islândia o que era, uma terra assombrada e misteriosa na qual os humanos costumavam se ver como meros intrusos, o objetivo de Thorgeir havia sido penetrar nas dimensões do sobrenatural e nele conseguir orientação. Nem todos os espíritos que habitavam a Islândia eram malignos. Se as visões do próprio Thorgeir nos são desconhecidas, ainda assim há em uma história assombrosa sobre um rei de coração negro e sua tentativa demoníaca de subjugar os homens livres da Islândia indícios daquilo que a voz da lei poderia ter visto em seus sonhos. Dizia-se que esse tirano encarregara um necromante de nadar à frente de sua frota na forma de uma baleia; mas os espíritos da Islândia, assumindo diversas formas, de dragões, touros ou sapos venenosos, ficaram de sentinela nos fiordes até que finalmente um enorme gigante em forma de penhasco armado com um mangual de ferro afugentou a baleia. "E o rei, ao receber a notícia, ordenou que sua frota desse meia-volta e retornou para casa".[59] Evidentemente o medo de senhores da guerra demasiadamente ambiciosos servia para arrepiar até mesmo o mundo sobrenatural.

E qual teria sido o tirano capaz de inspirar histórias tão fantásticas? Não Olavo Tryggvesson, mas um rei cristão anterior que se tornou entre os nórdicos uma lenda ainda mais sombria e inflamada, um boato de ira e terror. Além do limite sul do Caminho do Norte, depois das águas geladas e com recifes conhecidos como *Jotlandshaf*, ficavam as planícies tomadas por charnecas da Jutlândia, terra dos reis da Dinamarca. O reino era antigo: de fato, na época de Carlos Magno os dinamarqueses haviam tratado os francos como iguais, e embora no século que se seguiu a dinastia governante houvesse se esfrangalhado de forma espetacular, seus antigos súditos nunca perderam uma noção de identidade comum. Em meados do século X, uma nova linhagem de reis ascendera ao poder na Dinamarca; uma com suficiente inclemência e disposição para não perder o controle do reino. Uma demonstração do poder da dinastia era Jelling, uma fortaleza no coração da Jutlândia, um lugar de antigos túmulos, fileiras de monólitos e guerreiros com anéis de ouro de guarda do lado de fora de salões de empenas grandiosas. Dois enormes túmulos de terra dominavam a paisagem: protegendo Gorm, primeiro grande governante da dinastia, e Thyri, sua rainha, ambos pagãos. Mas entre os dois túmulos quem visitava Jelling não encontrava um templo nem um santuário a Odin ou Thor, mas uma igreja; e ao lado da igreja uma grande pedra de granito com um Cristo crucificado enrolado em uma serpente. Na pedra estava inscrito: "O rei Haraldo mandou fazer este memorial para Gorm, seu pai, e Thyri, sua mãe: o mesmo Haraldo que conquistou para si toda a Dinamarca e a Noruega e fez dos dinamarqueses cristãos".

Essa era uma afirmação que escondia tanto quanto revelava. A verdade era que "Dente Azul",* como Haraldo era conhecido, durante muito pouco tempo deteve uma hegemonia muito frágil sobre o Caminho do Norte; que sua conversão ao cristianismo havia sido determinada, pelo menos em parte, por um desejo apavorado de impedir uma invasão de Otão, o Grande; e que durante um bom tempo ele tenha se curvado ao imperador saxão, dando a ele submissão e tributos. Ainda assim, dentro dos limites de seu próprio reino seu controle foi feroz e rígido, um exemplo poderoso para senhores da guerra posteriores, com destaque para Olavo Tryggvesson, de que a fé cristã podia ser confortavelmente ajustada aos tradicionais entusiasmos de um viking: na verdade, poderia ajudar a tornar ainda mais eficaz a prática do roubo e da intimidação. Fosse construindo enormes fortalezas por toda a Dinamarca ou extorquindo tributos de seus vizinhos mais fracos, assim como Otão extorquira dele, Dente Azul pretendeu exercitar seu poder à maneira de um rei cristão. Se a utilização de baleias falantes de fato não era um traço claro de sua preparação, a capacidade de organizar ameaçadoras expedições anfíbias e lançá-las contra seus inimigos certamente era. Os ataques lançados, com resultados devastadores, contra a Inglaterra, no final do milênio, foram uma demonstração de como o exemplo de Dente Azul havia sido poderoso.

---

*Uma tradução igualmente possível é "Dente Negro" — contudo, "Dente Azul", em sua forma inglesa "Bluetooth", foi imortalizado como apelido por sua utilização como nome de tecnologia sem fio, ligando diferentes tecnologias como Haraldo supostamente teria unido Dinamarca e Noruega. O entusiasmo contemporâneo por representar senhores da guerra do século X como multiculturalistas pacíficos é curioso — e também um entusiasmo do qual os califas de Córdoba igualmente se beneficiaram.

E não apenas para Tryggvesson. Navegou com ele nos ataques de 991 e 994 e esteve ao seu lado em meio à poeira de Maldon um senhor viking não menos temido e igualmente cantado: Svend, conhecido como "Barba de Forquilha", filho de Haraldo Dente Azul.[60] Frio e calculista, enquanto Tryggvesson era impetuoso, Barba de Forquilha aprendera muito com o pai — tanto que na década anterior ele fizera uma homenagem final ao exemplo de Dente Azul esfaqueando o velho lobo pelas costas. Em 982, ano da derrota de Otão II para os sarracenos em Cotrona e da invasão vêneda da Saxônia, também o rei dinamarquês, enviando seus próprios bandos guerreiros além da fronteira, buscara despojos para si mesmo, mas foi Barba de Forquilha quem ficou com toda a fama da aventura, se valendo dela para derrubar seu pai. Foram contadas várias histórias para o fim de Dente Azul: na mais horrenda ele está caminhando após uma conferência com o filho quando, "ao se agachar atrás de um arbusto com o objetivo de esvaziar as entranhas",[61] é atingido entre as nádegas por uma flecha. Uma morte espetacular se for verdade — e que certamente assegurou para Barba de Forquilha sua herança.

"Não um governante, mas um destruidor":[62] esta era a avaliação de seu vizinho próximo, Thietmar, o sempre cheio de empáfia bispo de Merseburgo. Mas isso era confundir o talento que Barba de Forquilha tinha para produzir destruição — realmente prodigioso — com falta de objetivo. Na verdade, era exatamente destruindo que ele governava: uma abordagem fria e calculista das exigências de um domínio feudal que acabaria permitindo a ele fazer sombra até mesmo a Tryggvesson. Os dois reis podiam um dia ter sido irmãos de armas, mas um homem responsável por fazer o pai ser atingido no reto dificilmente seria tolhido por qualquer ideia de lealdade fraternal. Nos anos que se seguiram ao afastamento dos dois, e com a chegada de Tryggvesson à soleira da porta de Barba de Forquilha, além da *Jotlandshaf,* a rivalidade entre ambos se tornara mortal. Fria, paciente e, no final, letalmente, o rei dinamarquês preparou sua armadilha. No ano 1000, um grande número de barcos conduzidos por aliados recrutados em toda a Escandinávia, incluindo o Caminho do Norte, se juntou à frota de Barba de Forquilha, buscando privar Tryggvesson daquilo que todo comandante viking precisava para sobreviver: o controle das rotas marítimas. O próprio Tryggvesson, como sempre exuberante, reagiu rumando para águas dinamarquesas no maior e mais glorioso drácar já construído, à frente de 60 barcos apenas pouco menos assombrosos, esperando que o brilho da armada e sua própria reputação temível colocassem seus inimigos em fuga. Mas eles não fugiram: a emboscada de Barba de Forquilha funcionara, e após um dia de batalha desesperada até mesmo a *Long Serpent*, a capitânia de Tryggvesson, acabou danificada, abordada e com seus homens eliminados. O próprio Tryggvesson, de armadura dourada e uma capa vermelha brilhante, saltou das garras de seus inimigos para o mar; e quando fizeram uma tentativa de resgatá-lo "ele pôs seu escudo sobre a cabeça e desapareceu sob as ondas".[63] Sua vitória foi morrer como tinha vivido, como o grande modelo de herói viking; mas Barba de Forquilha garantira para si um poder inimaginável para todos os seus antepassados.

E esse era o homem que Ethelred imaginara intimidar ao ordenar o massacre do dia de São Brício. Talvez contra um inimigo de outro tipo seus cálculos sanguinários pudessem ser corretos; mas o rei dinamarquês não era um inimigo qualquer. Dizia-se que entre as vítimas do *pogrom* estava uma das irmãs do próprio Barba de Forquilha, *lady* Gunnhild, mas o assassinato de mesmo o menor de seus súditos teria sido suficiente para iniciar uma rixa sangrenta. O ataque lançado contra Ethelred no ano seguinte tinha como objetivo impor humilhação sobre humilhação. Símbolos da autoridade da Casa de Wessex foram impiedosamente visados. Em Exeter, onde o rei Athelstane entronizara a lança de poder de sua dinastia, apenas a coragem de um monge de raciocínio rápido permitiu resgatar a relíquia inestimável da devastação dinamarquesa. Em Wilton, onde ficavam os mais ricos e esplêndidos conventos de freiras de Wessex, e onde vários membros da família real estavam enterrados — com destaque para a meia-irmã do próprio Ethelred, Edith, pouco antes proclamada santa — todas as terras ao redor dos espaços sagrados foram sistematicamente queimadas.

Para os capitães dinamarqueses certamente deve ter sido uma experiência gloriosa queimar, saquear e ameaçar as mulheres de um inimigo, exatamente como seus ancestrais sempre haviam feito: uma confirmação de que os métodos antigos ainda resistiam. Mas Barba de Forquilha, no momento em que enviava seus bandos guerreiros para saquear a Inglaterra, tinha os olhos fixos em uma nova ordem. Não menos que seu pai e Tryggvesson, ele era plenamente consciente das muitas vantagens oferecidas a um rei cristão. Preocupado em demonstrar que levava a sério o papel, ele eventualmente fundava uma cidade, instalava um bispo e até forjava uma moeda. Mas no que dizia respeito a maiores responsabilidades, como criar um Estado capaz de tosquiar com eficiência seus súditos e impor a eles impostos regulares, seu entusiasmo tendia a diminuir. Como era natural. Era muito mais fácil ameaçar a Inglaterra e terceirizar todo o trabalho tedioso para Ethelred. Que foi exatamente o que Barba de Forquilha fez.

210 MILÊNIO

E com eficiência tão impiedosa e brutal que o rei inglês viu sua própria estratégia de usar a riqueza para semear a discórdia entre seus inimigos se virar contra ele. Os dinamarqueses retornavam ano após ano, cada vez com forças maiores, mais bem equipadas e mais devastadoras que antes, de modo que os laços de lealdade da Inglaterra para com Ethelred finalmente começaram a enfraquecer. Cada vez mais parecia aos ingleses que todos os formidáveis poderes da monarquia saxã ocidental, construídos por gerações de *cerdicingas* antes dele, não atendiam aos seus interesses, mas aos de seus opressores. Era como se o próprio Ethelred — o herdeiro de Alfredo, Athelstane e Edgar — houvesse se tornado um mero servo dos interesses do rei dinamarquês. Com os agentes reais continuando a fazer com eficiência e sem remorsos o trabalho de cobrar impostos para financiar a estratégia de seu senhor, e a casa da moeda continuando a produzir, muitos ingleses começaram a se dar conta de que estavam sendo obrigados a pagar por nada além de sua própria ruína.

E, finalmente, em 1012, houve uma vitória aparente. Assim como quase vinte anos antes Olavo Tryggvesson havia sido atraído para o lado de Ethelred, outro celebrado capitão viking, Thorkell, juntamente com 45 de seus barcos, foi convencido a servir ao rei inglês: talvez o indício de uma luz. Mas esse breve momento de esperança iria se revelar um sinal exatamente do contrário, o início da noite mais negra — pois, quando a notícia chegou a Barba de Forquilha na Dinamarca o levou a preparar algo mais que apenas outro ataque. Como no caso de Tryggvesson, também com Ethelred: o rei dinamarquês estava fazendo um jogo a longo prazo. Drenada de força vital, a Inglaterra parecia pronta para a decapitação. Em 1013, Barba de Forquilha desembarcou ao sul de York, onde o assentamento dinamarquês sempre havia sido mais denso, e recebeu a submissão imediata das comunidades migrantes da região. A exausta e ferida aristocracia inglesa também não demorou a se curvar. Por toda a Inglaterra começaram a ser definidos os termos; reféns devolvidos; homenagens feitas a Barba de Forquilha. No final do ano até Ethelred vergava. Preso a Londres, sua última fortaleza, ele ordenou que *lady* Ema e seus filhos embarcassem em um navio e singrassem o mar do inverno rumo ao exílio, enquanto ele mesmo zarpava para passar um Natal infeliz se escondendo em frente ao litoral de Wessex. Depois, se recusando a continuar desempenhando o papel de viking, ele também cruzou o canal. Seu destino: a corte de seu cunhado, o duque da Normandia. Essa humilhação final culminou todas as outras.

A paz — mesmo que brutal — finalmente havia chegado à Inglaterra. Mas ela não iria durar. Em fevereiro de 1014, no auge de seu triunfo, Barba de Forquilha morreu. Os condes e bispos ingleses, já se arrependendo de sua submissão a um bárbaro, imediatamente convidaram Ethelred a voltar: "pois disseram que nenhum soberano era mais caro a eles do que seu senhor natural — se pelo menos pudesse governá-los melhor do que havia feito antes".[64] Evidentemente a linhagem de Cerdic ainda preservava parte de sua mística; mas era tarde demais para Ethelred dar verniz a ela. Prostrado por doença, sua única política consistente ao retornar foi permanecer no leito; em 1016 ele finalmente seguiu para seu túmulo. Seus súditos mal perceberam. A batalha pelo controle da Inglaterra já havia sido transferida para uma geração mais jovem. Mesmo antes da morte de Ethelred seu filho vivo mais velho, Edmundo, um guerreiro de força tão carismática que seria saudado como "Homem de Ferro", reivindicara o trono. Mas ele não estava só em sua ambição: pois Barba de Forquilha também deixara um filho.

"Apenas um menino, destruidor de navios, quando lançou seu barco, nenhum rei era mais jovem",[65] escreveu um trovador louvando o precocemente aterrorizante Canuto. Antes mesmo de desembarcar na Inglaterra para cobrar seu direito ao reino, o jovem príncipe se mostrara experiente nas sombrias artes do domínio viking, mutilando os reféns deixados a seus cuidados por Barba de Forquilha e os devolvendo a seus parentes, os grandes senhores em seus salões grandiosos, como um horrendo alerta sobre a insensatez de resistir. Nos cotos onde antes havia as mãos dos reféns, em seus rostos sem narizes e nos restos deformados de suas orelhas, os ingleses certamente foram devidamente alertados para os horrores que logo se abateriam. Edmundo podia ser um homem de ferro, mas Canuto era feito de gelo. Durante todo o verão de 1016 os dois homens se enfrentaram, até que finalmente, tendo chegado a um impasse sangrento, parecia não haver solução possível para o conflito que não dividir o reino em dois. Contudo, um mês depois de o tratado ter sido assinado Edmundo morreu: o último rei puramente inglês a se sentar no trono do reino. Os homens naturalmente suspeitaram de assassinato — e com bons motivos.

Canuto apostara muito em sua tentativa de conseguir o prêmio — e aquele era o momento da recompensa. Muitos homens o haviam seguido através dos mares do Norte, "homens de metal, ameaçadores com rostos dourados"[66] — e seu capitão, assim como qualquer outro, precisava ser um distribuidor de tesouros ou não era nada. Em Canuto os instintos predatórios que havia muito empurravam para o mar gerações de nórdicos teriam sua apoteose — pois ele havia colocado sua espada na garganta de um reino inteiro. Ao longo do infeliz reinado de Ethelred toneladas de prata haviam sido colocadas nas mãos dos dinamarqueses.

Naquele momento, tendo nas mãos todo o aparato afiado do governo inglês, nada podia impedir Canuto de impor uma taxação verdadeiramente colossal. E foi exatamente o que ele fez: de fato, a uma taxa de 100%. Seus agentes precisaram de meses, mas ao final de 1018 tudo o que o reino faturara naquele ano foi sugado para o tesouro.

Talvez muitos entre os ingleses tenham então pensado que seria assim que o mundo iria terminar: em cobrança de impostos. O arcebispo de York, o brilhante e dedicadamente ortodoxo Wulfstan, alertou claramente que os dinamarqueses poderiam se revelar as tropas de choque do Anticristo. Conclamando os ingleses a se preparar para o dia do Juízo Final ele já defendera demonstrações explícitas de penitência, cantar salmos e orações públicas; e em 1014, durante os dias negros que se seguiram à conquista do reino por Barba de Forquilha, ele declarara explicitamente que o final dos tempos era iminente. "Pois há muito tempo nada prosperou nem internamente nem no exterior, tendo havido devastação militar e fome, incêndios e banho de sangue."[67] Contudo, até mesmo pagãos, vendo a situação do mundo, podiam eventualmente refletir o que aquela fragmentação pressagiava. Não era preciso ser cristão para saber das datas cristãs. Seria pura coincidência, por exemplo, que Thorgeir, convocando os islandeses a decidir se iriam abandonar seus antigos deuses, tenha escolhido fazer isso no ano 1000? Se o fim realmente estava próximo, qual a possibilidade de os deuses pagãos, até mesmo o próprio Odin, manterem-no afastado? A despeito da vitória dos dinamarqueses nos campos da morte da Inglaterra, muitos nórdicos, divididos entre a nova fé e suas antigas crenças, não eram imunes às angústias de Wulfstan. Um deles escreveu, com medo dos últimos dias: "Parente romperá os laços de parentesco":

> Um mundo sombrio ele será, devassidão disseminada,
> Uma era do machado, uma era da espada, escudos destruídos,
> Uma era de ventos, uma era de lobos antes que a era dos homens desmorone.[68]

Os mesmos sentimentos do arcebispo — e talvez descritos por um homem que o ouvira apresentando-os.[69] Porém, o fim do mundo cantado pelo poeta não era iluminado pela luz de Cristo, mas pela ardente extinção dos antigos deuses, "fogo se chocando com fogo".[70] Nessa visão, nenhuma imortalidade aguardava aqueles que seguiam Odin: pois ele, como o próprio sol, estava fadado a ser devorado por um lobo monstruoso, enquanto ao seu redor "as estrelas brilhantes são jogadas do céu". Sua morte era certa, como a morte de todos aqueles que os pagãos tolamente veneraram como imortais. Assim era *"Ragnarok"* — o Juízo Final dos Deuses.

E Canuto certamente não queria participar disso: pois sua ambição não era desempenhar o papel de Odin ou do Anticristo. Embora ele pudesse ser avarento e cruel, não era assim irracionalmente. Apesar de toda a crueldade com que extorquira os tesouros dos ingleses para pagar seus seguidores, ele não queria que seu reinado continuasse a ser uma era de lobos. Assim, em 1018, ao mesmo tempo em que seus coletores faziam uma sangria na Inglaterra, ele se permitiu ser convencido por Wulfstan a jurar que manteria todas as leis de Edgar e Ethelred: em síntese, que iria governar como o herdeiro dos *cerdicingas*. Uma prova viva disso, coroada e não menos arrogante do que sempre havia sido, já podia ser encontrada ao seu lado: ninguém menos que a ainda núbil Ema, viúva de Ethelred, e mais uma vez rainha da Inglaterra. Levar para a cama a mulher de um rival fazia parte das tradições de masculinidade viking; e ainda assim Ema era um prêmio significativo demais para ser classificado apenas como um troféu sexual. O casamento de Canuto com ela poderia não ser uma demonstração de escárnio — talvez exatamente o oposto. Ema podia ser normanda, com uma mãe dinamarquesa, e muito provavelmente fluente em dinamarquês — mas ela incorporava a monarquia saxã ocidental, todas as suas tradições e seu *pedigree*, e este era seu verdadeiro valor. Ela, melhor do que ninguém, oferecia um selo de classe.

E no final das contas era classe, e não anéis de ouro, nem drácares, nem as louvações floreadas dos poetas que Canuto mais desejava. Se havia sido como comandante viking que conquistara a Inglaterra e transformara todos os mares do Norte em seu lago particular, era como o modelo de rei cristão que ele almejava governar. E assim, mesmo continuando a construir seu império, ele começou a posar, em um conhecido processo de metamorfose, como um príncipe da paz. Um terrorista que abrira caminho em meio ao sangue, ele permitiu ao arcebispo Wulfstan escrever leis em seu nome proclamando as virtudes da humildade e do autocontrole: "Pois quanto mais alta a posição de um homem, mais profundamente ele deve se penitenciar pelos erros, tanto perante Deus quanto perante os homens".[71] Tendo eliminado a mais antiga linhagem real da cristandade, ele passou a visitar regularmente o convento de Wilton, cavalgando até lá com Ema, desmontando respeitosamente fora do recinto, rezando em meio aos túmulos das mulheres da Casa de Wessex. Um nórdico das fronteiras do mundo civilizado, ele afastou-se do trabalho e de suas guerras para peregrinar até a capital da fé cristã e lá, em meio aos antigos e fabulosos esplendores de Roma, se ajoelhou diante do túmulo de São Pedro e "diligentemente buscou a bênção de Deus".

Na verdade, como o próprio Canuto reconheceu publicamente, havia muito pelo que ele precisava ser perdoado — "seja pela intemperança de minha juventude ou por negligência".[72] Mas ele não foi a Roma apenas para rezar. Quando Canuto lá chegou, em março de 1027, as ruas estavam tomadas pela elite da sociedade imperial. O imperador Henrique II, o último da linhagem dos reis saxões, havia morrido três anos antes; e naquele momento, precisando desesperadamente da legitimidade que só um papa podia dar, seu herdeiro escolhido, Conrado II, um lorde franco da Renânia, estava acampado fora da cidade. Aquela era uma oportunidade imbatível para Canuto desempenhar o papel de estadista internacional — e ele a aproveitou com prazer. Fosse bebendo com o próprio Conrado, assistindo à missa com o abade Odilo de Cluny ou negociando com o Santo Padre, ele desfrutou com enorme prazer sua presença naquele palco.

O maior de todos os papéis foi dado a ele na Páscoa, quando o novo imperador, aclamado por príncipes e bispos de toda a cristandade, foi coroado na Basílica de São Pedro — tendo Canuto a seu lado. Aparentemente a ocasião foi inteiramente tensa. Dois arcebispos, disputando qual deveria conduzir Conrado à catedral, quase trocaram socos, enquanto o próprio Conrado, dizia-se, subjugado pelo significado do momento, de repente caiu em lágrimas. No entanto, se naquele dia havia alguém presente na Basílica de São Pedro com justificativa para emoção era Canuto. Afinal, a glória não era apenas dele, mas também de Deus. Menos de uma década antes Henrique II enviara suas insígnias reais a Cluny como expressão de sua esperança de que a fé em Cristo se expandiria até os limites da Terra; e naquele momento, de pé ao lado de seu sucessor, na cidade dos césares, estava o bisneto de um senhor da guerra pagão.

Enquanto isso, do outro lado do oceano norte, em terras desconhecidas por Constantino ou Carlos Magno, abaixo dos campos de lava da Islândia e junto aos fiordes da Groenlândia, os filhos de pagãos erguiam igrejas e se proclamavam cristãos. Muito havia mudado no mundo e sem dúvida muito continuaria a mudar — pois o milésimo aniversário da ressurreição de Cristo estava a poucos anos. E, não obstante o clima disseminado de perturbação, e a despeito de todas as convulsões, do banho de sangue e do sofrimento das décadas anteriores, talvez estivesse se tornando legítimo, mesmo à sombra do milênio, olhar para o futuro não com temor, mas com esperança. Acreditar que as nuvens estavam se dissipando. Acreditar que tudo era possível.

5

APOCALIPSE ADIADO

A canção do Mahdi

No final dos tempos, assim ensinou São Paulo, o Anticristo estava destinado a aparecer em Jerusalém, tomar lugar no templo que na Antiguidade Salomão construíra e "apresentar-se como se fosse Deus".[1] Mas a sublime característica das Escrituras é que seu significado, mesmo parecendo preciso aos incultos, pode ser interpretado pelos sábios em vários níveis. Muito acontecera desde que o apóstolo fizera sua profecia. O templo dos judeus havia muito fora derrubado e totalmente destruído — ao mesmo tempo em que igrejas se espalhavam pelo mundo. Como, então, deveria ser entendido o "templo" no qual o Anticristo iria se sentar? "Isso significa as ruínas do templo construído pelo rei Salomão ou na verdade pode significar um local de adoração cristã?".[2] Era esta pergunta, feita por Santo Agostinho muitos séculos antes do milênio, que assombrava Wulfstan na esteira do massacre do dia de São Brício e o levou a ver nos escombros de uma igreja profanada uma possível prova da iminência do Anticristo. Fosse no monte do Templo ou no interior de um santuário cristão, ruínas certamente pareciam o único cenário condizente com o trono do Filho da Perdição.

Com o passar do tempo a ansiedade de Wulfstan diminuiu. O sofrimento dos ingleses não se revelou fatal; e Canuto, longe de saquear igrejas como seus ancestrais haviam feito, acabou se tornando famoso por reformá-las. A caminho de Roma ele ostensivamente depositou carregamentos de prata nos altares de abadias; "e, de fato, em todos os altares pelos quais passou, por menores que fossem, ele os beijou e colocou presentes".[3] E a mania de financiar igrejas não se limitava aos reis. Especialmente na França e na Itália, por onde quer que um peregrino como Canuto viajasse, provavelmente passaria por carroças carregadas de madeira e colunas retiradas de antigas ruínas e descobriria, aldeia após aldeia, paredes de pedra branca se erguendo acima das choupanas. Uma nova igreja, quase tanto quanto um castelo fincado em uma de suas colinas, era um forte sinal da nova ordem das coisas: pois ao financiar um local de adoração e privatizar o que antes era coletivo, um castelão rico estava efetivamente marcando como sua propriedade os fiéis aos quais ele servia.

Mas também os camponeses, privados de suas liberdades e reunidos à força em aldeias, tinham seu próprio interesse em ver uma igreja ser estabelecida entre eles. Nenhuma exigência era feita com maior vigor pelos entusiastas da Paz de Deus do que os senhores arrivistas e seus cavaleiros arrogantes e agressivos aceitarem a inviolabilidade de solo consagrado. Era estritamente proibido a qualquer homem armado entrar no *cimiterium*, a área ao redor de uma igreja onde os mortos eram enterrados e os vivos se reuniam em paz para montar uma feira ou ouvir um decreto. As paliçadas das igrejas podiam ser invisíveis — porém todo cavaleiro que fazia um juramento de paz era obrigado a aceitar que elas não se elevavam menos inexpugnáveis que as de uma fortaleza. Vista assim, a igreja da aldeia não era um complemento do castelo, mas sua imagem especular: cidadelas gêmeas, uma servindo para proteger o poderoso e a outra para abrigar o fraco; uma, abrigo de senhores da guerra, e a outra, uma fortaleza de Deus. Não espanta, então, que muitos vissem no surto sem precedentes de esforço construtivo um sinal não de opressão, mas de renovação, promessa, esperança. "Pois era como se todo o mundo estivesse se libertando, se livrando do fardo do passado e em toda parte envergando o manto branco das igrejas."[4] Essa era a avaliação de Rudolf Glaber, instalado no mais poderoso de todos os bastiões da santidade, a abadia de Cluny. Sendo um homem que não tinha dúvidas de que demônios espreitavam a Terra — e que de fato vira um, corcunda e de lábios azuis, o ameaçando em sua cama —, sua animação não era uma surpresa. Pois ver a cristandade vestindo um manto de igrejas era saber que ela se transformara em um imenso *cimiterium* — saber que estava fortalecida contra o Anticristo.

Mas não importava a extensão coberta pelo manto, sempre havia a deprimente possibilidade de que pudesse não ser suficiente: que o senhor das trevas ainda poderia se manifestar, iluminado por sombras flamejantes e entronizado em espantoso esplendor em meio às ruínas de um santuário cristão. O próprio Cristo perguntara a Seus discípulos, apontando para os prédios do Templo:

"Vedes tudo isto? Em verdade vos digo: não ficará aqui pedra sobre pedra: tudo será destruído."[5] E assim acontecera; e sem dúvida, antes do dia do Juízo Final, estava determinado que as ruínas do Templo teriam seu reflexo em profanações não menos monstruosas. Em 991, por exemplo — algo perigosamente próximo — o fogo ameaçara o santuário de São Pedro em Roma; e todos os romanos e peregrinos reunidos, "como um só homem, deram um grito terrível e correram a se confessar ao Príncipe dos Apóstolos, durante muito tempo chorando que se ele não protegesse cuidadosamente sua igreja naquele momento, muitos homens perderiam a fé".[6] É certo que, de imediato, as chamas milagrosamente se afastaram e extinguiram; todavia, o pânico servira como uma saudável lembrança aos fiéis de toda parte da potencial vulnerabilidade até mesmo de seus santuários mais sagrados. De fato, em um grau alarmante, quanto mais sagrado o santuário, mais vulnerável costumava ser. O fogo não era a única ameaça à capital da cristandade. Em 1004, por exemplo, uma frota pirata subira o rio Arno, saqueando Pisa e temporariamente isolando Roma do Norte. Os sarracenos, diferentemente dos vikings, ainda se aferravam ao desafio à fé cristã — e a seu hábito de traçar com sangue as fronteiras da cristandade.

E São Pedro não era o único apóstolo que eles conseguiam ameaçar. Na extremidade noroeste da Espanha, no reino cercado de montanhas da Galícia, ficava o túmulo de um segundo: São Tiago. Podia-se pensar que era uma alegação fabulosa: pois, com base na autoridade das próprias Escrituras, Santiago, como os cristãos da Espanha o chamavam, havia sido executado na Terra Santa. Mas a história de que seus discípulos haviam navegado com seu corpo até o litoral rochoso da Galícia, o enterrado no interior, a 64 quilômetros, e que o local de seu descanso final havia permanecido esquecido por cerca de 800 anos, até ser finalmente descoberto por um bispo empreendedor, parecia ser confirmada, sem sombra de dúvida, pelos espetaculares milagres acontecidos junto a suas relíquias.[7] Os reis de Leão certamente pensavam assim: encantados por terem nas mãos um legítimo apóstolo, eles convenientemente começaram a estimular o culto a ele de todas as formas, o incensando como seu padroeiro celestial e erguendo uma esplêndida basílica sobre seu túmulo. Em meados do século X sua fama já havia cruzado as fronteiras da Espanha, de modo que peregrinos dos cantos mais distantes da Francia, incluindo até mesmo condes e bispos, eram vistos fazendo a terrível viagem até o santuário distante, "para pedir misericórdia e ajuda a Deus e Santiago".[8] Cada vez mais, de todos os locais sagrados da cristandade em que se dizia que a terra havia sido tocada pelo céu, apenas Roma tinha maior renome.

218 MILÊNIO

E então, a catástrofe. No dia 10 de agosto de 997, em meio à assustadora cacofonia de trombetas e flautas que invariavelmente marcava um ataque dos sarracenos, um grandioso exército se lançou sobre o santuário. Durante uma semana os invasores saquearam e queimaram tudo o que podiam. Arrasaram a própria catedral. Seus sinos, lançados ao chão, foram colocados sobre os ombros dos cristãos cativos. Quando os sarracenos, satisfeitos com seu trabalho de destruição, finalmente se retiraram, suas bestas de carga humanas foram forçadas a acompanhá-los, suando e tropeçando, até Córdoba. Cronistas cristãos, horrorizados com a humilhação imposta a Santiago, alegariam posteriormente que os invasores tiveram diarreia, de fato uma punição divina, e pereceram em meio ao eflúvio de suas próprias entranhas — mas isso foi um mero desejo, não realidade. Os guerreiros do califado entraram em Córdoba sem serem perturbados por cólicas intestinais. As provas de seu triunfo eram muitas e inquestionáveis. Descarregados na Grande Mesquita, os sinos da catedral espoliada foram pendurados no teto para servirem aos muçulmanos como lâmpadas, iluminando o caminho dos fiéis. Quanto aos prisioneiros de guerra, alguns foram mantidos acorrentados e colocados para trabalhar em uma grande ampliação da mesquita. Outros, levados à esplanada localizada junto ao rio Guadalquivir, foram decapitados publicamente, e suas cabeças cortadas levadas em desfile pelo mercado antes de serem penduradas nos portões principais da cidadela.[9]

Horrendos troféus como esses há muito tempo adornavam Córdoba. Um comandante dos fiéis não tinha dever maior do que fazer a *jihad*, e Abd al-Rahman, ao reivindicar o título de califa, se comprometera, e a seus sucessores, com pelo menos eventuais expedições contra os infiéis. As cabeças de cristãos mortos, enviadas da frente de batalha, serviam não apenas como uma prova para as pessoas admiradas das vitórias de seu senhor, mas como uma evidência de sua devoção. "Dai firmeza aos crentes", Deus instruíra Seu profeta. "Eu instilarei o terror no coração dos infiéis: deveis golpeá-los acima do pescoço."[10] Assim como o próprio Maomé, após sua primeira grande vitória no campo de batalha, havia sido presenteado por um servo com a cabeça cortada de seu maior inimigo, os califas colhiam as cabeças dos cristãos — e fazendo isso proclamavam ao mundo que estavam preparados para servir como herdeiros do profeta.

Mas o comandante que liderara o ataque a Santiago não era um califa. Embora um omíada ainda governasse como senhor nominal de al-Andalus, o verdadeiro poder escapara das mãos da dinastia. Hisham II, filho do astucioso e culto al-Hakam, se revelara lamentavelmente indigno de sua famosa linhagem.

APOCALIPSE ADIADO   219

Ascendendo ao trono em 976, com a tenra idade de 14 anos, ele passara todo o seu reinado na gaiola dourada da cidadela de Córdoba, vítima anônima e indolente de sua própria inutilidade geral. O efetivo controle do califado havia sido tomado por seu regente, um guerreiro festejado e erudito religioso chamado Ibn Abi Amir, um homem tão severo e autoritário quanto Hisham era dissipado, e que em 981 adotara o título bastante merecido de *"al-Mansur"* — "o Vitorioso". De fato, desde que os muçulmanos haviam pisado pela primeira vez na Espanha os cristãos nunca tinham enfrentado um inimigo tão perigoso. Enquanto no tempo de Abd al-Rahman eles não encontravam grande dificuldade em repelir a maioria dos ataques lançados, tendo até mesmo, em uma oportunidade, conseguido capturar o Corão pessoal do califa, na época do milênio parecia que não havia como resistir à tempestade de fogo sarracena. Santiago não era o único alvo da fúria de al-Mansur. Também Barcelona havia sido incendiada, e as terras dos senhores cristãos por toda parte, arrasadas. Mesmo o reino de Leão, o mais florescente e formidável de todos, parecia prestes a cair. Ano após ano e vitória sarracena após vitória, muitos cristãos começaram a temer que talvez sua fé não tivesse futuro na Espanha.

O próprio al-Mansur certamente estava comprometido com essa derrubada. A *jihad* estava em seu sangue. Verdade que suas campanhas não eram inteiramente livres de interesse pessoal: pois no caso de um verdadeiro usurpador a pressão de legitimar seu regime era ainda maior do que aquela sentida pelos califas. Ainda assim, embora sem dúvida fosse um político impiedoso e calculista, al-Mansur também era muito mais: um homem que acreditava fervorosamente ser a espada e o escudo de Deus. Os infiéis do Norte não eram os únicos alvos do seu justo desprezo. Embora dissesse descender de um árabe que participara da conquista inicial da Espanha, ele aparentemente via todo o caráter de al-Andalus com um desdém que beirava o desprezo. Não menos que o califa inútil trancado em seu palácio, seus compatriotas o chocavam por serem dissipados e carentes da devida devoção. Um homem que se sentia convocado a expulsar os infiéis da Espanha não poderia ignorar o câncer da lassidão moral entre seus correligionários. Mesmo no que deveria ser um dos grandes bastiões do pensamento correto em al-Andalus, nas escolas em que o Corão era ensinado e nas famosas bibliotecas que eram a glória de Córdoba, as austeras verdades do Corão pareciam a ele estar sob ameaça constante e insidiosa. Assim, al-Mansur crucificava publicamente estudiosos suspeitos de heresia e não hesitou em expurgar até mesmo a célebre biblioteca de al-Hakam de livros ofensivos e lançar tudo às chamas. Em 1002, quando ele morreu durante sua 52ª campanha de *jihad*, parecia que a missão de sua vida de impor ao mundo a ordem de Deus havia dado frutos espetaculares — tanto na Casa do Islã quanto na ensanguentada Casa da Guerra.

E assim foi — mas não do modo como o próprio al-Mansur pretendera. As aparências podem enganar. Na verdade, não era o reino de Leão nem qualquer dos outros territórios cristãos abalados pelas longas décadas de *jihad* que corriam risco de implodir. Era o próprio califado, que sob a liderança de al-Mansur atingira uma elevada glória tão intimidadora a ponto de colocar na sombra os pontos mais distantes da Espanha infiel, que balançava à beira da ruína. Imediatamente após a morte do grande senhor da guerra poucos teriam suspeitado disso; mas houve alguns, mesmo nos dias de glória dos Omíadas, que sentiram algo de podre em al-Andalus e temeram o resultado. Ironicamente, um deles havia sido o próprio al-Mansur. Quando jovem e talentoso ator no jogo mortal da política de harém, ele tivera muitas oportunidades de estudar de perto o funcionamento do regime de al-Hakam — e identificar como ele havia se tornado dependente da força dos estrangeiros. Como nos dias da visita do abade João a Córdoba, a maioria deles era de escravos, levados para al-Andalus das terras distantes dos eslavos — mas alguns eram mercenários, muçulmanos berberes do Marrocos. Al-Mansur conhecera bem a qualidade desses homens: pois no início de sua carreira ele servira entre eles no norte da África. Rígidos na prática de sua religião e "famosos por suas proezas, qualidades e valor perante os cristãos",[11] os berberes pareceram ao jovem oficial tudo o que seus compatriotas não eram: guerreiros ideais para manter no poder um *jihadi* ambicioso. E isso se confirmou. O reinado de al-Mansur testemunhou um influxo prodigioso de bandos guerreiros berberes para al-Andalus. Na época de sua morte eles estavam acantonados por todo o califado, odiados e temidos na mesma medida pelos nativos. Naturalmente, a disparada do volume de impostos foi acompanhada pelo aumento cada vez mais ácido do ressentimento dos andaluzes por serem obrigados a financiar a elevação de imigrantes — de selvagens! — acima de si mesmos. Especialmente em Córdoba, o grande labirinto de ruas começara a ser tomado por ódios étnicos. A capital havia sido transformada em algo inflamável.

Certamente era uma herança preocupante para qualquer governante. Contudo, durante seis anos o filho mais velho de al-Mansur, um alcoólatra experiente em *jihad* chamado Abd al-Malik, conseguira manter o controle de sua dinastia sobre Córdoba e al-Andalus, apesar de seu entusiasmo nada islâmico pela garrafa. Em vez de exibir seu poder, ele fez como seu pai, adequadamente fingindo servir a

Hisham II; em vez de ostentar sua dependência dos berberes, ele buscou disfarçá-la. No entanto, quando também ele morreu e foi sucedido por seu irmão, o filho de uma concubina cristã conhecido pelos moradores de Córdoba pelo apelido depreciativo de "Sanchuelo", as duas políticas foram abandonadas. A sutileza não era o forte do novo regente. Primeiramente, ele forçou o infeliz Hisham a nomeá-lo herdeiro formal do trono do califado, e depois obrigou todos na corte a passarem a usar o turbante ao estilo berbere. Quando Sanchuelo partiu rumo ao norte para a obrigatória campanha de *jihad*, deixou para trás uma capital em ebulição. Com a notícia de que ele havia cruzado a fronteira, ela explodiu.

A fagulha que deflagrou a conflagração foi um fugitivo omíada, Mohammed bin Hisham. Entrando em Córdoba, ele conseguiu conquistar para sua causa os membros deserdados de seu clã — e com Sanchuelo longe nas terras dos infiéis, ele depôs o fraco Hisham II e assumiu seu lugar no trono. A notícia do golpe foi recebida com êxtase pelos habitantes da cidade, que começaram a festejar com uma delirante orgia de saques e violência. Os bairros miseráveis se esvaziaram enquanto os palácios construídos por al-Mansur e seus dois filhos eram sistematicamente destruídos. "O saque foi tal que até mesmo as portas e vigas desapareceram",[12] registrou um historiador. O novo califa, longe de tentar conter os agitadores, os estimulou o mais que podia. Esse era o grau de sua autoridade: dependia de uma malta de linchadores. Assim como sua justiça. Tomando o harém de Sanchuelo, o novo comandante dos fiéis escolheu as mulheres mais belas, estuprou algumas das outras e partilhou as restantes entre seus sicários. Ao saber que o próprio Sanchuelo havia sido abandonado por seu exército e assassinado, ele ordenou que o cadáver fosse levado de volta a Córdoba e exposto em um patíbulo. Buscando eliminar os principais esteios do regime derrubado e criar uma boa imagem junto aos xenófobos habitantes de Córdoba, ele ofereceu uma recompensa pela cabeça de cada berbere.

"E matem-nos onde quer que os apanhem, e tirem-nos de onde eles os tiraram; pois o tumulto e a opressão são piores do que assassinato."[13] Os habitantes, que há muito tempo sentiam que o "tumulto e opressão" dos odiados berberes mais do que os qualificava para a morte, obedeceram a injunção do profeta ao pé da letra com furor sanguinário. Com a fumaça negra se erguendo da imensa cidade, os bandos voltaram a se reunir, pilhando lojas e casas berberes e caçando seus moradores. Os homens foram assassinados; as mulheres violentadas e depois amarradas para serem vendidas como prostitutas. As que estavam grávidas tiveram os bebês arrancados de seus ventres.

222 MILÊNIO

Mas os berberes não foram tão facilmente arrancados das entranhas de al-Andalus. Em 1010, os vingadores daqueles que haviam sido massacrados no ano seguinte estavam acampados ao redor das muralhas de Córdoba, e ali permaneceram três anos, lentamente matando a cidade de fome. Os habitantes, orgulhosos em sua recusa à rendição, chegaram a ponto de sancionar o canibalismo em lugar de se submeterem aos odiados estrangeiros. Contudo, a maioria era de civis — e esses gestos eram o limite de seu desafio. A ruína de Córdoba, quando finalmente se deu, foi absoluta. Os berberes, tomando posse da cidade na primavera de 1013, impiedosamente cobriram de sangue o "Ornamento do Mundo". Todo o seu esplendor dourado, todas as suas fabulosas pretensões foram esmagadas. Entre os corpos largados nas ruas tomadas pela fumaça quase certamente estava o de Hisham II, o herdeiro dos Omíadas, seu corpo pálido e perfumado partilhando da profanação de sua capital, seu sangue califal servindo para alimentar as moscas da cidade arruinada.

Mas sua morte passou despercebida. Na escala gigantesca dos ódios étnicos que fizeram em pedaços o califado, os atos de seus governantes pareciam quase insignificantes. Durante o terrível cerco, os moradores de Córdoba não vacilaram em executar Mohammed pelo horror que atraíra sobre eles e devolver Hisham ao trono; e após o desaparecimento de Hisham houve outras facções que escolheram seus próprios candidatos. Mas poucos deram qualquer atenção a esses califas espectrais. A unidade de al-Andalus desaparecera para sempre, e nas terras que um dia haviam sido governadas a partir de Córdoba senhores da guerra locais já estavam cuidando de seus próprios interesses. Os muçulmanos chamariam esses arrivistas de reis *"taifa"* — reis de "facções". A ambição de al-Mansur de que um Islã revivido e triunfante completaria o negócio começado três séculos antes e subjugaria toda a Espanha estava morta. O objetivo dos reis *taifa* era menos a grandeza que a sobrevivência. Nada restou do califado a não ser um cadáver para os animais de rapina.

E nada restou de sua capital a não ser uma casca. Para os que haviam conhecido Córdoba em todo o brilho de sua glória, era insuportável a agonia daquilo em que se transformara. "A prosperidade foi transformada em um deserto estéril, a sociedade em uma solidão assustadora, a beleza em planícies tomadas por ruínas. Onde um dia reinou a paz, hoje se abrem enormes abismos: abrigo de lobos, de fantasmas, de demônios".[14] Assim escreveu Ibn Hazm, intelectual de berço e leal omíada cuja saudade infrutífera do califado decadente o levou a suportar anos de prisão e exílio. Ele estava descrevendo especificamente a angústia de um

APOCALIPSE ADIADO   223

amante afastado do objeto de sua paixão: uma angústia que ele mesmo conhecia bem. Em 1013, em meio ao horror da queda de Córdoba, Ibn Hazm havia sido obrigado a fugir da cidade, deixando para trás o primeiro grande amor de sua vida: uma jovem e especialmente adorável escrava, recatada, refinada e com uma voz "que tocava as cordas do coração".[15] Quinze anos depois, porém, quando a viu novamente, encontrou-a tão enrugada e acabada a ponto de ser irreconhecível. Sentindo que para onde quer que olhasse não havia nada além de decadência, Ibn Hazm identificara no rosto prematuramente enrugado de uma escrava os traços de uma decadência mais universal. Os cômodos da casa no campo onde ele crescera, a própria Córdoba e as terras um dia florescentes de al-Andalus também estavam todos arruinados. "Aqueles salões com formosas inscrições, aqueles budoares decorados que costumavam brilhar como o sol, dotados de um encanto que tinha o poder de banir da alma toda infelicidade, hoje estão cobertos pela desolação, como bestas selvagens de bocas abertas proclamando a perdição que espera pelo mundo[16]".

Um sentimento quase digno de Cluny. Os cristãos certamente não estavam sós em temer que o fim dos tempos estivesse próximo. De fato, durante o reinado de al-Hakam um filósofo muçulmano que tentara negar a chegada do dia do Juízo Final havia sido condenado à morte por heresia. Assim como a Grande Mesquita de Córdoba incorporava em sua arquitetura as colunas, a alvenaria e os mosaicos de impérios sucessivos, da mesma forma o edifício infinitamente maior do Islã não se abstinha de canibalizar as revelações dos cristãos. Aos muçulmanos era ensinado que Jesus fora um grande profeta de Deus e que, no final dos tempos, ele desceria dos céus assim como São João escrevera, e lutaria e derrotaria as hordas do "*Dajjal*" — o Anticristo. Mas não sozinho; pois estaria a seu lado um guerreiro ainda mais grandioso, "um descendente de Fátima",[17] a filha do Profeta Maomé, cuja missão decisiva seria "encher a terra de justiça e igualdade, assim como hoje está cheia de opressão e tirania".[18] O mais grandioso de todos os califas seria chamado "*al-Mahdi*": "o Corretamente Guiado". E seu governo colocaria um fim no sofrimento e na injustiça para sempre.

Mas quando? Uma pergunta familiar. Os muçulmanos, orientados pelo Profeta, acreditavam que o momento seria em uma passagem de século. Era a passagem de cem anos que assombrava sua imaginação, não de mil. Quatro séculos haviam se passado desde que Maomé, fugindo de sua cidade natal, começara a estabelecer o primeiro Estado muçulmano — e o aniversário exato desse acontecimento determinante era, segundo o calendário cristão, 1009.

Assim, não espanta que nas difíceis décadas dos dois lados dessa data também os muçulmanos tivessem antecipado o fim do mundo. Não era coincidência, por exemplo, que Mohammed bin Hisham, o pretendente omíada que reivindicara a dignidade de califa exatamente no ano 1009, tentasse adotar o título de Mahdi. Um expediente patético e inútil — e ainda assim muito sugestivo do clima de ansiedade que tomara conta não apenas de al-Andalus, mas de toda a Casa do Islã.

Pois Córdoba, afinal, não era a única capital de um califado — a leste, no Cairo, governava uma família que nunca deixara de se ver como a guardiã dos últimos dias. Os Fatímidas — descendentes de Fátima — sempre buscaram mergulhar fundo nas fontes do mistério. O fundador da dinastia, em 909, realmente acreditara ser o próprio Mahdi, e embora o tempo — e sua morte — houvessem provado que ele estava errado, seus sucessores deixaram de lado qualquer sensação de frustração. Em vez disso, com uma imagem presunçosa e imperturbável, continuaram a insistir em que eram tocados pelo sobrenatural. O califa que comandava o Egito no alvorecer do quinto século do islamismo não era exceção. De fato, em um grau sem precedentes, al-Hakim bin-Amr Allah alegava explicitamente ser uma encarnação de Deus. Seus súditos, em vez de debochar dessa pretensão, ficaram quase que unanimemente impressionados com ela. Alto, com ombros largos e um olhar que se dizia brilhar como ouro ardente, al-Hakim só precisava olhar para seus súditos ao seguir pelas ruas do Cairo para que eles se prostrassem na terra. Dizia-se que quando ele gritava homens imediatamente caíam mortos de pânico. Contido em seus gostos, puritano em seus instintos e inabalavelmente elevado em suas emoções, al-Hakim não era um homem fácil de enfrentar. Quando ele alegava ter penetrado nos segredos ocultos de Deus, poucos questionaram isso abertamente; e quando ele quis assumir as responsabilidades do Mahdi, ainda menos tentaram impedi-lo.

E assim, enquanto o distante califado dos Omíadas no Ocidente desmoronava em uma anarquia terminal, o reinado de al-Hakim era marcado por esforços titânicos de reorganizar o mundo e prepará-lo para os últimos dias. Na verdade, algumas das estratégias do califa não deixavam de parecer um tanto excêntricas mesmo aos seus seguidores mais compenetrados. A venda de agrião, por exemplo, foi solenemente banida, assim como o jogo de xadrez. Outras políticas, porém, eram mais facilmente explicáveis. Qual objeção um muçulmano devoto poderia fazer, por exemplo, à determinação de al-Hakim de que todos os cães do Cairo fossem passados na espada e seus corpos jogados no deserto quando todos sabiam que essas criaturas eram impuras? Ou contra sua campanha para conter os

APOCALIPSE ADIADO

apetites potencialmente ainda mais impuros das mulheres? A convicção de que elas mereciam punições regulares sempre foi um traço dos califas: dizia-se, por exemplo, que Abd al-Rahman nunca visitava seu harém sem uma espada e um tapete de couro de carrasco. Mas mesmo quando comparado a esses precedentes o pânico que al-Hakim tinha de aonde a promiscuidade feminina podia levar os fiéis era radical. Assim como seus planos para detê-la. Primeiramente ele ordenou que todas as mulheres usassem véus em público; depois proibiu-as de sair de casa; por fim proibiu que elas até mesmo olhassem por janelas ou portas. Sapateiros foram orientados a parar de fazer sapatos para elas. Aquelas cujas vozes perturbassem o califa quando caminhava pelas ruas podiam esperar ser trancadas e deixadas morrer de fome.

Eram medidas duras, certamente — mas ainda assim justificadas pelo quadro problemático da época, al-Hakim sem dúvida teria insistido. Se, como o próprio califa parecia acreditar piamente, era verdade que se avizinhava uma grandiosa convulsão nas questões terrenas, claramente não haveria desculpa para postergar a purificação da Casa do Islã. Mas cães e mulheres eram os menores problemas do califa. Outras ameaças eram infinitamente mais preocupantes. Mesmo em comparação com al-Andalus, o Egito ainda era repleto de cristãos e judeus. Não satisfeitos em extorquir impostos deles, como o Profeta determinara, os fatímidas também haviam lucrado bastante ao longo dos anos com o tributo de seu conhecimento. Consequentemente, *dhimmis* passaram a povoar os ministérios — e os aposentos — dos califas. Mesmo a mãe do próprio al-Hakim era cristã. O que isso poderia parecer aos muçulmanos devotos do Egito a não ser um escândalo e uma blasfêmia? De fato, apenas um ano antes da ascensão de al-Hakim em 995, o futuro califa recebeu um sangrento sinal de seu ressentimento quando uma malta se levantou e massacrou mais de cem cristãos em um único *pogrom*. Um sinal que al-Hakim havia percebido, como o tempo iria demonstrar.

Ele podia ser filho de uma cristã, mas mesmo aos 11 anos de idade, herdando o trono quando em uma campanha contra os infiéis de Constantinopla, ele acreditara estar implacavelmente destinado a mostrar a ruína da religião de sua mãe. Com a evolução de seu reinado, *dhimmis* que um dia haviam desfrutado dos favores do califa se viram cada vez mais sujeitos a humilhações e agressões. Tanto cristãos quanto judeus foram proibidos de aparecer em público a não ser usando distintivos turbantes pretos. Em um refinamento, os cristãos foram obrigados a usar cruzes penduradas no pescoço e os judeus a carregar pesados blocos de madeira. Eles também foram proibidos de empregar muçulmanos — uma medida que serviu imediatamente para levar à falência a maioria dos negócios dos *dhimmi*. Mas houve aqueles que perderam mais que sua renda. Em 1009, no alvorecer do quinto século islâmico, muitos funcionários não muçulmanos da burocracia imperial foram açoitados até a morte e seus corpos alimentaram os cães remanescentes do Cairo. Outros, ameaçados de tortura, acabaram obrigados a se converter ao islamismo. Mas para os cristãos horrorizados mesmo esses ultrajes não eram os crimes mais chocantes de seu senhor. Afinal, pior que assassinato e opressão era o sacrilégio — e al-Hakim por acaso tinha em seu poder o mais sagrado de seus santuários.

Jerusalém, onde Jesus morrera e fora enterrado, continuava a ser uma cidade predominantemente *dhimmi* sob os fatímidas. Na verdade, no primeiro século do império islâmico, quando os Omíadas governaram como senhores de um califado unificado, uma mesquita e um domo imponentes haviam sido construídos no local do arrasado templo judaico: símbolos imponentes do domínio muçulmano. Ainda assim, como um nativo da cidade que os frequentava resmungara, "Por toda parte os judeus e os cristãos têm o domínio, e as mesquitas são despidas de congregação ou assembleia de sábios"[19]. Os muçulmanos gostavam de pensar que uma infeliz consequência disso era o chocante padrão de higiene dos banhos públicos. "Em lugar algum é possível encontrar um mais sujo."[20] Outra, ainda mais perturbadora, era a própria ostentação dos rituais dos *dhimmi* em Jerusalém. Os judeus, por exemplo, privados de seu antigo santuário no monte do Templo, haviam transferido seu espaço de oração pública para o monte das Oliveiras, do outro lado do vale, em frente à mais famosa mesquita da cidade; mas mesmo os judeus eram menos ofensivos aos muçulmanos que os cristãos. Quase sete séculos haviam se passado desde que o imperador Constantino, chegando a Jerusalém, ordenara a construção de uma grande basílica no local do túmulo de Cristo; e ela ainda estava lá, a Igreja do Santo Sepulcro, um local de santidade tão espantosa e refulgente que não havia nada em toda a cristandade, nem mesmo em Roma, que pudesse rivalizar com ele. Para os cristãos "de toda a face do mundo",[21] tanto no Ocidente quanto no Oriente, ela era simplesmente sem igual: "o seio da Terra".[22]

Mas para al-Hakim aquilo era uma provocação. Os planos para sua destruição começaram a ser feitos no final de 1007 —[23] um ano após uma estrela de excepcional brilho, surgindo de repente na constelação de Escorpião, ter reafirmado ao califa que ele realmente era tocado pelo divino. Ainda assim, mesmo com seus operários preparados, al-Hakim não tinha intenção de se apressar. Naturalmente, como convinha a um suposto guardião dos últimos dias, ele

APOCALIPSE ADIADO

sabia que o momento certo era tudo. Apenas no próprio ano de 1009 — o ano muçulmano 400 — as equipes de demolição finalmente entraram em ação. "A Igreja do Monturo",* como os muçulmanos pejorativamente chamavam a grande basílica de Constantino, primeiramente foi despojada de todos os seus tesouros e mobiliário, e depois desmantelada tijolo por tijolo até a fundação de pedra. A própria tumba de Cristo foi destruída e "atacada por um fogo prodigioso".[24] Toda a grandiosidade da igreja foi metodicamente demolida e transformada em pó.

Contou-se que em mesquitas por toda parte foram feitas orações de júbilo, e os louvores ao califa foram de extravagância sem paralelo.[25] Com os relatos do que havia acontecido se espalhando para além das fronteiras do califado até as terras da cristandade, os boatos que corriam entre os chocados cristãos do Ocidente ficavam ainda mais confusos e aterrorizantes. Alguns alegaram, de forma exagerada, que todo o ultraje fora tramado pelos judeus de Orléans, que haviam enviado cartas a al-Hakim encorajando seu ato de profanação. Outros chamaram o califa de Rei da Babilônia, que na Antiguidade tinha destruído o templo do rei Salomão. Houve aqueles que notaram como o céu demonstrara sua revolta com o sacrilégio franzindo o cenho para o mundo e lançando sobre a humanidade "secas severas, chuva demais, muitas pragas, fomes graves e numerosas falhas do sol e da lua" —[26] e tiraram suas próprias conclusões.

E, enquanto olhavam para o céu, eles abraçavam suas almas e se perguntavam o que, em uma era marcada por tais prodígios, a humanidade pecadora deveria fazer.

Jesus chorou

Em 1010, os relatos da destruição do Santo Sepulcro haviam chegado até a Aquitânia. Com o sul da França agitado por violência disseminada e revoltas, a onda de choque se abateu sobre o ducado com força especial. Sobretudo em uma cidade a notícia serviu para produzir uma sensação de terror quase pessoal: pois Limoges, um antigo e florescente assentamento no coração da França, era o orgulhoso detentor de seu próprio santo sepulcro. São Marçal, embora não estando no mesmo nível de apóstolos como Pedro e Tiago, ainda assim era muito querido pelos habitantes: no terceiro século cristão ele havia sido o primeiro a levar o Evangelho à Aquitânia. Seu túmulo, no fundo da cripta de

---

*"*Kanisat al-Qumana*", um trocadilho em árabe com Igreja da Ressurreição, "*Kanisat al-Qiyama*".

um mosteiro que tinha seu nome, era amplamente reverenciado como tendo um poder espantoso. Em 994, por ocasião de um concílio de paz pioneiro, o simples ato de transportar os restos mortais do santo para uma colina próxima haviam sido suficientes para produzir um terremoto. Enquanto uma enorme multidão gemia e tremia à visão das relíquias, uma terrível pestilência de "fogo invisível" se erguera sobre Limoges, e o duque e todos os seus senhores feudais fizeram juntos "um pacto de paz e justiça".[27]

Ao longo dos anos seguintes continuaram a acontecer milagres no túmulo de São Marçal. Peregrinos seguiram até lá em números prodigiosos. Com o alvorecer do novo milênio, e o clima se tornando cada vez mais estranho, assolando a região com ondas de calor e tempestades violentas, e estranhos prodígios escritos no céu, os habitantes de Limoges começaram a se imaginar como um povo escolhido, eleito por Deus como testemunha da fragmentação dos tempos. De fato — em uma entusiasmada demonstração de falta de modéstia — a cidade ousara se conceber quase como uma nova Jerusalém. E então chegaram as funestas notícias da Terra Santa.

Certamente um pesadelo — e muitos em Limoges durante aquele verão estranho e ameaçador devem ter passado noites em claro por causa disso. Contudo, temos certeza de apenas um: um monge chamado Ademar, de 20 anos de idade e boa família, que pouco antes deixara seu próprio mosteiro para estudar no São Marçal. Orgulhoso e sensível, o jovem erudito parecia ser por natureza um solitário, que combinava um intelecto incansável com profundidades emocionais tão agitadas que em geral ele tentava disfarçar sua existência. Não conhecemos a extensão de seus pesadelos em 1010; mas Ademar registrou como certa noite, não conseguindo dormir e olhando para o céu, teve uma visão muito mais perturbadora que qualquer sonho. De fato, o espetáculo do que naquela noite ele viu que o confrontava, se erguendo acima de Limoges e emoldurado contra a luz de estrelas brilhantes, foi tão demolidor que continuou retornando a ele durante quase vinte anos. Alto no céu ao sul, cravado como se no céu, ele viu um gigantesco crucifixo — e pregado a ele o próprio Cristo. "E a figura do Senhor, pendurado na cruz, chorava um grande rio de lágrimas." Ademar, paralisado de medo ao olhar para aquela pungente aparição, não conseguiu fazer nada além de cair ele mesmo no choro. "No total ele viu essa cruz e a imagem do Crucificado, da cor de fogo e sangue denso por meia hora, até o céu se fechar. E o que viu ele trancou em seu coração."[28]

Como deveria fazer. Aquilo que as lágrimas do Salvador, lançadas em rios sobre Limoges, implicavam certamente deve ter sido esmagador para o abalado monge.

APOCALIPSE ADIADO   229

Quase mil anos haviam se passado desde que Cristo chorara por Jerusalém; e naquele momento, com Seu próprio túmulo profanado, ele aparecia no céu para chorar novamente. O que então isso pressagiaria senão o momento fatal sobre o qual São Paulo alertara, quando o Anticristo surgiria em seu trono e reivindicaria o controle do mundo? Na verdade, quem poderia dizer que ele já não havia feito isso? Não era derrubando o templo em Jerusalém, passando os fiéis na espada e proclamando sua própria divindade que o Anticristo iria se anunciar? O príncipe dos sarracenos não havia cumprido todos os pontos da profecia?

E assim, com estranhos eclipses acontecendo sobre Limoges, suas ruas fervendo em um calor assassino e seus rios secando como se queimados por um fogo celestial, não espanta que uma sensação de terror começasse a tomar conta da cidade. Não era necessária uma visão de um Cristo chorando para deixar em pânico seus moradores — nem para fazer com que buscassem bodes expiatórios. A mesma onda de boatos que levara as notícias da Terra Santa também servira para transmitir a eles as chocantes acusações contra os judeus de Orléans. Os cristãos de Limoges — aparentemente temendo que o reinado do Anticristo já houvesse começado e que suas coortes pudessem estar em meio a eles — começaram a lançar as suspeitas sobre os judeus de sua própria cidade. O bispo local, sensível ao clima crescente de paranoia, convocou um concílio. Ademar, escrevendo cerca de quinze anos depois, descreveu o que aconteceu a seguir. Durante um mês os infelizes judeus de Limoges foram atormentados e agredidos no que foi ridiculamente chamado de um "debate".[29] Ao final dos procedimentos eles receberam a ordem de se converter à fé cristã. Apenas três ou quatro conseguiram fazê-lo. Ademar registrou que os remanescentes foram então expulsos da cidade.

Isso, como um colapso nas relações comunitárias, certamente foi revolucionário — e inesperado. Os bispos do Ocidente não tinham o hábito de atormentar os judeus, menos ainda de deportá-los. Era muito melhor demonstrar uma mistura arrogante de desprezo e indiferença: esta havia sido a avaliação de Santo Agostinho, uma autoridade não facilmente contestada. Pois o grande doutor da Igreja determinara que os judeus, a despeito de sem dúvida terem em suas mãos o sangue de Cristo, não sabiam, quando O mandaram para a crucifixão, que estavam matando o Filho de Deus; um paliativo que reis cristãos e bispos ficaram contentes de aceitar. Como nas terras dos sarracenos, o mesmo da cristandade: a tolerância estava solidamente enraizada no interesse pessoal. Os judeus podiam ter proteção, e mesmo privilégios especiais, para que seus talentos pudessem ser mais bem explorados. E, fosse como funcionários da corte, médicos ou intermediários do comércio de escravos, eles certamente há muito tempo davam excelentes lucros a seus patrocinadores. Assim, não espanta que ao longo dos anos as comunidades judaicas da Francia tenham se tornado cada vez mais prósperas — e também cada vez mais bem integradas.[30] Eles não apenas viviam ombro a ombro com seus vizinhos gentios como tendiam a usar as mesmas roupas, falar o mesmo idioma e dar a seus filhos os mesmos nomes. Em síntese, não havia nada em séculos de coexistência pacífica que os tivesse preparado para a súbita limpeza étnica de Limoges.

E é possível — até mesmo provável — que as perseguições de 1010 tenham sido ainda mais brutais do que Ademar pudesse reconhecer.[31] Posteriormente, quando revisou seu relato sobre o tratamento dado aos judeus de Limoges, ele deixou escapar uma indiscrição reveladora. Ele escreveu: "E alguns preferiram cortar a própria garganta para evitar o batismo".[32] Aparentemente esse foi o verdadeiro clímax do "debate" comandado na cidade pelo bispo. E não necessariamente as atrocidades se limitaram a Limoges. Rudolf Glaber, registrando o paroxismo daquele ano febril nos termos mais candentes que eram naturais a ele, descreveu o conjunto da cristandade como que tomado por uma lascívia de sangue. "Assim que ficou bastante claro que havia sido a iniquidade dos judeus que levara à destruição do templo eles se tornaram objeto de ódio universal: foram expulsos das cidades, alguns passados na espada, outros afogados nos rios, e muitos encontraram outras mortes; alguns até mesmo tiraram suas próprias vidas de diversas formas." Pode-se pensar que era um exagero grotesco — e não apenas porque Glaber concluía com uma clara falsidade, uma afirmação presunçosa de que "após essa apropriada vingança ter sido praticada, muito poucos judeus podiam ser encontrados no mundo romano".

Na verdade, quaisquer que sejam os detalhes exatos das perseguições movidas contra os judeus em 1010, elas dificilmente teriam alcançado a escala dos *pogroms* que simultaneamente esfacelavam al-Andalus — pois "a fúria do povo cristão", como até mesmo Glaber admitiu, em um tom de certo desapontamento, "não demorou a arrefecer".[33] A súbita erupção do assassinato de judeus, tão sem precedentes quanto selvagem, desapareceu rapidamente. Como esperado — já que, segundo uma determinação papal proclamada apenas dois anos antes, o crime implicava excomunhão. Com as multidões baixando suas armas, a poeira começou a assentar. Por toda parte as comunidades começaram a juntar seus pedaços. Por toda a França as autoridades cristãs voltaram a agraciar os judeus com sua costumeira tolerância desdenhosa. Aparentemente havia dos dois lados

APOCALIPSE ADIADO 231

uma determinação de considerar a violência uma aberração — ou mesmo como algo que de fato nunca havia acontecido.

Essa atitude era determinada para os perseguidos pelo puro bom senso — e para os perseguidores por algo como constrangimento. Sem dúvida, era natural voltar-se contra os inimigos de Cristo durante o reinado do Anticristo, aquela época de perigo terrível e cósmico, quando, como Adso destacara, "os judeus correrão para ele na crença de que estão recebendo Deus — mas estarão recebendo o Malévolo". Mas, como ficou provado, a profanação do Santo Sepulcro não serviu para introduzir o fim dos tempos — assim como al-Hakim não se revelou o Anticristo. Na verdade, começaram a se espalhar no Ocidente estranhos boatos de que, longe de persistir em sua perseguição aos cristãos, ele mesmo se tornara cristão. Em 1021 ele estava morto, perdido no deserto egípcio, e em circunstâncias tão misteriosas que alguns, muçulmanos e cristãos, alegaram que ele havia sido levado aos céus por um anjo.* Enquanto isso, em Jerusalém, começara o trabalho de reconstruir a Igreja do Santo Sepulcro, de modo que duas décadas após sua destruição já estavam sendo celebrados serviços religiosos diante de seu altar e peregrinos, entrando no santuário, podiam ficar boquiabertos com todas as suas belezas, "seus mármores coloridos, sua decoração e suas esculturas, o brocado bizantino com imagens tecidas em ouro".[34] Assim, não surpreende que nas terras do Ocidente a histeria que se seguiu à destruição fosse motivo de mortificação, que a maioria das pessoas preferia esquecer.

Mas isso não foi feito com facilidade. Houve aqueles para quem o terror de 1010 foi esmagador a ponto de abalá-los até o âmago. À medida que Limoges retornava ao normal, os anos se passavam e até mesmo os judeus banidos começavam a pegar o caminho de volta à cidade; como Ademar, por exemplo, poderia dar sentido à sua visão do Cristo em prantos? De modo revelador, quando ele finalmente decidiu escrever o que havia visto, ainda não conseguiu confessar o exato contexto de sua revelação. Em vez disso, com uma afetada demonstração de vaidade que apenas um verdadeiro erudito poderia ter tentado, ele buscou escondê-lo. Na crônica de Ademar a história foi dolorosamente reescrita. A destruição do Santo Sepulcro foi situada não em 1009, mas no verão seguinte. A probabilidade de que tivessem sido as notícias alarmantes de Jerusalém o que inspirara a perseguição aos judeus — para não falar na própria visão de Ademar — foi discretamente enterrada. Em todo o seu relato dos horrendos acontecimentos

---

*Uma teoria que é aceita até hoje pelos Drusos do Líbano, Síria e Israel que adoram Al-Hakim como o califa deve ser adorado: como se fosse a encarnação de Deus.

de 1010 não restou um só indício de que eles houvessem sido provocados, como disse um historiador posterior e mais escrupuloso, "por um boato que correu por diversas regiões do globo, um que assustou e entristeceu muitos corações, de que o fim do mundo estava próximo".[35]

Ainda assim, pelo menos na alma de Ademar a questão deve ter resistido: por que seu salvador aparecera a ele, pregado a uma cruz e chorando? Nada em seu mosteiro o teria preparado para tal espetáculo. Assim como os antigos romanos, evitando imaginar seu Deus como uma vítima de tortura, preferiram pensar Nele como um imperador celestial, brilhando na glória de Seu triunfo sobre a morte, também os sucessores deles, tanto no Ocidente latino quanto em Constantinopla, continuavam a representar Cristo como um *basileus*, sereno e distante em seu trono no céu. A cruz, quando retratada, era concebida menos como um instrumento de execução e mais como um estandarte da vitória, tingida por Seu sangue com um púrpura adequadamente imperial. Mal eram registrados pela maioria dos cristãos detalhes de como Jesus, que um dia percorreu a Terra como um ser humano, experimentou um sofrimento tão excruciante quanto o suportado pelo mais infeliz dos camponeses, sentiu fome, sede e até chorou. Portanto, Ademar tinha bons motivos para ficar perturbado com sua visão.

Principalmente porque ele talvez tenha suspeitado que naquela noite profética tivesse lhe sido mostrado algo que poderia ser perigoso reconhecer. Havia muitos que desde o milênio alegavam ter recebido estranhas revelações. Na visão de clérigos ansiosos como Ademar, a maioria delas não era fruto de brechas no véu que cobria o céu, mas de sombras e fantasmas se erguendo das exalações do inferno. No fatídico ano 1000, por exemplo, um camponês francês chamado Leutard sonhara que um grande enxame de abelhas penetrava em seu corpo através do ânus e falava com ele, "ordenando que fizesse coisas impossíveis a um ser humano";[36] simultaneamente, Vilgard, um gramático de Ravena, se imaginou na companhia de diversos antigos pagãos;[37] e em 1022, ainda mais preocupante, dizia-se que 12 clérigos de Orléans, um deles tido em alta conta pelo próprio rei Roberto, costumavam ser visitados regularmente pelo Diabo, "que algumas vezes aparecia a eles disfarçado de etíope e algumas vezes na forma de um anjo de luz".[38]

Os homens que tinham essas visões podiam ser perturbadoramente variados em suas origens e históricos sociais, mas tudo isso havia sido inspirado por uma similar ideia chocante: "Eles não acreditavam que houvesse algo como a Igreja",[39] foi dito dos clérigos de Orléans. O mesmo se disse de Leutard, que passou a vandalizar santuários, e de Vilgard, que dissera que os poetas eram a única fonte

APOCALIPSE ADIADO

de sabedoria. Todos eles, inspirados por seus interlocutores sobrenaturais, haviam passado a desprezar os rituais e doutrinas da Igreja, sua hierarquia tradicional, sua decoração suntuosa, suas contribuições à oração, seus dízimos: em síntese, toda a grandiosa ordem que havia sido construída com tanto esforço durante o milênio desde a vida de Cristo.

De onde haviam surgido esses heréticos?[40] Assim como os bispos nunca haviam pensado em atacar os judeus até o alvorecer do novo milênio, da mesma forma nunca antes haviam pensado em caçar heresias.[41] Afinal, como Cristo prevenira, apenas nos últimos dias o joio seria separado do trigo e "lançado ao fogo". Mas o milênio estava ali — e pareceu a religiosos sobressaltados que de repente havia joio por toda parte. Ademar, por exemplo, vigiando o tempo da torre de observação de seu mosteiro, descreveu os campos e florestas da Aquitânia como tomados por heréticos; e quanto mais ele tentava rastreá-los, mais obcecado com eles ficava. Assim como a "iniquidade e soberba" que ele temia iria infectar as almas dos fiéis em toda parte, "a guerra eterna, a fome, a peste, os horrores vistos no céu e todos os outros sinais" eram evidentemente prodígios proféticos: "mensageiros do Anticristo".[42] E para um homem como Ademar a pregação da heresia junto à sua porta deve ter parecido uma ameaça verdadeiramente diabólica. Diferentemente dos judeus, que pelo menos eram claros em sua hostilidade à fé cristã, a dissimulação perversa e sutil dos heréticos era desprezar a Igreja por não ser suficientemente cristã. O ideal deles era uma existência de absoluta simplicidade, como a que os discípulos originais haviam conhecido. Seu objetivo era chegar ao princípio: pois ao tentar recriar a igreja primitiva na Aquitânia os heréticos buscavam nada menos que apressar o retorno de Cristo. "Eles fingem levar suas vidas como os apóstolos",[43] dizia-se de comunidades em Périgord, a apenas 80 quilômetros ao sul de Limoges. Uma acusação que certamente causava arrepios na alma de Ademar — pois só poderia despertar nele uma suspeita sombria e enervante. O recuo do milênio ao seu ponto de partida, a aniquilação do tempo: não era exatamente isso que sua própria revelação conseguira, mostrando a ele Cristo pregado e ensanguentado na cruz?

Águas realmente traiçoeiras. Não espanta que Ademar tenha hesitado durante anos antes de confessar sua visão. Também não espanta que ele percebesse com especial preocupação como os heréticos, ao pregarem suas doutrinas pestilentas nas florestas e aldeias além das muralhas de seu mosteiro, buscassem se afastar do funcionamento normal da humanidade pecadora — "exatamente como se fossem monges".[44] Uma excentricidade em especial se destacava; seu vegetarianismo. De fato, a aversão a comer carne parecia ser uma característica dos heréticos onde quer que fossem encontrados. Na Saxônia, por exemplo, imediatamente surgiam suspeitas se um camponês se mostrava relutante em matar uma galinha — pois escrúpulos também haviam passado a ser vistos como um claro sintoma de heresia. E também, na França, ter "uma aparência pálida":[45] consequência inevitável de comer exclusivamente nabos. Em Milão o próprio arcebispo tentou convencer um grupo de heréticos, entre eles uma condessa, de que não era pecado ser carnívoro — em vão. A resposta foi desafiadora: "Não comemos carne".[46]

Nesta declaração corajosa havia algo mais do que apenas a expressão de um capricho alimentar. Os heréticos pareciam realmente ter concluído que se, como todos os sinais sugeriam, era verdade que o fim dos tempos se aproximava rapidamente e a Nova Jerusalém estava prestes a descer do céu, como a humanidade poderia se preparar melhor do que aspirando a um estado literalmente descarnado? Jejuar — ou, se não jejuar, subsistir de vegetais — era o mais perto que um mortal podia esperar chegar da condição incorpórea de um anjo. Isso podia deixar nervoso um bispo — pois qual era o papel que restava a ele? Mas como Ademar notara, se havia uma ordem da Igreja que mais provavelmente se sentiria ameaçada pelo repentino brotar de heréticos e suas ambições de viver como anjos eram os monges. E especialmente os monges de Cluny. Pois eles também se consideravam afastados do mundo poluído de carne, sujeira e pecado; e também eles, como adequado a soldados de Deus, não comiam carne. O abade Odo alertara que qualquer monge que ousasse violar essa proibição se veria engasgando e morrendo com o naco ofensivo. Mesmo o uso de banha de porco quando faltava óleo exigia uma autorização especial. Os monges guerreiros não tinham o grande apetite de um bispo como Henrique de Lund, o guardião do tesouro de Canuto na Dinamarca, que "se fartou e encheu sua barriga de tal forma que acabou sufocando e explodindo";[47] nem de um rei como Sancho de León, que acabou tão chocantemente gordo que mal podia andar, quanto mais montar, e teve de ser colocado em uma dieta rígida por um médico judeu convocado de Córdoba especificamente para emagrecê-lo.

Famosos prodígios de glutonaria como esses serviam apenas para destacar o que já era bastante evidente: em um mundo assolado pela fome, a comilança era acima de tudo símbolo de status. Os monges de Cluny, que certamente não desejavam ver o mundo ser virado de cabeça para baixo, sabiam muito bem disso; e nunca pensaram em privar um visitante ilustre da carne que negavam a si mesmos. De fato, eventualmente, quando o mosteiro se via com a despensa

APOCALIPSE ADIADO   235

vazia, estranhos milagres os ajudavam a compensar a escassez: como na noite em que um bispo e seu séquito apareceram inesperadamente e um enorme javali foi encontrado pouco depois sentado no pátio, babando sobre as pedras e "se oferecendo espontaneamente para ser sacrificado".[48] Que até mesmo o porco servido às mesas de Cluny fosse tocado pelo sobrenatural certamente era uma ofuscante prova da santidade do mosteiro — e que os próprios monges mesmo assim se limitassem ao prato de peixe era ainda mais.

O que era muito bom — pois se a Igreja iria enfrentar o desafio da heresia, precisava desesperadamente de seus próprios exemplos de elevação e pureza. Era preciso enfrentar e rejeitar com firmeza o desafio daqueles que em sua ansiedade pela volta de Cristo imaginavam que as portas do céu podiam ser abertas à força e o Segundo Advento antecipado. Nem todos podiam ter o fim satisfatório de Leutard, que, desesperado por se ver abandonado por seus seguidores, cometeu suicídio se jogando em um poço. Nem todos podiam ser queimados: o destino dos 12 de Orléans. Na verdade, o fato de que os clérigos condenados houvessem espontaneamente se dissolvido em cinzas ao mero toque do fogo claramente indicava a aprovação divina à sentença; e sua execução, a primeira por heresia no Ocidente, de modo algum seria a última. Mas, no conjunto, a própria Igreja sentia arrepios com a perspectiva de perseguir heréticos até a morte — de modo que, por exemplo, quando em Milão os políticos da cidade condenaram às chamas a condessa vegetariana e aqueles ligados a ela, a sentença teve a oposição veemente do próprio arcebispo que os interrogara. "Erro somado a crueldade",[49] disse um bispo sobre a política de executar heréticos. Isso em parte refletia considerações práticas: a Igreja simplesmente não tinha o aparato de controle estatal que os omíadas ou al-Mansur puderam empregar em suas próprias campanhas mais sangrentas contra a heresia. Mas isso também refletia algo mais profundo: uma determinação de confrontar os heréticos no terreno escolhido por eles, exatamente no campo de batalha do sobrenatural, diante dos portões da Cidade de Deus. Provavelmente era de se esperar que o povo cristão, sentindo que o mundo chegava ao final dos tempos, e fustigado como estava por prodígios, assombros e abalos, ansiasse por trilhar o caminho da retidão, esperando que isso os levasse a contemplar o advento do próprio Cristo. O importante, porém, era não dar aos heréticos o controle da viagem: lembrar aos fiéis que sempre fora por intermédio da Igreja que a humanidade pecadora havia sido levada até a Cidade de Deus.

Assim, com o milênio da ressurreição de Cristo cada vez mais próximo, heréticos e monges se viram frente a frente. Contra a tosca simplicidade daqueles que, sob as árvores ou em estradas empoeiradas, buscavam viver como os apóstolos haviam vivido, sem esplendor ou ritual, se apresentou um modelo de santidade bastante distinto. Na frente de batalha, como era de se esperar, estava o esplêndido capitão, abade Odilo de Cluny. A devoção dos irmãos sob seu comando, a frugalidade literalmente sobre-humana de seus hábitos e a beleza angelical de seu canto se combinavam para sugerir que o paraíso de fato podia ser criado na Terra. Com o passar dos anos a fama e a influência de Cluny continuaram a se expandir. Cada vez mais mosteiros se submetiam ao comando de Odilo. Todos eram rigorosamente purificados por intermédio de um programa de reformas. Uma vez limpos de qualquer sinal de corrupção, eles eram qualificados para servir ao povo cristão como postos avançados do céu. Ou pelo menos era o que proclamavam os entusiastas da reforma.

Nos anos 1020 eles se espalhavam por uma grande região. O modelo de Cluny estava ganhando um apelo verdadeiramente internacional. Por mais que pudessem ser desprezadas pelos heréticos, as orações e antífonas cantadas lá eram cada vez mais vistas pelos cristãos como a melhor defesa contra o Diabo. E, aumentando de forma excepcional seu apelo, seu poder não terminava na morte. Pecadores ansiosos, temendo por suas perspectivas de salvação, podiam estar tranquilos de que não havia nada melhor para eliminar seu sofrimento nas chamas da outra vida e garantir sua entrada no paraíso do que ser lembrado em meio aos claustros de Cluny. Não que isso fosse necessariamente barato. Uma menção nos cantos dos monges era um passaporte para o céu tão precioso que os grandes da terra pagavam quantias prodigiosas por ela. Mas mesmo com Cluny se beneficiando bastante das doações dos ricos, Odilo não se esquecia das almas dos pobres. Assim, ele se preocupou em introduzir no calendário do mosteiro uma nova festa, a ser celebrada todo dia 2 de novembro, uma celebração dos mortos que beneficiaria todos os fiéis cristãos. No dia de Finados os monges faziam orações por todos aqueles que haviam partido: também acreditava-se que obséquias tão poderosas ajudavam a abrir os portões do céu.

E certamente o conhecimento disso e a convicção de que os monges de Cluny e as casas associadas a ele de fato mereciam proteger o celestial ajudaram muito a amenizar o dano causado pela heresia. Mas além das muralhas dos mosteiros a grande massa de cristãos continuava nervosa e desconfortável — e ansiava por mais. Os concílios de paz, nos quais o desfile das relíquias era uma atração especial, haviam servido para instilar neles o gosto pelo mistério e o espetáculo; e, por mais que admirassem a santidade isolada dos monges, não se contentavam em ter

APOCALIPSE ADIADO

tudo o que era sagrado trancado. Oprimidas pela dureza e a simples monotonia de sua existência, as pessoas passaram a considerar preciosa a oportunidade de partir em viagem até um famoso santuário, olhar para os restos de um santo e talvez testemunhar um milagre.

E assim, nas primeiras décadas do novo milênio, as estradas começaram a se encher de peregrinos — e de forma excepcional, muitos deles eram camponeses. Isso, em um mundo no qual a maioria das pessoas nunca pensava em olhar além do topo da montanha mais próxima, era um outro prodígio — e bastante perturbador. Especialmente as mulheres, vendo a si mesmas e suas famílias repentinamente abandonadas, costumavam acusar seus maridos de partir em peregrinação "pela vã curiosidade e não por devoção à religião". Mas elas precisavam tomar cuidado com a língua. Os santos não eram gentis com megeras. Uma mulher da Normandia, por exemplo, que supostamente teria atormentado seu marido para ficar em casa e colocar comida na mesa da família em vez de visitar um santuário local, viu "sua boca blasfema, o órgão pelo qual proferira uma linguagem ultrajante contra Deus e seu marido, endurecer e esticar a tal ponto de deformidade que acabou colada às orelhas"[50]. Sem dúvida uma punição adequada. E ainda assim, para dizer a verdade, havia muitos monges que não discordariam das críticas dela. O caráter cada vez mais vulgar dos peregrinos em seus santuários não passara despercebido. Era especialmente lamentada a tendência dos camponeses de acampar nas igrejas e ficar acordados a noite toda contando piadas grosseiras. Alguns monges, distraídos por seus "gritos abomináveis e cantos desordeiros",[51] chegaram ao ponto de trancá-los do lado de fora.

Mas sempre que isso acontecia invariavelmente os próprios santos mostravam sua desaprovação destrancando milagrosamente as portas. Previsivelmente, essa foi uma lição que a maioria dos mosteiros aprendeu rapidamente. Os camponeses podiam ser grosseiros, mas um santuário que aproveitasse seu incontestável fervor e sua ânsia por maravilhas era um santuário de futuro. Assim, em vez de desencorajar a massa os mosteiros cada vez mais passaram a tentar atraí-la em número cada vez maior. Se um dia havia sido proibido perturbar os ossos dos santos, na esteira dos concílios de paz os monges começaram a mandar suas relíquias em excursão, acompanhadas do toque de címbalos, altas antífonas e archotes tremeluzentes. Algumas vezes, caso os bens de uma casa vizinha a tornassem merecedora, era possível fazer barganhas. Em alguns casos, quando sentiam que suas próprias relíquias eram inadequadas, eles tentavam uma melhoria. O mais audacioso exemplo disso se deu na Aquitânia, quando os monges do até então obscuro mosteiro de Saint-Jean-d'Angély de repente anunciaram uma descoberta verdadeiramente sensacional: a cabeça de João Batista. Nunca foi bem explicado como exatamente ela teria ido parar ali, enterrada sob uma misteriosa pirâmide de pedra. O entusiasmo dos peregrinos, que logo lotaram as escadarias estreitas do mosteiro em sua excitação, empurrando e abrindo caminho na direção do santuário abaixo, mostrava que isso não era necessário. O próprio rei Eduardo, em rara viagem ao sul e temendo o dia do Juízo Final, foi reverenciá-la. Assim, não surpreende que também os monges de outros mosteiros, querendo participar da festa, começassem a vasculhar suas próprias criptas. Logo foram feitas descobertas ainda mais espetaculares. Tais descobertas, acontecendo poucos anos antes do aniversário de mil anos da Paixão de Cristo, intensificaram ainda mais o clima de expectativa febril. "Pois acreditava-se que as relíquias estivessem à espera de uma brilhante ressurreição, e agora finalmente são, com a permissão de Deus, reveladas ao olhar dos fiéis. Elas por certo deram muito conforto a muitas pessoas".[52]

Mas não a todas. Algumas vezes podiam ser ouvidos, acima do vozerio excitado dos peregrinos, murmúrios sombrios sobre adoração de ídolos. Os heréticos, desprezando o que consideravam uma pantomima da Igreja, se recusavam peremptoriamente a respeitar "a honra dos santos de Deus".[53] Consequentemente, monges que queriam melhorar o perfil de suas relíquias tinham de agir com cuidado. Eles não podiam abusar da sorte. Multidões que sentissem que estavam sendo enganadas podiam muito bem ficar furiosas. Nada exemplifica isso melhor do que uma tentativa demasiadamente ambiciosa feita pelo mosteiro de Limoges. Os monges de lá, em vez de arrumarem novas relíquias, optaram por promover o santo cujos ossos eles já tinham. Foi anunciado solenemente no outono de 1028 que São Marçal, em vez do missionário obscuro que todos antes imaginaram, na verdade havia sido um dos apóstolos originais: ninguém menos que o sobrinho de São Pedro. Embora a alegação fosse absolutamente implausível, ainda assim teve um defensor de peso: o principal historiador da Aquitânia, o próprio Ademar. Durante oito meses, mais uma vez demonstrando seu talento inimitável para fundir erudição com distorção intencional, o afamado erudito inventou um número impressionante de obras com o objetivo de provar que São Marçal de fato havia sido um apóstolo. Finalmente chegou o dia decisivo de 3 de agosto de 1029 em que toda a campanha seria oficialmente abençoada com uma cerimônia especial na catedral de Limoges.

Ademar, desfrutando do brilho de sua realização, até mesmo convidara seus pais para que assistissem a seu momento de glória. Mas, infelizmente, ele não

APOCALIPSE ADIADO 239

contara com o ceticismo de um visitante inesperado: um erudito rival, um italiano da Lombardia chamado Bento. Quando a cerimônia estava prestes a começar, o lombardo denunciou com ferocidade toda a mixórdia como um ultraje — e o próprio Ademar como uma fraude. O povo de Limoges, em vez de apoiar a campanha para transformar seu santo padroeiro em apóstolo, imediatamente se voltou contra ela. Quando um Ademar em pânico deixou a cerimônia apressado para enfrentar Bento em público e tentou defender sua tese, ele o vaiou. Mais tarde naquela noite, no próprio mosteiro, os dois eruditos se enfrentaram novamente — e mais uma vez Ademar foi derrotado. Na manhã seguinte, absolutamente humilhado, ele cedeu o campo a seu conquistador e desapareceu de Limoges, queimando de vergonha, sua reputação arruinada.[54]

Mas a despeito disso ele não conseguiu admitir a derrota. Ao contrário, durante os três anos seguintes Ademar insistiu em defender sua tese derrotada. Embuste se somou a embuste, fraude a fraude. Tudo que ele escreveu no frenesi de sua amargura tinha um único objetivo: provar que São Marçal de fato havia sido um companheiro de Cristo. Ademar, o mesmo monge que na juventude ficara paralisado diante de uma visão de seu Senhor crucificado, buscava, com uma demonstração de conhecimento fenomenal mas distorcida, se imaginar de volta ao mundo em que o Jesus humano vivera. Sem dúvida uma forma de loucura; mas ainda assim uma que ele partilhava com multidões além dos limites do seu mosteiro no momento em que os anos 1030 se iniciavam. Faltavam apenas três anos para o milésimo aniversário da Paixão de Cristo — e com sua aproximação "muitos assombros se manifestaram".[55] E o maior de todos eles, que parecia "pressagiar nada menos que o advento do amaldiçoado Anticristo, que segundo o testemunho divino é esperado para o fim do mundo",[56] foi a decisão tomada pelas pessoas de, em um número sem paralelo, partir em uma grande peregrinação não a seu santuário local, não a Santiago, sequer a Roma, mas à própria cidade que os pés abençoados de seu Salvador haviam percorrido, onde Ele havia sido pregado a uma cruz e ressuscitado dos mortos: Jerusalém.

Essa grande onda estava crescendo havia algumas décadas. Embora originalmente poucos viajantes ocidentais estivessem preparados para fazer a longa e árdua jornada até a Terra Santa, os anos próximos ao milênio haviam testemunhado um aumento impressionante do número de peregrinos partindo para Jerusalém. A maioria, como aquele venerável especialista no final dos tempos Adso de Montier-en-Der, eram famosos e ricos: viajantes capazes de pagar por uma cabine em um barco. De fato, até mesmo príncipes célebres fizeram a viagem. Fulque Nerra, por exemplo, tirando folgas do trabalho de aterrorizar seus vizinhos, acabou viajando a Jerusalém pelo menos quatro vezes. Sua segunda viagem, feita em 1009, foi a mais heroica de todas: pois ele mal havia chegado à Igreja do Santo Sepulcro e se viu apanhado em meio ao horror de sua profanação. Enfrentando os perigos com sua habitual arrogância, ele conseguiu até mesmo arrancar um fragmento do túmulo de Cristo e o levar de volta a Anjou em triunfante devoção. Essa formidável realização confirmara sua fama de personagem quase lendário. Mas até mesmo Fulque foi apequenado pela escala da maré humana inspirada pelo milênio da Paixão de Cristo, uma avalanche de homens e mulheres que não eram necessariamente nobres, abades ou bispos, mas pessoas de origem infinitamente mais humilde: "uma multidão inumerável, vinda de todas as partes do mundo, maior do que qualquer homem antes esperava ver".[57]

E entre eles estava Ademar. Derrotado, amargurado e sem dúvida com a consciência pesada, não havia nada que o prendesse à Aquitânia. Deixando seu mosteiro no final de 1032, ele viajou primeiramente para Limoges, onde depositou suas fraudes na biblioteca do São Marçal: um dossiê tão detalhado e convincente que em algumas décadas conseguiria convencer todos de sua tese, dando a ele uma vitória póstuma sobre todos os seus críticos. Feito isso, Ademar então pegou novamente a estrada, se juntando aos bandos de penitentes que igualmente seguiam rumo leste. Ao contrário do que havia sido o costume por muito tempo, a maioria deles não tomou um barco para a Terra Santa, pois desde o milênio e a conversão dos húngaros se tornara possível fazer toda a viagem por terra. Em verdade a própria Hungria não estava livre de perigos: um monge de Regensburgo que viajou por suas planícies no início dos anos 1030 ficou chocado ao ver um dragão investindo ameaçadoramente sobre ele, "sua cabeça emplumada da altura de uma montanha, seu corpo coberto de escamas como escudos de ferro".[58] E tais monstros não eram os únicos perigos que um peregrino podia ser obrigado a enfrentar: pois além da Hungria esperavam por ele gregos desonestos, sarracenos intrometidos e beduínos ladrões. Mas era exatamente na dificuldade da peregrinação que estava seu verdadeiro valor — e Ademar, finalmente chegando diante dos portões da Cidade Santa no fatídico ano de 1033, só podia confiar em que se provara merecedor de testemunhar quaisquer que fossem os prodígios que logo iriam se dar.

Contudo, o céu se manteve resolutamente vazio. O Anticristo não apareceu. O fim do mundo foi adiado, e todos aqueles peregrinos que haviam se reunido em enorme número no monte das Oliveiras se viram esperando em vão pelo

APOCALIPSE ADIADO

retorno do seu Salvador. Em pouco tempo, com 1033 dando lugar a 1034, a maioria deles voltou para casa. Mas não todos. Houve alguns que, fosse por um excesso de "indescritível êxtase",[59] como proclamaram os devotos, ou talvez por desespero, nunca deixariam Jerusalém — a não ser para o céu. E Ademar foi um deles. Ele morreu em 1034. "Venha, Rei eterno", implorou ele em uma oração que provavelmente foi a última coisa que escreveu. "Venha e vele por seu reino, nosso sacrifício, nosso sacerdócio. Venha, Senhor governante; venha resgatar as nações do erro. Venha, Senhor, Salvador do mundo".[60]

Mas o Senhor não apareceu. E ainda assim o mundo caído seguiu seu caminho.

As coisas só podem melhorar

Houve quem sentisse alívio. Mesmo pelo padrão das décadas anteriores os anos que precederam o milênio da Paixão de Cristo haviam sido terríveis: certamente adequados como aperitivo ao que o advento do Anticristo realmente poderia ter significado para o mundo. Chovera sem parar, a fome havia sido universal, assim como boatos de canibalismo. Dizia-se que, na cidade borgonhesa de Tournus, carne humana cozida era vendida abertamente no mercado. Em Cluny os silos ficaram vazios; e Odilo, para levantar recursos para os famintos, fora obrigado a vender alguns dos tesouros mais famosos do mosteiro, incluindo até mesmo o orbe incrustado de pedras doado a ele pelo imperador Henrique II. Apenas lobos e castelães, ambos à espreita dos pobres arruinados, lucraram com os horrores da época. Mas milagrosamente, com o advento de 1033, tudo pareceu melhorar. Rudolf Glaber, tão preocupado como sempre em localizar o toque do dedo de Deus no mundo, registrou em seu mosteiro como as violentas tempestades pararam abruptamente; em seu lugar, "o rosto feliz do céu brilhou e soprou brisas suaves, e com serenidade proclamou a magnanimidade do Criador. Toda a superfície da Terra começou a florescer. As colheitas prometiam ser esplêndidas. A própria carência havia terminado".[61]

Ou pelo menos era o entusiasmo de Glaber. Na verdade, seu súbito otimismo talvez não fosse menos desequilibrado que sua obsessão anterior com os aterrorizantes presságios do fim. O céu podia ter clareado — mas na Terra ainda havia violência, ilegalidade e opressão. Para aqueles que haviam imaginado que a convulsão da época prenunciava a iminência do final dos tempos, e que haviam se esforçado muito na expectativa disso, o fracasso da Nova Jerusalém em descer do céu não podia ser considerado motivo para alegria incontida. Emoções profundas e desesperadas haviam sido despertadas. Os penitentes em viagem à Terra Santa, as multidões seguindo para os concílios de paz, os heréticos se retirando para as florestas: todos haviam ousado esperar ver Cristo descendo em glória e consertando o mundo. Essa esperança havia desaparecido. Entre os pobres, sem dúvida, cujo anseio por um reino de santos a Igreja tentara ao mesmo tempo insuflar e conter, a sensação de desapontamento foi particularmente devastadora. Mesmo Glaber não podia deixar de notar como, apesar do clima ensolarado, a ameaça da violência dos cavaleiros só havia se tornado mais sombria. "Como cães retornando ao seu vômito ou porcos chafurdando em seus dejetos",[62] os castelães não haviam esquecido seu gosto por roubo, não importando os juramentos devotos que tivessem feito. O milênio passara, e a ordem terrena, segundo a qual os fortes estavam acima dos fracos, não se dissolvera. Em seu terreno rochoso, o castelo continuava a intimidar.

Mas se eram os pobres aqueles com mais motivos para sentir desespero, eles não estavam sós. Também bispos e monges haviam ansiado por acreditar na possibilidade de uma verdadeira paz de Deus: uma paz não de ferro, mas de amor. Naquele momento, mesmo não conseguindo admitir, muitos se sentiram esmagados por uma sensação de perda. A passagem dos anos, que antes lhes parecera prenhe de mistério e significado, parecia abruptamente despida de ambos. O tempo perdera seu limite. Em um grau sem precedentes na história ocidental, o povo cristão se sentia à beira de um recomeço: uma sensação que muitos consideravam mais perturbadora do que motivo de êxtase. O passado, que sempre havia sido valorizado por eles como o guia mais seguro para o futuro, de repente parecia, na esteira do fracasso dos tempos em chegar ao fim, um lugar distante e estranho. Na verdade, o abismo que separava o novo milênio das ruínas do antigo não surgira da noite para o dia. Anos, décadas e séculos de transformação haviam criado no Ocidente uma paisagem que Carlos Magno teria considerado irreconhecível, quanto mais Constantino. Mas a consciência disso, a consciência da mudança, realmente era algo novo. "Tal é a disposição do Todo-poderoso — que muitas coisas que um dia existiram foram deixadas de lado por aqueles que surgiram em sua esteira".[63]

Assim refletiu Arnoldo de Regensburgo: o mesmo monge que, alguns anos antes, vira o grande dragão investindo sobre as planícies da Hungria. Evidentemente um homem com gosto pelo sensacional, Arnoldo desprezava abertamente o passado como uma terra selvagem, que devia ser limpa e arrumada,

APOCALIPSE ADIADO 243

assim como as florestas negras, com suas clareiras assombradas por ídolos e repletas de corpos pendurados, haviam sido desbastadas por machados cristãos para abrir espaço para igrejas e campos extensos. Ele certamente tinha uma perspectiva chocante — e ainda assim menos excepcional do que poderia ter sido algumas poucas décadas antes. "O novo deve mudar o velho — e o velho, se não tiver contribuição a dar para a ordem das coisas, deve ser inteiramente descartado."[64] Durante os anos febris de expectativa pelo milênio da vida de Cristo houve muitos que partilharam essa opinião. E o espírito de reforma não havia morrido em 1033. De fato, exatamente o oposto: pois o fracasso de Cristo em estabelecer Seu reino na Terra deixara muitos reformistas ainda mais determinados a fazer isso por Ele.

E esse, em sua forma mais radical, era um sonho de liberdade. O exemplo de Cluny, que não devia obediência a nenhum senhor além de São Pedro, continuou a ser para os reformistas o mais brilhante de todos. Não havia nada que proclamasse de forma mais impressionante a pureza sobrenatural do mosteiro do que sua liberdade dos tormentos de estranhos arrogantes. Mas na realidade Cluny não estava inteiramente isento de supervisão mortal. Embora São Pedro fosse um poderoso patrono, sua proteção só podia ser tão eficaz quanto aquela dada por seu vigário terreno, o papa. Um pensamento não inteiramente confortável, poder-se-ia pensar — já que Roma estava a muitos quilômetros de Cluny e o papado invariavelmente marcado por escândalos. Contudo, ao longo das décadas inumeráveis papas inesperadamente se mostraram fortes protetores de Odilo e seu mosteiro. Cartas enviadas de Latrão, alertando os bispos e príncipes locais para manterem as mãos longe de Cluny e respeitar sua independência, haviam se revelado surpreendentemente eficazes. Em boa medida para sua própria surpresa, o papado se descobrira capaz de estalar os dedos e ver os grandes homens da Borgonha dando pulos. Inicialmente com cautela, e depois com firmeza crescente, buscara aproveitar seu poder até então insuspeito. Como resultado, a defesa de Cluny pelo papa começara a parecer a muitos cada vez mais sugestiva. Se o bispo de Roma podia meter o nariz nos assuntos da Borgonha, por que não em toda parte? Na verdade, um papa como Bento IX, que comprara sua chegada ao trono papal em 1032 com a escandalosamente pouca idade de 18 anos, em geral estava ocupado demais satisfazendo seus insaciáveis apetites sexuais para explorar todas as possibilidades dessa questão. Mas havia aqueles preparados para fazer isso por ele. O papado podia estar afundado na depravação, mas ainda assim havia muitos nas fileiras dos reformistas prontos a vê-lo como a melhor esperança para um mundo conspurcado e vacilante. Apenas um papa, o herdeiro de São

Pedro, podia esperar garantir para toda a Igreja o que já havia sido assegurado para Cluny. Apenas um papa podia ser o defensor de sua liberdade.

O que por sua vez tornava a restauração do papado a um adequado estado de graça uma questão de máxima — na verdade cósmica — urgência. Já não era possível permitir que ele fosse um brinquedo para corrompidos dinastas romanos. Enquanto os rumores que cercavam o papa Bento se tornavam cada vez mais escandalosos, fedendo a histórias de feitiçaria, bestialidade e assassinato, a ideia de que o papado poderia um dia se reformar parecia grotescamente absurda. Então, que bom para a saúde espiritual do povo cristão que o Santo Padre não fosse seu único líder potencial. "É no rei e no imperador que temos o supremo defensor na Terra de nossa liberdade",[65] declararam solenemente os príncipes de Alemanha e Itália, louvando Conrado II. O conceito de Otão III, que acreditara ser um dever dado por Deus o de redimir o mundo, ainda era poderoso na corte de seus sucessores. Um papa podia ser o vigário de São Pedro, mas em sua coroação um imperador era saudado como algo ainda mais espetacular: o representante do próprio Cristo. Então, qual monarca podia duvidar de que, tendo ouvido saudação tão impressionante, tinha a obrigação absoluta de se intrometer na dimensão espiritual e oferecer sua liderança à Igreja? Impregnado pelo assustador poder do crisma, ele já não era apenas um rei, ele "partilhava o ministério sacerdotal".[66]

Certamente, dentro dos limites do próprio *Reich* nenhum imperador jamais hesitara em tratar mesmo os maiores bispos como seus subordinados. Todos eram seus súditos; todos dependiam de sua aprovação para serem eleitos. Como símbolo e demonstração disso, era o próprio imperador que presidia a investidura de um bispo, dando ao candidato escolhido um báculo na forma de um cajado de pastor e o obrigando a fazer um grave juramento de lealdade. Se tal ritual chocava muitos como sendo não muito distinto da submissão de um vassalo ao seu senhor, é porque isso talvez fosse adequado. No *Reich*, muito mais do que em qualquer outro reino cristão, os bispos tinham o dever formal de manter a ordem real. De fato, havia muitos deles que governavam enormes parcelas do território imperial no lugar de duques e condes. Eles serviam como conselheiros do imperador; eles forneciam homens para seus exércitos; administravam suas propriedades. Eliminando os bispos, o império mal teria um governo.

Mas se o imperador não tinha pudor em colocar a Igreja para trabalhar para ele, então a Igreja, por sua vez, naturalmente esperava que o imperador agisse como seu protetor. Tal dever, nos primeiros anos do novo milênio, começara a parecer ainda mais premente. Na França assim como na Alemanha: uma preocupação

APOCALIPSE ADIADO

em garantir cabeças de ponte do sobrenatural em uma Terra contaminada pelo pecado se tornara uma verdadeira obsessão de cristãos ansiosos. Talvez isso não fosse surpreendente: pois Cluny não estava a grande distância da fronteira ocidental do *Reich*. Mas se Odilo era o favorito de imperadores assim como era de papas e reis, ele de modo algum era o único. Especialmente nos mosteiros dos Países Baixos e da Renânia as raízes da reforma remontavam a décadas antes, e deviam pouco ao exemplo de Cluny. Acima de tudo, ao longo das décadas dos dois lados do milênio, eles haviam servido para estimular uma nova e perturbadora obsessão: uma com a qual Ademar em certo sentido poderia simpatizar. O que na Aquitânia era limitado a visões e sonhos febris podia ser encontrado à vista de todos nas naves de proeminentes igrejas da Renânia.

Já em 970 havia sido erguido na catedral de Colônia um crucifixo com algo realmente chocante: uma imagem do próprio Salvador, os olhos fechados, a cabeça caída na morte. Seus pés e mãos pregados ao instrumento de sua execução. Meio século depois a ideia de "aplicar à cruz de Cristo o retrato de um homem moribundo"[67] continuava a horrorizar muitos cristãos — mas o hábito já chegara até mesmo à Inglaterra. O próprio Deus estava sendo tornado humano. De fato um modelo a ser imitado: pois entre os líderes do movimento de reforma imperial o fascínio pelos detalhes horrendos do sofrimento de Cristo invariavelmente se transformava em um anseio de emulá-los. Um célebre abade dos Países Baixos, Poppo de Stablo, era especialmente admirado por bater no próprio peito com uma pedra afiada sempre que tinha um momento livre e por nunca sorrir. Os monges que eram submetidos à disciplina de Poppo previsivelmente tendiam a odiá-lo — mas uma sucessão de imperadores ficou impressionada com sua austeridade. Assim, quando ele se disse chocado com a nova mania entre os temerários da corte de se cobrirem de mel e permitirem que um urso faminto os lambesse, Henrique II imediata e contritamente a proibiu. E Conrado II, a despeito de ser tão dado a prazeres terrenos que corria o boato de que havia vendido sua alma ao Diabo, tratou o temível abade mal-humorado com o mais espantoso respeito e confiou muitos de seus mosteiros preferidos ao zelo pétreo de Poppo. Para os otimistas esse relacionamento parecia um brilhante modelo para o futuro da cristandade: césar e religioso santo unidos na missão heroica da reforma.

Em 1039, com a morte de Conrado, essa missão foi herdada por seu filho, um jovem com qualificações únicas para levá-la a cabo. Ao contrário de seu pai, Henrique III era um rei de rara religiosidade e consciência. Como Poppo, e pela mesma razão, sua maior ambição era não rir nunca. Em 1043, quando se casou com Agnes, filha do duque da Aquitânia, os bobos da corte foram solenemente banidos das núpcias. É verdade que o próprio Poppo, desconfiado da reputação de frivolidade e modas luxuosas dos habitantes da Aquitânia, recebera com preocupado desapontamento a chegada de uma francesa à corte imperial — mas ele não precisava ter se preocupado. Agnes, descendente do fundador de Cluny, na verdade era uma noiva ideal para seu marido: sempre que podia o casal real ia à missa junto pelo menos cinco vezes por dia.

Mas Henrique, embora sensível e melancólico, não era inferior a nenhum de seus predecessores no caráter imperioso de seu governo. Suas demonstrações de humildade, por mais sinceras que fossem, não diminuíam em nada sua firme convicção de que a autoridade sobre o povo cristão fora concedida a ele diretamente por Deus. Em 1043, quando anunciou misericordiosamente do púlpito da catedral de Constança que perdoara todos os seus inimigos, o fez como presidente de uma conferência de paz: convocada não por seus bispos, mas por ele mesmo. Um ano mais tarde, quando apareceu diante de seus soldados em penitência pública, foi como vitorioso em um campo de batalha coberto de cadáveres, em meio aos estandartes de rebeldes quebrados por sua espada. Como a devida oferenda a São Pedro ele não pensou em presente mais adequado que "uma lança de ouro" —[68] um troféu tomado de um comandante rival. Um rei assim, ansioso pela legitimidade que só uma unção em Roma podia dar, não era homem de se sentir inibido ao lidar mesmo com o pontífice mais problemático. O que era bom: pois no outono de 1046, quando Henrique finalmente garantira suficientemente sua autoridade sobre o *Reich* a ponto de liderar uma expedição rumo sul até a Itália, não encontrou um papa esperando por ele lá, mas três.

Esse estado de coisas verdadeiramente monstruoso ofereceu um clímax adequado para a carreira escandalosa de Bento IX. Dois anos antes, com até mesmo os normalmente impassíveis romanos começando a se cansar de seus crimes, os Crescêncio, herdeiros do pretenso fazedor de papas que havia sido decapitado por Otão III, fizeram uma inesperada tentativa de recuperar o papado. Apanhando de surpresa o Santo Padre, eles conseguiram retirá-lo temporariamente de Roma e instalar como substituto seu próprio bispo local, um idiota anônimo em nada merecedor de seu novo título de Silvestre III. Dois anos depois Bento estava de volta, ocupando seu antigo trono e desafiadoramente encarando os Crescêncio: um triste testemunho do prazer que os dinastas romanos sentiam em disputas no Latrão. Mas o controle do papado já escapava a ele: pois não era mais apenas a nobreza local que queria garantir a eleição de um papa.

APOCALIPSE ADIADO 247

Reformistas de destaque, chocados com o mergulho cada vez mais fundo de Roma na lama, haviam se cansado de apenas torcer as mãos. Assim, na primavera de 1045 eles jogaram seu peso na eleição de um terceiro papa, o filho de um judeu convertido, tão rico quanto devoto, que adotou o nome de Gregório VI e se proclamou o patrono da reforma. Para os jovens e idealistas, aquele foi um momento de esperança do qual nunca esqueceriam.

Um exemplo típico daqueles que foram inspirados pela eleição de Gregório era um antigo pupilo dele, um monge brilhante e belicoso chamado Hildebrando, cuja origem humilde como filho de um carpinteiro da Toscana servira apenas para enfatizar ainda mais seu status de ascendente.[69] Inicialmente educado em um mosteiro em frente ao monte Palatino que sempre havia sido um dos pousos preferidos de Odilo em Roma, e depois no próprio Latrão, ele ardia com a convicção apaixonada de que a ordenação do mundo caído seria conseguida apenas pelo papado. Hildebrando acreditava que a Igreja finalmente encontrara em Gregório VI um defensor de valor. Ele devidamente ofereceu ao novo papa sua fervorosa devoção. Gregório, por sua vez, nomeou Hildebrando como seu capelão. Os laços entre os dois homens nunca seriam rompidos. Ainda assim, em 1046, com menos de um ano de papado, a credibilidade de Gregório já estava sob ataque, mesmo daqueles que originalmente o haviam apoiado, quando começaram a ser revelados os mortificantes detalhes de sua eleição.

Pois foi revelado que Gregório tinha mãos ainda mais sujas do que se imaginara. Bento IX era seu afilhado; e o rico Gregório, em uma tentativa de convencer seu rival irremediavelmente avarento a desistir, o subornara regiamente. Nunca passara pela cabeça de Gregório que isso poderia ser considerado um problema: pois era exatamente o tipo de manobra de que a elite romana sempre se valera. Mas os tempos eram outros. Entre reformistas proeminentes, todos eles comprometidos com a purificação da Igreja, a ideia de que um cargo sacerdotal, quanto mais o papado, pudesse ser comprado e vendido com lucro era absolutamente repulsiva. De fato, como eles destacaram, esse tipo de manobra assombrara o ministério dos próprios apóstolos: pois nos primeiros dias de sua pregação São Pedro havia sido abordado por um mago chamado Simão e recebido a oferta de ouro em troca de sua habilidade de fazer milagres. "Pois eu te vejo no fel da amargura e nos laços da iniquidade",[70] respondera o príncipe dos apóstolos com desprezo; e desde então o pecado de negociar cargos e poderes sobrenaturais passou a ser conhecido como "simonia". De fato, a perplexidade de Gregório de se ver considerado culpado de tal crime talvez fosse compreensível — "pois se tornara tão disseminado o costume que praticamente ninguém sabia ser um pecado".[71] Contudo, para aqueles que se miravam no reluzente exemplo de Cluny e queriam um clero livre das rédeas dos ricos e poderosos, sem dúvida aquele era um pecado — e pernicioso. E fatalmente para Gregório, entre eles estava Henrique III.

Que, afinal, era um pretenso imperador — impaciente para ser ungido. Absolutamente confiante em seu próprio direito de organizar a Igreja, Henrique se preparou para cortar o nó górdio. Pouco antes do Natal ele convocou os três papas rivais a Sutri, uma pequena cidade ao norte de Roma. Gregório — o único papa a comparecer — foi formalmente deposto por um sínodo convocado às pressas. Igualmente Silvestre. Três dias depois, em Roma, Bento também foi afastado. Então Henrique, tirando uma folha do livro de Otão III, nomeou papa um de seus concidadãos, que, obedientemente se mudando para Latrão, adotou o nome de Clemente II. Alguns dias mais tarde, no Natal, o rei germânico foi formalmente ungido como herdeiro de Carlos Magno. Poucos entre os reformistas pensaram em protestar contra essa arbitrariedade. De fato, entre os que o saudaram como representante de Deus na Terra estava ninguém menos que o então fabulosamente venerável Odilo: um poderoso sinal do disseminado entusiasmo pela cirurgia que Henrique fizera no papado. Verdade que alguns ainda se aferravam às antigas lealdades: Hildebrando, por exemplo, teimoso em tudo, se recusou peremptoriamente a abandonar Gregório mesmo quando o infeliz deposto foi exilado na Renânia. Mas ele não podia questionar o calibre dos homens escolhidos pelo novo imperador para o Latrão; nem a sinceridade de suas tentativas de livrá-lo do controle da criminalidade. Quando Clemente II, com menos de um ano de papado, morreu de envenenamento por chumbo e o incorrigível Bento, se valendo de uma grande dose de suborno e intimidação, retornou a Latrão para um inédito terceiro período, Henrique não demonstrou qualquer hesitação em expulsá-lo novamente do trono. Um segundo papa germânico foi despachado para Roma. E então, quando ele mesmo expirou, um terceiro.

Era então o inverno de 1048 — e Gregório VI também estava morto. Hildebrando, sempre apaixonado em suas lealdades, estava finalmente liberado para dá-la a outra pessoa. Ele só precisava encontrar quem a merecesse. Naquele mês de dezembro, em um sinal da simpatia com a qual ele já era visto nos círculos imperiais, o jovem padre foi convocado a um concílio na antiga cidade de Worms. Lá, com o brilho da presença do rei iluminando as noites de inverno e lançando reflexos sobre as águas negras e geladas do Reno, ele encontrou o escolhido por

APOCALIPSE ADIADO 249

Henrique para o trono de São Pedro. "Uma nova luz se ergueu sobre o mundo."[72] Hildebrando certamente não demorou a saber que estava na presença de um líder verdadeiramente merecedor de sua devoção.

E assim, claro, ele a hipotecou.

Zarpando de Bizâncio

O entusiasmo de Hildebrando não surpreendeu. Bruno de Toul era o próprio modelo de um príncipe da Igreja: alto, de boa aparência e primo distante do próprio imperador. Dominando todas as habilidades necessárias a um bispo imperial, ele servira como juiz, general e diplomata. Mas os talentos de Bruno não eram apenas aqueles exigidos de um nobre terreno. Dizia-se que, ao nascer, "todo o seu pequeno corpo estava marcado com pequenas cruzes",[73] certamente antecipando um futuro sagrado. E assim foi. Dado a demonstrações espetaculares de caridade, e até mesmo a lavar os pés dos pobres, Bruno parecia a seus admiradores um esplêndido paradoxo, o líder cristão ideal: "pois combinava a sabedoria de uma serpente com a inocência de uma pomba".[74] Hildebrando certamente pensava assim. Toda a sua esperança de uma reforma da Igreja, que antes depositara em Gregório, ele transferiu para Bruno. Naquele mesmo mês de dezembro ele acompanhou seu novo herói na viagem de volta a Roma.

Uma viagem que foi em si um aperitivo do pontificado que se seguiria. Enfrentando a neve e as inundações do inverno, Bruno seguiu rumo sul sem a companhia dos soldados de Henrique e trajando apenas as vestes de um humilde peregrino. Dizia-se que anjos falaram com ele no caminho e, quando finalmente entrou em Roma, o fez descalço. E mesmo então, foi apenas após os habitantes terem implorado publicamente a ele que se tornasse seu bispo que se dignou a ocupar o trono de São Pedro, adotando o nome de Leão IX. Esses gestos foram ardilosamente calculados para conquistar o apoio de seu dividido rebanho romano. Mas também visando todo o povo cristão. Leão podia ser uma nomeação imperial, mas era fundamental para os objetivos dele e de Henrique deixar publicamente bem claro que não havia dinheiro envolvido. Tal era a escala da missão que eles enfrentavam ao trabalhar para garantir à Igreja um novo começo, definitivamente expurgada da contaminação do secular, que nenhum deles podia correr o risco de ser classificado de simoníaco. De modo revelador, em uma visão que tivera pouco antes de se tornar papa, Leão vira uma velha

250 MILÊNIO

hedionda vestindo farrapos imundos que o importunava e puxava seu hábito, "e quando o homem do Senhor foi levado pelos modos grosseiros dela a marcar sua face com o sinal da cruz, a bruxa caiu ao chão como morta, antes de se reerguer com uma aparência de maravilhosa beleza."[75] Leão não desejava comprometer esse poder, de traçar o sinal da cruz do corpo da Igreja e vê-la recuperar seu encanto original. Muito dependia dele. Havia muito em jogo.

Energia e determinação, ambição e brandura: estas eram as qualidades que Leão demonstrara em sua longa carreira como bispo imperial. Ele tinha então a oportunidade de testá-las no maior de todos os palcos. Com poucas semanas de papado ele já estava presidindo um concílio em Roma: segundo seus termos, as leis contra a simonia foram explicitamente confirmadas, e vários bispos simoníacos foram depostos, enquanto o bispo de Sutri, que falsamente alegara inocência, sofria um derrame. Acontecimentos satisfatórios — mas apenas o começo. Leão, tomado por uma noção literalmente cósmica de dever, não era homem de se satisfazer com os limites de Roma. O Concílio em Latrão mal havia terminado e ele estava novamente na estrada, refazendo seus passos. Em junho, estava de volta à sua Renânia natal, e no início de outubro entrara no reino da França — o primeiro papa a visitá-la em 171 anos. Assim como em Roma, durante as viagens pelo norte seus apelos para que o clero se reformasse foram recebidos pelos bispos locais com um misto de perplexidade e ultraje. A maioria deles, longe de concordar com Leão em que a simonia era realmente uma ameaça mortal à saúde da cristandade, insistia em vê-la como uma prática perfeitamente sensata e nada excepcional, que durante séculos servira para manter a Igreja de pé. Previsivelmente, quando Leão convocou os bispos da França para um concílio em Reims, a maioria se manteve afastada. Todos foram imediatamente excomungados. Mas mesmo aqueles que compareceram tiveram razões para lamentar.

Pois quando os bispos entraram na igreja onde aconteceria o concílio e se curvaram perante o altar foram confrontados por uma visão impressionante e intimidadora. Lá, dominando a cena, estava uma arca com os ossos do santo padroeiro de Reims. Convocados a se levantar e jurar sobre a relíquia que não haviam pagado por sua posição, a maioria dos bispos escolheu permanecer sentada e se encolher em silêncio mortificado. Quando um arcebispo se ergueu e tentou defender um colega, foi milagrosamente tornado mudo pelo poder do santo ultrajado. Seu subordinado fugiu em desgraça naquela mesma noite; e a partir daquele momento uma sequência de bispos simoníacos foi obrigada a balbuciar

APOCALIPSE ADIADO

suas confissões e suplicar misericórdia. Na verdade, um único homem saiu do processo com sua reputação reforçada. Após mais de meio século como líder do mais célebre mosteiro da cristandade, Odilo por fim morreu no início do ano; e todos os olhos se fixaram no seu sucessor. Que sorte então que não houvesse um só traço de impropriedade na eleição de Hugo de Semur. Ao fazer sua confissão pública perante o papa, o novo abade de Cluny negou peremptoriamente qualquer erro. "A carne desejou, mas mente e razão se revoltaram",[76] explicou ele. Uma declaração que, aliando de modo perfeito mundanismo e simplicidade, era quase digna do próprio Leão.

Mas se o apoio do abade Hugo à causa da reforma foi bem-vinda, não foi de modo algum uma grande surpresa. O que impressionou o séquito papal, impressionou e encantou, foi a massa estridente de partidários que havia ido a Reims saída das redondezas, uma enorme multidão de fiéis que mantiveram o Santo Padre acordado a noite inteira cantando e gritando seu nome e depois, pela manhã, vaiando os infelizes simoníacos que se esgueiravam pelas ruas rumo à confissão. O milênio da Paixão passara e a Nova Jerusalém não chegara; ainda assim, entre os pobres e oprimidos continuava a haver um anseio em nada diminuído pela paz de Deus. Cristo podia estar atrasado, mas diante deles estava o papa, o próprio vigário de São Pedro, não mais uma abstração distante mas um homem de carne e osso — exigindo do sacerdócio as mudanças pelas quais os oprimidos estavam desesperados. Uma Igreja que não fosse mais dependente de senhores seculares cobiçosos — o que ela daria aos infelizes a não ser um verdadeiro santuário? Assim, não surpreende que a excursão de Leão pelas terras do Norte, "sem precedentes em nossa época", tivesse produzido "tamanho júbilo e aplauso".[77] Desnecessário dizer que o próprio Leão, o primo do césar, não tinha qualquer intenção de se colocar como líder de um bando de camponeses. Embora os acontecimentos de Reims houvessem sido estimulantes, também serviram para alertar o papa e seus conselheiros de que aquela excitação toda podia facilmente sair de controle. Mais de uma vez a multidão iniciara um conflito. Salmos e gritos se fundiam nas ruas. Ainda assim, a descoberta de que tinham todo o apoio da opinião pública nunca seria esquecida pelos reformistas. Isso deu a eles tranquilidade e confiança, e ainda mais ambição.

Enquanto Leão retornava à Itália em triunfo, certamente era evidente aos seus seguidores exultantes que um papa realmente podia ter influência bem além dos limites de Roma. Mas alguns chegaram a conclusões ainda mais grandiosas. "O sacerdócio real da Santa Sé romana constitui um império ao mesmo tempo celestial e terreno."[78] A afirmação elevada foi feita por um homem conhecido não por sua excitabilidade, mas por sua capacidade de raciocínio nada emocional, de fato gelada. Humberto de Moyenmoutier era um monge da mesma região da Lorena na qual Leão havia sido bispo, e os dois homens eram confidentes havia muito. Convocado a acompanhar o papa a Latrão, o altivo e inteligente Humberto logo se revelou seu efetivo segundo em comando. Ele começou a explicitamente radicalizar a reivindicação de Leão de liderança da Igreja. Reunindo precedentes embolorados com destreza jurídica, inclusive a própria Doação de Constantino, Humberto foi capaz de demonstrar de forma bastante convincente uma conclusão das mais sérias: que o papado tinha por direito antigo governar todo o mundo cristão. Mas a sua lógica não parou por aí. Humberto insistiu friamente que "É tamanha a reverência dos cristãos pelo detentor do posto apostólico de Roma que eles preferem receber os sagrados mandamentos e a tradição de sua fé da boca do líder da Igreja do que das Sagradas Escrituras ou dos escritos dos Padres".[79] Isto, com efeito, não era apenas a justificativa do poder papal, mas da revolução permanente.

O que isso podia significar em termos práticos era outra questão. Contudo, havia um indício que pode ser percebido na promoção de Humberto em 1050 a um novo posto: o de cardeal. Embora o título fosse venerável, remontando quase à época de Constantino, o cardinalato em si sempre desempenhara um papal basicamente cerimonial na vida da Igreja de Roma: servindo ao papa como pouco mais que um asilo dourado para aristocratas aposentados. Mas isso começou a mudar com a nova administração radical introduzida em Latrão por Leão. De fato, de forma marcante, no período de alguns poucos anos ardentes ele conseguiria transformar o colégio de cardeais em uma verdadeira usina de talento administrativo habitada não por locais decrépitos mas por reformistas de destaque recrutados bem além dos limites de Roma. Leão, tão prático quanto visionário, nunca fora ingênuo de imaginar que suas ambições para o povo cristão podiam ser conquistadas simplesmente por intermédio de suas próprias exortações. Assim, ele fez com que seus ministros dessem a ele o que ele mesmo, como bispo imperial, um dia dera a Henrique III: governo. Humberto e seus colegas começaram a trabalhar, eliminando teias de aranha da enferrujada máquina administrativa de Latrão, retirando o pó de antigos livros de direito que poderiam servir aos objetivos papais e enviando legados com cartas imperiosas por toda a cristandade. Em resumo, as obrigações que deviam ser prestadas menos a um bispo que a um césar.

No Apocalipse, São João descreveu sua visão de como o mundo chegaria ao fim. Duas cenas dele são representadas aqui. Na ilustração superior, Satanás é apresentado amarrado por um anjo à beira de um poço de fogo; abaixo, "o Dragão, a primitiva Serpente, que é o Demônio, Satanás", é apresentado se libertando de um cativeiro após mil anos. Do chamado "Apocalipse de Bamberg": encomendado para uso imperial no ano 1000 ou pouco antes, o manuscrito mostra de forma marcante o fascínio com questões milenares no auge da cristandade.

A conversão do imperador romano Constantino ao cristianismo foi um momento determinante da história europeia. Após isso os cristãos iriam cada vez mais considerar certo que um césar reinasse na Terra como representante de Cristo. Ainda assim, no momento em que essa representação do batismo de Constantino foi pintada, em meados do século XII, as pessoas no Ocidente tinham apenas uma vaga noção de quem tinha realmente sido o primeiro imperador cristão.
(Morgan Library)

Carlos Magno: rei dos francos e restaurador do império romano no Ocidente. Mais de duzentos anos após sua morte, quando esta estátua foi feita, ele continuava a ser o grande modelo de rei cristão. (Réunion des Musées Nationaux)

No início do século X, o império forjado por Carlos Magno estava se fragmentando, em decadência. A própria cristandade parecia à beira da ruína. Não surpreende que houvesse tantos, apanhados em meio à selvageria e à violência da época, que temessem abertamente que "o mundo estivesse chegando ao fim". Essa cena de batalha bíblica, desenhada por um monge dos Países Baixos, reflete a anarquia do período.

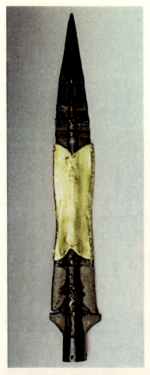

A Lança Sagrada: uma arma considerada de grande poder. Acreditava-se ter pertencido a Constantino. Adornada com os mesmos pregos que um dia perfuraram as mãos e os pés de Cristo, ela garantiria a seu dono "triunfo eterno". Sua aquisição, em 926 por Henrique, o Passarinheiro, primeiro rei saxão do *Reich* alemão, serviu para marcá-lo como um personagem predominante da cristandade. (KUNSTHORISCHES MUSEUM)

O trono de coroação de mármore da catedral de Aachen. Datado da época de Carlos Magno, foi onde Otão I se sentou para ser coroado em 936. "Expulse os inimigos de Cristo", ele foi solenemente orientado pelo arcebispo na cerimônia. "Estabeleça uma paz duradoura para os cristãos em toda parte." Palavras que Otão nunca iria esquecer. (FOTO DO AUTOR)

Em 962, Otão I viajou a Roma para uma segunda coroação, dessa vez como imperador. Mais uma vez, após um vazio de quase sessenta anos, o trono do império romano no Ocidente tinha um ocupante. A partir daquele momento, sempre que era preciso marcar um documento de Otão, usava-se com um autêntico selo imperial.

Otão II e Teofânia: césar saxão e princesa bizantina. Seu casamento na Basílica de São Pedro foi o mais requintado realizado em Roma em muitos séculos. Tão sofisticada quanto arrogante, Teofânia iria iluminar o reinado do marido com uma rara qualidade.

Entre os bizantinos, o desgosto pelo derramamento de sangue em campo de batalha correspondia a uma convicção não menos fervorosa de que Constantinopla deveria governar o mundo. A despeito do desconforto generalizado na capital, uma sucessão de imperadores no século X se lançou com entusiasmo à tarefa de estender as fronteiras imperiais. Com a aproximação do milênio, o império da **Nova Roma** parecia mais grandioso do que tinha sido em séculos. (Museu do Vaticano)

Com alvenaria romana, arcos visigóticos e pilares saqueados de uma catedral demolida, a Grande Mesquita de Córdoba não era menos grandiosamente islâmica por sua completa canibalização de tradições infiéis. Como o próprio Maomé disse: "É a vontade de Deus que, ao fazeres algo, faças perfeito." (Commons.wikipedia.org)

Otão III: as vestes de um césar, a postura de Cristo no céu. À direita, quatro mulheres, representando Roma, França, Germânia e as terras dos eslavos, levam presentes ao imperador, enquanto seus homens, à esquerda, observam, todos insinuando sorrisos. Mas nenhum sorriso ilumina a expressão de Otão. Por mais majestoso que fosse, ele tem a aparência de um homem que carrega o fardo da terrível **convicção de reinar no final dos tempos**. (Bayerische Staatsbibliothek/superstock)

Por mais que os feitos de Gerberto tenham parecido impressionantes a seus contemporâneos, eles definitivamente soaram mais como sinistros para gerações posteriores. Presumia-se que só a magia mais negra poderia ter levado um camponês a se sentar no trono de São Pedro. Aqui, em uma ilustração do século XV, Gerberto olha de forma complacente para o demônio. (Wikipédia)

Não houve ninguém, na França do milênio, mais competente na nova e revolucionária arte de construir castelos do que Fulque Nerra, "o Negro", conde de Anjou. Seu principado era tomado por fortificações — algumas delas, como esta em Loches, tão sofisticadas a ponto de serem construídas inteiramente de pedra. Em 1035, ela alcançava 36 metros de altura. (FOTO DO AUTOR)

Se as florestas eram temidas como moradia de lobos e demônios, também serviam como fonte de suprimentos para os camponeses que não dependiam de arar e cultivar os campos. Aqui, em um calendário de trabalho inglês do início do século XI, porcos farejam o ar de setembro em busca do perfume das castanhas. (BRITISH LIBRARY)

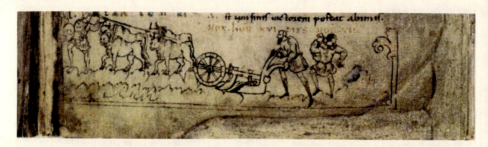

De todos os bens de um camponês, os mais preciosos eram seus bois. Se os mantivesse, ele preservaria sua liberdade. Caso os perdesse, era quase certo que perderia também sua independência. (BRITISH LIBRARY)

Se os castelos eram um dos símbolos da crescente revolta social que afetou muitas regiões da França com a chegada do milênio, da mesma forma os bandos de sicários em cotas de malha que os guarneciam. Em inglês eles eram chamados de *"cnichts"*, ou *"knights"*, cavaleiros: uma nova e ameaçadora ordem.

Em meio à escuridão da época, a abadia de Cluny emitia um brilho especial. O que Cristo dissera aos seus apóstolos, papas diriam a Cluny: "Sois a luz do mundo." (Foto do autor)

"A vós, Senhor, entrego a minha alma." Esta frase dos Salmos, inscrita no livro aberto segurado pelo padre neste marfim do século IX, poderia muito bem servir como o manifesto dos monges de Cluny. Os cânticos de louvor a Deus ocupavam seus dias em grau sem precedentes, pois sua ambição era nada menos que emular os coros angelicais dos céus. (Fitzwilliam Museum/ Bridgeman Art Library)

No sul da França, era comum igrejas e mosteiros abrigarem as relíquias de seus santos padroeiros dentro de estátuas feitas de metais preciosos e adornadas de joias. A maioria foi confiscada e derretida durante a Revolução Francesa; mas esta, de um centro de peregrinação seguramente distante, em Auvergne, sobreviveu. Os ossos de Santa Fé, uma jovem martirizada pelos romanos, foram guardados dentro do crânio **reluzente da estátua.** (Igreja de St. Foy, Conques, Lauros/Giraudon/ Bridgeman Art Library)

Uma densa falange de nórdicos embarcada e pronta para batalha. Na época do milênio, o espírito aventureiro dos primeiros guerreiros escandinavos transformou-se em algo mais disciplinado, ambicioso e **ameaçador.** (Bibliothèke Nationale, Paris/Bridgeman Art Library)

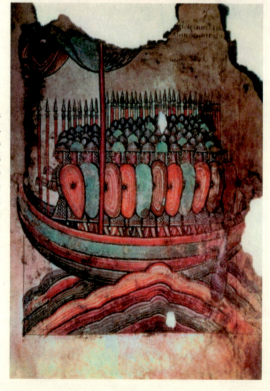

Um drácar zarpa enquanto, na cena acima, um cavaleiro monta um garanhão de oito pernas. O cavaleiro é provavelmente Odin, o deus dos deuses escandinavos. Nem todo esforço dos missionários cristãos conseguiu eliminar Odin inteiramente da imaginação dos nórdicos. Na Normandia, histórias de uma caçada fantasmagórica, liderada por um caçador muito semelhante a Odin, resistiriam até os tempos modernos.
(WERNER FORMAN ARCHIVE)

Em frente à França, do outro lado do Canal, o século X foi caracterizado não pelo colapso da autoridade real, mas por sua espetacular consolidação. Edgar, visto aqui oferecendo humildemente a Cristo a carta régia de fundação de uma nova catedral, foi o incontestado governante de um reino recém-unificado: a Inglaterra.
(BRITISH LIBRARY)

Moeda de ouro lançada pelo filho de Edgar, Ethelred. A Inglaterra era de longe o reino mais rico da Europa ocidental, e a capacidade de seus governantes de administrar uma moeda única refletia um precoce nível de centralização. Contudo, a riqueza, como o próprio Ethelred iria descobrir, nem sempre era garantia de segurança. (BRITISH MUSEUM)

Pedras Jelling na Dinamarca. A maior, à esquerda, foi deliberadamente colocada entre os dois túmulos de seus pais pagãos por Haroldo Dente Azul, rei famoso por seu oportunismo e seu gosto pela bazófia. Na gravação em runas, Haroldo descreve-se como o homem "que conquistou toda a Dinamarca e a Noruega, e fez dos dinamarqueses cristãos". A alegação, embora não inteiramente precisa, passou a ser comemorada como "o batismo da Dinamarca". (FOTO DO AUTOR)

Canuto, a despeito de ter chapinhado em sangue para arrancar o valioso prêmio da Inglaterra de sua dinastia nativa, estava ansioso para mudar sua imagem popular de terrorista para a de rei cristão. Aqui ele é apresentado em posição de herdeiro de Edgar, enquanto Cristo, do alto, olha para ele com aprovação. Em frente a Canuto está Aelfigu, a esposa inglesa de quem ele se recusou a se divorciar mesmo ao desposar Ema, viúva do deposto Ethelred. (BRITISH LIBRARY)

Cristo é representado retornando em glória no final dos tempos. Para os homens e mulheres que viviam nas três décadas do aniversário milenar da vida do seu Salvador, por toda parte surgiam sinais do iminente fim do mundo. O fato de que era estritamente proibido especular sobre o momento exato do retorno de Cristo não ajudava a controlar o misto de ansiedade e esperança sentida por muitos povos cristãos com a perspectiva de testemunhar a hora do Juízo Final. (BRITISH LIBRARY)

A Igreja do Santo Sepulcro, em Jerusalém, marcava o ponto exato em que se acreditava que Cristo tinha sido crucificado e enterrado. Sua destruição, em 1009, pelo califa al-Hakim causou horror em toda a cristandade. Apenas a rapidez com que foi reconstruída, com o patrocínio de Constantinopla, conseguiu reduzir o choque. (CORBIS)

Uma cripta parecendo um banheiro público, em meio à aridez de concreto de uma praça municipal dos anos 1960, é tudo o que resta daquilo que um dia foi a joia de Limoges: a Abadia de São Marcial. Foi ali, em 1010, que o jovem Ademar teve uma visão de Cristo crucificado chorando lágrimas de sangue sobre a cidade; e também ali, 19 anos mais tarde, que ele foi publicamente acusado de charlatão e obrigado a fugir em desgraça. (FOTO DO AUTOR)

Cristo como peregrino, esculpido no claustro de um mosteiro na Espanha. As primeiras décadas do novo milênio viram um aumento impressionante no número de peregrinos nas estradas. Em 1033, em particular, o fluxo de pessoas seguindo para Jerusalém pareceu a um cronista "uma multidão incontável, vinda de todo o mundo, maior que qualquer homem antes poderia ter esperado testemunhar". (AISA)

A noção de "retratar Cristo na cruz como um homem moribundo" tradicionalmente parecia repulsiva aos cristãos. Ainda assim, nas décadas anteriores e posteriores ao milênio, viram uma novidade impressionante e duradoura: Cristo retratado em todo o seu sofrimento humano. O chamado "Crucifixo Gero", pendurado na Catedral de Colônia, data do final do século X e mostra Jesus não apenas moribundo, mas já morto. (Foto do autor)

Bruno de Toul, que em 1048 foi coroado em Roma como o papa Leão IX. A ilustração o mostra (à esquerda) consagrando uma única igreja de mosteiro; mas a grande ambição de Leão era ver toda a Igreja reconsagrada. A energia, a capacidade e a obstinação com as quais se dedicou à tarefa garantiram que seu papado fosse posteriormente celebrado como o ponto inicial da revolução papal.
(BURGERBIBLIOTHEK, BERNA)

No final dos tempos, seria o arcanjo Miguel que estava destinado a matar o Anticristo e derrubar o Diabo. Esta ilustração foi feita no Mont-Saint-Michel, na Normandia: um santuário que estimulava muitos normandos a ver o arcanjo como seu padroeiro. Sugestivamente, foi em um segundo santuário consagrado a São Miguel, no monte Gargano, na Apúlia, que os peregrinos normandos foram pela primeira vez recrutados para servir como missionários no sul da Itália: um desdobramento terrível para todos os envolvidos.
(BRIDGEMAN ART LIBRARY)

O batismo de Vladimir, príncipe de Kiev, foi um símbolo grandioso da influência de Constantinopla sobre os senhores da guerra RUS' do Oriente bárbaro. Estupefatos com a riqueza e a beleza de "Miklagard, a Grande Cidade", muitos se viram divididos entre o desejo de imitar sua sofisticação e a ambição de saqueá-la.
(BRIDGEMAN ART LIBRARY)

Olavo Haraldsson: violento, dominador — e santo padroeiro dos nórdicos.
(WERNER FORMAN ARCHIVE)

Haroldo Godwinson publicamente jura lealdade a seu rival na disputa pelo trono da Inglaterra, o duque Guilherme da Normandia. Embora fazer juramentos fosse visto pelos bons cristãos como algo temerário, Haroldo tinha a fama de levar isso menos a sério do que deveria. (AKG-IMAGES/ ERICH LESSING)

Foi a morte de Haroldo que condenou a causa da Inglaterra na Batalha de Hastings — pois deixou Guilherme como rei absoluto. Não está claro como exatamente Haroldo morreu. A famosa imagem da Tapeçaria de Bayeux, que parece apresentá-lo com uma flecha no olho, provavelmente foi bordada novamente em algum momento do século XVIII. O original, a julgar por uma gravura da tapeçaria publicada em 1733, mostrava não uma flecha, mas uma lança. (AKG-IMAGES/ ERICH LESSING)

Cinco anos após Hastings, uma batalha não menos decisiva foi travada no extremo posto da cristandade. A derrota de um imperador bizantino e seu exército em Manzikert deixou o território asiático do império aberto para as incursões devastadoras da cavalaria turca. Cidades que tinham sido romanas por mais de mil anos em pouco tempo foram perdidas definitivamente por Constantinopla.
(WERNER FORMAN ARCHIVE)

Henrique IV, rei do *Reich* germânico e — a partir de 1054 — imperador do Ocidente. "São tais as mudanças da sorte", como definiu um admirador, "que me seria impossível descrevê-las, e a vocês, ler sobre elas sem lágrimas."
(AKG-IMAGES)

No combate grandioso entre imperador e papa, Henrique IV podia posar de césar — mas Gregório VII reinava como herdeiro de um santo. E não um santo qualquer: o primeiro bispo de Roma havia sido ninguém menos que São Pedro, a "pedra" sobre a qual a Igreja tinha sido erguida. "Eu darei a ti as chaves do reino dos céus", dissera Cristo a ele, "e o que ligares na terra estará ligado no céu, e o que desligares na terra estará desligado no céu". Uma temível autoridade — que Gregório não hesitava em nenhum momento em considerar sua. (WERNER FORMAN ARCHIVE)

Um trono papal em Latrão. Diz-se que quando Gregório pronunciou sua sentença de excomunhão contra Henrique, seu trono miraculosamente se partiu em dois. (MUSEU DO VATICANO)

Vista do Reno e da cidade de Tribur, a partir do monte de Oppenheim. No outono de 1076, o grande rio era a linha divisória entre Henrique e uma ameaçadora reunião de príncipes germânicos, convocados a Tribur para discutir a possível deposição de seu rei. Foi a determinação de Henrique de manter sua coroa, mesmo ao custo de aceitar termos mortificantes no acordo de paz, que colocou em movimento os acontecimentos que o levariam a Canossa. (FOTO DO AUTOR)

Henrique IV, contrito, pede ao padrinho, o abade Hugo de Cluny, e à prima em segundo grau, a condessa Matilda, para interceder por ele junto a Gregório VII em Canossa. A ilustração foi retirada de uma biografia de Matilda. Se tirada de uma biografia de Henrique, a cena sem dúvida teria uma interpretação um tanto diferente. (BIBLIOTECA APOSTÓLICA VATICANA)

Canossa. As ruínas do castelo reforçam a sensação de desolação e isolamento. Mesmo em setembro, quando a fotografia foi tirada, os ventos podem ser violentos e gelados. (FOTO DO AUTOR)

Aleixo Comneno, que subiu ao trono de Constantinopla em 1081, época em que o império bizantino parecia à beira do colapso. Sua utilização hábil de subornos a Henrique IV e a capacidade de insuflar revoltas contra seus inimigos normandos permitiram a Aleixo resgatar seu império do abismo. (AKG LONDRES)

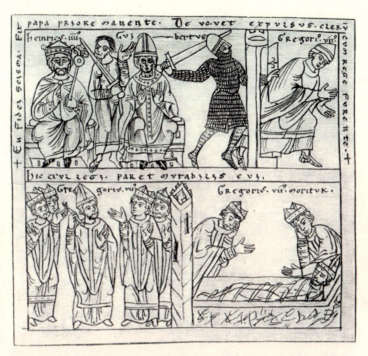

A aparente ruína das ambições de Gregório. No painel superior, Henrique IV é apresentado sentado em triunfo após sua coroação como imperador pelo antipapa Clemente III, enquanto, à direita, Gregório é expulso de Roma. No painel inferior, o pontífice exilado é retratado em seu leito de morte.

No mesmo dia em que Gregório VII morreu, a cidade muçulmana de Toledo abriu seus portões para o rei cristão de Leão, Afonso VI. "Com o coração cheio de júbilo", como diria o sucessor de Gregório, Urbano II, "agradecemos a Deus por, em nossa época, ter se dignado em conceder essa vitória ao povo cristão". (CORBIS)

Urbano II consagra o altar principal da colossal nova igreja de Cluny. O papa está de pé à esquerda, e o abade Hugo com seus monges, à direita. (ART Archive)

O monte do Templo em Jerusalém. Ali, em meio às trevas que antecederiam a luz do Segundo Advento, o Anticristo estava fadado a se manifestar, entronizado em glória sanguinária. Em 1099, quando Jerusalém caiu frente aos guerreiros da Primeira Cruzada, o banho de sangue no monte do Templo foi particularmente terrível. (CORBIS)

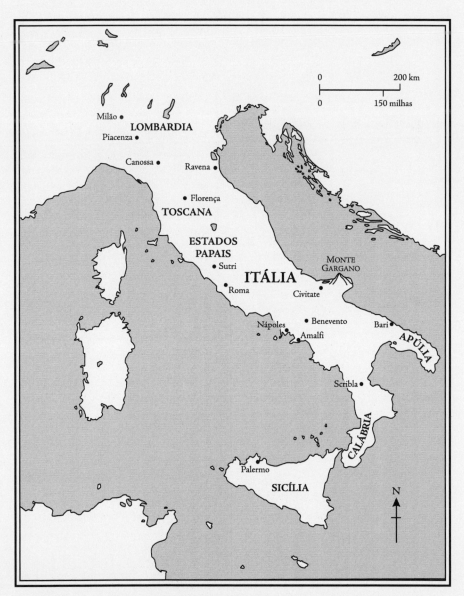

A Itália de Leão IX e seus sucessores

A não ser, claro, que havia limites para o que mesmo um servo tão disposto e eficiente como Humberto podia conseguir. Por mais impressionante que o súbito brilho do prestígio papal parecesse aos cristãos, ele ainda assim continuava a ser em grande medida algo feito de fumaça e reflexos. Acima de tudo, Leão carecia daquilo que em um mundo decaído mesmo o mais humilde castelão precisava ter: um punho de ferro. Isso ainda ameaçava o papado, como havia sido por séculos. Roma continuava a ser uma cidade na linha de frente do mundo latino. Na Sicília, da qual Humberto havia sido otimistamente feito arcebispo, o islamismo estava fincando raízes cada vez mais profundas, com os cristãos rapidamente se reduzindo a uma minoria encravada na extremidade nordeste da ilha e Palermo, sua capital impressionantemente rica, tornada inteiramente muçulmana. Na Apúlia, no litoral do Adriático, Constantinopla controlava firmemente os principais portos da região e sustentava sua tradicional ambição de garantir todo o sul da Itália para o *basileus*. Mas por mais poderosos que pudessem ser esses dois formidáveis inimigos, sarracenos e Constantinopla pelo menos ofereciam a tranquilidade do conhecido. Muito mais preocupante era uma ameaça que parecia ter surgido do nada, quase da noite para o dia. Em 1050, depois de sua excursão ao norte, o inquieto Leão seguiu rumo sul. O que ele encontrou o impressionou e chocou. Parecia que nada havia mudado desde os dias de Otão II. Por toda parte via campos calcinados, vinhedos arruinados e igrejas parcialmente queimadas. Em aldeias cinzentas e abandonadas, ou ao longo de estradas vazias assombradas pelo silêncio, não era incomum encontrar cadáveres retorcidos, cobertos de poeira branca e tomados por moscas. E com frequência era possível vislumbrar no alto de montanhas distantes uma presença sinistra: silhuetas de cavaleiros. Mas não eram sarracenos — nem bizantinos. Surpreendentemente eram cristãos latinos, compatriotas de cinco bispos que no ano anterior haviam sido delegados no sínodo do próprio papa em Reims, imigrantes na Itália que pouco antes haviam descido do litoral norte: guerreiros, homens de ferro, brotando da "mais incansável das nações — os normandos".[80]

E o fato de serem selvagens, mesmo segundo os padrões de brutalidade assassina que há muito prevaleciam no sul, era artigo de fé entre todos os que tiveram a infelicidade de enfrentá-los — fossem nativos, bizantinos ou árabes. De fato, a capacidade de inspirar terror sempre havia sido o principal argumento de venda dos normandos. Nas terras áridas devastadas pela guerra de Apúlia espadas de aluguel sempre foram disputadas. E qualquer um com um cavalo e uma armadura estava no mercado. Em 1018 um bando de viajantes normandos

APOCALIPSE ADIADO

havia sido recrutado para tomar parte em uma revolta contra os bizantinos; quatro anos depois eles protegiam um forte bizantino contra uma invasão de Henrique II. Isso foi um precedente para qualquer cavaleiro de bolso vazio com gosto por aventura e violência. Aparentemente só era preciso chegar ao sul da Itália com a espada desembainhada e facilidade para a traição. Em pouco tempo, assim como o cheiro de sangue derramado atrai lobos, a notícia do que podia ser conseguido no sul da Itália correu a Normandia. Aventureiros do ducado e também de condados vizinhos se apressaram em se juntar à corrida do ouro. O riacho de flibusteiros rapidamente se transformou em inundação. Mas não que seus líderes se contentassem por muito tempo em ser mercenários. "Pois os normandos são ávidos por rapina e têm um entusiasmo insaciável por tomar o que pertence aos outros",[81] como disse um italiano claramente. Acima de tudo, como qualquer castelão na França, eles queriam terras.

Algo que os nativos demoraram um tempo fatal para levar em consideração. Já em 1030, em um gesto de espetacular miopia, o governante de Nápoles dera a um mercenário normando sua própria fortaleza a cerca de 15 quilômetros ao norte da cidade, além do título de conde. Em 1042, no lado oposto da península, um segundo guerreiro normando, Guilherme de Hauteville, foi eleito por seus seguidores conde de Apúlia. Tal título evidentemente carecia de qualquer autoridade legal; mas Guilherme, cujo apelido de "Braço de Ferro" não era gratuito, se esforçou muito para dar a ele alguma força. As mesmas táticas de terrorismo e intimidação que haviam deixado grandes regiões da França pontuadas por castelos improvisados foram empregadas com efeito não menos devastador contra as infelizes comunidades da Apúlia. Nada conseguia desviar os predadores. Mesmo a morte do próprio Guilherme em 1046 levou apenas à sua substituição como conde por Drogo, seu irmão. De fato, os Hauteville, assim como os próprios normandos, pareciam verdadeiras hidras.

Um ano depois um terceiro parente, Roberto, havia chegado à Itália — e começara imediatamente a dar uma aula de como criar um domínio duradouro a partir do nada. Alvo de desconfiança de Drogo — e não sem justificativa — por sua preocupante combinação de talento e ambição, ele havia sido rapidamente despachado para Scribla, uma fortaleza remota na Calábria, no dedão da Itália, onde seu irmão esperava que ele apodrecesse. Mas, apesar de se ver cercado por pântanos, zumbidos de mosquitos e pouco mais, não era homem de desanimar. Ele resolutamente começou a melhorar sua sorte. A despeito de inicialmente carecer de homens ou ouro, uma habilidade para o banditismo logo começou a dar a ele ambos. Uma de suas marcas registradas era incendiar plantações e depois exigir pagamento para apagar as chamas; outra era emboscar os manda-chuvas locais os derrubando de seus cavalos.

Mas Roberto não se valeu unicamente do banditismo para abrir caminho. Ele podia ser brutal — mas também era conhecido por sua generosidade. Era pródigo mesmo com os mais pobres. Soldados a pé que concordavam em segui-lo o faziam confiantes — tal era o talento de Roberto como ladrão de cavalos — em que logo seriam cavaleiros. Sua reputação era invejável: um senhor que considerava questão de honra fazer o melhor pelos seus seguidores. Ademais, era um senhor que evidentemente estava conseguindo resultados. Em 1050, meros três anos após sua chegada à Calábria, Roberto "estava repleto de terras".[82] Ele não apenas havia deixado para trás os pântanos de Scribla como conseguira para si uma esposa com boas ligações, a lealdade de mais de duzentos cavaleiros e um novo apelido: "Guiscard", "o sagaz".

Homens como Roberto não podiam parar um só momento na conquista de suas ambições. Compreendendo que eram minoria em uma terra hostil e ressentida, e nervosamente conscientes de como era precária sua situação, os capitães normandos e seus cavaleiros sabiam que não tinha opção a não ser manter sua estratégia de terror. Eles certamente não estavam dispostos a escutar cobranças de "cessar com suas crueldades e abrir mão da opressão dos pobres"[83] — nem mesmo quando as cobranças eram feitas por um papa. Assim, com poucas semanas de sua excursão pelo sul da Itália, Leão já havia concluído que os normandos eram um desafio ainda mais urgente que a simonia.

O que significava que era seu dever, como pastor do povo cristão, enfrentá-los e detê-los. Mas como? Naquele mês de abril uma súbita distração do negócio habitual do papa de convocar sínodos e censurar bispos serviu para dar uma pista. Deixando para trás as terras baixas de Apúlia, Leão pegou uma estrada que subia, sinuosa, os penhascos e penetrava fundo nas florestas de faias até o cume de uma montanha coberta de névoa chamada Gargano. Ali, em 493, o arcanjo Miguel se materializara de repente perante um pastor chocado e anunciara que uma caverna próxima seria um santuário para ele; mais de meio milênio depois, o brilho grandioso de velas e uma decoração dourada iluminavam as capelas que haviam sido criadas nas profundezas cavernosas e úmidas. "Florescendo em êxtase e glória",[84] o santuário era tão tomado por um clima de mistério quanto qualquer outro da cristandade: pois o que Gargano oferecia aos peregrinos era nada menos que uma intercessão da glória e do terror que surgiriam no final dos tempos. "General das hostes do céu"[85] era o título de São Miguel: bastante adequado, já que era ele quem, antes do dia do Juízo Final, estava destinado a matar o Anticristo no monte das Oliveiras e derrubar o Dragão, "a primitiva serpente, chamado Demônio e Satanás".[86] Portanto, não era surpresa que a fama de seu santuário se espalhasse bem além dos limites de Apúlia — e tivesse grande apelo junto aos poderosos guerreiros de Deus, os reis da Saxônia. Tanto Henrique, o Passarinheiro, quanto Otão, o Grande, haviam ordenado que a imagem de São Miguel fosse gravada em seus estandartes de batalha; Otão II e Teofânia haviam até mesmo peregrinado a Gargano; e Otão III, como penitência pelas atrocidades que marcaram sua época em Roma, subira a montanha descalço até o santuário. Mesmo após a morte de Henrique II, com o *Reich* governado por uma dinastia que já não era saxã, a reverência ao arcanjo guerreiro continuara a ser igualmente fervorosa nos círculos imperiais. Leão certamente a partilhava. Afinal, como Bruno de Toul, ele não se furtara a emular São Miguel, liderando soldados em batalha — embora, naturalmente, como adequado a um padre, tivesse evitado segurar uma espada.

E certamente Leão estava atento demais à diversidade de opiniões na cristandade para não saber que havia muitos que viam com profunda desconfiança o espírito marcial de sua própria Igreja nativa. Ainda assim, enquanto rezava nas profundezas iluminadas por velas do monte Gargano e observava imagens de São Miguel portando armas reluzentes do céu, ele certamente estava fazendo a si mesmo uma série de perguntas decisivas. E se, por exemplo, exortação e diplomacia não conseguissem deter a fúria dos normandos? E se Henrique III, o césar ungido, preocupado como estava em submeter os príncipes do *Reich* à sua vontade, se recusasse a embarcar em uma segunda aventura italiana? Nessas circunstâncias, qual deveria ser a responsabilidade de Leão? A resposta parecia tão inescapável quanto inconcebível. Certamente o próprio papa teria de formar um exército, partir para a guerra e esmagar os inimigos do povo cristão em meio ao horror e à carnificina da batalha. Pois qual seria a alternativa?

Um dilema excruciante. Não espanta que Leão se sentisse desconfortável com ele — principalmente à medida que a crise se aprofundava. No verão de 1051, Drogo de Hauteville foi assassinado em sua capela particular, levando seus compatriotas ultrajados a atormentar ainda mais os infelizes nativos. Ao mesmo tempo, embaixadores de fala macia de Constantinopla de repente começaram a tomar Latrão: pois o *basileus*, despertando para a assustadora perspectiva de que a própria existência de uma Itália bizantina pudesse estar ameaçada, decidira, por falta de alternativa, buscar uma aliança com Roma. No verão de 1053, não tendo recebido do *Reich* assistência maior que um contingente de 700 soldados suábios, Leão finalmente se cansou. Foi dado um passo grandioso. Pela primeira vez um papa abençoou formalmente um estandarte de batalha. Príncipes de todo o sul da Itália foram convocados a segui-lo contra os demônios normandos. Foi prometida absolvição da mancha do sangue derramado — "impunidade por seus crimes"[87] — a todos os que atendessem ao chamado. Isso não era simplesmente um alistamento local, como os papas com frequência haviam feito, mas uma novidade impressionante e decisiva: o lançamento de nada menos que uma guerra santa com sanção papal.

E foi o próprio pontífice quem liderou seu exército. Embora, durante o sínodo de Reims, Leão houvesse solenemente reafirmado a tradicional proibição de um padre portar armas, sua presença em campanha certamente foi suficiente para aumentar o número daqueles sob seu comando. O ódio aos normandos fez o resto. Com o perfil cinzento do monte Gargano surgindo no horizonte leste e se aproximando o momento do encontro com seus novos aliados bizantinos, Leão podia se sentir contente. Mesmo quando o inimigo, reunindo freneticamente suas forças espalhadas e galopando rumo norte, inesperadamente se interpôs entre as forças papais e as de Constantinopla, ele não ficou indevidamente alarmado. Embora tivessem conseguido manter seus oponentes divididos, os normandos estavam exaustos, com fome e em número muito menor. Contra as gigantescas hordas que erguiam poeira atrás do papa eles não chegavam a três mil. Previsivelmente, eles buscaram uma trégua. Também previsivelmente, o papa recusou-se a concedê-la. Tendo se esforçado tanto para colocar os normandos onde os queria, ele estava decidido a esmagá-los de uma vez por todas. Só que os normandos não esperaram para ser esmagados, e enquanto seus embaixadores mantinham Leão paralisado nas negociações, seus cavaleiros se lançaram contra as fileiras papais com a ferocidade de lobos famintos atacando um rebanho de ovelhas. Os italianos deram meia-volta e fugiram. Unicamente os suábios, imponentes gigantes de cabelos compridos armados com enormes espadas de empunhadura dupla, mantiveram posição em meio à debandada. Apenas no final do dia eles acabaram esmagados. Entre os capitães que finalmente conseguiram derrubá-los, "separando suas cabeças dos ombros e abrindo suas entranhas",[88] se destacou Roberto Guiscard.

O papa Leão IX assistiu a tudo de pé nas ameias da cidade próxima de Civitate. Assim como a brisa da noite levava até ele os gemidos dos feridos e moribundos, também as consequências do desastre que se abatera sobre sua política. Os cidadãos de Civitate o abordaram em um desafio mortificado e anunciaram que não estavam preparados para oferecer proteção a ele. O vigário de São Pedro foi devidamente entregue às mãos dos normandos. Os dois lados pareceram igualmente constrangidos com as circunstâncias do encontro. Os vitoriosos, caindo de joelhos, choraram e imploraram perdão a Leão. Depois, com uma falsa demonstração de respeito, escoltaram o infeliz pontífice até Benevento, cidade que ficava exatamente na fronteira mais ao norte de sua esfera de influência. De fato, ela formalmente devia obediência ao próprio papado: uma concessão que mal servia para disfarçar a lamentável realidade da posição de prisioneiro de Leão. Ele foi mantido prisioneiro ali por nove meses. Foi libertado apenas quando finalmente aceitou o direito dos normandos às suas conquistas. Ao partir para Roma ele era uma figura pateticamente arrasada, incapaz até mesmo de subir em sua sela. Para muitos o espetáculo do célebre viajante deitado em sua liteira era salutar. Mesmo alguns dos maiores aliados de Leão haviam ficado chocados por ele ter recorrido à espada. O papa buscara santificar uma política guerreira — e a política se revelara desastrosa. Seus críticos afirmaram então que certamente havia sido o próprio Deus que fizera o julgamento.

Mas Leão, embora doente e cansado, não perdera sua convicção de que a tentativa de limpar o sul da Itália dos normandos era correta. Não menos desesperadamente que as almas, cristãos precisavam purgar seus pecados e a Igreja precisava purgar a simonia, o mundo da espada precisava ser curado. E assim, em outra novidade impressionante, Leão declarou que os suábios que haviam caído em Civitate eram mártires; e assim, mesmo em Benevento ele mantivera negociações secretas para restabelecer sua aliança antinormanda. Com Henrique III, o imperador do Ocidente, ocupado com revoltas na Baviera, só restava um césar a quem apelar. Portanto, no final do inverno de 1054, Leão ordenou que uma embaixada embarcasse para Constantinopla. O maior sinal da seriedade da missão era a identidade de seu líder: ninguém menos que o cardeal Humberto.

No início de abril, com Latrão tomada pelos boatos de que o Santo Padre estava à beira da morte, seus embaixadores estavam chegando ao seu destino. Eles começaram a ver de longe, brilhando como pontos de fogo, reluzentes tetos dourados, até que finalmente, quando seu barco penetrou no estreito de Bósforo, ergueu-se acima deles na margem norte um panorama de incomparável beleza e magnificência. O cardeal Humberto, o leal servo do bispo de Roma, podia pela primeira vez ver uma verdadeira capital de um Império Romano. Constantinopla continuava a ser o que era havia setecentos anos: a Rainha das Cidades e a fortaleza da cristandade. Em suas antigas e enormes muralhas, com quase 20 quilômetros de extensão, homens ainda montavam guarda como seus ancestrais haviam feito quando contiveram o assustador desejo de conquista dos sarracenos. Em seu fórum as proclamações publicadas por um césar ainda eram lidas para um povo romano. Pelas suas ruas e pelo enorme espaço de seu hipódromo seus exércitos poucos anos antes haviam marchado em um esplêndido desfile triunfal: "uma lembrança aos romanos de que o ardor dá nova vida aos mortos".[89] Acima de tudo, dominando a paisagem da cidade e apequenando até mesmo o grande palácio imperial fincado no promontório, se elevava a estupenda cúpula da maior catedral do mundo, a Igreja da Santa Sabedoria, Hagia Sophia: um monumento que havia sido saudado em triunfo por seu construtor como superior ao próprio Templo de Salomão.

Sem dúvida tudo isso deveria inspirar uma sensação de assombro e reverência em um bispo cristão — mas se o cardeal Humberto sentiu tais emoções, não se preocupou em registrá-las. Ele podia ser um embaixador — mas certamente não desejava parecer um suplicante. Seguindo pelas ruas da Nova Roma ele se viu ainda mais claramente consciente da dignidade da Antiga. E com muita propriedade: pois as pretensões de Constantinopla eram calculadas para enfurecer o erudito de dentes cerrados que demonstrara para sua própria grande satisfação que seu mestre governava como líder da Igreja universal. Nem mesmo através de dentes trincados Humberto se permitiria concordar com seus anfitriões em que seu patriarca podia ser visto como um par do papa. Naturalmente, se ele conseguisse se limitar ao campo da diplomacia, isso não teria importância. Afinal, ambos os lados estavam desesperados para garantir uma aliança militar contra um inimigo comum; e o *basileus*, Constantino IX, era um homem celebrado por sua afabilidade e seu gosto pelos simplórios. Escutar pessoas com curiosos defeitos de fala era sua maior diversão — não debater teologia.

Contudo, de gostos mais sóbrios era o próprio patriarca, Miguel Cerularius, um homem que uma pessoa ligada a ele definiu cautelosamente como alguém que "gostava de falar o que pensava".[90] Suscetível, irascível e intransigente, ele era em todos os sentidos um perfeito oponente do cardeal. Antes mesmo da chegada de Humberto a Constantinopla os dois homens já disparavam cartas agressivas um para o outro. Quando foram colocados frente a frente os insultos se tornaram cada vez mais agressivos. Em pouco tempo, para frustração e constrangimento

APOCALIPSE ADIADO

261

de Constantino, todas as tentativas de negociar com Roma uma coalizão contra os normandos naufragaram. Os prelados adversários, não satisfeitos em discutir os erros e acertos da reivindicação de preeminência do papa, se dedicaram a desenterrar cada discordância que já existira entre suas igrejas: uma estratégia que dava a eles muito que discutir.

Não demorou para que as relações entre os dois homens se deteriorassem além do ponto de recuperação. Quando Humberto começou a classificar seus oponentes de alcoviteiros e discípulos de Maomé, Cerularius se retirou para seu palácio visivelmente amuado. No verão, com o patriarca ainda mantendo seu silêncio gelado, as ruas se enchendo de multidões raivosas e qualquer esperança de definir uma política comum contra os normandos destruída, o pouco que restava da paciência de Humberto se esgotou de forma monumental. No dia 16 de julho, ostentando todos os esplêndidos símbolos de um príncipe da Igreja de Roma, ele marchou para a Basílica de Hagia Sofia acompanhado por seus colegas legados. Ignorando as fileiras de clérigos ali reunidos para celebrar a missa, o cardeal caminhou com uma impressionante solenidade sob a luz tremeluzente de mil velas, passando por uma multidão de colunas coloridas até o altar dourado. Lá, não dando atenção aos crescentes murmúrios de indignação atrás de si, ele pousou uma bula de excomunhão contra o patriarca, antes de dar meia-volta. Dois dias depois, com as ruas de Constantinopla fervendo de fúria, ele partiu para Roma. Enquanto isso, o próprio Cerularius, que não era de evitar brigas, se preocupou em por sua vez anatematizar Humberto. Ele lançou a bula papal em uma fogueira pública. Os partidários remanescentes de uma aliança com o papado foram presos.

Era evidente que as negociações poderiam ser sido melhores. Ainda assim, muitos ficaram inseguros sobre quão sério havia sido o fracasso. Havia sido uma divergência ou um cisma permanente? Inicialmente ninguém estava certo. Discordâncias entre as capitais gêmeas da cristandade certamente não eram novidade. As relações foram pedregosas por séculos, e papas e patriarcas haviam se permitido excomunhões mútuas no passado. De fato, como Cerularius e sua torcida destacaram com júbilo, a bula de excomunhão contra eles era legalmente inválida: pois Leão IX, que enviara a embaixada, morrera na primavera, deixando seus legados sem autoridade formal para anatematizar ninguém. De fato, mesmo alguns daqueles que haviam acompanhado Humberto a Hagia Sophia naquele fatídico dia de julho de 1054 ainda se aferravam à esperança de que a ruptura entre as duas igrejas pudesse ser sanada. Três anos depois, quando um deles foi eleito papa e adotou o nome de Estêvão IX, imediatamente enviou sua própria missão a Constantinopla em uma tentativa desesperada de reparar os danos — mas ela foi abortada por sua morte quase imediata. Não foram enviadas outras missões. Em vez disso, no espaço de alguns anos o clima em Roma mudara inteiramente. Muitos reformistas começaram a aceitar que o que estava em jogo era nada menos que um princípio fundamental. O cardeal Humberto soara a trombeta em um campo de batalha decisivo. A mensagem enviada ao restante da cristandade não podia ser mais clara: ninguém, nem mesmo o patriarca da Nova Roma, poderia desafiar a autoridade do papa.

A ruptura com a Igreja oriental não foi o único preço que o papado teve de pagar. Qualquer perspectiva de uma nova coalizão com os bizantinos no sul da Itália também havia sido feita em pedaços. Os normandos pareciam impossíveis de erradicar: "tão mortais para seus vizinhos mais fracos quanto o vento forte para flores novas".[91] A própria Roma começara a parecer exposta. Então, inesperadamente, no outono de 1056, o maior e mais formidável defensor da reforma, o césar do Ocidente, Henrique III, caiu doente. Sua morte em 5 de outubro, de forma surpreendente e ainda relativamente jovem, apenas aumentou o desconforto em Latrão. O novo rei era filho e homônimo de Henrique: um menino de apenas 5 anos. A nova regente era a rainha: a devota e espiritual Agnes. Assim, uma criança e uma mulher estavam encarregadas de servir ao papado, em um momento decisivo, como seus protetores terrenos.

Mas no perigo está a oportunidade. Henrique III servira para reformar a sé de Roma; mas ele também a ofuscara. Havia, nos círculos papais, aqueles — homens como Humberto e Hildebrando — que haviam começado a se ressentir disso: pois a ordem com a qual sonhavam era uma na qual o papa ofuscava o imperador. Naquele momento, com o césar de Constantinopla condenado como herético e o césar ocidental não passando de uma criança, se abria uma perspectiva fascinante. Claramente, se o mundo iria ser organizado do modo adequado, então as rédeas da autoridade precisariam ser confiadas a alguém. E quem melhor, mais adequado, que o herdeiro de São Pedro, o bispo de Roma?

Uma questão da qual muita coisa de fato dependia.

6

1066 E TUDO O MAIS

A criação de um bastardo

A missão do cardeal Humberto a Constantinopla podia ter fracassado, mas havia sido parte de uma nova tendência. Viajantes do Ocidente eram uma visão cada vez mais comum na antiga capital do Oriente. Poucos deles iam por razões diplomáticas, como o cardeal. A maioria estava a caminho de Jerusalém. Embora o enorme aumento do número de peregrinos que marcara o milésimo aniversário da ressurreição de Cristo houvesse diminuído gradualmente após Seu fracasso em descer do céu, um fluxo constante continuou a passar pela Rainha das Cidades, com os peregrinos ficando boquiabertos com as relíquias, vendo a paisagem e tomando um barco para cruzar o Bósforo. De fato, para qualquer um com a consciência culpada, gosto por aventura e uma bolsa lotada de saque, uma peregrinação verdadeiramente estafante ainda era uma experiência obrigatória. Talvez então não seja surpreendente que os peregrinos mais entusiasmados costumassem ser os normandos. Sabe-se que até mesmo duques aderiram à mania. Em 1026, um deles, Ricardo III, financiara o maior grupo de peregrinos que a cristandade já havia visto: setecentos no total. Nove anos depois, o novo duque, Roberto, irmão de Ricardo, fizera ainda melhor: partira ele próprio para Jerusalém.

Mesmo em 1035, quando muitos dos compatriotas do duque ainda serviam ao *basileus* na Itália como mercenários, o alto-comando bizantino estava suficientemente acostumado com os normandos para não se importar muito com eles. Ainda assim, a insolência da entrada de Roberto em Constantinopla seria lembrada por muito tempo. Incansável, impulsivo e bucaneiro, o duque normando conseguira impressionar até mesmo os bizantinos acostumados a espetáculos, e ganhou o epíteto de "o Magnífico". Um tributo à sua herança dourada; pois seu pai havia sido o duque Ricardo II, o mesmo homem ardiloso e calculista que conseguira transformar seu ducado em um oásis de tal prosperidade que até o rei Ethelred dos ingleses buscara abrigo em sua corte. O avanço de Roberto para a Terra Santa espantara como o arco de um meteoro. Dizia-se que mesmo suas mulas haviam sido cobertas de ouro, e suas fogueiras — em uma extravagância — alimentadas com pistaches. Mesmo o mais célebre e experiente de todos os peregrinos, Fulque Nerra, foi ofuscado ao se encontrar com Roberto em Constantinopla. Mas a marca final nessa imagem de exuberante devoção foi dada não na Terra Santa, mas na viagem de volta. Adoecendo ao sul do Bósforo, Roberto se recolheu ao leito na fabulosa cidade de Niceia, um lugar que transpirava antiguidade e santidade — pois ali, na época de Constantino, fora estabelecido o credo da fé cristã, a profissão de fé ainda feita por toda a cristandade. Ele deu ali seu último suspiro. Talvez, como teorizou um monge, o próprio Deus tivesse levado o duque "porque ele era bom demais para este mundo".[1]

Ou talvez não. A despeito do modo exemplar da morte de Roberto, a verdade é que ele era um exemplo improvável. Famoso por atormentar bispos, e um rebelde inveterado nos anos anteriores à sua ascensão, ele nunca deixou inteiramente de ser suspeito de um crime que bem teria merecido uma viagem penitencial a Jerusalém: envolvimento na morte precoce de seu irmão. Justificados ou não, os boatos de que Roberto poderia ter envenenado Ricardo III diziam muito sobre a reputação de ferocidade que a Normandia ainda tinha. Mesmo o número desproporcional de peregrinos do ducado, em vez de dissipar a vaga aura de ameaça ligada aos normandos, tendia a fortalecê-la. Uma peregrinação era um negócio caro e que podia facilmente dar lugar a um momento de alegre pilhagem pelo caminho. Certamente não foi esquecido em Apúlia, por exemplo, que os primeiros mercenários da Normandia empregados na região haviam sido recrutados no monte Gargano, no próprio santuário de São Miguel.[2] Assim, não surpreende que a recepção italiana aos peregrinos normandos tivesse se tornado cada vez mais hostil. Violência gerara violência. Quanto maior a probabilidade de que os visitantes normandos do monte Gargano fossem espancados até a morte por nativos irados, mais provavelmente eles buscassem viajar em segurança em grandes bandos bem armados. Não demorara muito para que a distinção entre peregrino e bandoleiro desaparecesse.

Assim, não surpreende que a sede de viagem dos normandos parecesse, do ponto de vista da Itália ou de Constantinopla, uma característica não menos

1066 E TUDO O MAIS

265

preocupante que sua brutalidade ou sua ousadia, sua ferocidade ou sua cobiça. Como na época de Rollo os francos haviam imaginado as terras dos nórdicos como um ventre explodindo com um excesso de filhos brandindo machados, nas décadas que se seguiram ao milênio os alvos da agressão normanda consideravam certo que eram vítimas de uma explosão populacional na Normandia. Para provar essa tese, eles só precisavam citar os mais preocupantes de todos os capitães normandos: Roberto Guiscard e seus irmãos. Tancredo, o patriarca do clã Hauteville, tivera no total 12 filhos, para não falar em um punhado de filhas — mas a despeito de uma aptidão para matar javalis que dera a ele a admiração do próprio duque Ricardo II, suas perspectivas nunca estiveram à altura de sua fecundidade. Assim, a maioria de seus filhos, em vez de disputar os campos magros que eram o limite de sua herança, optaram por partir para o exterior e tentar a sorte ao sol. Essa disposição em si mal teria servido para distingui-los — pois outros principados também estavam repletos de hábeis guerreiros em busca de oportunidades. O que parecia excepcional a seus contemporâneos era a própria escala dos projetos dos Hauteville: um anseio por riqueza e domínio que aqueles que estavam em seu caminho passaram a identificar como uma característica normanda. "Pois esse é um povo que parte deixando para trás pequenas fortunas na expectativa de conseguir outra maior. E eles não seguem o costume da maioria que passa pelo mundo, satisfeita em prosperar servindo a outros — pois seu objetivo é ter todos os outros submetidos a eles, reconhecendo seu domínio."[3]

E sempre fora assim. Mais de um século havia se passado desde que Rollo e seus seguidores, se espalhando em leque a partir de seus drácares, começaram a despojar dos nativos o que um dia seria a Normandia — e o gosto por extravagantes conquistas de propriedades continuava a definir seus descendentes. Letalmente, até alegremente, mesmo com os normandos se adaptando ao modo de guerra dos francos, resistia no modo como eles cavalgavam para a batalha algo do instinto dos bandos guerreiros vikings. Um líder que não pudesse dar a seus seguidores saques e oportunidades era um líder com graves problemas — e isso era ainda mais verdadeiro para o próprio duque da Normandia. "Pois os homens têm de ser dotados de um anseio de servir a ele: com espólios e presentes quando jovens e inexperientes, e com a riqueza de propriedades florescentes já sendo grandes de nascença."[4] Contudo, em uma época em que a Normandia estava cercada por todos os lados pelas torres de vigia dos principados vizinhos tal obrigação não era tão simples de cumprir quanto havia sido. O mesmo ducado que sob o comando sagaz e saqueador de Ricardo II ficara famoso como uma reserva de ordem começava a parecer, durante os reinados de seus dois filhos, algo muito menos estável. As ambições da classe guerreira normanda, tão altiva e impiedosa quanto sempre havia sido, começavam a se voltar contra eles mesmos. Nem todos estavam dispostos a pegar a estrada para a Itália. Muitos preferiam satisfazer seu desejo de terras à custa de seus próprios vizinhos na Normandia. No passado, sob Ricardo II, senhores feudais presunçosos teriam sido obrigados a colocar selas nas costas e rastejar perante o duque pedindo misericórdia — mas Roberto, diferentemente de seu pai, não tinha disposição para controlá-los. A constante pressão de lutar, se expandir e vencer se tornara pesada; e assim, quando ele finalmente escolheu se livrar dela e partir para Jerusalém, seu ducado parecia à beira da desintegração, manchado de sangue e tomado pelo banditismo.

Então ele morreu — e a Normandia ficou em situação ainda mais perigosa. Na verdade tão perigosa que alguns suspeitaram de envenenamento e de um complô para desestabilizar o ducado. Talvez com bons motivos — pois certamente havia um mentor mais plausível. Analisando histórico, motivo e oportunidade, Fulque Nerra, o companheiro de Roberto na peregrinação ao Oriente, tinha tudo.[5] O conde de Anjou, cujo principado era separado da Normandia apenas por um amortecedor marcado por cascos, o infeliz condado de Maine, há muito tempo desejava retomar o controle normando. Naquele momento, com Roberto morto, esse objetivo parecia prestes a ser conseguido. A Normandia havia sido efetivamente decapitada.

O novo duque era um menino de apenas 8 anos de idade, um filho bastardo de Roberto chamado Guilherme. Em Anjou, previsivelmente, muito se disse de sua ascendência. A mãe de Guilherme, alegaram seus inimigos, era filha de um homem cujo trabalho repulsivo havia sido preparar cadáveres para o enterro: um infeliz irremediavelmente contaminado por sujeira, podridão e morte.[6] A acusação certamente era prejudicial — pois servia diretamente para lançar suspeitas sobre a adequação do novo duque para o governo. Afinal, a ciência da hereditariedade era algo sério. Como os antigos haviam provado muito antes, tanto o esperma quanto o sangue menstrual continham a essência da alma do indivíduo — e já que, como todos sabiam, era a fusão de ambos que produzia um embrião, isso implicava que tanto a vileza quanto a nobreza podiam ser implantadas em um ventre, circulando pelas veias de um feto. Ao satisfazer seus desejos na filha de um preparador de cadáveres, Roberto provavelmente gerara um monstro. Os inimigos de Guilherme diziam que a vileza do avô certamente se manifestaria no neto. Caso se permitisse que chegasse à maturidade, o jovem duque parecia fadado a preparar a mortalha não dos mortos, mas de reinos.

Ou pareceria, talvez, caso as difamações tivessem algum laço com a verdade. Na realidade, em vez de desempenhar uma profissão vil e repugnante, o avô de Guilherme havia sido um funcionário da corte ducal.[7] Certamente não um guerreiro — mas a bastardia nunca fora uma mácula fatal entre os normandos. Na verdade, eles com frequência pareceram decididamente defendê-la: "pois sempre foi o costume, desde que se instalaram na França, tomar como seus príncipes os rebentos de concubinas".[8] Talvez os gestos de resignação com que estrangeiros costumavam ver isso não fossem exatamente surpreendentes. As coisas poderiam ser piores. Os costumes matrimoniais dos nórdicos sempre foram motivo de escândalo. Na Suécia, por exemplo, uma terra bárbara tão distante que ficava além dos limites do Caminho do Norte, dizia-se que os homens podiam ter até três ou quatro mulheres de cada vez — "e os príncipes um número ilimitado".[9] Mas os suecos eram pagãos incorrigíveis. Nas terras em que os nórdicos haviam se tornado cristãos os príncipes em geral se contentavam em se satisfazer com duas. Assim, até mesmo o explicitamente devoto Canuto, por exemplo, ao se casar com Ema, a viúva normanda de Ethelred, devolvendo a ela a antiga condição de rainha dos ingleses, escolhera não remoer o fato desagradável de que já era casado. Aelfgifu, uma inglesa que estava com ele desde seus primeiros dias na Inglaterra, já lhe dera dois filhos: uma reserva de herdeiros que Canuto não tinha nenhuma intenção de desperdiçar. Na verdade, em 1030 ele enviou um deles, juntamente com a própria Aelfgifu, para governar os noruegueses, que pouco antes haviam se submetido a ele. Embora seus próprios bispos pudessem atacar com firmeza a bigamia, a prática oferecia a Canuto vantagens demais para que pensasse em abrir mão dela. Também na Normandia isso se revelara uma dádiva de Deus. Uma esposa do mundo franco e uma do normando: há tempos esta era a preferência dos duques. No leito matrimonial como em tudo mais, eles gostavam de duas trilhas.

Exceto que na Normandia os tempos estavam gradualmente mudando. Pois também lá, com o passar das décadas do novo milênio, ter filhos com muitas esposas começava a parecer um costume inaceitável, uma prática de povos sinistros "ignorantes da lei divina e da moralidade casta":[10] os sarracenos, por exemplo, ou — os mais bárbaros de todos — os bretões. Tal mudança de atitude refletia em parte o puro peso da desaprovação da Igreja: sua insistência em que o casamento era exclusivamente uma parceria de iguais. Porém, talvez ainda mais significativo, era a própria compreensão vaga, mas crescente, por parte da nobreza de que não era o saque a mais sólida garantia da grandeza de uma família, mas a transmissão, ao estilo capetiano, de um patrimônio intacto. Assim

268 MILÊNIO

sendo, o direito do herdeiro de um senhor sucedê-lo nas terras do pai tinha de ser definido além de qualquer dúvida. Guilherme podia ser ilegítimo — mas era significativo que fosse filho único. O duque Roberto se abstivera conscientemente de ter uma esposa. Apenas após convocar os nobres da Normandia à sua corte e formalmente apresentar Guilherme a eles como seu sucessor ele se arriscara a partir para a Terra Santa. Ninguém tivera dúvida alguma de quem seria seu herdeiro.

Não que em uma sociedade sedenta de saque como a dos normandos um juramento de lealdade a um menino de oito anos pudesse ser considerado uma garantia — e não foi. Os anos de minoridade de Guilherme seriam durante muito tempo lembrados na Normandia como uma época de violência e crueldade excepcionais mesmo segundo os padrões do que se vira antes. Senhores da guerra rivais, não tendo ninguém para contê-los, se viram livres para dar vazão aos seus instintos mais ferozes. Nada exemplifica de forma mais brutal o que estava em jogo do que a moda, fruto da selvageria crescente e das rixas intermináveis, de raptar rivais, mesmo em festas de casamento, e submetê-los a horrendas mutilações. Cegar era especialmente popular; igualmente castrar. Bastante adequado: pois aqueles que pretendiam criar uma dinastia florescente naturalmente tinham de buscar neutralizar a concorrência. Enquanto isso, "esquecidos de suas lealdades, muitos normandos se dedicaram a erguer montes de terra e, a seguir, construir neles fortalezas para si mesmos".

Como havia acontecido nos principados do Sul, também na Normandia um repentino surto de castelos era o principal sintoma de uma anarquia disseminada. "Começaram a ser tramados complôs e rebeliões, e todo o ducado se incendiou."[11] Quanto ao próprio Guilherme, ele logo se acostumou ao espetáculo do assassinato: dois de seus guardiães foram abatidos em rápida sucessão; também seu tutor; e um mordomo, em uma oportunidade especialmente preocupante, assassinado no próprio quarto em que o jovem duque dormia. Mas mesmo com o sangue que escorria da garganta cortada da vítima respingando no piso, Guilherme podia sentir tanto alívio quanto horror: pois pelo menos ele havia sido poupado. As rivalidades que provocaram os assassinatos de tantos em sua casa nunca o tiveram como alvo. Os anos de sua infância certamente foram marcados pela violência; contudo manteve o título que havia sido dado a ele, e apenas a ele, por seu pai: duque da Normandia.

Para ver como as coisas poderiam ser muito mais perigosas caso seu pai tivesse uma ninhada de herdeiros com diferentes mulheres e deixado para trás uma sucessão confusa, Guilherme só precisava olhar para o outro lado do canal. Lá

1066 E TUDO O MAIS

269

com uma determinação que a marcou como verdadeira integrante do clã ducal normando, a rainha Ema estava envolvida em sua própria frenética luta pelo poder. Como a Normandia, a Inglaterra havia pouco antes sido lançada em uma crise: pois no outono de 1035, aproximadamente na mesma época em que Ema recebera a notícia da morte de seu sobrinho em Niceia, o homem que antes havia garantido a ela a posição, seu segundo marido, o grande Canuto, estava sendo colocado em seu próprio caixão. Antes do casamento ele solenemente fizera um juramento de "nunca colocar o filho de outra mulher para governar depois dele";[12] mas ele mal dera o último suspiro e Haroldo, filho mais novo de Aelfgifu, estava ocupando o trono inglês. Aparentemente não por acaso o jovem príncipe era apelidado de "Pé de Lebre" — e Ema certamente se viu deixada para trás. Seu próprio filho com Canuto, Harthacanute, estava na Escandinávia; e, a despeito das convocações cada vez mais frenéticas de sua mãe, nada disposto a abandonar sua herança lá, pois os noruegueses estavam rebelados, e com tal sucesso que seu novo rei, Magno, começara a ameaçar a própria Dinamarca.

Em 1036, o controle da Inglaterra por "Pé de Lebre" se fortalecia. Ema, que inicialmente se trancara dentro de Winchester em um esforço de manter pelo menos Wessex segura para seu filho, tentou então espalhar o boato de que o usurpador não era de modo algum filho de Canuto, mas um bastardo que havia sido colocado na cama da odiada Aelfgifu. A seguir, com a tática não tendo feito correr sangue, ela enviou um pedido de ajuda urgente a Eduardo e Alfredo, seus dois filhos com Ethelred — o que era no mínimo uma jogada ainda mais vergonhosa. Ema não vira nenhum deles por vinte anos. Durante todo o reinado de Canuto eles viveram exilados na Normandia — aparentemente esquecidos e não pranteados por sua mãe intransigente, a rainha.

E não apenas por ela. Eduardo podia ser príncipe coroado da Casa de Cerdic — mas os poderosos do reino não estavam nada entusiasmados com a volta ao trono de sua dinastia nativa. Muito havia mudado desde o tempo de Ethelred. Canuto se preocupara em colocar uma nova safra de condes no governo da Inglaterra. Esses homens não deviam nada aos *cerdicingas*. Na verdade, o maior de todos eles, um lorde inglês de família antes obscura chamado Godwin, tinha bons motivos de ressentimento para com a linhagem de Ethelred: pois nos dias negros dos ataques vikings à Inglaterra ele testemunhara seu pai ser injustamente acusado de traição pelo velho rei e mandado para o exílio. Sem dúvida uma demonstração salutar da necessidade de estar sempre do lado certo do poder — e o próprio Godwin, em suas relações com a realeza, certamente se preocupou em nadar a favor da maré.

Sereno, prudente e oportunista, ele fora bem-sucedido em se manter boiando em meio à tempestade da submissão da Inglaterra aos dinamarqueses — e de tal modo que terminou com um condado e a própria cunhada de Canuto, Gytha, como esposa. Na época em que Ema enviou seus pedidos à Normandia, implorando que seus dois filhos se juntassem a ela, Godwin era nada menos que o conde de Wessex. Muitas das terras que antes haviam pertencido a Ethelred eram então suas. Os barcos que patrulhavam o canal, as tropas que protegiam o litoral sul também eram em sua maioria dele. E os dois filhos de Ema, ao desembarcar na Inglaterra, caíram diretamente nas mãos dos homens de Godwin.

Que deu a eles uma recepção marcante. Eduardo, saudado em sua terra natal como não tendo sangue mais azul que o de um pirata comum, logo estava correndo de volta para a Normandia com o rabo entre as pernas. Alfredo, cruzando o sul da Inglaterra em uma tentativa frenética de encontrar a mãe, foi interceptado pelos homens de Godwin, entregue acorrentado a Pé de Lebre, que mandou cegá-lo. As mutilações infligidas a ele foram tão brutais que o infeliz príncipe morreu pouco depois dos ferimentos. No ano seguinte, tendo sido finalmente expulsa de Winchester pelos homens de Godwin, Ema fugiu para Flandres para suportar um exílio árido e gelado. Ainda implacável na busca de vingança, ela mal havia chegado e estava contando a história de que havia sido Pé de Lebre quem mandara as fatais cartas a seus filhos, e que seu próprio selo havia sido forjado. Pelo menos Eduardo não ficou convencido. Em 1038, quando Ema o convocou para que se juntasse a ela em Bruges, ele recusou. Aparentemente os perigos da vida na Normandia eram preferíveis à sua mãe.

Um episódio infeliz e sórdido — e bastante instrutivo para o jovem duque Guilherme, anfitrião do relutante Eduardo. Certamente isso confirmava a dura lição que seus ancestrais sempre ensinaram aos jovens: que um príncipe não era nada se também não fosse um conquistador. Diferentemente do pai, Guilherme não fugiu do duro destino determinado para ele, escolhendo abraçá-lo. Ele havia sido bem orientado sobre o que era necessário para ser um líder do povo normando. Sua ambição, que todos aqueles encarregados de sua educação se esforçaram incansavelmente para inculcar, era se renovar, tornar-se um ser forjado de aço. De fato, esse era o esforço de transformação exigido de todos os normandos que aspiravam à grandeza. Mesmo as meninas, brincando nos estábulos dos castelos ou correndo pelos pátios, eram criadas em um mundo de suor e ferro — e para seus irmãos a infância era toda uma preparação para a guerra. "Armas, cavalos, exercícios de caça e adestramento de falcões: estes são os prazeres de um normando."[13] Talvez prazeres — mas também, muito mais determinante, um modo de testá-los constantemente.

Pois só um jovem preparado para arriscar a vida na perseguição a um animal selvagem na floresta, praticar com sua espada todas as horas do dia ou fazer proezas de cavaleiro podia esperar conquistar para si a mais doce das felicidades: a aprovação de seus pares. Sem isso, a posição social não era nada. Se era verdade para qualquer senhor, era especialmente verdade para o duque. Desde os primeiros dias Guilherme foi cercado por companheiros de infância. Em meio aos choques e às convulsões de sua infância, eles provavelmente foram a única constante. Eles eram chamados de *"nurri"*: rapazes "criados" ao lado de Guilherme, seus irmãos em armas, e mais que irmãos. Crescendo ao lado de Guilherme, também foram criados como carnívoros em um treinamento terrível.

A arte de matar não era mais a coisa simples que havia sido nos tempos dos bandos guerreiros de Rollo. Empunhar uma lança corretamente quando montado, fosse arremessando-a ou a prendendo sob o braço da forma mais moderna e letal, tendo por trás todo o peso do cavaleiro, era uma habilidade que podia demandar anos para aperfeiçoar. Dominar outras disciplinas marciais ainda mais essenciais, ainda mais refinadas, eram um desafio ainda maior. Assim, era um revelador tributo à educação recebida por Guilherme e seus companheiros que um deles, seu melhor amigo, Guilherme fitz Osbern, se revelasse o grande mestre na construção de castelos. Fulque Nerra podia ter envenenado o duque Roberto, mas tinha herdeiros tanto na Normandia quanto em Anjou. A estratégia introduzida por ele de usar castelos como instrumentos de agressão quase poderia ter sido concebida para conquistar o grupo de lobos ansiosos que crescia ao redor do duque normando. Ataque, espoliação, conquista: objetivos adequados a senhores guerreiros.

Mas não os únicos para o próprio Guilherme. Se a guerra era seu primeiro dever, ele não se esquecia de que também tinha o dever de dar paz a seu povo. Ele naturalmente não via contradição entre essas duas vocações: pois era apenas sendo um senhor da guerra que podia esperar impor sua vontade a seu povo turbulento. Senhor de uma raça de predadores, ele não tinha escolha a não ser se estabelecer como o predador mais letal de todos. "Pois discipline os normandos com justiça e firmeza e eles se mostrarão homens de grande valor, que avançam de forma imbatível em árduas realizações e, provando sua força, combatem resolutamente para superar todos os inimigos. Mas sem tal controle eles fazem em pedaços um ao outro e se destroem, pois anseiam por rebelião, acalentam sedição e estão prontos para qualquer traição."[14]

Assim, mesmo quando se dedicava à prática da guerra, Guilherme não podia duvidar de que estava fazendo a obra de Deus. Nem duvidar de que a Providência, segundo seus misteriosos desígnios por intermédio de aparentes acasos e reviravoltas, demonstrasse que Deus por Sua vez estivesse operando por ele. De fato, como um exemplo de como as bênçãos do céu podiam ser inesperadamente lançadas sobre a cabeça de um príncipe merecedor, ele só precisava acompanhar os passos de um antigo hóspede de sua própria corte. Se o fiasco da primeira volta de Eduardo à Inglaterra confirmara a Guilherme o inestimável valor de um punho de ferro, sua conclusão poderia ensinar a ele lições muito distintas. Que o ímpio podia ser derrubado. Que o favorito de Deus podia ter uma súbita oportunidade de se elevar a um trono. Que um homem podia viajar da Normandia para a Inglaterra e se tornar rei.

Quatro anos haviam se passado desde que o irmão de Eduardo havia sido fatalmente cegado. Então, de repente, em março de 1040, Haroldo Pé de Lebre, o maior responsável pela atrocidade, morreu. Três meses depois, Harthacanute, o filho remanescente de Canuto, desembarcou em Kent acompanhado por sessenta navios e Ema, sua mãe triunfante. Na verdade ele não chegava em nuvens de glória: pois na Dinamarca havia sido obrigado a abandonar a Noruega e concordar, como o preço a pagar por um tratado de paz, que se morresse sem um herdeiro o rei norueguês Magno o sucederia em seus vários reinos. Ainda assim, a despeito do registro nada vitorioso de Harthacanute, não havia ninguém que se opusesse a ele na Inglaterra; e o novo rei da Inglaterra, apenas para deixar isso bem claro, imediatamente ordenou que o cadáver de seu meio-irmão fosse desenterrado, empurrado pelo esgoto e então jogado no Tâmisa. No ano seguinte ele convidou seu outro meio-irmão, Eduardo, a retornar da Normandia. Claramente só poderia ter sido a mão de Deus que levara Harthacanute a dar esse passo inesperado: pois em junho de 1042, enquanto bebia em um banquete de casamento, "ele de repente caiu ao chão com uma medonha convulsão; aqueles que estavam próximos cuidaram dele, e ele nada disse depois, falecendo".[15]

Para surpresa de todos, o caminho estava então aberto para o retorno ao trono inglês de sua antiga linhagem real. Entre os entusiastas da reivindicação de Eduardo se destacava ninguém menos que o experiente trânsfuga conde Godwin. Abandonando friamente sua lealdade à casa de Canuto e amenizando seu envolvimento na morte do infeliz Alfredo, o conde de Wessex começou rapidamente a construir alianças. Os outros condes da Inglaterra logo concordaram com ele. Certamente ninguém pensou em mencionar a reivindicação de Magno da Noruega. Na Páscoa de 1043, Eduardo foi devidamente coroado e ungido rei. Dois anos depois, em 23 de janeiro de 1045, aos 40 anos de idade, ele se casou pela primeira vez. Sua jovem rainha, Edite, era bonita, prendada no bordado, fluente em cinco idiomas — e filha do conde Godwin.

Uma comovente demonstração de reconciliação, feita pelo bem do povo inglês e bastante adequada a um rei cristão? Nos anos seguintes, Eduardo realmente seria saudado como um exemplo de devoção santa: como "o Confessor". Mas a verdade era que ele não deixava de ser vingativo. Ele, por exemplo, infligiu à própria mãe uma desgraça inteiramente pública: o confisco de todo o seu tesouro e o banimento temporário da corte. Mas, a despeito dos boatos de que estava conspirando com o rei Magno, Ema já havia perdido as esperanças. Depois da ascensão do filho, não lhe restava nada a não ser murchar na obscuridade e esperar a morte. Não podia ser mais chocante o contraste com o conde Godwin. Mesmo depois da coroação de Eduardo ele preservara a posição que tinha antes: a de fazedor de reis. E talvez no devido tempo, na esteira do brilhante casamento de sua filha, o de avô de um rei.

Assim, a espantosa reviravolta da sorte de Eduardo era ao mesmo tempo um alerta e uma inspiração para qualquer príncipe ambicioso. Do outro lado do canal, o sobrinho-neto de Ema aprendeu com interesse a lição de sua queda e do casamento do rei Eduardo com *lady* Edite. E não podia ser diferente pois Guilherme chegava à maioridade. A determinação implantada e alimentada nele de nunca viver à sombra de ninguém, nunca tolerar um rival, sempre conquistar, "refulgiu brilhante nele"[16] — e estava pronta para ser testada no palco do próprio ducado. Em 1047, confrontado com uma rebelião liderada por seu próprio primo, o jovem duque pela primeira vez cavalgou para a batalha e saiu da sangrenta luta encarniçada heroicamente triunfante. Então, retornando da campanha, ele começou a marcar sua vitória destruindo uma série de castelos erguidos ilegalmente. Naquele mesmo ano, em uma medida ainda mais marcante, ele presidiu um concílio em Caen e proclamou a Paz de Deus. Não que houvesse qualquer papel nela para camponeses petulantes — nem mesmo para bispos petulantes. Na Normandia ninguém podia rivalizar, quanto mais desafiar, a autoridade do próprio Guilherme. "Pois quem poderia argumentar que um príncipe bom deveria tolerar bandoleiros rebeldes?"[17] Com o tempo, levando ordem aonde havia anarquia, a Paz de Deus de fato seria imposta por todo o ducado — mas para glória maior não da Igreja, nem mesmo dos santos, e sim apenas do duque. A trégua persistiria — a não ser quando Guilherme quisesse rompê-la. Os normandos baixariam suas armas — a não ser para empunhá-las pela causa de Guilherme. A paz seria levada à Normandia — e a guerra aos vizinhos de Guilherme.

Mas quais vizinhos, e a que custo para eles? Eram perguntas que ainda precisavam ser respondidas.

Devastador de terras

Janeiro de 1045: o mês do casamento do rei Eduardo e de *lady* Edite — e de uma segunda união real. Uma estranha simetria para dois noivos que tinham muitas semelhanças. Assim como Eduardo, Haroldo Sigurdsson pertencia a uma dinastia que havia sido derrubada por Canuto; como Eduardo, ele partira para o exílio, e como Eduardo, passara muitas décadas se preparando para o momento em que finalmente poderia reivindicar seu patrimônio. No devido tempo os dois homens veriam seus destinos fatalmente entrelaçados — assim como também a família de Godwin.

Mas o casamento do segundo príncipe não aconteceu na Inglaterra nem em qualquer lugar perto dela, e sim bem longe, na direção do nascer do sol, à margem de florestas intermináveis, em meio a terras tão impossivelmente distantes que os eruditos um dia identificaram como a prisão de Gog e Magog. De fato, era sinal dos tempos que um antigo povo cristão como os ingleses se achasse envolvido em assuntos de um lugar tão distante. Mesmo entre os nórdicos a vastidão da massa de terra que se estendia a leste do Báltico provocava arrepios. "Suécia, a Grande", eles a chamavam — ou "Suécia, a Fria". Dizia-se que gigantes viviam lá, e anões, e homens com bocas entre os mamilos que nunca falavam, apenas latiam, "e também feras e dragões gigantescos".[18] Mas os nórdicos, um povo incorrigivelmente aventureiro, nunca foram de temer boatos de terrores. Já em 650 um explorador sueco do Báltico conquistara o honroso epíteto de "O que Vai Longe"; e durante os séculos seguintes muitos seguiram sua trilha. Subindo rios que desaguavam no golfo da Finlândia, deslizando por lagos gelados, sofrendo para carregar seus barcos por terra para evitar corredeiras, eles se aventuraram cada vez mais rumo sul, até finalmente, levados por correntes mais largas, os nórdicos se verem desembocando nas águas quentes do sul, o mar Negro e o Cáspio, com passagem fácil para cidades fabulosas, ricas em sedas e ouro. O aparente deserto da Suécia, a Grande, na verdade se revelara exatamente o contrário: uma terra de oportunidade. Não menos que as águas agitadas do Atlântico, grandes rios

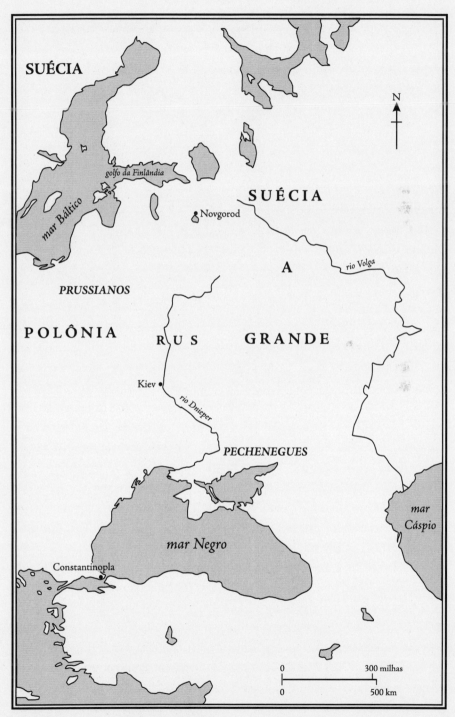

A fronteira oriental da cristandade

como o Dnieper e o Volga serviram aos nórdicos como estradas para aventura e desenvolvimento. "Como homens eles viajaram em busca de tesouros distantes."[19] Engrossando a corrida do ouro, as tripulações de seus barcos abriram caminho em frente. Incansavelmente, os remos afundaram e emergiram. Não espanta que os nativos, os vendo das margens, se referissem a eles simplesmente como os "remadores" — os "*Rus*".[20]

Tal nome, implicando energia e esforço, era bem adequado aos recém-chegados. Podia ser lucrativo transportar peles e escravos para alimentar os desejos das grandes cidades do sul, mas a jornada era terrível: "cheia de dificuldades e perigos, de agonia e medo".[21] Fosse manejando seus remos, reforçando as rústicas paliçadas de madeira de seus pontos comerciais ou matando qualquer um que tentasse invadir seu cartel, os rus não tinham opção a não ser trabalhar em equipe. Embora fossem em pequeno número, intrusos em uma terra vasta e hostil, o próprio conhecimento de como sua situação era perigosa servira para instilar neles uma forte noção de disciplina. Eles lutaram e comerciaram juntos como "*varangos*": homens ligados por um compromisso comum, um "*vár*". Os perigos e os lucros: os rus partilhavam ambos.

E firmemente, ao longo das décadas, suas espadas ficaram vermelhas e seus cofres transbordaram. Postos de trânsito se transformaram em fortes: fortes em cidades florescentes. A mais imponente delas tinha o nome de Kiev: uma fortaleza erguida em uma montanha assentada em uma ravina ao lado do Dnieper, local ideal para controlar o tráfego do rio. Também ideal para amedrontar os locais e extorquir tributos deles, e para recrutá-los para integrar as tribos de guerreiros cada vez maiores. Inexoravelmente, nas décadas anteriores ao milênio os rus haviam conseguido se estabelecer como algo mais do que meros mercadores — como príncipes. Em 980, quando um deles, o filho bastardo de um senhor da guerra de Kiev chamado Vladimir, conseguiu retornar do exílio na Escandinávia e tomar o poder de sua cidade natal com o apoio dos varangos da Suécia, também reivindicara uma imensa e escura área de proteção: uma que se estendia do mar Negro ao Báltico.

Essa realização impressionante deu aos territórios conquistados pelos nórdicos em outras regiões uma perspectiva um pouco mais sóbria. Tudo nas terras dos rus — a Rússia — existia em uma escala mais vasta e fabulosa. Em 1015, com a morte de Vladimir, seus filhos travaram uma grande e terrível guerra que, segundo os relatos vagos que chegavam do campo de batalha congelado, parecia menos o jogo de sombras de príncipes mortais que o de heróis fantásticos saídos das histórias grandiosas de pagãos. Durante meses os exércitos de irmãos rivais se encararam

1066 E TUDO O MAIS

diante das corredeiras furiosas do Dnieper. O mais jovem, Yaroslav, era apelidado de "o Manco"; e seus inimigos, gritando insultos desde a margem distante acima do uivo da ventania da estepe, debochavam dele como um aleijado. Mas então, com a chegada do inverno, o rio começara a congelar, e Yaroslav, manco ou não, conseguira liderar seu exército por sobre o gelo que engrossava. Apanhando seus inimigos em uma armadilha, ele os empurrara na direção do gelo fino e de seu final.

Mas a guerra continuara. Yaroslav enfrentara três vezes os exércitos de seu irmão — e três vezes tingira a neve de vermelho com seu sangue. No final sua vitória foi total. Seu irmão, perseguido em sua imaginação por caçadores invisíveis, havia fugido para a Polônia, onde morreu louco, acertando o ar com sua espada. Ao longo das décadas outros irmãos haviam sido eliminados. Enquanto isso, Yaroslav, reivindicando o controle de Kiev, iniciara a tarefa de transformar seu desmazelado Estado mafioso em um reino que qualquer rei da cristandade podia admirar — e com tal sucesso que acabaria sendo lembrado não como "o Manco", mas como "o Sábio".

Mas era na Escandinávia que sua fama brilhava mais: pois para os nórdicos ele parecia a estrela-guia entre os príncipes, famoso até na Islândia por sua astúcia, sua opulência e pela sedução de suas filhas. Embora o próprio Yaroslav, com seu nome eslavo, seus hábitos eslavos e seu sotaque eslavo, não fosse mais viking que seu primo distante, o duque da Normandia, ele não esquecera suas raízes. Quando jovem, havia sido mandado pelo pai para governar uma cidadela a alguns dias de viagem dos mares do Norte: a célebre "Novo Castelo", ou Novgorod. Erguida no local de um santuário extremamente antigo, tendo de um lado um lago de águas negras e do outro florestas sem fim, e construída totalmente de madeira a ponto de até mesmo seus documentos serem de casca de bétula, a cidade ainda era dominada pelo espírito de fronteira mais de um século depois de sua fundação. E, como tal, sempre fora um ímã para aventureiros do norte. Olavo Tryggvesson, por exemplo, teria viajado para lá quando menino após resgatado da escravidão e se deparado no mercado da cidade com o homem que o capturara, e que matou imediatamente com um machado. Depois, em 1028, outro célebre exilado norueguês foi para Novgorod. Olavo Haraldsson, "o Santo", como era chamado, havia sido um rei cristão na tradição de Tryggvesson. Violento e dominador, e "com olhos tão duros quanto os de uma serpente",[22] ele passou uma década agitada enfrentando seus vários rivais e cometendo espetaculares atrocidades, tudo em nome de Cristo — até que finalmente, cansados de suas agressões, os senhores feudais noruegueses convidaram Canuto.

Dois anos depois, impaciente para se vingar dos inimigos, Olavo II, o Corpulento retornou pelo Báltico. Era uma jogada condenada ao fracasso — pois nem mesmo a instalação como regente da esposa inglesa de Canuto, Aelfgifu, havia sido suficiente para levar os noruegueses a novamente apoiar seu rei exilado. Dizia-se que, enquanto ainda estava em Novgorod, Tryggvesson aparecera em sonho a Olavo garantindo que "é glorioso morrer em batalha"[23] — algo bom, já que no verão de 1030, em uma aldeia chamada Stiklestad, seu bando esfarrapado de membros de clãs e desesperados foi feito em pedaços. O próprio Olavo, atingido por um golpe de machado logo acima do joelho e atravessado por uma lança, acabara tendo seu pescoço cortado até a vértebra. E enquanto isso, alegou-se, o próprio céu acima do campo de batalha começara a sangrar.

Embora a cena do massacre fosse monstruosa, nem todos os que acompanhavam Olavo caíram. Um número suficiente deles sobreviveu para escapar com o cadáver de seu senhor e ajudar os feridos de maior destaque a escapar. Entre os fugitivos estava o meio-irmão do rei, Haraldo Sigurdsson. Com apenas quinze anos de idade na época, ele tinha uma ânsia de glória e um gosto pela violência que já o destacara como legítimo fruto do velho tronco. Assim como Olavo fizera dois anos antes, naquele momento, depois de Stiklestad, o príncipe refugiado seguiria por montanhas e em meio a florestas molhadas; e exatamente como Olavo, acabara em Novgorod. Lá, caminhando sobre as tábuas colocadas sobre o lamaçal que compunham a rua elevada da cidade, ele seguiu para o palácio — o "kremlin", como era chamado pelos rus — e pediu asilo. Yaroslav, evidentemente bom em identificar potencial, imediatamente recrutou o exilado para servir a ele como um varango.

Durante três anos, o cada vez maior Haraldo se dedicou a se tornar o "rei dos guerreiros"[24]: derrotando os polacos e conquistando a simpatia de seu protetor. Mas não o suficiente: pois em 1035, quando Haraldo pediu a mão de Elizabeth, uma das filhas de Yaroslav, o pai recusou peremptoriamente. Era um sinal de como o prestígio dos rus era grande que suas princesas estavam reservadas apenas à nata da realeza europeia — e Haraldo, como um capitão varango, não estava à altura. Apenas a perspectiva de conquistar algo merecedor de Elizabeth — e garantir ouro suficiente para impressionar seu pai reconhecidamente avaro — o deixou com alguma esperança. E foi assim que, decidido a fazer seu nome antes que sua pretendida fosse entregue a um candidato de maior prestígio, Haraldo seguiu para o sul. Ao deixar a corte de Yaroslav ele sabia que tinha uma pequena janela de oportunidade: pois em 1035 Elizabeth já tinha 10 anos de idade.

1066 E TUDO O MAIS   279

Então, para sorte de Haraldo seu destino se apresentou por conta própria. Embora os vikings da Rússia há muito visitassem regularmente "Serkland", onde os tártaros e sarracenos de pele escura viviam, e embora tivessem levado tesouros obtidos nos limites do horizonte, fossem *dirhams* de prata de Bagdá, talheres de ouro do Egito ou ídolos de um deus peculiar chamado Buda de estranhos reinos desconhecidos, eles nunca duvidaram de onde ficavam as fontes mais certas de riqueza. Para os nórdicos Constantinopla era simplesmente a capital do mundo: "a Grande Cidade", "*Miklagard*". Por quase duzentos anos ela brilhara em seus sonhos, a "Bizâncio de torres altas",[25] repositório de tudo o que era mais belo e assombroso na Terra Intermediária. Imaginando como deveria ser a fortaleza de Odin no céu, os nórdicos não conseguiam pensar em nada melhor do que a capital dourada do césar, coberta de metais preciosos, reluzindo com palácios esplêndidos e cercada por uma muralha gigantesca.

Eles tinham pouca dúvida sobre a inexpugnabilidade de Constantinopla: pois a intervalos regulares os rus haviam tentado capturá-la, sendo repetidamente repelidos, seus drácares afundados em misteriosas tempestades invocadas pelas preces de seus defensores ou incinerados por sinistras armas de fogo lançadas de barcos de guerra bizantinos. Em 1043, mesmo Yaroslav fizera uma tentativa de capturar a Grande Cidade — e acabara perdendo toda a sua frota no esforço. Mas embora essas erupções vindas do Dnieper fossem periódicas e altamente preocupantes para os próprios bizantinos, que eram invariavelmente surpreendidos pela repentina aparição dos bárbaros no Bósforo, a verdade era que eram pouco mais que espasmos de um servilismo cultural. Os rus podiam ser de origem sueca e eslavos por adoção — mas no fundo do coração, onde se escondem os complexos de inferioridade, eles ansiavam por ser bizantinos.

E assim, quando os príncipes de Kiev iniciaram a tarefa de construir seu próprio império, a imitação cada vez mais superou a intimidação. Em 941, durante um de seus ataques frustrados à Grande Cidade, os rus se divertiram usando monges para praticar pontaria e cravando pregos nas testas de padres; quarenta anos mais tarde, o príncipe Vladimir concordara em ser batizado. Mas, astutamente, antes de se arriscar, ele se preocupou em avaliar a oposição. Embaixadas foram enviadas para estudar as mesquitas dos sarracenos e as catedrais dos germânicos. "Mas não vimos glória lá." Então visitaram Miklagard; e foram levados às igrejas da cidade. "E não sabíamos se estávamos no céu ou na terra. Pois na terra não há tal esplendor e beleza. Sabemos apenas que Deus vive lá entre os homens." Este foi o assombrado veredicto dado em Kiev. "Não conseguimos esquecer aquela beleza."[26]

Este, mesmo segundo os padrões do grande jogo que os diplomatas bizantinos jogavam com tal eficácia durante séculos, havia sido o golpe de misericórdia. De tal forma que o *basileus*, engolindo seu desgosto instintivo por alianças matrimoniais com bárbaros, mandara a Vladimir sua própria irmã: a maior das rainhas cristãs. Um lúgubre destino para qualquer princesa criada em Constantinopla — e ainda assim, ao se instalar em seus novos aposentos junto ao Dnieper, a nova *"tsarita"* pelo menos se consolava por seu sacrifício não ter sido em vão. Não importava que os rus continuassem tendendo a eventuais surtos de agressão lunática: pelo menos eles não eram mais pagãos, nem aliados dos sarracenos nem submissos aos germânicos. Ao seguir rumo ao sul para Miklagard, Haraldo descobriria em Kiev uma homenagem erguida ao persistente fascínio da Rainha das Cidades. Palácios e igrejas com cúpulas, portais e muralhas imponentes: ali, erguidas em uma paisagem que menos de um século antes não passava de selvageria disforme, estavam as marcas inconfundíveis da Nova Roma.

Não que o comércio fosse apenas em um sentido. Mercadores chegando do Dnieper, carregados com tesouros exóticos, como marfim de morsa, âmbar, cola de peixe ou cera, continuavam a seguir para os mercados iluminados por lanternas da Grande Cidade. Mesmo com todas as muitas indignidades impostas a eles pela burocracia imperial, todas as quotas, formulários de registro e inspeções de controle de qualidade, aquilo que podia ser obtido em Miklagard continuava a ser tema de relatos cobiçosos por todo o Norte. Principalmente as peles ainda geravam lucros fabulosos. Mas não suficientemente fabulosos para Haraldo. Para ele não havia a opção de se transformar em um reles comerciante de peles. Afinal, ele era um guerreiro e o irmão de um rei. Elevado como era e tendo de atender à imagem que tinha de si mesmo, só havia uma profissão à altura de seus talentos. "Guerreiros ferozes e orgulhosos com três metros de altura"[27] eram o tipo de mercenário que os bizantinos valorizavam. Consequentemente, a demanda por varangos era ainda maior em Constantinopla do que em Kiev ou Novgorod. Uma sucessão de imperadores havia descoberto que bastava domesticar um nórdico que todas as qualidades que o tornavam tão preocupante como adversário — sua selvageria, sua eficiência com um machado, sua barba feroz — podiam fazer dele um guarda-costas de verdadeiro *pedigree*. Como cães de guarda, os varangos eram famosos por sua lealdade. Dizia-se que setenta deles, mortificados por não terem conseguido impedir o assassinato de Nicéforo Focas, haviam preferido lutar até a morte em vez de chegar a um acordo com seus assassinos. Não surpreende, portanto, que no momento mais espantoso da vida de qualquer imperador, de pé sob o ouro cintilante da cúpula de Hagia Sophia para ser coroado o vice-rei de Deus e receber pela primeira vez os símbolos de sua majestade, o cetro e o manto violeta, a espada e as botas escarlate, se formasse ao redor dele, com os machados pendurados sobre os ombros, com trajes bárbaros de arrepiar, um destacamento de varangos. Proteger um césar era uma missão verdadeiramente extraordinária. Uma responsabilidade que podia ser digna de um príncipe.

É preciso reconhecer que o entusiasmo pelos varangos não era universal nos círculos imperiais. "Odres de vinho" era como os chamavam no palácio, devido ao seu gosto por prazeres tarde da noite que os assustados cortesãos haviam aprendido a temer. Contudo, nunca um varango gerara tanto falatório quanto Haraldo. Comentários sobre suas façanhas a serviço do imperador acabariam chegando até mesmo à Islândia. Como um bajulador demasiadamente animado disse: "Haraldo, obrigaste todas as terras do Mediterrâneo a se subjugar ao imperador!"[28] Uma afirmação que certamente teria sido uma novidade para o próprio *basileus*, quanto mais para os sarracenos — mas ainda assim um tributo à pompa e ao estrépito sem precedentes que Haraldo deu à condição de varango. Dizia-se que na Sicília ele havia capturado nada menos que oitenta cidades. Na Terra Santa ele se banhara no rio Jordão e conquistara Jerusalém — "uma missão fácil para Haraldo".[29] Em Constantinopla ele havia sido jogado na prisão por uma imperatriz desprezada, ajudado a cegar um imperador e lutado contra um dragão. O plausível e o absolutamente fantasioso se misturavam promiscuamente nos boatos sobre os feitos de Haraldo. E com um resultado sensacional — pois no Norte ele em pouco tempo era uma lenda viva. Até mesmo Yaroslav acabara impressionado. E com razão — pois recebera uma prova concreta das realizações de seu candidato a genro. Empilhado em segurança em uma ilha perto de Novgorod havia um grande tesouro, "um tesouro de riquezas tão imenso que ninguém nunca vira igual".[30] Os lucros de Haraldo.

Finalmente, em 1044, com Constantinopla ficando quente demais para ele, e a ainda solteira princesa Elizabeth com 19 anos de idade, o herói conquistador sentiu que já era hora de retornar ao Norte e reivindicar seu prêmio então núbil. Enchendo seus cofres com ainda mais ouro e fazendo uma partida espetacular em uma galera roubada, ele subiu o Dnieper até Yaroslav. E então, por fim, com o ano-novo, aconteceu: a concretização de todas as suas esperanças. "O rei guerreiro da Noruega conquistou o objeto de seu desejo." Assim um poeta festejou a ocasião. "Ele ganhou uma princesa — para não falar em um tesouro."[31]

Mas apesar de toda a grandiosidade com que Haraldo sem dúvida chegou a Novgorod, com "suas roupas de seda, dadas a ele pelo rei de Miklagard",[32] o simples encanto, não importando quão temperado de ouro, dificilmente teria sido suficiente para dar a ele a filha de Yaroslav. Porém, durante os mais de dez anos de sua ausência da Escandinávia suas perspectivas haviam melhorado de forma espetacular: pois ele se tornara nada menos que o irmão de um santo. Olavo, o Santo, cuja tentativa de conquistar a Noruega terminara em fracasso tão sangrento, tivera a perda de seu trono terreno compensada de forma esplêndida com um no céu. Seria de se pensar que era uma Ascensão muito improvável — mas uma sucessão de milagres provara a santidade de Olavo além de todas as dúvidas. Pois dizia-se que, mesmo com o cheiro da carnificina de Stiklestad ainda nas narinas, seu sangue servira como curativo para os feridos; e um ano depois de sua morte, quando o cadáver foi desenterrado de um banco de areia, estava milagrosamente intacto, com cabelos e unhas ainda crescendo. Transferidas para o altar de uma igreja no porto de Trondheim, fundado por Olavo Tryggvesson, as relíquias continuaram a curar doentes e feridos a um ritmo prodigioso. No momento da volta de Haraldo ao norte, a morte de seu irmão havia sido convertida na "paixão"[33] de um mártir. Por todo o mundo viking, de Novgorod a Dublin, um senhor da guerra brutal começou a ser venerado como um "rei santo".[34] Essa reviravolta surpreendente era um testemunho claro do anseio dos nórdicos por um santo que pudessem chamar de seu no momento em que davam as costas a seus antigos deuses.

Certamente uma boa notícia para Haraldo quando partia para casa "carregado de glória duramente conquistada e ouro reluzente".[35] Mas ele não era o único beneficiado pela nova associação da dinastia com o celestial: pois Magno, o jovem rei que expulsara os dinamarqueses da Noruega, era filho do Santo Olavo. Em 1045, estava no ápice do poder: rei da Dinamarca e da Noruega, graças ao tratado que assinara em 1039 com Harthacanute, e também reivindicando o trono da Inglaterra. Era exatamente o patrimônio que despertava o apetite de um predador como Haraldo; e certamente, mal havia ele colocado os pés em sua terra natal estava exercitando sua força, exigindo uma parte das terras do sobrinho. Magno, que não era homem de ser intimidado por ninguém, nem mesmo um herói festejado como seu tio, recusou-se a atender; e ao longo dos dois anos seguintes, em meio ao perturbador tumulto de pactos assinados e rompidos, os dois ficaram medindo forças, esperando uma vantagem. Então, em 1046, Magno morreu inesperadamente quando em campanha; e Haraldo assumiu sem contestação o controle das terras das quais fugira dezesseis anos antes. "Quem sabe no final meu

1066 E TUDO O MAIS   283

nome ainda será amplamente reconhecido",[36] dissera ele a si mesmo enquanto escapava dos campos da morte de Stiklestad. E assim foi.

E, tendo conseguido seu trono, ele pretendia nunca mais ser obrigado a partir novamente para o exílio. O histórico de Haraldo III como rei nas duas décadas de seu reinado seria impiedoso. Seus súditos passaram a chamá-lo de *"Hardrada"*, "o Severo". Financiado por seu grande estoque de tesouros, ele se lançou com a disposição costumeira a todas as tradicionais atividades de um rei viking: submeter seus adversários entre os chefes locais, travar guerras sem sentido contra seus vizinhos, incinerar suas cidades e ameaçar seu litoral com drácares vistosos. Mesmo com o culto a Santo Olavo se tornando cada vez mais forte e Trondheim se enchendo de peregrinos de todo o mundo cristão, Haraldo continuou preso aos velhos tempos, nos quais a cristandade existia basicamente para ser saqueada. Assim, inevitavelmente, quando suas reservas de ouro de Miklagard começaram a acabar em meados dos anos 1060, ele fez o que gerações de comandantes vikings haviam feito antes dele: olhou ao redor em busca de uma vaca leiteira estrangeira. Especificamente, ele olhou para a Inglaterra.

Bastante adequado, pois os ingleses estavam tão ricos quanto nunca. Embora Eduardo houvesse se revelado um rei teimosamente desinteressante, até mesmo apagado, seu reinado ainda assim serviu para dar a seus súditos algo realmente precioso: um descanso de levantes. A prosperidade voltara ao reino: o comércio aumentara, a riqueza crescera e as cidades prosperaram. Na verdade, houve uma estranha preocupação. Em 1045, por exemplo, temendo as intenções de Magno, Eduardo colocara uma enorme frota para patrulhar o litoral de Kent. Depois, no início de 1050, uma ruptura entre o rei e o conde Godwin criara a ameaça de uma guerra civil. Mas em vez de se jogarem de cabeça no abismo, homens dos dois lados preferiram parar e recuar. "Pois eles refletiram que seria uma enorme tolice abrir um caminho para seus inimigos penetrarem no país e causar grande ruína."[37] As relações entre Eduardo e Godwin, embora desconfortáveis, foram remendadas. Embora o próprio conde morresse pouco depois, a concórdia entre seus herdeiros e o rei se manteve. Eduardo, dedicando-se aos prazeres da caça e a eventuais curas milagrosas de doentes, ficara cada vez mais contente em entregar a administração do reino aos filhos de Godwin. E especialmente a dois deles. Um, Tostig, havia sido nomeado para governar a Nortúmbria; o mais velho, Haroldo, herdara o condado de Wessex. "Dois grandes irmãos de uma terra enevoada, os carvalhos sagrados do reino", como foram louvados por um entusiasta. "Com força conjunta e concordância, eles protegem as fronteiras da Inglaterra."[38]

284 MILÊNIO

Em tudo e por tudo, poderia pensar Haraldo Hardrada, este parecia ser um quadro nada promissor. Mas seria? Por mais que os Godwinson parecessem firmes, a verdade era que um deles, após uma década no poder, estava começando a ser ameaçado por uma tempestade. A Nortúmbria, o condado de Tostig, continuava igual a antes: um reino bastante dado à violência. A paisagem selvagem e a sua distância das terras saxãs ocidentais do reino eram um bom espelho para o teimoso divisionismo dos locais. Mesmo as mulheres não viam nada demais em pendurar em postes as cabeças de escoceses capturados. Em síntese, não era um lugar visto com bons olhos por um conde do sul. Tostig, um homem conhecido por sua coragem e astúcia, também tinha um temperamento às vezes feroz, e tendia a reagir a indícios de agitação com toda a força disponível. Consequentemente, ele acabou sendo amplamente odiado. Em 1065, os senhores feudais da Nortúmbria estavam fartos. Formando um exército, eles marcharam primeiramente sobre York e depois sobre o próprio Wessex. Eduardo, a despeito de tentativas iniciais de resistir, se viu impotente para resistir às exigências: que Tostig fosse deposto do condado e substituído pelo escolhido pelos habitantes, um jovem lorde chamado Morcar. Até mesmo Haroldo, reconhecendo que a causa do irmão estava perdida, se absteve de fazer o reino sangrar em defesa de Tostig. Sem dúvida a postura de um estadista — mas que deixou o próprio Tostig com uma sensação de injustiça ardente, quase frenética. Naquele mês de novembro, quando o conde humilhado deixou a Inglaterra para o exílio em Flandres, o fez jurando vingança ao irmão.

E procurando qualquer senhor da guerra estrangeiro que pudesse ser convencido a ajudá-lo. Chegara a hora da traição. Eduardo, como Tostig bem sabia, havia sofrido uma série de derrames, e em dezembro corria o boato de que estava mortalmente doente. O momento da morte de seu rei é quase sempre fatídico para qualquer reino — mas parecia ser assim especialmente para a Inglaterra naquele ano-novo. Pois Eduardo não tinha filhos, nem mesmo uma filha, para sucedê-lo. No futuro esse fim de sua linhagem seria atribuído a um sagrado voto de castidade, ou ao ódio que sentia dos Godwin — mas nenhuma das explicações parece provável. Aparentemente à sua maneira Eduardo parecia ter se aproximado de Edite e dependido dos seus conselhos — fosse em questões de indumentária, decoração de interiores ou mesmo nos muitos sérios assuntos de Estado. Então talvez, como muitos dos ingleses estavam começando a temer, a infertilidade inexplicável do casamento real fosse uma punição dada a eles por seus pecados. Eduardo, com pouca sutileza, sempre explorava sua falta de filhos para seus próprios objetivos, prometendo o trono a candidatos rivais sempre que precisava de sua ajuda. Mas

1066 E TUDO O MAIS

naquele momento parecia que, não havendo um herdeiro óbvio ao trono, teria de ser tomada uma decisão. Assim, não espanta que com a passagem do ano-novo e informes cada vez piores sobre a saúde real, os ingleses vissem o ano de 1066 com uma ansiedade cada vez maior.

E enquanto isso, além dos mares do Norte, o rei da Noruega esperava. Logo chegou a ele a notícia decisiva de Londres. Eduardo estava morto; e sentado em seu trono, consagrado e coroado com indecente rapidez, como foi relatado, não estava um homem de sangue real, mas Haroldo Godwinson. Afronta e oportunidade: assim Harald Hardrada viu a notícia. Achando-se com direito ao trono que muito antes herdara do sobrinho, ele começou a se preparar para a guerra. Mas manteve cuidadosamente em segredo o alvo preciso de sua missão; pois queria que quando seu golpe fosse disparado, surgisse do nada. E como foi bom ver os emissários de Tostig chegando à sua corte, exatamente em meio aos preparativos, propondo justamente o que ele já havia decidido fazer.[39] Foi também gratificante que mesmo no céu tudo parecesse estar conspirando a seu favor: pois na primavera surgiu nos céus das terras do Norte uma estrela misteriosa com uma cauda brilhante. Os homens na Inglaterra bem poderiam ter se enchido de medo com a visão e relatado terem visto barcos fantasmas no mar:[40] pois não havia sinal mais poderoso de uma crise do que um cometa. No final do verão, quando os exércitos de Haraldo finalmente estavam prontos para embarcar, os presságios haviam se tornado ainda mais claros. Um guerreiro, membro da guarda pessoal do rei, sonhara com uma ogra segurando uma faca e uma gamela de sangue; outro viu uma bruxa cavalgando um lobo, e o lobo levava um cadáver na boca.

Na verdade havia alguns entre os seguidores de Haraldo que consideraram essas visões sanguinárias como presságios não da vitória de seu senhor, mas de sua derrocada: pois o bode velho já estava com 50 anos de idade. Mas o próprio Haraldo não acalentava ideias pessimistas de que pudesse estar se arriscando demais, e menos ainda que a própria época dos reis dos mares houvesse chegado ao fim. Naturalmente, como adequado ao irmão de um mártir, ele se preocupou em rezar no santuário de Olavo antes de partir e de conseguir relíquias do santo cortando os santificados cabelos e unhas; mas quando zarpou para a Inglaterra seu tesouro mais poderoso era um que qualquer um de seus ancestrais pagãos teria saudado. Era chamado de "Devastador de Terras": "um estandarte que se acreditava dar a vitória a qualquer um que o levasse em batalha".[41] Canuto tivera um muito semelhante, "tecido da seda mais pura e branca", mas no qual, em época de guerra, um corvo se materializava misteriosamente, "abrindo o bico, batendo as asas e

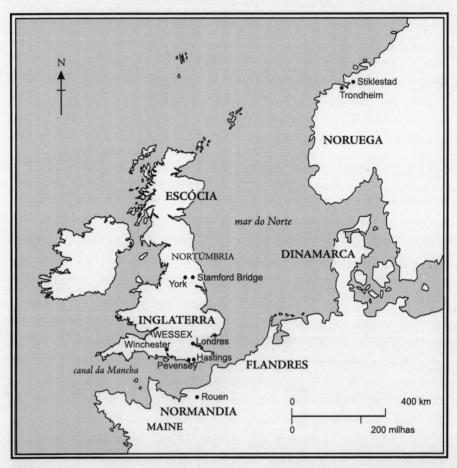

1066

agitando os pés".⁴² Uma magia profunda em uma época ainda mais profunda: estandartes assim tinham um enorme apelo para os nórdicos. Eles podiam ter se tornado vassalos de Cristo, mas o Devastador de Terras dava a confiança de que ainda eram heróis, assim como seus ancestrais pagãos haviam sido.

No início de setembro Haraldo Hardrada e sua monstruosa frota de cerca de 300 barcos estavam fazendo o que tantas expedições vikings haviam feito antes deles, deslizando pela costa da Escócia rumo à Nortúmbria. Apenas Tostig, que se encontrara com o rei norueguês no caminho, havia sido informado de seus planos: todos os outros na Inglaterra foram apanhados inteiramente de surpresa. Desembarcando ao sul de York os invasores descobriram, encantados, que Haroldo Godwinson estava longe em Wessex, e que apenas o conde Morcar

1066 E TUDO O MAIS

e seu irmão, Edwin, podiam enfrentá-los. No dia 20 de setembro "o trovão do Norte"[43] golpeou as forças da Nortúmbria e as esmagou. Morcar e Edwin sobreviveram à derrota; mas estavam impotentes para impedir o rei norueguês de obrigar York a se render e fazer os principais cidadãos reféns. A seguir, se retirando cerca de 11 quilômetros a leste da cidade até um conveniente cruzamento de estradas chamado Stamford Bridge, o rei norueguês esperou a rendição de toda a Nortúmbria. Com as tropas de Morcar seguramente fora de ação e Haroldo Godwinson supostamente ainda longe no sul, aparentemente não havia com o que se preocupar. Tudo corria como planejado. O Devastador de Terras, que na batalha contra os condes do Norte havia sido gloriosamente carregado à frente, estava mais uma vez provando a sua invencibilidade.

Mas então, no dia 25 de setembro, com um atípico sol quente no alto do céu, o rei norueguês e Tostig perceberam uma mancha no horizonte a oeste — e se deram conta de que se aproximava rapidamente deles. Inicialmente pensaram que poderia ser um grupo de habitantes da Nortúmbria a cavalo indo se entregar; mas logo, com a terra começando a tremer e escudos e cotas de malha brilhando em meio à poeira, "cintilando como um campo de gelo partido",[44] ficou clara a assustadora verdade. De alguma forma, por mais impossível que parecesse, Haroldo Godwinson chegara a Stamford Bridge. Frenético, Haraldo Hardrada ordenou que seus homens se retirassem para o lado mais distante do rio. Simultaneamente, enviou mensageiros a galope até onde seus barcos estavam ancorados, 20 quilômetros ao sul, juntamente com seu estoque de cotas de malha e um terço de seus homens. Mas era tarde demais. Verdade que por um breve momento o inimigo foi detido na ponte — por um único guerreiro, segundo um relato, que manteve todos à distância brandindo seu machado até um inglês com desleal astúcia "surgir em um barco e, por entre o espaço entre as tábuas, o acertar nas partes pudendas com uma lança".[45] Como quer que tenha sido, esse atraso permitiu que o rei norueguês reunisse seus homens na planície da margem mais distante — mas não que seus reforços se juntassem a ele. Embora os noruegueses houvessem lutado com selvageria, não tinham real esperança de vitória sem suas armaduras. Desta forma, o rio logo ficou vermelho. No final, os sobreviventes debandaram e fugiram na direção dos barcos. Os ingleses os caçaram a tarde toda. Quando a luz começou a diminuir e os corvos a circular na brisa perfumada de carniça da noite, se estendia em meio a eles o cenário de um massacre verdadeiramente excepcional. A vitória inglesa havia sido um trabalho de aniquilação quase completo. Dizia-se que dos mais de trezentos barcos que haviam chegado à Inglaterra com Haraldo Hardrada, apenas vinte retornaram à Noruega.

E o próprio Haraldo, juntamente com Tostig, estava entre os chacinados. Igualmente, jogado e manchado de sujeira e sangue, seu famoso estandarte. No final, a magia do Devastador de Terras falhara — e, como se provou, para sempre.

Conquista

A carnificina de Stamford Bridge seria lembrada por muito tempo pelos nórdicos, pois eles nunca mais cruzariam os mares com a ambição de conquistar uma terra cristã. A entrega de seu mais célebre rei dos mares a um túmulo estrangeiro era um sinal brutal de como seus horizontes encolhiam rapidamente. Dizia-se que pouco antes de Haraldo Hardrada fazer seu último gesto de resistência, um grupo de cavaleiros teria saído das linhas inglesas e ido até onde os noruegueses estavam, formados em uma barreira de escudos. Um membro do grupo, falando a Tostig, enviou uma saudação de seu irmão, o rei inglês Haroldo, e uma oferta: "um terço de todo o reino". Tostig, gritando de volta, exigiu saber o que seu aliado, o rei norueguês, podia esperar. "E o cavaleiro disse: 'O rei Haroldo já declarou quanto da Inglaterra está disposto a dar ao norueguês: dez palmos de terra, ou o que for necessário para ser enterrado, visto que ele é mais alto do que outros homens.'"[46]

Estas foram as últimas palavras trocadas entre os dois irmãos, pois o cavaleiro era ninguém menos que o próprio Haroldo Godwinson. Inteligência e frieza desafiadora eram as verdadeiras qualidades de um homem que toda sua vida passou "com atento desdém por uma emboscada após a outra".[47] Contudo, no desprezo ao invasor e na decisão de dar a ele apenas o suficiente para cobrir seus ossos, havia mais do que somente arrogância. A suposição de que uma terra devia realmente ser sagrada para aqueles que andavam por ela não era fantasia nem novidade. Foi assim, por exemplo, que o conde Britnoth, ao enfrentar uma geração anterior de vikings em Maldon, se comprometera sonoramente com a defesa dos *"folc and foldan"*: "do povo e da terra".[48] Que os dois fossem sinônimos era uma suposição partilhada por boa parte da cristandade. Mesmo em regiões em que fronteiras e lealdades eram infinitamente mais confusas e enganosas que na Inglaterra, os homens havia muito tinham o hábito de se identificar com uma *"natio"* — uma nação. "Um povo unido por uma só ascendência, costumes, idioma e lei",[49] como a palavra foi definida por um abade da Renânia um século antes do milênio.

1066 E TUDO O MAIS 289

Era verdade que havia certas "nações", com destaque para a dos normandos, cujos primórdios eram tão recentes que seu hibridismo poderia nunca ser eliminado — mas isso só era um problema para os recém-chegados. Entre os povos mais veneráveis da cristandade em geral considerava-se certo que todos aqueles que partilhavam uma terra natal necessariamente partilhavam também uma ancestralidade comum; de fato, que eles eram unidos por sangue mesmo nos primórdios dos tempos, quando também eles, assim como os pagãos que, dizia-se, ainda assombravam as estepes além das fronteiras dos rus, haviam sido nômades, sem raízes. Uma noção conveniente: pois já que na verdade ninguém podia estar certo do que havia acontecido em uma época tão obscura e distante, havia espaço para que os eruditos conseguissem para si os ancestrais glamourosos que quisessem. Genealogistas francos, por exemplo, remontaram as origens de seu povo até os antigos troianos; os saxões, não querendo ficar para trás, alegaram descender dos soldados de Alexandre, o Grande. Talvez os mais engenhosos tenham sido os escoceses, que se pavoneavam, com um formidável desinteresse pela plausibilidade, ao situar suas origens no Egito, como descendentes da mesma filha do faraó que encontrou o menino Moisés na cesta de junco — e cujo nome, como insistiam em argumentar, era princesa Scota.

As histórias podiam ser absurdas, mas não eram menos poderosas por causa disso. De fato, os mitos que as pessoas contavam sobre si mesmas e a sensação que tinham de si mesmas como nações distintas tendiam a ser muito mais enraizados que as monarquias que as governavam. Não que isso fosse uma desvantagem para uma nova dinastia. Em 936, por exemplo, quando Otão I sucedeu seu pai no trono, ele o fez não apenas por direito de herança, mas "como a escolha de todos os francos e saxões".[50] No caso de Haroldo Godwinson em 1066 as vantagens de posar como o príncipe do povo foram ainda mais evidentes. Não tendo uma só gota de sangue real, sua mais clara alegação de legitimidade era o fato de que seus pares, e talvez até mesmo o próprio Eduardo moribundo, o haviam autorizado.[51] E, a despeito do detalhe levemente constrangedor de que tanto seu nome quanto o de sua mãe eram dinamarqueses, não poderia haver nenhuma dúvida de por que ele se considerara com direito de governar como representante supremo dos ingleses. Até mesmo seus maiores inimigos reconheciam que Haroldo havia sido "o mais destacado dos súditos de Eduardo em honra, riqueza e poder".[52] Ninguém era mais qualificado para proteger seus compatriotas contra invasores estrangeiros. "Nosso rei",[53] foi como o saudaram após ter esmagado a armada do rei norueguês. Em Stamford Bridge, Haroldo conseguira com sucesso defender *folc and foldan*.

290 MILÊNIO

Mas enquanto ele limpava de sua espada o sangue norueguês, as circunstâncias que o haviam levado ao trono continuavam a ameaçar suas perspectivas. Em 1063, na esteira de uma difícil vitória sobre os galeses, Haroldo havia sido presenteado com a cabeça de seu inimigo assassinado: um troféu grandioso e pernicioso. Três anos depois, sua capacidade de tirar os escalpos de seus adversários se tornara a única prova de sua capacidade de governar. Nem mesmo com Hardrada seguramente fertilizando o solo da Nortúmbria ele podia relaxar. Outros predadores, outros invasores, ainda estavam à espreita. Haroldo passara todo aquele verão de guarda no canal — e naquele momento, com seus guerreiros tendo percorrido em marcha acelerada toda a Inglaterra, ele estava soturnamente consciente de que deixara seu flanco sul desprotegido. Então, esgotado, com os corvos ainda enxameando acima dos campos de Stamford Bridge, ele começou a refazer seu caminho. Ele não tinha dúvidas quanto à urgência de sua missão. Muito antes de se tornar rei Haroldo se preocupara em "estudar o caráter, as políticas e a força dos príncipes da França"[54] — especialmente de um. Ele tinha de reconhecer que, caso pressentisse uma oportunidade, o duque da Normandia a aproveitaria.

E em 1066 certamente não podia haver dúvidas de que Guilherme era um inimigo verdadeiramente mortal. Seu aprendizado terminara há muito tempo. Experiente nas artes da guerra e do governo, e com uma reputação que intimidava mesmo os príncipes de Flandres e Anjou, até o próprio rei da França, sua força se revelara assustadora. Assim como a de seu ducado. Tão cobiçosos por terra e butim quanto qualquer rei do mar viking, os grandes nobres da Normandia, homens que haviam crescido ao lado do duque e partilhavam suas ambições, formavam uma elite de guerreiros que, tanto em disciplina quanto em treinamento, era superior a qualquer outra da cristandade. Durante uma década e meia Guilherme e seus tenentes se testaram no sul, aplicando um distinto estilo de combate letal e inovador, se lançando contra os mais eficientes construtores de castelos, os castelães de Anjou. O condado-tampão do Maine, que no início dos anos 1050 passara quase inteiramente para as mãos dos angevinos, havia sido sistematicamente curvado à vontade de Guilherme. Paciência se somara a ousadia; atrito a recuos; meses gastos destruindo vinhedos e súbitos ataques cirúrgicos à meia-noite. "Terror foi semeado por toda a terra."[55] Mas nem mesmo com o Maine assegurado Guilherme relaxou em sua sela. As campanhas haviam se tornado um estilo de vida para ele, e para todos que seguiam seu estandarte. Ainda era preciso exercitar os cavalos, construir castelos, conquistar propriedades, cidades e riquezas. Assim, não surpreende que a Inglaterra, onde os grandes homens ainda combatiam a pé, defendiam seus salões de madeira com pouco mais que fossos e não eram organizados para a guerra contínua, atraísse o duque incansável e faminto. Para a maioria dos ingleses, acostumados a esperar o perigo vindo dos mares do Norte, a ideia de que os normandos arrivistas pudessem representar uma verdadeira ameaça a seu antigo e rico reino parecia fantasiosa — mas não para Haroldo. Ele pelo menos se esforçara para analisar Guilherme atentamente. Ele tomara o cuidado de observar em campo como os castelos do duque eram construídos, o modo como podiam ser empregados agressivamente e o sinistro potencial da cavalaria normanda. De fato, ele até mesmo cavalgara com Guilherme em um ataque à Bretanha — e tivera um desempenho tão heroico durante a expedição que fora recompensado por seus feitos com uma armadura presenteada pelo próprio duque.

Esse impressionante feito de espionagem havia sido conseguido apenas dois anos antes do teste decisivo de 1066. O que exatamente levara Haroldo à Normandia seria muito discutido posteriormente. Os normandos insistiriam em dizer que ele fora enviado por Eduardo para prometer a Guilherme a sucessão; os ingleses, que ele viajara para lá por iniciativa própria de modo a negociar uma aliança matrimonial ou talvez a libertação de um refém. Não é impossível que as duas alegações sejam verdadeiras. Mas é muito mais certo que Haroldo, após uma viagem inicial calamitosa à Normandia — que incluiu um naufrágio e uma temporada na masmorra de um príncipe local —, acabou como hóspede de Guilherme. Embora isso pudesse ter sido incômodo para ele, Haroldo não era filho de Godwin por acaso: e assim, com suavidade e uma bela demonstração do oportunismo Godwin, ele se dedicou a estudar atentamente o homem que havia muito ele definira como seu mais provável rival ao trono inglês. Cuidadosamente disfarçando sua própria ambição, ele encorajara Guilherme a revelar tudo. O duque por certo admitiu abertamente a seu hóspede encantador e atento como realmente pretendia reclamar o trono da Inglaterra, em função de sua relação com sua tia-avó havia muito morta, *lady* Ema, e de bênçãos claras que alegava ter recebido do rei Eduardo. Haroldo, contente por fazer seu rival de tolo, prometeu apoiar e defender a causa de Guilherme. Suas recompensas foram mais presentes e um barco para retornar à Inglaterra. Sem dúvida, um "atento desdém".

Assim não espanta que nas primeiras semanas de 1066 Guilherme reagisse à notícia da ascensão de Haroldo com fúria fria e amarga: ele sentiu a fúria de um homem que havia sido enganado e roubado. Foi especialmente chocante para ele a lembrança de como seu hóspede, prometendo seu apoio, o fizera com um gesto de impressionante solenidade pública, a mão apoiada em um relicário, um feito decididamente ousado: pois o que era um juramento se não um desafio feito diretamente a Deus? "Mas infelizmente ele era um homem sempre rápido demais no momento de empenhar sua palavra,"[56] como sempre souberam aqueles que conheciam o novo rei. Haroldo não tinha nenhum problema em alegar que seu juramento de fidelidade a Guilherme fora arrancado dele à força e que havia sido coroado por direito, segundo os desejos e os costumes do povo inglês. Tais detalhes não o absolviam, pois havia leis mais impressionantes e rígidas que as de qualquer reino mortal. Guilherme, pelo menos, entendia isso perfeitamente. Na verdade, sempre se valera disso. Afinal, era um homem que se apropriara tão plenamente da Paz de Deus e a impusera com tanta força que em comparação com a Normandia os outros principados pareciam aos próprios normandos meras cavernas de ursos, "tomados por desabrida dissolução."[57] Assim, não surpreende que em sua determinação de assegurar seu direito à Inglaterra o duque tivesse agido rapidamente para aproveitar o que mais Deus pudesse fazer por ele. Ele era extremamente sensível, de um modo que seu rival astuto mas sereno não era, às mudanças no espírito de época — um clima que colocava o universal acima do local. Certamente não duvidava de que era possível fazer com que as leis da Inglaterra parecessem nada quando comparadas com a assombrosa majestade da única lei suprema: a do próprio Deus Todo-poderoso. Guilherme, cuja rígida religiosidade sempre se aliara a um talento para identificar tendências, era um governante extremamente bem preparado para compreender os novos entusiasmos que animavam os círculos mais altos da Igreja — e o que podiam significar para ele mesmo. Um de seus bispos estivera com Leão IX no Concílio de Reims. Um de seus abades havia sido colega de escola de Alexandre II, o papa de então. A grande onda da reforma, que em vez de murchar com a morte de Leão continuara a inchar, crescer e avançar, não podia deixar de ser de enorme interesse para Guilherme durante a grande crise de 1066.

Nem Guilherme, por sua vez, podia deixar de despertar similar entusiasmo nos círculos reformistas de Roma. No verão de 1066, ao mesmo tempo em que Haraldo Hardrada se preparava para desfraldar o Devastador de Terras, um estandarte bem diferente era preparado para o duque da Normandia. "O estandarte de São Pedro Apóstolo"[58] não tinha corvos em movimento nem outros indícios de magia, mas não podia haver dúvidas quanto a seu poder assombroso e sobrenatural — pois ele havia sido abençoado pessoalmente pelo próprio Santo Padre. Um desdobramento marcante. Menos de uma década se passara desde que Leão IX, provocando uma onda de choque e ultraje, ordenara que um estandarte papal fosse pela primeira vez levado em batalha; e nesse ínterim a polêmica não terminara. Embora o embaixador de Guilherme houvesse sido recebido com simpatia em Roma, a sugestão de que o papa desse apoio oficial à invasão da Inglaterra — um reino cristão! — provocara oposição furiosa de seus conselheiros. Mas não do ajudante mais influente de todos: o homem que, ainda mais que o próprio Alexandre, era o verdadeiro definidor da política papal. Em 1066, Hildebrando subira muito. Seu cargo oficial, o de arquidiácono, mal indicava o grau em que ele havia se tornado a principal, de fato a indispensável, força por trás do trono de São Pedro.

"Se quiser ter sucesso em Roma, diga isso a plenos pulmões: 'Mais que ao papa, eu obedeço ao senhor do papa!'"[59] Esta era a homenagem em parte debochada, em parte admirada, feita a Hildebrando. Ele somara à determinação pétrea que sempre tivera e à sua paixão pela causa da reforma o que naquele momento eram anos de experiência adquirida no cerne de Latrão. Embora sua noção pessoal de santidade fosse apaixonada e exaltada, isso não o impedira de aguçar os instintos frequentemente impiedosos de um político por natureza. Hildebrando certamente não duvidava de que uma Inglaterra reformada era um prêmio pelo qual valia lutar. Um verdadeiro poço de simonia, mesmo pelos padrões do resto da cristandade, ele precisava ser drenado urgentemente. Se Guilherme, que sempre se mostrara um parceiro exemplar da Igreja, pudesse conseguir isso, teria então servido não apenas à causa dos reformistas, mas dos próprios ingleses mergulhados em pecado. De fato, como Hildebrando espontaneamente reconheceu, "há muitos entre meus irmãos que me insultam por essa avaliação e me acusam de trabalhar para gerar um terrível sacrifício de vidas humanas"[60] — mas ele tinha a consciência limpa. Os fins certamente justificariam os meios. Um ataque à Inglaterra podia muito bem ser classificado como uma guerra santa. Foi disso que Hildebrando convenceu o papa, e o duque normando recebera seu estandarte.

Evidentemente, caso Alexandre II rejeitasse Guilherme, os normandos dificilmente teriam embainhado suas espadas. Em uma série de concílios acontecidos durante a primavera, os grandes nobres do ducado já haviam se comprometido com a perigosa empreitada de invasão: pois haviam sido criados para ter fome de terras. Ainda assim, eles tinham receios. Alguns eram de natureza prática; mas outros tinham raízes mais profundas. Cobiça e prazer com a violência nem sempre podiam ser facilmente alinhados com uma devoção aos ensinamentos do Príncipe da Paz. O temor ao rei cujo poder abraçava o universo e cuja vitória havia sido sobre a própria morte estava profundamente impregnado em muitos normandos: eles, ao contrário de seus ancestrais pagãos, não podiam arrebatar as riquezas de uma nação cristã, contentes em fazê-lo simplesmente como piratas ou aventureiros. E a ninguém isso se aplicava mais do que ao próprio Guilherme: pois sua ambição era matar um rei ungido, tomar sua coroa e então por sua vez ser tocado pelo aterrorizante mistério do crisma.

Assim, sem dúvida, naquele verão de 1066, quando os ventos que empurravam a frota de guerra norueguesa na direção da Inglaterra mantinham os barcos normandos impotentes no porto, a presença do estandarte de São Pedro ao lado de Guilherme pode ter servido para lhe assegurar que o Todo-poderoso afinal não abandonara sua causa. Da mesma forma, naquela noite de 27 de setembro em que os ventos finalmente cessaram e foi dada a ordem decisiva de zarpar, ele certamente deve ter refletido sobre os curiosos mecanismos da Providência, que o retardaram tanto, em meio a tantas frustrações, apenas para dar a ele o momento perfeito para a travessia. Pois o canal estava aberto. Guilherme, fazendo uma grande refeição a bordo de sua nau capitânia, podia esperar uma viagem tranquila. Enquanto isso, seu destino, onde Haroldo permanecera todo o verão estacionado à espera de sua chegada, estava desguarnecido. Não espanta, então, que enquanto o sol nascia na manhã seguinte e revelava a Guilherme uma grande floresta de mastros, seus barcos, e à frente deles o litoral vazio da Inglaterra, "ele tenha louvado a misericórdia de Deus do fundo do seu coração".[61]

E ele se sentiu plenamente justificado, enquanto seus homens começavam a vadear pelos baixios até a praia ou puxar seus cavalos por pranchas instáveis, em prepará-los para o grande trabalho de conquista que tinham pela frente. O primeiro passo de Guilherme era absolutamente previsível: erguer dois castelos improvisados. Um foi construído nas ruínas arrasadas de um forte romano chamado Pevensey; o outro no extremo oposto de uma área vazia com lagoas e planícies salgadas ao lado do porto pesqueiro de Hastings. De lá, seguindo por uma crista tão cercada dos dois lados por rochedos que podia ser efetivamente classificada de península, uma única estrada levava a Londres. Ao receber a notícia devastadora do desembarque de Guilherme enquanto ainda estava longe no norte, Haroldo naturalmente esperou que os invasores a tomassem. Afinal, ele sabia melhor do que ninguém na Inglaterra o que temer de seu estilo de guerra. Cavaleiros se espalhando, sem oposição, pelo interior de Wessex. Silos sendo saqueados, cidades e aldeias incendiadas. Castelos grosseiros rapidamente marcando o roteiro da devastação. Só conseguindo refrear Guilherme, Haroldo podia esperar poupar seus "*folc and foldan*" de tal destino. Esse conhecimento, somado a sua preferência instintiva por apanhar os inimigos de surpresa, o impulsionou ainda mais rumo sul, sem pensar em uma pausa. Não havia tempo de esperar reforços, menos ainda de dar qualquer descanso a seus homens já cansados da batalha. Velocidade era fundamental.

Exceto que na verdade Guilherme não estava indo a parte alguma. Pouco depois de instalar seu quartel-general em Hastings, ele e seu ajudante de ordens mais confiável, Guilherme fitz Osbern, foram pessoalmente reconhecer o terreno. O isolamento de seu acampamento, a única estrada os ligando ao interior, os pântanos de ambos os lados: tudo isso "eles exploraram exaustivamente".[62] Eles rapidamente se deram conta de que, se permanecessem onde estavam, acabariam em uma armadilha. Se Haroldo avançasse contra eles, não teriam escolha a não ser enfrentá-lo em combate aberto. E a maioria dos comandantes experientes teria feito tudo para evitar essa situação perigosa. Mas os próprios riscos inerentes à opção pela batalha, a característica desesperada da aposta e a possibilidade de que todo o rumo da guerra, e mesmo de toda a carreira de Guilherme, pudessem ser decididos em um único momento eram questões a ser consideradas.

E assim, com o passar dos dias, os normandos fizeram exatamente o oposto do que se esperava deles: aguardaram. Dias se passaram, depois uma semana. Ocasionalmente, acima dos picos que limitavam Hastings, se erguia no céu uma coluna de fumaça negra, assinatura de um dos grupos de ataque de Guilherme — mas, fora isso, os invasores não se mexeram. Uma segunda semana se passou. E, com os nervos tensos, o duque e seus capitães e soldados ainda esperaram. Então, na noite de sexta-feira, 13 de outubro, batedores entraram a galope no acampamento normando, saltando de suas selas com a urgência das notícias. Uma poeira branca havia sido vista à distância. O exército inglês se aproximava. O usurpador estava quase às portas.

Quase — mas não ainda. Frenético, Guilherme chamou seus forrageiros e deu a eles e a todo o seu exército uma ordem apressada de se preparar para a batalha. O alvorecer encontrou o acampamento normando tomado por balbúrdia e confusão. De fato, a pressa do próprio Guilherme era tal que ele vestiu sua cota de malha ao avesso. Mas, naturalmente, a despeito do clima geral de alarme, ele ainda era o duque da Normandia, um homem de ferro; não se entregou ao pânico. Ao contrário — quase tendo sido emboscado por Haroldo, ele estava determinado a emboscá-lo por sua vez. "Não há outra forma de escapar."[63] Com essa brutal verdade conhecida soando em seus ouvidos, Guilherme ordenou que seus homens tomassem a estrada de Hastings, avançando ao longo da crista que os colocaria face a face com o inimigo que se aproximava. Ainda faltavam várias horas para o nascer do sol quando os normandos deixaram o acampamento. Eles marcharam 5, 6, 7 quilômetros. À direita deles, além de uma floresta densa, o sol clareava paulatinamente. Então, por volta de oito horas da manhã, chegando a uma colina a cerca de 9 quilômetros de Hastings, os normandos viram à sua frente um vale e a encosta de uma segunda colina, e lá, surgindo em seu pico, reluzindo com estandartes dourados, a vanguarda inglesa. Teria Guilherme, à visão daquilo, se permitido um leve sorriso? Sem dúvida — pois era tudo o que ele esperava, os homens de Haroldo ainda estavam se preparando — se reunindo para uma marcha final sobre Hastings. As fileiras não estavam formadas. "As florestas ao redor brilhavam com suas lanças."[64] Quem queria surpreender havia sido surpreendido.[65]

Mas nas fileiras normandas a terrível inevitabilidade do que esperava por eles certamente deu náuseas em muitos. Uma batalha encarniçada, embora fosse rara, era a maior prova do valor de um homem. Pouco menos que morte ou ferimento, temia-se vergonha e desgraça. Não era inédito guerreiros, confrontados por um inimigo, começarem a vomitar — ou "fingir náusea".[66] Guilherme e seus companheiros de guerra, que ao longo de toda a vida se prepararam para aquele momento, não eram homens de dar meia-volta; ainda assim, olhando para o alto da colina à frente, para a parede sólida de escudos que bloqueava seu caminho, para o estandarte de batalha cravejado, com a imagem de um guerreiro, que marcava a presença de Haroldo, eles certamente não teriam desprezado o inimigo. Não importava que o estilo de guerra dos ingleses — "desprezando o consolo de cavalos e confiando em sua força de permanecer de pé" —[67] parecesse quase risivelmente primitivo a qualquer um criado na França: a verdade era que Haroldo tinha em suas fileiras guerreiros não menos treinados ou mortais que o mais experiente cavaleiro normando. Também ele, como os senhores feudais de Constantinopla e Kiev, tinha um corpo da guarda de varangos: profissionais do machado, experientes na arte da evisceração, conhecidos pelos ingleses como "*housecarls*".[68] Eles eram talvez os mais formidáveis soldados de infantaria da cristandade, e teriam de ser eliminados para que a invasão não fracassasse — pois apenas com Haroldo morto a vitória poderia ser decisiva. Quando as primeiras flechas normandas caíram sobre os escudos redondos dos ingleses e a infantaria de Guilherme começou a subir a colina à frente deles para testar o alcance dos machados dos *housecarls*, ele sabia que já não tinha controle sobre seu destino. Estava nas mãos de Deus.

Não que alguém esperasse que o julgamento divino demorasse muito. Raras eram as batalhas que duravam mais de uma hora. O momento determinante, quando tudo seria decidido em um boato ou uma fuga repentina, provavelmente logo tomaria o campo. E quase foi assim. A maioria dos escudos ainda estava intacta, a maioria dos elmos sem marcas, a maioria das lâminas mal tocadas quando de repente começou a correr nas fileiras normandas o boato de que Guilherme havia tombado. Seus homens entraram em pânico. Quando se viraram e começaram a descer a colina tropeçando e escorregando, parecia que a retirada estava prestes a se transformar em debandada; pois grupos de ingleses estavam deixando a parede de escudos para persegui-los. Tudo estava em jogo.

Mas Guilherme não estava morto, embora seu cavalo tivesse sido derrubado e ele lançado ao chão. Erguendo seu elmo e sua voz, reunindo seus homens desanimados, lembrando que ainda eram soldados, conseguiu colocá-los em formação. E então era a vez dos ingleses chegarem à beira da ruptura. Aqueles que estavam perseguindo seus adversários em retirada colina abaixo de repente se viram atacados. Cercados, se mostraram alvos fáceis. Cascos e pés esmagaram seus corpos na lama. A encosta da colina ficou escorregadia, uma massa de vísceras e membros quebrados. Por uma segunda vez era como se a batalha estivesse decidida. Mas assim como os normandos haviam sido estimulados, naquele momento os ingleses se recusaram a fugir. O grandioso estandarte de Haroldo ainda tremulava à brisa, desafiador. A parede de escudos, embora gravemente abalada, se sustentou. O dia não estava decidido.

E mesmo com as horas correndo, o sol lentamente se pondo e as sombras se esticando sobre a encosta da batalha cada vez mais tomada de corpos, a confusão não terminava. Como um normando depois diria com assombro, "foi um combate jamais visto, com um dos lados fazendo incessantes ataques e manobras, e o outro permanecendo firme, como se cravado na terra".[69] Nem mesmo a exaustão de homens suportando o grande peso de escudos, elmos e cotas de malha conseguia diminuir a desesperada selvageria da batalha. Uma hora antes do pôr do sol os homens de Guilherme ainda estavam se lançando contra os ingleses, as lanças se partindo, como a do próprio Guilherme, suas espadas não menos "manchadas de cérebros e sangue"[70] que a do seu duque. Mas os *housecarls* permaneciam firmes, brandindo seus machados duplos, acertando os atacantes, atravessando metal, carne e ossos. Plantados no alto de sua colina, eles certamente não tinham esperança de vencer — mas apenas manter sua posição, passar a noite, forçar uma trégua seria quase uma vitória. Guilherme, isolado em um condado hostil, e tendo o mar às suas costas, não podia se permitir um impasse. Bastava Haroldo conseguir resistir até o crepúsculo e muito provavelmente ganharia a guerra.

Mas ele não viu essa hora. Tempos depois muitas histórias seriam contadas sobre o seu fim; uma delas, a mais repetida, o coloca sendo atingido no olho por uma flecha.[71] Verdade ou não, o certo é que os cavaleiros normandos, derrubando Haroldo, o deixaram como mais um em uma pilha de cadáveres junto ao derrubado estandarte real, apenas mais um dos tombados em um dia de massacre capaz de ofuscar até mesmo Stamford Bridge. Com a chegada da noite e o que restava dos ingleses finalmente dando as costas e fugindo para a escuridão, para serem caçados por toda noite pela exultante cavalaria de Guilherme, era o fedor de sangue e vísceras abertas, juntamente com os gemidos e soluços dos feridos, que indicava a carnificina. Mas, chegada a manhã, a luz do dia revelou um espetáculo de massacre tão aterrador que até mesmo os vitoriosos sentiram piedade. "Uma grande extensão de terra estava coberta pela flor da juventude e da nobreza inglesas, mergulhada em sangue."[72] O próprio corpo de Haroldo estava tão ferido, e seu rosto tão desfigurado, que ele mal pôde ser reconhecido.

Uma adequada imagem da mutilação que havia sido infligida ao próprio reino. Verdade que nem todos os lordes da Inglaterra haviam tombado em Hastings; nem que sua luta tenha decididamente chegado ao fim com o massacre. Mas com Haroldo morto e seus irmãos caídos com ele, juntamente com seus mais leais seguidores, não sobrara ninguém para coordenar a resistência. Os normandos, com seus faros de predadores sempre sensíveis ao cheiro de fraqueza e desespero, não eram um povo que deixasse um inimigo ferido escapar. No Natal, Guilherme estava sentado na mesma abadia em que Haroldo havia sido coroado no início do ano, para receber sua própria coroa. Dentro da igreja o momento de sua coroação foi saudado segundo o costume inglês, com um grande grito de aclamação, um ruidoso reconhecimento de que o duque normando então governava como o herdeiro ungido de Alfredo, Edgar e Eduardo; mas do lado de fora, nas ruas, os guardas de Guilherme confundiram os gritos com uma rebelião e começaram a atacar os locais e a incendiar suas casas. Uma brutal lembrança aos ingleses conquistados da verdadeira fonte de legitimidade de seu novo rei.

E também a observadores estrangeiros Guilherme pareceu apenas mais um em uma longa linhagem de predadores do Norte, com sua conquista de uma coroa sendo um roubo como o que poderia ser praticado por qualquer chefe viking. Como definiu um dinamarquês, "o duque cruzou o frio canal e avermelhou as espadas brilhantes".[73] Mas não era assim que o próprio Guilherme via seu grande feito. No momento mais grandioso de sua vida, quando era coroado no próprio aniversário do nascimento de Cristo, o novo rei começou a tremer descontroladamente, talvez traindo, pela primeira e última vez em sua vida, uma sensação de medo ou dúvida. Ouvindo os gritos se elevarem do lado de fora da abadia, enquanto sentia o crisma o impregnando com sua carga sagrada, Guilherme certamente deve ter sido assolado por uma repentina certeza de que seus crimes eram muitos, de que Deus de modo algum o abençoara e de que o sangue pelo qual ele caminhara, a sujeira, o horror e o fedor dele, estaria eternamente ligado à sua alma. O momento passou — e Guilherme continuou a ser Guilherme. Mas ele não esqueceu a experiência. Anos depois, quando um bufão viu o rei sentado, "resplandecendo em ouro e joias" e gritou: "Olhem, eu vejo Deus! Olhem, eu vejo Deus!",[74] foi açoitado pela brincadeira. Não havia sido a blasfêmia que levara a isso, mas o deboche implícito da crença mais profunda de Guilherme: a de que havia sido elevado ao trono da Inglaterra pelas mãos da Divina Providência.

Se os normandos, que sabiam que na verdade foram as suas próprias espadas que haviam conquistado a coroa para seu duque bastardo, às vezes achavam difícil aceitar isso, imagine-se os ingleses. O juramento de coroação de Guilherme de que defenderia as leis e os costumes de seus novos súditos havia sido feito com a devida solenidade — e certamente nos primeiros anos de seu reinado ele realmente tentou fazer deles parceiros de seu novo regime. Mas os condes ingleses nunca haviam perdido o apreço pela revolta — fazendo com que em pouco tempo um Guilherme furioso abandonasse a experiência. Em seu lugar ele implantou uma política muito mais primitiva e brutal. Assim como seus ancestrais haviam limpado aquilo que seria a Normandia de sua aristocracia franca, Guilherme começou a sistematicamente eliminar da Inglaterra toda a sua classe dirigente. As terras do reino — seus *folc and foldan*" — estariam a partir de então a cargo de normandos e de ninguém mais. Mas isso, como feito de espoliação, devia menos ao exemplo de Rollo que ao reconhecido domínio que Guilherme tinha de liderança. A Inglaterra não permaneceria mais isolada da revolução que tanto transformara os principados da França. Pevensey e Hastings seriam apenas os primeiros castelos erguidos pelos conquistadores. Especialmente a eficiência de Guilherme fitz Osbern foi vista pelos ingleses como algo funesto e assustador: "pois ele construiu castelos por todo este país, atormentou o povo infeliz, e depois disso tudo ficou muito pior".[75] Isso era amenizar: pois a tarefa dos nobres normandos, instalados em meio a um povo soturno e divisionista, não era diferente da do castelão mais arrivista da França.

300   MILÊNIO

Mas na Inglaterra não eram apenas povoados e aldeias que precisavam ser subjugados, e sim todo um reino. No inverno de 1069, quando os inveterados rebeldes da Nortúmbria tentaram se livrar do mando de seu novo rei, a reação de Guilherme foi devastar todo o condado. Métodos de devastação conhecidos dos camponeses da França foram aplicados por todo o norte da Inglaterra: depósitos foram queimados, gado morto, arados destruídos. Corpos em decomposição foram deixados nas estradas. Os poucos sobreviventes foram reduzidos a se vender como escravos, ou, a crer nos relatos, ao canibalismo. Mesmo entusiastas do reinado de Guilherme se disseram chocados. Um deles escreveu: "Em muitas oportunidades eu pude exaltá-lo por seus méritos, mas isto — isto eu não ouso louvar."[76]

Contudo, como Guilherme poderia ter legitimamente destacado, a prática da devastação era tradicional na Inglaterra. Edgar havia feito o mesmo — e ele era lembrado como "o Pacificador". "O Conquistador" podia ser duro e impiedoso, mas apesar de tudo não era Haroldo, dado a quebrar suas promessas impunemente. Ele se esforçou a vida inteira para cumprir o juramento que fizera em sua coroação de defender as leis da Inglaterra. Em sua determinação de preservar seu novo reino, sua unidade, sua ordem pública e sua administração sem igual, Guilherme de fato foi um rei na formidável tradição dos *cerdicingas*. Também duque da Normandia e o favorito dos reformistas no Latrão; ele era um governante de muitas frentes. Nenhum estadista de sua época foi menos prisioneiro do passado — ou mais adepto de usá-lo para seus próprios objetivos. Tradição e inovação: ambas continuariam a ser exploradas por Guilherme com enorme facilidade. Que seu reinado estava destinado a ser uma experiência constante, uma tentativa de tecer uma tapeçaria com uma multiplicidade de fios, vindos da Inglaterra, da Normandia ou de Roma, no final tornaria suas conquistas ainda mais duradouras. Ele pode ter sido um bastardo descendente de piratas — mas acabaria senhor do mais formidável instrumento de poder real de toda a cristandade. Ele ousara — e conquistara.

Verdade que nunca se dissiparam dúvidas quanto ao preço pago por sua vitória. Como o abade Hugo de Cluny apontou em carta a Guilherme, "O que lucrou um homem se conquistou todo o mundo mas perdeu a própria alma?"[77] Até mesmo Hildebrando, o mesmo homem que insistira para que fosse dado ao Conquistador um estandarte papal, parece ter sentido algum desconforto com a escala do banho de sangue que ele ajudara a patrocinar. Em 1070, apenas alguns meses após a devastação da Nortúmbria, um legado papal impôs uma penitência pública a todos os que haviam lutado em Hastings. Pouco depois, em outra demonstração de expiação, começaram a ser cavadas as fundações de uma nova abadia exatamente no local da batalha fatal. Guilherme decretara que o altar deveria ficar exatamente onde Haroldo caíra: uma ordem que exigia que todo o alto da colina fosse nivelado. Religiosidade, arrogância e um monumentalismo de inspirar reverência: o novo mosteiro combinava tudo isso. Se ele pretendia expressar contrição, também havia sido projetado para produzir estupefação. "Até mesmo um grego ou um sarraceno poderia ficar impressionado",[78] alegou um normando, descrevendo o prodigioso patrocínio de igrejas pelo Conquistador. Com muita propriedade. Os grandes prédios que Guilherme conseguiu construir, inéditas experiências de engenharia erguidas em pedra, realmente tinham uma escala comparável a qualquer coisa encontrada em Constantinopla ou Córdoba. Assim como o Estado que ele governava. Não importava que ele o houvesse fundado, assim como a Abadia da Batalha, sobre um campo de sangue — suas fundações estavam destinadas a durar.

7

UMA VERDADE INCONVENIENTE

Apenas diga não

É preciso um conquistador para tomar um reino. Mas se os reis são fracos, e especialmente se são crianças, podem ser capturados com maior facilidade. Mesmo os maiores deles — mesmo futuros imperadores. Oitenta anos haviam se passado desde o rapto do infante Otão III em 984, e mais uma vez o *Reich* era governado por uma criança. Henrique IV, filho e homônimo do grande imperador que tanto fizera para implantar em Roma a causa da reforma, havia sido coroado rei em 1056, quando tinha apenas 5 anos de idade. Ele poderia ser autoconfiante e inteligente — mas nem mesmo o menino mais precoce podia exercer sua autoridade com tão pouca idade. Assim como o duque Guilherme durante sua minoridade se vira impotente para impedir o gradual colapso da ordem na Normandia, também o infante Henrique, apesar de todos os seus talentos, se limitava a ser joguete daqueles que cuidavam dele. Controle o rei e assuma o controle do reino: assim parecia aos mais inescrupulosos grandes nobres do *Reich*. Pelo menos enquanto fosse menor de idade, Henrique não era nada além do que um provável candidato a rapto.

E assim, quando na primavera de 1062 o arcebispo de Colônia desceu o Reno em uma galera especialmente bela e atracou no palácio insular de Kaiserswerth, onde a corte celebrava a Páscoa, os guardiães do rei deveriam estar de guarda. Mas não estavam. Uma falha grave: pois o próprio Henrique — impulsivo, volúvel e com 12 anos de idade — era o tipo de garoto que não desperdiçaria uma oportunidade de explorar um barco de alto nível. Contudo, mal havia subido a bordo e os remos começaram a se mover, "e ele foi imediatamente levado ao

O *Reich* de Henrique IV

304 MILÊNIO

meio do rio com uma velocidade impressionante".[1] O jovem rei, apesar de não saber nadar, saltou da amurada: uma tentativa de fuga que teria provocado seu afogamento se um dos cúmplices do arcebispo não saltasse atrás e o colocasse em segurança. E também em cativeiro. Levado rio acima até Colônia, onde descobriu que até mesmo a Lança Sagrada, o mais impressionante de todos os seus bens, havia sido furtada, Henrique se viu impotente nas mãos de seus raptores: um bando de duques e prelados insolentes. Para ele, não foi exatamente uma experiência que fortalecesse sua fé em príncipes ou bispos.

Mas embora o escândalo de seu rapto houvesse sido traumático para o próprio jovem rei, foi ainda mais para sua mãe. Agnes da Aquitânia, devota e consciensiosa, governava em nome de Henrique desde a morte do marido: certamente uma grande responsabilidade para uma mulher, mas ainda assim não sem precedentes. Se Teofânia, aquela formidável e glamurosa guardiã do infante Otão III, continuava a ser o exemplo mais célebre de uma rainha regente, então ela decididamente estava longe de ser a única. Grandes nobres, com sua predileção por caçadas, disputas de território e lutas, costumavam morrer antes que seus herdeiros chegassem à maioridade. Avós, viúvas e tias: qualquer delas podia ser convocada a ocupar a lacuna. De fato, em dado momento em 985 havia tantas mulheres na cristandade governando em nome de menores de idade que elas se reuniram em uma cúpula especial para trocar fofocas dinásticas e fazer planos de casamento para seus herdeiros. Tais demonstrações de influência feminina podiam não ter o direto impacto masculino de um golpe de espada ou arremesso de lança, mas podiam ser igualmente eficientes. A própria Agnes, durante sua regência, dera uma demonstração especialmente impressionante de como uma mulher podia ser bem-sucedida quando mesmo um grande guerreiro havia fracassado: pois uma das grandes coisas que ela conseguira para seu filho havia sido garantir para ele o apoio intransigente de um príncipe que, apenas alguns anos antes, era um inveterado rebelde contra seu marido.

O duque Godofredo, "o Barbudo", como era conhecido, representava uma dupla ameaça a Henrique III: tanto por seus próprios méritos, por ser um grande dono de terras em Lorena, na fronteira ocidental do *Reich*, quanto em função de um brilhante casamento que dera a ele uma extensão de terras ainda mais impressionante no norte da Itália. Godofredo era o segundo marido da formosa *lady* Beatrice de cabelos negros: o primeiro, um senhor da guerra reconhecidamente cruel chamado Bonifácio, conseguira um domínio que incluía grande parte da Toscana e se estendia rumo ao norte até o sopé dos Alpes. Esse dote formidável se tornava ainda mais alarmante, na opinião abalizada de

UMA VERDADE INCONVENIENTE

Henrique III, pelo fato de que Beatrice era sua própria prima, descendente de ninguém menos que Henrique, o Passarinheiro. Em vez de conceder a Godofredo a posse de tal presa, o imperador optara por invadir a Toscana, capturar Beatrice e Matilda, sua única filha sobrevivente com Bonifácio, e transferir mãe e filha para uma prisão dourada na Renânia. Mas Agnes, após a morte do marido, adotara uma postura distinta. O próprio duque Godofredo havia "voltado às graças do rei e à paz".[2] Seu direito à Toscana havia sido oficialmente reconhecido. Beatrice e Matilda, de onze anos de idade, foram libertadas. A partir daquele momento, comandando seu domínio toscano de sua principal fortaleza, uma cidade antiga, dilapidada, mas cada vez mais vibrante chamada Florença, Godofredo dera ao regime de Agnes sua defesa mais leal. Assim, talvez fosse adequado que a própria dinastia tomasse seu título não de Florença nem de qualquer outra cidade de planície cheia de ruínas antigas e comerciantes ardilosos, mas de uma fortaleza inteiramente mais firme e inexpugnável, a base original do conde Bonifácio, um castelo fincado no alto de uma montanha distante: Canossa.

Mas nem todas as apostas da imperatriz tiveram efeito semelhante. Mais perto de casa sua política de reforçar o poder de príncipes ambiciosos tendera a resultar em uma funesta fragmentação da base de poder real. Patrocínio nem sempre redundava em gratidão. Com a grande crise da regência de Agnes, até mesmo um proeminente parente do rei infante, o duque Rodolfo da Suábia, de formidável sangue azul, não se furtou de dar as costas à imperatriz — a despeito do fato de que havia sido ela quem o elevara ao seu ducado.[3] Outros preferidos se comportaram de forma ainda mais vergonhosa. Entre os nobres diretamente responsáveis pelo rapto de Henrique, por exemplo, se destacava um segundo príncipe que devia um ducado à imperatriz: um conde de Northeim, na Baixa Saxônia, de nome Otão, nomeado apenas seis meses antes para governar a Baviera. Justificando sua traição, o duque Otão e seus colegas conspiradores demonstraram um especial pendor para a hipocrisia. Eles disseram que Agnes, a despeito de parecer o contrário, na verdade era uma criatura frívola levada por caprichos e sensualidade — de tal modo que seu controle do reino havia sido determinado por nada mais elevado que "suas paixões privadas".[4] Um libelo especialmente grave: pois servia para marcar todos os esforços diplomáticos da imperatriz como não passando de provocação e sedução. Tal era o tipo de lama que qualquer dama poderosa poderia esperar que fosse jogada contra si — mas para a devota Agnes era uma agonia em especial. Após o rapto de seu filho, e com o claro desinteresse dos grandes nobres do *Reich* de apoiá-la, a imperatriz começou a temer pela ruína de mais que apenas sua autoridade política. Algo infinitamente mais precioso também havia sido arrastado na lama: sua reputação de vida devota. Um golpe terrível — de fato tão terrível que a desesperada Agnes acreditou que só poderia ser uma punição por seus pecados dada a ela pelo Todo-poderoso.

Pelos três anos seguintes, insegura e angustiada, a imperatriz iria assombrar o cenário de sua humilhação, dividida entre a ansiedade por seu filho e "um anseio de renunciar ao mundo".[5] Pois enquanto Henrique continuasse a ser legalmente responsabilidade sua, ela não conseguia abandonar a corte inteiramente — mas então, pouco depois da Páscoa de 1065, em esplêndida cerimônia em Worms, uma espada foi colocada na cintura do jovem rei e ele finalmente se tornou um homem. Praticamente seu primeiro ato após a maioridade, uma clara demonstração de força, foi dispensar como seu principal conselheiro o mesmo homem cujo barco o levara embora três anos antes: o bispo de Colônia. Foi extremamente gratificante para Agnes testemunhar a desgraça do homem que produzira sua própria queda — mas também uma prova de que Henrique não precisava mais dela. E assim, obedecendo aos apelos de sua própria consciência em frangalhos, ela finalmente pegou a estrada. "O conhecimento de meus pecados me aterroriza mais que qualquer fantasma, mais que qualquer visão",[6] confessara ela três anos antes. Naquele outono, em meio a uma multidão de peregrinos que tentava abandonar suas antigas vidas, se preparar para o momento do Juízo Final e garantir um recomeço, ela entrou em Roma. Humilde, como cabia a uma penitente, aproximou-se dos túmulos dos apóstolos em um cavalo alquebrado, vestindo roupas de um grosseiro tecido cinza e "segurando não um cetro, mas um saltério".[7] Mas pelo menos em algo a imperatriz continuava a ser uma imperatriz. Buscando conforto espiritual, ela não se deu ao trabalho de procurar por ele. Em vez disso, imperial em sua própria humildade, Agnes foi diretamente à Basílica de São Pedro e convocou um cardeal.

E não qualquer cardeal. Em 1065, com o formidável Humberto tendo morrido quatro anos antes, o homem escolhido pela imperatriz como confessor era talvez o mais inteligente dos líderes da Igreja romana. Tendo sido alçado ao cardinalato no inverno de 1057 por recomendação do inevitável Hildebrando, Pedro Damião dera à causa papal qualidades que eram muito suas. Menos frio que o arquidiácono, menos espantosamente concentrado e competente, ele também era muito mais ousado nos voos da imaginação, mais criativo, mais brilhante. De fato, era rara uma inovação tão radical que ele não conseguisse levar a extremos controversos. Bom então que Hildebrando houvesse defendido sua promoção: pois Pedro, com sua capacidade de pensar o impensável, era a pessoa ideal para a função de pregar a reforma. Certamente, com ministros papais se esforçando para convencer

UMA VERDADE INCONVENIENTE 307

outras igrejas de que o bispo de Roma de fato tinha uma autoridade universal sobre eles, o novo cardeal foi diretamente na jugular: ele declarou secamente que qualquer um que negasse isso era um herético.[8] Uma doutrina impressionante: pois conferia ao papa uma autoridade tamanha que nem mesmo um césar pensara em reivindicar. E também a seus ministros, claro — e em certa medida eles já haviam se mostrado bastante satisfeitos em exercer prerrogativas imperiais. Em 1059, usurpando um poder que Henrique III sempre cuidara zelosamente para manter para si, os cardeais reivindicaram uma dignidade verdadeiramente grandiosa: o direito de escolher o papa. Pedro, dando vazão à alegria, reagira a esse decreto com uma exuberante falta de modéstia. Proclamou que ele e seus colegas cardeais eram nada menos que "os senadores espirituais da Igreja universal". Esta era uma alusão perturbadora: pois um dia, na antiguidade, havia sido um senado composto dos mais sábios e nobres membros do povo romano que guiara sua cidade para o domínio do mundo. Naquele momento, argumentou Pedro, era dever dos cardeais almejar um feito de conquista ainda maior. "Pois essa é a empreitada à qual eles devem devotar seus talentos: subjugar toda a raça humana às leis do único verdadeiro imperador — Cristo."[9]

Este foi exatamente o tipo de toque de clarim que Hildebrando certamente estivera esperando de Pedro. Mas o próprio autor, a despeito de sua demonstração pública de confiança, era interiormente tomado por angústia e dúvida. Ao se encontrar com Agnes à sombra iluminada por velas da Basílica de São Pedro, escutar sua confissão, encorajá-la em sua decisão de se recolher a um convento, ele viu na perturbada imperatriz apenas um reflexo de sua agitação interior. Também o cardeal, embora um príncipe da Igreja, sabia o que era temer a grandeza. A ele parecia que todas as oportunidades que o elevado posto lhe conferia, toda a glória, todo poder, a fama, na verdade não passavam de tentações diabólicas. Ele até dera a Hildebrando o apelido — não inteiramente brincalhão — de "meu santo Satanás".[10] Pedro não negligenciava suas obrigações como cardeal, não fugia a suas responsabilidades com o povo cristão, porém ao mesmo tempo temia os possíveis frutos de tal domínio. No fundo do coração, não menos devotamente que qualquer herético, ele acreditava que era nos lugares desertos sem igrejas e arquidiáconos prepotentes, nas florestas, em pântanos, cavernas, que estava a mais certa esperança de redenção. Trajando as vestes esplêndidas de seu cargo, Pedro ansiava por vestir apenas trapos imundos. Cercado pela agitação e o barulho das multidões romanas, ele ansiava por solidão. Percorrendo palácios, ele sonhava com a caverna de pedra sem adereços na qual, antes de se tornar cardeal, ele durante

308   MILÊNIO

muitos anos havia sido chamado a viver. "Tu purificas os lugares recônditos da
alma", foi como Pedro afetuosamente saudou sua cela. "Lavas a sujeira do pecado.
Fazes as almas dos homens reluzirem com o brilho de um anjo."[11]

E certa vez, ajoelhado na rocha nua de sua caverna, perdido em um êxtase
de lágrimas e orações, Pedro tivera uma visão do próprio Cristo. Como Ademar,
ele viu seu Salvador "cravado com pregos e pendurado em uma cruz".[12] Mas,
diferentemente de Ademar, ele estivera tão perto do espetáculo aterrorizante a
ponto de poder erguer a cabeça e levar seus lábios abertos aos ferimentos. Beber
o sangue de Deus! Não havia nada no universo mais doce. Comparado com isso,
o que todo o mundo caído podia parecer a não ser um reino de pó, confusão e
sombras? Assim, não espanta que em sua ânsia para se libertar dos laços terrenos
Pedro temesse que todas as suas obrigações como líder do povo cristão, sendo
tão opressivas, pudessem estar servindo para transformá-lo em um exilado da
Cidade de Deus. Pois ele sabia melhor do que ninguém o que era ser um proscrito
privado da esperança do amor.

Nascido em Ravena em 1007, último filho de uma família numerosa e pobre,
teve uma infância marcada por uma infeliz sequência de rejeições. Sua mãe, com
depressão pós-parto, se recusara a alimentá-lo; depois ela e seu marido morreram
abruptamente quando Pedro ainda era bebê; criado por um dos irmãos, o jovem
órfão havia passado fome, sido espancado e finalmente colocado a trabalhar como
pastor de porcos. Certo dia, ao tomar conta dos porcos, encontrou uma moeda de
ouro brilhando na lama — e por um breve momento visões de tudo o que ele poderia
comprar com ela deixaram tonto o garoto faminto e trêmulo. Mas então, deixando
de pensar em prazeres tão efêmeros, Pedro resolveu atender a uma necessidade mais
profunda: procurou um padre, deu a ele sua preciosa moeda e pagou por uma missa
pela alma de seu pai. Mais do que de comida e roupas, Pedro sentia falta dos pais
que nunca poderia ter. Assim, não surpreende que por toda a sua vida ele tenha
ansiado tão desesperadamente por ver a face de Deus: seu Pai no céu. Também
não espanta que sempre tenha considerado certo que para ter isso teria de sofrer.

Nisso, claro, ele não estava só. Crescendo em Ravena, Pedro algumas vezes
teria visto nos pântanos que se estendiam além da cidade os discípulos de
Romualdo, pontos imóveis em meio a uma nuvem de mosquitos. A lembrança
nunca o deixou. Redimido da servidão por um segundo irmão, recebendo
educação e saindo dela como o mais brilhante professor de sua época, Pedro
ainda assim se recusara a tomar o caminho que poderia tê-lo levado ainda mais
longe — e assim, no fatídico ano de 1033, ou pouco depois, ele optara por seguir

UMA VERDADE INCONVENIENTE   309

os passos de Romualdo. A partir daquele momento, nunca conseguindo se livrar da pesada sensação de que o final dos tempos continuava a ser iminente, ele imaginara Deus sentado acima dele em severo julgamento. Experimentar isso não seria um prazer, mas um tormento. Até mesmo se ver alvo da generosidade dos outros era suficiente para provocar discursos delirantes e a sensação de que vermes famintos tomavam suas entranhas. "Com toda consciência", gritou ele ao ver um vaso sendo empurrado para ele por um admirador, "eu preferiria contrair lepra do que suportar o ferimento infligido por este presente!"[13].

No entanto, ironicamente, foi a própria eloquência com a qual Pedro expressou seu anseio de se libertar de todas as distrações terrenas que o condenou à celebridade. Quaisquer que fossem os outros prazeres dos quais se considerava capaz de desistir, ele nunca conseguiu abandonar seu vício de escrever cartas, fazer comentários, se promover. Certamente, como Pedro bem sabia, havia outros eremitas cuja austeridade era muito mais merecedora de fama que a sua. Um deles, um vizinho de seus tempos de eremita, era um dos seus heróis. Dominic — "o homem do colete de metal",[14] como era conhecido por seus admiradores — prendera seus membros e a barriga com cintas de metal; passava o dia inteiro de pé recitando salmo após salmo; e se açoitava até sua carne emaciada ficar "tão ferida quanto cevada em um pilão". Parecia inquestionável que o céu aprovava esses feitos, pois com frequência um milagre até então inédito se mostrava na testa, nas mãos e nos pés de Dominic: "os estigmas de Jesus Cristo".[15] Ainda assim, havia muitos, mesmo entre os reformistas, que se confessavam revoltados com tais extremos de mortificação — e consideravam o próprio Pedro um modelo muito mais merecedor de emulação. O que incomodava suas consciências não eram as flagelações regulares que sempre recomendava a eles, mas sua própria luta pública contra apetites contra os quais todos podiam se identificar.

E talvez especialmente a fome. De fato, para Pedro, que se lembrava perfeitamente bem do que era sentir fome, jejuar era um sofrimento ainda maior que uma flagelação, e a comida era o alvo de sua hostilidade e seu desejo mais intensos. Não era para ele a relaxada tolerância com o excesso de comida senhorial que havia sido demonstrada pelo abade Odilo. Pedro atacava impiedosamente os ricos por sua gordura; pelas dobras penduradas em suas panças, pelo rubor violento de suas bochechas carmim, pelo modo constrangedor com que eles eram dados "a arrotos e flatos".[16] O próprio Hildebrando, por mais reconhecidamente ascético que fosse, havia sido constrangido a desistir de alho-poró e cebola. Grandes nobres não eram constrangidos tão facilmente, mas mesmo entre eles um crescente

310 MILÊNIO

entusiasmo pela reforma começara a ameaçar a antiga admiração por grandes barrigas. A obesidade estava saindo de moda. Era um sinal dos tempos que, por exemplo, o irmão do duque Rodolfo, o bispo de Worms, um homem célebre por sua barriga prodigiosa, se descobrira visto "não com encanto, mas com repulsa".[17]

Mas por mais que crescentemente causasse ridículo, a glutonaria não ameaçava os bispos com uma revolução. Havia, contudo, outros apetites dos quais a carne também era herdeira — e que nas décadas anteriores passaram a ser vistos por muitos como uma ameaça corrosiva à devida organização do próprio mundo. Essa mesma convicção chocante já havia abalado cidades inteiras. Em 1057, por exemplo, padres se viram sendo boicotados, abertamente atacados e até mesmo ameaçados de morte nas ruas de Milão. Um desdobramento que certamente enviava ondas de choque por toda a cristandade: pois não apenas a cidade era talvez a maior do Ocidente latino, um raro exemplo de um antigo assentamento que extrapolara suas muralhas romanas, com direito a hospitais, banhos públicos e até mesmo pavimentação, como seu arcebispo era tão fantasticamente grandioso que tinha de se esforçar para não olhar com desprezo para o papa.

Então, o que poderia ter provocado tal crise em uma igreja tão venerável e autossuficiente? Um indício da seriedade com que essa questão era vista em Roma é o fato de que um dos dois legados enviados para investigar fosse ninguém menos que o bispo em ascensão que três anos depois se mudaria para Latrão como o papa Alexandre II. O outro foi Pedro Damião. Chegando a Milão, os dois legados encontraram a cidade sacudida por batalhas campais. De um lado estavam os sicários do arcebispo, um velho companheiro de Henrique III chamado Guy; do outro, insurrectos do interior e dos bairros mais pobres da cidade. Seus inimigos os chamavam de "patarenes", um escárnio intencional, derivado de um mercado de trapos local. Mas embora as tensões de classe na cidade sem dúvida fossem violentas, não era a questão da pobreza que obcecava os patarenes. O que os lançara na direção das gargantas de Guy e seu clero foi um hábito tão tradicional que por séculos ninguém em Milão franzira o cenho para ele. Um hábito que permitia a padres se casar, viver abertamente com suas esposas — e fazer sexo.

Isso foi como agitar um pano vermelho para Pedro, claro. Talvez, mesmo que os patarenes não estivessem circulando pela cidade agitada, obrigando padres a fazer votos de castidade à ponta de facas, ele ainda seria favorável às suas reivindicações; pois rebaixar um pouco o arcebispo de Milão sempre foi a ambição dos estrategistas do papa. Ainda assim, a ideia de que um padre — um *padre*! — pudesse achar correto desfrutar da carne de uma concubina, estimular "o prazer que coça o

UMA VERDADE INCONVENIENTE

prurido interno",[18] e depois, na santa missa, manipular o corpo e o sangue do próprio Cristo naturalmente era algo que deixava Pedro apoplético. Na verdade, ele nunca tivera a intenção de chancelar o banditismo dos patarenes. A violência o deixava horrorizado; ele sempre considerara abominável o belicismo de Leão IX, e seu objetivo em Milão havia sido reconstruir "com grande discrição o que encontrasse lá em estado de ruínas".[19] Mas no que dizia respeito a expressar o desgosto que sentia com a simples ideia de um padre casado, a discrição não era uma opção — pois se um vaso, um alho-poró ou uma cebola eram uma tentação infernal, muito mais ainda era uma mulher. Afinal, diferentemente de um vaso ou um vegetal, ela poderia ter um interesse pessoal em ser manipulada por um homem. "Acepipes do diabo, lixo do paraíso, limo que contamina mentes, lâmina que abate almas, acônito de bebedores, veneno de companheiros de mesa, matéria do pecado, ensejo da morte." Tal veemência não surpreendia. Para Pedro, que vivia em pânico de ser exilado da presença de Deus, não fazia mais sentido um padre se deitar com uma mulher do que um eremita em jejum se mudar para uma cozinha. A sedução de uma concubina, o perfume de uma torta: ambos precisavam ser mantidos a distância com a maior urgência. Assim, não espanta que, ao se dirigir às esposas de padres, Pedro tenha atingido o que mesmo para ele eram níveis espetaculares de desclassificação. "Sim, é a vocês que eu me dirijo, harém do antigo inimigo, poupas, corujas-das-torres, mochas, lobas, sanguessugas." E mais, muito mais. "Meretrizes, rameiras, beijoqueiras, atoleiro de porcos gordos, leitos de espíritos impuros, ninfas, sereias, bruxas parasitas."[20] De fato, uma linguagem violenta. Mas a própria violência da revolta de Pedro mostrava seu medo maior — que não era das mulheres, nem mesmo do sexo, mas da hora do Juízo Final.

E ao expressar isso ele falou pelas multidões. Desde os catadores de lixo de Milão, com sua revolta contra padres casados, até grandes aristocratas como o duque Godofredo e *lady* Beatrice, que devotamente juraram abdicar do leito matrimonial, era evidente que a castidade se tornara uma questão fundamental — de fato consumidora — para grandes parcelas do povo cristão. "Agora, no final dos tempos, quando os homens se multiplicaram enormemente, é hora da castidade."[21] Talvez — mas a sensação de urgência com a qual essa visão foi sancionada por reformistas como Pedro, frequentemente enfrentando a furiosa oposição de seus colegas padres, ainda assim foi algo chocante. Como legado do papa, se encontrasse manifestantes como os patarenes apenas vinte anos antes ele certamente teria preferido cortar sua perna a ser simpático à causa deles. Nas primeiras décadas do novo milênio, qualquer obsessão com a castidade por parte dos pobres, ainda mais que o vegetarianismo ou o desejo de viver em florestas, era vista pela Igreja com profunda suspeita. "Eles fingem um profundo desinteresse por sexo", dissera Ademar dos heréticos da Aquitânia. De fato, ele acrescentara, de modo a tranquilizar, que na privacidade eles se permitiam "todo o tipo de orgias" — mas isso havia sido apenas outro exemplo de como ele era econômico com a verdade.[22] Já que para Ademar teria sido simplesmente insuportável reconhecer a chocante verdade de que os heréticos realmente eram capazes de se manterem castos, ao mesmo tempo em que os padres estavam alegremente fornicando com suas esposas. Pois então o que serviria para distinguir os sacerdotes da grande massa do povo cristão? O que então serviria para destacar a Igreja como o maior bastião do céu na terra? Na verdade, as pessoas certamente começariam a perguntar qual era o sentido de tudo aquilo.

Sorte então que mais uma vez — como em todos os ataques feitos pela heresia — houvesse destemidos guerreiros de Deus à disposição para enfrentar o desafio. Diferentemente dos padres, sempre se esperou que monges vivessem como virgens. A castidade, não menos que a pobreza, era um dos elementos que marcavam sua separação do mundo caído. Ainda assim, quando da aproximação do milênio isso começara a servir a um propósito mais profundo. Assim como nas florestas e nos desertos em que os heréticos tendiam a se perder, nos famosos mosteiros, como Cluny, a virgindade se tornara a marca de homens que ousavam se comparar às hostes do céu. Nunca fazer sexo, nunca sequer "lançar sêmen esfregando o pênis assim como muco é expulso do nariz",[23] era um sacrifício adequado a um monge da categoria de um mártir. Ou pelo menos foi o que se declarou enfaticamente em Cluny — onde, durante uma década, escribas se dedicaram a produzir um dossiê de documentos consolidando a tese. E quando eles iniciaram essa tarefa? *Anno Domini* de 999. Sem dúvida uma data reveladora. Certamente ninguém em Cluny ignorava o papel que virgens estavam destinados a desempenhar no final dos tempos diante do trono de Cristo, o Cordeiro. Pois como São João previra em seu Apocalipse, seriam seus cânticos que seriam ouvidos do céu. "Estes são os que não se contaminaram com mulheres, pois são virgens. São eles que seguem o Cordeiro por onde quer que vá; foram resgatados dentre os homens, como primícias oferecidas a Deus e ao Cordeiro. Em sua boca não se achou mentira, pois são imaculados."[24] Assim escrevera São João.

O passar das décadas e o fracasso do Cordeiro em se materializar de modo algum diminuíram o poder imaculado de Cluny. De fato, exatamente o contrário. A castidade de seus monges continuou facilmente a ser a marca mais espantosa da

UMA VERDADE INCONVENIENTE   313

santidade do mosteiro. E também de sua independência do mundo exterior. Não era para os guerreiros virgens de Cluny a trama de compromissos terrenos que teria sido produzida por filhos. Não havia lugar para bastardos chorosos dentro de suas muralhas sagradas. Sem dúvida um alívio para os próprios monges — e por certo um grande conforto para seus vizinhos. Para os grandes senhores feudais, homens arrogantes e calculistas, isso era uma específica tranquilidade: que doações ao mosteiro, especialmente doações de terras, não acabariam sendo voltadas contra eles por monges ambiciosos interessados em criar suas próprias dinastias. Para os outros, homens e mulheres temerosos da perspectiva do advento de Cristo, que um dia poderiam ter abraçado eles mesmos a castidade e o caminho da heresia em uma tentativa de se preparar para a hora do Juízo Final, isso era um profundo consolo: afinal, eles tinham motivo para depositar sua fé nos homens de Deus. Mas se os monges de Cluny estavam certos e um virgem realmente se equiparava a um mártir, também o contrário era verdade: um padre que dormisse com uma mulher não era de modo algum um padre.

E quanto ao mistério supremo, o impressionante poder confiado a ele de ser intermediário entre o céu e a terra ao transformar na Santa Missa pão e vinho no corpo e no sangue de Cristo? "Bosta de cachorro"[25] era, segundo os patarenes, tudo o que valia o toque de um padre casado. Tal linguagem talvez fosse um pouco forte até mesmo para Pedro — todavia ele se solidarizava com o sentimento.[26] Assim como a simonia sempre tendia a ser definida pelos reformistas como uma espécie de lepra, pestilência ou podridão, o leito matrimonial de um padre era invariavelmente representado como um criadouro de sujeira. De fato, em certa oportunidade anjos teriam se materializado e dito isso literalmente. Pedro, escrevendo a Hildebrando pouco antes de partir em sua missão em Milão, descrevera um milagre particularmente espetacular: a humilhação pública de um padre cuja reputação sempre havia sido impecável até aquele momento. Foi relatado que no momento em que ele celebrava a missa um anjo apareceu à vista de todos na igreja e começou a esfregá-lo, terminando por esvaziar o balde de uma água então negra sobre sua cabeça. O padre, tartamudeando e soluçando, confessara então à chocada congregação que na noite anterior dormira com uma serva. Um deslize, uma única entrega aos seus desejos — e tudo havia sido arruinado.

Não surpreende que muitos padres, perturbados pela repentina mudança na opinião pública, que condenava suas esposas como meretrizes e suas próprias necessidades físicas como uma ameaça ao cosmo, achassem insuportáveis as novas exigências feitas a eles. "Em cada luta contra a tentação do prazer, tente meditar sobre o túmulo",[27] foi a dica do próprio Pedro — isso ou correr para a missa. Sem dúvida um conselho gentil, entretanto não inteiramente adequado às fraquezas de todo padre. Aparentemente havia muitos que precisavam ser censurados, até mesmo ameaçados, mais do que simplesmente encorajados. Foi por isso que, enquanto os reformistas buscavam aliar sua grandiosa campanha contra a simonia com uma insistência não menos ambiciosa de que padres levassem uma vida tão casta quanto monges, alguns buscaram convocar seus seguidores entre o povo cristão para uma política de ativa intimidação. Pedro, pacifista convicto, não era um deles, claro; mas houve outros que argumentaram com uma noção de correção não menos apaixonada que situações desesperadas poderiam realmente exigir medidas desesperadas. As apostas eram cosmicamente altas. No final das contas, poderia haver algo mais importante do que preparar a Igreja de Deus para o advento dos últimos dias?

Um episódio em particular exemplificou o tipo de julgamento de valor que seus líderes estavam cada vez mais dispostos a fazer. Em 1065, um cavaleiro de Milão chamado Erlembald, um homem devoto dado a obras de caridade e peregrinações, chegou a Roma e fez uma visita a Hildebrando. Estava perturbado e precisando de orientação espiritual. Ele perguntou ao arquidiácono se deveria entrar para um mosteiro, como pensara originalmente — ou aceitar um chamado muito diferente, uma convocação que recebera recentemente dos patarenes de transformá-los em uma autêntica força militar e liderá-los como seu generalíssimo? A resposta de Hildebrando não demorou. Ela tomou a forma de um estandarte papal — um ano após a concessão de um estandarte similar ao duque Guilherme da Normandia. Retornando aos patarenes sob a "bandeira de guerra de São Pedro",[28] Erlembald se lançou à tarefa brutal de eliminar de uma vez por todas de Milão a simonia e a falta de castidade dos padres: o primeiro cavaleiro a ter recebido uma bênção papal formal. Consequência disso ou não, a vitória marcou todos os seus esforços. "Ele subjugou a cidade pela espada e também pelo ouro, e com muitos e variados juramentos; nenhum dos nobres conseguiu resistir a ele."[29] De fato, em 1071 o grau de sucesso de Erlembald era tal que o infeliz arcebispo Guy, refugiado em sua catedral e com a saúde cada vez pior, optou por uma renúncia clandestina.

Mas espiões em Milão, rastreando suas intenções, logo estavam levando a Roma a notícia de seus planos; e Hildebrando agiu rapidamente para tirar vantagem. Enviando recursos e instruções ao capitão dos patarenes, ele ordenou que seu protegido preparasse um golpe. Em agosto, quando o doente e assustado arcebispo finalmente deu o último suspiro, Erlembald estava preparado. Os patarenes, apoiados pela presença de um legado papal, forçaram a eleição de

UMA VERDADE INCONVENIENTE

um sucessor, um jovem clérigo chamado Atto; e em 6 de janeiro de 1072 ele foi escolhido. Erlembald, acompanhando o novo arcebispo ao seu palácio em meio ao alarido de cascos e o brilho de cotas de malha, o instalou lá para festejar sua elevação com um banquete suntuoso. Mas os patarenes, com toda a velocidade e violência de seus atos, haviam ultrapassado um limite fatídico. Forças grandiosas — ainda mais grandiosas do que mesmo Hildebrando podia imaginar — estavam entrando em ação. A tentativa de entronizar Atto, longe de curar as divisões de Milão, estava condenada a aumentá-las — e a realmente precipitar uma crise tão devastadora, tão inesperada e sem precedentes que acabaria abrangendo toda a cristandade e a transformando para sempre.

Não era preciso dizer que ter como arcebispo um escolhido pelos patarenes era uma ameaça direta ao poder da Igreja em Milão — mas também era, de forma muito mais grave, um tapa na cara de Henrique IV. O jovem rei não havia esquecido que fora seu pai, quase três décadas antes, que dera a Guy o báculo e o anel de seu cargo. De fato, pouco antes de sua morte o alquebrado arcebispo os devolvera à corte imperial, juntamente com a proposta de que o emissário a quem eles haviam sido confiados, um diácono chamado Godofredo, fosse investido deles. O rei Henrique, que estava então com vinte e poucos anos, e decididamente ansioso para demonstrar sua força na Itália, não precisara de mais estímulo. Godofredo havia sido agraciado com o báculo e o anel de Guy — e despachado de volta a Milão. Uma missão fracassada, podia-se imaginar: pois ele mal havia chegado à cidade para reivindicar seu trono e estava sendo caçado pelos homens de Erlembald, encurralado em uma fortaleza isolada e sitiado.

Contudo, mesmo em meio a todas as humilhações de Godofredo, pelo menos algo podia fazê-lo sorrir: ele podia estar afundado em impotência, mas também estava o seu rival. O controle por Erlembald de Milão se mostrara menos seguro do que ele imaginara: pois no próprio dia da eleição de seu indicado, exatamente no instante em que ele presidia o formal banquete comemorativo, ele e seus guarda-costas patarenes se viram emboscados. Uma malta incitada pelo clero local invadira o palácio do arcebispo, apanhara Atto em seu quarto e o espancara. Até mesmo o legado papal passou pela mortificação de ser privado de toda a sua roupa. Embora Erlembald houvesse conseguido restaurar a ordem rapidamente, não pudera impedir Atto de jurar a seus captores que "nunca mais interferiria no bispado".[30] Um juramento assim não podia ser facilmente ignorado. Consequentemente, Milão se viu com dois arcebispos — nenhum dos quais capaz de assumir o posto.

Certamente uma situação perturbadora — e era apenas um sinal da dimensão da crise que se avizinhava. No verão de 1072 o papa Alexandre II, em um sínodo formal da Igreja romana, determinou que Atto não estava limitado pelo juramento que fizera a seus atacantes — e, portanto, era por direito o arcebispo de Milão. Alguns meses mais tarde, no início de 1073, Henrique IV forçou os bispos da Lombardia a serem os padrinhos de Godofredo em sua consagração. A reação de Alexandre foi excomungar não apenas o próprio Godofredo, não apenas os bispos lombardos, mas também, por garantia, alguns dos conselheiros mais próximos do próprio Henrique. O papa declarou que apenas quando todos fossem dispensados ele iria restabelecer contato com o rei: até esse momento ele seria visto como "fora da comunhão da Igreja".[31] Sem que ninguém entendesse como isso havia acontecido, o papado e o império, os dois pilares da cristandade, estavam em confronto aberto.

Menos de três décadas haviam se passado desde que Henrique III, descendo até o santuário dos apóstolos, afastara três papas de uma só vez e começara a estabelecer as fundações do grande projeto de reforma. Nesse período, embora muito tenha sido tentado e conseguido pelos reformistas, nunca estivera entre suas intenções humilhar o jovem césar. Na verdade, ao contrário: Henrique sempre concentrara suas maiores esperanças. Filho de pais exemplares, ele também havia sido batizado pelo abade Hugo de Cluny, que o erguera pingando da pia e fora nomeado seu "pai espiritual"[32] — de modo que o jovem rei era triplamente filho da reforma. Assim que Henrique chegou à maioridade, uma vaga sensação de responsabilidade, mesmo de condescendência, continuou a caracterizar o modo como era visto por reformistas como Hildebrando. De fato, em várias oportunidades, ordenando que a imperatriz Agnes deixasse seu retiro na clausura, eles a haviam enviado na terrível viagem pelos Alpes, tão determinados estavam em vigiar atentamente seu filho.

Outras missões, aquelas consideradas constrangedoras ou desconfortáveis demais para uma mulher, foram confiadas a Pedro Damião. Embora Pedro estivesse velho e relutasse em deixar sua ermida, as desempenhara de boa vontade: pois sempre desaprovara enviar Agnes, sua protegida espiritual, de volta ao cenário de sua grandeza terrena. Em 1069, por exemplo, ele fizera a viagem até a corte imperial em função de uma questão delicada. Henrique, entediado com sua nova esposa, *lady* Berta, e se queixando de sua falta de sensualidade, anunciara abruptamente que desejava se divorciar dela. Pedro, apelando para suas consideráveis reservas de autoridade, ameaçara o jovem césar e apelara para que reconsiderasse: a primeira vez em que um reformista papal conseguira impor sua vontade a um rei. "Se você realmente está determinado quanto a isso,

UMA VERDADE INCONVENIENTE

então suponho que eu tenha de me preparar para suportar da melhor forma possível um fardo do qual não posso me livrar",[33] suspirara Henrique com uma esmagadora falta de elegância. Mas a despeito da sua inquestionável vitória, o próprio Pedro se abstivera de festejá-la. Pontes não haviam sido queimadas. Linhas de comunicação continuavam abertas. Haviam sido oferecidas provas de que o rei e o papado, mesmo com o aumento da tensão, não estavam necessariamente condenados ao conflito.

Mas em meio ao clima crescente de crise, essa já era uma lição que seria esquecida. Pedro, o líder dos reformistas que sempre havia sido o mais qualificado para pregá-la, estava definhando. Ele morreu em 1072, poucos meses antes da imperatriz Agnes, desesperada para convencer seu filho a escutá-la, devotamente apoiar a excomunhão dos conselheiros. Algumas semanas depois, em abril de 1073, Alexandre também estava morto. O povo de Roma, em vez de esperar que os cardeais escolhessem um sucessor, começaram a tomar a si a lei. Eles sabiam exatamente quem queriam como seu novo papa. "Hildebrando para bispo!"[34] Já enquanto Alexandre estava sendo colocado para descansar em Latrão, o grito corria por toda a cidade.

"Como o sopro do vento leste, que dá rajadas violentas",[35] era como Pedro Damião um dia descrevera o inimitável arquidiácono. Naquele momento, retirado do funeral de Alexandre em meio ao aplauso unânime do povo de Roma, carregado para a basílica a despeito de seus leves protestos, universalmente saudado pelo nome de Gregório, Hildebrando foi transportado de Latrão, passando por campos abertos, jardins carregados de flores e ruínas decadentes, até o coração da própria Cidade Santa, onde, em uma antiga igreja repleta de relíquias de São Pedro, ele foi formalmente instalado no trono do Príncipe dos Apóstolos.

O distante rei Henrique poderia não ter dado sua anuência — mas o povo certamente sim.

Em um momento decisivo para a cristandade, Hildebrando havia sido instalado como papa.

Um peso assustador

"Vê: dou-te hoje poder sobre as nações e sobre os reinos, para arrancares e demolires, para arruinares e destruíres, para edificares e plantares."[36] Assim a voz de Deus, como registrado nas Sagradas Escrituras, um dia dissera a um sacerdote judeu chamado Jeremias. O versículo era um dos preferidos do novo papa — muito adequadamente. Embora o antigo profeta, como o próprio Gregório VII, tivesse vivido em uma época de mudanças esmagadoras e temíveis, nem mesmo as mais terríveis calamidades haviam conseguido abalar sua convicção de que fora o próprio Todo-poderoso que dera a ele sua missão: confundir os ímpios, admoestar reis e guiar um povo confuso e errante. Em síntese, ser justo.

Qual modelo melhor para um homem como Gregório? Verdade que seus protestos enquanto era levado de Latrão para sua entronização haviam sido pouco mais que a mera demonstração da falsa modéstia esperada de qualquer candidato a um bispado. "Somos um pecador indigno de receber peso tão assustador." Certamente uma confissão sincera. Mas em vez de trair qualquer grande crise de confiança, na verdade ela alardeava exatamente o oposto: uma invencível noção de objetivo, de chamado, de destino. Gregório VII ainda era Hildebrando. Se de fato ele eventualmente sentia que seus ombros poderiam fraquejar sob o fardo que acreditava depositado neles, como um Atlas, quem poderia imaginar isso? Para o novo papa e para todos os defensores da reforma, parecia evidente que as forças do bem estavam sendo ameaçadas em toda parte pelas do mal, no grande combate cósmico que estava destinado a ter seu clímax na hora do Juízo Final e o final advento do reino de Deus. Assim, não havia como duvidar da urgência ou da gravidade da missão de Gregório. "Pois ao nosso pequeno ser o cuidado e a supervisão de todas as igrejas foi atribuído."[37]

Talvez pequeno, mas admiravelmente bem qualificado. Nunca, desde a época de Constantino, um homem entronizado em Roma podia se orgulhar de um conhecimento mais detalhado das várias terras e dos limites do mundo. De fato, como Gregório destacou com satisfação, "a lei dos pontífices romanos governou mais principados do que a dos césares"[38] — de modo que um legado, levando cartas e relatórios a Latrão, poderia estar cavalgando da Hungria, da Polônia, dos reinos distantes dos nórdicos ou de qualquer ponto nas antigas terras da cristandade. Embora o novo papa fosse absolutamente romano em tudo, exceto local de nascimento, seu modo de pensar era global. Fosse o rei da Inglaterra, o abade de Cluny ou o generalíssimo dos patarenes, Gregório havia muito tinha o hábito de ver mesmo o homem mais festejado da época como um agente seu. Ele poderia ter um berço humilde e hábitos impecavelmente austeros — não obstante, um modo de pensar imperial era natural nele. Passando pelos grandiosos monumentos de um império antigo e desaparecido, ele não demonstrou remorso por se exibir ao povo romano vestindo a tradicional coroa e os trajes de um césar: o primeiro papa a mostrar essas insígnias em público. Na privacidade, buscando

UMA VERDADE INCONVENIENTE 319

organizar suas ideias sobre o destino que Deus confiara a ele, Gregório ousaria ir ainda além. Ele confidenciou a um memorando não publicado uma série de impressionantes convicções: "que apenas o pontífice romano tem o direito de ser chamado 'universal'"; "que todos os príncipes beijam apenas os pés do papa"; "que é permitido a ele derrubar imperadores".[39] Afirmações tão vaidosas que nem mesmo o autor ousou fazer em voz alta.

Mas na verdade, apesar de toda a firmeza convicta com que Gregório estava preparado para conter as pretensões de príncipes vaidosos, sua preocupação não era com a organização dos seus reinos, menos ainda com qualquer tentativa estouvada de recriar o Império Romano, mas com um projeto que considerava incalculavelmente mais importante. Assim como os monges de Cluny haviam se esforçado para transformar seu mosteiro em uma fortaleza celestial em meio às florestas e aos campos da Borgonha, a gigantesca ambição de Gregório era ver a Igreja universal transfigurada de igual forma, em todo principado, em toda cidade, em toda aldeia. Pois só então, quando ela houvesse sido libertada definitivamente do toque depravado de reis ambiciosos e colocada a brilhar com uma pureza radiante e imaculada, seria capaz de servir ao povo cristão como uma visão na terra da Cidade de Deus. A despeito de sua coroa e sua túnica, não era um poder terreno que Gregório ambicionava, mas um infinitamente maior. Não espanta então que seus admiradores estivessem impacientes. Como escreveu um abade em carta de congratulação ao novo papa: "O senhor está realizando coisas mais assombrosas do que nossa fraqueza pode imaginar. Como uma águia, eleva-se acima de todas as coisas menores e seus olhos se fixam no brilho do próprio céu."[40]

Não que Gregório pudesse se permitir desviar os olhos das questões terrenas. Desnecessário dizer que ele herdara uma crise nas relações do papado com Henrique IV — assim como a premente necessidade de solucioná-la. De fato, enquanto o rei se recusasse a dispensar seus conselheiros excomungados o novo papa se sentia impossibilitado até mesmo de escrever à corte imperial e comunicar sua eleição. Ainda assim, sendo totalmente consciente de suas responsabilidades reais, Gregório não podia permitir que a ruptura com Henrique IV monopolizasse toda a sua atenção. O *Reich* não era toda a cristandade. A Leste havia outro império cristão, e em 1073, no momento em que Gregório era entronizado como bispo de Roma, ele temia que um perigo literalmente demoníaco estivesse ameaçando a Segunda Roma. "Pois tudo foi arruinado, quase até as muralhas de Constantinopla."[41] Uma notícia tão chocante a ponto de ser quase inacreditável — e ainda assim, todo viajante retornando do estrangeiro a confirmara. O que então poderia estar se agitando lá, no Oriente, se não os exércitos do próprio inferno? O Diabo, suspeitava o próprio Gregório, estava claramente mostrando sua mão — e com o objetivo, assustadoramente genocida, de massacrar o povo cristão "como gado".[42]

Certamente os prodígios que haviam marcado o começo da crise em Bizâncio muitas décadas antes de fato pareceram infernais. No verão de 1016, dragões haviam sobrevoado a Armênia, nos limites orientais do império, "vomitando fogo sobre os fiéis em Cristo", e volumes das Sagradas Escrituras haviam começado a tremer. Mas o surgimento simultâneo de cavaleiros muçulmanos "armados de arcos e usando cabelos compridos como mulheres"[43] — "turcos", como chamavam a si mesmos — inicialmente não provocara indevida preocupação entre os bizantinos. Bárbaros testavam seu império havia séculos, e ainda assim ele resistira triunfalmente, como claramente era a vontade de Deus. Contudo, com o passar das décadas e os turcos não recuando, em vez disso parecendo aumentar em número e poder, uma presença cada vez mais criminosa na fronteira oriental, alguns em Constantinopla finalmente se dignaram a sentir alguma ansiedade. Em 1068 um deles havia sido coroado *basileus*. Três anos depois, abandonando a tradicional política bizantina de evitar o combate direto a qualquer custo, ele reunira todas as reservas que tinha, marchou com elas diretamente para as terras áridas do Leste e começou a caçar os bárbaros. Em agosto de 1071, em uma planície dominada por uma fortaleza chamada Manzikert, o exército imperial finalmente encontrou sua presa, forçou uma batalha — e foi aniquilado. O próprio *basileus*, feito prisioneiro, acabou sendo levado perante um senhor da guerra turco com uma tira de couro apertada no pescoço.

Enquanto isso, com "o sustentáculo do Império Romano",[44] suas forças armadas, desmantelado além da capacidade de recuperação, os vitoriosos imediatamente começaram a se espalhar a partir dos campos de Manzikert para apanhar os despojos. Estradas que por mais de mil anos haviam servido à grandeza romana se estendiam, abertas e indefesas, até o mar. Enquanto facções rivais em Constantinopla, com uma irresponsabilidade quase criminosa, se dedicavam a arrancar o que restava do império ferido, os turcos puderam percorrer o interior asiático como bem entenderam. "Sou o destruidor de torres e igrejas",[45] se orgulhavam os invasores. Não que eles se limitassem apenas a uma destruição aleatória. Enquanto derrubavam antigas cidades e guardavam seus cavalos em famosos mosteiros, tomavam o cuidado de escravizar todos os cristãos que podiam, colocando os remanescentes em fuga. Refugiados, indo em grande número para Constantinopla, aumentavam a crescente sensação de um cataclismo sem precedentes. "Personagens ilustres, nobres, chefes, homens de posição, todos

UMA VERDADE INCONVENIENTE 321

vagando e mendigando pão."[46] Assim, não surpreende que a sensação de confusão e de um mundo virado de cabeça para baixo servisse para alimentar boatos de uma iminente condenação cósmica — e semear o pânico até mesmo em Latrão.

E daí se a agitação no Oriente não pressagiasse o advento do Anticristo? A ameaça à cristandade era menos real? Essas eram as perguntas sobre as quais Gregório, com sua inigualável rede de contatos internacionais, estava em posição de refletir. Ele não tinha os horizontes limitados de um rei qualquer. No verão de 1073, enquanto lutava para encontrar sentido nos assustadores relatos vindos de Bizâncio, chegaram a ele notícias reveladoras sobre o sofrimento dos cristãos em outra antiga fortaleza da fé. O Norte da África, onde Santo Agostinho havia escrito seu grande livro sobre a Cidade de Deus, estava sob controle sarraceno havia muitos séculos, e naquele momento o emir local prendera o líder da igreja de lá e o espancara, "como se fosse um criminoso".[47] Gregório, escrevendo ao infeliz arcebispo, tentou consolá-lo acenando com a alegre perspectiva de que Deus logo "se dignaria a olhar para a Igreja africana, que tem sofrido por tanto tempo, assolada pelas ondas de vários problemas".[48] Uma esperança devota — mas pouco mais que isso. Na verdade, como Gregório bem sabia, a Igreja africana estava morrendo. Dos mais de duzentos bispados que um dia tivera, restavam apenas cinco. De fato, algo em que pensar. Afinal, se os africanos, os compatriotas de Santo Agostinho, podiam acabar perdidos para a cristandade dessa forma, quase não restando nenhum cristão entre eles, quem poderia dizer que o mesmo destino terrível não poderia se abater sobre o povo que Gregório abertamente descrevia como "nossos irmãos — aqueles que sustentam o império além do mar em Constantinopla"?

Em seus piores momentos, Gregório confessaria o temor de que a Igreja, longe de estar sendo levada por sua liderança a uma pureza triunfante e universal, pudesse "perecer completamente em nossos dias".[49] Mas gemer de desespero não era o estilo de Gregório. Mesmo identificando fronteiras da cristandade que sangravam, ele podia apontar para outras que de certo modo testemunhavam o contínuo favor e proteção de Deus. Menos de vinte anos haviam se passado desde que Leão IX promovera Humberto a arcebispo da Sicília: uma indicação que na época parecera menos uma declaração de intenções do que expressão de um delírio. Certamente nem mesmo o mais militante otimista no cortejo de Leão, nem mesmo o próprio Hildebrando, teria ousado imaginar em 1050 que poderia viver para ver a restauração da Grande Mesquita de Palermo, onde, por mais de dois séculos, os sarracenos haviam realizado seus ritos indizíveis, à sua função original de catedral.

MILÊNIO

Mas em 1072, apenas um ano antes de Hildebrando assumir o papado, foi exatamente isso o que aconteceu. Homens adultos soluçaram, coros invisíveis de anjos cantaram e um misterioso facho de luz iluminou o altar. Era uma forma adequadamente milagrosa de marcar um aparente milagre: o retorno à cristandade de uma capital tão assustadoramente vasta que podia se orgulhar de um quarto de milhão de habitantes, quinhentas mesquitas e não menos de 150 açougues. Não era apenas a cruz que se erguia sobre Palermo. Havia outro motivo de satisfação para o novo e impaciente papa. Fincado nas ameias, sinal da submissão da cidade à Igreja de Roma, bem como a Cristo, tremulava uma bandeira com a conhecida insígnia de São Pedro: um estandarte papal.

Desnecessário dizer, claro, que tal vitória só poderia ter sido alcançada à ponta da espada. Os corsários da Sicília sempre haviam sido brutais, mas mesmo eles se viram incapazes de competir em pura violência com os novos senhores da guerra no cenário italiano. A queda de Palermo efetivamente selara uma segunda conquista normanda. De fato, a invasão de ilhas ricas estava se tornando uma especialidade das "tropas de choque" da cristandade.[50] Mesmo antigos inimigos admitiam a contragosto um respeito pelo que os próprios normandos, com uma adequada falta de modéstia, alardeavam como seus excepcionais "arrojo e intrepidez".[51] Em 1059, por exemplo, haviam sido antigos aliados de Leão IX, o papa derrotado em Civitate, que pela primeira vez acenaram com a Sicília para um homem que antes execravam.

Roberto Guiscard, tanto o mais famoso quanto o mais poderoso dos flibusteiros normandos, havia muito cruzara a linha de sombra entre banditismo e domínio feudal. Desesperados como os reformistas estavam por força real, e com o próprio Guiscard não sendo avesso a receber um toque de respeitabilidade, estava aberto o caminho para um espetacular *rapprochement*. Os normandos do sul da Itália haviam sido acolhidos, em meio a muitos narizes tampados. Em troca, seu chefe, se reconhecendo vassalo do Santo Padre, foi formalmente investido com o ducado das terras que já havia tomado — "e no futuro, com a ajuda de Deus e São Pedro, também da Sicília".[52]

Não que o novo duque da Apúlia tivesse um dia precisado de licença para atacar alguém. Mesmo sem o selo de aprovação papal, Guiscard sem dúvida teria olhado cobiçosamente para a ilha — e a conquista da Sicília, quando aconteceu, decididamente não foi uma empreitada que Pedro Damião teria pensado em abençoar, quanto mais Adalberto ou Alcuíno. De fato, em uma oportunidade ela foi literalmente escrita a sangue: pois em 1068, após uma determinada vitória, escribas normandos anunciaram seu triunfo mergulhando suas penas nas vísceras

UMA VERDADE INCONVENIENTE 323

dos sarracenos massacrados e enviando os resultantes relatos para Palermo usando pombos-correio capturados. Mas se demonstrações de selvageria calculada como essa sem dúvida desempenharam um papel determinante em abalar o moral sarraceno, os próprios normandos nunca duvidaram de que todas as suas vitórias eram fruto de um poder ainda maior que eles mesmos. Pelo menos na Sicília eles podiam se considerar do lado dos anjos. Guiscard, acampado na periferia de Palermo, condenara sonoramente a cidade como um antro de demônios: "uma inimiga de Deus".[53]

Seu irmão Rogério, o mais jovem do clã Hauteville e o líder normando mais plenamente comprometido com a conquista da Sicília, foi ainda mais direto, descrevendo como sua única motivação "um desejo de exaltar a Fé Sagrada".[54] Que isso não era uma afetação hipócrita, mas uma devota afirmação da verdade, ficou evidente nas inquestionáveis provas da graça divina que acompanharam todos os seus feitos: grandes cidades capturadas contra todas as probabilidades, batalhas vencidas com a ajuda de santos montados em cavalos brancos ofuscantes, o tremular acima da cabeça de Rogério de um estandarte sobrenatural com a imagem da cruz. Verdade que as recompensas que ele acabou recebendo não se limitaram à dimensão espiritual: pois sua evolução de caçula sem vintém a conde da Sicília só foi ligeiramente menos espetacular que a do próprio Guiscard.

No entanto, em meio a todos os seus triunfos, Rogério nunca se esqueceu do que devia a seus patronos celestiais, e particularmente a São Pedro. Uma parte do saque era regularmente enviada a Roma. Em 1063, Alexandre II havia recebido até mesmo camelos, tomados de uma caravana de carga sarracena. Em troca, além do inevitável estandarte, o Santo Padre dera a Rogério e seus homens algo ainda mais precioso: "absolvição de seus pecados".[55] Uma conveniente inovação: pois nunca antes um papa dera uma bênção pessoal a guerreiros que derramavam o sangue de pagãos. Cautelosamente, mas ainda assim de forma prodigiosa, o papado estava se encaminhando para uma ideia que os sarracenos derrotados ironicamente compreendiam bastante bem: que as guerras, se travadas para recuperar territórios perdidos aos infiéis, podiam ser não apenas justas, mas talvez até mesmo vistas como uma obrigação devida a Deus pelos fiéis.

Uma filosofia pela qual, pode-se pensar, o próprio Gregório teria uma especial simpatia. E assim foi em certa medida. Contudo, quando escutava ansioso os relatos dos viajantes sobre a frente oriental, havia algo de que tinha certeza: ele não tinha nenhuma intenção de confiar a redenção da Bizâncio ameaçada a Guiscard e sua turma. Diferentemente de seu antecessor, o papa continuava a ver os aventureiros normandos da Itália como bandidos e terroristas. Não bastava que o duque de Apúlia, longe de seguir em apoio aos seus irmãos cristãos de Constantinopla, houvesse friamente se valido do resultado da campanha de Manzikert para arrancar para si mesmo seus últimos postos avançados na Itália. Pior ainda, Gregório suspeitava de que ele planejava avançar rumo norte — para o território papal. As primeiras tentativas de resolver as questões entre o papa e o capitão normando fracassaram rapidamente quando Guiscard se recusou peremptoriamente a confiar em uma oferta de salvo-conduto. Nos primeiros meses de 1074, Gregório havia de tal modo perdido a paciência com seus vassalos ameaçadores que começou a relacioná-los ao lado dos turcos como inimigos da cristandade. Em março, a ruptura entre papa e duque foi selada com a excomunhão do segundo. Embora esse passo drástico sem dúvida tenha sido provocado pela determinação de Gregório de não ser enganado por Guiscard, também refletia algo mais profundo: uma assustadora luta interna.

Os ingleses e milaneses talvez tivessem dado gargalhadas com a ideia, mas o próprio Gregório nunca duvidou de que fosse acima de tudo um homem de paz. Sua enorme simpatia por estandartes de batalha sempre tendera a superar o que era ditado por sua consciência. Não importava o quanto considerasse justo fazer apelos tenebrosos ao julgamento da espada, a lúgubre realidade da guerra nunca deixara de ao mesmo tempo assombrá-lo e assustá-lo. O mesmo político arrogante que conclamara Erlembald a não abandonar a profissão de armas também afirmava seriamente que ser um cavaleiro era por sua própria natureza viver em estado de pecado. O mesmo estrategista experiente que reconhecera mais claramente que qualquer um que uma ameaça a Constantinopla era uma ameaça a toda a cristandade e que realmente começara a planejar ativamente uma expedição militar para enfrentar o perigo, estremecia ao contemplar o que uma missão como essa realmente exigiria. O verdadeiro desejo de Gregório não era por guerreiros brutais e endurecidos como os normandos de Guiscard, mas por futuros mártires. "Pois como Cristo deu Sua vida por nós, devemos dar nossas próprias vidas por nossos irmãos."[56] Uma injunção que vinha do coração: pois Gregório, cuja coragem não era menor que sua determinação, tinha a intenção de cavalgar pessoalmente à frente de suas tropas. E de modo algum Constantinopla era o limite de sua ambição. Sua grande esperança, após expulsar os turcos, era liderar os exércitos da cristandade em frente, até eles finalmente chegarem ao mais decisivo de todos os destinos: "o sepulcro do Senhor".[57]

E se havia algo de estranhamente familiar em seu plano talvez não fosse coincidência. Após um sono de várias décadas, Jerusalém novamente começara

UMA VERDADE INCONVENIENTE

a brilhar hipnoticamente no horizonte dos sonhos de muitas pessoas. E também o temor — ou anseio — com o fim do mundo. Em 1054, por exemplo, cerca de 3 mil peregrinos haviam partido para a Terra Santa, motivados pelo súbito e assustador brilho de uma estrela misteriosa;[58] dez anos depois, foi dito que uma expedição ainda maior repetira a viagem, com cruzes costuradas em suas túnicas "enganados por uma certa ideia vulgar de que o dia do Juízo Final estava próximo".[59] Talvez vulgar; mas não foram apenas os pobres e crédulos que fizeram a viagem: bispos, arcebispos e grandes príncipes também haviam participado. De fato, profecias do final dos tempos estavam circulando no ápice do mundo cristão. Especialmente na Itália, mais uma vez voltara a ser discutida entre os adversários da reforma aquela venerável figura da fantasia, o último imperador romano — e, naturalmente, era Henrique IV que eles queriam escalar para o papel.

Contudo, os tempos eram outros: e o herdeiro dos césares não mais reivindicava o comando da cristandade. "*Dux et pontifex*", "general" e "pontífice"[60] era o que Gregório aspirava a ser. E algo mais? Em meio aos problemas da época o plano do papa de liderar um exército ao Santo Sepulcro certamente não podia deixar de parecer como pisar nos calos imperiais. O que reis terrenos, e especialmente Henrique IV, pensariam das ambições de Gregório só o tempo diria. Mas o próprio Gregório, se preparando para os grandes desafios que esperavam por ele, se sentia absolutamente sereno. Afinal, ele era o herdeiro de São Pedro. O Todo-poderoso estava do seu lado.

Um ano após sua ascensão ao papado, ele escrevera: "Não nos escapa como são diferentes as opiniões e as avaliações dos homens a nosso respeito — pois alguns, apontando casos e atos idênticos, nos verão como cruel, outros como indevidamente fraco. Contudo, a todos eles não podemos dar resposta mais verdadeira ou adequada que aquela do apóstolo: 'Quanto a mim, pouco me importa ser julgado por vós ou por um tribunal humano.'"[61]

Gregório acreditava que o mundo inteiro havia sido colocado em suas mãos. Fora confiada a ele a fatídica missão de reorganizá-lo — e, no final das contas, ninguém tinha o direito de ficar em seu caminho.

A estrada para Canossa

"Que a ele seja permitido derrubar imperadores." Talvez tenha sido adequado que Gregório escolhesse não anunciar essa proposição específica ao jovem césar. Henrique IV, como convinha ao herdeiro de Constantino e Carlos Magno, não era homem de aceitar a ideia de que pudesse ser deposto por qualquer um. Rei dos vários principados da Germânia, ele também reivindicava o controle da Itália — inclusive Roma. Mas é incerto se Henrique, mesmo alertado sobre as pretensões do novo papa, tivesse sido capaz de fazer alguma coisa. Não imediatamente, pelo menos. Já havia muitos outros problemas. Além de não estar em condições de considerar uma campanha na Itália, Henrique estava preso em uma luta desesperada para manter sua autoridade na própria Germânia. Já tendo mergulhado o império de Constantinopla no caos, a guerra também chegara ao império do Ocidente no verão de 1073.

Mas não havia sido uma raça de pagãos que produzira essa inesperada calamidade, nem um bando de invasores selvagens de além das fronteiras da cristandade, mas um povo que, desde os tempos de Otão, o Grande, sempre parecera a própria fonte da grandeza imperial: nada menos que os saxões. Mas a dinastia de Otão desaparecera havia muito; e sua substituição em 1024 por uma linhagem de reis da Renânia, surgida do extremo oposto do *Reich*, levara muitos na Saxônia a se sentirem cada vez mais explorados e oprimidos. Mesmo durante o triunfante reinado de Henrique III, os príncipes locais estavam se tornando divisionistas; e alguns deles, durante os anos difíceis da minoridade de seu filho, conspiraram ativamente para se livrar do rei menino. A desconfiança por sua vez alimentara desconfiança; e o Henrique adulto, com o mesmo misto de desconfiança e obstinação que marcou tantas de suas manobras, não tentara adoçar os agitados saxões. Em vez disso, seguindo o exemplo normando, ele resolveu garantir o controle do seu ducado da forma mais moderna possível para a época: erguendo castelos. Uma ameaça à nobreza local, claro — mas também a todo povo saxão. Como na França e na Inglaterra, assim aconteceu na Saxônia; as defesas que de repente brotaram em "montanhas e lugares ermos"[62] pareceram aos locais uma inversão de tudo o que consideravam mais precioso: ameaças proibitivas e sinistras a suas antigas liberdades.

O maior castelo de Henrique, uma fortaleza erguida aos pés do maciço de Harz, onde seriam encontradas as mais lucrativas minas de ouro da cristandade, era visto com especial ódio: pois suas muralhas e torres pareciam soturnamente adequadas à situação na qual foram erguidas. De fato, logo no início da insurreição, quando os rebeldes saxões tentaram capturar Henrique ali, eles descobriram que era uma missão impossível, tão densa a floresta que cercava Harzburgo. "Não adiantavam todos os esforços dos sitiantes, eles não conseguiam impedir o ir e vir daqueles que lá estavam."[63] Henrique, fugindo do castelo sem suprimentos e dependendo

UMA VERDADE INCONVENIENTE

de um caçador para guiá-lo através da floresta sem trilhas, só conseguiu escapar após ter viajado por brejos e touceiras de urze durante três dias.

Sem dúvida era uma fantasia comum aos oprimidos em toda parte ver um construtor de castelos ser obrigado a uma fuga humilhante. A demolição de Harzburgo e de todas as outras fortalezas reais, o fim da implantação da inovação militar e da "tirania" que isso facilitava: estas eram as exigências dos rebeldes saxões. Mas, apesar de toda a conversa indignada sobre fortificações se espalhando por "toda colina e montanha, de modo a ameaçar de ruína a Saxônia",[64] um simples exagero na construção de castelos não podia justificar a traição a um rei ungido. Havia a necessidade urgente de outras justificativas. Assim, os insurgentes, apelando para a lembrança da escandalosa tentativa de Henrique de conseguir um divórcio, passaram a acusá-lo de uma série de práticas sinistras: incesto, bolinar abadessas e indícios de coisas ainda piores. Tais acusações, em uma época que vira até mesmo a santificada Agnes ser acusada de ninfomania, poderiam ter sido facilmente descartadas como moeda comum da agressão política — a não ser porque Henrique, como sua mãe antes dele, estava se descobrindo muito vulnerável à difamação.

Pois assim como aconteceu com a imperatriz, aconteceu com o rei, e as piores maledicências eram cochichadas por príncipes. Tendo adquirido o gosto pela insubordinação durante a minoridade de Henrique, os influentes do *Reich* encontravam dificuldade de perder o hábito. Talvez não fosse coincidência que o líder dos rebeldes saxões fosse Otão de Northeim: o mesmo duque que, na época da regência de Agnes, tivera papel de destaque no rapto em Kaiserswerth. Verdade que Otão era ele mesmo saxão; mas mesmo entre os príncipes da Renânia não faltavam predadores. Suspeitava-se que, longe de apoiar seu senhor contra os rebeldes, os duques do sul planejavam sua deposição. O maior de todos eles, Rodolfo da Suábia, era o principal alvo da suspeita real. Já em 1072 Agnes e o padrinho de Henrique, o abade Hugo de Cluny, haviam sido convocados a remendar as relações entre o rei e seu vassalo mais poderoso. Depois, no Natal de 1073, o problema ressurgira. Um membro da corte, alertando Rodolfo de que Henrique planejava seu assassinato, insistira em provar sua alegação sendo julgado em combate. Apenas o inesperado rapto do acusador "por um terrível demônio" poucos dias antes da data marcada para o duelo inocentara o rei.[65] Ou não? Muitos não se convenceram. Continuaram a circular as acusações contra Henrique — de que ele era um tirano, um assassino, entregue a todo tipo de vícios.

Assim, é evidente que, com os saxões ainda rebelados contra ele, e com os príncipes do sul manobrando para apunhalá-lo pelas costas, não era o momento

328 MILÊNIO

de iniciar uma guerra contra o papa. Henrique avaliou que chegaria a hora certa para fazer isso e atingir o pretensioso Gregório de uma vez por todas quando o *Reich* houvesse sido pacificado. Destarte, em vez de correr o risco de que fosse dada a mínima sanção papal às calúnias de seus inimigos, ele escolheu se humilhar — chegando ao ponto de reconhecer que poderia ter apostado no cavalo errado em Milão. "Pleno de satisfação e obediência",[66] foi como um Gregório deliciado descreveu a Erlembald o tom do rei. A alternativa mais provável, de que o rei poderia estar manipulando e jogando com o tempo, parece não ter passado pela cabeça papal.

E certamente Henrique havia ganhado tempo. Em fevereiro de 1074, em meio à neve e ao gelo do inverno, ele assinou o que pareceu uma paz humilhante, concordando em demolir todos os seus castelos e devolver a Otão de Northeim todo o calor das graças reais. Mas na verdade o rei ganhara mais do que perdera. Qualquer perspectiva de uma coalizão entre o sempre esquivo Otão e os príncipes do sul foi obstruída com sucesso. E, ainda mais promissor, havia sido fincada uma cunha entre o duque e a massa frustrada dos camponeses saxões. Em março, fazendo justiça com as próprias mãos, um grande exército de "*vulgus*" — "pessoas do povo" — atacou Harzburgo e começou a fazê-lo em pedaços pedra por pedra. Até mesmo a capela real foi queimada. Finalmente, no clímax da profanação, o túmulo do primogênito de Henrique, morto no nascimento, foi aberto e seus pequenos ossos espalhados entre as cinzas e o entulho. A notícia do ultraje previsivelmente provocou horror entre os grandes. Os duques do sul podiam desconfiar profundamente do rei, mas detestavam camponeses revoltados ainda mais. Ironicamente, a destruição de Harzburgo foi a tragédia da causa saxã. No verão de 1075 Rodolfo e um conjunto de outros senhores feudais finalmente concordaram em se juntar a Henrique em uma expedição em larga escala contra os rebeldes. Em 9 de junho, em meio ao pesadelo de uma tempestade de poeira, os saxões foram arrasados, e os "*vulgus*" infelizes passados no fio da espada. No outono o controle da Saxônia por Henrique era suficientemente completo para que ele ordenasse a reconstrução de seus castelos ali. Mesmo os príncipes mais divisionistas pareciam prontos a se curvar ao poder real. Foi assim, por exemplo, que o tenente real instalado em Harzburgo e obrigado a supervisionar sua total reconstrução foi ninguém menos que o capitão que liderara o primeiro ataque ao castelo: aquele inveterado vira-casacas e sobrevivente, o duque Otão de Northeim.

Finalmente, após todos os muitos reveses e frustrações que tanto o haviam bloqueado anteriormente, o jovem rei parecia estar prestes a conseguir aquilo

UMA VERDADE INCONVENIENTE

que sempre considerara seu direito de nascença: a chance de governar como seu grande pai havia feito. Enquanto os pedreiros e operários retornavam a Harzburgo e os grandes nobres do *Reich* corriam obedientemente para celebrar o Natal na mesa real, Henrique se preparava para selar a sua vitória. Algum trabalho ainda precisava ser feito, claro. Nem todos que ao longo dos anos haviam pensado em desafiar a autoridade real tinham sido colocados em seus lugares. Duques como Rodolfo e Otão podiam ser pretensiosos, mas não eram nem de longe tão intrometidos e presunçosos quanto o monge toscano arrivista que se sentava em Latrão. Para Henrique, filho de um césar que forçara três abdicações papais em uma semana, a ideia de que qualquer bispo, mesmo um bispo de Roma, pudesse posar como líder da cristandade era grotesca e insuportável. Ele fingira escutar educadamente o plano fantástico de Gregório de uma expedição a Constantinopla, mas foi com grande satisfação que acompanhou seu fracasso final. O próprio Gregório, longe de liderar os guerreiros da cristandade até o Santo Sepulcro, acabou sem nada para mostrar de seus planos a não ser uma duradoura mancha de fracasso e escândalo. Uma demonstração salutar, podia refletir Henrique, satisfeito, de que os deveres de um césar não eram facilmente usurpados por ninguém — nem pelo herdeiro de São Pedro.

Algo enfatizado pelo chocante contraste entre a debacle papal e seu próprio triunfo espetacular. Havia sido em junho de 1074, exatamente um ano antes de o próprio Henrique liderar a flor do *Reich* à vitória sobre os saxões rebelados, que Gregório embarcara em sua expedição. Primeira parada: um encontro com sua um tanto improvável principal apoiadora. "Minha muito amada e adorada filha"[67] era como Gregório costumava se dirigir a *lady* Matilda da Toscana. Para o papa não havia qualquer constrangimento em reconhecer suas obrigações para com uma mulher com menos de trinta anos de idade. Embora o padrasto de Matilda, o duque Godofredo, o Barbudo, tivesse morrido em 1069, sua mãe, a condessa Beatrice, havia sido admiravelmente bem-sucedida em manter para si todos os amplos domínios da Casa de Canossa — e em criar sua filha única para herdar o governo. Intrépida, bonita e loura, Matilda não era uma típica defensora da reforma — mas já mostrara ser inestimável. Criada por sua mãe casta e devota para acreditar apaixonadamente em tudo o que o novo papa defendia, ela não hesitara em oferecer a ele um exército de trinta mil cavaleiros nem em se comprometer a acompanhar pessoalmente a expedição proposta. Gregório, longe de tentar dissuadi-la, se entusiasmara tanto com sua "ajuda fraterna"[68] que também decidira recrutar para a aventura a venerável imperatriz Agnes. Em pouco tempo a condessa Beatrice também se juntara a eles. Mas os adversários de Gregório, em vez de estremecer em suas botas com essa impressionante demonstração de apoio feminino, reagiram com risos. Os normandos de Guiscard foram especialmente explícitos em seu desprezo. Talvez se Gregório houvesse conseguido esmagá-los antes de embarcar para Constantinopla, como era sua intenção, o deboche poderia ter sido silenciado — mas ele não conseguira. Com apenas quinze dias de campanha chegou a Beatrice e Matilda a notícia de uma insurreição na Toscana. Com a retirada forçada de ambas, Gregório se viu sem alternativa que não desistir de toda a expedição. E, de volta a Roma, ele caiu gravemente doente. O Santo Sepulcro realmente havia ficado muito longe.

E mais de um ano após o fiasco os danos ainda não haviam sido inteiramente reparados. Era disseminado o escárnio de que o comando da Igreja havia sido repassado a um bando de mulheres. E também horrendas alegações de "um chocante escândalo". Especialmente para muitos bispos, esmagados como estavam pelas cobranças de Roma de que impusessem a seus padres um estilo de vida monacal, o relacionamento cálido de Gregório com Matilda parecia absolutamente hipócrita. O que era isso se não "intimidade e coabitação com uma mulher estranha?"[69] — cobravam eles. Claramente injusto — mas novamente, como o próprio Henrique bem sabia, insinuações não precisavam ser verdadeiras para serem perniciosas. Especialmente no *Reich*, onde os bispos costumavam ser mais arrogantes que em qualquer outra parte da cristandade, e ainda mais elevadamente conscientes de sua própria dignidade, havia muitos conscientemente dedicados a pensar o pior do novo papa. "O homem é uma ameaça!", disse um arcebispo torcendo o nariz. "Ele imagina nos comandar como se fôssemos seus escudeiros."[70] Outros, reagindo às exigências peremptórias de que os padres fossem obrigados a abandonar suas esposas, exigiram saber se ele planejava empregar anjos na Igreja. Tais demonstrações de sarcasmo não tiveram efeito algum em Gregório. De fato, em 1075 suas determinações contra padres casados e também simonia estavam chegando a um novo nível de obrigatoriedade. Em fevereiro quatro bispos foram suspensos por desobediência. Depois, em julho, foi deposto um deles, um simoníaco especialmente inveterado. Finalmente, com o ano chegando ao fim, Gregório usou contra a soturna e recalcitrante Igreja imperial a mais devastadora arma dos reformistas. Ele escreveu em uma carta aberta aos súditos do rei Henrique: "Temos ouvido que certos bispos que vivem entre vocês aceitam, ou não veem, a manutenção de mulheres por padres." Tais homens, rebelados contra a autoridade de São Pedro, ele convocava ao tribunal

UMA VERDADE INCONVENIENTE 331

da opinião pública. "Determinamos que vocês de modo algum obedeçam a esses bispos",[71] foi a instrução dada por Gregório aos povos do *Reich*.

Essa jogada papal pareceu perigosa e perversa, irresponsável e criminosa aos próprios bispos ultrajados. Igualmente a Henrique — pois em um momento em que ele acabara de esmagar a rebelião na Saxônia, naturalmente a última coisa que ele queria ver levado ao norte dos Alpes era algo que lembrasse os patarenes. Afinal, era papel e obrigação de seus bispos servir a ele como seus principais ministros; desestabilize-os e todo o *Reich* corria o risco de balançar. Mas mesmo essa não era a ameaça mais mortal representada pela determinação de Gregório de colocar a Igreja imperial de joelhos: pois rugindo sob os pés reais, como sempre havia sido desde a eclosão da crise em Milão, se escondia um perigo potencialmente mais explosivo. Pois, a despeito da temporária demonstração de contrição de Henrique, a polêmica sobre quem tinha o direito de investir o arcebispo da cidade — o rei ou o papa— não havia sido resolvida; e em fevereiro, ficando impaciente, Gregório tentara forçar a situação e impor seu candidato, dando um passo fatal. Por decreto de um sínodo formal da Igreja romana, "o direito do rei de conceder bispados estava explicitamente proibido a partir daquele momento".[72] uma medida certamente dirigida a Milão, mas com implicações potencialmente devastadoras para a autoridade real por todo o *Reich*. Afinal, sem o direito de investir bispos, como Henrique iria nomear seus ministros, impor sua autoridade, administrar o reino? Qual seria o futuro do império? Gregório podia não ter pretendido isso, mas sua tentativa de ganhar uma batalha ameaçava dar a ele uma guerra aberta.

Foi um grave erro de cálculo. Atraído para uma falsa sensação de segurança pela aparente afabilidade do jovem rei, Gregório cometera o erro fatal de avaliar erradamente o temperamento real. Na verdade, a política de Henrique de aplacar o papado havia sido um recurso temporário. Sempre que encurralado seu instinto era invariavelmente partir para a luta. No outono, com os saxões finalmente derrotados, Henrique conseguira com sucesso sair de um aperto, e podia dedicar toda sua energia para escapar de outro. Felizmente para ele, muito havia mudado a seu favor nos meses anteriores. Primeiramente, no final de março a catedral de Milão havia sido consumida por um terrível incêndio: um desastre interpretado pela maioria dos milaneses como um julgamento dos patarenes. Algumas semanas depois e as dúvidas que pudessem restar de que Deus decididamente se voltara contra Erlembald se dissiparam quando o capitão papal foi emboscado e morto, seus defensores entre o clero mutilados e seus seguidores remanescentes mandados para o exílio. No início do outono, com os saxões esmagados e Milão limpa dos partidários de Gregório, Henrique sentiu que finalmente estava pronto para se mover. Ignorando as reivindicações rivais de Atto e Godofredo ao bispado, ele friamente nomeou um terceiro candidato; um diácono que viajara em seu séquito nas guerras contra os saxões, chamado Tedald. Mas de modo algum se limitaram a isso as provocações de Henrique. Por quase três anos ele havia sido pressionado por Gregório a dispensar os conselheiros excomungados por Alexandre II — e resistira. Naquele momento, esfregando sal nas feridas papais, ele decidiu enviar um deles a Milão para dar apoio a Tedald. Por certo, uma obstinada e desafiadora afirmação de autoridade real — mas também, no contexto da crise crescente, um outro erro de cálculo. Embora o papa houvesse subestimado em muito o rei, logo ficaria claro que o rei subestimara ainda mais o papa.

No ano-novo de 1076, com Henrique sentado em esplendor real cercado pelos grandes príncipes do *Reich*, aparentemente senhor de tudo o que via, três enviados encapuzados e sem fôlego foram levados à sua presença. Eles haviam demorado menos de três semanas para cavalgar as estradas de Roma à Saxônia no inverno: um sinal revelador de como era urgente sua missão. Juntamente com uma carta de Gregório, escrita em um tom mais de tristeza que de raiva, eles traziam uma mensagem verbal para o rei: mais firme, mais determinante, muito mais ameaçadora. O papa decretara que ou Henrique reconhecia todas as suas ofensas e se penitenciava por elas — ou "não apenas seria excomungado até o devido arrependimento, como também seria privado de toda a sua dignidade de rei sem esperança de recuperação".[73] Tal ultimato dizia muito sobre a coragem de Gregório, sua convicção e sua invencível autoconfiança: pois naquele momento ele compreendia melhor o caráter de seu adversário. Ao atirar sua luva, ele antecipara a provável resposta. Uma resposta que certamente não iria demorar.

Apenas trinta anos haviam se passado desde que Henrique III, no Sínodo de Sutri, dera uma lição sobre a arte de remover papas problemáticos. Naquele momento, determinado a mostrar que era um broto da mesma árvore, seu filho buscou repetir o golpe. Com três semanas no novo ano, dois terços dos bispos do *Reich* se reuniram em uma esplêndida conferência em Worms. Sua missão era uma da qual Henrique não fazia mistério algum: garantir a deposição do papa. A solução dos bispos? Insistir que a ascensão de Gregório havia sido decidida meramente como favorito da malta romana, e não por escolha de Henrique e dos cardeais — e como resultado ele não era papa. Uma manobra elegante, e com a qual Henrique naturalmente se encantou. Mas, apenas de modo a temperar um

UMA VERDADE INCONVENIENTE

pouco as coisas, ele garantira que algumas alegações adicionais fossem incluídas: que Gregório repetidamente cometera perjúrio; que ameaçara os bispos imperiais como escravos; que estava tomado de amores por *lady* Matilda. Tudo então foi escrito e despachado por enviado para o homem chamado com desprezo pelos bispos imperiais de "Hildebrando". O próprio Henrique foi ainda mais rude, proclamando sonoramente: "Que se sente no trono de São Pedro um homem que não disfarce a violência com a máscara da religião, mas que ensine a pura doutrina de São Pedro. Eu, Henrique, rei pela graça de Deus, com todos os nossos bispos, digo-lhe que saia, agora!"[74]

Mas Gregório não saiu. Em vez disso, mal havia recebido o convite de Henrique a abdicar e se preparou para ordenar que os portões do inferno fossem destrancados e abertos, prontos para receber o rei teimoso. Na mesma igreja em que ele pela primeira vez havia sido saudado como papa, perante uma completa assembleia da Igreja de Roma, e na presença das relíquias de São Pedro, ele ordenou que a carta de Worms fosse lida — e os gritos de horror que ela provocou foram terríveis de ouvir. Dizia-se que uma semana depois, quando Gregório confirmou formalmente a terrível sentença de excomunhão do rei, o trono de São Pedro de repente se partiu em dois. Um prodígio de gelar o sangue: pois uma metade da cristandade estava efetivamente separada da outra. Os termos do anátema de Henrique eram assustadores e sem igual. "Eu retiro do rei Henrique, filho do imperador Henrique, que se levantou contra a Igreja com orgulho inédito, o governo de todo o reino dos germânicos e dos italianos. E eu absolvo o povo cristão de qualquer juramento que tenha feito, ou venha a fazer, a ele. E eu proíbo qualquer um de servir a ele como rei."[75] Uma deposição que, uma vez pronunciada, ecoou de forma terrível por toda a cristandade. De fato, os bispos de Henrique imediatamente começaram a ficar nervosos com o que podia ter sido lançado sobre eles e sobre o *Reich*. Na Páscoa, quando o rei os convocou a denunciar "Hildebrando" ao povo cristão, apenas um, Guilherme de Utrecht, foi corajoso o bastante para fazê-lo — e sua catedral foi imediatamente atingida por um raio. Uma semana depois ele passou a ter cólicas intestinais excruciantes. Um mês depois, estava morto. Os colegas bispos de Guilherme, em vez de insistir em seu apoio a um rei que estava claramente amaldiçoado, passaram a se afastar cada vez mais. Muitos deles, preocupados com suas próprias almas, se apressaram em fazer as pazes com Gregório — que por sua vez foi diplomaticamente rápido em recebê-los de volta ao rebanho. Tendo sido alegremente saudado de todas as formas na declaração de guerra que fizeram em Worms, Henrique se viu sendo abandonado no campo de batalha.

Não eram apenas os bispos que estavam se revelando amigos volúveis. Os grandes nobres do *Reich*, que no Natal haviam parecido tão acovardados, tão diligentes, tão leais, na verdade estavam apenas ganhando tempo. Como seus irmãos príncipes da Igreja, eles haviam acompanhado "os grandes desastres que se abatiam sobre a comunidade"[76] com uma grande demonstração de devota consternação, mas também lambendo os beiços, pois os acontecimentos ofereciam oportunidades a eles. E já no verão as brasas do ressentimento saxão estavam se transformando em grandes chamas. Em agosto — em uma prova clara de que a sorte mudara — Otão de Northeim decidiu abandonar o barco mais uma vez. Ainda pior, enquanto Henrique lutava para conter a rebelião renascida e fracassava, os príncipes do Sul também se preparavam para agir. Em setembro, o duque Rodolfo e um grupo de formidáveis aliados conclamaram toda a nobreza do *Reich*, convidando-a à cidade de Tribur, na margem oriental do Reno, para ali tentar, como disseram, "pôr um fim às muitas infelicidades que por muitos anos perturbaram a paz da Igreja".[77] Ou, dizendo mais claramente: para debater a possível deposição do rei. Todo nobre que viajou a Tribur compreendia o que estava em jogo. Da mesma forma o próprio rei. Enfraquecido pela sequência de calamidades que se abatera sobre ele desde a Páscoa, ele sabia muito bem que não tinha esperança de impedir a assembleia pela força. Em vez disso, reunindo os poucos aliados com os quais podia contar, seguiu para a cidade de Oppenheim, em frente à grande reunião de príncipes, na margem oposta do Reno — e lá, como um leão ferido, observou fervorosamente, embora impotente, aqueles que poderiam tentar acabar com ele.

E certamente o perigo era muito grande. No dia 16 de outubro uma carta de Gregório foi lida por seu legado aos príncipes reunidos, na qual o papa pela primeira vez apresentava a possibilidade de eleger um novo rei caso Henrique não se regenerasse. No entanto, os líderes saxões e um bom número dos duques do Sul já haviam optado por sua deposição; e durante toda uma semana eles defenderam sua proposta junto aos seus pares. Mas para a maioria dos príncipes essa simplesmente era uma medida drástica demais — e Henrique, identificando uma possibilidade de salvar sua pele, mesmo a um custo terrível, sinalizou sua disposição de baixar a cabeça perante o homem ao qual ele voltava a se referir como "o senhor papa Gregório".[78] Durante dez dias emissários dos dois lados cruzaram o Reno — até que finalmente foi acertado um compromisso frágil. Para Henrique os detalhes eram mortificantes. Ele deveria fazer um juramento de obediência a Gregório, revogar a sentença de Worms, banir seus conselheiros

UMA VERDADE INCONVENIENTE   335

excomungados de uma vez por todas. Contudo, mais que qualquer outro, um ponto parecia particularmente funesto: pois os inimigos de Henrique haviam insistido que o papa deveria ser convidado para uma assembleia em Augsburgo para julgar o rei, decidir se deveria dar a ele a absolvição e escutar os saxões e os duques do Sul pedirem a sua deposição. Na verdade, uma espada de Dâmocles. Mas, a despeito de tudo, Henrique havia conseguido seu primeiro objetivo e frustrado o de seus inimigos. Pelo menos por ora ele continuava a ser o rei.

E embora a assembleia em Augsburgo houvesse sido marcada para fevereiro, aniversário de sua excomunhão e data que naquele momento distava apenas três meses, ele não estava inteiramente sem liberdade de manobra. Primeiramente, Henrique enviou uma carta urgente a Gregório pedindo que fosse permitido a ele ir a Roma para sua absolvição, que poderia ser dada a ele na privacidade. Depois, quando seu pedido foi solenemente negado, ele apelou para um expediente desesperado. Sabendo que Gregório teria de viajar por todo o inverno caso quisesse estar em Augsburgo em fevereiro, Henrique decidiu fazer o mesmo. Seu plano era seguir rumo sul, cruzar os Alpes e encontrar o papa não em Augsburgo, mas na Itália. "Pois com o aniversário da excomunhão do rei se aproximando, ele sabia que não tinha escolha a não ser ter sua absolvição antes dessa data. Do contrário, segundo as sentenças dos príncipes que o julgaram, sua causa estaria condenada e seu reino perdido para sempre."[79]

E assim, pouco depois do Natal, no auge do inverno, Henrique começou a subir os Alpes. À frente dele, gelada e coberta de neve, se estendia, sinuosa, a estrada que o levaria à Itália e aos portões de Canossa.

Tudo de cabeça para baixo

No início do verão de 1076, quando todo o horror da crise que afetava a cristandade ficou claro para as pessoas, o abade de Cluny foi confrontado por uma aparição aterrorizante. Guilherme de Utrecht, o mesmo bispo que apenas um mês antes ousara condenar Gregório como um falso papa do próprio púlpito de sua catedral, se materializou de repente diante de Hugo, tomado por fogo. "Eu estou morto, morto e enterrado fundo no inferno!",[80] gritava o bispo em agonia, antes de desaparecer tão misteriosamente quanto tinha aparecido. E certamente alguns dias depois chegou a Cluny a soturna confirmação da notícia dada pela visão. O bispo de Utrecht deixara de existir.

Alarmado por essa experiência, o abade Hugo lançou-se à tarefa de redimir seu afilhado da perspectiva de similar destino infernal. No início de novembro, entrando no *Reich*, ele altruisticamente colocou em risco suas próprias perspectivas de salvação se encontrando com o rei excomungado e o conclamando a se aferrar a sua penitência escolhida. Depois, seguindo rumo ao sul, Hugo viajou para Roma, onde buscou do próprio papa uma absolvição de suas negociações com Henrique. Gregório a concedeu prontamente. As relações entre os dois homens sempre haviam sido íntimas. "Seguimos o mesmo caminho, com a mesma mente e o mesmo espírito",[81] definiria depois Gregório. De fato, afora sua muito amada filha espiritual Matilda, Hugo foi a única pessoa à qual o rigidamente disciplinado pontífice pensou em confessar suas angústias particulares. Era sem dúvida revelador que o que ele mais admirava no abade fossem exatamente as qualidades de compaixão e suavidade que, em função de suas próprias responsabilidades como pastor do povo cristão, ele mesmo frequentemente se sentia obrigado a reprimir em si. As tentativas de pacificação feitas por Hugo, embora inicialmente descartadas, certamente não foram malvistas. Deixando Roma naquele dezembro gelado em sua decisiva tentativa de chegar a Augsburgo e a seu encontro com os príncipes germânicos, o papa se preocupou em ter ao seu lado o abade de Cluny. Pouco depois, ao chegar na Toscana, ele foi acompanhado por *lady* Matilda. E foi assim que no novo ano, quando chegou ao séquito papal a notícia de que Henrique estava cruzando os Alpes, Gregório, durante seu retorno apressado a Canossa, se viu fortalecido pela companhia das duas pessoas de cujo apoio ele sempre dependera mais. Seus conselhos, naquele momento de suprema crise de sua vida, foram sem hesitação. Ambos, antes da chegada de Henrique aos portões da fortaleza de Matilda, haviam se reunido com o rei e prometido pedir por ele. Ambos mantiveram a palavra. Ambos, enquanto Gregório olhava pela janela para o suplicante real tremendo na neve abaixo, defenderam vigorosamente o rumo da misericórdia.

Corretamente. Pois embora Matilda permanecesse inabalavelmente leal ao Santo Padre, eram óbvias as vantagens de garantir a amizade de Henrique, seu senhor e primo em segundo grau — não apenas porque com a morte de sua mãe no ano anterior ela governava sozinha como protetora de suas terras. Enquanto isso, Hugo, preocupado em ver seu afilhado redimido da boca escancarada do inferno, não se sentia tentado a pensar no impacto que a absolvição de Henrique poderia ter nos planos e nas esperanças de Gregório de reorganizar o mundo caído. Afinal, os monges de Cluny já estavam o mais perto de um estado angelical que era

UMA VERDADE INCONVENIENTE 337

possível para carne e osso. Em vez de trabalhar para levar o resto da humanidade a partilhar sua própria condição milagrosa, o instinto deles sempre havia sido ocupar as ameias de sua abadia. Enquanto Gregório não hesitava em incumbir guerreiros como Erlembald de lutar pela causa da reforma a partir de suas selas, Hugo invariavelmente os conclamava a um caminho oposto e encorajava qualquer cavaleiro penitente a trocar sua cota de malha por um hábito. De fato, sendo como era o encanto e a mística do nome de Cluny, eventualmente até mesmo duques teriam trocado seus principados pelas celas da abadia. "Os pastores fogem, assim como os cães que são os protetores de seus rebanhos", reclamara uma vez com Hugo um Gregório frustrado. "Quando vocês recebem um duque no silêncio de Cluny, estão deixando cem mil cristãos sem um guardião!"[82] Embora o papa soubesse que ele e o abade eram aliados em uma luta comum, havia momentos, momentos desoladores, em que temia que estivessem puxando em direções opostas. Nesses momentos, a compreensão de como estava só em suas responsabilidades o atingia de modo especialmente terrível. "Pois suportamos um enorme peso de preocupações não apenas espirituais, mas também temporais; e diariamente tememos vacilar sob o fardo, pois neste mundo não conseguimos encontrar ajuda e apoio."[83] Esta havia sido a árida confissão que Gregório fizera a Hugo em 1074, no primeiro ano de seu papado. Ele bem poderia tê-la repetido, e com ainda mais justiça, em Canossa.

Certamente sua demora em chamar Henrique do frio não foi, como seus críticos iriam posteriormente alegar, expressão de uma rígida arrogância, mas de indecisão, perplexidade e dúvida. Gregório, homem de certezas férreas, não sabia o que fazer. A manobra do rei o apanhara. Consequentemente, ele se viu confrontado por um dilema agoniante. Gregório sabia que se absolvesse Henrique estaria inevitavelmente traindo toda a confiança que os príncipes germânicos haviam depositado nele. Mas, caso se recusasse a demonstrar misericórdia para com o rei humilhado, estaria traindo a obrigação que tinha para com o próprio Todo-poderoso: servir a Ele como canal para Seu perdão e graça. No final, essa consideração tinha de ser determinante. E assim, no terceiro dia da penitência de Henrique, o Santo Padre anuiu para os guardas no portão. O rei foi finalmente admitido no castelo, abençoado com um beijo e convidado para a missa. E todo o tempo deve ter permanecido no fundo da mente de Gregório o medo de estar sendo enganado, ter sido superado, de seu adversário ter triunfado.

E aparentemente também Henrique era presa da ansiedade. Entrando na fortaleza da prima, ele tinha um nó no estômago. Quando ele e Gregório se sentaram para selar a reconciliação com uma refeição, a ocasião não foi um sucesso. A culpa disso não poderia estar no padrão do que foi oferecido: pois *lady* Matilda era herdeira de uma longa linhagem de comilões, e o vinagre balsâmico de Canossa em particular era internacionalmente famoso. Contudo, papa e rei demonstraram muito pouco apetite. Gregório, ascético como sempre, contentou-se em beliscar uma erva ou outra; também Henrique, a despeito de seus três dias de penitência, mal comeu um bocado. Talvez fosse de se esperar o seu desconforto. Banquetes, que deveriam ser rituais para demonstrar toda a escala de sua dignidade e seu poder reais, com demasiada frequência acabavam enfatizando exatamente o contrário. Quando era jovem, seus convidados regularmente se divertiam brigando pelos arranjos de lugares. Em uma famosa oportunidade dois bispos levaram seus bandos rivais para ajudar a decidir qual deles deveria ter a precedência. Em outra, um grupo de monges, indignados por Henrique ter dado seu mosteiro ao arcebispo de Colônia, invadiu o salão real e vandalizou a mesa de jantar à vista de toda corte. Assim, não surpreende que qualquer sinal de desconforto em uma refeição costumasse não provocar as melhores reações do rei. Tendo conseguido de Gregório o que queria, ele certamente não desejava se demorar mais que o necessário no cenário de sua humilhação. Após uma última reunião com o papa, acontecida perto dali, em uma outra fortaleza de Matilda, Henrique partiu. Em abril, após uma excursão apressada pelo norte da Itália, ele estava de volta ao *Reich*.

Onde já estavam se mostrando plenamente justificados os sombrios pressentimentos de Gregório sobre como os príncipes germânicos iriam reagir à absolvição do rei. Recebendo as notícias de Canossa, os inimigos de Henrique reagiram com estupefação e consternação. Menos de um mês após receber de Gregório a justificativa em parte desafio, em parte desculpas, para sua decisão, os príncipes rebeldes se reuniram em uma assembleia soturna na cidade de Forchheim, na Francônia. Lá, em vez de esperar que o próprio Gregório chegasse à Germânia, como havia sido sua intenção, eles apressadamente começaram a fazer seu próprio julgamento. No dia 13 de março eles haviam concordado formalmente com que Henrique, não importando o que pudesse ter sido decidido sobre isso em Canossa, deveria continuar deposto.[84] Então, dois dias depois, e na esteira de uma votação claramente acertada, foi anunciada a eleição de um novo rei: o duque Rodolfo da Suábia. Um passo fatal: pois embora ao longo dos séculos tivesse havido antipapas, nunca antes houvera um anticésar ungido. A insurgência interna do reino de Henrique estava rapidamente se tornando inadministrável.

UMA VERDADE INCONVENIENTE   339

O que antes eram surtos espasmódicos estava começando a esgarçar a estrutura
do *Reich*. A ameaça não era mais de uma rixa dinástica, como as que sempre
o afligiam, mas uma forma de conflito mais completa: uma guerra civil sem
remorsos de um tipo que nenhum reino cristão havia enfrentado antes.

Não que isso tenha ficado imediatamente evidente para Henrique. Revigorado
pelo sucesso de sua jogada em Canossa, ele cavalgou de volta pelos Alpes brilhando
de autoconfiança e desdenhando seu desafiante arrivista. A maioria dos príncipes
do sul, recuando da traição aberta, relutantemente o seguiu: a Suábia, ducado de
Rodolfo, foi invadida e arrasada; o próprio Rodolfo, abandonado em sua tentativa
de percorrer o *Reich* de modo sereno e grandioso, como adequado a um rei, foi
expulso a galope para a Saxônia. Mas, chegando ao berço da rebelião, ele e seus
aliados se instalaram de modo tão inexpugnável que Henrique, a despeito de
repetidos esforços, não conseguiu expulsá-los. O resultado foi um impasse —
cada vez mais sangrento. Uma batalha após a outra foi travada — nenhuma delas
decisiva. Exércitos formados basicamente não por cavaleiros em cotas de malha,
mas por conscritos a pé, comerciantes e camponeses com segadeiras deram aos
dois reis material suficiente para continuar retornando aos campos da morte.
A guerra em tal escala parecia aos próprios germânicos algo sem precedentes e
aterrorizante, e assim inevitavelmente — pois o hábito de antecipar o apocalipse
estava profundamente entranhado no povo cristão — houve muitos que viram
nela um aperitivo do final dos tempos. Ao mesmo tempo, os saxões, lutando
em nome de uma causa retirada de livros de história pagãos — o que havia
sido chamado pelos antigos de "*libertas*", ou "liberdade" — nunca duvidavam
ser os braços armados do céu. Na opinião deles, Henrique havia sido deposto
justa e irrevogavelmente como "um claro inimigo da Igreja". Portanto, morrer
pela liberdade de sua nação também era morrer como mártires de Cristo. Os
próprios legados de Gregório na Saxônia, cavalgando no séquito de Rodolfo e
dando suas bênçãos aos guerreiros, repetidamente confirmaram isso. Um deles
afirmou claramente que Henrique era "um membro do Anticristo".[85]

Um pronunciamento pelo qual Rodolfo, claro, foi muito grato. Ainda assim,
enquanto ele lutava desesperadamente para estender seu poder além dos limites da
Saxônia, poderia ter recebido um pouco mais de torcida do próprio Santo Padre.
E não estava só em seu desapontamento por esse apoio em particular. Também
Henrique, na esteira de Canossa, considerara o apoio papal um direito seu: justa
recompensa por sua penitência. Os dois reis, considerando garantido que o Todo-
poderoso estava do lado deles, pressionaram por uma condenação do papa ao

outro; mas Gregório, pela primeira vez moderando sua natural determinação, buscou manter uma rígida neutralidade. Ele certamente se angustiava com o massacre na Germânia e estava desesperado para que terminasse, mas como sempre sua maior preocupação continuava a ser assegurar a liberdade da Igreja. Se Henrique claramente era menos confiável em relação a isso do que Rodolfo, ele também parecia ser o mais provável vitorioso final: uma consideração que inspirava até mesmo Gregório a esperar para ver.

Mas a conclusão que a maioria dos homens teria tirado disso — que inevitavelmente havia limites ao que qualquer papa poderia esperar conseguir em um mundo governado pela espada — era uma que ele ainda se recusava a tirar. Inflamável, contundente, vulcânico: Gregório continuava o mesmo de sempre. Dizia-se que mesmo quando bebê centelhas sobrenaturais cintilavam por seus cueiros; e também quando adulto, não apenas um halo de chamas milagroso um dia teria iluminado sua cabeça como antes mesmo de ter sido elevado ao trono de São Pedro ele tivera uma visão de seu futuro espetacularmente iluminado por fogo. Pois tivera um sonho famoso: "uma profecia de excelência e poder papais, em que chamas saíam de sua boca e incendiavam o mundo". Para os inimigos de Gregório, ímpios como eram, isso parecia um claro sinal da destruição que ele estava fadado a lançar sobre o povo cristão; mas seus aliados sabiam melhor. Como um deles disse, "Sem dúvida o fogo havia sido aquele mesmo fogo lançado sobre a Terra pelo Senhor Jesus Cristo: uma faísca a ser ansiosamente desejada".[86]

E nem mesmo com a Germânia queimando o próprio Gregório teve dúvidas disso. Teimosamente, com uma persistência e uma energia que pareciam prodigiosas até mesmo a seus adversários mais amargos, ele se aferrou à missão de recriar todo o mundo cristão segundo sua vontade. Se os hábitos de uma região da cristandade parecessem a Gregório zombar daqueles da Igreja de Roma, provocavam um ataque arrogante. Informado, por exemplo, de que na Sardenha estava na moda os padres usarem barbas luxuriantes, ele não hesitou em criticar as autoridades locais da forma mais peremptória, escrevendo com dureza: "eu os encarrego de garantir que todo o clero sob seu poder se barbeie".[87] Tanta atenção aos detalhes de comportamentos pessoais talvez pudesse parecer abaixo da dignidade papal — mas Gregório pensava diferente. Afinal, qual era sua missão se não devolver unidade a um mundo fragmentado, de alto a baixo? Então, ele não podia se poupar de qualquer esforço na busca de objetivo tão espantoso. No final das contas, era preciso impor à Igreja uma obediência uniforme em todos os pontos e em todos os níveis. Pois só assim ela poderia ser verdadeiramente universal.

UMA VERDADE INCONVENIENTE 341

E qual a melhor forma de assegurar esse fim desejado? Para Gregório, um homem que comprovadamente pensava grande, a solução parecia evidente. Certamente, deve ter pensado, o objetivo do céu seria mais bem atendido se todos os vários reinos da cristandade se tornassem propriedade pessoal de São Pedro e de seu vigário terreno — ele mesmo. Não sendo de evitar desafios, ele tirou o pó da Doação de Constantino e escreveu a vários príncipes, acenando com a sugestão espantosa de que eles poderiam transferir seus reinos "para a santa Igreja romana".[88] Porém, mesmo sendo um homem com grandes expectativas, Gregório parece ter avaliado que a ideia em geral não daria certo. Alguns meses após Canossa, por exemplo, se dirigindo a vários reis da Espanha, ele mal havia afirmado que toda a península pertencia a São Pedro quando se apressou e reconhecer que, "na verdade, tanto os azares do passado quanto uma certa negligência de nossos predecessores obscureceram isso até então".[89] O que era dizer pouco. Na verdade, os governantes precisavam ser muito devotos, como a condessa Matilda, ou muito ansiosos por legitimidade, como Roberto Guiscard, para se tornarem vassalos de São Pedro. Nem mesmo o próprio Gregório, embora continuasse absolutamente convencido das prerrogativas do papado, ignorava isso inteiramente. Ele podia ser inabalável em suas aspirações — mas era muito menos em seus métodos. Afinal, como a linha de batalha normanda demonstrara em Hastings, não havia vergonha em uma retirada tática, desde que servisse a uma vitória final. Quando o próprio Conquistador, por exemplo, convidado por um legado atrevido a se tornar vassalo de São Pedro, respondeu com uma bufada diplomática, Gregório escolheu não insistir no assunto. Comparado com Henrique, Guilherme era um exemplo de parceiro da Igreja romana; por que, então correr o risco de afastar um rei que era capaz de servir "a todos os príncipes da Terra como um estandarte de correção e um exemplo de obediência"?[90]

Assim, para Gregório, como para qualquer general envolvido em uma guerra em muitas frentes, a estratégia não era apenas uma questão de se aferrar a posições, não importava quais, mas também de avaliar quais estratégias podiam ser devidamente abandonadas com o objetivo de conseguir uma vantagem menor. Certamente, como haviam demonstrado os danosos acontecimentos que levaram a Canossa, ele não temia ficar frente a frente com reis; mas Gregório também era sensível às vantagens que podiam ser conseguidas com a conciliação. Na Espanha, por exemplo, como na Inglaterra, ele acabou optando por não abusar da sorte: pois o rei de Leão, não menos que Guilherme, o Conquistador, era um homem que combinava uma grande devoção à Igreja de Roma com um temperamento arrogante e de ferro. De fato, a reputação de Afonso VI era tão assustadora que se dizia que ele era culpado de nada menos que fratricídio: pois em 1072 ele ascendera ao trono sucedendo ao irmão, assassinado em um crime que — pelo menos oficialmente — nunca havia sido solucionado. Com um segundo irmão em prisão perpétua e um primo tendo misteriosamente caído de um penhasco, esse era um rei cujos interesses seria perigoso cruzar — e Gregório optou por não fazê-lo. De fato, afora uma rápida rusga provocada pela escolha por Afonso de uma esposa inadequada, as relações entre papa e rei se tornaram tão cordiais que em 1079, apenas dois anos após a rejeição de sua tentativa de reivindicar a Espanha para São Pedro, Gregório podia saudar seu correspondente por sua "exaltada humildade e fiel obediência".[91] Um pouco de exagero, talvez, poder-se-ia pensar — afora que, do ponto de vista de Roma, absolutamente não parecia assim. Afonso podia não ter se reconhecido um vassalo do papado — mas pelo menos como patrono da Igreja ele podia formar ao lado de qualquer príncipe da cristandade. Não importava que os espanhóis, remontando aos tempos em que Toledo havia sido a cidade santa dos visigodos em vez de capital sarracena, ainda se aferrassem a rituais ultrapassados e heréticos — Afonso abolira todos eles de boa vontade. Em 1080, por decreto real, a missa romana foi imposta a todo o reino. O próprio Afonso, em um gesto dramático, jogou em uma fogueira um livro de ofícios visigodo. Esse era exatamente o tipo de liderança forte que Gregório sempre valorizara em um rei.

Pois, embora fosse um homem de Deus, o Santo Padre não carecia de experiência no funcionamento do mundo. Sendo ele mesmo líder com uma vida de manobras diplomáticas, Gregório não tinha ilusões sobre o caráter dos senhores da guerra com os quais ele, como papa, era obrigado a lidar. Ainda assim, isso não significava, claro, que não tivesse problemas de consciência com os inevitáveis acordos que era obrigado a fazer. O fato de que a Igreja universal continuava a depender do apoio de príncipes muitas vezes assassinos nunca deixou de causar nele frustração e dor. De fato, com vários anos de papado, algumas vezes, nos momentos mais soturnos, Gregório se via questionando a própria base do poder terreno. Como ele se queixou amargamente em certa ocasião: "Pois quem não sabe que reis e duques se originam de homens ignorantes de Deus, assassinos que se ergueram acima daqueles que antes eram seus iguais por intermédio de orgulho, saque e traição, estimulados pelo Diabo, que é o príncipe deste mundo?"[92]

Uma grande questão — e uma que talvez apenas um homem de origem humilde poderia ter pensado em levantar. Para o próprio Gregório, que se esforçara

UMA VERDADE INCONVENIENTE

a vida toda para garantir a Igreja como uma fortaleza contra as legiões do "antigo inimigo",[93] suspeitar da malícia do Diabo era natural: um estímulo a trabalhar com ainda maior urgência. Mas ao mesmo tempo em que refletia com satisfação sobre o alcance global de seus esforços e sobre como uma imensa gama de povos espalhados pela Terra, dos suecos aos irlandeses, havia sido com sucesso levada a uma obediência comum, Gregório estava cada vez mais consciente da escuridão satânica cada vez maior. Ele não tinha dificuldade em conclamar príncipes dos confins do mundo a reconhecer a autoridade universal de "São Pedro e seus vigários, entre os quais pela divina providência estamos"[94] — mas e se, enquanto fazia isso, a ameaça mais infernal estivesse dentro das terras da cristandade? E se a guarda avançada do Anticristo já estivesse se reunindo para atacar o próprio trono de São Pedro? No sétimo ano de seu papado essa era a monstruosa possibilidade pela qual Gregório se via cada vez mais assombrado. Ele refletiu: "E na verdade isso não surpreende — pois quanto mais perto o advento do Anticristo, mais violentamente ele luta para destruir a religião cristã".[95]

No final de 1077, com a devota e venerável mãe de Henrique morrendo, o que mais a consolava era a convicção de que seu filho e seu pai espiritual, os dois homens aos quais dedicara tanto de sua vida, finalmente estavam reconciliados e que a grande ruptura da cristandade havia sido sanada. Então, talvez tenha sido bom que a imperatriz Agnes expirasse naquele momento. A despeito do beijo de perdão que Gregório dera em Henrique em Canossa, e apesar de todo o espírito de conciliação que caracterizara suas relações na esteira disso, ambos permaneciam aferrados a posições das quais nenhum dos dois podia abrir mão: posições que em última instância eram inconciliáveis. Henrique, finalmente alerta para todas as implicações revolucionárias das políticas de Gregório, estava determinado a nunca abrir mão de seu direito de investidura; assim como Gregório, ferrenhamente convencido de sua vocação divina, continuava igualmente comprometido com eliminá-lo. Assim não espanta que as tensões que pareciam ter sido reduzidas de forma tão dramática em Canossa logo voltassem a aumentar. No outono de 1078, Gregório, deixando absolutamente claro o que até então havia sido diplomaticamente opaco, publicou um decreto fatal: "que nenhum padre pode ser investido de bispado, abadia ou igreja pelas mãos de um imperador ou rei".[96] A reação de Henrique foi investir dois arcebispos naquele mesmo Natal. Mais de um ano depois e ainda não havia recuo real. E por que deveria haver? Henrique tinha todos os motivos para estar confiante. Na Saxônia, o apoio a Rodolfo finalmente parecia estar desaparecendo. Certamente não havia a mais remota perspectiva de que o rival do rei conseguisse avançar a partir de uma base de poder cada vez mais abalada. Henrique podia se considerar tão seguro em seu trono quanto estava desde o golpe de sua excomunhão. Não espanta então que, pela primeira vez conclamado a abrir mão de seu direito de investidura, ele escolhesse pagar o blefe de Gregório.

E também não espanta que, sendo Gregório quem era, o papa igualmente se recusasse a ceder. Ao ultrajado pontífice parecia que o desafio apenas por acaso era a ele: pois Henrique estava prejudicando os propósitos do próprio Deus. No início de 1080, pouco antes da realização de um sínodo em Roma, a Virgem Maria aparecera a Gregório em uma visão e assegurara o apoio do céu aos terríveis passos que naquele momento eram seu dever claro e urgente dar, como líder da Igreja universal. Assim, no dia 7 de março o papa recebeu os delegados reunidos em seu concílio com um grande rugido e depois, com as palavras saindo dele como uma avalanche angustiada, pronunciou que Henrique era novamente "justamente despido da dignidade de rei por causa de seu orgulho, desobediência e falsidade".[97] A neutralidade que Gregório sustentara com tanto esforço desde Forchheim foi finalmente abandonada. Ele empenhava todo o peso de sua autoridade, e todas as invisíveis legiões de Deus que ele não tinha motivo para duvidar que estavam sob seu comando, no apoio a Rodolfo. Em síntese, ele estava apostando tudo que sempre trabalhara para conseguir em uma única ideia: a de que tinha o poder de destruir Henrique. Naquela mesma Páscoa, no cenário impressionante da Basílica de São Pedro, Gregório não hesitou em explicitar toda a terrível escala do que estava em jogo entre ele e seu adversário. "Saibam todos que, se ele não recuperar o juízo até a festa de São Pedro, morrerá ou será deposto. Se isso não acontecer, eu não mais merecerei crédito."[98]

Mas Gregório não estava disposto a confiar seu destino apenas à proteção do apóstolo. Naquele verão, buscando garantir para si um escudo terrestre, além do celestial, ele respirou fundo, engoliu seus escrúpulos e concordou em se encontrar com Roberto Guiscard. O duque de Apúlia, que em 1074 reagira à sua excomunhão tomando Amalfi e ameaçando Benevento, era formalmente absolvido e reconfirmado como vassalo do papa. Certamente um recuo humilhante para Gregório — mas igualmente inevitável. Pois, no final de junho, em meio a suas negociações com o duque, chegaram notícias funestas da Germânia. Foi relatado que Henrique, apelando para a mesma tática de quatro anos antes, reagira à deposição por Gregório convocando um concílio de seus bispos e os pressionando a, em troca, depor Gregório. Uma gama de acusações havia sido feita

UMA VERDADE INCONVENIENTE   345

a "Hildebrando": fomentar guerras, claro, e a inevitável simonia, mas também, de modo original, o interesse por espetáculos pornográficos.

E não era o pior. Henrique também dera outro passo, ainda mais ameaçador. Um novo papa havia sido nomeado: o arcebispo de Ravena, um primo distante da condessa Matilda chamado Guiberto. Então, previsivelmente, no dia da festa de São Pedro, 29 de junho, os aliados de Gregório esperaram prendendo a respiração que esse impostor fosse derrubado juntamente com Henrique; mas nada aconteceu. Não apenas os dois homens permaneceram resolutamente vivos e animados, como, com o verão se transformando em outono, a muitos pareceu que o Todo-poderoso adotara uma política de apoiar ativamente o rei anatematizado. No dia 15 de outubro, por exemplo, quando *lady* Matilda tomou a estrada para Ravena em uma tentativa de raptar seu parente arrivista, ela e seu exército de cavaleiros foram emboscados e atacados com tal severidade que não tiveram escolha a não ser se retirar ignominiosamente para um refúgio próximo.

Ao mesmo tempo, na Saxônia, ao lado de um rio cheio ao sul de Merseburgo, uma calamidade ainda pior se abatia sobre a causa de Gregório. Rodolfo da Suábia, enfrentando Henrique em outra batalha selvagem mas não decisiva, teve a mão da espada decepada e sangrou até a morte em algumas horas. Uma mutilação tão justa quanto horrenda, como pareceu a seus inimigos: pois o golpe fatal havia sido desferido na mão com a qual o antirrei um dia jurara ser vassalo de Henrique. A profecia de Gregório de que "este ano o falso rei morrerá"[99] parecia soturnamente irônica. Aparentemente Deus de fato julgara — mas não havia sido Henrique o considerado em débito.

E até mesmo Gregório, que naturalmente não concordava com essa análise, ficara, com a morte de Rodolfo, se sentindo talvez um pouco perplexo com os misteriosos desígnios do Todo-poderoso e olhando ansiosamente o Norte. Não importava que os saxões continuassem tão teimosamente selvagens como sempre: eles também estavam exaustos e sem líder, e Henrique finalmente poderia ignorá-los. O caminho para Roma estava aberto, e com a primavera ele seguiu para lá. Em maio ele e seu exército estavam acampados diante dos portões da cidade. No entanto, para frustração de Henrique, tiveram de parar. Não importava que o pretenso imperador houvesse se preocupado em levar Guiberto de Ravena consigo, antecipando uma coroação na Basílica de São Pedro. O que ele se esquecera de levar eram soldados suficientes para intimidar os romanos, que não desejavam uma troca de bispos. "Em vez de velas, eles receberam o rei com lanças; em vez do clero cantando, guerreiros armados; em vez de antífonas de louvor, críticas; em vez de aplausos, soluços."[100] Gregório, olhando o acampamento de seu inimigo desde as ameias do Castelo Sant'Angelo, uma imponente fortaleza em frente à Basílica de São Pedro, se permitiu um suspiro de alívio. Em junho, com os pântanos de Roma cintilando pestilentamente com o calor, o exército real começou a se retirar.

Mas por quanto tempo Henrique ficaria longe? E se ele retornasse no ano seguinte com forças suficientes para acovardar os romanos — e então? Embora Gregório tivesse ficado envaidecido com o sólido apoio de seu rebanho, não podia deixar de pensar na desapontadora falta de apoio que recebera daqueles talvez mais qualificados para desembainhar suas espadas em defesa dele. Verdade que a condessa Matilda, sempre leal e valente, se recusara a se submeter ao seu primo real; mas o efetivo limite de sua resistência havia sido se esconder em suas fortalezas nos Apeninos enquanto era sistematicamente despojada de todos os seus domínios na planície. De fato, só havia na Itália um capitão verdadeiramente qualificado para enfrentar a ameaça de Henrique: o mesmo príncipe cujo apoio obrigara Gregório a tampar o nariz para garantir no ano anterior. Mas Roberto Guiscard, a despeito de todos os apelos cada vez mais nervosos enviados a ele desde Latrão, demonstrara um claro desinteresse em se juntar à causa de seu senhor: pois, como sempre, sua preocupação não era com os interesses de alguém, mas com os próprios. O duque de Apúlia sempre perseguira seus sonhos — e no verão de 1081 eles haviam ganhado uma dimensão realmente grandiosa. Em vez de marchar para enfrentar Henrique, Guiscard estivera preocupado com seu feito mais espetacular: nada menos que a invasão do império bizantino.

Certamente um projeto ambicioso — mas ainda assim não inteiramente vão. Sete anos haviam se passado desde o fracasso da expedição a Constantinopla planejada por Gregório, e a sorte da Nova Roma continuava claramente em uma espiral descendente: "o império está quase dando seu último suspiro".[101] Enquanto os turcos continuavam a desmembrar suas províncias asiáticas, uma nova onda de invasores, os inveterados selvagens pechenegues, havia chegado e escurecido as fronteiras do norte, enquanto na própria capital o tesouro e as lojas estavam quase vazios. De fato, parecia aos desmoralizados bizantinos "que nenhum outro Estado na memória mergulhara tão fundo na infelicidade".[102] A ruína parecia quase total.

Mas Guiscard, ao mesmo tempo em que tinha as narinas ardendo com o cheiro de sangue que chegava a ele desde o outro lado do Adriático, também temia que pudesse estar perdendo sua oportunidade.

UMA VERDADE INCONVENIENTE   347

Em Constantinopla, depois de uma assustadora troca de imperadores na qual nada menos que sete pretendentes reivindicaram o trono em menos de 20 anos, um jovem general chegara ao poder pouco antes na esteira de outro golpe. Mas Aleixo Comneno, diferentemente de seus predecessores, era um homem de formidáveis talentos políticos e militares: um imperador que, tendo meia oportunidade, poderia até mesmo reerguer o império. Guiscard, determinado a não dar oportunidade alguma a Aleixo, golpeou o mais duro e rápido que podia. Em junho, após cruzar o Adriático, sitiou a fortaleza de Durazzo, na costa da Albânia. Em outubro, atacado por uma força de resgate bizantina liderada pelo próprio *basileus* e tendo em suas fileiras um número considerável de varangos ingleses, todos eles naturalmente ansiosos para se vingar nos compatriotas de seu conquistador, ele teve uma vitória esmagadora. Os ingleses, tendo buscado refúgio em uma igreja, foram eficiente e satisfatoriamente reduzidos a cinzas após Roberto incendiar o refúgio. Pouco depois, a própria Durazzo foi traída e colocada em suas mãos. Parecia que os normandos estavam prestes a outra conquista.

Mas Aleixo não havia terminado. Apelando para a venerável estratégia bizantina, ele apressadamente reuniu o que ainda havia em seu tesouro — e o despachou para Henrique. "E assim ele incitou a inimizade entre o rei germânico e Roberto."[103] Simultaneamente ele começou a incitar uma rebelião na Apúlia — e de tal forma que Guiscard, enfrentando a perspectiva de perder sua base de poder, não teve alternativa a não ser esquecer seu sonho de conquistar Constantinopla e voltar apressadamente para a Itália. Durante os dois anos seguintes, preocupado como estava em apagar as chamas da insurreição em seu próprio ducado, ele não teria reservas para enviar a Gregório — e isso a despeito de que Henrique, financiado pelo ouro bizantino, era uma presença permanente na Itália, uma ameaça constante tanto aos normandos quanto ao papa. Verdade que a própria Roma, protegida por suas antigas muralhas, continuou a desafiar todas as tentativas de tomada, tanto bloqueios quanto ataques; mas em 1083, após três anos de cerco intermitente, a pressão estava começando a ter consequências. Então, de repente, em 3 de junho, a calamidade. Foi feita uma abertura nas fortificações que cercavam o Vaticano, do outro lado do Tibre, em frente à cidade; as tropas de Henrique penetraram pela abertura; a Basílica de São Pedro foi capturada. Gregório, de pé nas ameias do Sant'Angelo, viu, com horror impotente, seu grande inimigo se apossar do santuário mais sagrado da cristandade: o local de descanso do Príncipe dos Apóstolos.

Aparentemente, foi um momento decisivo: pois parecia que nada poderia impedir Henrique de ser coroado imperador. Mas o rei, apesar de capturar a

Basílica de São Pedro e de ter Guiberto à mão para fazer as honras imperiais, ainda hesitava. Não importava o que diziam seus bispos de estimação; na opinião da imensa maioria do povo cristão, e acima de tudo dos romanos, era Gregório quem continuava a ser o papa de verdade. Assim, em vez de forçar uma coroação que seus inimigos poderiam descartar como sendo ilegítima, e com esperança de se apossar plenamente da ainda desafiadora Roma, Henrique buscou um acordo.

Como antes, o homem escolhido para tentar a negociação foi aquele pacifista instintivo, o abade de Cluny: pois Hugo, em meio a todas as convulsões e tragédias que se seguiram a Canossa, de algum modo conseguira manter um pé em cada campo adversário.[104] Desde 1080, quando Gregório escrevera a ele para perguntar se recomendava alguém para o cardinalato, havia um toque permanente de Cluny na corte papal: pois o candidato escolhido, um francês chamado Odo, havia sido o segundo da abadia, seu "prior-mor". Mas em 1083, ao contrário de 1077, as tentativas de conciliação feitas por Hugo estavam condenadas ao fracasso. Gregório o mandou embora. Mas poucos meses depois, com o controle de Roma por Henrique parecendo aumentar e uma sequência de subornos bem dirigidos começando a finalmente minar a resistência da cidade, até mesmo Gregório começou a suspeitar de que o fim estava próximo. No outono era o papa quem esperava abrir negociações. Contudo, os dois lados continuaram tão separados quanto antes. Naquele novembro, quando Odo foi enviado por Gregório para discutir os termos, Henrique ficou tão furioso com o que considerou a insistente inflexibilidade papal que por um breve tempo colocou o cardeal na prisão.

Mas em pouco tempo a pressão sanguínea real começou a baixar e, com o ano-novo, Henrique decididamente conseguiu relaxar. O que antes havia sido um gotejar de defecções das fileiras papais estava rapidamente se transformando em uma onda. Diáconos, funcionários do papa, até mesmo um eventual cardeal: todos estavam se passando para o lado de Henrique. Mais significativamente ainda, a maioria do povo romano finalmente estava preparada para também abandonar seu bispo. No dia 21 de março de 1084, um grupo destrancou os portões de sua cidade — e Henrique, após quatro anos de espera, finalmente cavalgou para dentro de sua antiga capital. E ele não era o único a reivindicar uma herança há muito tempo aguardada. Afinal, com Gregório ainda trancado no Castelo Sant'Angelo, o palácio de Latrão ficara vazio: portanto, a oportunidade ideal para que um novo inquilino se mudasse. E assim, apenas três dias após a entrada de Henrique em Roma, Guiberto adotou o nome de Clemente III e foi formalmente entronizado papa. Pouco depois, na Páscoa, foi a vez de Henrique ser

UMA VERDADE INCONVENIENTE   349

agraciado com a mais grandiosa das promoções. Tendo ao lado a Lança Sagrada, a antiga relíquia de assombroso poder, ele primeiramente foi ungido por Clemente e depois, no dia seguinte, coroado imperador: o herdeiro de Carlos Magno, de Otão, o Grande, de seu próprio pai. Após uma espera de muitas décadas, Roma mais uma vez podia saudar um césar consagrado.

Mas não por muito tempo. Quando Henrique, decidido a eliminar Gregório de uma vez por todas, preparava-se para o cerco ao Castelo Sant'Angelo, chegaram a ele notícias perturbadoras do sul. Roberto Guiscard e seu irmão, o conde Rogério da Sicília, estavam finalmente em marcha. O novo imperador, tendo conseguido a coroação que buscara assegurar em Roma, preferiu não perder tempo. Sua fuga, e também a do antipapa, acabou se dando na última hora. Menos de três dias após sua saída apressada da capital, batedores normandos estavam chegando às muralhas da cidade. Os romanos, vendo horrorizados o imenso exército que seguia na sua direção, um exército que incluía não apenas uma grande tropa de choque de cavaleiros, mas até mesmo sarracenos recrutados na Sicília, mantiveram seus portões firmemente trancados e não sabiam o que fazer. Abandonados por seu imperador e cientes da assustadora reputação dos Hauteville, eles temeram o pior — com toda razão. Pois Guiscard já estava ficando impaciente. Após três dias de espera ele liderou um ataque noturno e forçou sua entrada na cidade. Gregório, saindo do Castelo Sant'Angelo, foi levado em triunfo a Latrão — mas enquanto ele celebrava sua libertação com uma suntuosa missa de ação de graças, seus libertadores normandos já estavam espoliando seu rebanho. Finalmente, após três dias terríveis, os romanos desesperados tentaram reagir — apenas para serem mortos além de roubados. Gregório, acompanhando desde Latrão, teve de suportar a visão de toda a sua amada cidade em chamas. Nunca antes a capital da cristandade havia sido submetida a um saque tão brutal, destrutivo e completo. Foi relatado que as mais terríveis atrocidades foram cometidas pelos sarracenos do conde Rogério.

Esse foi o destino que Gregório, o herdeiro de São Pedro, deu ao local de descanso final do apóstolo: ser saqueado por infiéis. Quando a fumaça por fim começou a se dissipar e o sangue nas ruas a secar, ficou absolutamente evidente, até mesmo para o próprio papa, que sua situação na cidade arruinada era insustentável: pois as maldições e os punhos cerrados das pessoas que um dia haviam sido seus mais fiéis aliados tornavam impossível a ele continuar em Roma sem a proteção dos Hauteville. Assim, quando Guiscard deixou a cidade no final de julho, não teve escolha a não ser partir com ele. Não menos que o papa Leão após Civitate, Gregório naquele momento era efetivamente um prisioneiro dos normandos. Na verdade, seu fracasso parecia ainda mais completo do que fora o de Leão. Tudo pelo que ele lutara parecia em ruínas. Seu grande adversário, coroado imperador em triunfo, ainda ocupava o trono do *Reich*. Em Roma, mal Gregório deixara a cidade, o manhoso Clemente retornara a Latrão. O próprio Gregório, instalado por Guiscard em aposentos ao sul de Amalfi, sabia do fundo do coração que havia sido rebaixado e humilhado. Soturnamente, em carta endereçada simplesmente "aos fiéis", ele tentou dar sentido a tudo, assegurando ao povo cristão: "Desde que pela providência divina a Santa Madre Igreja me colocou no trono apostólico, embora, Deus é testemunha, eu não o merecesse e estivesse relutante, minha maior preocupação foi de que a santa Igreja, a noiva de Cristo, nossa senhora e mãe, retornasse à sua verdadeira glória e fosse livre, casta e católica. Mas como isso desagradou completamente o antigo inimigo, ele se armou contra nós e virou tudo de cabeça para baixo."[105] Naquele mesmo inverno, subitamente contraindo uma doença mortal, Gregório certamente não tinha dúvida de que o mundo realmente estava à sombra do Anticristo. Não parecia haver outra explicação possível para as tragédias que haviam se abatido sobre ele e sua grande causa. "Amei a correção e odiei a iniquidade, por isso morro no exílio",[106] declarou ele em 25 de maio. Foram suas últimas palavras.

Contudo, a sombra do Anticristo de modo algum se espalhava como Gregório imaginara soturnamente em seu leito de morte. O tempo mostraria que seu pontificado, longe de ter levado à ruína a *libertas* da Igreja, sua liberdade, serviria para consolidá-la, e a muito mais, além da possibilidade de reversão. A grande massa do povo cristão, a despeito — ou talvez por causa — das mudanças sem precedentes da década anterior, permaneceu não menos comprometida com a causa da reforma do que havia sido; assim como muitos dos principais líderes da Igreja, fossem eles cardeais, bispos ou abades; e a inimitável fusão de ataque e estímulo de Gregório continuou a reverberar nas cortes de grandes príncipes por toda a cristandade. Mesmo no próprio *Reich*, onde o triunfo de Henrique parecia completo, a realidade era um pouco diferente. Na Germânia a causa da reforma fincara raízes, como o cardeal Odo descobrira ao chegar lá em 1084 como legado de Gregório. "Do que mais se fala até mesmo nas salas de costura das mulheres e nas oficinas dos artesãos?"[107] — perguntou um monge hostil a Gregório em 1075. Uma década depois, a conversa estava ainda mais alta.

Assim, as calamidades que marcaram o final do mais significativo pontificado em muitos séculos não serviram para anunciar a vinda do Anticristo. Ao contrário, muito do que Gregório lutara tão titanicamente para garantir sobreviveria à sua morte. Se pelo menos tivesse recebido essa boa nova em uma visão sobrenatural ou de um mensageiro angelical, o papa moribundo poderia ter indicado um claro triunfo: a prova de que o Todo-poderoso de fato ainda sorria para a cristandade. Pois no dia 25 de maio de 1085, dia da morte de Gregório, braços cristãos conseguiram uma conquista gloriosa e muito ansiada. Portas fechadas a eles por muitos séculos enfim foram abertas. Uma cidade sagrada foi devolvida à Igreja universal. Mais uma vez, como havia sido muito antes, uma cruz se erguia em triunfo acima das muralhas de pedra de Toledo.

Deus vult

Em 18 de outubro de 1095, com o sol nascendo sobre os salões e as torres de Cluny, era palpável uma sensação de agitação, até mesmo excitação por todo o grande mosteiro. Um convidado era esperado em breve — e não qualquer convidado. De fato, a aura de santidade da abadia e seu *pedigree* eram tamanhos que seria necessário um visitante realmente excepcional para ofuscar aqueles que percorriam seus pisos de pedra atapetados. Os monges angelicais de Cluny, que tinham entre si duques e bispos penitentes, raramente eram ofuscados. Não que ao acompanharem os preparativos dos serviçais da abadia e ocasionalmente olharem para a estrada a leste no horizonte eles sentissem que fosse iminente qualquer violação à sua dignidade. Na verdade, exatamente o oposto. O homem que os irmãos esperavam saudar não era estranho a seus claustros. Na verdade, ele um dia havia sido seu "prior-mor". Naquele momento, mais do que qualquer egresso de Cluny antes, ele era a prova viva de a qual altura podia chegar um antigo membro da abadia.

Quinze anos haviam se passado desde que Odo partira para Roma. Naquela época ele se revelara o mais capaz, o mais astuto e o mais comprometido dos seguidores de Gregório. Contudo, apesar de toda a sua devoção à memória do grande papa que o elevara ao cardinalato, Odo era um homem de talentos muito diferentes daqueles de seu patrono — como convinha. O tempo de sangue e trovão havia passado. Com um antipapa instalado em Latrão e, após a morte de Gregório, boa parte da cristandade feliz em reconhecer Clemente como um legítimo herdeiro de São Pedro, um toque da frieza de Cluny era exatamente do que mais precisavam os sitiados reformistas. Como o abade Hugo, que Gregório, em triste e parcialmente invejosa admiração apelidara de "tirano de fala macia",[108]

Odo era um formidável conciliador: um artista nato que aliava uma persuasão excepcional com uma fria dose de cálculo e invariavelmente saía vitorioso. Em 1085, com apenas cinco anos como cardeal, ele havia sido um dos dois mais fortes candidatos a suceder Gregório e a continuar a lutar contra Clemente; no entanto, depois da vitória de seu adversário, ele se preocupou em ficar ao lado do novo papa e ser indicado como seu sucessor. Ele não precisaria esperar muito. Com dois anos do novo pontificado o trono de São Pedro estava novamente vago. Odo havia sido devidamente eleito para ocupá-lo. Assumindo o nome de Urbano II, ele se lançou à grandiosa tarefa de concluir o que Gregório deixara inacabado — tendo, como prioridade especial, esmagar de uma vez por todas a autoridade de Clemente, o antipapa.

Com oito anos de estrada, ele estava a caminho de conseguir. Um sutil leitor das ambições dos homens e um mestre na concessão bem dirigida, Urbano tinha preferência por táticas que aliavam rigor e discrição. Contendo com firmeza os fundamentalistas da reforma e cedendo em tudo mais, ele conseguira a façanha de consolidar as realizações de Gregório de forma muito mais eficaz do que o próprio Gregório teria conseguido. *"Pedisequus"*[109] era como seus adversários o classificavam pejorativamente: um mero lacaio, um servo, se limitando a seguir diligentemente os passos de seu predecessor. Mas isso era confundir a demonstração de equanimidade de Urbano com falta de iniciativa ou firmeza. Na verdade, não menos do que Gregório, o novo papa tinha uma disposição senhorial. De fato, os hábitos do senhorio eram mais naturais a ele do que tinham sido para o Hildebrando de berço humilde: pois os pais de Odo haviam sido nobres, e ele crescera moldado pelas incansáveis posturas e aspirações da classe guerreira da França. Certamente, como cabia a alguém que passara seus primeiros anos em um castelo, sua familiaridade com a liderança não se limitava aos assuntos da Igreja. Mais que qualquer papa antes dele, Urbano II tinha a estatura do novo modelo de capitão cavaleiro.

E talvez até mesmo partilhasse ele mesmo um pouco de sua crueldade. Assim como o instinto natural de qualquer castelão era aumentar suas próprias terras tomando as de seus rivais, da mesma forma no cenário incomensuravelmente mais vasto da cristandade Urbano pretendera ampliar sua autoridade limitando o máximo possível Henrique e Clemente. Ele trabalhara sem remorsos para explorar cada humilhação imperial, cada derrota imperial — e houve muitas delas. Rebelião na Baviera, a contínua e implacável oposição da condessa Matilda e traições dentro da própria família real: desde os dias grandiosos da coroação de

UMA VERDADE INCONVENIENTE

Henrique tudo servira para prejudicar os interesses do imperador. De fato, em 1095 seus inimigos pressionavam de tal forma que o herdeiro de Constantino e Carlos Magno acabou encurralado em um pequeno canto do oeste da Lombardia, incapaz sequer de cruzar os Alpes de volta a sua terra natal.

Urbano, querendo se valer disso, convocou um concílio sob as barbas de Henrique, ao sul de Milão, em um campo na periferia de Piacenza: uma cidade que, pelo menos oficialmente, pertencia à diocese natal do antipapa, Ravena. Uma constante sucessão de antigos aliados de Clemente, convocados de toda a cristandade, se submeteu publicamente ali à autoridade de Urbano. A segunda esposa de Henrique, uma princesa de Kiev chamada Eupraxia, tão infeliz no casamento quanto Berta havia sido, também apareceu no concílio após raptada da custódia imperial por agentes da condessa Matilda: de forma sensacional, e para o horror deliciado dos delegados, ela acusou publicamente seu marido de cometer estupro coletivo contra ela.[110] Então, no auge do triunfo, Urbano encontrou-se com o filho mais velho de Henrique, Conrado, há muito tempo rebelado contra o pai e, segundo os boatos que corriam, amante de Eupraxia — e prometeu coroá-lo imperador. Em troca o jovem príncipe se juntaria sem reservas à causa dos reformistas. Na verdade, em uma ostensiva demonstração de submissão aos propósitos de Urbano, Conrado até mesmo servira de cavalariço para o pontífice, caminhando ao lado da montaria papal e segurando as rédeas. Urbano deve ter pensado nessa hora: quem era então o *pedisequus*?

Não espanta, então, que após tal cavalgada de sucesso ele se sentisse suficientemente confiante em seu controle da Itália para arriscar a viagem até o sul da França. Como seus partidários adoravam destacar, o fato de ele ter a liberdade de grande parte da cristandade enquanto o imperador permanecia humilhantemente fincado na Lombardia era em si outro sinal claro do prestígio do papa. Mais aconteceria quase diariamente durante a excursão de Urbano pela França: pois ele se viu sendo saudado lá com um entusiasmo, um delírio que superava em muito suas próprias expectativas. Sem dúvida, isso em parte refletia o fato de que ele mesmo era francês; e em parte também o cuidado com que a visita havia sido planejada. Mas havia algo mais. Desde a rápida viagem de Leão IX a Reims um papa não havia sido visto ao norte dos Alpes — e durante esse meio século a cristandade fora sacudida de alto a baixo. Naquele momento, com o vigário de São Pedro novamente pisando em solo francês, o povo dos vários principados do sul, de Borgonha à Aquitânia, podia fazer sua avaliação sobre os acontecimentos dos cinquenta anos anteriores — e estava fazendo isso com prazer. E não apenas príncipes e abades. Homens e mulheres que um dia, à sombra do milênio, poderiam ter ido ver as relíquias de santos em campos ou partido para as florestas, tentando viver como os apóstolos, naquele momento se reuniam para ver o papa. Não espantava que no mais de meio século desde 1033 o movimento pacifista houvesse morrido e também a heresia: pois ambos de fato haviam desempenhado seu papel. A causa daqueles que haviam sonhado com a reordenação do mundo caído e exigido uma limpeza de tudo de sujo e contaminado nas questões humanas era agora a causa da Igreja de Roma.

E Urbano, tomando a estrada que levava a Cluny e olhando ao redor naquela manhã de outubro de 1095, sem dúvida identificou no que via uma abençoada e poderosa confirmação: que a grande missão de sua vida, domesticar o que era selvagem e ordenar o que antes era condenável, era partilhada pela grande massa do povo cristão. De fato, ele podia ver provas inconfundíveis de seus esforços durante todas as suas viagens: pois em toda parte, "lugares que antes foram covis de bestas selvagens e esconderijos de ladrões passaram a ressoar ao nome de Deus e à veneração dos santos".[111] Mas talvez, acima de todos os lugares da França, era ao redor de Cluny que essa grande obra de conquista era mais gloriosamente evidente: pois lá a derrubada de florestas, a drenagem de pântanos e a ocupação de terras abandonadas havia continuado por mais de um século, de modo que para aqueles que passavam por eles os próprios campos pareciam reformados. Mas por sua vez eles só podiam ser um indício da verdadeira maravilha que esperava pelos peregrinos; e mesmo o próprio Urbano, acostumado como estava com a aproximação de sua velha abadia, certamente teria detido seu cavalo enquanto subia a coluna a leste acima de Cluny e parado, estupefato. Pois abaixo dele estava uma visão diferente de qualquer coisa que havia visto: um prédio mais adequado para servir de símbolo de seus esforços que qualquer outro na cristandade.

O abade Hugo ordenara que o trabalho começasse cerca de duas décadas antes. A necessidade era grande: pois se no céu não havia limite para o número de vozes angelicais que podiam se elevar em louvor a Deus, em Cluny infelizmente havia. A igreja que abrigara as devoções dos irmãos da abadia nas décadas heroicas antes do milênio já não era nem de longe adequada ao seu objetivo. Ao longo de um século os cinquenta monges haviam se transformado em duzentos e cinquenta — e o número continuava a crescer. Assim, em vez de se curvar às limitações impostas a ele e buscar uma acomodação, admitir a carência ou recuar, o abade Hugo corajosamente decidira enfrentar o desafio de frente. Começara a se erguer no vale uma nova igreja, com perfil mais vasto que o de qualquer igreja

UMA VERDADE INCONVENIENTE 355

já construída, os tetos parcialmente concluídos já se elevando acima dos antigos e as costelas de seu enorme vão parecendo se levantar e buscar o céu.

Verdade que o projeto ainda tinha um longo caminho pela frente — mas do modo que já estava o prédio era de tirar o fôlego. E talvez especialmente o fôlego de Urbano. Pois quinze anos antes, quando ele partira de Cluny para Roma, não havia nada além de fundações parcialmente cavadas onde as enormes cúpulas e torres então se erguiam; e durante esses quinze anos também Urbano se entregara a seu próprio esforço de reconstrução. Entre a Igreja universal que era sua obrigação, como herdeiro de São Pedro, reconstruir, aperfeiçoar e ampliar, e a igreja que estava sendo erguida em Cluny, projetada para ser a "*maior ecclesia*", ou "principal igreja" da cristandade, talvez a única diferença fosse de escala. Era revelador que o Príncipe dos Apóstolos, o mesmo guardião celestial em quem o papa, como seu vigário terreno, naturalmente buscava apoio, tenha sido visto verificando os trabalhos de construção em Cluny. Urbano e o abade Hugo eram homens com uma mesma ambição. O objetivo deles como arquitetos era "uma morada para mortais que satisfizesse os habitantes do céu".[112]

Assim, a experiência de entrar no enorme espaço que os construtores já haviam concluído certamente foi inspiradora para o papa. Um altar enorme e refinadamente esculpido se erguia em frente a ele, radioso, até mesmo esmagador, com uma ideia de santidade. Acima dele estava pendurada uma pomba de metal e, dentro da pomba, em um prato de ouro, era mantido o próprio corpo de Cristo: o mesmo pão consagrado que, na nova escala da disposição, podia ser dado aos monges angelicais de uma só vez. Também o ambiente, iluminado por sete velas imensas, era de beleza e magnificência sem precedentes: pois fosse a cantaria de um segundo grande altar localizado além do primeiro, o delicado revestimento que decorava os enormes capitéis ou o brilho rubi dos afrescos pintados a cera nas paredes distantes, tudo era projetado para evocar no pecador estupefato uma noção de paraíso. A sombra do Juízo Final, que assombrara a imaginação de Cluny pelos quase dois séculos de sua existência, ainda parecia a seus irmãos virgens se lançar negra sobre o mundo; e, assim como Odo e Odilo haviam feito, Hugo queria oferecer um abrigo para a iminente tempestade daquele dia terrível. "Pois nós, que estamos acima dos mares deste mundo, devemos sempre buscar evitar as correntes desta vida."[113]

Mas na verdade, como o próprio esplendor da *maior ecclesia* alardeava, as circunstâncias do povo cristão haviam mudado imensamente desde a fundação da abadia. Afinal, na época em que não havia nada a ser visto em Cluny além de uma cabana de caça ducal, parecia a muitos que a própria cristandade estava prestes a ser inteiramente engolida, perdida para sempre sob as ondas de sangue e fogo que por tanto tempo, e com tal ferocidade, se lançavam contra ela. De fato, em 972 um dos próprios abades do mosteiro, antecessor de Odilo, havia sido sequestrado por bandoleiros sarracenos que pediram resgate. Mas um século depois as terras da cristandade pareciam definitivamente protegidas contra a cobiça pagã. Terras antes entregues ao paganismo haviam sido conquistadas para a cruz. Ao longo das veredas escurecidas pelos abetos do Caminho do Norte, onde oferendas a Odin eram penduradas nas árvores, os peregrinos da época viajavam para baixar a cabeça diante da tumba do martirizado Santo Olavo; junto ao Danúbio, húngaros que ainda erravam por suas margens com barracas ou fazendo cabanas de junco, assim como seus ancestrais sempre haviam feito, passaram a ter medo de acampar longe demais de uma igreja para não serem multados ou amaldiçoados por um santo. De fato era possível viajar mais de mil e quinhentos quilômetros a partir de Cluny e não cruzar os limites da cristandade.

Na verdade, seria preciso antes partir na direção certa. Não que aqueles que um dia haviam sido os saqueadores da Igreja houvessem se arrependido da depredação. Se, como Urbano afirmara, Cluny realmente era "a luz do mundo",[114] reconhecidamente havia certas regiões de trevas em que seus raios não haviam conseguido penetrar. O próprio abade Hugo, escrevendo a um governante sarraceno na Espanha e defendendo a tese de que Maomé havia sido um agente do Diabo, descobriu que suas cartas não estavam exatamente sendo recebidas com êxtase.[115] Nem seus missionários. Em 1074, por exemplo, após um monge de Cluny ter viajado a al-Andalus e se oferecido para caminhar sobre o fogo se sua plateia abandonasse a heresia, os sarracenos descartaram com desprezo o desafio. Assim, o monge, ressentido, "espanou a poeira dos pés, deu as costas e retornou ao mosteiro".[116]

Mas enquanto fazia a difícil viagem de volta pelos Pirineus ele finalmente conseguiu se consolar com a reflexão de que pelo menos não iria se defrontar com bandoleiros sarracenos. Os monges de Cluny podem não ter conseguido conquistá-los para Cristo — mas como os acontecimentos do século anterior haviam demonstrado de forma clara, a conversão não era a única forma de conter a ameaça dos sarracenos. Os dias em que um abade em viagem podia ser raptado por um de seus bandos guerreiros haviam passado. Na verdade, as posições até se inverteram. Em 1087, por exemplo, uma frota de guerra comandada por aventureiros de Pisa se vingara do saque de sua cidade oitenta e tantos anos antes avançando sobre um

UMA VERDADE INCONVENIENTE   357

porto africano, pilhando-o e levando o butim em triunfo para financiar uma nova catedral. Depois, em 1090, uma outra vitória famosa: os últimos postos avançados sarracenos na Sicília se renderam ao conde Rogério. No ano seguinte, foi a vez dos corsários de Malta se submeterem ao controle normando e serem totalmente eliminados. Juntamente com o ouro, centenas de prisioneiros cristãos haviam sido retirados dos depósitos dos piratas. O tráfico de escravos para a África, que durante séculos drenara a força da Itália, fora inteiramente eliminado. Não apenas Sicília e Malta haviam sido garantidos para a cristandade, mas também as águas além delas. As rotas marítimas do Mediterrâneo finalmente eram seguras para os navios cristãos — e acima de tudo para comerciantes cristãos, empreendimentos lucrativos cristãos.

Como Urbano refletiu maravilhado, "É a vontade de Deus, em Sua sabedoria e poder, conquistar principados e transformar inteiramente o espírito da época".[117] A cristandade, que um dia sangrara quase até a morte, estava finalmente começando a crescer. Os pobres podiam ser abençoados — mas também os ricos, caso fossem ser conquistados para o objetivo certo, não podiam ser desprezados como instrumentos dos desígnios do céu. Os construtores de catedrais de Pisa certamente eram prova disso. E também, e de forma ainda mais gloriosa, o próprio abade Hugo. Afinal, uma igreja como a que ele iniciara precisava ser paga de algum modo. Que bênção, então, que os monges de Cluny houvessem pouco antes garantido um patrono em posição de cuidar de qualquer necessidade. De fato, as quantias oferecidas por ele haviam sido tão prodigiosas que em 1090 o abade Hugo fizera a viagem a Burgos, na Espanha distante, para negociar pessoalmente a entrega. Afonso VI, o temível rei de Leão, tinha um bom motivo para ser generoso com o famoso mosteiro. No pior momento de sua carreira, com seu irmão ainda firme no trono e ele trancado em uma masmorra, pedira ajuda a São Pedro. Foi libertado quase imediatamente e, com sua sorte mudando de forma espetacular a partir daquele momento, Afonso atribuiu-a inteiramente aos monges de Cluny por terem intercedido junto ao apóstolo. E quem era o abade Hugo para negá-lo?

Talvez se os cofres de Afonso estivessem abarrotados de tesouros saqueados de outros cristãos ele ainda assim houvesse hesitado. Mas, felizmente, não havia necessidade de o abade se constranger. Não menos que os Hauteville, o rei de Leão era um homem com grande facilidade para derrotar sarracenos — e drená-los. Ao longo de umas poucas décadas os arrogantes predadores de al-Andalus, assim como os da Sicília, tornaram-se, para seu próprio horror, presas de suas vítimas de antes. Com o califado transformado em uma lembrança cada vez mais distante, a grande cidade de Córdoba ainda tomada de entulho e mato e o domínio que ela antes controlava fragmentado em um mosaico de pequenos reinos, o equilíbrio de forças na península mudou decisivamente pela primeira vez desde a chegada dos sarracenos à Espanha. Verdade que a maioria dos cristãos demorara um pouco a abrir os olhos para isso: pois o brilho residual do califado desaparecido, como a luz de uma estrela explodida, ainda iluminava o cenário de sua grandeza anterior. Mas o próprio Afonso não ficara ofuscado: pois ao olhar penetrante de um patologista nato ele somara o conhecimento especializado e íntimo dos fatos. Embora as cortes de al-Andalus pudessem ainda brilhar, crescia sob a superfície uma fraqueza que Afonso, quando jovem, conseguira detectar e observar pessoalmente. Em 1071, após sua libertação da masmorra do irmão, e antes de tomar o trono de Leão para si, ele fugira pela terra de ninguém que marcava o limite da cristandade e buscara refúgio em uma corte em al-Andalus. E não uma corte qualquer, mas aquela que após a ruína de Córdoba parecia suprema como a mais rica e refulgente de toda a Espanha: Toledo.

As lembranças de seu exílio lá ficariam com Afonso por toda a vida. Ele poderia ser um filho devotado da Igreja de Roma — mas nem toda devoção podia abalar seu profundo apreço, até mesmo amor, pelo encanto de seus inimigos. Do vestuário à caligrafia, passando por concubinas, suas preferências particulares com frequência se inclinavam para os sarracenos. Também Toledo, culta, elegante e despudoradamente luxuosa, estava destinada a sempre ocupar um lugar privilegiado em seu coração — e como algo mais do que apenas a cidade sagrada de seus ancestrais. Ainda assim, Afonso não era um sentimental. Embora não fosse imune aos atrativos de al-Andalus, estudara as estratégias de extorsão que sempre haviam sido o lado sombrio da grandeza dos sarracenos. Assim como na primeira onda de vitórias os muçulmanos se vangloriaram do número de cristãos que subjugaram e afastaram qualquer ideia de convertê-los ao islamismo para não prejudicar sua base de contribuintes, Afonso, pelas mesmas razões, descartou uma grande política de conquista. Em vez de derrubar os vários reis de al-Andalus, sua política foi a de humilhá-los e enfraquecê-los, extorquindo regularmente o pagamento de tributos. Os herdeiros do califado omíada, todos eles muçulmanos orgulhosos, se viram sendo tratados como os *dhimmis* de um senhor cristão.

A confiança de Afonso era tal que ele não teve qualquer pudor em esfregar em suas caras a troca de papéis. Um de seus agentes, por exemplo, se dirigindo ao rei de Granada, uma cidade no extremo sul de al-Andalus, havia sido violentamente

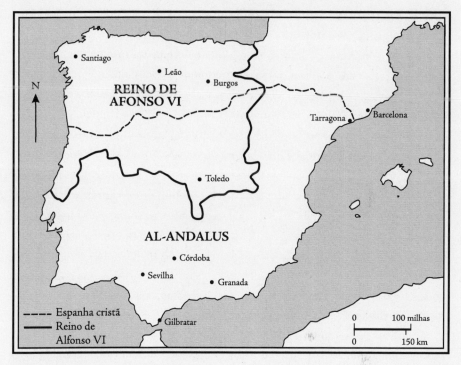

Espanha: começa a *Reconquista*

explícito sobre as intenções de seu senhor, reconhecendo alegremente: "Agora que os cristãos são fortes e capazes, eles desejam recuperar o que perderam pela força. Isso só pode ser conseguido enfraquecendo e abusando de al-Andalus. A longo prazo, quando ela não tiver nem homens nem dinheiro, conseguiremos reconquistá-la inteiramente sem dificuldade."[118]

Como prova disso os muçulmanos só precisavam olhar para o triste exemplo de Toledo: com o tempo seu regime acabara tão anêmico que seu príncipe havia sido reduzido ao expediente desesperado de convidar o rei de Leão. O fruto mais doce de toda a península ibérica simplesmente caíra no colo de Afonso; assim como as estratégicas terras ao redor dela. A partir daquele momento, não apenas uma região de al-Andalus, mas todo o seu flanco estava exposto à passagem dos cavaleiros de ferro cristãos. Assim, de longe, Urbano podia saudar a queda de Toledo como um triunfo para toda a cristandade. "Com o coração cheio de júbilo, agradecemos muito a Deus por em nossa época Ele ter se dignado em conceder essa vitória ao povo cristão."[119] E talvez especialmente para os monges de Cluny. Certamente era possível ver no fluxo constante de carroças da Espanha para Borgonha um sinal inexorável e impressionante da avaliação dos céus. Pois assim como a Grande Mesquita de Córdoba, o único local de adoração na Europa ocidental que poderia se comparar em tamanho à *maior ecclesia*, havia sido adornada com o saque de Santiago, naquele momento, quando o abade Hugo pagava seus operários, o fazia com ouro sarraceno.

Não que Cluny tivesse lucrado com a conquista de Toledo apenas em saque. Em 1086 um de seus próprios irmãos, um monge santo mas astuto chamado Bernardo, havia sido nomeado arcebispo da cidade capturada. O abade Hugo, escrevendo para parabenizá-lo, conclamara Bernardo a nunca se esquecer de que ele era um capitão servindo diretamente na linha de frente da cristandade. Portanto, suas responsabilidades não eram apenas para com o povo cristão, mas também para com seus inimigos. "Faça o bem, viva de modo irrepreensível, siga os mais altos padrões morais e seu exemplo fará mais para inspirar e converter os infiéis do que quaisquer sermões."[120] Isso mostrava uma reveladora divergência entre Hugo e seu patrono mais cínico. Para os cristãos mais distantes do peculiar quadro multicultural da Espanha era monstruosa a ideia de manter pagãos em sua fé apenas para que fosse mais legítimo extorquir sua riqueza. O que era seu ouro comparado com a potencial colheita de suas almas? Na opinião de Hugo — e na de Urbano — seria muito melhor o fim do fluxo de tesouros da Espanha do que comprometer a causa da limpeza, da purificação e da transformação da humanidade. A guerra podia ser justificada — mas apenas quando a serviço da reforma de todo o mundo.

Mas, preocupantemente, e a despeito das grandes esperanças geradas quando da captura de Toledo, já estava ficando evidente, com apenas uma década daquela grande vitória, que a conquista da Espanha para Cristo não aconteceria exatamente como o planejado. Durante sua estada em Cluny, Urbano podia ouvir, toda manhã, sem exceção, o mesmo salmo ser cantado pelos monges: um pedido a Deus para que o rei de Leão continuasse vitorioso em batalha. Mas Deus, por alguma razão, parecia por ora ter parado de escutar. A sorte na guerra se voltara contra Afonso pouco antes. Desesperados para descobrir uma forma de conter suas ambições, os potentados divisionistas de al-Andalus haviam sido obrigados a dar o mesmo passo desesperado que algumas décadas antes se revelara tão fatal para o califado: convidar os berberes. Como definiu o rei de Sevilha, ainda era melhor correr o risco de acabar pastor de camelos do que cuidar de porcos. Assim, fortalecidos por reforços da África, os principados de al-Andalus haviam pelo menos conseguido derrotar Afonso — e então viram seus reinos

UMA VERDADE INCONVENIENTE 361

serem engolidos por aqueles que antes eram seus aliados. Para o próprio Afonso o segundo desdobramento não foi menos prejudicial que o primeiro. Os berberes, como sempre duros, ascéticos e entusiasmados com a *jihad*, eram adversários mais formidáveis do que aqueles com os quais ele até então estivera brincando. Embora Toledo continuasse seguramente sua, e embora seu centro resistisse, o avanço dos braços cristãos até Gibraltar havia sido subitamente interrompido. Não surpreende então que em Cluny, onde havia uma enorme igreja incompleta, a notícia houvesse sido recebida com alguma apreensão.

O mesmo acontecia em círculos papais. Para Urbano, assim como antes havia sido para Gregório, era instintiva a preocupação com as fronteiras da cristandade e as terras além delas. E como poderia não ser? Afinal, a autoridade papal não era nada se não fosse global. Ou pelo menos, nas décadas anteriores, essa era a suposição que Gregório e seus aliados consideraram correta. E naquele momento, a própria escala daquilo que eles haviam ousado — e também do que haviam conseguido — reforçara em Urbano uma ideia peculiarmente arrogante: de que ele deveria moldar todo o mundo. Nem mesmo toda a energia que dedicara a esmagar a autoridade de imperador e antipapa o distraíra de manter um olhar superior sobre horizontes mais largos. Assim, em 1089, por exemplo, Urbano buscara ativamente estimular a colonização das ruínas de Tarragona, uma cidade havia muito abandonada dentro da própria al-Andalus: pois sua esperança era ver erguida ali "uma barreira e fortaleza para defender o povo cristão".[121] Da mesma forma, no Concílio de Piacenza ele fizera uma pausa no desfile com a rainha rompida com Henrique para se reunir com diplomatas de Constantinopla. Afinal, a Espanha não era a única frente onde a sorte cristã era ameaçada. Afonso podia estar em batalha, mas ele não enfrentava sequer a metade da batalha do *basileus*.

Na verdade a situação não parecia tão terminal para Aleixo Comneno como no início de seu reinado. O jovem imperador, regatando seu povo da beira da ruína, se recuperara bem da derrota inicial para Roberto Guiscard. A completa ruína havia sido evitada. Ajudara que o próprio Guiscard houvesse morrido em batalha em 1085, apenas dois meses após Gregório VII; e também que os pechenegues nômades, cujo talento para a destruição não ficava atrás de ninguém, houvessem sofrido uma derrota fragorosa em 1091. Até mesmo os turcos, os adversários mais ameaçadores, haviam passado a exibir um grande gosto pela luta interna. Aleixo, acompanhando com cuidado os acontecimentos além do Bósforo, estava ansioso para tirar vantagem daquelas rixas. Com colonos turcos se assentando ao longo da costa do Egeu e até mesmo um senhor da guerra instalado em Niceia, a pouca distância da própria Rainha das Cidades, ele estava dolorosamente consciente de que a oportunidade de um renascimento imperial no Oriente logo estaria perdida. Mas Aleixo não podia se permitir correr riscos. A formação de um exército grande o suficiente para atacar Niceia, quanto mais para tentar recuperar as províncias perdidas além dela, exigiria consumir os últimos recursos do resto do império. Assim, a própria sobrevivência de Constantinopla estaria ameaçada. Um segundo Manzikert e tudo estaria perdido. Assim, buscando reforços que pudessem dar a ele alguma perspectiva de sucesso e ao mesmo tempo fossem seguramente dispensáveis, os olhos de Aleixo se voltaram para o Ocidente.

Onde Urbano, ruminando a escala global dos problemas da cristandade, tinha sua própria agenda. Na verdade, não menos que Aleixo, ele temia pela queda de Constantinopla; pois partilhava com o *basileus* a angustiada convicção de que o colapso da frente oriental seria um perigo mortal para o povo cristão em toda parte. Mas ao mesmo tempo ele não havia se esquecido de que fora Gregório, vinte anos antes, quem identificara na mesma crise os sintomas de um caos universal e as ações do Anticristo. Então, embora o grande esforço de reformar o mundo já houvesse avançado bastante, claramente ainda tinha muito a percorrer. Fosse na travessia de uma fronteira cristã por cavaleiros infiéis, nas pretensões de um césar excomungado ou nas ternas relações de um padre com a sua concubina, ainda persistiam as sombras por toda parte do mundo caído.

De fato, a crise parecia mesmo estar se adensando naquele verão de 1095, ameaçando com uma escuridão verdadeiramente cósmica — pois o próprio universo ficara doente. Na primavera, quando os delegados do Concílio de Piacenza voltavam para casa, estrelas brilhantes, "agrupadas e densas como granizo ou flocos de neve", começaram a cair sobre a Terra. "Pouco depois um caminho de fogo apareceu no céu; e a seguir, após mais um período, metade do céu ficou da cor de sangue."[122] Enquanto isso, na França, ao longo das próprias estradas percorridas pelo papa, havia por toda parte marcas da fome, relatos de estranhas visões eram ouvidos e profecias de portentos fabulosos. E na opinião de muitos, "Isso era porque, em toda nação, a trombeta angelical já estava sendo tocada para anunciar o advento do Juiz justo".[123]

Assim, onde melhor, em meio a tantas expectativas febris, Urbano podia parar e tomar pé das coisas que na sagrada abadia de Cluny? No dia 25 de outubro, uma semana após ver pela primeira vez a estupenda igreja do abade Hugo, o papa formalmente dedicou seus dois grandes altares a serviço de Deus. Ao mesmo tempo, em tom solene e sonante, ele confirmou a condição da abadia

UMA VERDADE INCONVENIENTE   363

como uma cabeça de ponte do celestial na Terra. Não apenas a abadia — pois os novos altares, impressionantemente carregados do sobrenatural como eram, pareceram a Urbano uma fonte de luz capaz de irradiar para bem além dos limites da própria igreja. Também bem além do vale no qual ficavam, bem além da Borgonha, bem além da França. Em síntese, qualquer montagem de pedra e massa, tendo Cluny como seu líder e modelo, podia partilhar do assustador brilho de sua pureza. Ou pelo menos assim Urbano pronunciou — como talvez devesse fazer tendo a responsabilidade por toda a cristandade. Pois se, como o Santo Padre fervorosamente acreditava, Cluny oferecia aos que se aproximavam dela um reflexo da Jerusalém celestial, por que o sofrido povo cristão, onde quer que estivesse, não poderia partilhar de pelo menos um pouco de seu poder?

Mas dar a Cluny tal papel levava a uma outra pergunta: e quanto à Jerusalém terrena? A igreja do abade Hugo podia ser gloriosamente qualificada para servir como a luz do mundo, mas nem mesmo os altares da *maior ecclesia* se comparavam em pura santidade com o lugar onde o próprio Cristo havia sido pendurado na cruz e depois ascendido em triunfo sobre a morte. Para Urbano, escutando seus antigos irmãos encherem o mais majestoso espaço da cristandade com seu canto angelical, essa reflexão certamente pareceria perturbadora. Se era verdade que mosteiros por toda parte derivavam sua santidade de Cluny, da mesma forma o próprio mundo derivava seu caráter da cidade santa que era sua cabeça; uma cidade santa que por séculos havia sido decididamente leprosa com a contaminação do governo pagão. Como então o reconhecimento disso não poderia parecer a um papa que dedicara toda a sua vida ao trabalho heroico de dar à humanidade a devida ordem ao mesmo tempo um tormento e uma crítica feroz? Certamente grandes coisas haviam sido conseguidas nas décadas anteriores; mas Urbano, rezando diante dos altares da *maior ecclesia*, saberia, no fundo da alma, que a causa da reforma nunca estaria realmente completa até que o Santo Sepulcro fosse arrancado do controle sarraceno. "Pois se a cabeça está doente não haverá um membro que não sinta dor com seu sofrimento."[124] Um grande e terrível desafio — mas no final das contas não um desafio do qual Urbano estivesse preparado para recuar.

E se aproximava rapidamente para ele o momento de demonstrar isso. Um mês após a consagração da *maior ecclesia*, Urbano estava presidindo seu segundo concílio do ano: uma assembleia de bispos e abades reformistas ainda maior que a de Piacenza. O cenário era poderoso: a antiga cidade de Clermont, no coração acidentado de Auvergne. Ali, enquanto os delegados ao concílio se ocupavam em pensar o futuro da Igreja, lembranças do passado os cercavam. A leste do horizonte, por exemplo, se erguia o grande domo de uma rocha vulcânica onde ainda havia um templo pagão: um sóbrio memorial a uma época em que não havia povo cristão, apenas adoradores de demônios. Havia sido longa e sofrida a tarefa de reorganizar o mundo e colocá-lo sob a proteção de Cristo. Em Clermont, como se em um testemunho ao processo pelo qual a cristandade havia sido forjada, quase todas as igrejas tinham dentro de suas paredes antigas cantarias, colunas ou sarcófagos.[125] Mas o trabalho de construir uma ordem verdadeiramente cristã não estava concluído. Ainda havia muito a ser feito — e Clermont era testemunha disso. Em 958, a cidade abrigara a primeira assembleia convocada especificamente para lutar contra as agressões de senhores feudais hostis; e embora desde o aniversário do milênio da ressurreição de Cristo a Paz de Deus houvesse desaparecido como movimento de massa, certamente não havia sido esquecida. A violência continuava endêmica em boa parte da França. Com seu histórico, Urbano sabia disso muito bem. Assim, durante a semana do Concílio de Clermont, ele buscou não apenas ressuscitar a Paz, mas estendê-la a toda a cristandade.

A todos aqueles sem arma, quem quer que fossem e onde estivessem — mulheres ou camponeses, comerciantes ou monges — a plena e assustadora proteção da Igreja de Roma estava oficialmente estendida. Mas sendo filho de um nobre francês, Urbano se preocupou em também apelar aos próprios nobres, aos castelães e seus seguidores. Ele estava se preparando para acrescentar uma faceta nova e decisiva ao velho sonho dos defensores da paz — a de que cavaleiros fanfarrões pudessem de alguma forma ser transformados em guerreiros de Cristo. No dia 27 de novembro, com o concílio chegando ao fim, o papa anunciou que faria como os líderes da Paz de Deus haviam feito décadas antes e se dirigiria a uma assembleia de cristãos em campo aberto. O número dos que se reuniram ali em meio à lama e ao frio do inverno de Auvergne não era grande — mas o que eles ouviram estava fadado a ecoar bem além dos limites de Clermont. Não foi feito um registro preciso do sermão de Urbano, mas não há dúvida do cerne de sua mensagem. Incluída como um decreto oficial do concílio estava uma fórmula chocante e eletrizante para a salvação: "Se um homem partir, por pura devoção, não para ganhar reputação ou dinheiro, para libertar a Igreja de Deus em Jerusalém, sua jornada será reconhecida como uma penitência."[126]

Apenas um século antes, vendo como "infiéis conquistaram o comando dos lugares sagrados", outro francês, um natural de Auvergne que crescera a menos

UMA VERDADE INCONVENIENTE

de 150 quilômetros de Clermont, perdera a esperança de que braços cristãos pudessem um dia recuperar o Santo Sepulcro. Como Gerbert d'Aurillac declarara, eles estavam "fracos demais".[127] Objetivamente falando, a ambição de ganhar Jerusalém para a cristandade certamente não parecia menos impraticável em 1095 do que havia sido na época do primeiro papa francês. Embarcar em uma missão que demandaria que o nobre mediano levantasse talvez quatro ou cinco vezes sua renda anual,[128] buscasse derrotar inimigos que já haviam levado o mais antigo e poderoso Estado da cristandade à beira da ruína; e tentasse tudo isso por uma cidade que não tinha nenhum valor estratégico ou militar: sem dúvida, essas eram considerações que pesavam na mente de qualquer aventureiro.

Talvez o próprio Urbano, certamente ciente de como a tentativa de Gregório de conquistar o Santo Sepulcro acabara em fiasco, inicialmente não esperasse uma resposta entusiasmada. Por certo, parece nunca ter passado por sua mente a ideia de que a jogada que ele fizera com tanto prazer em Clermont, um desafio dirigido diretamente aos homens de sua própria classe, pudesse se mostrar irresistível também para aqueles que não pertenciam à nobreza nem eram castelães. Estavam em jogo forças muito maiores do que o papa imaginara — e naquele momento, a despeito de toda a sua fama de prudência, havia sido ele quem as liberara. Ele podia ser discípulo e herdeiro de Gregório — mas, mesmo para Urbano, a escala das recentes mudanças na cristandade e a revolução nas vidas do povo cristão pareciam grandes demais para compreender.

"*Deus vult!*", gritaram as multidões em Clermont: "É a vontade de Deus!"[129] A absoluta convicção disso, se espalhando como fogo no mato sempre que a mensagem do papa era transmitida, era fruto em parte de excitação — e parte de puro alívio. Ser limpo, ser imaculado, ser um com a hoste de anjos celestiais: essa era uma ânsia que qualquer homem ou mulher podia partilhar. Isso já não estava limitado, se é que um dia estivera, aos monges ou àqueles que, ao longo de muitas décadas, e ao custo de convulsões sem precedentes, haviam buscado garantir a reforma da Igreja. Também um guerreiro, a serviço de seu senhor e com armas prestes a ser manchadas de sangue, podia sentir isso — e sentindo, tremer de temor, sabendo a encruzilhada na qual se encontrava. "Pois qual das trilhas ele irá seguir: a dos evangelhos ou a do mundo?"[130]

Essa pergunta, mesmo para aqueles certos da justiça de sua causa, mesmo para aqueles que lutavam sob o estandarte de São Pedro, nunca fora fácil de responder. Não importava, por exemplo, que em 1066 os homens de Guilherme estivessem seguindo seu duque para a guerra contra um usurpador, e com todas as bênçãos do próprio papa: eles ainda haviam sido obrigados, na esteira do massacre em Hastings, a fazer uma penitência ou a permanecer manchados pelo pecado do assassinato. Portanto, era uma tensão excruciante: pois colocava o desespero pela salvação contra a necessidade — e talvez o desejo — de lutar. Mas naquele momento, com um único sermão, uma única determinação, essa tensão parecia eliminada. Assim, não surpreende que com a notícia do que havia sido decretado por Urbano se espalhando, tenha havido "muitos corações se acelerando por todas as terras francas" —[131] e além delas. De repente uma nova estrada para a Cidade de Deus se abria diante do povo cristão. O heroico trabalho de fortalecer o mundo contra o Anticristo e prepará-lo para a temível hora do Juízo Final de repente se transformara em uma missão que podia ser partilhada pela grande massa. Todo peregrino que partia para o Santo Sepulcro podia saber que estava ajudando a consertar o universo.

"Então aparecerá no céu o sinal do Filho do Homem."[132] Certamente, cinco meses depois do Concílio de Clermont, e no momento em que o papa celebrava a Páscoa no centro da França, uma misteriosa cruz se materializou no céu. Assim como havia sido muitos séculos antes, durante o fabuloso reinado do primeiro césar cristão, ela surpreendeu aqueles que a viram como um seguro presságio de vitória. Mas quando milhares e milhares de peregrinos começaram a costurar a imagem em suas roupas, a gravar na carne ou, como faria o filho mais velho de Guiscard, rasgar suas capas para criar cruzes com o tecido rasgado, eles não se preparavam para a guerra instados por nenhum Constantino. Os cruzados, como seriam conhecidos, não seguiam nenhum imperador.[133] Henrique, ainda excomungado, ainda desalentadoramente preso no norte da Itália, não teria se dignado a se colocar à frente de algo convocado por Urbano — mesmo que não fosse impotente para fazê-lo. Aleixo, informado, para sua consternação, de que "todo o Ocidente está em marcha"[134] e seguindo diretamente para Constantinopla, trabalhou arduamente para subornar e reduzir os líderes da peregrinação a uma obediência nominal a ele mesmo — mas não com a intenção de liderá-los em frente até Jerusalém. Ele sabia melhor do que ninguém o que tal aventura demandaria.

Na verdade Aleixo teve o cuidado de não mergulhar em pessimismo abertamente. Ele chegou mesmo a espalhar um boato, insinuando misteriosamente que era seu destino depositar sua coroa diante do Santo Sepulcro.[135] Mas sussurros conspiratórios como esses eram exclusivamente para consumo do Ocidente. Na realidade o arrasado *basileus* não tinha o menor desejo de brincar de último imperador. Sua verdadeira responsabilidade era a preservação de Constantinopla,

UMA VERDADE INCONVENIENTE 367

não a libertação de Jerusalém. Felizmente, assim que os cruzados haviam sido todos transportados através do Bósforo, seguramente longe da Rainha das Cidades, se revelou possível, mesmo que brevemente, combinar as duas ambições. Em junho de 1097, Niceia foi forçada a capitular, e o estandarte da Segunda Roma novamente tremulou sobre o local de nascimento do credo cristão. Depois, no mês seguinte, em uma luta sangrenta e desesperada, os cruzados derrotaram um formidável exército turco em confronto aberto. Durante o resto do ano, enquanto eles abriam caminho por um território cada vez mais árido e hostil, os turcos evitaram enfrentá-los diretamente.

Na primavera seguinte, se valendo dos reveses de seus inimigos, Aleixo enviou seu cunhado para fazer a limpeza na esteira dos cruzados. Então, no verão, liderou pessoalmente um segundo exército. Em junho, talvez metade dos territórios perdidos para os turcos após Manzikert havia retornado ao controle imperial. Enquanto isso, as notícias sobre os próprios cruzados eram soturnas. Aleixo, que estava cogitando juntar suas forças a eles, recebeu a informação confiável de um desertor de que toda a expedição estava à beira da completa destruição. Assim, em vez de arriscar seus ganhos, o *basileus* preferiu consolidá-los. Ele se retirou para Constantinopla, deixando os cruzados por conta própria.

Uma decisão que, segundo padrões objetivos, era a única racional. Os relatos feitos a Aleixo de que a cruzada enfrentava ruína certa não eram exagerados. A probabilidade de não conquistar o Santo Sepulcro, que sempre havia sido alta, se tornara astronômica no verão de 1098. O sultão de Bagdá, decidido a aniquilar os invasores de uma vez por todas, enviara um enorme exército "se espalhando por toda parte, das montanhas e por diferentes estradas, como a areia do mar".[136] Contra essa prodigiosa força-tarefa, os cruzados, que chegavam a talvez cem mil na primavera anterior, quando tinham seguido para Constantinopla, mal seriam vinte mil — incluindo não-combatentes.[137] Doenças, fome e baixas em batalha; a perda de virtualmente todos os cavalos e mulas da expedição, de modo que até cachorros acabaram sendo usados como animais de carga; a falta de qualquer coisa que parecesse uma liderança unificada: todos esses fatores, como os próprios cruzados reconheciam abertamente, pressagiavam seu fim. Como disse um contemporâneo: "Em minha opinião, certamente aquilo pelo que eles passaram foi uma provação sem precedentes. Nunca antes houve entre os príncipes do mundo homens que expuseram seus corpos a tanto sofrimento exclusivamente na expectativa de uma recompensa celestial."[138]

Não surpreende, então, que, quando os cruzados em número terrivelmente inferior conseguiram mais uma vez esmagar os turcos, quando continuaram a conquistar cidades famosas havia muito perdidas pela cristandade, e quando, em 7 de junho de 1099, finalmente chegaram em triunfo às muralhas de Jerusalém, poucos entre eles duvidassem de que também haviam chegado a um momento decisivo na ordem do céu e da terra. Ninguém sabe ao certo quais maravilhas se seguiram à sua conquista do Santo Sepulcro — mas simplesmente conquistá-lo já era maravilha bastante. Ambição, cobiça e engenhosidade: todas essas qualidades, aperfeiçoadas durante os três longos e terríveis anos de peregrinação, serviram para levar os cruzados à beira de um milagre. Mas na mistura de noção de urgência e brutalidade que eles demonstraram, e em sua convicção de que não havia nada no mundo que não pudesse ser mudado e melhorado por seu próprio esforço, estava a prova de uma revolução que antecedia em muito sua tomada da cruz. Para o bem e para o mal, o século anterior vira a cristandade e o povo cristão mudar completamente. A chegada dos cruzados diante das muralhas da Cidade Santa era apenas uma única — embora a mais espetacular — manifestação de um processo que, desde o período convulsionado do milênio, transformara a Europa em algo inquieto, dinâmico e inteiramente novo. Nem seria a última.

Mil anos haviam se passado desde que um anjo, abrindo o véu que escondia da humanidade os planos do Todo-poderoso para o futuro, dera a São João uma revelação do final dos tempos. E o santo, ao colocá-la no papel, registrara como uma grande batalha estava fadada a ser travada; e como a besta no final seria capturada e jogada em um lago de fogo. Mas antes que isso pudesse acontecer e o mundo renascesse, o próprio Cristo, "trajando um manto tinto de sangue", estava destinado a liderar os exércitos do céu. "De sua boca sai uma espada afiada para com ela ferir as nações pagãs, porque ele deve governá-las com um cetro de ferro e pisar o lagar do vinho da ardente ira de Deus Todo-poderoso."[139]

No dia 15 de julho, os cruzados finalmente entraram em Jerusalém e se apossaram do objeto de seu desejo. O lagar foi devidamente pressionado: as ruas se tornaram um rio de sangue. E no final, quando a chacina estava concluída e toda a cidade encharcada de sangue, os triunfantes guerreiros de Cristo, chorando de alegria e incredulidade, se reuniram diante do Sepulcro do Salvador e se ajoelharam em um êxtase de veneração.

Enquanto isso, no monte do Templo, onde havia sido profetizado que o Anticristo iria se materializar no final dos tempos entronado em assustadora glória de chamas, tudo estava imóvel. O massacre na rocha do templo havia sido especialmente terrível, e não restava nada vivo se movendo. Os corpos já começavam a apodrecer no calor do verão.

O Anticristo não apareceu.

Cronologia

Todas as datas são *anno Domini.*

?33   Crucificação de Jesus.

?64   Execução de São Pedro em Roma.

?95   São João escreve o Apocalipse.

?287   Martírio de São Maurício e da Legião Tebana.

312   Constantino conquista Roma, supostamente após uma visão de Cristo.

330   Fundação de Constantinopla.

426   Santo Agostinho conclui seu livro sobre a Cidade de Deus.

?507   Conversão de Clóvis, rei dos francos.

711   Invasão muçulmana da Espanha.

751   Pepino se torna rei, derrubando a dinastia de Clóvis.

754   O papa Estêvão II, após cruzar os Alpes, unge Pepino.

800   Carlos Magno é coroado imperador do Ocidente pelo papa Leão III.

843   Tratado de Verdun: o império de Carlos Magno é dividido entre seus três netos.

846   Piratas muçulmanos saqueiam a Basílica de São Pedro, em Roma.

856   Piratas vikings saqueiam Orléans.

899   Os húngaros iniciam seus ataques à cristandade.

905   Fim da linhagem carolíngia de imperadores: o trono imperial do Ocidente fica vago.

910   Fundação da abadia de Cluny.

911   Rollo, senhor da guerra viking, concorda em se converter ao cristianismo e ganha o controle do que se tornará a Normandia.

919   Henrique, duque da Saxônia, é eleito rei da Francia Oriental.

929   Abd al-Rahman III, emir de al-Andalus, se proclama califa.

936   Henrique, rei da Francia Oriental, morre e é sucedido por seu filho, Otão.

370   MILÊNIO

939   Batalha de Andernach: Otão esmaga uma revolta liderada pelo irmão.

955   Batalha do Lech: definitivamente esmagada a ameaça húngara à cristandade.

962   Otão é coroado imperador pelo papa João XII.

966   Batismo de Miesco, duque dos poloneses.

967   Criação do arcebispado de Magdeburgo.

969   Assassinato em Constantinopla de Nicéforo Focas e sua substituição como imperador por João Tzimisces.

972   Chegada a Roma de Teofânia, sobrinha de João Tzimisces. Acontece em Aurillac um concílio convocado para promover a Paz de Deus.

973   Morte de Otão. Ele é sucedido pelo filho, Otão II. Edgar, rei dos ingleses, encena uma coroação imperial em Bath e cria uma moeda única.

975   Morte de Edgar.

978   Assassinato de Eduardo, filho de Edgar, em Corfe. Ele é sucedido como rei por seu meio-irmão, Ethelred.

982   Batalha de Cotrona. Otão II recua para Roma.

983   Revolta dos eslavos. Otão II morre em Roma. Seu filho menor de idade, Otão III, é coroado rei.

986   Colonização da Groenlândia.

987   Hugo Capeto eleito rei da França. Fulque Nerra se torna conde de Anjou. Svend Barba de Forquilha derruba seu pai, Haraldo Dente-Azul, e se torna rei da Dinamarca.

988   Vladimir de Kiev se converte ao cristianismo.

991   Batalha de Maldon. Um incêndio em Roma quase destrói a Basílica de São Pedro.

992   Morte de Adso de Montier-en-Der quando em peregrinação a Jerusalém.

994   Odilo se torna abade de Cluny. As relíquias de São Marçal são expostas publicamente em uma colina acima de Limoges em uma tentativa bem-sucedida de conter um surto de peste.

996   Otão III nomeia seu primo como o primeiro papa germânico e é coroado imperador. Roberto II, "o Piedoso", se torna rei da França. Al-Hakim se torna o califa fatímida do Egito.

997   Martírio de Santo Adalberto. Esmagada uma insurreição camponesa na Normandia. Al-Mansur, efetivo governante de al-Andalus, saqueia Santiago.

998   Otão III esmaga uma insurreição em Roma.

CRONOLOGIA   371

999   Otão III nomeia Gerbert d'Aurillac papa.

1000   Otão III visita o santuário de Santo Adalberto na Polônia e a tumba de Carlos Magno em Aachen. Conversão da Islândia ao cristianismo. Morte de Olavo Tryggvesson após sua derrota para Svend Barba de Forquilha.

1002   Morte de Otão III. Ele é sucedido por Henrique II. Morte de al-Mansur. Ethelred ordena um *pogrom* de dinamarqueses vivendo na Inglaterra: o Massacre do Dia de São Brício.

1003   Henrique II faz aliança com os vênedos.

1004   Piratas muçulmanos saqueiam Pisa.

1006   O conde Ricardo II da Normandia assume o título de "duque".

1009   Massacre dos moradores berberes de Córdoba. A Igreja do Santo Sepulcro é demolida por ordem do califa al-Hakim.

1010   Exércitos berberes sitiam Córdoba. Pela primeira vez, judeus são perseguidos — e quase certamente massacrados — na França.

1013   Queda e saque de Córdoba. Svend Barba de Forquilha invade a Inglaterra.

1014   Morte de Svend Barba de Forquilha e volta de Ethelred do exílio na Normandia.

1016   Morte de Ethelred. Canuto se instala como rei da Inglaterra. Cavaleiros turcos atacam a Armênia.

1018   Bandos de mercenários normandos são empregados pelos bizantinos no sul da Itália.

1022   Doze clérigos mortos na fogueira por heresia em Orléans.

1024   A morte de Henrique II marca o fim da dinastia Liudolfing. Conrado II é eleito rei.

1026   Uma peregrinação em massa financiada pelo duque Ricardo III da Normandia chega a Jerusalém.

1027   Canuto chega a Roma para a coroação de Conrado II como imperador.

1028   Fracassa publicamente a tentativa de Ademar de provar que São Marçal havia sido um dos apóstolos originais de Cristo.

1030   Batalha de Stiklestad e morte de Olavo, rei da Noruega. Haraldo Hardrada, meio-irmão de Olavo, busca a proteção de Yaroslav, rei da Rus.

1031   O corpo de Olavo é exumado e se revela intacto: ele começa a ser venerado como santo.

1033   Ademar e uma multidão de peregrinos chegam a Jerusalém. Pedro Damião se torna um eremita.

MILÊNIO

1035   À chegada a Jerusalém do duque Roberto da Normandia segue-se pouco depois sua morte em Niceia. Ele é sucedido como duque por seu filho menor, Guilherme. Morte de Canuto. Haraldo Hardrada viaja para Constantinopla.

1039   Henrique III sucede seu pai, Conrado II, como rei do *Reich.*

1043   Henrique III desposa Agnes da Aquitânia. Eduardo, "o Confessor", é coroado rei da Inglaterra.

1044   Haraldo Hardrada deixa Constantinopla.

1045   Haraldo Hardrada desposa Elizabeth, filha de Yaroslav.

1046   Sínodo de Sutri: Henrique III derruba três papas rivais e os substitui por um germânico nomeado por ele.

1047   Chegada de Roberto de Hauteville — pouco depois apelidado de "Guiscard" — ao sul da Itália. O duque Guilherme da Normandia vence sua primeira batalha. Haraldo Hardrada se torna o rei inconteste da Noruega.

1048   Bruno de Toul é coroado em Roma como papa Leão IX. Ele viaja pela Renânia e preside um concílio em Reims. Hugo de Semur se torna abade de Cluny, sucedendo Odilo.

1053   Batalha de Civitate: Leão IX é feito prisioneiro pelos normandos.

1054   Embaixada do cardeal Humberto a Constantinopla: seu ultimato leva ao cisma entre as igrejas da Antiga e da Nova Roma. Morte de Leão IX.

1055   Beatrice e Matilda da Toscana são exiladas na Renânia por Henrique III.

1056   Morte de Henrique III. Ele é sucedido como rei por seu filho menor, Henrique IV.

1057   Pedro Damião se torna cardeal. Explodem batalhas nas ruas de Milão entre seguidores do arcebispo e rebeldes conhecidos como "patarenes". Beatrice e Matilda retornam à Toscana.

1059   Os cardeais invocam o direito de eleger um papa. Pedro Damião chega a Milão em uma tentativa de conseguir uma paz entre o arcebispo e os patarenes. Roberto Guiscard é aceito como expoente pontifício e investido com o ducado de Apúlia.

1061   Os normandos invadem a Sicília.

1062   Henrique IV é raptado pelo arcebispo de Colônia.

1065   Henrique IV chega à maioridade. Sua mãe, Agnes, parte para Roma.

CRONOLOGIA

1066 Morte de Eduardo, o Confessor. Haroldo Godwinson o sucede como rei da Inglaterra. Batalha de Stamford Bridge: derrota e morte de Haraldo Hardrada. Batalha de Hastings: derrota e morte de Haroldo Godwinson. Guilherme da Normandia é coroado rei da Inglaterra.

1070 Imposta uma penitência pública a todos os que combateram em Hastings.

1071 Batalha de Manzikert.

1072 Escolhidos bispos rivais em Milão. Morte de Pedro Damião. Palermo é capturada pelos normandos. Afonso VI se torna rei de Leão.

1073 O arquidiácono Hildebrando é eleito papa. Ele assume o nome de Gregório VII. Eclode uma rebelião contra Henrique IV na Saxônia.

1074 A expedição de Gregório a Constantinopla e Jerusalém é abandonada.

1075 Henrique IV esmaga a rebelião na Saxônia. Gregório determina que os germânicos não sigam bispos desobedientes. Henrique impõe seu próprio candidato ao arcebispado de Milão.

1076 Gregório ameaça Henrique IV de excomunhão. Em uma conferência em Worms, dois terços dos bispos germânicos renunciam à lealdade a Gregório. Gregório excomunga Henrique. Explode nova rebelião na Saxônia e Henrique é ameaçado de deposição por uma reunião de príncipes rebeldes em Tribur.

1077 Henrique IV faz penitência pública em Canossa e sua excomunhão é revertida. Uma reunião de príncipes em Forchheim elege o duque Rodolfo da Suábia como rei. Guerra civil no Reich. Morte de Agnes.

1080 Gregório proíbe formalmente a investidura de bispos por imperadores e reis.

1080 Gregório excomunga Henrique IV pela segunda vez. Henrique nomeia um antipapa. Rodolfo da Suábia morre em batalha. Afonso VI impõe em seu reino a forma romana da missa.

1081 Henrique IV faz uma marcha fracassada a Roma. Aleixo Comneno se torna imperador em Constantinopla. Roberto Guiscard cruza o Adriático.

1082 Roberto Guiscard recua novamente para a Apúlia.

1083 Henrique IV captura a Basílica de São Pedro.

1084 Henrique IV toma Roma e é ungido imperador por Clemente III, o antipapa recém-coroado. Ele recua frente ao avanço de Roberto Guiscard, que resgata Gregório do Castelo Sant'Angelo e saqueia Roma.

1085 Morte de Gregório. Afonso VI captura Toledo. Morte de Roberto Guiscard.

374 MILÊNIO

1087 Urbano II é coroado papa.
1090 O último bastião muçulmano na Sicília se submete ao poder normando.
1095 Concílio de Piacenza. Urbano II viaja pela França. Ele consagra a *maior ecclesia* em Cluny. Em Concílio reunido em Clermont, ele convoca uma expedição armada para recuperar Jerusalém para a cristandade.
1097 Tomada de Niceia dos turcos.
1099 Tomada de Jerusalém.

Notas

Prefácio

1. Lampert de Hersfeld, p. 285. A descrição de Lampert da viagem de Henrique através dos Alpes foi muitas vezes criticada por seu tom melodramático, mas a descida da passagem do monte Cenis é realmente íngreme, e todas as fontes concordam em que o inverno de 1076-77 foi excepcionalmente rigoroso.
2. Wipo. Citado por Morris, p. 19.
3. Citado por Cowdrey (1998), p. 608.
4. Gregório VII, *Register*, 3.10a.
5. *Ibid.*, 4.12.
6. Sobre a possibilidade de que o futuro papa tenha comparecido à coroação de Henrique em 1054, ver Cowdrey (1998), pp. 34-5.
7. Tellenbach (1940), p. 1.
8. Otto de Freising, *The Two Cities*, 6.36.
9. Bonizo de Sutri, p. 238. A referência é à primeira excomunhão de Henrique.
10. Southern, *Western Society and the Church in the Middle Ages*, p. 34.
11. Citado por Zimmerman, p. 3.
12. Moore (2000), p. 12.
13. Ironicamente, a frase é da Bíblia: Salmo 113. A história é contada por Leyser (1965), p. 60.
14. Blumenthal, p. 64.
15. A tese de que as décadas anteriores e posteriores ao milênio testemunharam uma crise sem precedentes na cristandade foi apresentada com maior brilhantismo pelo grande historiador francês Georges Duby. Os dois polos da discussão são representados hoje por outros dois formidáveis acadêmicos franceses: Pierre Bonnassie e Dominique Barthélemy. Uma pesquisa excelente, embora obstinadamente cética da historiografia pode ser encontrada em Crouch (2005).
16. Ferdinand Lot. Citado por Edmond Pognon (1981), p. 11.
17. *Les Fausses Terreurs de l'An Mil*, por Sylvain Gouguenheim.
18. Carozzi, p. 45.
19. Um argumento baseado principalmente em Richard Landes, professor de história na Universidade de Boston e decano de todos os acadêmicos que, ao longo das duas últimas décadas, defenderam a existência do que ele mesmo batizou de "The *Terribles espoirs* of 1000 and the Tacit Fears of 2000" (Landes, Gow e Van Meter, p. 3).

376 MILÊNIO

20. Da segunda visão do Visionário de St. Vaast. A citação é o frontispício do ensaio fundamental do estudioso alemão Johannes Fried, um dos primeiros a defender com detalhes convincentes a influência das esperanças e ansiedades apocalípticas sobre a cristandade na virada do primeiro milênio. Extraída da tradução inglesa em Landes, Gow e Van Meter, p. 17.
21. Fulton, p. 72.
22. Glaber, 4.1.
23. Rees, p. 186.
24. Lovelock, p. 189.
25. *Ibid.*, p. 7.
26. Odo de Cluny, col. 585.

1. O retorno do rei

1. Mateus 4:9.
2. Daniel 7:19.
3. Mateus 5:9.
4. Mateus 26:52.
5. 1 Pedro 5:13. A primeira referência independente à presença de Pedro em Roma surge apenas em 96 d.C.
6. Apocalipse 17:4-6.
7. *Ibid.*, 20:2
8. Romanos 13:1.
9. 2 Tessalonicenses 2:6.
10. Marcos 13:32.
11. Apocalipse 21:2.
12. Os cristãos foram expulsos do exército em algum momento por volta do ano 300, pouco antes da grande perseguição iniciada pelo imperador Diocleciano em 303. Isso levantou dúvidas consideráveis acerca da veracidade da história de São Maurício, já que ele e sua legião supostamente teriam sido martirizados por se recusarem a tomar parte na perseguição a iguais. Para uma explicação convincente sobre a origem da lenda, ver Woods.
13. Euquério de Lyon, 9.
14. Lactâncio, 44.5.
15. Agostinho, *City of God*, 5.25.
16. Eusébio, *Life of Constantine*, 3.31.
17. *Ibid.*, *In Praise of the Emperor Constantine*, 1.
18. "Examples of prayers for the Empire and the Emperor" (c), Folz (1969), p. 176.
19. Apocalipse 18:19.
20. *Ibid.*, 20:8.
21. Pseudo-Metódio, citado em Alexander (1985), p. 40.
22. *Ibid.*, p. 50.
23. Avito de Viena, p. 75.
24. Agostinho, *City of God*, 4.15.

NOTAS 377

25. *Ibid.*, 19.17.
26. Apocalipse 20:1-3.
27. Agostinho, *City of God*, 20.7.
28. Gregório I, *Moralium Libri*, col. 1011.
29. *Ibid.*, *Regulae Pastoralis Liber*, col. 14.
30. O bispo era o papa Gregório I, "o Grande": *Homiliarum in Evangelia*, col. 1213.
31. Agostinho, *On Order*, 2.1.2.
32. A etimologia era originalmente de São Jerônimo. Atualmente os estudiosos a consideram imprecisa.
33. Michael Psellus, p. 177.
34. Destacadamente por Justiniano.
35. Essa é uma tradição muito antiga, remontando pelo menos ao início do século III, e talvez antes.
36. Contudo, apenas no reinado de Gregório VII essa se tornou uma prescrição oficial.
37. Carta do papa Gregório II. Citada por Ullman (1969), p. 47.
38. *Lex Salica*, pp. 6-8.
39. 1 Pedro 2:9. O papa Paulo I, em 757, citou o versículo em carta a Pepino. Ver Barbero, p. 16.
40. *Donation of Constantine*, p. 326.
41. *Ibid.*, p. 328.
42. Aethicus Ister, *Cosmographia*. Citado por Brown, p. 413.
43. 2 Samuel 5:20.
44. Alcuíno, Carta 9. Ironicamente, o comentário foi feito no contexto do primeiro ataque viking à Nortúmbria.
45. Carlos Magno, 2.138.
46. Angilbertus, verso 504.
47. Einhard, 28.
48. Para os cálculos que permitiram isso, ver Landes (1988) — um brilhante, embora polêmico, trabalho investigativo acadêmico. Ver também Fried, p. 27.
49. Alcuíno, Carta 43.
50. Futolf de Michelsberg. Citado por Goetz, p. 154.
51. "Poeta Saxo", p. 70.
52. Regino de Prüm, p. 129.
53. Dos protocolos de um sínodo imperial em Trosly, 909. Citado por Bloch (1989), vol. 1, p. 3.
54. Otto de Freising, p. 66.
55. "A Letter on the Hungarians". Citada por Huygens, p. 232.
56. *Ibid.*
57. *Ibid.* A frase é uma citação de Gregório, o Grande.
58. Citado por Fried, p. 31.
59. Abbo de Fleury, col. 471 A.
60. *Ibid.*
61. *Heliand*, pp. 119-20.

378 MILÊNIO

62. Adso de Montier-en-Der, p. 90.
63. *Ibid.*
64. *Ibid.*

2. A velha ordem muda...

1. Thietmar, 6.23.
2. Ou na verdade não exatamente uma capital, mas o que em latim é chamado de "civitas", uma palavra intraduzível. Foi descrita assim por Otão I em seu diploma de 937.
3. Widukind, 1.36.
4. Thietmar, 6.23.
5. Alcuíno, Carta 113.
6. Widukind, 1.15.
7. Liudprand, *History of Otto*, 2.20.
8. Widukind, 1.41.
9. Liudprand, *Antapodosis*, 4.25.
10. Widukind, 2.1.
11. *Ibid.*, 2.36.
12. *Ruodlieb*, fragmento 3.
13. *Heliand*, capítulo 58, versos 4865-900. Quase certamente o poema data do reinado do filho de Carlos Magno, Luís I. Os versos citados remetem a Mateus 26:53.
14. Widukind, 3.46.
15. *Ibid.* 3.49.
16. Otão I, p. 503.
17. Thietmar, 2.17.
18. *Ibid.*, 7.16.
19. *Ibid.* 2.17.
20. Widukind, 3.75.
21. Leão, o Diácono, 1.1. O tom apocalíptico dos autores bizantinos do final do século X é ainda mais impressionante pelo fato de que Constantinopla não obedecia ao sistema cronológico de *Anno Domini*.
22. Ver Mango, p. 211.
23. Leão, o Diácono, 2.8.
24. Ver Paul Magdalino, "The Year 1000 in Byzantium", em Magdalino (2003), p. 244.
25. Pelo reconhecidamente venenoso e ressentido Liudprand de Cremona. *The Mission to Constantinople*, 3.
26. John Skylitzes, p. 271.
27. Thietmar, 4.10.
28. Alberto de Metz, p. 698.
29. Liudprand, *Antapodosis*, 1.3.
30. Liudprand, *The Mission to Constantinople*, 10.
31. Mateus 24:11.

NOTAS   379

32. O autor da frase foi São João de Damasco, em seu livro *Sobre os heréticos* — embora, como chama a atenção Sahas, ele a tenha aplicado à "religião dos ismaelitas", e não ao próprio Maomé (nota de rodapé 7, p. 69).

33. O número de expedições militares das quais Maomé tomou parte é estabelecido por um antigo historiador muçulmano, Ibn Ishaq, em 27; ele teria lutado pessoalmente em nove delas. Para a execução de 700 prisioneiros de guerra na praça do mercado de Medina, ver Armstrong, p. 207. O mais famoso adversário de Maomé a ser assassinado por ordem do profeta foi Ka'b ibn al-Ashraf, poeta conhecido por escrever versos eróticos sobre mulheres muçulmanas.

34. De uma polêmica grega, provavelmente escrita por volta de 640. Citado por Crone e Cook, pp. 3-4.

35. Opinião expressa no contexto improvável de um tratado militar escrito no século VI por um engenheiro de guerra bizantino. Citado por Dennis (1985), p. 21.

36. Corão 9:29.

37. Leão VI, *Tactics*, 18.24.

38. *Ibid.*, 2.45.

39. Thietmar, 3.20.

40. *Ibid.*, 3.23.

41. *Ibid.* 3.21.

42. As frases são de um epitáfio em versos inscrito na tumba de Basílio II (reinou entre 976 e 1025), adequadamente apelidado de "matador de búlgaros".

43. Citado em Bonner (2004), p. xxi.

44. Ibn Hawqal, *The Face of the Earth*. Citado em Whittow, p. 328.

45. João VIII. Citado em McCormick (2001), p. 736.

46. Bernardo, o Monge, *Itinera Hierosolymitana*, pp. 310-11.

47. Erchempert, 17.

48. Corão 7:4.

49. *Ibid.* 8.1.

50. *Ibid.* 8.41.

51. Umar, que reinou como o segundo califa. Citado por Brague, p. 35.

52. Corão 9:29.

53. João de St Arnoul, 136.

54. *Ibid.*, 132.

55. *Ibid.*, 133.

56. Hrotsvit de Gandersheim, verso 12. A frase é ainda mais sugestiva por vir não de uma fonte muçulmana, mas de um poema escrito por uma freira saxã. A frase se refere especificamente à cidade de Córdoba, e é amplamente aceito que Hrotsvit deve ter recebido a informação de um membro da embaixada de João ao califa.

57. Ver Bulliet, pp. 38-51

58. Ibn Hawqal, *The Face of the Earth*. Citado em Fierro, p. 16.

59. As palavras datam do século XIII, mas o sentimento era atemporal. Ibn Idhari. Citado por Kennedy, p. 22.

380   MILÊNIO

60. Liudprand, *Antapodosis*, 6.6.

61. Citado em Karsh, p. 63.

62. Um famoso hadith, contado por Al-Bayhaqi.

63. Gibbon, vol. 3, p. 348. Todos os números relativos à biblioteca do califa em Córdoba são exagerados.

64. Widukind, 3.56.

65. Richer, 3.55.

66. *Ibid.*, 3.52.

67. Thietmar, 3.18.

68. Gerbert, Carta 23.

69. *Ibid.*, Carta 51.

70. Thietmar, 4.10.

71. Ou talvez no outono. Ver Althoff, p. 52.

72. Gerbert, *Acta Concilii Remensis ad Sanctum Basolum*, p. 676 *MGH SS*, 3.676.

73. "A Song for St. Peter and Paul's Day", *Primer of Medieval Latin*, p. 340.

74. João Canapário, 21

75. Arnoldo de Regensburgo, 2.34.

76. Paulino de Aquileia, 5.7. Analisando friamente os fatos históricos, não há evidências sólidas de que cristãos foram martirizados no Coliseu.

77. Arnoldo de Regensburgo, 2.34.

78. *Annales Quedlinburgenses*, p. 73.

79. *Ex Miraculis Sancti Alexii*, p. 620.

80. Thietmar, 4.48.

81. João Canapário, 23.

82. Bruno de Querfort, *Passio Sancti Adalberti*, 23.

83. "Deus Teutonicus". Ver Jones e Pennick, p. 170.

84. Essa cronologia é em geral aceita, mas não universalmente. Ver, por exemplo, *The Letters of Gerbert*, p. 285.

85. Gerbert, Carta 221.

86. *Ibid.*, Carta 230.

87. *Ibid.*, Carta 232.

88. *Ibid.*, Carta 231.

89. *Annales Hildesheimenses*, 3, Prefácio.

90. Leão de Synada, p. 20.

91. *Annales Quedlinburgenses*, p. 74.

92. João, o Diácono, p. 31.

93. *Vita Sancti Nili*, p. 617.

94. De "Graphia Aureae Urbis Romae", um guia das maravilhas de Roma escrito no século XII, mas baseado em descrições datadas de por volta do milênio. Citado em Schramm 2 (1929), p. 76.

95. Uma fonte (*Gesta Episcoporum Cameracensium*) descreve o palácio de Otão como sendo erguido no monte Aventino, em frente ao Palatino: uma transcrição equivocada que

NOTAS   381

provocou grande confusão. Para uma boa análise da polêmica e uma solução definitiva, ver Augenti, pp. 74-5.

96. Leão de Vercelli, verso 8. Bagdá é intitulada "Babilônia".

97. *Ibid.*, verso 10.

98. Gallus Anonymus, p. 37.

99. *Chronicon Novaliciense*, 106.

100. Apocalipse 19:14.

101. Thietmar, 4.47.

102. Adão de Bremen, 2.40.

103. Thietmar, 4.48.

104. Thangmar, p. 770.

105. Pedro Damião, *Vita Romualdi*, pp. 45-6.

106. Pedro Damião, *Letters*, vol. 1, p. 199. O versículo do evangelho citado é Mateus 24:27.

107. Bruno de Querfort, *Vita Quinque Fratrum*, 7.

108. *Ibid.* A palavra Latina é "*honore*", literalmente o "símbolo" ou "atributo" de realeza.

109. *Ibid.*

110. Ademar, 3.31.

111. Citado por Fried, p. 39.

112. *Rhythmus de Obitu Ottonis III*. Citado por Gregorovius, p. 496.

113. Bruno de Querfort, *Vita Quinque Fratrum*, 7.

3. ... Dando lugar a uma nova

1. Adso de Montier-en-Der, p. 96. A última frase é de 2 Tessalonicenses 2:8.

2. Flodoard, p. 138.

3. De um cronista de Laon do século XII. Citado por Poly, p. 292.

4. Flodoard, p. 101.

5. *Chronicon Mosomense*, 1.7.

6. Fulbert de Chartres, Carta 47.

7. Glaber, 2.8.

8. Byrhtferth, pp. 132-3.

9. André de Fleury, *Vie de Gauzlin, Abbé de Fleury*, 68a.

10. Abbo de Fleury, col. 472 C.

11. Mateus 24:7-8. Os versículos ecoam na carta de Gauzlin, abade de Fleury, ao rei Roberto (André de Fleury, *Vie de Gauzlin*, 68b).

12. Ademar, 205.

13. Luís IV, 1,4.

14. Dudo, p. 81.

15. *Gesta Consulum Andegavorum*, 47.

16. Glaber, 2.4.

17. *Gesta Consulum Andegavorum*, 45-6.

18. *Archives d'Anjou*, vol. 1, p. 60.
19. *Cartulaire du Ronceray*, nº 4.
20. De uma carta escrita por Fulque ao arcebispo local. Citado por Bachrach (1985), p. 245.
21. Glaber, 2.7.
22. *Documents pour l'Histoire de l'Église de Saint-Hilaire de Poitiers*, p. 74.
23. Bachrach (1985), p. 252.
24. Em latim, *"fidelissimus"*. Citado por Guillot, p. 16.
25. *Liber Miraculorum Sancte Fidis*, 1.33.
26. Mateus 24:12.
27. Richer, 4.37.
28. Adalberto de Laon, verso 37.
29. Glaber, 4.12.
30. *Ibid.* 2.17.
31. Aelfric, 19-20. O autor era inglês, mas os horrores da labuta na madrugada podem ser considerados universais.
32. Hariulf, 4.21.
33. *Vita et Miracula Sancti Leonardi*, 3.
34. Sigehard, 2.
35. Glaber, 2.10-12.
36. Odo de Cluny, col. 562. Odo estava citando — ou acreditava estar citando — São Jerônimo.
37. De um juramento imposto aos cavaleiros em Beauvais em 1023. Reproduzido em Head e Landes, pp. 332-3.
38. Citado por Iogna-Prat (2002), p. 37.
39. André de Fleury, *Vie de Gauzlin*, 44a.
40. Mateus 25:35-6.
41. João de Salerno, *Life of St. Odo*, 2.4.
42. Apocalipse 21:2.
43. João de Salerno, *Life of St. Gerald of Aurillac*, 2.8.
44. A Regra de São Bento, "Da Humildade" (capítulo 7).
45. Pedro, o Venerável, 1.12.
46. Glaber, 5.13.
47. *Liber Tramitis Aevi Odilonis Abbatis*, p. 4.
48. Citado por Constable (2000), p. 415. A frase vem da confirmação dos privilégios de Cluny emitida em 931 pelo papa.
49. Odo de Cluny, col. 585.
50. João de Salerno, *Life of St Gerald of Aurillac*, 1.8.
51. *Ibid.*, 2.17
52. Glaber, 4.14.
53. Letaldo de Micy, *Delatio Corporis Sancti Juniani ad Synodem Karoffensem*. Reproduzido em Head e Landes, p. 328.
54. Glaber, 4.16.
55. *Liber Miraculorum Sancte Fidis*, 2.4.

NOTAS 383

56. *Ibid.*, 1.13.
57. Glaber, 4.16.
58. De um anátema proferido contra os assassinos de um arcebispo de Reims em 900. Ver Fichtenau, p. 396.
59. Fulbert de Chartres, "The Joy of Peace", em *Letters and Poems*, p. 263.
60. O concílio também foi divergentemente datado de 1018, 1019 ou 1021.
61. Odo de Cluny, col. 581.
62. Apocalipse 14:3-4. O monge era Aldebald de St Germain d'Auxerre.
63. Adalberto de Laon, verso 156.
64. *Ibid.*, versos 295-6.

4. Rumo ao Oeste

1. Henrique II, p. 424.
2. *Ibid.*, p. 170.
3. Wulfstan, *Lectio Sancti Evangelii Secundum Matheum* 2.
4. Adão de Bremen, 4.26.
5. Thietmar, 8.2
6. Geoffrey de Malaterra, 1.1.
7. Jordanes, 4.
8. Adão de Bremen, 4.26.
9. Snorri Sturluson, *King Harald's Saga*, p. 67.
10. Dudo, p. 15.
11. *Egil's Saga*, Page, p. 70.
12. *Ibid.*
13. *The Raven's Tale*, Page, p. 107.
14. *The Lay of Helgi, Killer of Hunding*, Page, p. 130.
15. *Cartulaire de l'Abbaye de Saint-Aubin d'Angers*, nº 21.
16. *Hávamál*, Page, p. 141.
17. Essa narrativa depende de fontes que são fragmentadas ou posteriores. Ainda assim, ela é amplamente aceita. Para o melhor relato, ver Crouch (2002), pp. 2-8.
18. Ademar, 140.
19. Dudo, p. 149.
20. *Ibid.*, p. 29.
21. *Inventio et Miracula Sancti Vulfranni*, 7.
22. Dudo, p. 150.
23. *Plaintsong*, de Guilherme Longsword, em Van Houts, p. 41.
24. Dudo, p. 8.
25. Warner de Rouen, 40-1.
26. É possível, claro, que houvesse cartas régias mais antigas que usassem o título, mas não tenham sido preservadas. Alguns historiadores argumentaram que ele foi aplicado a Ricardo I nos últimos anos do seu reinado.

27. Richer, 1.156.

28. *Blickling Homilies*, p. 76.

29. O próprio autor faz uma referência à data no texto de sua homilia — um grau de precisão que é incomum e certamente sugestivo.

30. *Blickling Homilies*, p. 82.

31. Na verdade a descendência da Casa de Wessex a partir de Cerdic pode não ter sido tão direta quanto seus defensores costumavam alegar — ainda assim, foi aceita quase que universalmente.

32. *History of the Ancient Northumbrians*. Citado por Wood (1981), p. 184.

33. O local da batalha, "Brunanburh", permanece desconhecido. Para um relato interessante da tentativa de resolver o mistério, ver "Tinsley Wood", em Wood (1999).

34. *The Annals of Ulster*, verbete de 939.6.

35. Ver Loomis (1950) para um fascinante trabalho de investigação histórica mostrando como uma "lança sagrada" realmente pode ter sido passada de Carlos Magno para os cuidados de Athelstane por intermédio do duque Hugo.

36. Ou tendo sido enterrado em segredo na casa de um homem do povo, ou mesmo, segundo um relato, cremado. Neste último caso, o corpo venerado como sendo o de Eduardo não poderia, claro, ser o dele.

37. *The Anglo-Saxon Chronicle* (Peterborough Manuscript), verbete de 979.

38. *Ibid.* (Abingdon Manuscript).

39. *Blickling Homilies*, p. 64.

40. Campbell (2000), p. 173.

41. Warner de Rouen, 75-7.

42. Wulfstan, *The Sermon of the Wolf to the English*.

43. *Aelfric's Catholic Homilies*, p. 37.

44. Guilherme de Malmesbury, 2.2.

45. Adão de Bremen, 2.40.

46. *Ibid.*, 2.57. Para a característica hirsuta das mulheres nos pontos mais distantes da Escandinávia, ver 4.32.

47. Que Tryggvesson liderou o exército viking em Maldon é um pouco mais que inferência, um pouco menos que uma certeza. Sustentar isso, como definiu a maior autoridade sobre a batalha, é "dar a si mesmo o benefício da dúvida, mas tais liberdades são a matéria da história anglo-saxã" (Scragg, p. 90).

48. *Battle of Maldon*, p. 294.

49. Embora nossa fonte mais antiga para o epíteto seja póstuma, parece provável que tenha surgido quando Ethelred ainda estava vivo.

50. *The Anglo-Saxon Chronicle*, verbete de 1002.

51. Mateus 13:37-40.

52. Reforma pelo rei Ethelred do mosteiro de St. Frideswide, Oxford: *EHD*, documento 127.

53. Citado por Wulfstan, *Lectio Sancti Evangelii Secundum Matheum*.

54. *Blickling Homilies*, p. 145.

55. Adão de Bremen, p. 229.

NOTAS

56. *Hávamál*, Page, p. 142.

57. Adão de Bremen, 4.39.

58. Ari Thorgilsson, p. 66.

59. Snorri Sturluson, *Heimskringla. King Olaf Trygvasson's Saga*, 37.

60. A presença de Barba de Forquilha em Maldon, assim como a de Tryggvesson, tem de ser inferida. Ver o ensaio de Niels Lund, "The Danish Perspective", em Scragg (pp. 137-8).

61. Saxo Grammaticus, 10.8.4.

62. Thietmar, 7.36.

63. Snorri Sturluson, *Heimskringla. King Olaf Trygvasson's Saga*, 121.

64. *The Anglo-Saxon Chronicle*, verbete de 1014.

65. Ottar, o Negro, p. 308.

66. *Encomium Emmae Reginae*, 2.4.

67. Wulfstan, *The Sermon of the Wolf to the English*.

68. *Völuspá*, Page, p. 209.

69. Para o argumento de que *Völuspá* foi inspirado em Wulfstan, ver Joseph Harris, p. 94.

70. *Völuspá*, Page, p. 210.

71. *EHD*, p. 424.

72. *Ibid.*, pp. 416-18.

5. *Apocalipse adiado*

1. 2 Tessalonicenses 2:4.

2. *City of God*, 20.19.

3. *Encomium Emmae*, 2.21.

4. Glaber, 3.13.

5. Mateus 24:2.

6. Glaber, 21.3.

7. "O que gostaríamos de saber mais que tudo", como disse o grande historiador da Espanha medieval Richard Fletcher, "é por que o bispo estava convencido de que as relíquias descobertas eram as de São Tiago" (Fletcher 1984, p. 59). Segundo uma lenda, ele foi guiado à planície onde o corpo estava enterrado por uma estrela misteriosa, mas essa é uma tradição posterior e reflete a tentativa heroica de fazer com que o nome do santuário de Santiago de la Compostela derive da expressão latina "*campus stellae*", ou "campo da estrela". Na verdade, a maioria dos estudiosos concorda hoje em que a palavra "compostella" deriva de um diminutivo de "*compostum*", ou "local de enterro".

8. As palavras de Gottschalk, bispo de Le Puy, em Auvergne, que viajou a Santiago em 951, o primeiro peregrino de quem sabemos o nome a fazer isso.

9. Ou pelo menos esse costumava ser o destino de prisioneiros cristãos levados a Córdoba. Ver Fierro, p. 107.

10. Corão 8:12.

11. Abd Allah b. Buluggin al-Ziri al-Sanhaji, p. 44.

12. Al-Nuwayri. Citado por Scales, p. 65.

386 MILÊNIO

13. Corão 2.191. "Tumulto e opressão" é a tradução da palavra reconhecidamente intraduzível "fitna", que pode significar castigo, luta faccional, cisma ou guerra civil — e no sentido mais radical o período de absoluta anarquia que precederá o final dos tempos. A palavra era usada por historiadores muçulmanos para descrever a queda do califado de Córdoba, e o que se seguiu.

14. Ibn Hazm, capítulo 23.

15. *Ibid.*, capítulo 26.

16. *Ibid.*, capítulo 23.

17. Dos *hadiths* coletados por Ibn Maja, 2.4086.

18. Dos *hadiths* coletados por Abu Dawud, 2.421.

19. Muqaddasi. Citado por Peters, p. 237.

20. *Ibid.*

21. O testemunho de um muçulmano, Ibn al-Athr. Citado por Canard, p. 18.

22. Mateus 12:40.

23. Ou possivelmente no início de 1008: a data depende das evidências de um historiador muçulmano, Ibn al-Qalanisi.

24. Ademar, 3.47. A descrição parte de um relato testemunhal do bispo de Périgueux, que estava em Jerusalém na época e posteriormente contou a Ademar o que tinha visto.

25. Novamente, com base em Ibn al-Qalanisi. Ver Assad, p. 107.

26. Ademar, 3.46.

27. *Ibid.*, 3.35.

28. *Ibid.*, 3.46.

29. *Ibid.*, 3.47.

30. Para uma afirmação definitiva, ver Moore (1987), p. 89.

31. Para uma grande defesa desse argumento, ver Landes (1996).

32. Citado por Landes (1995), p. 41.

33. Glaber, 3.24.

34. Depoimento de um viajante persa, Nasir-i-Khusrau, que visitou a igreja em 1047. Biddle (p. 79) o cita como evidência de que o projeto de reforma deveria ter começado muito antes da tradicional data de 1048, oriunda da crônica muito posterior de Guilherme de Tiro. Como Biddle também destaca (p. 81), a velocidade com que a igreja foi reconstruída é a explicação mais provável para o silêncio dos autores ocidentais sobre a destruição de 1009 nas décadas que antecederam a Primeira Cruzada. "O acontecimento de 1009 não é mencionado, não porque não tenha ficado na memória, mas porque a história arquitetônica não era relevante."

35. Citado por Landes (1995), p. 45. Para uma brilhante explicação de como e por que Ademar buscou obscurecer o tom apocalíptico de sua época, ver *ibid*, pp. 144-53 e 287-308. Todos que escrevem sobre Ademar devem muito a Landes.

36. Glaber, 2.22.

37. A data precisa da heresia de Vilgard é desconhecida.

38. Ademar, 3.143.

39. André de Fleury, *Miraculi Sancti Benedicti*, p. 248.

40. Há uma enorme controvérsia acerca do grau da heresia em massa ou se era um pesadelo conjurado pelos cronistas. Para o ponto de vista de que era reflexo de batalhas faccionais entre a elite

NOTAS   387

religiosa, ver o ensaio de Moore (2000). Para uma visão oposta vigorosamente apresentada — e em minha opinião inteiramente convincente —, ver Landes (1995), pp. 37-40.

41. É verdade que um herético, um teólogo de nome Prisciliano, foi executado em 383 — mas mesmo nesse caso sob a acusação oficial de feitiçaria. Uma teoria curiosa sustenta que foi o seu túmulo que posteriormente passou a ser venerado em Santiago. Ver Fletcher (1984), p. 59.

42. Ademar, 3.138.

43. De uma carta de um monge chamado Heribert. Citado por Lobrichon (1992), p. 85.

44. Ademar, 3.138.

45. Wazo de Liège, p. 228.

46. Landulf Senior, p. 65.

47. Adão de Bremen, 4.8.

48. João de Salerno, *Life of Odo*, 2.3.

49. Wazo de Liège, p. 228.

50. De "The Miracles that Happened at Fécamp": van Houts, p. 78.

51. *Liber Miraculorum Sancte Fidis*, 2.12.

52. Glaber, 3.19.

53. Citado por Landes (1995), p. 177. Ver também Landes (1991).

54. Para a extraordinária história completa das fraudes de Ademar, ver *ibid*.

55. Glaber, 4.1

56. *Ibid*. 4.21.

57. *Ibid*., 4.18.

58. Arnoldo de Regensburgo, p. 563.

59. Glaber, 4.18.

60. Citado por Landes (1995), p. 322.

61. Glaber, 4.14.

62. *Ibid*. 4.17.

63. Arnoldo de Regensburgo, p. 547.

64. *Ibid*.

65. Wipo, p. 40.

66. Wido de Osnabrück, p. 467.

67. Do anátema contra a Igreja oriental proferido pelo cardeal Humberto. Ironicamente, ele parece ter considerado a prática de retratar Cristo morto na cruz como sendo particularmente grega.

68. Arnulfo de Milão, 3.4.

69. As exatas origens de Hildebrando são controvertidas. As alegações repetidas aqui — de que ele era muito humilde — são tão disseminadas que me parecem irrefutáveis; mas alguns estudiosos argumentaram que Hildebrando na verdade era sobrinho de Gregório VI, por casamento ou consanguinidade. Neste último caso, então o principal intendente da Igreja Católica no século XI era neto de um judeu. As biografias de Cowdrey (pp. 27-8) e Morghen (pp. 10-11) representam os polos opostos da polêmica. Que Hildebrando se tornou monge ainda criança também exprime mais um consenso que uma certeza.

70. Atos dos Apóstolos 8:23.

71. Pedro Damião, *Vita Romualdi*, p. 33.

388 MILÊNIO

72. Desidério de Monte Cassino, p. 1143.
73. *Life of Pope Leo IX*, 1.2.
74. *Ibid.*, 1.15.
75. *Ibid.* 2.3.
76. Hildebert, col. 865.
77. João de Fécamp, col. 797.
78. Da conhecida carta escrita por Humberto ao patriarca de Constantinopla e publicada com o nome de Leão: *PL* 143, col. 752.
79. Humberto, *De Sancta Romana Ecclesia*. Citado por Schramm 2 (1929), p. 128.
80. Otão de Freising, *The Two Cities*, 6.33.
81. Desidério de Monte Cassino, 1.2.
82. Amato de Monte Cassino, 3.7.
83. *Ibid.*, 3.16.
84. *Blickling Homilies*, p. 137.
85. Liudprand, *The Mission to Constantinople*, 3.34.
86. Apocalipse 12:9. A profecia de que Miguel mataria o Anticristo remonta ao final do século IV.
87. Hermann de Reichenau, p. 132.
88. Guilherme de Apúlia, 2.240-1.
89. Michael Psellus, p. 116.
90. *Ibid.*, p. 269.
91. Orderic Vitalis, 5.27.

6. *1066 e tudo o mais*

1. *Miracula S. Wulframni*. Citado por Haskins, p. 259.
2. Pelo menos segundo a tradição preservada por Guilherme de Apúlia. Amato de Monte Cassino conta uma história diferente, mas também em seu relato os primeiros normandos recrutados como mercenários no sul da Itália são descritos como originalmente peregrinos.
3. Amato de Monte Cassino, 1.2.
4. Dudo, 269. Ele se refere a Ricardo I.
5. A teoria é de Bachrach. Ver *Fulk Nerra*, pp. 228-9.
6. Não, como normalmente alegado, um curtidor. Ver Van Houts (1986).
7. Ver Searle (1986).
8. Glaber, 4.22.
9. Adão de Bremen, 4.21.
10. Guilherme de Poitiers, 1.44.
11. Guilherme de Jumièges, vol. 2, p. 92.
12. *Encomium Emmae Reginae*, 2.16.
13. Godofredo de Malaterra, 1.3.
14. Orderic Vitalis, 4.82.
15. *The Anglo-Saxon Chronicle* (Manuscrito Abingdon), verbete de 1042.
16. Guilherme de Poitiers, 1.7.

NOTAS

389

17. *Ibid.* 1.48.

18. Snorri Sturluson, *The Ynglinga Saga*, 1.

19. De um epitáfio gravado em uma pedra de runas, homenageando aventureiros que viajaram para "Serkland". Citado por Page, p. 89.

20. A origem do nome é ampla mas não universalmente aceita. A chamada "polêmica normanista" — a questão de se os Rus eram predominantemente escandinavos ou eslavos — tem sido controversa entre estudiosos ocidentais e russos há dois séculos. Ver Franklin e Shepherd, pp. 28 *passim*, para uma panorâmica concisa.

21. Constantino VII Porfirogênito, p. 94.

22. Snorri Sturluson, *Heimskringla. The Saga of Olaf Haraldsson*, capítulo 238.

23. *Ibid.*, capítulo 199.

24. Snorri Sturluson, *King Harald's Saga*, capítulo 2.

25. *Ibid.*

26. *Russian Primary Chronicle*, p. 111.

27. Miguel Psellus, p. 33.

28. Snorri Sturluson, *King Harald's Saga*, capítulo 5.

29. *Ibid.*, capítulo 12. Uma sugestão plausível é a de que a inquestionável presença de Haraldo em Jerusalém dissesse respeito à reforma da Igreja do Santo Sepulcro. Ver Ellis Davidson, p. 219.

30. Snorri Sturluson, *King Harald's Saga*, capítulo 16.

31. *Ibid.*, capítulo 17.

32. *Laxdaela Saga*, capítulo 77. A descrição da volta do herói do período de serviços prestados "ao rei de Miklagard" certamente também teria servido para Haraldo.

33. Adão de Bremen, 2.61.

34. De uma missa para Santo Olavo encontrada em um missal inglês, datada de 1061. Ver Iversen, p. 405.

35. Snorri Sturluson, *King Harald's Saga*, capítulo 17.

36. *Ibid.*, capítulo 1.

37. *The Anglo-Saxon Chronicle* (Manuscrito Worcester), verbete de 1051.

38. *Life of King Edward who Rests at Westminster*, pp. 58-9

39. Embora, segundo Orderic Vitalis, haja sido o próprio Tostig quem tenha chegado à Noruega para fazer a proposta.

40. Pelo menos é o que parece implícito na cena que aparece abaixo do cometa Halley na Tapeçaria de Bayeux.

41. Snorri Sturluson, *King Harald's Saga*, capítulo 22.

42. *Encomium Emmae Reginae*, 2.9.

43. Adão de Bremen, 3.17.

44. Snorri Sturluson, *King Harald's Saga*, capítulo 87.

45. Henrique de Huntingdon, 2.27. A história também foi incluída em uma versão de *The Anglo-Saxon Chronicle*, e tem a possibilidade de ser autêntica, pois é evidente que os ingleses de fato foram brevemente contidos na ponte. Eu incluí a história como uma homenagem ao meu primeiro professor de história, Major Morris, cujo desenho no quadro-negro do viking sendo cravado nas partes pudendas me despertou para as alegrias da história medieval.

46. Snorri Sturluson, *King Harald's Saga*, capítulo 91.
47. *Life of King Edward who Rests at Westminster*, p. 53.
48. *Battle of Maldon*, p. 294.
49. Regino de Prüm, p. xx.
50. Widukind de Corvey, 2.1.
51. *The Life of King Edward*, a Tapeçaria de Bayeux e até mesmo Guilherme de Poitiers, um entusiasmado normando, insinuam que Haroldo foi indicado pelo moribundo Eduardo.
52. Guilherme de Poitiers, 1.41.
53. *The Anglo-Saxon Chronicle* (Manuscrito Worcester), verbete de 1066.
54. *Life of King Edward who Rests at Westminster*, p. 51.
55. Guilherme de Poitiers, 1.38.
56. *Life of King Edward who Rests at Westminster*, p. 81.
57. Guilherme de Poitiers, 1.48.
58. Orderic Vitalis, vol. 2, p. 143.
59. Pedro Damião. Citado por Cowdrey (1998), p. 42.
60. Gregório VII, *Register*, 7.23.
61. Guilherme de Poitiers, 2.7.
62. *Ibid.* 2.9.
63. *Ibid.*, 2.15.
64. *Carmen de Hastingae Proelio*, p. 46.
65. Essa me parece a interpretação mais provável da tática de Haroldo, mas não é a única. É possível, claro, que ele sempre tenha pretendido travar uma batalha defensiva — ou mesmo bloquear Guilherme em Hastings e não travar batalha alguma. Para uma grande gama de opiniões, ver Morillo. Para uma análise absolutamente cética de quão pouco podemos saber dos detalhes da batalha, ver Lawson (2007).
66. *The Anglo-Saxon Chronicle*, verbete de 1003.
67. *Carmen de Hastingae Proelio*, p. 46.
68. Embora nenhuma fonte os identifique especificamente como estando presentes em Hastings, a descrição disso nos relatos contemporâneos da batalha deixa pouca margem de dúvida.
69. Guilherme de Poitiers, 2.21.
70. *Carmen de Hastingae Proelio*, p. 49.
71. Haroldo ter sido atingido no olho por uma flecha é um dos detalhes mais célebres da história inglesa — mas sua fama deriva principalmente da Tapeçaria de Bayeux, uma evidência extremamente problemática. Contudo, outras fontes, algumas delas quase contemporâneas, dão crédito à tradição. Ver Lawson (2007), pp. 226-33.
72. Guilherme de Poitiers, 2.25.
73. Thorkill Skallasson. Citado por Van Houts (1995), p. 836.
74. Milo Crispin, 13.33.
75. *The Anglo-Saxon Chronicle* (Manuscrito Worcester), verbete de 1066.
76. Orderic Vitalis, 2.232.
77. Hugo de Cluny, p. 143.
78. Guilherme de Poitiers, 2.42.

NOTAS 391

7. *Uma verdade inconveniente*

1. Lampert de Hersfeld, p. 80.
2. Sigebert de Gembloux, p. 360.
3. O parentesco de Rodolfo e Henrique é provável, mas não absolutamente certo. Ver Hlawitschka.
4. Lampert de Hersfeld, p. 92.
5. *Ibid.*, p. 81.
6. Citado em Struve (1984), p. 424.
7. Pedro Damião, *Letters*, vol. 4, p. 151.
8. *Ibid.*, vol. 3, p. 27.
9. *Ibid.*, p. 80.
10. *Ibid.*, vol. 2, p. 371.
11. *Ibid.*, vol. 1, p. 283.
12. *Ibid.*, vol. 3, p. 130.
13. *Ibid.*, p. 165.
14. Literalmente "*loricatus*", um homem dotado de um peitoral.
15. Pedro Damião, *Vita Dominici Loricati*, col. 1024. Esse é o primeiro registro conhecido do fenômeno.
16. Pedro Damião, *Letters*, vol. 4, p. 61.
17. Lampert de Hersfeld, p. 100.
18. Ratherius de Verona, 2.3.
19. Bonizo de Sutri, p. 203.
20. Pedro Damião, *Letters*, vol. 4, pp. 276-7.
21. O bispo Otão de Bamberg, escrevendo no início do século XII: um testemunho da duradoura suposição de que o mundo estava prestes a acabar. Citado por Morris, p. 37.
22. Ademar, 3.138.
23. Odo de Cluny, col. 570.
24. Apocalipse 14:5. Os virgens são os mesmos 144 mil harpistas que um estudioso de Auxerre independentemente identificou com os monges de Cluny.
25. Arnulfo de Milão, 3.9.
26. A dúvida de se um padre impuro invalidava o milagre da missa era antiga, e a ortodoxia — inevitavelmente articulada por Santo Agostinho, claro — argumentava que não. De qualquer forma, Pedro Damião, em seus pronunciamentos públicos, acompanhou isso. Mas, para um argumento convincente de que ele poderia ter dúvidas pessoais, ver Elliott.
27. Pedro Damião, *Letters*, vol. 2, p. 319.
28. Arnulfo de Milão, 3.15.
29. Landulf Senior, 3.29.
30. Bonizo de Sutri, p. 216.
31. Gregório VII, *Register*, 1.85.
32. Da única carta remanescente escrita por Henrique III ao abade Hugo: *PL* 159, 932.
33. Lampert de Hersfeld, p. 120.

34. Bonizo de Sutri, p. 220.
35. Pedro Damião, *Letters*, vol. 3, p. 107.
36. Jeremias 1:10.
37. Gregório VII, *Register*, 9.35.
38. *Ibid.*, 2.75.
39. *Ibid.*, 2.55a. Do chamado *"Dictatus Papae"*, "Determinação do papa".
40. Abade Walo de Metz. Citado por Cowdrey (1998), p. 92.
41. Gregório VII, *Register*, 1.49.
42. *Ibid.*, 2.37.
43. Mateus de Edessa. Citado por Vryonis, p. 81.
44. Miguel Psellos, p. 98.
45. Era um orgulho especificamente de Danishmend Ghazi, um célebre comandante que na esteira de Manzikert conquistou um principado no nordeste do que é hoje a Turquia. Ver Vryonis, p. 195.
46. Mateus de Edessa. Citado por Vryonis, p. 170.
47. Gregório VII, *Register*, 1.22.
48. *Ibid.*, 1.23.
49. *Ibid.*, 2.31.
50. Godofredo de Malaterra, 1.9.
51. Amato de Monte Cassino, 2.8.
52. O juramento de Guiscard é reproduzido na íntegra em Loud, pp. 188-9.
53. Guilherme de Apúlia, p. 178.
54. *Ibid.*, p. 174.
55. Godofredo de Malaterra, 2.33. Embora Malaterra tenha escrito depois da Primeira Cruzada e, portanto, possa ter sido influenciado pelo clima que o cercava, os historiadores em geral aceitam que havia uma forte dimensão religiosa no modo como os normandos — e o papado — viam a conquista da Sicília. Para um ponto de vista divergente, ver Lopez.
56. Gregório VII, *Register*, 1.49.
57. *Ibid.*, 2.31.
58. Na verdade, uma supernova.
59. *Vita Altmanni Episcopi Pataviensis*, p. 230. A "opinião comum" foi determinada pelo fato de que em 1065 os aniversários da concepção de Cristo, da Anunciação e de sua morte, a Sexta-feira Santa, coincidiram. O mesmo aconteceu em apenas outro ano do século XI: 1076, mesmo ano em que Gregório esperava chegar a Jerusalém.
60. Gregório VII, *Register*, 2.31.
61. *Ibid.*, 1.77. O "apóstolo" é São Paulo: 1 Coríntios 4:3.
62. Bruno de Merseburgo, 16.
63. Lampert de Hersfeld, p. 156.
64. *Ibid.*, p. 150.
65. *Ibid.*, p. 174.
66. Gregório VII, *Register*, 1.25.
67. Gregório VII, *Epistolae Vagantes*, 5.

NOTAS   393

68. *Ibid.*
69. Da carta fatídica enviada pelos bispos imperiais a Gregório desde Worms: *Quellen zur Geschichte Kaiser Heinrich IV*, p. 474.
70. Citado por Cowdrey (1998), p. 117.
71. Gregório VII, *Epistolae Vagantes*, 11.
72. Arnulfo de Milão, 4.7.
73. Gregório VII, *Epistolae Vagantes*, 14.
74. Henrique IV, 12. De uma versão mais longa da carta originalmente enviada a Gregório e divulgada com objetivos de propaganda.
75. Gregório VII, *Register*, 3.10a.
76. Lampert, p. 257.
77. *Ibid.*, p. 53.
78. Henrique IV, 14.
79. Lampert, p. 285.
80. Bruno de Merseburgo, 74.
81. Gregório VII, *Register*, 8.3.
82. *Ibid.* 6.17.
83. *Ibid.*, 1.62.
84. Gregório posteriormente alegaria que não tinha restaurado Henrique à condição de rei em Canossa, mas na época ele parece ter deixado esse ponto ambíguo. O próprio Henrique certamente acreditava que sua deposição tinha sido revertida.
85. Citado por Robinson (1999), p. 172.
86. Paulo de Bernried, 5.
87. Gregório VII, *Register*, 8.10.
88. *Ibid.*, 2.13. De uma carta ao rei da Hungria.
89. *Ibid.*, 4.28.
90. *Ibid.* 7.23.
91. *Ibid.* 7.6.
92. *Ibid.* 8.21.
93. Gregório VII, *Epistolae Vagantes*, 54.
94. *Ibid.*, 57. A carta foi enviada a Toirdhealbhach Ó Briain, "o ilustre rei da Irlanda".
95. Gregório VII, *Register*, 8.21.
96. *Ibid.*, 6.5b.
97. Paulo de Bernried, 107.
98. Bonizo de Sutri, p. 255.
99. Sigebert de Gembloux, p. 364.
100. Bonizo de Sutri, pp. 248-9.
101. Ana Comnena, p. 124.
102. *Ibid.*, p. 125.
103. *Ibid.*, p. 126.
104. O fato de Henrique ter cautelosamente se retirado de Roma antes da chegada de Hugo sugere que era ele, e não Gregório, quem estava por trás da missão diplomática do abade. Para um ponto de vista oposto, ver Cowdrey (1970), pp. 161-2.

394 MILÊNIO

105. Gregório VII, *Epistolae Vagantes*, 54.

106. Gregório VII, *Register*, Apêndice 3.

107. Sigebert de Gembloux, *An Apology against Those who Challenge the Masses of Married Priests*. Citado por Leyser (1965), p. 42.

108. Gilo, 1.7.

109. Beno, 2.2.

110. Com qual verdade é impossível dizer.

111. Guibert de Nogent, *A Monk's Confession*, 1.11.

112. *Miraculi Sancti Hugonis*. Citado por Iogna-Prat (2002), p. 217.

113. De uma carta régia de Cluny do final do século XI. Citado por Cowdrey (1970), p. 130.

114. Urbano II, col. 486. A bula foi emitida em 1097.

115. As evidências de que Hugo mandou essas cartas são circunstanciais, mas convincentes. Ver Cutler (1963).

116. *Vita Sancti Anastasii*, 5.

117. Urbano II, cols. 370-1.

118. As palavras do agente foram registradas pelo próprio rei de Granada: não surpreende que tenham causado tal impressão. Citados por O'Callaghan, p. 30.

119. Urbano II, col. 288.

120. Hugo de Cluny, p. 147.

121. Urbano II, cols. 302-3.

122. Ekkehard de Aura. Citado por Riley-Smith, p.33. As pesquisas astronômicas de Riley-Smith confirmaram que os fenômenos celestiais relatados pelos contemporâneos eram autênticos.

123. "Historia peregrinorum euntium Jerusolymam": *ibid*.

124. Fulquério de Chartres, p. 56. A referência diz respeito especificamente ao papado, mas no contexto pode bem ser aplicada a Jerusalém.

125. Ver Delort, p. 64.

126. Citado por Cowdrey (*History* 55), p. 188.

127. Gerbert d'Aurillac, Carta 36.

128. Para essa estimativa, ver Bull (1993), p. 4.

129. Roberto, o Monge, p. 729.

130. Ralph de Caen, p. 22.

131. *Gesta Francorum*, p. 1.

132. Mateus 24:30.

133. A palavra latina *"crusata"* não começou a ser usada antes do século XIII.

134. Ana Comnena, pp. 308-9.

135. Para a apresentação pessoal de Aleixo como o último imperador, ver Charanis e Shepard (1997).

136. Alberto de Aachen, 4.13.

137. Estimativas dos números precisos da Cruzada são inevitavelmente marcadas pela incerteza. Ver Phillips, p. 6.

138. Guibert de Nogent, *The Deeds of God through the Franks*, p. 225.

139. Apocalipse 19:13-15.

Bibliografia

Fontes primárias

As fontes da história medieval costumam ser muito menos disponíveis que as equivalentes do período clássico. Não apenas a maioria não foi traduzida, como muitas existem apenas em intimidadores volumes de estudos do século XIX. Dois recursos são especialmente indispensáveis. Um é o *Patrologia Latina*, um imenso compêndio de sermões, vidas de santos e outros textos sobre questões eclesiásticas, reunido em nada menos que 221 volumes por um único padre francês, Jacques-Paul Migne. O outro é o *Monumenta Germaniae Historica*, uma ainda mais grandiosa antologia de fontes para o estudo da história medieval iniciada em 1826 e ainda não concluída. A despeito do título, a variedade de textos não está de modo algum limitada à Alemanha. Contudo, é verdadeiramente monumental.

As seguintes abreviações são inevitáveis:

AASS: Acta Sanctorum Quotquot Orbe Colunter, ed. Société des Bollandistes (Antuérpia, Bruxelas e Paris, 1643-1940).

EHD: English Historical Documents 1, c. 500-1042, org. Dorothy Whitelock (Londres, 1979).

MGH: Monumenta Germaniae Historica.

AA: Auctores Antiquissimi.

Libelli: Libelli de lite imperatorum et pontificum.

SRG: Scriptores Rerum Germanicarum in usum scholarum separati editii.

SS: Scriptores.

PG: Patrologia Graeca.

PL: Patrologia Latina.

Abbo de Fleury: *Apologeticus ad Hugonem et Rodbertum Reges Francorum*, em *PL* 139.

Abd Allah b. Buluggin al-Ziri al-Sanhaji: *Al-Tibyan*, trad. para o inglês de A. T. Tibi (Leiden, 1986).

Adalberto de Laon: *Poème au roi Robert*, org. C. Carozzi (Paris, 1979).

Adão de Bremen: *History of the Archbishops of Hamburg-Bremen*, trad. para o inglês de Francis J. Tschan (Nova York, 2002).

Ademar de Chabannes: *Ademari Cabannensis Chronica*, org. Pascale Bourgain (Turnhout, 1999).

Adso de Montier-en-Der: "Letter on the Origin and Time of the Antichrist", em *Apocalyptic*

396   MILÊNIO

Spirituality: Treatises and Letters of Lactantius, Adso of Montier-en-Der, Joachim of Fiore, The Franciscan Spirituals, Savonarola, trad. para o inglês de Bernard McGinn (Nova York, 1979).

Aelfric: *Colloquy*, org. G. N. Garmonsway (Londres, 1947).

Aelfric: *Aelfric's Catholic Homilies*, org. Malcolm Godden (Londres, 1979).

Agostinho: *City of God*, trad. para o inglês de Henry Bettenson (Londres, 2003).

Agostinho: *On order*, trad. para o inglês de Silvano Borruso (South Bend, 2006).

Alberto de Aachen: *Historia Ierosolimitana*, org. Susan B. Edgington (Oxford, 2007).

Alberto de Metz: *Fragmentum ed Deoderico primo episcopo Mettensi*, em *MGH SS* 4 (Hanôver, 1854).

Alcuíno: *Letters*, em *Alcuin of York, c. A.D. 732 to 804: His Life and Letters*, de Stephen Allott (York, 1974).

Amato de Monte Cassino: *The History of the Normans*, trad. para o inglês de Prescott N. Dunbar (Woodbridge, 2004).

Ana Comnena: *The Alexiad*, trad. para o inglês de E. R. A. Sewter (Londres, 2003).

André de Fleury: *Miraculi Sancti Benedicti*, org. Eugene de Certain (Paris, 1858).

André de Fleury: *Vie de Gauzlin, Abbé de Fleury*, org. Robert-Henri Bautier (Paris, 1969).

Angilbertus: *Karolus Magnus et Leo Papa*, em *MGH Poetae Latini aevi Karolini* 1 (Berlim, 1881).

Annales Hildesheimenses, em *MGH SRG* 8 (Hanôver, 1878).

Annales Quedlinburgenses, em *MGH SS* 3 (Hanôver, 1839).

Annals of Ulster, trad. para o inglês de Seán Mac Airt e Gearóid Mac Niocail (Dublin, 1983).

Archives d'Anjou, org. Paul Marchegay, 3 vols. (Angers, 1843-56).

Ari Thorgilsson: *Book of the Icelanders*, org. Halldór Hermannsson (Ithaca, 1930).

Arnoldo de Regensburgo: *Vita S. Emmerami*, em *MGH SS* 4 (Hanôver, 1841).

Arnulfo de Milão: *Liber Gestorum Recentium*, em *MGH SRG* 67 (Hanôver, 1994).

Avito de Viena: *Epistulae*, em *MGH AA* 6.2 (Berlim, 1888).

Battle of Maldon, em *EHD*.

Beno: *Benonis et Aliorum Cardinalium Schismaticorum Contra Gregorium VII et Urbanum II. Scripta*, em *MGH Libelli* 2 (Hanôver, 1892).

Bibliotheca Cluniacensis, org. Martinus Marrier e Andreas Quercetanus (Mâcon, 1915).

Blickling Homilies, trad. para o inglês de Richard J. Kelly (Londres, 2003).

Bonizo de Sutri: *To a Friend*, in *The Papal Reform of the Eleventh Century*, trad. para o inglês e org. de I. S. Robinson (Manchester, 2004).

Bruno de Merseburgo: *Saxonicum Bellum*, em *MGH Deutsches Mittelalter* 2 (Leipzig, 1937).

Bruno de Querfort: *Passio Sancti Adalberti*, em *MGH SS* 4 (Hanôver, 1841).

Bruno de Querfort: *Vita Quinque Fratrum*, em *MGH SS* 15 (Hanôver, 1887).

Byrhtferth: *Byrhtferth's Manual*, trad. para o inglês e org. de S. J. Crawford (Londres, 1929).

Carmen de Hastingae Proelio, em Morillo, pp. 46-52.

Cartulaire de l'Abbaye de Saint-Aubin d'Angers, org. B. de Broussillon, 2 vols. (Paris, 1903).

Cartulaire du Ronceray, org. Paul Marchegay (Angers, 1856).

Carlos Magno: *Epistolae*, em *MGH Epistolae Karolini Aevi* (Berlim, 1892-1925).

Chronicon Mosomense: Chronique ou Livre de Fondation du Monastère de Mouzon, trad. para o inglês e org. de Michel Bur (Paris, 1989).

BIBLIOGRAFIA 397

Chronicon Novaliciense, em *MGH SS* 7 (Hanôver, 1846).

Collectanea Byzantina II, org. S. G. Mercati (Bari, 1970).

Constantino VII Porfirogênito: *De Administrando Imperio*, trad. de R. J. H. Jenkins (Dumbarton Oaks, 1967).

Corpus Scriptorum Muzarabicorum, org. J. Gil, 2 vols. (Madri, 1973).

Desidério de Monte Cassino: *Dialogi de Miraculis Sancti Benedicti*, em *MGH SS* 30/2 (Leipzig, 1934).

Documents pour l'Histoire de l'Église de Saint-Hilaire de Poitiers (768-1300), org. de L. Rédet (Poitiers, 1847).

Donation of Constantine, org. Ernest F. Henderson, em *Select Historical Documents of the Middle Ages* (Londres, 1910), pp. 319-29.

Dudo de Saint-Quentin: *History of the Normans*, trad. para o inglês de Eric Christiansen (Woodbridge, 1998).

Egil's Saga, trad. para o inglês de C. Fell e J. Lucas (Londres, 1975).

Einhard: *The Life of Charlemagne*, em *Two Lives of Charlemagne*, trad. para o inglês de Lewis Thorpe (Londres, 1969).

Encomium Emmae Reginae, trad. para o inglês de Alistair Campbell (Cambridge, 1998).

Erchempert: *Historia Langabardorum Beneventarnorum* (http://www.thelatinlibrary.com/erchempert.html).

Euquério de Lyon: *The Passion of the Martyrs* (Van Berchem, pp. 55-9).

Eusébio: *Eusebius' Life of Constantine*, trad. para o inglês de Averil Cameron e Stuart G. Hall (Oxford, 1999).

Eusébio: *In Praise of the Emperor Constantine* (http://www.ucalgary.ca/~vandersp/Courses/texts/eusebius/euseprai.html).

Ex Miraculis Sancit Alexii, em *MGH SS* 4 (Hanôver, 1841).

Flodoard: *Annales*, org. de Philippe Lauer (Paris, 1905).

Fontes ad Topographiam Veteris Urbis Romae Pertinentes, VIII, Regio Urbis X, Mons Palatinus, org. de G. Lugli (Roma, 1960).

Fulbert de Chartres: *The Letters & Poems of Fulbert of Chartres*, org. de F. Behrends (Oxford, 1976).

Fulquério de Chartres: *The First Crusade: The Chronicle of Fulcher of Chartres and Other Sources*, org. de Edward Peters (Filadélfia, 1998).

Gallus Anonymus: *The Deeds of the Princes of the Poles*, trad. para o inglês de Paul W. Knoll e Frank Shaer (Budapeste, 2003).

Godofredo de Malaterra: *De Rebus Gestis Rogerii Calabriae et Siciliae Comitis et Roberti Guiscardi Fratris Eius*, org. de E. Pontieri (Bolonha, 1927).

Gerbert d'Aurillac: *Acta Concilii Remensis ad Sanctum Basolum*, em *MGH SS* 3 (Hanôver, 1838).

Gerbert d'Aurillac: *The Letters of Gerbert with his Papal Privileges as Sylvester II*, trad. para o inglês de Harriet Pratt Lattin (Nova York, 1961).

Gesta Consulum Andegavorum: Chroniques des Comtes d'Anjou et des Seigneurs d'Amboise, org. de L. Halphen e R. Poupardin (Paris, 1913).

Gilo: *Vita Sancti Hugonis Abbatis*, org. H.E.J. Cowdrey, em *Studi Gregoriani* 11, 1978.

398 MILÊNIO

Glaber, Rodulfus: *Opera*, org. John France, Neithard Bulst e Paul Reynolds (Oxford, 1989).

Gregório I: *Homiliarum in Evengelia*, em *PL* 76.

Gregório I: *Moralium Libri*, em *PL* 75.

Gregório I: *Regulae Pastoralis Liber*, em *PL* 77.

Gregório VII: *The "Epistolae Vagantes" of Pope Gregory VII*, trad. para o inglês de H. E. J. Cowdrey (Oxford, 1972).

Gregório VII: *The Register of Pope Gregory VII 1073-1085*, trad. para o inglês de H. E. J. Cowdrey (Oxford, 2002).

Guibert de Nogent: *A Monk's Confession: The Memoirs of Guibert of Nogent*, trad. para o inglês de Paul J. Archambault (Filadélfia, 1995).

Guibert de Nogent: *The Deeds of God through the Franks: A Translation of Guibert de Nogent's Gesta Dei per Francos*, trad. para o inglês de R. Levine (Woodbridge, 1996).

Guilherme de Apúlia: *La Geste de Robert Guiscard*, org. de M. Mathieu (Palermo, 1961).

Guilherme de Jumièges: *The Gesta Normannorum Ducum of William of Jumièges, Orderic Vitalis and Robert of Torigni*, trad. para o inglês de E. M. C. van Houts, 2 vols. (Oxford, 1992-5).

Guilherme de Malmesbury: *Vita Wulfstani*, org. de Reginald R. Darlington (Londres, 1928).

Guilherme de Poitiers: *The Gesta Guillelmi of William of Poitiers*, trad. para o inglês de R.H.C. Davis e M. Chibnall (Oxford, 1998).

Hariulf: *Gesta Ecclesiae Centulensis*, em *Chronique de l'Abbaye de Saint-Riquier*, org. de F. Lot (Paris, 1894).

Heliand: The Heliand: The Saxon Gospel, trad. para o inglês de G. Ronald Murphy (Oxford, 1992).

Henrique II, em *MGH Diplomata Regum et Imperatorum Germaniae* 3, org. H. Bresslau, H. Bloch e R. Holtzmann (Hanôver, 1900-3).

Henrique IV: *Die Briefe Heinrichs IV*, em *MGH Deutsches Mittlealter* 1 (Leipzig, 1937).

Henrique de Huntingdon: *The History of the English People 1000-1154*, trad. para o inglês de Diana Greenway (Oxford, 1996).

Hermann de Reichenau: *Chronicon de Sex Aetatibus Mundi*, em *MGH SS* 5 (Hanôver, 1844).

Hildebert: *Vita Sancti Hugonis*, em *PL* 159, cols. 857-94.

Hrotsvit de Gandersheim: *Pelagia*, em *Opera Omnia*, org. de Walter Berschin (Munique, 2001).

Hugo de Cluny: *Two Studies in Cluniac History 1049-1126*, org. de H. E. J. Cowdrey (Roma, 1978).

Ibn Hazm: *The Ring of the Dove: A Treatise on the Art and Practice of Arab Love*, trad. para o inglês de A. J. Arberry (Londres, 1997).

Inventio et Miracula Sancti Vulfranni, org. de Dom J. Laporte (Rouen, 1938).

Itinera Hierosolymitana et Descriptiones Terrae Sanctae, org. de T. Tobler e A. Molinier (Osnabrück, 1966).

João Canapário: *Vita Sancti Adalberti*, em *MGH SS* 4 (Hanôver, 1841).

João, o Diácono: *Chronicon Venetum*, org. de G. Monticolo (Roma, 1890).

João de Fécamp: *Epistola ad Leonem IX*, em *PL* 143, cols. 797-800.

João de St. Arnoul: *La Vie de Jean, Abbé de Gorze*, org. Michel Parisse (Paris, 1999).

João de Salerno: *St Odo of Cluny: Being the Life of St Odo of Cluny by John of Salerno and the life of St Gerald of Aurillac by St Odo*, trad. para o inglês de G. Sitwell (Londres, 1958).

BIBLIOGRAFIA

João Skylitzes: *Synopsis Historiarum*, org. de L. Thurn (Berlim, 1973).

Jordanes: *The Gothic History of Jordanes*, trad. para o inglês de Charles C. Mierow (Princeton, 1915).

Lactâncio: *De Mortibus Persecutorum*, org. J. L. Creed (Oxford, 1984).

Lampert de Hersfeld: *Annales*, em *MGH SRG* 38 (Hanôver, 1894).

Landulf Senior: *Historia Mediolanensis*, em *MGH SS* 8 (Hanôver, 1848).

Laxdaela Saga, trad. para o inglês Magnus Magnusson e Hermann Palsson (Londres, 1969).

Leão VI: *Tactica*, em *PG* 107, cols. 419-1094.

Leão de Synada: *The Correspondence of Leo, Metropolitan of Synada & Syncellus*, org. de M. P. Vinson (Washington, 1985).

Leão Diácono: *The History of Leo the Deacon: Byzantine Military Expansion in the Tenth Century*, trad. para o inglês de Alice-Mary Talbot e Dennis F. Sullivan (Washington, 2005).

Lex Salica, em *MGH Leges Nationum Germanicarum* 4/2 (Hanôver, 1969).

Liber Miraculorum Sancte Fidis, org. de A. Bouillet (Paris, 1897).

Liber Tramitis Aevi Odilonis Abbatis, org. de P. Dinter (Siegburg, 1980).

Life of King Edward who Rests at Westminster, trad. para o inglês de F. Barlow (Oxford, 1992).

Life of Pope Leo IX, em *The Papal Reform of the Eleventh Century*, trad. para o inglês e org. de I.S. Robinson (Manchester, 2004).

Liudprand de Cremona: *Antapodosis* e *History of Otto*, em *The Works of Liudprand of Cremona*, trad. para o inglês de F. A. Wright (Londres, 1930).

Liudprand de Cremona: *Relatio de Legatione Constantinopolitana (The Mission to Constantinople)*, org. de Brian Scott (Bristol, 1993).

Leo de Vercelli: "Panegyric on Otto III", em *Kaiser, Rom und Renovatio*, de P.E. Schramm, pp. 62-4.

Luís IV: *Recueil des Actes de Louis IV, Roi de France (936-954)*, org. de P. Lauer (Paris, 1914).

Miguel Psellos: *Fourteen Byzantine Rulers*, trad. para o inglês de E. R. A. Sewter (Londres, 1966).

Milo Crispin: *Vita Beati Lanfranci Cantuariensium Archiepiscopi*, em *PL* 150, cols. 53-4.

Odo de Cluny: *Collationes*, em *PL* 133.

Orderic Vitalis: *The Ecclesiastical History of Orderic Vitalis*, trad. para o inglês de Marjorie Chibnall, 6 vols. (Oxford, 1968-80).

Ottar o Negro: *Knútsdrápa*, em *EHD*, pp. 335-6.

Otão I: *Diplomata*, em *MGH Diplomata Regum et Imperatorum Germaniae* 1 (Hanôver, 1879-84).

Otto de Freising: *The Two Cities*, trad. para o inglês de C. C. Mierow (Nova York, 1928).

Paul de Bernried: *The Life of Pope Gregory VII*, em *The Papal Reform of the Eleventh Century*, trad. para o inglês e org. de I.S. Robinson (Manchester, 2004).

Paulino de Aquileia: *Carmina*, em *MGH Poetae* 1 (Berlim, 1881).

Pedro Damião: *Vita Dominici Loricati*, em *PL* 144, cols. 1009-24.

Pedro Damião: *Vita Romualdi*, org. de G. Tabacco (Roma, 1957).

Pedro Damião: *The Letters of Peter Damian, 1-120*, trad. para o inglês de Owen J. Blum, 4 vols. (Washington, 1989-98).

Pedro, o Venerável: *De Miraculis*, em *PL* 189, cols. 851-954.

"Poeta Saxo": *Annalium de gestis Caroli Magni imperatoris libri quinque*, em *MGH Poetae Latini Aevi Carolini* 4 (Berlim, 1899).

400 MILÊNIO

Primer of Medieval Latin: An Anthology of Prose and Poetry, org. de Charles H. Beeson (Washington, 1986).

Quellen zur Geschichte Kaiser Heinrich IV, org. de F.-J. Schmale e I. Schmale-Ott (Darmstadt, 1961).

Ralph de Caen: *The Gesta Tancredi of Ralph of Caen: A History of the Normans on the First Crusade*, trad. para o inglês de Bernard S. Bachrach e David S. Bachrach (Aldershot, 2005).

Ratherius de Verona: *The Complete Works of Ratherius of Verona*, org. de P. L. Reid (Michigan, 1991).

Regino de Prüm: *Chronicon cum Continuatione Treverensi*, em *MGH SRG* 10 (Hanôver, 1890).

Richer: *Histoire de France (888-995)*, trad. para o inglês de R. Latouche (Paris, 1930).

Roberto, o Monge: *Historia Iherosolimitana*, em *Recueil des Historiens des Croisades: Historiens Occidentaux* 3 (Paris, 1866).

Ruodlieb, trad. para o inglês de Gordon B. Ford (Leiden, 1965).

Russian Primary Chronicle, trad. para o inglês de S. H. Cross e O. P. Sherbowitz-Wetzor (Cambridge, Mass., 1953).

Saxo Grammaticus: *History of the Danes*, trad. para o inglês de Peter Fisher e Hilda Ellis Davidson (Cambridge, 1979).

Sigebert de Gembloux: *Chronica*, em *MGH SS* 6 (Hanôver, 1884).

Sigehard: *Miracula S. Maximini*, em *Acta Sanctorum Quotquot Toto Orbe Coluntur*, org. Iohannes Bollandus *et al.* (Antuérpia, 1688).

Snorri Sturluson: *Heimskringla: A History of the Norse Kings*, trad. para o inglês de Samuel Laing (Londres, 1844).

Snorri Sturluson: *King Harald's Saga*, trad. para o inglês de Magnus Magnusson e Hermann Palsson (St. Ives, 1966).

Snorri Sturluson: *The Ynglinga Saga* (http://omacl.org/Heimskringla/ynglinga.html).

Thangmar: *Vita Sancti Bernwardi Episcopi Hildesheimensis*, em *MGH SS* 4 (Hanôver, 1841).

Thietmar de Merseburgo: *Ottonian Germany: The Chronicon of Thietmar of Merseburg*, trad. para o inglês de David A. Warner (Manchester, 2001).

Urbano II: *Epistolae et Privilegia*, em *PL* 151.

Vita Altmanni Episcopi Pataviensis, em *MGH SS* 12 (Hanôver, 1856).

Vita et Miracula Sancti Leonardi, org. de A. Poncelet, em *AASS*, 3 de novembro.

Vita Sancti Athanasii, em *PL* 149.

Vita Sancti Nili Abbatis Cryptae Ferratae, em *MGH SS* 4 (Hanôver, 1841).

Warner de Rouen: *Moriuht*, org. de Christopher J. McDonough (Toronto, 1995).

Wazo de Liège: *Gesta Episcoporum Leodiensium*, em *MGH SS* 7 (Hanôver, 1846).

Wido de Osnabrück: *Liber de Controversia inter Hildebrandum et Heinricum Imperatorem*, em *MGH Libelli* I (Hanôver, 1891).

Widukind de Corvey: *Res Gestae Saxonicae*, em *MGH SS* 3 (Hanôver, 1838).

Wipo: *Gesta Chuonradi II Imperatoris*, em *MGH SRG* 61 (Hanôver, 1915).

Wulfstan: *Lectio Sancti Evangelii Secundum Matheum* (http://webpages.ursinus.edu/jlionarons/wulfstan/II.html).

Wulfstan: *The Sermon of the Wolf to the English* (http://english3.fsu.edu/~wulfstan).

BIBLIOGRAFIA

401

Fontes secundárias

Adelson, Howard L.: "The Holy Lance and the Hereditary German Monarchy", *The Art Bulletin* 48/2, 1966.

Airlie, Stuart: "After Empire - Recent Work on the Emergence of Post-Carolingian Kingdoms", *Early Medieval Europe* 2/2, 1993.

Alexander, Paul J.: "Byzantium and the Migration of Literary Works and Motifs: The Legend of the Last Roman Emperor", *Medievala et Humanistica* 2, 1971.

Alexander, Paul J.: "The Medieval Legend of the Last Roman Emperor and its Messianic Origin", *Journal of the Warburg and Courtauld Institutes* 41, 1978.

Alexander, Paul J.: *The Byzantine Apocalyptic Tradition* (Berkeley e Los Angeles, 1985).

Ali, Shaukat: *Millenarian and Messianic Tendencies in Islamic History* (Lahore, 1993).

Allen, Roland: "Gerbert, Pope Silvester II", *English Historical Review* 28, 1892.

Allen Brown, R.: *The Normans and the Norman Conquest* (Londres, 1969).

Althoff, Gerd: *Otto III*, trad. para o inglês de Phyllis G. Jestice (Pensilvânia, 1996).

Armstrong, Karen: *Muhammed: A Western Attempt to Understand Islam* (Londres, 1992).

Arnold, Benjamin: *Medieval Germany 500-1300: A Political Interpretation* (Londres, 1997).

Ashbridge, Thomas: *The First Crusade: A New History* (Londres, 2004).

Assaad, Sadik A.: *The Reign of Al-Hakim bi Amr Allah (386/996-411/1021): A Political Study* (Beirute, 1974).

Atkinson, Leigh: "When the Pope was a Mathematician", *College Mathematics Journal* 11, 2005.

Augenti, Andrea: *Il Palatino nel Medioevo: Archeologia e Topografia (Secoli VI-XIII)* (Rome, 1996).

Bachrach, Bernard S.: *Early Medieval Jewish Policy* (Mineápolis, 1977).

Bachrach, Bernard S.: "Pope Sergius IV and the Foundation of the Monastery at Beaulieu-lès-Loches", *Revue Bénédictine* 95, 1985.

Bachrach, Bernard S.: *Fulk Nerra: the Neo-Roman Consul, 98-1040* (Berkeley e Los Angeles, 1993).

Barbero, Alessandro: *Charlemagne: Father of a Continent*, trad. para o inglês de Allan Cameron (Berkeley e Los Angeles, 2004).

Barlow, Frank: *Edward the Confessor* (Londres, 1970).

Barlow, Frank: *The Norman Conquest and Beyond* (Londres, 1983).

Barlow, Frank: *The Godwins: The Rise and Fall of a Noble Dynasty* (Harlow, 2002).

Barraclough, Geoffrey: *The Crucible of Europe: The Ninth and Tenth Centuries in European History* (Londres, 1976).

Barstow, Anne Llewellyn: *Married Priests and the Reforming Papacy* (Nova York, 1982).

Barthélemy, D.: "Encore le Débat sur l'An Mil!", *Revue Historique de Droit Français et Étranger* 73, 1975.

Barthélemy, D.: "La Mutation Féodale a-t-elle eu Lieu? Note Critique", *Annales E. S. C.* 47, 1992.

Barthélemy, D.: "Debate: The Feudal Revolution", *Past and Present* 152, 1996.

Barthélemy, D.: "La Paix de Dieu dans son Contexte (989-1041)", *Cahiers de Civilisation Médiévale* 40, 1997.

Barthélemy, D.: *L'An Mil et la Paix de Dieu: La France Chrétienne et Féodale (980-1060)* (Paris, 1999).

402   MILÊNIO

Bartlett, Robert: *The Making of Europe: Conquest, Colonization and Cultural Change, 950-1350* (Londres, 1993).

Bashear, Suliman: "Early Muslim Apocalyptic Materials", em Bonner (Burlington, 2004).

Bates, David: *Normandy before 1066* (Londres, 1982).

Bäuml, Franz H.: *Medieval Civilization in Germany, 800-1273* (Londres, 1969).

Baylé, Maylis: "Le Décor Sculpté de Saint-Georges-de-Boscherville: Quelques Questions de Style et d'Iconographie", em *Anglo-Norman Studies* 8, org. de R. Allen Brown (Woodbridge, 1986).

Berman, Constance Hoffman (org.): *Medieval Religion: New Approaches* (Nova York, 2005).

Berman, Harold J.: *Law and Revolution: The Formation of the Western Legal Tradition* (Cambridge, Mass., 1983).

Bernhardt, John W.: *Itinerant Kingship and Royal Monasteries in Early Medieval Germany, c. 936-1075* (Cambridge, 1993).

Beurnann, Helmut: *Die Ottonen* (Stuttgart, 1991).

Biddle, Martin: *The Tomb of Christ* (Stroud, 1999).

Bisson, T. N.: "The 'Feudal Revolution'", *Past and Present* 142, 1994.

Bisson, T. N.: "Medieval Lordship", *Speculum* 70, 1995.

Bitel, Lisa M.: *Women in Early Medieval Europe, 400-1100* (Cambridge, 2002).

Blanks, David R.: "Islam and the West in the Age of the Pilgrim", em Frassetto (Nova York, 2002).

Bloch, Marc: *Les Rois Thaumaturges* (Paris, 1924).

Bloch, Marc: *Feudal Society*, vols. 1 e 2, trad. para o inglês de L. A. Manyon (Londres, 1989).

Blum, Owen J.: *St Peter Damian: His Teaching on the Spiritual Life* (Washington, 1947)

Blumenthal, Uta-Renate: *The Investiture Contraversy: Church and Monarchy from the Ninth to the Twelfth Century* (Filadélfia, 1995).

Bois, Guy: *The Transformation of the Year One Thousand: The Village of Lournand from Antiquity to Feudalism*, trad. para inglês de Jean Birrell (Manchester, 1992).

Bonnassie, Pierre: *From Slavery to Feudalism in South-Western Europe*, trad. para o inglês de Jean Birrell (Cambridge, 1991).

Bonnassie, Pierre: *Les Sociétés de l'An Mil: Un Monde Entre Deux Ages* (Bruxelas, 2001).

Bonner, Michael (org.): *Arab-Byzantine Relations in Early Islamic Times* (Burlington, 2004).

Bonner, Michael: *Jihad in Islamic History: Doctrines and Practice* (Princeton, 2006).

Bouchard, Constance Brittain: "The Origins of the French Nobility: A Reassessment", *American Historical Review* 86, 1981.

Bouchard, Constance Brittain: *Sword, Miter, and Cloister: Nobility and the Church in Burgundy, 980-1198* (Ithaca, 1987).

Boussard, Jacques: "L'Origine des Familles Seigneuriales dans la Région de la Loire Moyenne", *Cahiers de Civilisation Médiévale* 5, 1962.

Boutruche, Robert: *Seigneurie et Féodalité*, 2 vols. (Paris, 1968-70).

Bowlus, Charles R.: *The Battle of Lechfeld and its Aftermath, August 955: The End of the Age of Migrations in the Latin West* (Aldershot, 2006).

Brackmann, Albert: "Die Politische Bedeutung der Mauritius-Verehrung im Frühen Mittelalter", *Sitzungsberichte* 30, 1937.

BIBLIOGRAFIA

Brague, Rémi: *The Law of God: The Philosophical History of an Idea*, trad. para o inglês de Lydia G. Cochrane (Chicago, 2007).

Brandes, W.: "Liudprand von Cremona (*Legatio* Cap. 39-410) und eine Bisher Unbeachtete West-ostliche Korrespondz über die Bedeutung des Jahres 1000 A.D.", *Byzantinische Zeitschrift* 93, 2000.

Branner, Robert (org.): *Chartres Cathedral* (Nova York, 1969).

Brett, Michael: *The Rise of the Fatimids: The World of the Mediterranean and the Middle East in the Fourth Century of the Hijra, Tenth Century CE* (Brill, 2001).

Brisbane, Mark, e Gaimster, David: *Novgorod: The Archaeology of a Russian Medieval City and its Hinterland* (Londres, 2001).

Brooke, Christopher: *Medieval Church and Society: Collected Essays* (Londres, 1971).

Brooke, Christopher: *Europe in the Central Middle Ages 962-1154* (Londres, 2000).

Brown, Gordon S.: *The Norman Conquest of Southern Italy and Sicily* (Jefferson, 2003).

Brown, Peter: "Society and the Supernatural: A Medieval Change" (Daedalus, 1975).

Brown, Peter: *The Rise of Western Christendom: Triumph and Diversity, A.D. 200-1000* (Oxford, 1996).

Brühl, Carlrichard: "Die Kaiserpfalz bei St. Peter und die Pfalz Ottos III auf dem Palatin", *Quellen und Forschungen aus italienischen Archiven und Bibliotheken* 34, 1954.

Brühl, Carlrichard: *Deutschland-Frankreich: Die Geburg zweier Völker* (Colônia, 1990).

Bull, Marcus: *Knightly Piety and the Lay Response to the First Crusade: The Limousin and Gascony, c. 970-c.1130* (Oxford, 1993).

Bull, Marcus (org.): *France in the Central Middle Ages 900-1200* (Oxford, 2002).

Bulliet, R.: *Conversion to Islam in the Medieval Period: An Essay in Quantitive History* (Cambridge, Mass., 1979).

Büttner, H.: "Der Weg Ottos des Grossen zum Kaisertum", *Archiv für Mittelrheinische Kirchengeschichte* 14, 1962.

Bynum, Caroline Walker: *Holy Feast and Holy Fast: The Religious Significance of Food to Medieval Women* (Berkeley e Los Angeles, 1987).

Callahan, Daniel: "Adémar of Chabannes, Apocalypticism and the Peace Council of Limoges of 1031", *Revue Bénédictine* 101, 1991.

Callahan, Daniel: "The Problem of the 'Filioque' and the Letter from the Pilgrim Monks of the Mount of Olives to Pope Leo III and Charlemagne. Is the Letter Another Forgery by Adémar of Chabannes?", *Revue Bénédictine* 102, 1992.

Callahan, Daniel: "Adémar of Chabannes, Millennial Fears and the Development of Western Anti-Judaism", *Journal of Ecclesiastical History* 46, 1995.

Cambridge Medieval History III, c. 900-c. 1024, org. de Timothy Reuter (Cambridge, 1999).

Cambridge Medieval History IV, c. 1024-c. 1198, org. de David Luscombe e Jonathan Riley-Smith, 2 vols. (Cambridge, 2004).

Campbell, James (org.): *The Anglo-Saxons* (Londres, 1982).

Campbell, James: *Essays in Anglo-Saxon History* (Londres, 1986).

Campbell, James: *The Anglo-Saxon State* (Londres, 2000).

404 MILÊNIO

Canard, Marius: "La Destruction de l'Église de la Résurrection par le Calife Hakim et l'Histoire de la Descente du Feu Sacré", *Byzantion* 35, 1965.

Cantor, Norman F.: "The Crisis of Western Monasticism, 1050-113", *The American Historical Review* 66/1, 1960.

Cantor, Norman F.: *Medieval History: The Life and Death of a Civilization* (Nova York, 1968).

Carozzi, Claude: *La Fin des Temps: Terreurs et Prophéties au Moyen Âge* (Paris, 1999).

Chapelot, Jean, e Fossier, Robert: *The Village and House in the Middle Ages*, trad. para o inglês de Henry Cleere (Londres, 1985).

Charanis, Peter: "Byzantium, the West and the Origins of the First Crusade", *Byzantion* 19, 1947.

Chibnell, Marjorie: *The Debate on the Norman Conquest* (Manchester, 1999).

Chibnell, Marjorie: *The Normans* (Oxford, 2000).

Christiansen, Eric: *The Norsemen in the Viking Age* (Oxford, 2002).

Clark, Victoria: *The Far-Farers: A Journey from Viking Iceland to Crusader Jerusalem* (Londres, 2003).

Cohen, Jeremy (org.): *From Witness to Witchcraft: Jews and Judaism in Medieval Christian Thought* (Wiesbaden, 1996).

Conant, Kenneth John: "The Apse at Cluny", *Speculum* 7/1, 1932.

Conant, Kenneth John: "Mediaeval Academy Excavations at Cluny, X", *Speculum* 45/1, 1970.

Constable, Giles: *Three Studies in Medieval Religious and Social Thought* (Cambridge, 1995).

Constable, Giles: *Cluny from the Tenth to the Twelfth Centuries* (Aldershot, 2000).

Contamine, Philippe: *War in the Middle Ages*, trad. para o inglês de Michael Jones (Oxford, 1984).

Cook, David: *Studies in Muslim Apocalyptic* (Princeton, 2002).

Corbet, Patrick: *Les Saints Ottoniens: Sainteté Dynastique, Sainteté Royale et Sainteté Féminine Autour de l'An Mil* (Sigmaringen, 1986).

Cowdrey, H. E. J.: "Unions and Confraternity with Cluny", *Journal of Ecclesiastical History* 16, 1965.

Cowdrey, H. E. J.: "Pope Urban II's Preaching of the First Crusade", *History* 55, 1970.

Cowdrey, H. E. J.: *The Cluniacs and the Gregorian Reform* (Oxford, 1970).

Cowdrey, H. E. J.: "The Peace and the Truce of God in the Eleventh Century", *Past and Present* 46, 1970.

Cowdrey, H. E. J.: *Popes, Monks and Crusaders* (Londres, 1984).

Cowdrey, H. E. J.: "The Gregorian Papacy, Byzantium, and the First Crusade", em Howard--Johnston (Amsterdã, 1988).

Cowdrey, H. E. J.: *Pope Gregory VII 1073-1085* (Oxford, 1998).

Cowdrey, H. E. J.: *Popes and Church Reform in the 11th Century* (Aldershot, 2000).

Crone, Patricia, e Cook, Michael: *Hagarism: The Making of the Islamic World* (Cambridge, 1977).

Crouch, David: *The Normans: The History of a Dynasty* (Londres, 2002).

Crouch, David: *The Birth of Nobility: Constructing Aristocracy in England and France, 900-1300* (Harlow, 2005).

Cushing, Kathleen G.: *Reform and Papacy in the Eleventh Century: Spirituality and Social Change* (Manchester, 2005).

Cutler, Anthony: "Who Was the 'Monk of France' and When Did He Write?", *al-Andalus* 28, 1963.

BIBLIOGRAFIA

405

Cutler, Anthony: "Gifts and Gift Exchange as Aspects of the Byzantine, Arab, and Related Economies", *Dumbarton Oaks Papers* 55, 2001.

Daniel, Norman: *The Arabs and Mediaeval Europe* (Londres, 1975).

Davids, Adelbert: *The Empress Theophano: Byzantium and the West at the Turn of the First Millennium* (Cambridge, 1995).

Davis, R. H. C.: *The Normans and Their Myth* (Londres, 1976).

Debord, André: "Motte Castrale et Habitat Chevaleresque", em *Mélanges d'Histoire et d'Archeologie Médiévale en l'Honneur du Doyen M. de Böuard* (Paris, 1982).

Delort, Robert (org.): *La France de l'An Mil* (Paris, 1990).

Dennis, George T.: *Three Byzantine Military Treatises* (Washington, 1985).

Dennis, George T.: "Defenders of the Christian People: Holy War in Byzantium", em Laiou e Mottahedeh (Washington, DC, 2000).

De Vries, Kelly: *The Norwegian Invasion of England in 1066* (Woodbridge, 1999).

Dhondt, J.: *Étude sur la Naissance des Principautés Territoriales en France (IXe-Xe Siècles)* (Bruges, 1948).

Dolley, R. H. M. (org.): *Anglo-Saxon Coins* (Londres, 1961).

Douglas, David C.: *William the Conqueror* (Londres, 1964).

Douglas, David C.: *The Norman Achievement* (Londres, 1969).

Duby, Georges: *La Société aux Xie et XIIe Siecles dans la Région Mâconnaise* (Paris, 1953).

Duby, Georges: *L'An Mil* (Paris, 1980).

Duby, Georges: *The Three Orders: Feudal Society Imagined*, trad. para o inglês de Arthur Goldhammer (Chicago, 1980).

Duckett, Eleanor: *Death and Life in the Tenth Century* (Ann Arbor, 1967).

Dunbabin, Jean: *France in the Making, 843-1180* (Oxford, 2000).

Dunn, Maryjane e Davidson, Linda Kay: *The Pilgrimage to Compostela in the Middle Ages: A Book of Essays* (Nova York, 1996).

El Cheikh, Nadia Maria: *Byzantium Viewed by the Arabs* (Cambridge, Mass., 2004).

Elliott, Dyan: *Fallen Bodies: Pollution, Sexuality, and Demonology in the Middle Ages* (Filadélfia, 1999).

Ellis, Hilda Roderick: *The Road to Hell: A Study of the Conception of the Dead in Old Norse Literature* (Cambridge, 1943).

Ellis Davidson, H.R: *The Viking Road to Byzantium* (Londres, 1976).

Emmerson, Richard Kenneth: *Antichrist in the Middle Ages: A Study of Medieval Apocalypticism, Art, and Literature* (Manchester, 1981).

Emmerson, Richard K. e McGinn, Bernard: *The Apocalypse in the Middle Ages* (Ithaca, 1992).

Enright, Michael J.: *Iona, Tara and Soissons: The Origin of the Royal Anointing Ritual* (Berlim, 1985).

Erdmann, Carl: "Endkaiserglaube und Kreuzzugsgedanke im 11. Jahrhundert", *Zeitschrift für Kirchengeschichte* 11, 1932.

Erdmann, Carl: *Ottonische Studien*, org. Helmut Beumann (Darmstadt, 1968).

Erdmann, Carl: *The Origin of the Idea of Crusade*, trad. para o inglês de Marshall W. Baldwin e Walter Goffart (Princeton, 1977).

406 MILÊNIO

Evans, J.: *Monastic Life at Cluny, 910-1157* (Oxford, 1931).

Fichtenau, Heinrich: *Living in the Tenth Century: Mentalities and Social Orders*, trad. para o inglês de Patrick J. Geary (Chicago, 1991).

Fierro, Maribel: *Abd al-Rahman III: The First Cordoban Caliph* (Oxford, 2005).

Fleckstein, Josef: *Early Medieval Germany*, trad. para o inglês de Bernard S. Smith (Amsterdã, 1978).

Fletcher, Richard: *Saint James's Catapult: The Life and Times of Diego Gelmírez of Santiago de Compostela* (Oxford, 1984).

Fletcher, Richard: "Reconquest and Crusade in Spain, c. 1050-1150", *Transactions of the Royal Historical Society* 37, 1987.

Fletcher, Richard: *Moorish Spain* (Berkeley, 1992).

Fletcher, Richard: *The Conversion of Europe: From Paganism to Christianity 371-1386 AD* (Londres, 1997).

Fletcher, Richard: *Bloodfeud: Murder and Revenge in Anglo-Saxon England* (Londres, 2002).

Flori, Jean: *La Guerre Sainte: La Formation de l'Idée de Croisade dans l'Occident Chrétien* (Paris, 2001).

Flori, Jean: *L'Islam et la Fin des Temps: L'Interprétation Prophétique des Invasions Musulmanes dans la Chrétienté Médiévale* (Paris, 2002).

Folz, Robert: *Le Souvenir et la Légende de Charlemagne dans l'Empire Germanique Médiéval* (Paris, 1950).

Folz, Robert: *The Concept of Empire in Western Europe: From the Fifth to the Fourteenth Century*, trad. para o inglês de Sheila Ann Ogilvie (Londres, 1969).

Foot, Sarah: "The Historiography of the Anglo-Saxon 'Nation-State'", em *Power and the Nation in European History*, org. de Len Scales e Oliver Zimmer (Cambridge, 2005).

Forte, Angelo; Oram, Richard, e Pedersen, Frederik: *Viking Empires* (Cambridge, 2005).

Fossier, Robert: *Enfance de l'Europe*, 2 vols. (Paris, 1982).

Fossier, Robert: *Peasant Life in the Medieval West*, trad. para o inglês de J. Vale (Oxford, 1988).

Fossier, Robert (org.): *The Cambridge Illustrated History of the Middle Ages: Volume II: 950-1250*, trad. para o inglês de Stuart Airlie e Robyn Marsack (Cambridge, 1997).

France, John: "The Destruction of Jerusalem and the First Crusade", *Journal of Ecclesiastical History* 47, 1996.

France, John: *Western Warfare in the Age of the Crusades, 1000-1300* (Ithaca, 1999).

Franklin, Simon e Shepard, Jonathan: *The Emergence of Rus, 750-1200* (Londres, 1996).

Frassetto, Michael (org.): *Medieval Purity and Piety: Essays on Medieval Clerical Celibacy and Religious Reform* (Nova York, 1998).

Frassetto, Michael (org.): *The Year 1000: Religious and Social Response to the Turning of the First Millennium* (Nova York, 2002).

Freedman, Paul: *Images of the Medieval Peasant* (Stanford, 1999).

Fried, Johannes: "Awaiting the End of Time", trad. para o inglês de Scott Denlinger e Edward Peters, em Landes, Gow e Van Meter (Oxford, 2003).

BIBLIOGRAFIA 407

Fuhrmann, Horst: *Germany in the High Middle Ages: c. 1050-1200*, trad. para o inglês de Timothy Reuter (Cambridge, 1986).

Fulton, Rachel: *From Judgment to Passion: Devotion to Christ & the Virgin Mary, 800-1200* (Nova York, 2002).

Gabriele, Matthew: "Otto III, Charlemagne, and Pentecost A. D. 1000: A Reconsideration Using Diplomatic Evidence", em Frassetto (Nova York, 2002).

Gasc, Hélène: "Gerbert et la Pédagogie des Arts Libéraux à la Fin du Dixième Siècle", *Journal of Medieval History* 12/2, 1986.

Gay, Jules: *L'Italie Méridionale et l'Empire Byzantin depuis l'Avenement de Basile I jusqu'à la Prise de Bari par les Normands (867-1071)*, 2 vols. (Nova York, 1960).

Geary, Patrick: "Humiliation of Saints", em *Saints and Their Cults: Studies in Religious Sociology, Folklore and History*, org. de Stephen Wilson (Cambridge, 1983).

Geary, Patrick: *Phantoms of Remembrance: Memory and Oblivion at the End of the First Millennium* (Princeton, 1994).

Gibbon, Edward: *The History of the Decline and Fall of the Roman Empire*, 3 vols. (Londres, 1994).

Gil, Moshe: *A History of Palestine, 634-1099*, trad. para o inglês de Ethel Broido (Cambridge, 1992).

Glenn, Jason: *Politics and History in the Tenth Century: The Work and World of Richer of Reims* (Cambridge, 2004).

Glick, Thomas F.: *From Muslim Fortress to Christian Castle: Social and Cultural Change in Medieval Spain* (Manchester, 1995).

Glick, Thomas F.: *Islamic and Christian Spain in the Early Middle Ages* (Brill, 2005).

Goez, Werner: "Zur Persönlichkeit Gregors VII", *Römische Quartalschrift* 73, 1978.

Goez, Werner: "The Concept of Time in the Historiography of the Eleventh and Twelfth Centuries", em *Medieval Concepts of the Past*, org. de Gerd Althoff, Johannes Fried e Patrick J. Geary (Cambridge, 2002).

Gorich, Knut: *Otto III Romanus, Saxonicus et Italicus: Kaiserliche Rompolitik und sächsische Historiographie* (Sigmaringen, 1994).

Gougenheim, S.: *Les Fausses Terreurs de l'An Mil: Attente de la Fin des Temps ou Approfondissement de la Foi?* (Paris, 1999).

Green, Dennis H. e Siegmund, Frank: *The Continental Saxons from the Migration Period to the Tenth Century: An Ethnographic Perspective* (San Marino, 2003).

Gregorovius, Ferdinand: *History of the City of Rome in the Middle Ages: Volume 3: 800-1002 A.D.*, trad. para o inglês de Annie Hamilton (Londres, 1903).

Griffith, Paddy: *The Viking Art of War* (Londres, 1995).

Guillot, Olivier: *Le Comte d'Anjou et son Entourage au XIe Siècle* (Paris, 1972).

Hadley, D. M.: *Masculinity in Medieval Europe* (Londres, 1999).

Hallam, Elizabeth M.: *Capetian France (987-1328)* (Londres, 1980).

Hamilton, Bernard: *Monastic Reform, Catharism and the Crusades, 900-1300* (Londres, 1979).

Harris, Jonathan: *Byzantium and the Crusades* (Londres, 2003).

Harris, Joseph: "Eddic Poetry", em *Old Norse-Icelandic Literature: A Critical Guide*, org. de Carol J. Clover e John Lindow (Ithaca, 1985).

408   MILÊNIO

Haskins, Charles H.: "The Materials for the Reign of Robert I of Normandy", *English Historical Review* 31, 1916.

Head, Thomas: *Hagiography and the Cult of Saints: The Diocese of Orléans, 800-1200* (Cambridge, 1990).

Head, Thomas e Landes, Richard (orgs.): *The Peace of God: Social Violence and Religious Response in France around the Year 1000* (Ithaca, 1992).

Heath, Ian: *Byzantine Armies, 886-1118* (Oxford, 1979).

Herrin, Judith: *The Formation of Christendom* (Princeton, 1997).

Herrin, Judith: *Women in Purple: Rulers of Medieval Byzantium* (Londres, 2001).

Higham, N. J.: *The Death of Anglo-Saxon England* (Stroud, 1997).

Hill, Boyd H.: *The Rise of the First Reich: Germany in the Tenth Century* (Nova York, 1969).

Hill, Boyd H.: *Medieval Monarchy in Action: The German Empire from Henry I to Henry IV* (Londres, 1972).

Hill, David (org.): *Ethelred the Unready: Papers from the Millenary Conference* (Oxford, 1978).

Hill, Paul: *The Road to Hastings: The Politics of Power in Anglo-Saxon England* (Stroud, 2005).

Hlawitschka, E.: "Zur Herkunft und zu den Seitenverwandten des Gegenkönigs Rudolf von Rheinfelden", em *Die Salier und das Reich*, org. de S. Weinfurter (Sigmaringen, 1991).

Hodges, Richard: *The Anglo-Saxon Achievement* (Londres, 1989).

Hofmeister, Adolf: *Die Heilige Lanze ein Abzeichen des Alten Reichs* (Breslau, 1908).

Holtzmann, Walther: "Studien zur Orientpolitik des Papsttums und zur Entstehung des ersten Kreuzzuges", *Historische Vierteljahrschrift* 22, 1924.

Howard-Johnston, J. D.: *Byzantium and the West c.850-c.1200* (Amsterdã, 1988).

Hubert, Étienne: *Espace Urbain et Habitat à Rome du Xe Siècle à la fin du XIIIe Siècle* (Roma, 1990).

Hunt, Noreen: *Cluny under Saint Hugh 1049-1109* (Londres, 1967).

Huygens, R. B. C.: "Un Témoin de la Crainte de l'An 1000: La Lettre sur les Hongrois", *L'Atomus* 15, 1957.

Iogna-Prat, Dominique: "Continence et Virginité dans la Conception Clunisienne de l'Order du Monde autour de l'An Mil", *Comptes Rendus de l'Académie des Inscriptions et Belles-lettres*, 1985.

Iogna-Prat, Dominique: *Order & Exclusion: Cluny and Christendom Face Heresy, Judaism, and Islam (1000-1150)*, trad. para o inglês de Graham Robert Edwards (Ithaca, 2002).

Isawi, C.: "The Area and Population of the Arab Empire: an Essay in Speculation", em *The Islamic Middle East, 700-1900: Studies in Economic and Social History*, org. de A. L. Udovitch (Princeton, 1981).

Iversen, Gunilla: "Transforming a Viking into a Saint: The Divine Office of St Olav", em *The Divine Office in the Latin Medieval Ages*, org. de Margot E. Fassler e Rebecca A. Baltzer (Oxford, 2000).

Jeep, John M. (org.): *Medieval Germany: An Encyclopedia* (Nova York, 2001).

Jenkins, Romilly: *Byzantium: The Imperial Centuries, AD 610-1071* (Londres, 1966).

Jones, Gwyn: *A History of the Vikings* (Oxford, 2001).

Jones, Prudence e Pennick, Nigel: *A History of Pagan Europe* (Londres, 1995).

BIBLIOGRAFIA 409

Joranson, Einar: "The Great German Pilgrimage of 1064-1065", em *The Crusades and Other Historical Essays Presented to Dana C. Munro by His Former Students*, org. de Louis J. Paetow (Nova York, 1928).

Kantorowicz, Ernst: *The King's Two Bodies: A Study in Medieval Political Theology* (Princeton, 1957).

Karras, Ruth Mazo: *Sexuality in Medieval Europe* (Nova York, 2005).

Karsh, Efraim: *Islamic Imperialism: A History* (New Haven, 2006).

Kedar, Benjamin Z.: *Crusade and Mission: European Attitudes toward the Muslims* (Princeton, 1984).

Kelly, J.N.D.: *The Oxford Dictionary of Popes* (Oxford, 1986).

Kennedy, Hugh: *Muslim Spain and Portugal: A Political History of al-Andalus* (Harlow, 1996).

Kennedy, Hugh: "From Antiquity to Islam in the Cities of al-Andalus and al-Mashriq", em *Genese de la Ville Islamique en al-Andalus et au Maghreb Occidental*, org. de P. Cressier e M. García-Arenal (Madri, 1998).

Keynes, Simon: *The Diplomas of King Aethelred "the Unready" 978-1016: A Study in Their Use as Historical Evidence* (Cambridge, 1980).

Körner, Sten: *The Battle of Hastings, England, and Europe 1035-1066* (Lund, 1964).

Kovacs, Judith e Rowland, Christopher: *Revelation* (Oxford, 2004).

Koziol, Geoffrey: *Begging Pardon and Favor: Ritual and Political Order in Early Medieval France* (Ithaca, 1992).

Krautheimer, R.: *Rome: Profile of a City, 312-1308* (Princeton, 1980).

Kreutz, Barbara M.: *Before the Normans: Southern Italy in the Ninth and Tenth Centuries* (Filadélfia, 1991).

Lacey, Robert, e Danziger, Danny: *The Year 1000: What Life was Like at the Turn of the First Millennium* (Londres, 1999).

Ladner, Gerhart B.: *L'Immagine dell'Imperatore Ottone III* (Roma, 1988).

Laiou, Angeliki E. e Mottahedeh, Roy Parviz (orgs.): *The Crusades from the Perspective of Byzantium and the Muslim World* (Washington, 2000).

Landes, Richard: "Lest the Millennium be Fulfilled: Apocalyptic Expectations and the Pattern of Western Chronography, 100-800 CE", em *The Use and Abuse of Eschatology in the Middle Ages*, org. de W. Verbeke, D. Verhelst e A. Welkenhuysen (Leuven, 1988).

Landes, Richard: "La Vie Apostolique en Aquitaine au Tournant du Millennium: Paix de Dieu, Culte de Reliques et Communautés 'Hérétiques'", *Annales* 46, 1991.

Landes, Richard: "Sur les Traces du Millennium: La 'Via Negativa'", *Le Moyen Âge* 99, 1993.

Landes, Richard: *Relics, Apocalypse, and the Deceits of History* (Cambridge, Mass., 1995).

Landes, Richard: "On Owls, Roosters, and Apocalyptic Time: A Historical Method for Reading a Refractory Documentation", *Union Seminary Quarterly Review* 49, 1996.

Landes, Richard: "The Massacres of 1010: On the Origins of Popular Anti-Jewish Violence in Western Europe", em Cohen (Wiesbaden, 1996).

Landes, Richard (org.): *Encyclopedia of Millennialism and Millennial Movements* (Nova York, 2000).

Landes, Richard: "The Fear of an Apocalyptic Year 1000: Augustinian Historiography, Medieval and Modern", *Speculum* 75, 2000.

Landes, Richard: "The Fruitful Error: Reconsidering Millennial Enthusiasm", *Journal of Interdisciplinary History* 32/1, 2001.

Landes, Richard: "Giants with Feet of Clay: On the Historiography of the Year 1000" (www.bu.edu/mille/scholarship/1000/AHR9.html).

Landes, Richard; Gow, Andrew e van Meter, David C.: *The Apocalyptic Year 1000: Religious Expectation and Social Change, 950-1050* (Oxford, 2003).

Lavelle, Ryan: *Aethelred II: King of the English 978-1016* (Stroud, 2002).

Lawson, M. K.: *Cnut: England's Viking King* (Stroud, 2004).

Lawson, M. K.: *The Battle of Hastings 1066* (Stroud, 2007).

Le Goff, Jacques: *Time, Work, and Culture in the Middle Ages*, trad. para o inglês de Arthur Goldhammer (Chicago, 1980).

Leclercq, Jean: *Saint Pierre Damien: Ermite et Homme d'Église* (Roma, 1960).

Leithart, Peter J.: "The Gospel, Gregory VII and Modern Theology", *Modern Theology* 19/1, 2003.

Lemerle, Paul: "Byzance et la Croisade", em *Relazioni del X Congresso Internazionale di Scienze Storiche*: (Florença, 1955).

Lévi-Provençal, Évariste: *Histoire de l'Espagne Musulmane*, 3 vols. (Paris, 1950).

Lewis, Andrew W.: *Royal Succession in Capetian France: Studies on Familial Order and the State* (Cambridge, Mass., 1981).

Leyser, K. J.: "The Polemics of the Papal Revolution", em *Trends in Medieval Political Thought*, org. de Beryl Smalley (Oxford, 1965).

Leyser, K. J.: *Rule and Conflict in an Early Medieval Society: Ottonian Saxony* (Oxford, 1979).

Leyser, K. J.: *Medieval Germany and its Neighbours, 900-1250* (Londres, 1982).

Leyser, K. J.: *Communications and Power in Medieval Europe: The Carolingian and Ottonian Centuries*, org. de Timothy Reuter (Londres, 1994).

Leyser, K. J.: *Communications and Power in Medieval Europe: The Gregorian Revolution and beyond*, org. de Timothy Reuter (Londres, 1994).

Lieu, Samuel: "From History to Legend and Legend to History: The Medieval and Byzantine Transformation of Constantine's Vita", em *Constantine: History, Historiography and Legend*, org. de Samuel Lieu e Dominic Montserrat (Londres, 1998).

Linehan, Peter: "At the Spanish Frontier", em Linehan e Nelson (Londres, 2001).

Linehan, Peter e Nelson, Janet L. (orgs.): *The Medieval World* (Londres, 2001).

Little, Lester K.: "The Personal Development of Peter Damian", em *Order and Innovation in the Middle Ages: Essays in Honor of Joseph R. Strayer*, org. de William C. Jordan, Bruce McNab e Teofilo F. Ruiz (Princeton, 1976).

Little, Lester K. e Rosenwein, Barbara H. (orgs.): *Debating the Middle Ages: Issues and Readings* (Oxford, 1998).

Lobrichon, Guy: "The Chiaroscuro of Heresy: Early Eleventh-Century Aquitaine as Seen from Auxerre", em Head e Landes (Ithaca, 1992).

Lobrichon, Guy: "Jugement dernier et Apocalypse", em *De l'Art Comme Mystagogie: Iconographie du Jugement Dernier et des Fins Dernières à l'Époque Gothique* (Poitiers, 1996).

Logan, F. Donald: *The Vikings in History* (Londres, 2005).

BIBLIOGRAFIA 411

Loomis, Laura Hibbard: "The Holy Relics of Charlemagne and King Athelstan: The Lances of Longinus and St Mauricius", *Speculum* 25, 1950.

Loomis, Laura Hibbard: "The Passion Lance Relic and the War Cry Monjoie in the Chanson de Roland and Related Texts", em *Adventures in the Middle Ages: A Memorial Collection of Essays and Studies*, org. de Helene Bullock (Nova York, 1962).

Lopez, R.: "The Norman Conquest of Sicily", em *A History of the Crusades: The First Hundred Years*, org. de M.W. Baldwin (Filadélfia, 1969).

Loud, G. A.: *The Age of Robert Guiscard: Southern Italy and the Norman Conquest* (Harlow, 2000).

Lovelock, James: *The Revenge of Gaia* (Londres, 2007).

Lynch, Joseph H.: "Hugh I of Cluny's Sponsorship of Henry IV: Its Context and Consequences", *Speculum* 60/4, 1985.

MacKinney, Loren C.: "The People and Public Opinion in the Eleventh-Century Peace Movement", *Speculum* 5, 1930.

MacLean, Simon: "Apocalypse and Revolution: Europe around the Year 1000", *Early Medieval Europe* 15/1, 2007.

Magdalino, Paul (org.): "The History of the Future and its Uses: Prophecy, Policy and Propaganda", em *The Making of Byzantine History: Studies Dedicated to Donald M. Nicol*, org. de R. Beaton e C. Roueché (Aldershot, 1993).

Magdalino, Paul: "The Byzantine Background to the First Crusade", *Canadian Institute of Balkan Studies*, 1996.

Magdalino, Paul: *Byzantium in the Year 1000* (Brill, 2003).

Magnou-Nortier, Elisabeth: *Pouvoirs et Libertés au Temps des Premiers Capétians* (Maulévrier, 1992).

Mango, Cyril: *Byzantium: The Empire of New Rome* (Londres, 1980).

Marín-Guzmán, Roberto: "Some Reflections on the Institutions of Muslim Spain: Unity in Politics and Administration", *American Journal of Islamic Social Sciences* 21, 2004.

McCormick, Michael: *Eternal Victory: Triumphal Rulership in Late Antiquity, Byzantium, and the Early Medieval West* (Cambridge, 1986).

McCormick, Michael: *Origins of the European Economy: Communications and Commerce, A.D. 300-900* (Cambridge, 2001).

McGinn, Bernard: *Visions of the End: Apocalyptic Traditions in the Middle Ages* (Nova York, 1979).

McGinn, Bernard: *Antichrist: Two Thousand Years of the Human Fascination with Evil* (Nova York, 1994).

McKitterick, Rosamund: "Continuity and Innovation in Tenth-Century Ottonian Culture", em *Intellectual Life in the Middle Ages: Essays Presented to Margaret Gibson*, org. Lesley Smith e Benedicta Ward (Londres, 1992).

McKitterick, Rosamund: "Ottonian Intellectual Culture in the Tenth Century and the Role of Theophanu", *Early Medieval Europe* 2/1, 1993.

McKitterick, Rosamund: *History and Memory in the Carolingian World* (Cambridge, 2004).

McKitterick, Rosamund (org.): *The Early Middle Ages: Europe 400-1000* (Oxford, 2001).

Menocal, María Rosa: *The Ornament of the World: How Muslims, Jews, and Christians Created a Culture of Tolerance in Medieval Spain* (Nova York, 2002).

412 MILÊNIO

Milis, Ludo J. R.: *Angelic Monks and Earthly Men* (Woodbridge, 1992).

Miller, Timothy S. e Nesbitt, John: *Peace and War in Byzantium: Essays in Honor of George T. Dennis, S.J.* (Washington, 1995).

Moore, R. I.: *The Birth of Popular Heresy* (Londres, 1975).

Moore, R. I.: *The Origins of European Dissent* (Londres, 1977).

Moore, R. I.: *The Formation of a Persecuting Society: Power and Deviance in Western Europe, 950-1250* (Oxford, 1990).

Moore, R. I.: "Heresy, Repression and Social Change in the Age of Gregorian Reform", em *Christendom and its Discontents: Exclusion, Persecution, and Rebellion, 1000-1500*, org. de Scott L. Waugh e Peter D. Diehl (Cambridge, 1996).

Moore, R. I.: "The Birth of Heresy: A Millennial Phenomenon", *Journal of Religious History* 24/1, 2000.

Moore, R. I: *The First European Revolution, c. 970-1215* (Oxford, 2000).

Morghen, Raffaello: *Gregorio VII e la Riforma della Chiesa nel Secolo XI* (Palermo, 1974).

Morillo, Stephen (org.): *The Battle of Hastings* (Woodbridge, 1996).

Morris, Colin: *The Papal Monarchy: The Western Church from 1050 to 1250* (Oxford, 1989).

Morrison, Karl F.: "The Gregorian Reform", em *Christian Spirituality: Origins to the Twelfth Century*, org. de Bernard McGinn e John Meyendorff (Londres, 1986).

Moulin, Léo: *La Vie Quotidienne des Religieux au Moyen Âge (Xe-XVe Siècle)* (Paris, 1978).

Mütherich, F.: "The Library of Otto III", em *The Role of the Book in Medieval Culture*, org. de Peter Ganz (Turnhout, 1986).

Navari, Joseph: "The Leitmotiv in the Mathematical Thought of Gerbert of Aurillac", *Journal of Medieval History* 1, 1975.

Nelson, Janet L.: *Politics and Ritual in Early Medieval Europe* (Londres, 1986).

Nelson, Janet L.: *The Frankish World, 750-900* (Londres, 1996).

Nelson, Janet L.: *Rulers and Ruling Families in Early Medieval Europe* (Aldershot, 1999).

Niles, John D. e Amodio, Mark: *Anglo-Scandinavian England: Norse-English Relations in the Period before the Conquest* (Lanham, 1989).

Noble, T. F. X.: *The Republic of St Peter: The Birth of the Papal State, 680-825* (Filadélfia, 1984)

Norwich, John Julius: *The Normans in the South, 1016-1130* (Londres, 1967).

Ortigues, E. e Iogna-Prat, D.: "Raoul Glaber et l'Historiographie Clunisienne", *Studi Medievali* 26/2, 1985.

O'Callaghan, Joseph F.: *Reconquest and Crusade in Medieval Spain* (Filadélfia, 2003).

O'Leary, De Lacy: *A Short History of the Fatimid Khalifate* (Londres, 1923).

O'Shea, Stephen: *Sea of Faith: Islam and Christianity in the Medieval Mediterranean World* (Londres, 2006).

Page, R. I.: *Chronicles of the Vikings: Records, Memorials and Myths* (Bath, 2002).

Partner, Nancy (org.): *Writing Medieval History* (Londres, 2005).

Paxton, Frederick S.: *Christianizing Death: The Creation of a Ritual Process in Early Medieval Europe* (Ithaca, 1990).

BIBLIOGRAFIA 413

Pelteret, David A. E.: *Slavery in Early Mediaeval England: From the Reign of Alfred until the Twelfth Century* (Woodbridge, 1995).

Pérez de Urbel, Justo: "El Culto de Santiago in el Siglo X", *Compostellanum* 16, 1971.

Peters, F. E.: *Jerusalem: The Holy City in the Eyes of Chroniclers, Visitors, Pilgrims, and Prophets from the Days of Abraham to the Beginnings of Modern Times* (Princeton, 1985).

Phillips, Jonathan (org.): *The First Crusade: Origins and Impact* (Manchester, 1997).

Pognon, Edmond: *La Vie Quotidienne en l'An Mille* (Paris, 1981).

Pognon, Edmond: *Hugues Capet et la France Féodale* (Paris, 1989).

Poly, Jean-Pierre: "Le Capétien Thaumaturge: Genèse Populaire d'un Miracle Royal", em Delort (Paris, 1990).

Poly, Jean-Pierre e Bournazel, Eric: *The Feudal Transformation, 900-1200*, trad. para o inglês de Caroline Higgitt (Nova York, 1991).

Rees, Martin: *Our Final Century: Will Civilisation Survive the Twenty-First Century?* (Londres, 2003).

Reilly, B. F.: *The Contest of Christian and Muslim Spain, 1031-1157* (Londres, 1992).

Reston, James: *The Last Apocalypse: Europe at the Year 1000 A.D.* (Nova York, 1998).

Reuter, Timothy: "The End of Carolingian Military Expansion", em *Charlemagne's Heir*, org. de P. Godman e R. Collins (Oxford, 1990).

Reuter, Timothy: *Germany in the Early Middle Ages, c. 800-1056* (Londres, 1991).

Reuter, Timothy: "Debate: The Feudal Revolution", *Past and Present* 155, 1997.

Reuter, Timothy (org.): *The Medieval Nobility: Studies on the Ruling Classes of France and Germany from the Sixth to the Twelfth Century* (Amsterdã, 1979).

Reynolds, Susan: "Medieval Origines Gentium and the Community of the Realm", *History* 68, 1983.

Reynolds, Susan: *Kingdoms and Communities in Western Europe 900-1300* (Oxford, 1997).

Riché, Pierre: "Le Mythe des Terreurs de l'An Mille", em *Les Terreurs de l'An 2000* (Paris, 1976).

Riché, Pierre: "Les Conditions de la Production Littéraire: Maîtres et Écoles", em *Lateinische Kultur im X. Jahrhundert*, org. de Walter Berschin (Stuttgart, 1991).

Riley-Smith, Jonathan: *The First Crusade and the Idea of Crusading* (Londres, 1986).

Riley-Smith, Jonathan: *The First Crusaders, 1095-1131* (Cambridge, 1997).

Robinson, I. S.: "Gregory VII and the Soldiers of Christ", *History* 58, 1973.

Robinson, I. S.: *The Papacy 1073-1198: Continuity and Innovation* (Cambridge, 1990).

Robinson, I. S.: *Henry IV of Germany, 1056-1106* (Cambridge, 1999).

Roesdahl, Else: *Viking Age Denmark*, trad. para o inglês de Susan Margeson e Kirsten Williams (Londres, 1982).

Roesdahl, Else: *The Vikings*, trad. para o inglês de Susan Margeson e Kirsten Williams (Londres, 1987).

Rösener, W.: *Peasants in the Middle Ages*, trad. para o inglês de Alexander Stützer (Chicago, 1992).

Rosenstock-Huessy, Eugen: *Out of Revolution: Autobiography of Western Man* (Nova York, 1938).

Rosenstock-Huessy, Eugen: *Driving Power of Western Civilization: The Christian Revolution of the Middle Ages* (Boston, 1949).

414   MILÊNIO

Rosenwein, Barbara H.: *Rhinoceros Bound: Cluny in the Tenth Century* (Filadélfia, 1982).

Rosenwein, Barbara H.: *To Be the Neighbor of Saint Peter: The Social Meaning of Cluny's Property, 909-1049* (Ithaca, 1989).

Russell, James C.: *The Germanization of Early Medieval Christianity: A Sociohistorical Approach to Religious Transformation* (Oxford, 1994).

Sahas, Daniel J.: *John of Damascus on Islam: The "Heresy of the Ishmaelites"* (Leiden, 1972).

Sansterre, Jean-Marie: "Otton III et les Saints Ascètes", *Rivista di Storia del la Chiesa in Italia* 43/2, 1989.

Sassier, Yves: *Hugues Capet: Naissance d'une Dynastie* (Paris, 1987).

Sawyer, Birgit; Sawyer, Peter e Wood, Ian (orgs.): *The Christianization of Scandinavia* (Alingsas, 1987).

Sawyer, P. H.: "The Wealth of England in the Eleventh Century", *Transactions of the Royal Historical Society* 15, 1965.

Sawyer, P. H.: *Kings and Vikings: Scandinavia and Europe, AD 700-1100* (Londres, 1982).

Scales, Peter C.: *The Fall of the Caliphate of Córdoba* (Leiden, 1994).

Schiavone, Aldo: *The End of the Past: Ancient Rome and the Modern West*, trad. para o inglês de Margery J. Schneider (Cambridge, Mass., 2000).

Schimmelpfennig, Bernhard: *The Papacy*, trad. para o inglês de James Sievert (Nova York, 1992).

Schillebeeckx, Edward: *The Church with a Human Face* (Nova York, 1985).

Schramm, Percy E.: *Kaiser, Rom und Renovatio: Studien und Texte zur Geschichte des römischen Erneuerungsgedankens vom Ende des karolingischen Reiches bis zum Investiturstreit*, 2 vols. (Leipzig e Berlim, 1929).

Schramm, Percy E.: *Herrschaftszeichen und Staatssymbolik*, 3 vols. (Stuttgart, 1954-6).

Scragg, Donald (org.): *The Battle of Maldon AD 991* (Oxford, 1991).

Searle, Eleanor: "Possible History", *Speculum* 61, 1986.

Searle, Eleanor: *Predatory Kinship and the Creation of Norman Power, 840-1066* (Berkeley e Los Angeles, 1988).

Seitter, Walter: *Katechonten: Den Untergang Aufhalten* (Berlim, 2001).

Settipani, Christian: "Les Comtes d'Anjou et Leurs Alliances aux Xᵉ et XIᵉ Siècles", em *Family Trees and the Roots of Politics: The Prosopography of Britain and France from the Tenth to the Twelfth Century*, org. de K. S. B. Keats-Rohan (Woodbridge, 1997).

Sevcenko, Ihor: "Unpublished Texts on the End of the World about the Year 1000 AD", em *Mélanges Gilbert Dasron* (Paris, 2002).

Shahar, S.: *Childhood in the Middle Ages* (Londres, 1990).

Shepard, Jonathan: "The Uses of the Franks in Eleventh-Century Byzantium", *Anglo-Norman Studies* 15, 1993.

Shepard, Jonathan: "Cross-purposes: Alexius Comnenus and the First Crusade", em Phillips (Manchester, 1997).

Shepard, Jonathan: "Courts in East and West", em Linehan e Nelson (Londres, 2001).

Slupecki, Leszek Pawel: *Slavonic Pagan Sanctuaries* (Varsóvia, 1994).

Smith, Julia M. H.: *Europe after Rome: A New Cultural History 500-1000* (Oxford, 2005).

BIBLIOGRAFIA

Smith, Julia M. H. (org.): *Early Medieval Rome and the Christian West* (Leiden, 2000).

Southern, R. W.: *The Making of the Middle Ages* (Londres, 1953).

Southern, R. W.: *Medieval Humanism and Other Studies* (Oxford, 1970).

Southern, R. W.: *Western Society and the Church in the Middle Ages* (Londres, 1970).

Stafford, Pauline: *Unification and Conquest: A Political and Social History of England in the Tenth and Eleventh Centuries* (Londres, 1989).

Stafford, Pauline: *Queen Emma and Queen Edith: Queenship and Women's Power in Eleventh-Century England* (Oxford, 1997).

Stafford, Pauline: "Powerful Women in the Early Middle Ages: Queens and Abbesses", em Linehan e Nelson (Londres, 2001).

Stenton, Frank: *Anglo-Saxon England* (Oxford, 1971).

Struve, Tilman: "Zwei Briefe der Kaiserin Agnes", *Historisches Jahrbuch* 104, 1984.

Struve, Tilman: "Die Romreise der Kaiserin Agnes", *Historisches Jahrbuch* 105, 1985.

Sumption, Jonathan: *Pilgrimage: An Image of Mediaeval Religion* (Londres, 1975).

Taylor, Catherine: "The Year 1000 and Those Who Laboured", em Frassatto (Nova York, 2002).

Tellenbach, Gerd: *Church, State and Christian Society at the Time of the Investiture Contest*, trad. para o inglês de R. F. Bennett (Oxford, 1940).

Tellenbach, Gerd: *The Church in Western Europe from the Tenth to the Early Twelfth Century*, trad. para o inglês de Timothy Reuter (Cambridge, 1993).

Thompson, Damian: *The End of Time: Faith and Fear in the Shadow of the Millennium* (Londres, 1996).

Ullman, Walter: *The Growth of Papal Government in the Middle Ages: A Study in the Ideological Relation of Clerical to Lay Power* (Londres, 1955).

Ullman, Walter: *Principles of Government and Politics in the Middle Ages* (Londres, 1961).

Ullman, Walter: *The Carolingian Renaissance and the Idea of Kingship* (Londres, 1969).

Ullman, Walter: *A Short History of the Papacy in the Middle Ages* (Londres, 1972).

Vallvé Bermejo, J.: *El Califato de Córdoba* (Madri, 1992).

Vatikiotis, P. J.: "Al-Hakim Bi-Amrillah: The God-King Idea Realised", *Islamic Culture* 29/1, 1955.

Vatikiotis, P. J.: *The Fatimid Theory of State* (Lahore, 1957).

Van Berchem, Denis: *Le Martyre de la légion Thébaine: Essai sur la Formation d'une légende* (Basileia, 1956).

Van Houts, Elisabeth: "The Origins of Herleva, Mother of William the Conqueror", *English Historical Review* 101, 1986.

Van Houts, Elisabeth: "The Norman Conquest through European Eyes", *English Historical Review* 110, 1995.

Van Houts, Elisabeth: *The Normans in Europe* (Manchester, 2000).

Verhelst, D.: "Les Conceptions d'Adson Concernant l'Antichrist", *Recherches de Théologie Ancienne et Médiévale* 40, 1973.

Vogel, Jorgen: *Gregor VII und Heinrich IV nach Canossa* (Berlim, 1983).

Vryonis, Speros: *The Decline of Medieval Hellenism in Asia Minor and the Process of Islamization from the Eleventh through the Fifteenth Century* (Berkeley e Los Angeles, 1971).

Wach, Joachim: *Sociology of Religion* (Chicago, 1944).

Walker, Ian W.: *Harold: The Last Anglo-Saxon King* (Stroud, 1997).

Wallace-Hadrill, J. M.: *The Barbarian West, 400-1000* (Londres, 1964).

Wallace-Hadrill, J. M.: *Early Medieval History* (Oxford, 1975).

Warner, David A.: "Henry II at Magdeburg: Kingship, Ritual and the Cult of Saints", *Early Medieval Europe* 3/2, 1994.

Wasserstein, David J.: *The Rise and Fall of the Party-Kings: Politics and Society in Islamic Spain 1002-1086* (Princeton, 1985).

Wasserstein, David J.: *The Caliphate in the West: An Islamic Political Institution in the Iberian Peninsula* (Oxford, 1993).

Watkins, Basil: *The Book of Saints: A Comprehensive Biographical Dictionary* (Londres, 2002).

Watson, Andrew M.: *Agricultural Innovation in the Early Islamic World: The Diffusion of Crops and Farming Techniques, 700-1100* (Cambridge, 1983).

Whittow, Mark: *The Making of Orthodox Byzantium, 600-1025* (Basingstoke, 1996).

Wickham, Chris: "Italy and the Early Middle Ages", em *The Birth of Europe: Archaeological and Social Development in the First Millennium A.D.*, org. de Klaus Randsborg (Roma, 1989).

Wickham, Chris: *Land and Power* (Londres, 1994).

Wickham, Chris: "Debate: The Feudal Revolution", *Past and Present* 155, 1997.

Wickham, Chris: *Framing the Early Middle Ages: Europe and the Mediterranean, 400-800* (Oxford, 2005).

Wilkinson, John: *Jerusalem Pilgrims before the Crusades* (Warminster, 1977).

Williams, John: "Cluny and Spain", *Gesta* 27,1988.

Williams, Schafer (org.): *The Gregorian Epoch: Reformation, Revolution, Reaction?* (Lexington, 1964).

Wolf, Kenneth Baxter: *Making History: The Normans and Their Historians in 11th Century Italy* (Filadélfia, 1995).

Wolff, Philippe: *The Awakening of Europe*, trad. para o inglês de Anne Carter (Londres, 1968)

Wood, Michael: *In Search of the Dark Ages* (Londres, 1981).

Wood, Michael: *In Search of England: Journeys into the English Past* (Londres, 1999).

Woods, David: "The Origin of the Legend of Maurice and the Theban Legion", *Journal of Ecclesiastical History* 45, 1994.

Wormald, Patrick: "Engla lond: The Making of an Allegiance", *Journal of Historical Sociology* 7, 1994.

Zimmerman, Harald: *Der Canossagang von 1077: Wirkungen und Wirklichkeit* (Mainz, 1975).

Zotz, Thomas: "Carolingian Tradition and Ottonian-Salian Innovation: Comparative Observations on Palatine Policy in the Empire", em *Kings and Kingship in Medieval Europe*, org. de Anne J. Duggan (Londres, 1993).

Índice

Aachen 62, 63-4, 79, 127, 135

Abadia da Batalha 301

Abd al-Malik 220

Abd al-Rahman, califa 113-4, 116, 120, 218-9, 225

Adalbero, bispo de Laon 141, 176

Adalberto, santo 127, 134, 178-9, 180

Ademar 226-32
  e castidade, 310
  peregrinação a Jerusalém 240-1
  tentativa de provar que São Marçal era apóstolo 239
  visão 228-9

Adso Dervensis, abade 71-2, 90, 123, 134, 142, 152, 231, 239

Afonso VI, rei 342, 357-9, 360-1

Agaunum 52

Agnes da Aquitânia, imperatriz 246, 262, 304-7, 316-7, 327, 329, 343

Agostinho, santo 43-2, 47, 61, 69-70, 100, 130, 142, 215, 229, 321

agricultura
  na al-Andalus 117
  na França 156-7

al-Andalus, *ver* Espanha

Alcuíno 56, 57, 74

aldeias, criação das 161

Aleixo Comneno, imperador 347, 361-2, 366, 367

Alemanha (Germânia), origem da 146*n*

Alexandre II, papa 292-3, 310, 316, 323, 332

Alfredo (o Grande), rei 190-1

al-Hakam, califa 116, 120, 218 219, 220, 223

al-Hakim, califa 224-7, 231

al-Mansur, *ver* Ibn Abi Amir (*al-Mansur*)

Amalfi 109, 344, 350

Andernach, batalha de 81

Angers 150, 153, 182-3

Anjou 182-3

Anjou, condes de 147, 153, 183

Anse, Concílio de 171

Anticristo
  batalha com Cristo 139
  data do advento 65, 68-70, 142, 189
  falha em aparecer 135, 240, 368
  francos como bastião contra 72
  Gerbert anuncia advento do 123
  local de aparição 215
  Maomé como vanguarda do 101
  medo de Gregório VII de 342-3
  versão muçulmana

Apocalipse, livro do 39, 40, 44-5, 68, 125, 174

Aquitânia 66, 144, 165, 171-2, 187

aristocracia e camponeses 154-5, 157-8

armadura 74, 78, 154

Arnoldo de Regensburgo 242

"arquibispos" 47

astronomia 129

Athelstane, rei 191-2

Atlântida 115*n*

Atto, arcebispo de Milão 315-6, 332

Augsburgo 85, 335-6

418 MILÊNIO

Aurillac, Concílio de 171
Áustria 88
Auxerre68, 173-4

Bagdá 104-5, 114
banditismo 160, 164
Barcelona 219
Bath 192-3
Baviera 67, 80, 82, 84-5, 87-8, 92, 352
Beatrice, lady 304-5, 311, 329-30
Belial 47
Benevento 259
Bento da Lombardia 239
Bento IX, papa 243-4, 246-7
Bento V, papa 90
Bento, santo 162
berberes 220-1, 222, 360-1
Bernardo, arcebispo de Toledo 360
Bíblia, volta do Apocalipse à; 391 ver também
   Jesus Cristo. Apocalipse, livro
bigamia 267
Bismarck, Otto von 19
bispos
   autoridade dos bispos de Roma 49
   consagração de 46
   investidura por imperadores e reis proibida
      344
   papel dos 47
   proclamam a Paz de Deus 171
   subserviência ao imperador 244-5
Bizâncio, recuperação de 37, 41
Bizantino, império, ver também Constantinopla
   ameaça sarracena 100-1, 104
   ataques turcos 320-1
   campanhas de Nicéforo Focas contra
      sarracenos 100-2
   comparação com sarracenos 118
   conhecimento 119-20
   e Luís II 65-6
   e Primeira Cruzada 366-7
   embaixada a Carlos Magno 63-4

invasão da Itália 48
invasão por Roberto Guiscard 345-6
se identifica como romano 40-1
varangos 280-2
Boêmia 92
Boleslav, duque dos poloneses 127-8, 134, 178
Borgonha 77, 79, 164-5, 176, 243
Bretanha 291
Bretanha, duque da 147
bretões 147
Bristol 197
Britnoth, conde 198, 288
Bruno (missionário saxão) 179
Bruno de Toul, ver Leão IX, papa
búlgaros 63

Caen, Concílio de 275
calendário cristão 59, 61
camponeses 154-6, 159-60, 161-3, 175, 216
canibalismo 241
Canossa 16-21, 336-9
Canuto, rei 211-6, 234, 267, 269
Carlomano 54-55
Carlos (neto de Carlos Magno) 64-5
Carlos (tio de Luís V) 141
Carlos Magno
   base de poder 59
   coroado imperador do Ocidente 58-62
   declínio da linhagem 139, 141
   destruição de árvores sagradas para os
      vênedos 74
   exploração de camponeses 156
   guerra e 55
   herda reino franco 55
   império de 55
   morte de 64
   rebelião saxã contra 74
   selo 62
   Otão III visita túmulo 134-5
   poder 55-6
   ungido rei 55-6

ÍNDICE

apoio da Igreja a 56-8
absolvição pelo papa Leão III 57-8
e reforma do calendário 61-2
suposição imperial 62-4
embaixada bizantina a 63-4
perda do título imperial pela família 65-6
carolíngios, os 66, 139, 141
castelães
 ameaça a Cluny 166-73
 patifes 162-3
 tentativas de controlar 168-71
 violência 169, 255
Castelo Sant'Angelo, cerco do 346
castelos 140, 152, 158-9, 164, 270-1, 327
castidade 284, 310-4
Catalunha 55
cavalaria 175
cavaleiros
 brutalidade 161-3, 242
 natureza violenta contida por Cluny 174
 origem dos 160-1
 status 175
Cerdic 190
Cerdicingas 190-3
César Augusto 37
césares, poder dos 14
Chartres 184
Childerico, rei dos francos 50-1, 55
Chipre 40
Cidade de Deus 41, 44, 46
Clemente II, papa 248
Clemente III, papa, *ver* Guiberto, arcebispo
 de Ravena
Clermont, Concílio de 364-6
Clóvis, rei dos francos 42
Cluny 163-4
 ameaças a 168-71
 apoio papal a 242-3
 como *maior ecclesia 355-7*
 consagrada por Urbano II 362-3
 decoração e características 168

destino dos monges segundo o Apocalipse
 173-4
e a campanha contra os heréticos 234-5,
 236-7
e a queda de Toledo 359-60
e o Concílio de Anse 170-1
fundação de 165
natureza violenta dos cavaleiros contida 174
presente de Henrique II a 177-8
regra 166
regra da castidade 311-2
ritual de lavar os pés 166-7
santidade 163
São Pedro patrono de 169-70
silos vazios 241
status 165-6, 168-9, 362-3
colheitas 168
Colônia, arcebispo de 302, 304, 338
Colônia, catedral de 245
Conquereuil, batalha de 147
Conrado I, rei dos francos 66, 76
Conrado II, rei e imperador 214, 244-5, 371
Conrado, príncipe (filho de Henrique IV) 353
Constantino 53-4
 governo de 92
 visão de Cristo 92
 captura Roma 36-7
 desenvolvimento de Bizâncio 36-7
 lança sagrada 78-9
 esquecido 92-3
Constantino IX 260-2
Constantinopla 35, 47-8
 ameaça sarracena 97-8
 assassinato de João Tzimisces 96
 assassinato de Nicéforo Focas 92
 ataques turcos 320-1
 comparação com Córdoba 108
 corte dos imperadores 95
 e primeira cruzada 364-5
 embaixada de Otáo III a 111
 erudição 52, 92, 123

420   MILÊNIO

expansão imperial 92-3
expedição de Gregório VII a 359
medo da queda 361-2
missão de Humberto a 256-60
normandos em 263-4
origens 37
perde direito ao nome de romana 102
poder imperial 49
política defensiva 104
relações com Roma 49-50
vikings e 279-82
Constantinopla, patriarca de 48
Córdoba 117-20, 195, 207, 218-24, 234, 301, 360
correctio 54-5, 59
corsários 48, 97, 99, 102-3, 108-12, 322, 357
Cotrona, batalha de 103
crisma 45, 51, 55, 244
cristandade
assimilação nos normandos pela 185-6
ataques húngaros à 67-70
desespero 72
divisão espiritual-secular 17-9
sobrevivência do 179-80
cristianismo
conversão dos húngaros ao 176
conversão dos saxões ao 74-6
disseminação do 53
em al-Andalus 116
em era de sombras 45
inicial 33-6
pagãos convertidos 179-80
relação com imperador romano 176
tolerância 229-30
vikings convertidos 184, 199-200, 205-6, 207-8, 212
cruz 232
Cruzada, Primeira 363-8

Damasco 113, 116, 118
Dane-geld 198

data universal 59, 62-3
demônios 167
Devastador de Terras, estandarte 274-88
Dia do Juízo Final 15, 23, 150, 166, 193, 212, 238
Dinamarca 206-7
dinamarqueses 200-1, 207-13
Doação de Constantino 54, 252, 341
Dominic (o homem do colete de metal) 309
dragões 34, 138, 320
Drogo de Hauteville 255, 257
Dublin 196-7
Durazzo, cerco de 347

Eberhard 76-7
Eberhard, duque 80, 81
Edgar, rei 192-3, 213
Edite, *lady 273-4*
Edite, rainha 273-4, 298
Edith, Santa 209
Edmundo Homem de Ferro 211
Eduardo, o Confessor, rei
coroação 296
e Guilherme da Normandia 272-4
e sucessão de Canuto 267-8
exílio na Normandia 269
reinado 194
retorno à Inglaterra 272
sucessão 291
Eduardo, o Mártir, rei 193-4
Egito 40, 105, 224-5
Ekbert 84, 87
Elba, rio 73, 78-9, 91, 127
Elfrida, *lady* 194, 198
Elizabeth, condessa de Anjou 150
Elizabeth, princesa 278, 281
Ema, rainha 213, 267, 268, 273
Erlembald 314-5, 374, 328, 331, 337
Erudição 121, 238
escoceses, *pedigree* dos 289

ÍNDICE

Escócia 200, 286

escravos e escravistas 108-12, 117, 196-7

eslavos 55, 116-7

Espanha
  ataque a Santiago 217, 219, 360
  campanhas de Afonso VI contra os sarracenos 342
  campanhas de al-Mansur 219
  colapso do califado 116
  conquista sarracena da 219
  erudição sarracena 121
  golpe de Mohammed bin Hisham 222
  imigração berbere 220, 222
  missa romana imposta à 47
  ocupação sarracena da 217
  pogroms 228
  população cristã 116
  queda de Córdoba 219, 222
  queda de Toledo 115
  resistência cristã 115

Estêvão II, papa 51-2, 89, 369

Estêvão IX, papa 262

Estêvão, rei dos húngaros 139, 178, 180

Ethelred, o Despreparado, rei
  ameaça viking 195-200
  apelido de *unready 198*
  casamento 213
  compra Olavo Trygvasson 197
  e sucessão de Edgar 195
  e Svend Barba de Forquilha 209, 211
  fuga de 198
  herda coroa 194
  massacre dos dinamarqueses 209
  morte de 211
  reforma da cunhagem 195
  retorno à Inglaterra 194-5

eunucos 95, 117

Eupraxia 353

Europa
  divisão espiritual-secular 17
  origem do excepcionalismo 19-27

Evreaux 159

Exeter 192, 209

Filagato, João 124-5, 130-2, 136

Flandres 66, 182, 185

Flandres, condes de 144-6, 184-6, 193

Fleury, abadia de 165

Florença 305

Flotilde 159

Fome 309

Fortificações 148-50

França; *ver também* francos, os; Normandia;
  ataques vikings 190, 195
  disseminação de castelos 159, 164
  fome 156-7, 171
  Hugo Capeto eleito rei 141
  origens da 153*n*
  paisagem 67
  portentos 362
  surgimento da nova ordem 22, 171
  visita de Urbano II a 352

Francia Ocidental 64, 71, 72, 90

Francia Oriental 66, 73, 76-8, 80-7, 89, 92-3, 96

Francônia 66, 80-1, 86, 338

francos, os
  amor à violência 153
  colapso do império 71
  como bastião contra o Anticristo 69
  coroações imperiais 65
  expansão sob Carlos Magno 55-67
  família de Carlos Magno perde o título imperial 65
  guerra 52-3
  Henrique, duque da Saxônia, torna-se rei 77, 80
  pedigree 113
  Pepino torna-se rei 50-3
  poderes mágicos do rei 50-1
  sucessores de Carlos Magno 55-67
  sucessores de Pepino 54

422 MILÊNIO

Frey 181
Fulque Nerra, conde de Anjou 147-53, 158, 165, 182-3, 264, 266, 271, 370
Fulque, o Bom, conde de Anjou 147, 148
Fulque, o Vermelho, conde de Anjou 147

Garde-Freinet 97
Gargano, monte 256-8, 264
Garigliano, rio 97
Gelásio, papa 15,17
Gerberga, rainha 7, 90, 120, 123, 139
Gerbert d'Aurillac 120-3, 128-30, 134, 143, 170, 365
Gibraltar 114
glutonaria 234, 310
Gniezno 92, 128, 134-5, 180
Godofredo, conde de Anjou 147, 150
Godofredo, o Barbudo, duque 304-5, 311, 329
Godwin, conde de Wessex 269-70, 272-4, 283-8, 291
Gog e Magog 39-40, 68-9, 180, 274
Gorm, rei da Dinamarca 207
Grécia 48
Gregório V, papa 125, 120, 133
Gregório VI, papa 247-8, 249
Gregório VII, papa, ver também Hildebrando (depois Gregório VII)
  absolvição de Henrique IV 359
  ambição 319
  ameaça a Henrique IV 15-7
  desafios enfrentados 323
  determina que saxões não obedeçam a bispos desobedientes 329, 331
  e castidade 316
  e cerco de Roma 318
  e guerra civil saxã 339
  e Matilda da Toscana 329
  e Roberto Guiscard 341
  em Canossa 16-21
  excomunga Henrique IV pela segunda vez 344

  excomunhão de Henrique IV 335-6
  expedição a Constantinopla e Jerusalém 324
  Henrique IV recua em Milão 328, 331-2
  medo do advento do Anticristo 130, 321
  missão 324-5
  morte de 350
  poder 14-5, 17, 19-21
  portentos 362
  realizações 352
  status 80, 113, 146
  tentativa de conciliação de Henrique IV 338
  tentativa de Henrique IV de substituir 341
  tentativas de conciliação com reis 338
  veto a investiduras por imperadores e reis 343
  visão da Virgem Maria 344
  visão de Lutero de 18
Groenlândia 204, 205
Guiberto, arcebispo de Ravena (papa Clemente III) 345, 348
Guilherme de Hauteville 255
Guilherme de Utrecht 333, 335
Guilherme fitz Nerra 271
Guilherme fitz Osbern 271, 295, 299
Guilherme I, o Conquistador, rei da Inglaterra, duque da Normandia
  ambição 171
  apoio papal a 293
  aprende habilidades militares 314
  conquista da Inglaterra 270
  coroação 298
  declara a Paz de Deus 292
  devastação do Norte 255
  e Abadia da Batalha 301
  e Gregório VII 333
  e Haroldo Godwinson 289-92
  estandarte de São Pedro 292
  linhagem 171
  missão 290
  penitência 300
  reinado 300

ÍNDICE

reivindicação do trono inglês 272
sobrevive a rixa 268
vence primeira batalha 292-3
Guilherme Longsword 182, 186
Guilherme, duque da Aquitânia 165, 171
Gunnhild, *lady 209*

Halley, cometa 142
Hamburgo 90, 121
Haraldo Hardrada
 carreira em Constantinopla 296
 em Novgorod 278
 histórico 283
 invasão da Inglaterra 269
 jactância 281
 retorno para casa 272
 torna-se rei da Noruega 285
Haroldo Dente Azul 206-8
Haroldo Godwinson 283
 direito ao trono 285
 e batalha de Hastings 298
 e batalha de Stamford Bridge 287-300
 e derrubada de Tostig 283-8
 e Guilherme da Normandia 292
 herda condado de Wessex 283
 herda trono 285
 informado do desembarque de Guilherme 294
 morte de 298
Haroldo Pé de Lebre 269-72
Harthacanute 269, 272, 282
Harzburgo 326-9
Hastings, batalha de 294-300
Henrique de Lund 234
Henrique I, duque da Saxônia, rei da Francia Oriental 76-9, 79
Henrique II, duque da Baviera, "o Brigão" 122
Henrique II, rei e imperador 177-8, 214, 241, 245, 246, 255
Henrique III, rei e imperador 245, 252, 257, 262, 304-5, 307, 310, 316, 326, 332

Henrique IV, rei e imperador
 absolvição 335
 ameaça de Gregório a 337
 ameaçado de deposição 334
 ameaçado de excomunhão 333, 335
 ascensão à coroa 262
 bispos renunciam a lealdade a
 cerco de Roma 325-6
 coroado imperador 325
 e ambição de Gregório VII 325
 e Pedro Damião 316
 e Primeira Cruzada 336
 em Canossa 335
 esmaga rebelião 339
 excomungado pela segunda vez 344
 excomunhão de 15
 impõe seu candidato ao arcebispado de Milão 316
 inimigos 14
 insiste no direito de investidura 343
 maioridade 316
 nomeia novo papa 345
 parte para Canossa 348
 penitência em Canossa 16
 plano para derrubar Gregório VII 328
 recua em Milão 315
 regência de Agnes da Aquitânia 316
 relação com o papado 317
 tenta acordo com Gregório VII 348
 tomada de Roma 345
 travessia dos Alpes 353
 Urbano II e 352
Henrique, duque da Baviera (irmão de Otão I) 80, 82, 82-3, 84, 85
heréticos 233-6, 238, 242, 312
Hildebrando (depois Gregório VII), 247-9, 262, 293, 300 *ver também* Gregório VII, papa
Hisham II, califa 218, 219, 221, 222, 224
homem, natureza pecadora do 44-5

424   MILÊNIO

Hora final (Rees) 25
housecarls 296-7
Hugo Capeto
  antepassados 144
  audiência com Otão II 143
  base de poder 145
  casamento com irmã de Athelstane 191
  eleito rei da França 141
  falta de autoridade 145
  ligações com os normandos 187
  morte de 164
  natureza violenta 154
  retorno de Roma 164
  torna-se duque dos francos 191
Hugo de Châlons, bispo 173
Hugo de Cluny, abade 176, 300, 316, 327, 336, 348, 357, 360, 362-3
Humberto de Moyenmoutier 252, 254-63, 306, 321
húngaros
  ataques à cristandade 83
  campanha de Otão I contra 78-83
  conversão ao cristianismo 240
  derrotados por Henrique I 78
  Henrique I se prepara para os 77
Hungria 240

Ibn Abi Amir (*al-Mansur*) 219-22
Ibn Hazm 222-3
Idade Média 19
Igreja do Santo Sepulcro 226
  destruição da 227
Igreja
  Agostinho sobre o papel da 130
  ambição de Gregório VII para 247
  apoio a Carlos Magno 56
  campanha contra heréticos 56
  cisma com Igreja do Oriente 262
  como caminho para a redenção 307
  desenvolvimento inicial do 274-6
  dever dos "imperadores" para com 319

  dioceses 47
  e castidade 310-4
  e Constantinopla 323-4
  e martírio 36
  e queda de Roma 20, 47
  e Santa Missa 313
  em al-Andalus 358
  interferência imperial 21
  legitimiza reinado de Pepino 51
  livre do controle secular 21
  no Norte da África 321
  patrocínio normando 186
  reforma da 249-51
  relações com Constantinopla 37
  resistência no Ocidente 115
  supremacia de Roma 54
  territórios convertidos 47
  uso do latim 41
  variedade de tradições e crenças 48
igrejas, construção de 74
Iluminismo 18-9
imperadores, poder 14-5
imperator, título de 88
Império Romano
  cai em ruínas 20
  colapso do 66
  como bastião contra o Anticristo 69
  cristianização do 72
  divisão do 40
  e profecias de Metódio 48
  espectro do 62
  queda do 59
  recriado no Ocidente 49
incastellamento 148
Inglaterra
  a Witan 193
  assassinato de Eduardo, o Mártir 193-4
  ataques vikings 195
  cerdicingas 210
  conquista normanda da 322
  conquista por Svend Barba de Forquilha 208

ÍNDICE

controle real 193

coroação de Guilherme 299

crise sucessória 332

destruição do Norte 300

durante o reinado de Eduardo, o Confessor 284

Eduardo, o Confessor, torna-se rei 273

escravos e escravistas 199

firmeza celta 191

Guilherme da Normandia reivindica o trono 314

housecarls 296

imitação de modos vikings 265

impostos 212

invasão de Hardrada 283

justiça e ordem 193

massacre dos dinamarqueses 201

mosteiros 238

nacionalidade 289, 296

os galeses 197

reforma da cunhagem 195

riqueza 190

situação, 189

sob Canuto 211

sucessão de Canuto 212

sucessão de Edgar 298

surgimento como Estado 192

Tostig derrubado 283

Irlanda 46, 191, 196-7, 203

irlandeses 43, 187, 196, 343

islamismo. *Ver* sarracenos

Islândia 203-6, 214, 281

Itália

ameaça sarracena 342

campanha de Otão II 96

invasão bizantina da 41

invasão dos normandos 258

invasão pelos lombardos 50

invasão por Otão I 88

terras áridas do Sul 148

jejum 179

Jelling 207

Jerusalém

Anticristo destinado a aparecer em 40

compromisso de Urbano II de libertar 364

conquista de 364

expedição de Gregório VII a 318, 363

Igreja do Santo Sepulcro 37

o Templo 226, 260

peregrinação a 239

sob controle muçulmano 226

Jesus Cristo

chorando na visão de Ademar 231

imagens de 231

e governo dos santos 44

nascimento e reforma do calendário 61

pacifismo 314

reino de 339, 341

retrato como imperador romano 39, 42, 126, 178

sangue 229

Segundo Advento 235

Sofrimento 245

e o Templo 229

visão de Constantino 36

crucifixão 33-4

João Batista, cabeça de 238

João Crescêncio 125, 130

João II, papa 88

João Tzimisces 93, 96

João XII, papa 89

João XIII, papa 90

João, abade 113, 117, 124, 220

João, santo 34, 35, 37, 39-41, 43-4, 69-70

judeus 40, 112, 117, 215, 225-31, 233

Judite da Baviera 80

Juramentos 63, 86, 150, 173, 242, 314

Jutlândia 206

Kaiserswerth 302

Kiev 180, 276-7, 279-80, 296, 353

426 MILÊNIO

Lança Sagrada 82, 83, 85, 86, 91, 101, 131, 134-5, 178, 304, 349

Laon 71, 139, 141, 144, 175

latim 41, 46-7, 55, 71, 143, 148

Leão 115, 219

Leão III, papa 89

Leão IX, papa

captura pelos normandos 258

concílio de Reims 250

embaixada a Constantinopla 258

lidera exército contra normandos 258

morte de 292

no monte Gargano 256-8

nomeação 249

promoção de Humberto ao arcebispado da Sicília 321

reformas administrativas 249

retorno a Roma 249-50

viagem pela Renânia 250

visão 249-50

Leão, reis de 217

Lech, batalha de 85-90, 92, 120

Leutard 232

Limoges 227-31, 233, 238-9, 240

Liudolf (filho de Otão I) 77, 80, 84, 94

Local da Batalha, o 151

Loire, rio 146-7, 149, 165, 182-3

Lombardos 50, 52-3, 56, 239, 316

Londres 198, 201, 210, 285, 294

Lotário, rei dos francos 64, 65

Lovelock, James 25

Luís (neto de Carlos Magno) 64

Luís I, rei dos francos 64

Luís II, rei dos francos 65, 66

Luís IV, rei dos francos 71, 139, 141, 145

Luís V, rei 141

Lutero, Martinho 18, 20

Magdeburgo 73-4, 80-1, 91-2, 121, 127, 129, 191-2

Magno, rei da Noruega 272-3

Mahdi 215, 224

Maine 266

Mainz, arcebispo de 79

Maldon, batalha de (991) 208

Manzikert, batalha de 324

Maomé 98-9, 102-3, 108-10, 117, 216, 221, 259, 354

Marçal, São 25-6, 236-8, 368-9

martírio 34, 47

Massacre do Dia de São Brício 201, 209

Matilda da Toscana, *lady 305, 329, 330, 331*

Maurício, são 52, 191

medievalistas, modas 24

mercadores 117, 276, 280

mercenários 220, 255, 263, 264

Merseburgo 78, 179, 208

mesquitas 111-2, 118, 226-7, 279, 322

Metódio 40, 41, 48, 71

Miesco, duque dos poloneses 92, 128

Miguel Celurarius, patriarca de Constantinopla 260

Miguel, arcanjo 256-7

Milão 234, 235, 310, 311-6, 328-31, 353

milenarismo 22-7, 45, 67-72, 130, 135-6, 141-2, 151-2, 163, 189

muçulmano 231

misericórdia 17, 56, 87, 125, 130, 131, 132, 150, 166, 201, 217, 251, 266, 280, 292, 336-7

Montier-en-Der, abadia 71, 90, 139, 239

Morcar, conde 284, 286-7

muçulmanos. *Ver* sarracenos

mudança climática 25

mudança, sensação de 158-61, 292

Muhammed bin Hisham 224

Nantua, homem perturbado de 165-8

Nápoles 96, 108-9, 255

Nicéforo Focas 93-4, 100-1, 103-4,118, 280

Niceia 264, 269, 361-2, 367

Nilo 132-3, 136

nórdicos. *Ver* vikings

ÍNDICE

427

Normandia
  assentamento viking 190-1
  castelos 290
  Guilherme herda ducado 266-74
  paganismo 186
  peregrinações da 237
  presença viking 199
  rebelião 273
normandos
  assimilação pela cristandade 186-7
  bastardia entre 267
  bigamia 267
  captura de Leão IX 259
  conquista da Inglaterra 298-9
  conquista de terras 265-8
  em Constantinopla 263-4
  invasão da Itália 257-9
  invasão da Sicília 322
  mercenários 255, 263-4
  nacionalidade 323
  origens dos 289
  Paz de Deus declarada 273
  penitência 257
  rixas 268
  selvageria 268
  valores militares 271
Norte da África 43, 115n, 321
Nortúmbria 56, 190, 192-3, 196, 283-4, 286-7, 290, 300
Noruega 9, 201, 207, 272, 281, 282, 285, 288
Novgorod 277-82

Odilo de Cluny, abade 170-4, 176
Odin 186, 202, 207, 212-3
Odo de Cluny, abade 163, 170
Odo, cardeal. *Ver* Urbano II, papa
Olavo Haraldsson "o Santo" 277
Olavo Tryggvasson
  ambição 210
  ataques à Inglaterra 207-9
  ataques contínuos 211

  comprado por Ethelred 208
  conversão ao cristianismo 207
  distribuição do saque 207
  e Haroldo Dente Azul 207
  e Islândia 205
  morte de 278
  retorno à Noruega 201
  visita a Novgorod 277-8
  visitado por Odin 207
Orléans 142, 144, 146, 182, 227, 229, 232, 235
Otão de Northeim, duque 305, 327
Otão I, rei e imperador
  casamento com *lady* Edith 194
  como defensor da cristandade 86
  coroação 79-80
  coroado imperador do Ocidente 86
  derrota em Cotrona 103
  dever como rei cristão 79
  direito ao trono 122
  enviado aos sarracenos 99
  esmaga independência papal 89-90
  execução de húngaros 82
  e Henrique, duque da Baviera 80
  Henrique I transfere reino para 78
  e Haroldo Dente Azul 207
  humilha duque Eberhard 81
  invasão da Itália 121
  e João XII 89
  majestade 81
  morte de 92
  nomeia a si mesmo como sucessor 81
  reafirma autoridade 82
  realizações 88
  revolta de Liudolf 84
  saudado como *imperator* 88
  tratamento dado aos pagãos 87
  campanha contra os húngaros 82-3
  e Lança Sagrada 82-6
  campanha contra Stoinef 87-9
  casamento com Teofânia 94-6

428 MILÊNIO

Otão II, rei e imperador
ambições italianas 96-7
audiência com Hugo Capeto 143
campanha contra os sarracenos 191
casamento 96
devoção à Virgem Maria 95
e a Lança Sagrada 134
e Gerbert 121
morte de 122
se declara único imperador de Roma 102
Otão III, rei e imperador
ambição 130
campanha contra os vênedos 91
chegada a Roma 89
coroado imperador 177
e Gerbert 122
e papa Gregório V 125
e Romualdo 136
educação 124
embaixada a Constantinopla 130
ideia de missão 131
informado da morte de Adalberto 127
intenção de abdicar por Cristo 137
milenarismo 134
missão de redimir o mundo 177
morte de 138
perdoado por Nilo 132
restauração de Roma 244
restauração do papa Gregório V 132
sequestro 122
Teofânia nomeada regente de 122
tormento de 138
visita à Polônia 127
Otão, duque 329
otimismo 120, 179
Oxford, massacre dos dinamarqueses 201

pacifismo 83
paganismo 74, 83, 87, 92, 177-8, 180, 184,
186, 192, 203, 356
Palermo 254, 321, 322-3

papado
apoio a Cluny 337
apoio a Guilherme I 341
cardeais afirmam direito de escolher novo
papa 252
comércio de escravos 208
deposição de três papas rivais por Henrique
III 248
depravação 89
e Carlos Magno 56-7
e coroações imperiais francas 65
e Doação de Constantino 54, 252
humilhação do 90
independência esmagada 89-90
justificação do poder por Humberto 252
livre do controle secular 251
pergunta de Pepino sobre o poder do rei 50
reformas administrativas de Leão IX 250
relação com Henrique IV 319
território lombardo doado ao 52-7
Paris 70, 143, 145, 180, 182, 184
patarenes 310, 311, 313-5, 318, 331
Paulo, são 35, 41, 62, 215, 229
Paz de Deus 173, 176, 216, 251
pechenegues 179, 346
Pedro Damião
austeridade 306
e castidade 308
e Henrique IV 316
histórico 306
morte de 317
visão 306
Pedro, São 34, 35, 50, 52-3, 56-9, 61, 65, 83,
89, 94, 122-5, 130-3, 169-70, 172, 175,
214, 217, 227, 238, 243-4, 246-7
Pepino, rei dos francos
eleito rei 51
morte de 50
questiona papa sobre poder real 50
reinado legitimado pela Igreja 54
salva Roma dos lombardos 50

ÍNDICE

peregrinos e peregrinação 123, 164, 217, 228, 325

Périgord 231

Pevensey 294

Piacenza, Concílio de 353, 361-3

Pisa, saque de 217, 356-6

poder real
colapso da autoridade 66
e linhagem de sangue 213
e poder mágico 50
necessidade de 269

Poitiers 99, 151

Polacos 278

poloneses 92, 128, 134, 179

Polônia 137, 134, 178, 277, 318

Poppo de Stablo 245-6

portentos 362

Provença 66, 68, 117

prussianos 127, 128, 179

pureza 36, 195, 235, 243, 319, 311, 363

Querubim 151

Ravena 48, 50, 136, 137-8, 232, 308, 345, 353

Rees, Martin 25

reforma 19, 56, 247, 249-51, 292, 302

Regensburgo 84-5, 240, 242

Reims, Concílio de 121, 144, 250, 254, 258, 292, 353

relíquias sagradas 175

Renascimento 19

Revolução Francesa 19

revolução papal 22, 252

Ricardo da Normandia II, duque 264-6

Ricardo da Normandia III, duque 264

Ricardo II, conde de Rouen 266

Ricardo, conde de Rouen 185-7, 199-200

Roberto da Normandia, duque 266, 268, 271

Roberto Guiscard, duque de Apúlia 256, 258, 265, 322, 341, 343, 346, 347, 349, 361

Roberto II, rei 187

Rodolfo da Suábia 305, 310, 327, 329, 334, 338-40, 342-5

Rogério de Hauteville, conde da Sicília 323, 349

Rollo 184-5, 187, 199, 265, 271, 299

Roma
ameaça dos corsários a 102-3
ameaças a 48
autoridade dos bispos 39
captura por Constantino 36-7
capturada por Henrique IV 316
cerco de 131
chegada de Otão III 89
colapso de 20
como a Prostituta de Babilônia 31-2
coroação de Carlos Magno como imperador do Ocidente 50
divisionismo 326
espectro de 62
espetáculo de 131
fama de 217
marcha de Carlos Magno 57
missão de São Pedro em 249
o palácio de Latrão 48
ocupação pelos bizantinos 63
os Teofilato 88
partida de Carlos Magno 57
restaurada por Otão III 129
revolta contra Otão III 135
salva pelos francos 42
santuário de São Pedro ameaçado por incêndio 217
santuários 123-4
saque de (1084) 349
saque de (410) 39
saqueada por muçulmanos 114-5
supremacia de 54
visão cristã inicial de 34
visita de Canuto 214-5

Romualdo, São 136-7, 162-3, 168, 308

Rouen 183-7, 196, 199, 200

430   MILÊNIO

Rudolf Glaber 163, 168, 216, 230, 231

rus, os 276, 278-81, 289

sacrifício humano 74

Sancho de León 234

Sanchuelo 221

Santa Missa 46, 311, 313

Santiago 217-9, 239, 360

santos

  governo dos 44

  proteção dos 169

  relíquias 172-4, 192, 237-8, 354

santuários 52, 74, 92, 99, 100, 122, 128, 133-4, 162, 166, 207, 215-8, 226, 231, 232, 237-9, 251, 256, 257, 264, 277, 285

São Maurício, Abadia de 52, 91, 191

Sardenha 340

sarracenos

  ameaça dos 100

  ataque a Santiago 217-8

  burocracia do califa 104

  campanha de Otão II contra 101-2

  campanhas de Afonso VI contra 357

  campanhas de Nicéforo Focas contra 100-1

  comércio 108-9

  comparação com bizantinos 118

  conquista da Espanha 356

  convertidos 111

  corsários 99

  credo militar 102

  dhimmis 358

  dinastia fatímida 118

  dinastia omíada 118

  e divisão espiritual-secular 117

  e Primeira Cruzada 364-5

  erudição 121

  escravos e escravistas 108, 111

  esplendor 104

  espólios de guerra 119

  ideia de missão 100

  império 100

jihad 218

  martírio 101

  mesquitas 111

  milenarismo entre os 223-4

  missionários entre os 356

  mujahidin 100

  na Sicília 254

  ocupação da Espanha 217

  ocupação da Sicília 323

  reinado de al-Hakim 224-31

  saque de Pisa 217

  saque de Roma 99

  selvageria 280

  status dos cristãos vivendo entre os 111

  tolerância religiosa 101

  tributos 102

saxões ocidentais 190

saxões

  conversão ao cristianismo 73-4

  e erudição 121

  e guerra 83-5, 87, 90-2

  e paganismo 74

  guerreiros 73-4

  pedigree 280

  Reich 78

  revolta contra Carlos Magno 76

Saxônia

  campanhas de Carlos Magno 55, 57-8

  castelos 326

  comando do Oriente 96

  dever dos bispos para com o imperador 343

  guerra civil 339

  heréticos 234

  invasão húngara, 85

  morte de Rodolfo da Suábia 345

  revolta contra Henrique IV 81

  situação estratégica 55

Scribla 255

Segundo Advento, o 23-4, 34, 45, 71, 92, 137, 235, 239, 313

Sena, rio 180, 182-5

ÍNDICE   431

Serafim 151

Serkland 279

servos 27, 39, 56, 58, 156, 162, 169, 175

Sicília 50, 102, 109, 110, 254, 281, 321-3,
349, 357

Silvestre II, papa. *Ver* Gerbert d'Aurillac

Silvestre, papa 56, 134, 138, 246, 248

Síria 40, 113-4

St. Jean-d'Angély, mosteiro de 238

Stamford Bridge, batalha de 288

Stoinef, líder vênedo 84, 87

Suábia 79, 305, 327, 338-9, 345

Suécia, a Grande 267, 272

suecos 179, 267

Sutri, bispo de 248, 250, 332

Svend Barba de Forquilha 208

Tancredo de Hauteville 265

Taranto 102

Tarragona 361

tempo cristão 61

Teofânia
  ambição 95
  casamento com Otão II 94
  como regente 304
  conhecimento dos sarracenos 99
  e campanha de Otão contra os sarracenos
    103
  e educação de Otão III 122
  malícia 103
  nomeada regente 103
  resgata Otão III 103

Teofilato 88

terror, uso do 156-60

Thietmar, bispo de Merseburgo 179-80, 208

Thor 207

Thorgeir Thorkelsson 205-6, 212

Thorkell 210

Tiago 217

Toledo 114-5, 342, 351, 358-61

tortura 70, 80, 161, 226, 231

Toscana 247, 304, 305, 329, 330, 336

Tostig, conde da Nortúmbria 283-8

Tournus 241

Tribur 334

turcos 320, 324, 346, 361, 367

Urbano II, papa 352, 361

vândalos 115*n*

varangos 276, 280, 281, 296, 347

vassalagem 152

vegetarianismo 233, 312

vênedos
  campanhas de Otão III contra 84
  derrota dos 99
  escravos e escravistas 117
  levante, 84
  Otão I e os 79
  paganismo 74
  revolta 84
  tributo 78-9

Verdun 64, 68-9, 117, 173-6

Verdun, bispo de 68-9

Verdun, tratado de 174

Verdun-sur-les-Doubs 173

viagens, perigo das 57

vikings
  adaptabilidade 265
  ameaça dos 199
  assentamento na Normandia 199
  ataques à França 195
  ataques à Inglaterra 195
  cerco de Paris, 180-1
  colonização da Islândia 203-6
  conquista da Inglaterra 190
  conversão ao cristianismo 199
  costumes matrimoniais 288
  deuses 199
  distribuição dos saques 265
  e Constantinopla 193
  estandarte Devastador de Terras 286

432 MILÊNIO

expansão para o leste 286
explorações 200
imitação dos 279
pressão populacional 199
saque de Orléans 146
sob Haroldo Dente Azul 269
tratamento dado a prisioneiros 197
Vilgard de Ravena 232
Vingança de Gaia, A (Lovelock) 25
Vinland 204-5
Virgem Maria 95, 344
visigodos 114-5, 342
visões 34, 46, 68, 86, 102, 179, 206, 232, 245, 285, 308, 315
Vladimir, príncipe 276, 279-80

Wessex 10, 190-3, 196, 198, 200, 209-10, 213, 169-70, 286
Wichmann 84-5
Wilton 209, 213
Woden 74, 76, 79, 91
Worms, bispo de 248, 206, 310, 332-4
Wulfstan, arcebispo de York 201, 212-5

Yaroslav, o Sábio 277-9, 281, 282, 369
York 210, 212, 284, 286-7

Zulfiqar, espada de Maomé 101

Este livro foi composto na tipografia
Adobe Garamond Pro Regular, em corpo 11/15,5, e
impresso em papel off-white no Sistema Digital Instant
Duplex da Divisão Gráfica da Distribuidora Record.